Comentários às principais

DECISÕES TRABALHISTAS DE 2018

Hamilton Novo Lucena Junior
Iuri Pereira Pinheiro

Comentários às principais DECISÕES TRABALHISTAS DE 2018

2019

EDITORA JusPODIVM
www.editorajuspodivm.com.br

EDITORA JusPODIVM
www.editorajuspodivm.com.br

Rua Território Rio Branco, 87 – Pituba – CEP: 41830-530 – Salvador – Bahia
Tel: (71) 3045.9051
• Contato: https://www.editorajuspodivm.com.br/sac

Capa: Ana Caquetti

Diagramação: Lupe Comunicação e Design (*lupecomunicacao@gmail.com*)

ISBN: 978-85-442-2487-8

AUTORES

HAMILTON NOVO LUCENA JUNIOR

Pós-graduado em Direito e Processo do Trabalho pela Universidade Cândido Mendes – RJ. Graduado pela Universidade Nilton Lins. | Advogado militante há 13 anos na área trabalhista e empresarial. Ex-conselheiro Estadual da Ordem dos Advogados do Brasil – Seccional Amazonas. Professor convidado das matérias Legislação Social Trabalhista e Direito do Trabalho na Universidade do Estado do Amazonas – UEA. Professor de Direito do Trabalho na Pós-graduação de Direito e Processo do Trabalho na Universidade do Estado do Amazonas – UEA. Professor de Direito e Processo do Trabalho no Curso Preparatório do Amazonas - CPA. Sócio-fundador do Curso Preparatório do Amazonas – CPA. Vice-Presidente da Associação Amazonense de Advogados trabalhistas (AAMAT) no Bienio 2013/2014. Sócio-fundador da Prática Trabalhista. Escritor de obras jurídicas e artigos científicos na área de Direito Material e Processual do Trabalho (Cálculo Trabalhista em Perguntas e Respostas para elaboração de petição inicial; Iniciação à Prática Trabalhista; Responsabilidade Civil no Direito do Trabalho: Análise de casos práticos).

E-mail: Hamilto@Lucenaadvs.com

IURI PEREIRA PINHEIRO

Juiz do Trabalho no Tribunal Regional do Trabalho da 3ª Região. Ex-Juiz do Trabalho no Tribunal Regional do Trabalho da 15ª Região. Ex-Assistente de Juiz e Ex Assessor de Desembargador (CJ-3) no TRT da 7ª Região, Ex-Assistente de Juiz e Ex-Chefe de Gabinete de Desembargadora (CJ-2) no TRT da 2ª Região, Ex-servidor do TRT da 9ª Região e Ex-Assistente de Ministro (FC-5) do TST. Graduado em Direito pela Universidade de Fortaleza. Especialista em Direito e Processo do Trabalho pela Universidade Anhanguera e em Direito Público pela Faculdade Fortium. Professor de Cursos de Pós-Graduação, especialmente da Pontifícia Universidade Católica de Minas Gerais (PUC Minas), CERS e Verbo Jurídico. Coordenador de cursos para Magistratura do Trabalho da Verbo Jurídico. Escritor de obras jurídicas e artigos científicos na área de Direito Material e Processual do Trabalho. Palestrante. Membro do portal trabalhista www.ostrabalhistas.com.br.

E-mail: iurippinheiro@gmail.com. Instagram: @iurippinheiro

Dedico este livro à minha amada esposa Pâmella, pela compreensão nos muitos momentos de ausência em virtude da dedicação ao trabalho e aos estudos. Ao meu querido filho Pedro, motivo de imenso amor, alegria e felicidade.

Hamilton Novo Lucena Junior

Dedico esta obra à minha família, representada pela minha esposa, Renata Lack Ranniger, que constitui o alicerce estrutural sobre o qual edifico todas as obras jurídicas e extrajurídicas. Obrigado por florescer nossos dias, equilibrar nossas vidas, iluminar nossas noites e colorir nossos sonhos, transformando-os em realidade.

Iuri Pinheiro

APRESENTAÇÃO

O objetivo deste livro é trazer as principais decisões trabalhistas que vêm sendo prolatadas após a Reforma Trabalhista, a fim de permitir ao leitor uma atualização segura sobre o mundo do trabalho.

Não se trata, contudo, de mera coletânea de decisões, estando estas comentadas com revisões conceituais, detalhamento das bases normativas, citações doutrinárias e jurisprudenciais, aprofundamento de temas, exploração de polêmicas interligadas e, ainda, dicas de cálculos nos temas pertinentes.

Com o objetivo de conferir maior amplitude, estão compreendidas não apenas as decisões do C. Tribunal Superior do Trabalho, mas também decisões relevantes de Tribunais Regionais do Trabalho e do Supremo Tribunal Federal.

Com a competitividade do mercado de trabalho, revela-se fundamental estar atualizado, com a base revisada e preparado para os temas correlatos que podem surgir.

A obra foi feita com muito carinho e desejamos que atenda aos anseios dos leitores!

SUMÁRIO

DECISÕES DO ANO DE 2018 –
DIREITO DO TRABALHO

DECISÕES DO ANO DE 2018 – PROCESSO DO TRABALHO

DECISÕES DO ANO DE 2018 - DIREITO DO TRABALHO

CONTRATO DE TRABALHO

VÍNCULO DE EMPREGO

Relação de emprego com motorista cadastrado em plataforma digital – Uber – TRT da 2ª Região

Processo 1000123-89.2017.5.02.0038, 15ª Turma do TRT da 2ª Região/SP, Rel. Beatriz de Lima Pereira. DJe 17.08.2018

O reconhecimento do vínculo de emprego entre o motorista e empresas de plataforma digital, tais como a UBER, ainda é minoritário no âmbito do primeiro grau de jurisdição e, até então, não contava com qualquer decisão favorável de segunda instância até porque muitos dos processos que se encaminhavam para esse sentido findavam por ser objeto de acordo judicial.

Contudo, em 17/08/2018, houve a publicação de uma primeira decisão de reconhecimento de vínculo de emprego em termos de segunda instância a partir de um julgado do TRT da 2ª Região.

É certo que já foram prolatadas algumas decisões em primeiro grau, mas essa finda por permitir que a temática possa ser levada ao Tribunal Superior do Trabalho.

Aguardemos o posicionamento que será trilhado pelo C. TST.

Abaixo trazemos a fundamentação do acórdão regional e depois colacionamos a jurisprudência contrária, bem como outras considerações, especialmente os possíveis impactos da Lei nº 13.640/18.

Razões de decidir do acórdão referente ao processo 1000123-89.2017.5.02.0038

Do vínculo de emprego

A Origem, considerando especialmente os depoimentos das partes, acolheu a tese defensiva de que entre as partes não existiu vínculo de emprego, concluindo pela ausência de pessoalidade e subordinação, contra o que se insurge o demandante, conforme as longas razões de fl. 1515/1558.

E de razão se assiste. Vejamos.

As demandadas, em apertada síntese, se opuseram à pretensão autoral argumentando não se tratarem de empresas de transporte, mas cuja atividade principal é a exploração de plataforma tecnológica, e que nessa perspectiva os motoristas atuam como parceiros, consubstanciando o que hoje se denomina economia compartilhada. Aduziram a ausência de habitualidade, onerosidade, pessoalidade e subordinação.

Contudo, os elementos de prova existentes nos autos não autorizam, no caso, com a devida vênia da Origem, seja alcançada tal conclusão.

No que respeita ao objetivo empresarial das demandadas, é falacioso o argumento utilizado na medida em que há controle da concretização do serviço de transporte prestado pelo motorista, dito parceiro. Se se tratasse de mera ferramenta eletrônica, por certo as demandadas não sugeririam o preço do serviço de transporte a ser prestado e sobre o valor sugerido estabeleceriam o percentual a si destinado. Também não condicionariam a permanência do motorista às avaliações feitas pelos usuários do serviço de transporte. Simplesmente colocariam a plataforma tecnológica à disposição dos interessados, sem qualquer interferência no resultado do transporte fornecido, e pelo serviço tecnológico oferecido estabeleceriam um preço/valor fixo a ser pago pelo motorista pelo tempo de utilização, por exemplo.

Na verdade, como bem observado na decisão proferida pelo MM. Juiz do Trabalho, Dr. Eduardo Rockenbach Pires, nos autos do processo n.º 1001492-33-2016-5-02-0013: "*A ré oferece no mercado um produto principal: o transporte de passageiros. O aplicativo é um instrumento, um acessório ao bom funcionamento do serviço. E os consumidores do produto da ré não são os motoristas, mas sim os passageiros (...) o valor que cabe à empresa é extraído do serviço de transporte prestado ao consumidor passageiro. Logo, como o excedente do capitalista é extraído na circulação de sua mercadoria, conclui-se com segurança que a mercadoria com que a ré atua não é o aplicativo, e sim o serviço de transporte.*"

E a confirmação dessa conclusão também pode ser extraída da confissão das demandadas de que contratam seguro de acidentes pessoais em favor de seus usuários, ou seja, aqueles que se utilizam do transporte, o que, em última instância, revela assumirem a responsabilidade pela integridade física dos usuários (fl. 616/617).

Portanto, é patente a finalidade empresarial das demandadas: o transporte de passageiros.

Também não prospera o argumento de que a relação existente entre as demandadas e o demandante trata-se de modelo de economia compartilhada. Esta, na sua essência, representa a prática de divisão do uso de serviços e produtos, numa espécie de consumo colaborativo, mas numa perspectiva horizontal, propiciada, em regra, pelas tecnologias digitais. Assim, no campo da mobilidade urbana, tal prática pode ser identificada nas práticas de carona compartilhada, na qual os usuários, valendo-se de plataformas tecnológicas, compartilham o transporte. E a propósito dessa prática, os especialistas não reconhecem na atividade desenvolvida pelas demandadas a existência efetiva de compartilhamento, observando que, na realidade, tais empresas lucram sem nada compartilhar, o que inclusive deu ensejo à criação do termo ridewashing (revestir de outro significado) o compartilhamento ou a carona no transporte.

Exemplo genuíno dessa prática é a Oficina da Mesa, em São Paulo, que, com a instalação de uma cozinha industrial, possibilita o atendimento de empreendedores individuais no ramo de fornecimento de alimentos que antes, em regra, confeccionavam as refeições ou os alimentos comercializados nas dependências das cozinhas de suas residências. Pela utilização da cozinha industrial pagam um aluguel por hora independentemente do produto comercializado, não havendo, ainda, nenhuma ingerência do "dono" da cozinha industrial sobre o valor a ser cobrado pelo serviço prestado.

Nesse contexto, não é possível também acolher a alegação das demandadas de que o sistema por ela gerenciado se trata de modelo de economia compartilhada.

Resta, assim, examinar a natureza da relação existente entre as demandadas e o demandante, no caso dos autos.

As demandadas, como já mencionado anteriormente, negam a existência de habitualidade, onerosidade, pessoalidade e subordinação. Contudo, os elementos de prova existentes nos autos sinalizam em direção diversa.

A habitualidade está amplamente comprovada pelos documentos juntados às fl. 230/372, pelo demandante, a indicar que, no período de 14/07/2015 a 14/06/2016, o trabalho de motorista foi realizado de modo habitual.

A onerosidade, do mesmo modo, é inequívoca, pois pela realização do serviço de transporte era o demandante remunerado, pouco importando que o seu ganho não fosse custeado diretamente pelas empresas demandadas. A melhor doutrina e a jurisprudência predominante dos tribunais trabalhistas há muito já reconhecem que a remuneração do empregado pode ser paga por terceiros. A propósito, vale citar a lição do saudoso Magistrado, Dr. Aluysio Sampaio, na página 118 da obra "Contrato Individual do Trabalho em sua vigência" (Editora dos Tribunais - 1982), de acordo com a qual:

> "Salário ou remuneração é, pois, a contraprestação devida pelo empregador - seja diretamente paga por ele ou por terceiros, como a gorjeta.

À primeira vista, dada a compreensão corrente do instituto, a afirmativa poderá causar estranheza. Mas, desde que aceita a sinonímia entre salário e remuneração, espancam-se quaisquer dúvidas. Dir-se-á que aquilo pago por terceiros não pode constituir obrigação do empregador. Ledo engano: o que o empregador proporciona ao empregado não é estritamente a paga pelos serviços prestados, mas a oportunidade de ganho. Sabe-se, por exemplo, que são comuns os casos de garçons que pouco percebem diretamente do empregador, mas ganham quantias expressivas a título de gorjetas. Em certos casos, os garçons não se importam com o valor do salário pago diretamente pelo empregador, pois a parte substancial de seu ganho resulta das gorjetas pagas por terceiros.

A prestação essencial devida pelo empregador ao empregado não é estritamente a remuneração direta, em espécie ou utilidades, mas a efetiva oportunidade de ganhos."

Na espécie, os mesmos documentos antes citados revelam que as demandadas concentravam em seu poder, em regra, os valores pagos pelos usuários, realizando posteriormente o repasse ao demandante.

Cumpre assentar também que o fato de ser reservado ao motorista o equivalente a 75% a 80% do valor pago pelo usuário não pode caracterizar, no caso, a existência de parceria, pois conforme indicado no depoimento pessoal do demandante (fl. 1101/1102), sem contraprova das empresas, ele arcava com as seguintes despesas: aluguel do veículo, despesas com sua manutenção, combustível, telefone celular e provedor da internet. O que, convenhamos, somam despesas elevadas, especialmente se considerarmos em comparação ao exemplo citado, em decisão judicial invocada pelas demandadas, das manicures em relação aos salões de beleza. Aqui, as despesas da manicure são mínimas e, portanto, o fato de receberem percentuais superiores a 50% pode mesmo configurar a uma relação de parceria.

A pessoalidade, por seu turno, é inequívoca e confessada pelas demandadas. Argumentam que um mesmo veículo pode ser utilizado por vários motoristas, o que, a seu juízo, descaracterizaria a pessoalidade. Entretanto, admitem e confessam que o motorista deve ser sempre cadastrado, do que resulta conclusão em sentido diametralmente contrário, ou seja, o que importa é quem está conduzindo o veículo.

Por fim, resta examinar a alegação de **ausência de subordinação**. Aduziram as demandadas que o motorista possui total autonomia na execução do trabalho, pode exercer uma segunda atividade profissional, não é submetido a regra de condutas, pode recusar viagens e também pode conceder desconto aos usuários.

Contudo, mais uma vez, verifico que os elementos de prova existentes nos autos não refletem essa realidade.

Quanto à existência de total autonomia do motorista, o próprio depoimento da preposta ouvida em Juízo à fl. 1102, revela que o valor a ser cobrado pelo usuário é "sugerido" pelas empresas e que o motorista pode dar desconto a ele.

Entretanto, no caso de concessão de desconto pelo motorista, o valor destinado às empresas permanecerá calculado sobre aquele por elas sugerido. De acordo com a preposta "...o valor das viagens é sugerido pela UBER: tempo x distância; que o percentual da taxa da uber varia de 20% a 25%, de acordo com a categoria; que o percentual recebido não inclui o desconto ofertado pelo motorista ao cliente...". Portanto, não se pode cogitar de plena autonomia na medida de que a taxa de serviços não pode ser alterada.

Do mesmo modo, a afirmação de que o motorista pode ficar ilimitadamente off-line e recusar solicitações de modo ilimitado também não condiz com a necessidade empresarial e com a realidade vivenciada na relação empresa/motorista/usuário. Fosse verdadeira tal afirmação, o próprio empreendimento estaria fadado ao insucesso, pois as empresas correriam o risco evidente de, em relação a determinados locais e horários, não dispor de um único motorista para atender o usuário.

Ademais, as empresas se valem de mecanismos indiretos para obter o seu intento de disponibilidade máxima do motorista às necessidades dos usuários por elas atendidos. De acordo com o depoimento do demandante, sem contraprova das demandadas "...o depoente recebia incentivo se atingisse o número de 45 clientes por semana; que se não atingisse não recebia apenas o incentivo; que podia deixar o telefone off line; (...) que podia cancelar corrida, porém recebia informação de que a taxa de cancelamento estava alta e que poderia ser cortado; que existia um limite de cancelamento, mas não sabe informar qual era esse limite..." (fl.1101).

Também não aproveita às demandadas o argumento de que o motorista é livre para exercer uma segunda atividade profissional, pois a exclusividade não figura como requisito da relação de emprego.

Por fim, a alegação de que as empresas não impõem aos motoristas regras de conduta tampouco restou comprovada. Há confissão das demandadas de que as avaliações dos usuários são decisivas para a manutenção do cadastro do motorista. Aliás, a preposta, ouvida em audiência, admitiu que o demandante foi desligado exatamente por ter avaliação abaixo da média.

"...que acredita que o reclamante foi desligado por conta da sua avaliação abaixo da média" (fl. 1012).

É preciso registrar, nesse passo, que a relação existente entre as demandadas e os motoristas que lhes servem não se caracteriza pelo modelo clássico de subordinação e de que, assim, a depender do caso concreto sob exame, poderá não haver a configuração do vínculo de emprego, especialmente nos casos em que a prestação de serviços se revelar efetivamente eventual.

Por isso, o exame das demandas judiciais que envolvem os novos modelos de organização do trabalho deve se dar à luz das novas concepções do chamado trabalho subordinado ou parasubordinado, especialmente considerando o avanço da tecnologia. Aliás, a alteração introduzida pela Lei 12. 551/2011 no art. 6.º da CLT, é expressiva na direção ora apontada. De acordo com o parágrafo único "Os meios telemáticos e informatizados de comando, controle e supervisão se equiparam, para fins de subordinação jurídica, aos meios pessoais e diretos de comando, controle e supervisão do trabalhado alheio."

E a respeito desses novos modelos, indispensável mencionar o "Relatório Conclusivo" do Grupo de Estudos "GE UBER" do Ministério Público do Trabalho, juntado aos autos às fl. 1245/1285.

> "A MUTAÇÃO DA SUBORDINAÇÃO - AS CONSTANTES REESTRUTURAÇÕES PRODUTIVAS O direito do trabalho como o conhecemos surge nos moldes da organização produtiva do tipo fordista/taylorista, em que trabalhadores eram reunidos em subordinação de estilo militar, para o controle do exército de trabalhadores. A subordinação, assim, tinha uma dimensão pessoal de controle direto, por meio de ordens dadas por escala hierárquica rígida de prepostos do empregador. A subordinação do estilo militar surge como nota característica da organização industrial, que logo se espraia por todos os setores empresariais como ideal-tipo. Com o avanço da tecnologia, a forma com que se apresentava a subordinação sofreu mutação. Inicialmente, na reestruturação produtiva do tipo toyotista ou pós-fordista, iniciada nos anos 1970, a subordinação já se apresenta de forma mais sutil, na forma de integração na estrutura produtiva. O "dar ordens" passa a menos militarizado, desconcentrando-se as unidades produtivas. A organização do trabalho, atualmente, conhecida como Revolução Digital ou Crowdsourcing, tem a potencialidade de mudar toda a forma que é realizado o controle dos trabalhadores. Não é mais concebida como uma engrenagem - na imagem de Charles Chaplin em Tempos Modernos -, mas como um sistema programável no qual os trabalhadores são unidades capazes de reagir aos sinais que eles recebem em função da programação realizada - nos moldes previstos por George Orwell em 1984 e pela distópica série do Netflix Black Mirror. No âmbito do antigo modelo, o Direito permitiu a ficção do direito de propriedade do homem sobre si mesmo e a alienação da mercadoria fictícia "força de trabalho", com a neutralização das faculdades mentais do trabalhador pela "organização científica do trabalho". O contrato de trabalho deu a forma jurídica à dissociação do sujeito pensante, reduzido à figura do contratante, e de um trabalho desubjetivado, reduzido a uma quantidade de tempo subordinado. O contrato de trabalho - e o direito do trabalho -, por garantirem o mínimo de segurança física e econômica necessária à manutenção de sua capacidade de trabalho no tempo longo da vida humana, possibilitaram a instituição do mercado de trabalho e tornaram caducas as figuras da escravidão e da corporação de ofício. O modelo organizacional da cibernética - e, portanto, da governança -, tenta bagunçar essa montagem jurídica, pois trata o ser humano como uma máquina inteligente. O trabalho não se apresenta mais como uma coisa, mas sim como uma fonte de energia do homem, energia que é sua propriedade,

e que se pode ser por ele alugada. Um novo tipo de sujeito surge: o "sujeito objetivo", movido pelo cálculo, capaz de se adaptar em tempo real às variações do ambiente para atingir os objetivos que lhe são assinalados. Nesse contexto apresenta-se o "trabalhador flexível". Desenha-se, assim, um novo tipo de liame de direito que, à diferença do contrato, não tem por objeto uma quantidade de trabalho, mas a própria pessoa do trabalhador. Temos que lembrar sempre, por outro lado, que cibernética vem de direção, controle, governo. O controle da massa de trabalhadores para a realização de atividade econômica sempre vai ser necessário, alterando-se somente a forma. Enquanto o taylorismo/fordismo centrava-se na subordinação do trabalhador a uma racionalidade que lhe restava exterior, agora o foco está na sua programação, pela apresentação de metas, regras e medida dos resultados do trabalho por meio de indicadores estatísticos. É importante, no entanto, que o sujeito se aproprie desta avaliação para reagir positivamente à lacuna que ela revela entre sua performance e seus objetivos. Segundo Supiot, sob o regime fordista, o contrato de trabalho, de uma forma geral, apresenta-se como uma troca quantificada: em contrapartida a uma quantidade de horas de trabalho, o trabalhador recebe uma parcela de dinheiro. Isso somente foi possível pela legitimação dada pelo direito do trabalho, que colocou a subordinação jurídica no ponto central: o trabalhador abdica de toda liberdade durante o tempo que vendeu ao empregador, estando pronto a obedecer às ordens do contratante. Neste ponto há de se fazer um parêntese para explicar que essa é a forma mais usual de formatação do trabalho, não sendo jamais questionada a condição de empregado daquele que se coloca à disposição de um contratante para realizar trabalho, sendo-lhe quantificado o seu salário pela sua produção, e não pelo tempo à disposição do empregador, como é comum e ordinário no comércio (comissões) e mesmo na indústria (confecção, por exemplo). O ponto em comum, então, seria a colocação de tempo - determinado ou não - à disposição do empregador com a definição pelo contratante dos métodos de trabalho e aquisição por este do resultado final. No novo regime, a organização do trabalho - e consequentemente o seu controle - apresenta-se de forma diferente: é a programação por comandos. Restitui-se ao trabalhador certa esfera de autonomia na realização da prestação. Esta é a direção por objetivos. A partir da programação, da estipulação de regras e comandos preordenados e mutáveis pelo seu programador, ao trabalhador é incumbida a capacidade de reagir em tempo real aos sinais que lhe são emitidos para realizar os objetivos assinalados pelo programa. Os trabalhadores, nesse novo modelo, devem estar mobilizados e disponíveis à realização dos objetivos que lhe são consignados...".

"...A subordinação dos dirigidos aos dirigentes cede à ideia do controle por "stick"(porrete) e "carrots" (premiação). Aqueles que seguem a programação recebem premiações, na forma de bonificações e prêmios; aqueles que não se adaptarem aos comandos e objetivos, são cortados ou punidos.68 Próprio da nova organização do trabalho, em que os trabalhos devem ser permanentemente inseguros - e a insegurança deve estar inculcada na mente das pessoas - para que o controle possa ser realizado da forma mais eficiente, e os objetivos melhor alcançados. A ideia é da mobilização total: os trabalhadores devem estar disponíveis a todo momento. Essa mobilização, diferentemente do fordismo-taylorismo, visa dominar não o corpo dos trabalhadores, mas seus espíritos, cedendo a obediência mecânica em prol da busca pelos trabalhadores do atingimento dos objetivos traçados pela empresa, a partir da esfera de autonomia concedida, que implica que o trabalhador seja sempre transparente aos olhos do empregador, que a todo momento tem o poder de mensurar e avaliar seu funcionamento. Aqui está, então, outro ponto central na organização por comandos ou programação, que é a avaliação da realização dos objetivos, corolária da autonomia concedida aos trabalhadores, estando onipresente nos dispositivos de governança pelos números. São, assim, criados diversos métodos e técnicas de avaliação dos trabalhadores, não somente em relação à quantificação dos objetivos, mas também são construídos dispositivos de análise qualitativa do trabalho realizado. A relação entre trabalhador e empresa passa por uma nova nomenclatura: é uma relação de aliança, em uma refeudalização das relações. O liame da aliança implica em um engajamento ainda maior da pessoa do trabalhador, pois ao invés de se fixar em obedecer mecanicamente a ordens dadas em tempo e lugar anteriormente fixados, devem os trabalhadores se mobilizar totalmente para a realização dos objetos que lhe são consignados e se submeter aos processos de avaliação de sua performance. Também é essencial na direção por objetivos o crescimento da influência da empresa na vida pessoal do trabalhador. É próprio do trabalho assalariado a reificação da pessoa que é, ao mesmo tempo, objeto e sujeito do contrato de trabalho, sendo que, de maneira recíproca, é reconhecida sua condição de pessoa. A desestabilização dos quadros espaços-temporais de execução do trabalho e a autonomia programada conduzem não a uma redução, mas a um aumento do engajamento da pessoa do trabalhador. Assim, o controle por programação ou comandos (ou por algoritmo) é a faceta moderna da organização do trabalho. Passa-se da ficção do trabalhador-mercadoria para a ficção do trabalhador-livre, em aliança neofeudal com a empresa. Altera-se a formatação, mas resta a natureza: a) de um lado as pessoas, travestidas em realidades intersubjetivas denominadas empresas, que detêm capital para investir na produção e serviços e b) do outro lado os demais indivíduos que têm somente o trabalho a ser utilizado e apropriado por essas realidades intersubjetivas para a realização de sua atividade econômica. A exploração dos segundos pelos primeiros continua a mesma".

Em consequência, considerando as peculiaridades do caso dos autos, acolho o inconformismo do demandante para reconhecer o vínculo de emprego entre as partes no período indicado na inicial, qual seja, de 14/07/2015 a 14/06/2016, nos exatos termos do pedido (fl. 41).

Tendo em vista que no documento de fl. 45/52 (termos e condições do contrato) consta a UBER DO BRASIL TECNOLOGIA LTDA., defino sua responsabilidade pelo registro na CTPS do demandante, na qual deverão ser anotadas as datas de admissão e dispensa, a função de motorista, bem como a média salarial a ser definida em execução, considerando os documentos existentes nos autos. O registro deverá ser efetuado em 8 (oito) dias, após o trânsito em julgado da decisão, a contar da intimação da empresa da juntada do documento aos autos pelo demandante, sob pena de multa diária de R$ 100,00, até o limite de R$ 5.000,00, nos termos do art. 536, § 1.º, do CPC.

Não há que se cogitar de ilegitimidade de parte das demais demandadas (UBER INTERNATIONAL HOLDING BV e UBER INTERNATIONAL BV), já que compõem um mesmo grupo econômico juntamente com a primeira demandada, UBER BRASIL TECNOLOGIA LTDA., como se observa do contrato social de fl. 537, de sorte que devem responder solidariamente pelas verbas da condenação.

Considerando que a dispensa decorreu de ato da empregadora sem indicação de justa causa, defiro o pagamento de aviso prévio indenizado (30 dias); décimo terceiro proporcional de 2016 (6/12) e de 2017 (6/12), férias proporcionais (11/12), acrescidas de 1/3 e FGTS com a indenização de 40%, tudo nos limites do pedido inicial.

Devida também a multa prevista no art. 477 da CLT, pois nos filiamos à corrente que entende plenamente cabível a penalidade, na medida em que a decisão judicial, no que toca ao reconhecimento do vínculo, tem natureza declaratória da situação jurídica preteritamente vivida pelas partes, o que autoriza a imposição ao empregador do pagamento de todos os direitos previstos na Lei em decorrência do contrato de trabalho e justifica a aplicação da multa prevista no artigo 477 do Texto Consolidado, pois caracterizada a mora no pagamento das verbas rescisórias que o legislador quis coibir. Somente a existência de uma sentença constitutiva daria ensejo à argumentação de que a controvérsia acerca do direito material afastaria a penalidade, e este não é o caso dos autos.

Na reclamação trabalhista que visa o reconhecimento do vínculo empregatício, não se cuida de desconstituir ou modificar uma relação jurídica válida para a constituição de outra. Cuida-se de examinar a existência de um direito e, em caso positivo, de aplicar a sanção legal, em sentido amplo, decorrente desse direito.

Tanto é assim que, a despeito da controvérsia sobre a rescisão do contrato de trabalho, a decisão trabalhista que reconhece o direito ao pagamento das verbas rescisórias impõe ao réu a obrigação quanto a todos os títulos trabalhistas decorrentes, como aquele previsto no artigo 137 da CLT, ou seja, a dobra das férias não gozadas dentro do período concessivo, cuja natureza de sanção é indiscutível.

Ora, a prevalecer o entendimento de que a "controvérsia" sobre a natureza da relação, no processo do trabalho, impede a aplicação da regra estabelecida no artigo 477 da CLT, em tese, pode levar ao afastamento da aplicação de toda a legislação trabalhista. No entanto, nada justifica premiar o empregador que, desobedecendo a lei, não registra o empregado, desonerando-o do pagamento da multa pelo atraso na quitação das verbas rescisórias, reconhecidas na decisão como devidas.

Ademais, o Tribunal Superior do Trabalho editou a Súmula n.º 462, convalidando o posicionamento acima adotado (A circunstância de a relação de emprego ter sido reconhecida apenas em juízo não tem o condão de afastar a incidência da multa prevista no art. 477, §8º, da CLT. A referida multa não será devida apenas quando, comprovadamente, o empregado der causa à mora no pagamento das verbas rescisórias).

Desta forma, tenho que, nesses casos, não é possível afastar a aplicação do artigo 477, § 8.º, da CLT, razão pela qual deve ser deferida a penalidade nele prevista.

Contudo, a controvérsia acerca do vínculo de emprego não permite acolher o pedido de multa do artigo 467 da CLT, visto que a ausência de controvérsia é requisito essencial para aplicação dessa penalidade.

Por fim, defiro a pretensão de expedição de ofício, pois a ausência da anotação da CTPS constitui flagrante irregularidade da legislação trabalhista e previdenciária, justificando a determinação em relação aos seguintes órgãos: INSS, DRT, MPT e CEF, para providências cabíveis.

Tendo em vista a reversão do julgado, necessário se faz definir a responsabilidade pelos recolhimentos fiscais e previdenciários, bem assim a incidência de juros e o critério de cálculo da correção monetária.

Decisões de improcedência – sem reconhecimento do vínculo

Abaixo, as decisões do TRT da 3º Região que não reconhecem a relação de emprego.

> **RELAÇÃO DE EMPREGO. CARACTERIZAÇÃO. MOTORISTA CADASTRADO EM PLATAFORMA DIGITAL. UBER**. Para a configuração do vínculo empregatício é imprescindível a reunião dos elementos fático-jurídicos elencados nos arts. 2º e 3º da CLT (pessoalidade, não eventualidade, onerosidade e subordinação jurídica). Se o depoimento do reclamante esclarece os termos da avença celebrada com a reclamada, demonstrando que entre ambos houve ajuste legítimo de vontades, com soma mútua de esforços e distribuição dos lucros provenientes do negócio, não é possível reconhecer a relação de emprego. (RO nº 0010887-90.2017.5.03.0017, 9ª Turma do TRT da 3ª Região/MG, Rel. Ricardo Antônio Mohallem. j. 21.08.2018).
>
> **VÍNCULO DE EMPREGO. MOTORISTA VINCULADO A UBER. AUTONOMIA X SUBORDINAÇÃO.** As relações de trabalho contemporâneas,

alicerçadas nos inúmeros avanços tecnológicos e diretamente interligadas aos mais modernos dispositivos eletrônicos impõem à Justiça do Trabalho especial cautela na apreciação de pedidos correlacionados ao vínculo de emprego, a fim de se evitar a precarização do instituto, mas sem se descurar que o reconhecimento do liame empregatício ainda impõe o preenchimento dos inarredáveis requisitos legais, sob pena de sua banalização. Nesse passo, a relação havida entre a empresa Uber e os motoristas cadastrados demanda pesquisa acerca dos pressupostos fáticos da relação de emprego e consulta objetiva aos elementos de prova, no sentido de apurar o que de real ocorreu para, ao final, aquilatar se realmente houve tentativa de burla à Lei Trabalhista. E, no caso em exame, tendo o próprio Reclamante revelado, em depoimento pessoal, fatos que demonstram ausência de subordinação, com ampla autonomia no desempenho da atividade laboral, de rigor a improcedência do pedido de reconhecimento de vínculo empregatício. (RO nº 0011258-69.2017.5.03.0012, 3ª Turma do TRT da 3ª Região/MG, Rel. Camilla G. Pereira Zeidler. j. 13.06.2018).

MOTORISTA CADASTRADO EM PLATAFORMA DIGITAL - UBER- RELAÇÃO DE EMPREGO - INEXISTÊNCIA. Ainda que seja notória a dificuldade da legislação trabalhista em regulamentar as novas relações de trabalho que surgem exponencialmente, inclusive pelo incremento e utilização cada vez mais intensa de aparatos tecnológicos que integram o cotidiano dos trabalhadores em suas atividades profissionais, por outro lado não podem ser ignorados os pressupostos consubstanciados nos artigos 2º e 3º da CLT para fins de eventual reconhecimento do vínculo empregatício perante esta Especializada. Seguindo essa premissa, não há como declarar a relação de emprego entre o motorista cadastrado em plataforma digital que propicia a intermediação do serviço de transporte com o passageiro e a empresa que desenvolveu e disponibiliza a referida tecnologia, quando evidenciado pelo contexto probatório a ampla autonomia pelo reclamante no desempenho de sua atividade profissional como motorista, assumindo os riscos da atividade por ele desenvolvida e gerindo o seu cotidiano laboral conforme sua conveniência, pois a ausência do pressuposto legal concernente à subordinação jurídica se apresenta como óbice para a configuração do vínculo empregatício. (RO nº 0010774-87.2017.5.03.0001, 2ª Turma do TRT da 3ª Região/MG, Rel. Convocado Sabrina de Faria F. Leão. j. 18.12.2017).

MOTORISTA CADASTRADO NO APLICATIVO UBER - AUSÊNCIA DE RELAÇÃO DE EMPREGO. A finalidade do aplicativo desenvolvido e utilizado pela reclamada é conectar quem necessita da condução com quem fornece o transporte, sem os pressupostos dos artigos 2º e 3º da CLT, em especial a pessoalidade e a subordinação jurídica, o que impede o reconhecimento da relação de emprego. (RO nº 0010795-02.2017.5.03.0183, 5ª Turma do TRT da 3ª Região/MG, Rel. Convocado Danilo Siqueira de C. Faria. j. 12.12.2017).

Possíveis Impactos da Lei 13.640/2018

A Lei nº 13.640/18 alterou a Lei nº 12.58712, que regulamenta o transporte remunerado privado individual de passageiros, para acrescentar o art. 11-A, que estipula a competência dos Municípios e Distrito Federal para regulamentar e fiscalizar o serviço de transporte remunerado privado individual de passageiros. Chama atenção o inciso III do parágrafo do citado dispositivo, que determina a inscrição do motorista como contribuinte individual:

> **Art. 11-A, Parágrafo único.** Na regulamentação e fiscalização do serviço de transporte privado individual de passageiros, os Municípios e o Distrito Federal deverão observar as seguintes diretrizes, tendo em vista a eficiência, a eficácia, a segurança e a efetividade na prestação do serviço: (Incluído pela Lei nº 13.640, de 2018)
>
> [...]
>
> **III** - exigência de inscrição do motorista como contribuinte individual do Instituto Nacional do Seguro Social (INSS), nos termos da alínea h do inciso V do art. 11 da Lei nº 8.213, de 24 de julho de 1991. (Incluído pela Lei nº 13.640, de 2018)

O contribuinte individual é disciplinado pela alínea "h" do inciso V do art. 11, da Lei nº 8.213/91, o qual estabelece serem contribuintes individuais, as pessoas físicas que exercem, por conta própria, atividade econômica de natureza urbana, com fins lucrativos ou não.

O que a referida lei está, portanto, a dizer é que o motorista da plataforma digital exerce a atividade por conta própria, ou seja, seria um autônomo.

Particularmente, entendemos que o motorista de plataforma digital não se enquadra, a princípio, no conceito de empregado, especialmente pela possibilidade de decidir quando e por quanto tempo trabalhar.

Ainda que alguns motoristas laborem de forma reiterada, é certo que isso não é uma obrigatoriedade, sendo lícito a qualquer momento suspender suas atividades.

Contudo é importante registrar que essa relação é complexa e objeto de sucessivas modificações no "modus operandi" e que a natureza da relação deve ser aferida a partir da realidade do momento em que se operar.

A bem da verdade, temos mais uma lei que pretende ser "elisiva de vinculo de emprego", tal qual já se procedeu com as cooperativas (Lei 8.949/94), com o transportador autônomo de cargas (Lei 12.587/12) e com aquele que firme contrato de autônomo nos termos do art. 443 da CLT (Lei 13.467/2017).

Entendemos, contudo, que a realidade fática é que deve indicar se estamos a falar de empregado ou não. Em outras palavras, é necessário examinar se estão presentes os requisitos do vínculo de emprego do art. 2º e 3º da CLT em observância ao Princípio da Primazia da Realidade, corporificado no art. 9º da CLT e que pode ser metaforicamente representado na clássica passagem de William Shakespeare: "Se a rosa tivesse outro nome, ainda assim exalaria o mesmo perfume[1]".

Se a realidade dos fatos fizer emergir os requisitos da relação de emprego, esta deverá ser reconhecida, ainda que o rótulo ou nome seja outro. No caso do motorista de plataforma digital, a realidade atual, contudo, nos leva à rejeição do vínculo. Em sentido contrário, registramos a posição de Raphael Miziara[2]:

> Com efeito, o motorista do uber e aplicativos afins depende da empresa, ou seja, os serviços são prestados sob a dependência daquela que organiza os fatores de produção. Nessa ordem de ideias, é preciso que a doutrina e jurisprudência pátrias percebam, de uma vez, por todas, que o elemento dependência, se presente, é capaz de configurar o vínculo empregatício, assim como se dá, por exemplo, na Espanha. E, isso por imperativo legal da legislação brasileira (art. 3º, da CLT).
>
> Ademais, importa argumentar que no verdadeiro trabalho autônomo não ocorre a desconexão jurídica entre o trabalhador e o destinatário final do produto de seu trabalho, pois entre eles existe a figura do empregador. É dizer, no trabalho autônomo há uma bipolaridade entre o consumidor e o trabalhador autônomo. Já na relação de emprego, fala-se em tripolaridade, pois o fruto do trabalho do empregado, ao ser colocado no mercado, o é por intermédio do empregador, ou seja, o empregado não se lança diretamente no mercado, justamente porque depende da organização produtiva do Uber e afins. Na relação de emprego há a presença de um terceiro (empregador) que se coloca entre o trabalhador e o cliente, "rompendo" ou impedindo que nasça a relação jurídica com o destinatário final (clientes), como justamente se dá no Uber.
>
> O foco deixa de ser a subordinação e passa a ser a dependência, ou seja, a ajenidad dos fatores de produção. O alheamento ou ajenidad dos fatores de produção revela que o motorista não organiza atividade econômica para produção ou circulação de bens ou de serviços, em outros termos, é o próprio Uber (ou afins), empregador, que é o proprietário dos meios de produção (aplicativo e demais fatores) e, por consequência, organiza e dirige o processo produtivo, de modo que o trabalhador se insere na empresa como uma "peça" necessária para o desenvolvimento normal do processo produtivo.
>
> Portanto, a partir dessa ordem de ideias, pode-se concluir que a Lei nº 13.640/18, que alterou a Lei nº 12.587, de 3 de janeiro de 2012, não tem o condão de impedir a formação do vínculo empregatício nas relações entre motoristas e as proprietárias de plataformas digitais, eis que permanece incólume o disposto no art. 3º da CLT.

---

1 SHAKESPEARE, William. Romeu e Julieta.

2 MIZIARA, Raphael. http://ostrabalhistas.com.br/pela-lei-no-13-6402018-motorista-do-uber-e-afins-nao-e-empregado-sera/.

Resumo dos argumentos contrários e favoráveis ao reconhecimento do vínculo

Fundamentos contrários:

- Exploração de serviço de plataforma digital;
- Modelo de economia compartilhada;
- Autonomia e Eventualidade do serviço;
- Remuneração provém de terceiro;
- Cuida-se de parceria, na qual o motorista fica com 75%;
- Veículo pode ser utilizado por qualquer pessoa;

Fundamentos favoráveis:

- Exploração de serviço de plataforma digital;
- O serviço oferecido é de transporte (aplicativo é apenas um instrumento para tanto);
- Consumidores não são os motoristas, mas sim os usuários;
- Remuneração da empresa é pelo transporte e não pelo fornecimento do aplicativo. Logo, a mercadoria não é o aplicativo, mas sim as viagens;
- Tripolaridade e Ajenidad – Quem oferece o serviço no mercado de consumo? – Quem tem a imagem afetada com a má prestação do serviço?
- Nova forma de subordinação e controle (suspensões por recusa de corridas, inação prolongada, proibição de passar o telefone, desabilitação por nota, que equivaleria a uma dispensa);
- A pessoalidade está presente pelo cadastramento;
- Economia Compartilhada é quando se dividem custos, tais como em carona compartilhada ou Oficina da Mesa em SP;
- A remuneração pode vir de terceiro, a exemplo das gorjetas, vide caso dos garçons;
- O que se deve levar em conta é a oportunidade de ganho propiciada, a exemplo de vendedores comissionistas;
- Não se pode analisar apenas o percentual da corrida para concluir por parceria, já que os custos são todos do motoristas;

CLÁUSULA DE PERMANÊNCIA

Validade da multa pecuniária prevista em pacto de permanência no emprego

Processo: RO nº 1001099-71.2016.5.02.0381, 3ª Turma do TRT da 2ª Região/SP, Rel. Margoth Giacomazzi Martins. DJe 10.04.2018

"Registre-se, de início, que, segundo o princípio do "pacta sunt servanda", as condições estipuladas em contrato constituem lei entre as partes contratantes, razão pela qual devem ser respeitadas. Depreende-se dos autos, que o réu, ex-empregado do Banco Bradesco, assinou contrato de patrocínio com o referido Banco para a realização de curso de MBA em Finanças - Investimento e Risco a ser ministrado pela instituição de ensino Fundação Getúlio Vargas. A Cláusula 4.9., item b, do referido contrato de patrocínio prevê que o empregado cuja rescisão do contrato de trabalho tenha decorrido de pedido deve restituir ao patrocinador "75% do valor total do curso, se a rescisão ocorrer no período de até vinte e quatro meses que sucederem à conclusão do curso". Acrescente-se que o réu, ex-empregado do Banco, é pessoa de alta qualificação profissional e tinha pleno conhecimento do teor do contrato que estava assinando, não podendo, agora, alegar a existência de vício de consentimento, tampouco a ocorrência de onerosidade excessiva. Assim, considerando-se que o curso de MBA patrocinado pelo Banco autor fora finalizado em setembro de 2011 e que a rescisão do contrato de trabalho efetuada a pedido do empregado ocorreu em 04 de março de 2013, devido o ressarcimento do valor correspondente a 75% do valor do curso, conforme previsão contida na Cláusula 4.9., item b, do contrato de patrocínio. Recurso ordinário do autor a que se dá provimento."

Cláusula de permanência - Conceito

Conceitualmente, pode-se dizer que a cláusula de permanência é o acordo celebrado entre trabalhador e o empregador pelo qual aquele se compromete a não denunciar o contrato de trabalho durante um determinado período de tempo.

Assim, as partes assumem uma vigência mínima para o contrato de trabalho, mediante a fixação de um "termo estabilizador" do contrato. É uma espécie de compromisso de estabilidade assumido pelo empregado perante o empregador, garantido pela obrigação de restituição dos montantes correspondentes às despesas realizadas com a formação profissional do empregado (CARNEIRO, Luís Almeida. Dever de formação e pacto de permanência. Coimbra: Almedina, 2015. p. 126).

Em Portugal, o art. 137 do Código do Trabalho regula o pacto de permanência nos seguintes termos:

> "1 - As partes podem convencionar que o trabalhador se obriga a não denunciar o contrato de trabalho, por um período não superior a três anos, como compensação ao empregador por despesas avultadas feitas com a sua formação profissional. 2 - O trabalhador pode desobrigar-se do cumprimento do acordo previsto no número anterior mediante pagamento do montante correspondente às despesas nele referidas".

Cláusula de permanência – Aplicação prática

Em regra, os empregados possuem total liberdade para se desvincularem do contrato de trabalho. Para tanto, basta exercer seu direito potestativo de demissão.

Ocorre que em determinados contratos de trabalho o empregador tem a faculdade de investir na capacitação do empregado, como, por exemplo, pagando uma faculdade. Em contrapartida pelo investimento feito, exige que esse empregado não exerça seu direito potestativo de demissão por um determinado período de tempo.

Para tanto, as empresas firmam com seus empregados a chamada cláusula de permanência ou fidelização compulsória, por meio da qual o empregado se compromete a continuar trabalhando para empresa até que seja cumprido um determinado período de carência.

No Brasil não há regulamentação expressa sobre o tema, devendo a validada do ajuste se analisada sempre casuisticamente, a partir da ponderação de valores segundo os critérios acima apontados. O C. TST já teve a oportunidade de enfrentar o tema, conforme se vê da ementa abaixo:

> [...] **AÇÃO MONITÓRIA. CLÁUSULA DE PERMANÊNCIA NÃO CONCORRENCIAL. DESCUMPRIMENTO PELO EMPREGADO. MULTA CONTRATUAL. VALIDADE.** Nos termos do art. 444 da CLT é válida a pactuação de cláusula de permanência não concorrencial, que imponha multa em caso de seu descumprimento pelo empregado, desde que não se revele abusiva. No caso dos autos, o réu recebeu um valor substancial do banco-autor a título de incentivo para permanecer trabalhando nesta instituição por determinado lapso de tempo. Percebe-se que a previsão de cláusula penal, a despeito de servir como desestímulo à quebra do acordo, não impossibilitou o réu de obter outra colocação profissional, talvez mais promissora ou mais rentável, tanto assim que, de fato, ele rescindiu seu contrato de trabalho com o Banco Itaú S.A. para se empregar em outro estabelecimento empresarial. O réu está sendo cobrado a devolver apenas parte do que recebeu a título de bonificação de permanência. Evidencia-se, assim, que a multa prevista no acordo se revela equitativa e balanceada. O princípio da boa-fé e o dever de lealdade aplicam-se às relações trabalhistas e permeiam todos os seus aspectos e fases, incluindo as pré e pós contratual, dirigindo-se a ambos os lados da relação trabalhista. Nesse contexto, o art. 422 do Código Civil Brasileiro enuncia que "os contratantes são obrigados a guardar, assim na conclusão do contrato, como em sua execução, os princípios de probidade e boa-fé". Não é justo que o réu, tendo recebido uma alta importância em dinheiro para permanecer na empresa - independentemente de seu salário - rompa o acordo (quebrando legítimas expectativas) e não se submeta às penalidades contratuais acordadas. Agravo de instrumento desprovido. (AIRR-43800-95.2008.5.02.0041, Relator Ministro: Luiz Philippe Vieira de Mello Filho, 7ª Turma, Data de Publicação: DEJT 07/10/2016)

Portanto, é necessário que haja proporcionalidade entre o tempo do curso realizado e o período mínimo de permanência ajustado. Do contrário, será violado o direito fundamental de liberdade no exercício de qualquer trabalho, ofício ou profissão, contido no art. 5º, XIII, da CRFB/88, pois o trabalhador, que dificilmente terá condições de ressarcir os valores investidos em sua capacitação, terá cerceado seu direito de rescisão contratual por tempo desarrazoado.

FÉRIAS

A conversão de 1/3 do período de férias (abono) em abono pecuniário é um direito potestativo do empregado

Informativo 186 do TST

Processo: E-ED-RR - 104300-96.2009.5.04.0022 Data de Julgamento: 08/11/2018, Relator Ministro: Luiz Philippe Vieira de Mello Filho, Subseção I Especializada em Dissídios Individuais, Data de Publicação: DEJT 23/11/2018.

"A conversão de 1/3 do período de férias em abono pecuniário, conforme o art. 143 da CLT, é um direito potestativo do empregado, razão pela qual não pode ser imposta pelo empregador, sob pena de descumprimento dos arts. 134 e 143 da CLT e 7º, XVII, da CF. Ausente a livre escolha do trabalhador, aplica-se a sanção do art. 137 da CLT, que impõe o pagamento em dobro do período não usufruído, a fim de coibir a prática que compromete o direito ao descanso anual. Verificado, contudo, que o empregado já recebeu o abono pecuniário, esse montante deve ser considerado para efeito de aplicação da penalidade, evitando-se o pagamento em triplo da remuneração de férias e o consequente enriquecimento sem causa."

Abono de Férias

A CF em seu art. 7º, XVII, prevê o direito do empregado de gozar férias com o pagamento de, pelo menos, um terço a mais do que o salário normal.

O abono de férias, que constitui a conversão de 1/3 do período das férias no valor da remuneração que lhe seria devida nos dias correspondentes, nos termos do art. 143 da CLT, é um direito potestativo do empregado, devendo ser requerido, até 15 (quinze) dias antes do término do período aquisitivo.

Diz o art. 143 da CLT:

> **CLT, Art. 143.** É facultado ao empregado converter 1/3 (um terço) do período de férias a que tiver direito em abono pecuniário, no valor da remuneração que lhe seria devida nos dias correspondentes.

> § 1º O abono de férias deverá ser requerido até 15 (quinze) dias antes do término do período aquisitivo.
>
> § 2º Tratando-se de férias coletivas, a conversão a que se refere este artigo deverá ser objeto de acordo coletivo entre o empregador e o sindicato representativo da respectiva categoria profissional, independendo de requerimento individual a concessão do abono.

Quando houver imposição pelo empregador para que o empregado converta parte do período de férias em pecúnia, o empregado pode pleitear em ação judicial o pagamento em dobro do período não usufruído.

Nesse sentido a jurisprudência do TST:

> **FÉRIAS - CONVERSÃO EM ABONO PECUNIÁRIO - IMPOSIÇÃO DO EMPREGADOR - DEDUÇÃO DOS VALORES PAGOS A TÍTULO DE ABONO** - Esta Eg. Corte firmou o entendimento de que a conversão de dez dias de férias em abono pecuniário por imposição patronal enseja o pagamento em dobro da respectiva remuneração. Neste caso, é devido o pagamento dos dias não gozados de forma simples, pois a cumulação da dobra com o abono pecuniário anteriormente pago ao empregado implica o pagamento em triplo das férias não gozadas e, assim, o enriquecimento sem causa do Reclamante. Julgados. Agravo de Instrumento a que se nega provimento. (ARR-10661-55.2015.5.03.0179, Rel. Min. Maria Cristina Irigoyen Peduzzi, 8ª Turma, DEJT de 11/5/2018) (...)
>
> **FÉRIAS. CONVERSÃO EM ABONO PECUNIÁRIO. IMPOSIÇÃO DO EMPREGADOR. PAGAMENTO DO PERÍODO DO ABONO REALIZADO DE FORMA SIMPLES, COM ACRÉSCIMO DO TERÇO CONSTITUCIONAL. DEVIDA APENAS A DOBRA.** 1. A Corte de origem registrou que, do conjunto probatório, extrai-se que a fruição do período de férias era de apenas 20 dias, não sendo permitido ao empregado o gozo de 30 dias de férias. 2. A despeito da irregularidade da imposição da conversão de 10 (dias) dias de férias em abono pecuniário, não merece reparos o acórdão regional que, considerando que já houve o pagamento desses dias, concluiu ser devido ao autor apenas a dobra do período de férias convertido em pecúnia, acrescida do terço constitucional, porque o deferimento da indenização em dobro implicaria remuneração em triplo das férias, o que careceria de amparo legal. 3. A decisão regional segue o entendimento já adotado em julgados desta Corte Superior, que em situações similares, de irregularidades em relação à concessão das férias, entende devida apenas a dobra, quando já efetuado o seu pagamento de forma simples, acrescido do terço constitucional. Precedentes. Recurso de revista conhecido e não provido. (RR-4184-30.2013.5.12.0019, 1ª Turma, Rel. Min. Hugo Carlos Scheuermann, DEJT de 11/11/2016)
>
> **RECURSO DE REVISTA INTERPOSTO PELO RECLAMANTE DIAS DE FÉRIAS CONVERTIDOS EM PECÚNIA POR IMPOSIÇÃO DO EMPREGADOR. PAGAMENTO EM DOBRO DEVIDO.** Sendo imposição do

empregador a conversão de 10 dias de férias em pecúnia, o empregado tem direito ao pagamento em dobro do período correspondente, nos termos do art. 137 da CLT. No caso, a decisão proferida pelo Tribunal Regional foi no sentido de que é devido o pagamento em dobro dos 10 dias de férias convertidos em pecúnia por imposição do empregador. Todavia, limitou-se o pagamento desses dias de férias de forma simples, uma vez que o reclamante já auferiu, no decorrer do contrato de trabalho, o pagamento do abono pecuniário de férias, garantindo assim a dobra legal, em observância ao disposto no art. 143 da CLT .. (RR-2120-18.2011.5.12.0019, 5ª Turma, Rel. Min. João Batista Brito Pereira, DEJT de 15/9/2017)

(...) **FÉRIAS. CONVERSÃO DE DEZ DIAS EM ABONO. IMPOSIÇÃO DO EMPREGADOR. PAGAMENTO EM DOBRO.** Uma vez constatado que a reclamante recebeu o abono decorrente da venda - ainda que compulsória - de dez dias de férias, faz jus ao pagamento do valor relativo ao período vendido irregularmente à reclamada, nos termos do art. 137 da CLT, mas de forma simples, de modo a evitar o pagamento em triplo da parcela, tal como já determinado pelo eg. Tribunal Regional. Recurso de revista não conhecido. (...) (ARR-478-23.2013.5.09.0019, 6ª Turma, Rel. Min. Aloysio Corrêa da Veiga, DEJT de 2/6/2017)

Dessa forma, constituindo faculdade do empregado a conversão das férias em abono pecuniário, qualquer exigência da empresa nesse sentido extrapola o poder diretivo do empregador, tornando ilícita a conversão, o que implica a restituição em dobro do período convertido.

Pagamento das férias dois dias depois do prazo do art. 145 da CLT

Informativo 187 do TST

TST-E-RR-10128-11.2016.5.15.0088, SBDI-I, rel. Min. Luiz Philippe Vieira de Mello Filho, 12.11.2018

A SBDI-I, em sua composição plena, por maioria, nos termos do art. 72 do RITST, decidiu suspender a proclamação do resultado do julgamento e remeter os autos ao Tribunal Pleno para que julgue o recurso de embargos em que se discute o direito de empregado da Indústria de Material Bélico do Brasil - Imbel ao pagamento em dobro das férias quitadas dois dias após o prazo a que se refere o art. 145 da CLT.

CONTRATO DE TRABALHO INTERMITENTE

Invalidade do contrato de trabalho intermitente em atividade contínua

Processo nº 0010454-06.2018.5.03.0097 - TRIBUNAL REGIONAL DO TRABALHO DA 3ª REGIÃO - RELATOR: JOSÉ EDUARDO DE RESENDE CHAVES JÚNIOR

O contrato de trabalho intermitente ou "contrato zero hora" é uma das grandes polêmicas da Reforma Trabalhista, sendo palco de acirradas controvérsias até mesmo em berços do liberalismo econômico.

Justamente em função das incertezas que pairam acerca de tal modalidade de contratação é que não se tem presenciado uma massificação de tais contratos.

Em 31/10/2018, tivemos uma decisão do TRT da 3ª Região acerca do tema. Nos autos do processo 0010454-06.2018.5.03.0097, a 1ª Turma do TRT da 3ª Região declarou a nulidade de um contrato de trabalho na modalidade intermitente por se tratar de atividade contínua e desprovida de intermitência.

Por oportuno, transcrevem-se trechos da fundamentação:

> "O contrato de trabalho pelo regime intermitente foi introduzido nos artigos 443 e 452-A da denominada Reforma Trabalhista (Lei 13.467/2017), a qual foi elaborada com o objetivo primordial de simplificar e modernizar as relações de trabalho, sem que, com isso, haja precarização do emprego, como restou amplamente divulgado pela mens legislatoris.
>
> A nova lei definiu o contrato de trabalho intermitente como sendo aquele em que "a prestação de serviços, com subordinação, não é contínua, ocorrendo com alternância de períodos de prestação de serviços e de inatividade, determinados em horas, dias ou meses, independentemente do tipo de atividade do empregado e do empregador, exceto para os aeronautas, regidos por legislação própria.
>
> Diante de tal redação, entende-se o contrato de trabalho intermitente como sendo uma contratação excepcional, em atividade empresarial descontínua. Assim sendo, essa modalidade de contrato, por ser atípica e peculiar, assegura aos trabalhadores patamares mínimos de trabalho e remuneração, devendo então ser utilizada somente para situações específicas.
>
> In casu, analisando o contrato de trabalho de Id. d140d84, verificou-se que o reclamante foi contratado pela reclamada Magazine Luiza em 21/11/2017 para o cargo de assistente de loja, em atividades típicas, permanentes e contínuas da empresa, quais sejam, recepcionar o cliente na loja, conferir produtos e fazer pacotes, efetuar procedimentos de entrega de produtos adquiridos pelo site, contar, conferir e zelar pelo estoque de produtos da loja, entre outras.
>
> Nesse sentido, a Anamatra - Associação Nacional dos Magistrados da Justiça do Trabalho, por meio de sua Comissão 3, redigiu a tese 28 da 19ª CONAMAT, por meio da qual entende que o regime de caráter intermitente é incompatível com a demanda permanente, contínua ou regular ou para substituir posto de trabalho efetivo. Vejamos: "*No caso do contrato de trabalho intermitente: "é ilícita a contratação para atendimento de demanda permanente, contínua ou regular de trabalho, dentro do volume normal de atividade da empresa"; é ilegal substituir posto de trabalho efetivo (regular ou permanente) pela contratação do tipo intermitente; não pode o empregador optar por essa modalidade contratual*

para, sob tal regime, adotar a escala móvel e variável de jornada; acaso contratado na modalidade da intermitência, o trabalhador tem direito subjetivo à convocação, sendo ilícita sua preterição ou a omissão do empregador (Enunciado nº 90 da 2ª Jornada)."

Entende-se, portanto, que o trabalho em regime intermitente é lícito de acordo com a nova legislação, todavia, deve ser feito somente em caráter excepcional, ante a precarização dos direitos do trabalhador, e para atender demanda intermitente em pequenas empresas, sobretudo, não podendo ser utilizado para suprir demanda de atividade permanente, contínua ou regular."

Introdução

A denominada Reforma Trabalhista de 2017, (Lei nº 13.467/2017) transformou profunda e sistematicamente o microssistema laboral brasileiro, em especial a Consolidação das Leis do Trabalho.

Há, dentre as tantas mudanças, uma alteração legislativa que merece particular atenção: a inserção do parágrafo §3º no artigo 443 e do artigo 452-A na CLT, inaugurando no Brasil a figura do contrato de trabalho intermitente. Tal modalidade pode vir a transformar a relação de emprego no país, na medida em que amplia o seu conceito, flexibilizando o requisito do trabalho não eventual e rompendo com o exercício dos poderes disciplinar e diretivo do empregador[3], conforme elucidaremos mais adiante.

Essa novel forma de contratação se alicerça em dois grandes eixos: (1) a redução/compressão dos custos empresariais e (2) a ampliação das faculdades/poderes patronais na gestão da mão de obra, conforme há muito já nos alertava o Professor Amauri Mascaro[4].

O contrato de trabalho intermitente é novidade no ordenamento brasileiro, mas já é praticado em alguns países anglófonos e europeus. Nele, o trabalhador e a empresa celebram um contrato no qual se estipula o valor da hora, não inferior ao valor horário do salário mínimo ou àquele devido aos demais empregados do estabelecimento que exerçam a mesma função. A prestação do serviço é descontínua ou até mesmo eventual, podendo alternar em dia e hora, cabendo ao empregado o pagamento das horas efetivamente trabalhadas. Ainda, a empresa deve avisar o trabalhador com um prazo de antecedência sobre a disponibilização do serviço.

---

3 JOÃO, Paulo Sérgio. Trabalho intermitente: novo conceito de vínculo de emprego. <http://www.conjur.com.br/2017-set-22/reflexoes-trabalhistas-trabalho-intermitente-conceito-vinculo-emprego2>, Acessada em 23/09/2017.

4 AMADO, João Leal. Perspectivas do Direito do Trabalho: um ramo em crise identitária? Revista do Tribunal Regional do Trabalho da 15ª Região. n. 47. Campinas: 2015. P.187.

Amauri Mascaro do Nascimento, antes mesmo da aprovação da Reforma Trabalhista, alertava a necessidade de regulamentação do trabalho intermitente, uma vez que este já seria parte da prática social, conforme o trecho elucidativo adiante transcrito: "regime jurídico do trabalho intermitente carece de regulamentação para afastar dúvidas sobre o seu conceito e enquadramento, de modo que seria de toda a conveniência uma lei em condições de dirimir dúvidas, oferecer maior segurança para o contratante e, também, especificar os direitos para o contratado.[5]"

Por ocasião da tramitação do projeto de lei que redundou na "Reforma Trabalhista", o Deputado Rogério Marinho relatou a questão nesses termos: "Não mais podemos aceitar que as rígidas regras da CLT impeçam a absorção pelo mercado de trabalho de milhões de brasileiros que integram as estatísticas oficiais do desemprego, do subemprego e dos que desistiram de procurar por um emprego, após anos de busca infrutífera por uma ocupação no mercado (...). Ressalte-se que o próprio TST já admitiu a legalidade do pagamento das horas trabalhadas, o que pode ser verificado na OJ nº 358, segundo a qual "havendo contratação para cumprimento de jornada reduzida, inferior à previsão constitucional de oito horas diárias a quarenta e quatro semanais, é lícito o pagamento do piso salarial ou do salário mínimo proporcional ao tempo trabalhado".

O ex-ministro do TST, Almir Pazzianotto afirmou que a criação do contrato de trabalho intermitente "é a regulamentação do bico, uma realidade que já existe. Dá segurança para as duas partes e é uma fonte de rendimento. Músicos e garçons se beneficiariam com este regime, por exemplo [6]".

A Abrasel (Associação Brasileira de Bares e Restaurantes) estima que dois milhões de empregos seriam criados com a regulamentação do trabalho intermitente[7].

Por outro lado, de acordo com a Senadora Vanessa Grazziotin (PCdoB-AM), "observa-se a transferência do risco do negócio da empresa para o empregado, pois o empregado fica à disposição integral do empregador na espera de ser chamado para executar o trabalho. (...) Trata-se de uma forma nefasta de precarização do trabalho e do emprego, pois o empregado poderá receber um salário inferior ao salário mínimo (...)[8]"

Jorge Luiz Souto Maior alertou que a positivação deste regime acarretará em "evidente precarização do trabalho, exigindo do trabalhador que se vincule a

[5] NASCIMENTO, Amauri Mascaro. Curso de Direito do Trabalho. 26 edição. São Paulo: Saraiva, 2011

[6] COURA, Kalleo; Gantois, Gustavo. A reforma trabalhista em 12 pontos.< https://jota.info/trabalho/a-reforma-trabalhista-em-12-pontos-13042017> Acessada em 23/09/2017

[7] UNECS lança folder sobre trabalho intermitente. http://www.abrasel.com.br/conexao-abrasel/4227-unecs-lanca-folder-sobre-trabalho-intermitente.html Acessada em 23/09/2017.

[8] Emenda 3 PLC 38/2017 – CAE.

dois ou mais empregadores e que permaneça a disposição, impedido de organizar sua vida (...) em vez de modernização o que se propõe é o retorno à lógica do século XVIII"[9].

Na visão de Homero Batista da Silva, "A figura é assustadora porque poderá resolver os índices de desemprego do Brasil sem que as pessoas tenham renda assegurada (...). O propósito do registro é apenas blindar a empresa de alegações de mão de obra clandestina." [10]

O presente artigo visa analisar a redação dos dispositivos que regulamentam o contrato intermitente, questionando se as regras ínsitas nele - tal como estão dispostas - são aptas para construir um ambiente de segurança jurídica relativa aos casos em que o trabalho é um "bico", e se a regulação do regime intermitente favorecerá, de fato, a criação de novos postos de trabalho. Ainda, será investigado se tal modalidade de contrato não é, possivelmente, apenas mais uma forma de precarização da mão de obra. Por fim, será analisado o alcance que pode ser dado a esse tipo de pactuação. Será feita a análise da redação originária da Lei 13.467/2017 e, após, a incursão sobre as novidades trazidas pela Medida Provisória 808/2017, visto que há grande desconfiança acerca de sua aprovação no Congresso.

Contrato de trabalho intermitente no direito comparado

Tal como no Brasil, o contrato de trabalho intermitente vem sendo introduzido nas legislações de países em crise econômica, como Itália, Espanha e Portugal, com o objetivo de tornar as suas empresas mais competitivas no mercado exterior e criar mais empregos.

Nas palavras de João Leal Amado, trata-se de "um fenômeno bem conhecido, inerente ao processo de globalização capitalista que marca o nosso tempo e que (...) está a ser acirrado pela crise: concorrência entre trabalhadores à escala universal, ênfase na competitividade das empresas, deslocalizações transnacionais (...), colocando os ordenamentos jurídicos laborais em concorrência feroz, sob a égide dos mercados financeiros (...). Neste sentido, a globalização capitalista representou tanto o triunfo das leis do mercado como a consagração do mercado das leis.[11]"

Na Alemanha, figura semelhante ao contrato de trabalho intermitente (Arbeit Auf Abruf) foi inserida na legislação em 1985. Nela, o empregador e trabalhadores podem realizar acordo para que o trabalhador labore de acordo

---

9 MAIOR, Jorge Luiz. Análise do Projeto de Reforma trabalhista. <http://www.jorgesoutomaior.com/blog/analise-do-projeto-de-reforma-trabalhista> Acessada em 23/09/2017

10 SILVA, Homero Batista Mateus da. Comentários à reforma trabalhista. São Paulo: Revista dos Tribunais, 2017. Op. Cit. p.74

11 AMADO. Op. Cit. p 187.

com as necessidades do trabalho. Este acordo deve especificar a duração semanal e a quantidade de horas diárias de trabalho. Se a duração semanal não for especificada, será presumida a jornada em 10 horas semanais, no caso de não especificação da jornada diária o empregador deverá chamar o trabalhador por pelo menos três horas consecutivas. Ainda, o empregado só é obrigado a comparecer no trabalho caso tenha sido notificado com pelo menos 4 dias de antecedência[12].

A jurisprudência alemã, no entanto, vem conformando posição no sentido de que no caso de omissão no contrato quanto à duração das jornadas, nem sempre é o caso de presunção dos limites mínimos legais. Na situação de um trabalhador que presta usualmente 20 horas de serviço, ainda que haja omissão, não poderia o empregador suprir a lacuna posteriormente, estipulando as 10 horas do mínimo legal.[13]

Ainda, a lei alemã autoriza a alteração deste mínimo em caso de convenção coletiva sobre o assunto.[14]

Criticou-se que este regime de trabalho transfere parte dos riscos do empreendimento ao trabalhador, contrariando o §615 do Código Civil Alemão, que atribui os riscos econômicos do negócio ao empregador. Em razão desta transferência do risco, as cortes alemãs vêm decidindo no sentido de que há outros limites a serem considerados para a fixação da jornada mínima, além dos dispostos na Lei sobre trabalho a tempo parcial e contratos de trabalho temporário alemã (TzBfG)[15].

---

[12] § 12 Arbeit auf Abruf": (1) Arbeitgeber und Arbeitnehmer können vereinbaren, dass der Arbeitnehmer seine Arbeitsleistung entsprechend dem Arbeitsanfall zu erbringen hat (Arbeit auf Abruf). Die Vereinbarung muss eine bestimmte Dauer der wöchentlichen und täglichen Arbeitszeit festlegen. Wenn die Dauer der wöchentlichen Arbeitszeit nicht festgelegt ist, gilt eine Arbeitszeit von zehn Stunden als vereinbart. Wenn die Dauer der täglichen Arbeitszeit nicht festgelegt ist, hat der Arbeitgeber die Arbeitsleistung des Arbeitnehmers jeweils für mindestens drei aufeinander folgende Stunden in Anspruch zu nehmen. (2) Der Arbeitnehmer ist nur zur Arbeitsleistung verpflichtet, wenn der Arbeitgeber ihm die Lage seiner Arbeitszeit jeweils mindestens vier Tage im Voraus mitteilt.

[13] FERNANDES, Paulo Roberto. A figura do contrato de trabalho intermitente do PL nº 6.787/2017.(Reforma Trabalhista) à luz do direito comparado. << http://ostrabalhistas.com.br/figura-do-contrato-de-trabalho-intermitente-do-pl-no-6-7872016-reforma-trabalhista-luz-do-direito-comparado/>> Acessada em 25/09/2017.

[14] § 12 Arbeit auf Abruf": (3) Durch Tarifvertrag kann von den Absätzen 1 und 2 auch zuungunsten des Arbeitnehmers abgewichenwerden, wenn der Tarifvertrag Regelungen über die tägliche und wöchentliche Arbeitszeit und die Vorankündigungsfrist vorsieht. Im Geltungsbereich eines solchen Tarifvertrages können nicht tarifgebundene Arbeitgeber und Arbeitnehmer die Anwendung der tariflichen Regelungen über die Arbeit auf Abruf vereinbaren.

[15] FERNANDES. Op. Cit

Na França, o contrato de trabalho intermitente deve ser previsto em um acordo coletivo[16], e deve ser objeto de um contrato de duração indeterminada, celebrado por escrito e contendo uma série de cláusulas obrigatórias[17]. O empregado goza dos mesmos direitos que outros funcionários[18]. De acordo com os princípios estabelecidos na lei de 8 de agosto de 2016, agora se estabelece uma distinção entre, por um lado, as disposições de ordem pública - que não podem ser derrogadas e - por outro aquelas que são fruto de negociação e acordo coletivo (com o primado da convenção ou da empresa ou acordo de estabelecimento no acordo ou acordo da indústria ampliado).

O contrato deve especificar o tempo de trabalho anual mínimo do empregado em questão. Este período pode ser excedido com um limite: as horas trabalhadas não devem, exceto com o acordo da pessoa em causa, exceder um terço do prazo fixado pelo contrato[19]. A lei francesa excepciona a necessidade de acordo ou convenção coletiva para a celebração desta modalidade de contrato quando o empregado for deficiente[20].

Na Itália, o regime do trabalho intermitente foi introduzido em 2003, visando fomentar o emprego formal no país. O contrato italiano será lavrado de acordo com o estipulado em negociação coletiva e, caso não haja, obedecerá a regulação do Ministério do Trabalho. Ainda, a lei italiana estabelece um requisito de idade

---

16 *Code Du Travail: Article L3123-33. Des contrats de travail intermittent peuvent être conclus dans les entreprises couvertes par une convention ou par un accord d'entreprise ou d'établissement ou, à défaut, par une convention ou un accord de branche étendu qui le prévoit.*

17 *Code Du Travail: Article L3123-34. Le contrat de travail intermittent est un contrat à durée indéterminée. Il peut être conclu afin de pourvoir un emploi permanent qui, par nature, comporte une alternance de périodes travaillées et de périodes non travaillées. Ce contrat est écrit. Il mentionne notamment: 1° La qualification du salarié; 2° Les éléments de la rémunération; 3° La durée annuelle minimale de travail du salarié; 4° Les périodes de travail; 5° La répartition des heures de travail à l'intérieur de ces périodes.*

18 *Code Du Travail: Article L3123-36. Le salarié titulaire d'un contrat de travail intermittent bénéficie des droits reconnus aux salariés à temps complet, sous réserve, en ce qui concerne les droits conventionnels mentionnés à l'article L. 3123-38, de modalités spécifiques prévues par la convention ou l'accord collectif de travail étendu ou par une convention ou un accord d'entreprise ou d'établissement. Pour la détermination des droits liés à l'ancienneté, les périodes non travaillées sont prises en compte en totalité.*

19 *Code Du Travail: Article L3123-35. Les heures dépassant la durée annuelle minimale fixée au contrat de travail intermittent ne peuvent excéder le tiers de cette durée, sauf accord du salarié.*

20 *Code Du Travail. Article L3123-37. Les entreprises adaptées mentionnées à l'article L. 5213-13 peuvent conclure un contrat de travail intermittent même en l'absence de convention ou d'accord collectif de travail, dès lors que ce contrat est conclu avec un travailleur handicapé, bénéficiaire de l'obligation d'emploi au sens de l'article L. 5212-13.*

para os candidatos a este tipo de regime: o trabalhador intermitente tem de ter menos de 25 ou mais de 55 anos[21].

Esta modalidade de contrato, na Itália, só é permitida por um período de 400 dias a cada três anos civis, para cada trabalhador face ao mesmo empregador. Se este prazo for ultrapassado, o contrato converte-se na modalidade de tempo integral por prazo indeterminado.

É autorizada uma cláusula na qual o obreiro se obriga a responder ao chamado do empregador. Por consequência, estipula-se uma compensação ao trabalhador pelo tempo à disposição. Se não houver tal cláusula, o trabalhador pode recusar o chamado e não haverá tempo a disposição nem compensação por este. O prazo para chamada não pode ser inferior a um dia útil[22].

Ainda, é vedada a contratação de trabalhador intermitente para substituir trabalhador em greve; em empresas que tenham realizado dispensas em massa nos últimos seis meses ou que tenham feito a suspensão ou redução do horário de trabalho; também no caso de empregadores que não tenham realizado a avaliação de risco nas questões de segurança do trabalho.

Em Portugal, o contrato de trabalho intermitente foi introduzido junto do Código de Trabalho de 2009. De acordo com o artigo 157[23] da lei referida, para estar apta a celebrar este tipo de contrato, a empresa deve exercer atividade com descontinuidade ou intensidade variável. Tal modalidade de contrato é vedada nos casos de trabalho temporário ou a termo resolutivo.

---

21 *D.Lgs. 15 giugno 2015, n. 81: Art. 13. Definizione e casi di ricorso al lavoro intermittente. 1. Il contratto di lavoro intermittente è il contratto, anche a tempo determinato, mediante il quale un lavoratore si pone a disposizione di un datore di lavoro che ne può utilizzare la prestazione lavorativa in modo discontinuo o intermittente secondo le esigenze individuate dai contratti collettivi, anche con riferimento alla possibilità di svolgere le prestazioni in periodi predeterminati nell'arco della settimana, del mese o dell'anno. In mancanza di contratto collettivo, i casi di utilizzo del lavoro intermittente sono individuati con decreto del Ministro del lavoro e delle politiche sociali. 2. Il contratto di lavoro intermittente può in ogni caso essere concluso con soggetti con meno di 24 anni di età, purché le prestazioni lavorative siano svolte entro il venticinquesimo anno, e con più di 55 anni.*

22 D.Lgs. 15 giugno 2015, n. 81: Art. 16. Indennità di disponibilità. 2. L'indennità di disponibilità è esclusa dal computo di ogni istituto di legge o di contratto collettivo. (...) 4. In caso di malattia o di altro evento che gli renda temporaneamente impossibile rispondere alla chiamata, il lavoratore è tenuto a informarne tempestivamente il datore di lavoro, specificando la durata dell'impedimento, durante il quale non matura il diritto all'indennità di disponibilità. Ove non provveda all'adempimento di cui al periodo precedente, il lavoratore perde il diritto all'indennità per un periodo di quindici giorni, salvo diversa previsione del contratto individuale.

23 Código do Trabalho Português: Artigo 157.º (...) 1 - Em empresa que exerça atividade com descontinuidade ou intensidade variável, as partes podem acordar que a prestação de trabalho seja intercalada por um ou mais períodos de inatividade. 2 - O contrato de trabalho intermitente não pode ser celebrado a termo resolutivo ou em regime de trabalho temporário.

O contrato deverá obedecer à forma escrita e será válido apenas sob as espécies de trabalho alternado e trabalho à chamada. De acordo com o artigo 158 do Código de Trabalho português[24], ambos devem indicar o número anual de horas de trabalho ou o número anual de dias de trabalho em tempo integral. Caso haja omissão quanto a este aspecto, será considerado que o contrato não prevê período de inatividade.

A modalidade de contrato de trabalho alternado está prevista na primeira parte do artigo 159º do CT português[25]: "as partes estabelecem a duração da prestação de trabalho, de modo consecutivo ou interpolado, bem como o início e termo de cada período de trabalho". É requerida a fixação antecipada da duração do trabalho e as respectivas épocas do ano em que ele se realizará. Tal modalidade está ligada às atividades em que é possível prever e programar as necessidades descontínuas de trabalho. A prestação sob este modelo não poderá ser inferior a seis meses por ano, dos quais ao menos quatro meses deverão ser consecutivos.

A modalidade de contrato de trabalho à chamada encontra-se na parte final do artigo 159º do CT português. Dispõe que as partes estabeleçam a antecedência com que o empregador deve informar o trabalhador do início do trabalho, que não poderá ser inferior a vinte dias.

Durante o período de inatividade o trabalhador tem direito a uma compensação retributiva estipulada por negociação coletiva. Na falta dela o empregador deve pagar o equivalente a 20% da remuneração base com periodicidade igual ao da remuneração (art. 169 do CT[26]).

---

24 Código do Trabalho Português: Artigo 158.º (...) 1 - O contrato de trabalho intermitente está sujeito a forma escrita e deve conter: a) Identificação, assinaturas e domicílio ou sede das partes; b) Indicação do número anual de horas de trabalho, ou do número anual de dias de trabalho a tempo completo. 2 - Quando não tenha sido observada a forma escrita, ou na falta da indicação referida na alínea b) do número anterior, considera-se o contrato celebrado sem período de inatividade. 3 - O contrato considera-se celebrado pelo número anual de horas resultante do disposto no n.º 2 do artigo seguinte, caso o número anual de horas de trabalho ou o número anual de dias de trabalho a tempo completo seja inferior a esse limite.

25 Código do Trabalho Português: Artigo 159.º (...) 1 - As partes estabelecem a duração da prestação de trabalho, de modo consecutivo ou interpolado, bem como o início e termo de cada período de trabalho, ou a antecedência com que o empregador deve informar o trabalhador do início daquele. 2 - A prestação de trabalho referida no número anterior não pode ser inferior a seis meses a tempo completo, por ano, dos quais pelo menos quatro meses devem ser consecutivos. 3 - A antecedência a que se refere o n.º 1 não deve ser inferior a 20 dias. 4 - Constitui contraordenação grave a violação do disposto no número anterior.

26 Código de Trabalho Português: Artigo 160.º(...) 1 - Durante o período de inatividade, o trabalhador tem direito a compensação retributiva em valor estabelecido em instrumento de regulamentação coletiva de trabalho ou, na sua falta, de 20 % da retribuição base, a pagar pelo empregador com periodicidade igual à da retribuição. 2 - Os subsídios de férias e de Natal são calculados com base na média dos valores de retribuições e compensações retributivas auferidas nos últimos

No período de inatividade do contrato de trabalho sob chamada, o trabalhador se encontra no aguardo de responder a convocação do empregador, heterodisponível (disponível para aquele empregador e para outros), enquanto no contrato de trabalho alternado a inatividade significa autodisponibilidade (disponível apenas para aquele empregador).

Na Espanha, o contrato de trabalho intermitente é denominado contrato de "trabajo fijo discontinuo" e está regulado no artigo 15.8 do Estatuto de los trabajadores[27]. Divide-se em duas modalidades: a dos trabalhos que se repetem em datas previamente determinadas e indeterminadas. O trabalhador não recebe a contraprestação se está inativo; as convenções coletivas devem estabelecer um mínimo de dias de trabalho e acesso ao seguro desemprego.

No Reino Unido, o regime de trabalho intermitente é autorizado pelo artigo 27-A do Employment Rights Act, de 1996, na figura do 'contrato zero hora'[28].

---

12 meses, ou no período de duração do contrato se esta for inferior. 3 - Durante o período de inatividade, o trabalhador pode exercer outra atividade. 4 - Durante o período de inatividade, mantêm-se os direitos, deveres e garantias das partes que não pressuponham a efetiva prestação de trabalho. 5 - Constitui contraordenação grave a violação do disposto nos n.os 1 ou 2.

27 *Estatuto de los Trabajadores, Art. 15.8: El contrato por tiempo indefinido de fijos-discontinuos se concertará para realizar trabajos que tengan el carácter de fijos-discontinuos y no se repitan en fechas ciertas, dentro del volumen normal de actividad de la empresa. A los supuestos de trabajos discontinuos que se repitan en fechas ciertas les será de aplicación la regulación del contrato a tiempo parcial celebrado por tiempo indefinido. Los trabajadores fijos-discontinuos serán llamados en el orden y la forma que se determine en los respectivos convenios colectivos, pudiendo el trabajador, en caso de incumplimiento, reclamar en procedimiento de despido ante la jurisdicción competente, iniciándose el plazo para ello desde el momento en que tuviese conocimiento de la falta de convocatoria.*

Este contrato se deberá formalizar necesariamente por escrito en el modelo que se establezca, y en él deberá figurar una indicación sobre la duración estimada de la actividad, así como sobre la forma y orden de llamamiento que establezca el convenio colectivo aplicable, haciendo constar igualmente, de manera orientativa, la jornada laboral estimada y su distribución horaria.

Los convenios colectivos de ámbito sectorial podrán acordar, cuando las peculiaridades de la actividad del sector así lo justifiquen, la utilización en los contratos de fijos-discontinuos de la modalidad de tiempo parcial, así como los requisitos y especialidades para la conversión de contratos temporales en contratos de fijos-discontinuos.

28 *Employment Rights Act, UK:* art. 27: *Exclusivity terms unenforceable in zero hours contracts: (1) In this section "zero hours contract" means a contract of employment or other worker's contract under which— (a)the undertaking to do or perform work or services is an undertaking to do so conditionally on the employer making work or services available to the worker, and (b)there is no certainty that any such work or services will be made available to the worker.(2)For this purpose, an employer makes work or services available to a worker if the employer requests or requires the worker to do the work or perform the services. (3)Any provision of a zero hours contract which— (a)prohibits the worker from doing work or performing services under another contract or under any other arrangement, or (b)prohibits the worker from doing so without the employer's consent,is unenforceable against the worker. (4)Subsection (3) is to be disregarded for the purposes of determining any question whether a contract is a contract of employment or other worker's contract.*

Sob esta modalidade, as pessoas concordam em se colocarem disponíveis para trabalhar quando necessário, sem garantia de horário ou número de horas. Em 2014 proibiu-se a cláusula de exclusividade, que impediria o trabalhador intermitente de prestar serviços a mais de um empregador. De acordo com o jornal The Guardian[29], mais de novecentos mil súditos da Rainha trabalham sob este regime.

Nos Estados Unidos da América, os trabalhadores estão sujeitos ao just in time schedulling, onde os obreiros têm conhecimento da escala de trabalho com pouca antecedência. Trata-se de figura muito utilizada em lojas de varejo e restaurantes, que provoca polêmica em razão dos danos causados aos trabalhadores, em razão da incerteza quanto aos valores pagos e escalas de trabalho imprevisíveis. Em razão disto, oito Estados e o Distrito de Colúmbia introduziram leis que exigem dos empregadores o pagamento de um valor mínimo àqueles que trabalham em turnos calendarizados, ainda que não lhes seja atribuído trabalho nenhum[30].

Na Nova Zelândia o mecanismo foi banido pelo fato de não beneficiar os trabalhadores. A partir da aprovação do Employment Relations Amendment Act 2016, os contratos de trabalho têm de especificar o mínimo de horas, os dias e os horários de trabalho[31].

A regulamentação legal do contrato intermitente no Direito Brasileiro

Realizada a introdução e demonstrado o tratamento desse tipo de trabalho em outras comunidades internacionais, cumpre colacionar inicialmente a disciplina legal para depois avançarmos em reflexões e aprofundamentos.

> ***CLT, Art. 443.*** *O contrato individual de trabalho poderá ser acordado tácita ou expressamente, verbalmente ou por escrito, por prazo determinado ou indeterminado, ou para prestação de trabalho intermitente.*
>
> *[...]*
>
> *§ 3º Considera-se como intermitente o contrato de trabalho no qual a prestação de serviços, com subordinação, não é contínua, ocorrendo com alternância de períodos de prestação de serviços e de inatividade, determinados em horas, dias ou*

29 https://www.theguardian.com/business/2017/mar/03/zero-hours-contracts-uk-record-high> Acessado em 21/09/2017

30 FERNANDES. Op. Cit.

31 ROY, Eleanor Ainge. Zero-hour contracts banned in New Zealand. Parliament unites to pass legislation outlawing the controversial practice in victory for trade union campaign; ELLIOTT, Larry. A zero-hours contract is not 'flexibility' but exploitation – and it's rising; FLEMING, Peter. There's nothing good about the rise in zero-hours contracts – ban them now. *Apud* HIGA, Flávio da Costa. Reforma trabalhista e o contrato de trabalho intermitente. http://www.conjur.com.br/2017-jun-08/flavio-higa-reforma-trabalhista-contrato-trabalho-intermitente#_ftn17 Acessado em 23/09/2017

> *meses, independentemente do tipo de atividade do empregado e do empregador, exceto para os aeronautas, regidos por legislação própria.*
>
> *[...]*
>
> ***CLT, Art. 452-A.*** *O contrato de trabalho intermitente deve ser celebrado por escrito e deve conter especificamente o valor da hora de trabalho, que não pode ser inferior ao valor horário do salário mínimo ou àquele devido aos demais empregados do estabelecimento que exerçam a mesma função em contrato intermitente ou não.*
>
> *§ 1º O empregador convocará, por qualquer meio de comunicação eficaz, para a prestação de serviços, informando qual será a jornada, com, pelo menos, três dias corridos de antecedência.*
>
> *§ 2º Recebida a convocação, o empregado terá o prazo de um dia útil para responder ao chamado, presumindo-se, no silêncio, a recusa.*
>
> *§ 3º A recusa da oferta não descaracteriza a subordinação para fins do contrato de trabalho intermitente.*
>
> *§ 4º Aceita a oferta para o comparecimento ao trabalho, a parte que descumprir, sem justo motivo, pagará à outra parte, no prazo de trinta dias, multa de 50% (cinquenta por cento) da remuneração que seria devida, permitida a compensação em igual prazo.*
>
> *§ 5º O período de inatividade não será considerado tempo à disposição do empregador, podendo o trabalhador prestar serviços a outros contratantes.*
>
> *§ 6º Ao final de cada período de prestação de serviço, o empregado receberá o pagamento imediato das seguintes parcelas:*
>
> *I - remuneração;*
>
> *II - férias proporcionais com acréscimo de um terço;*
>
> *III - décimo terceiro salário proporcional;*
>
> *IV - repouso semanal remunerado; e*
>
> *V - adicionais legais.*
>
> *§ 7º O recibo de pagamento deverá conter a discriminação dos valores pagos relativos a cada uma das parcelas referidas no § 6º deste artigo.*
>
> *§ 8º O empregador efetuará o recolhimento da contribuição previdenciária e o depósito do Fundo de Garantia do Tempo de Serviço, na forma da lei, com base nos valores pagos no período mensal e fornecerá ao empregado comprovante do cumprimento dessas obrigações.*
>
> *§ 9º A cada doze meses, o empregado adquire direito a usufruir, nos doze meses subsequentes, um mês de férias, período no qual não poderá ser convocado para prestar serviços pelo mesmo empregador."*

A atenta leitura da regulamentação desse tipo de contrato de trabalho revela que a disciplina brasileira foi demasiadamente genérica, desprovida de qualquer delimitação do alcance que esse contrato pode ter.

A justificativa apresentada para a criação do instituto foi a de retirar da informalidade trabalhadores que não satisfazem requisitos do vínculo de emprego.

Ocorre que a lei brasileira não traz esse tipo de restrição em seu texto e havendo campo aberto para a pactuação livre entre empregado e empregador é preocupante a possibilidade de que se substitua, ainda que parcialmente, trabalhadores contratados por prazo indeterminado por trabalhadores contratados de modo intermitente.

A análise do direito comparado nos permite inferir que em praticamente todos os países do mundo houve a imposição de limites a esse tipo de pactuação, como a necessidade de negociação coletiva, a imposição de limite mínimo de horas de trabalho para que se possa assegurar rendimento também mínimo ou, ainda, a delimitação dos tipos de hipóteses e atividades empresariais que permitiriam essa pactuação.

Importante frisar que até mesmo nos Estados Unidos, berço do liberalismo, esse tipo de contrato já é repudiado por oito Estados e pelo Distrito de Colúmbia, que introduziram leis que exigem dos empregadores o pagamento de um valor mínimo àqueles que trabalham em turnos calendarizados, ainda que não lhes seja atribuído trabalho nenhum[32].

Passemos a análise das características do contrato de trabalho e requisitos do vínculo regular de emprego para que reflitamos se essa pactuação pode, ou não, se dar em qualquer tipo de atividade.

Confronto entre as características do contrato de trabalho e o contrato de trabalho intermitente

À luz da teoria do direito do trabalho, o contrato individual de emprego é bilateral e comutativo. Ambas as partes possuem direitos e obrigações e estas são certas e determinadas, com o conhecimento prévio pelas partes. O empregado tem conhecimento de que deve se colocar à disposição do empregador para prestar seus serviços e que, após, receberá a contraprestação salarial ajustada[33]. Essa faceta da comutatividade se liga diretamente com a assunção dos riscos pelo empregador (artigo 2º da CLT[34]), conforme leciona o Desembargador Francisco Rossal[35].

---

32 FERNANDES. Op. Cit.

33 OLIVEIRA, Cinthia Machado; DORNELES, Leandro de Amaral. Direito do Trabalho. Porto Alegre: Verbo Jurídico, 2016. p. 114.

34 CLT: " Art. 2º - Considera-se empregador a empresa, individual ou coletiva, que, assumindo os riscos da atividade econômica, admite, assalaria e dirige a prestação pessoal de serviço."

35 ARAÚJO, Francisco Rossal de; Coimbra, Rodrigo. Direito do Trabalho I. São Paulo: LTr, 2014. P. 481

Em antagonismo frontal ao contrato comutativo está o contrato aleatório, no qual as obrigações são incertas e geradas dependentemente de um evento futuro. Nesse contexto, já se percebe uma possível desnaturação do contrato de trabalho, na medida em que o trabalhador intermitente não sabe quando nem por quanto tempo prestará serviços, ante os termos do art. 443, § 3º e 452-A, § 1º, da CLT.

O contrato de emprego também é oneroso e configura-se a partir da expectativa de recebimento de pagamento por parte do empregado. A espécie antagonista do contrato oneroso é o contrato gratuito, em que só uma das partes retira proveito. Também nesse particular já se nota um conflito do contrato intermitente com mais uma característica natural do contrato de trabalho, já que uma empresa poderá ter empregados registrados sem lhes assegurar trabalho e salário, oficializando um possível "contrato-zero" (zero trabalho e zero salário), conforme adverte o sempre perspicaz Homero Batista[36].

Outra característica é que, em regra, o contrato de trabalho é de trato sucessivo: suas obrigações se renovam no tempo e não é pelo mero termino de uma obra ou serviço que o empregado satisfaz sua obrigação[37]. O trato sucessivo está ligado a um elemento caracterizador da relação de trabalho, que é a não eventualidade e, ao mesmo tempo, a um dos princípios específicos do direito do trabalho, que é o da continuidade[38].

Ainda, mesmo que a palavra "habitualidade" não esteja expressa no art. 3º da CLT, a doutrina converge no sentido de que este requisito é chave para a relação de emprego. De acordo com Homero Batista, quando o artigo 3º da CLT afirma que o trabalho subordinado, pessoal e oneroso passa a ser contrato de trabalho se a atividade for "não eventual", o art. 3º sedimenta as bases para o conteúdo da habitualidade – aquilo que se repete de maneira razoavelmente esperada[39].

Contudo, na disciplina do contrato intermitente se consignou que nele a prestação de serviços não é contínua, podendo ocorrer com alternância de períodos de prestação de serviços e de inatividade, não só em horas e dias, mas também em meses, rompendo com a lógica da característica de trato sucesso e do requisito da não eventualidade.

Oportuno pontuar, também, que essa pactuação deixa os contratos de trabalho sem uma jornada fixa, variando segundo as necessidades da empresa, seja em relação aos turnos seja em relação à quantidade de horas trabalhadas, o que impacta diretamente na remuneração.

---

36 SILVA. Op. Cit. p. 73.
37 OLIVEIRA. Op. Cit. p. 115.
38 ARAÚJO. Op. Cit. p. 484.
39 SILVA. Op. Cit. p. 73.

Em se tratando de atividades permanentes da empresa, ainda que trabalhasse apenas poucas horas ou sequer trabalhasse, o trabalhador precisaria estar disponível para todo o turno, mas receberia apenas pelo tempo efetivamente trabalhador.

O conceito de tempo à disposição deixa de ser condição contratual obrigatória. A afirmativa do empregado de que atenderá à convocação do empregador é que faz do compromisso contratual seu caráter obrigatório. Assim, só há subordinação neste tipo de contrato apenas se o empregado aceitar a convocação[40].

E o empregado, assim, acaba por ter inviabilizada a possibilidade de programação da sua vida com comprometimento à fruição de direitos sociais encartados no art. 6º da CF/88, especialmente o lazer, cultura e educação.

Trata-se de significativa irregularidade, uma vez que esta modalidade de contrato transfere os riscos da atividade ao empregado, violando o Princípio da Alteridade. Considerando o pagamento por hora e tendo em vista a extrema variação de horas trabalhadas, a depender a necessidade da atividade econômica, o empregado acabará não podendo prever quanto receberá ao fim do mês, de modo que seu salário será uma surpresa.

Por isso é que, em genuíno tom jocoso cearense, este autor tem afirmado em palestras desde a tramitação do projeto de lei que o contrato de trabalhado intermitente materializa o "Salário Kinder Ovo", já que, respeitosamente, esse produto comercial tem por marca vir sempre com uma "surpresa", a qual geralmente é avaliada como nada agradável pelos consumidores.

O trabalho intermitente é tipo de emprego sem compromisso de prover renda, o que rompe com o paradigma de obrigações contratuais no âmbito do Direito do Trabalho. No contrato de trabalho, é usual que se gerem entre as partes obrigações e deveres recíprocos. No trabalho intermitente, contudo, desaparecem as obrigações de prover o trabalho pelo empregador e, para o empregado, de permanecer à disposição[41].

Outro aspecto a destacar se trazida essa pactuação para substituir contratos de trabalho por prazo indeterminado seria a violação à boa-fé objetiva e seus deveres acessórios, especialmente a lealdade e direito de informação pela privação ao conhecimento de qual seria a jornada do empregado.

Aliás, a legislação alemã dispõe, como vimos, que se a duração semanal não for fixada, presumem-se acordadas dez horas e se a jornada não houver sido estabelecida, o empregador é obrigado a conceder trabalho por, no mínimo, três horas a cada dia. No mesmo sentido, em Portugal a prestação de serviços não

---

40 SERGIO. Op. Cit.

41 SERGIO. Op. Cit

pode ser "inferior a seis meses a tempo completo, por ano, dos quais pelo menos quatro meses devem ser consecutivos[42]."

Somando-se o recebimento apenas pelas horas trabalhadas com as exigências para a obtenção da aposentadoria, seja sob as regras atuais, seja nos parâmetros propostos na chamada Reforma da Previdência, haverá risco real de que muitos trabalhadores não obtenham o benefício, mesmo que trabalhem desde os quatorze anos até os oitenta. "A prática de pagar apenas pelas horas trabalhadas era o que ocorria antes das legislações trabalhistas serem aprovadas". Neste sentido, Souto Maior afirma que "em vez de modernização o que se propõe é o retorno à lógica do século XVIII".[43]

É verdade que temos exemplo de regulamentação de trabalho intermitente no Código de Trabalho de Portugal, mas este o faz apenas para atividades empresariais com descontinuidade ou intensidade variável, trazendo limitações com o fim de evitar o uso desenfreado do instituto e a substituição de mão de obra permanente de contrato por prazo indeterminado.

O contrato brasileiro, diferente daquilo que acontece nas suas versões análogas em Portugal e na Itália, não restringe quanto ao tipo de atividade praticada (exceto pela exceção no caso dos aeronautas). Assim a lei trabalhista brasileira autorizará sua celebração em qualquer ramo da atividade econômica[44].

Outra peculiaridade da regulamentação em nosso território é estar desprovido de um requisito autorizativo por normal coletiva e, como justificativa, afirmou-se na tramitação do projeto que uma das intenções do contrato intermitente é inserir no mercado de trabalho mulheres, jovens e idosos, e os sindicatos poderiam não ter interesse na celebração de convenções desse tipo. Contudo, nada impediria que se exigisse a pactuação coletiva, excepcionando os grupos cujo incentivo ao emprego é mais premente, como na Itália[45].

Ainda, se é verdade que o contrato intermitente pode facilitar as chances de ingresso no mercado de trabalho, a lei poderia favorecer a sua convolação em contrato de trabalho indeterminado, tal qual sucede na Itália, que limita o labor intermitente a um período não superior a 400 dias, findo o qual o contrato passa a ser indeterminado[46].

Nos países da Europa em que tal modalidade de contrato precário foi chancelada não houve aumento dos postos de trabalho. De acordo com Souto Maior, o que houve foi a redução da remuneração, aumento da rotatividade e uma sensação de insegurança que impede o consumo e a programação da vida,

---

42 HIGA. Op. Cit.

43 MAIOR. Op. Cit.

44 FERNANDES. Op. Cit.

45 HIGA. Op. Cit.

46 HIGA. Op. Cit.

fazendo com que os trabalhadores não se arrisquem, por exemplo, na aquisição de casa própria[47].

Cumpre relembrar nas palavras do autor supracitado, que "o reconhecimento do contrato a prazo indeterminado como a regra na relação entre capital e trabalho foi resultado de intensa luta dos trabalhadores e é exatamente isso que a reforma pretende atacar, ao estabelecer a possibilidade de contrato intermitente. Mudam os nomes, mas a lógica é a mesma que provocou a revolta dos trabalhadores e que determinou o reconhecimento da necessidade do próprio sistema, de conferir certa segurança aos trabalhadores, para viabilizar o consumo"[48].

Por todo esse arcabouço histórico, principiológico, bem como pela essência internacional e constitucional de proteção a pessoa humana através de um trabalho que dignifique e não avilte o ser humano, além da necessária observância e preservação da morfologia básica do contrato de trabalho, é que defendemos a aplicação do intermitente apenas para os casos de trabalhadores que não se encaixam no conceito clássico de empregado derivado dos artigos 2º e 3º da CLT.

Isso, a bem da verdade, prestigiaria até mesmo a suposta intenção do legislador de retirar da informalidade aqueles que trabalham a margem de qualquer proteção por não satisfazerem os requisitos do vínculo, promovendo, assim, uma "interpretação autêntica". Apenas se registra novamente a estranheza de que tal não tenha sido deixado de forma expressa na legislação.

Análise específica da regulamentação contrato de trabalho intermitente brasileiro

Conforme o art. 443 da CLT, o contrato de trabalho agora pode se dar por prazo indeterminado, determinado ou intermitente.

Temos hodiernamente, portanto, a uma terceira modalidade de contrato de trabalho, a qual, segundo a conclusão que chegamos no tópico anterior, não pode ser celebrada para trabalhadores que se encaixam no conceito dos artigos 2º e 3º da CLT.

Contudo, sobretudo diante do caráter lacônico deixado pelo legislador, a prática poderá revelar empregadores substituindo a mão de obra regular por contratos intermitentes, cumprindo rememorar que isso já era política empresarial de uma grande multinacional em nosso território nacional antes mesmo do advento da reforma trabalhista.

Estamos a falar da malfada "jornada móvel" da instituição "Mc Donald's", que era cópia quase fiel ao que hoje temos positivado como trabalho intermitente. E,

---

47 MAIOR. Op. Cit.

48 MAIOR. Op. Cit.

naquela ocasião, a jurisprudência foi muito contundente acerca da invalidade da adoção de tal jornada aos respectivos empregados, que eram todos contratados por prazo indeterminado [49].

Muito oportuno relembrar que foi concedida medida liminar nos autos do Processo 1040-74.2012.5.06.0011 para proibir aquela instituição de adotar a denominada jornada móvel, o que culminou com a celebração de conciliação homologada judicialmente neste mesmo processo, na qual se comprometeu a abolir aquele tipo de jornada e, ainda, pagar dano moral coletivo de R$ 7.500.000,00 pela prática lesiva ao tecido social[50].

A fim de desfazer determinada confusão criada pelos meios de comunicação, cumpre esclarecer que a decisão da SBDI-1 do Tribunal Superior do Trabalho que considerou válido o pagamento do “Mc Donald’s” por hora de trabalho teve como pressuposto a inexistência de jornadas móveis, ante os termos da conciliação homologada, o que é facilmente constatado pela atenta leitura do acórdão constante nos autos do Processo 9891900-16.2005.5.09.0004[51].

Destaque-se que os fundamentos para inadmissão daquele tipo de jornada eram centrados nos mesmos alicerces constitucionais e internacionais, razão pela qual se corrobora novamente que a presença dos elementos dos artigos 2º e 3º demanda a pactuação de contrato por prazo indeterminado ou, de modo excepcional e nas hipóteses legais, por prazo determinado, mas, jamais, mediante contrato intermitente.

E, caso haja a celebração de contrato intermitente para quem preenche os requisitos do vínculo de emprego, se mostra imperiosa a invocação do art. 9º da CLT, uma das mais relevantes disposições celetistas, materializadora do Princípio da Primazia da Realidade, um dos alicerces estruturais que informam e conformam o universo jurídico trabalhista, conforme preceitua o eternizado Américo Plá Rodriguez[52].

Isso porque, além da mácula principiológica constitucional e internacional, o conceito de empregado obtido a partir dos arts. 2º e 3º da CLT não se encaixa na possibilidade de pactuação de contrato intermitente, especialmente no requisito da não eventualidade, havendo incompatibilidade lógica entre a configuração

49 Ilustrativamente, cita-se: TST, RR 9891900-16.2005.5.09.0004, Relª Minª Dora Maria da Costa, j. 23.02.2011, DJe 25.02.2011.

50 Cópia do termo de conciliação pode ser visualizada em http://www.migalhas.com.br/arquivo_artigo/art20130322-03.pdf

51 E-ED-RR - 9891900-16.2005.5.09.0004, Relator Ministro: Renato de Lacerda Paiva, Data de Julgamento: 26/11/2015, Subseção I Especializada em Dissídios Individuais, Data de Publicação: DEJT 18/12/2015

52 PLÁ RODRIGUEZ, Américo. Princípios de direito do trabalho. São Paulo: LTr, 2015, p. 339.

fática do preenchimento dos requisitos do vínculo de emprego com os caracteres formais de um contrato intermitente.

E a Primazia da Realidade há muito dá ao jurista trabalhista o horizonte que deve ser seguido nesses confrontos: o prestígio à realidade. Em uma visão romântica, podemos novamente recordar a lúcida oração do poeta inglês William Shakespeare de que "se a rosa tivesse outro nome, ainda assim exalaria o mesmo perfume".

Importante realçar que já começam a despontar contratações desse jaez no cenário brasileiro, como a oferta de trabalho que circulou em outubro nas redes sociais acerca da contratação de trabalhadores para laborar aos finais de semana em segmento "fast food", com pagamento por hora. A própria descrição da oferta, contudo, já revela a impropriedade de sua utilização, eis que o legítimo intermitente não tem sua duração suscetível de previsão antecedente, revelando o caso uma necessidade permanente de final de semana, harmonizando-se com o conceito de não eventualidade.

Prosseguindo na análise da regulamentação legal, o art. 452-A da CLT prevê que o contrato de trabalho intermitente deverá ser celebrado por escrito, de modo que não se poderá alegar sua ocorrência de modo tácito, por ofensa à forma prescrita em lei.

Restou previsto, ainda, que deve conter o valor da hora de trabalho, a qual não deverá ser inferior ao valor da hora do salário-mínimo e nem do devido aos demais empregados do estabelecimento que exerçam mesma função, o que está em consonância com a jurisprudência pacífica do Tribunal Superior do Trabalho.

O empregador deverá convocar o trabalhador com antecedência mínima de três dias corridos, por qualquer meio eficaz, informando da jornada (§1º). O trabalhador tem o prazo de um dia útil para responder, interpretando-se o silêncio como recusa (§2º).

Prevê o § 3º do art. 452-A da CLT, que a recusa, pelo trabalhador, à oferta de trabalho não descaracteriza a relação de emprego, de modo que o legislador criou um grande rompimento de paradigma. A subordinação jurídica sempre foi um dos aspectos mais relevantes na afirmação da proteção na relação de emprego e da relação de emprego. É a subordinação o aspecto que permite ao empregador o exercício dos poderes disciplinar e diretivo, comandos típicos e decorrentes do próprio contrato de trabalho. Tais aspectos valerão na relação de trabalho intermitente apenas de forma condicionada à aceitação da convocatória do empregador[53].

Tradicionalmente, para argumento de exclusão de vínculo de emprego no trabalho ocasional, sempre foi considerado, além da ausência de habitualidade, a possibilidade de recusa pelo prestador de serviços. Todavia, a nova lei passa a

53 SERGIO. Op. Cit.

desconsiderar a ausência de habitualidade e a manifestação contrária pelo prestador de serviços como elementos capazes de excluir o vínculo de emprego[54].

Havendo o aceite da oferta para o comparecimento ao trabalho, a parte que descumprir dever de pagar multa de 50% da remuneração contratada, no prazo de trinta dias, permitida a compensação em igual prazo (§4º).

Diversamente do que alguns preconizaram, essa multa não é estipulada apenas em desfavor do empregado que não comparecer à oferta aceita, já que o dispositivo faz alusão "a parte que descumprir" como seu fato gerador, alcançando a hipótese do empregador que ofereça o serviço e depois do aceite pretenda retirar a oferta.

Questão que poderá gerar debates é acerca da existência ou não de multa no caso de ausência de pagamento dos direitos trabalhistas no prazo legal.

Uma primeira análise poderia levar à conclusão de que inexistiria penalidade, já que a multa do § 4º teria sido estipulada para o caso de aceite de oferta de trabalho e concessão do serviço pelo empregador, enquanto o pagamento dos direitos viria somente em parágrafo subsequente.

Sucede que não seria compatível com a "lógica do razoável" que exista um prazo a ser cumprido sem qualquer consequência para o caso de descumprimento. Cuidar-se-ia de uma norma imperativa desprovida sanção, o que é incompatível com a lógica jurídica.

E mais, se empregados agraciados com uma melhor proteção jurídica, como os que laboram sob contrato por prazo indeterminado, possuem uma multa indutiva ao cumprimento de seus haveres (art. 477 da CLT), não seria compatível com a Isonomia que os empregados intermitentes, de regramento tão fragilizado, não o tivessem.

E nem se argumente que a multa do art. 477 da CLT é devida com a extinção do vínculo e que o contrato do intermitente não seria extinto após cada prestação de serviços, uma vez que, ainda que tal afirmação seja verdadeira, a continuidade desse vínculo é meramente artificial, já que se admite que ele jamais trabalhe e jamais receba, não possuindo qualquer previsibilidade de retorno.

Assim, a necessidade reconhecer a existência de uma multa, ainda que de modo analógico ou extensivo, é medida que se impõe por imperativo de equidade na vertente grego-aristotélica.

E, considerando que há um tipo de multa próprio a esse contrato e que beneficia o próprio empregador por falta de empregado, revela-se imperioso fazer uma interpretação ampliativa do § 4º para reconhecer que essa multa abarca qualquer descumprimento contratual.

---

54 SERGIO. Op. Cit.

No contrato de trabalho intermitente brasileiro não há exclusividade. O trabalhador poderá prestar serviços a outros a outros contratantes, de modo que o período de inatividade não é considerado tempo à disposição.

Ainda, ao final de cada período de prestação de serviço o empregado receberá o pagamento imediato dos direitos trabalhistas garantidos pela Constituição: remuneração, férias proporcionais com acréscimo de um terço, décimo terceiro salário proporcional, repouso semanal remunerado e adicionais legais (§6º). O recibo de pagamento não pode ser complessivo, ou seja, sem discriminação de cada uma das parcelas incluídas (§7º).

No que concerne a esses direitos que são devidos ao fim de cada prestação de serviços, uma controvérsia que certamente despontará é o cabimento, ou não, da proporcionalidade de férias e décimo terceiro salário quando o trabalho tiver sido executado em módulo inferior a 15 dias, já que apenas a partir de tal marco temporal que, em regra, são devidas tais parcelas.

Contudo, sabemos que toda regra comporta exceções e a ordem jurídica já nos apresenta uma modalidade de trabalho em que as férias e décimo terceiro salário proporcionais são devidos ainda que haja um único dia de labor.

Cuida-se da hipótese do trabalho avulso, situação que muito se assemelha ao caso do intermitente proposto pelo legislador no tocante à intensa alternância dos serviços. Ora, se esse direito à proporcionalidade é assegurado até mesmo no caso de um contrato diverso do empregatício (avulso), com muito mais razão deve sê-lo em um contrato de emprego, que nasceu para ser um vínculo de cidadania e assegurar um patamar civilizatório mínimo.

Além da possibilidade se valer da analogia ao caso do avulso, cumpre advertir que a lei assegurou o direito ao pagamento imediato das férias e décimo terceiro proporcionais após o fim de cada prestação de serviços, sem fazer qualquer ressalva quanto a número de dias no mês. Cuidando-se de direito social, a interpretação deve conduzir à máxima eficácia, sendo incompatível com as regras de hermenêutica empreender interpretação restritiva em norma que visa à melhora da condição social (art. 7º, "caput" da CF/88).

Acrescenta-se, ainda, que essa imposição de 15 dias para assegurar a proporcionalidade foi construída sido sob a ótica de um contrato por prazo indeterminado, conjectura bem diversa do contrato intermitente em que o trabalhador pode passar por longa descontinuidade e no qual não tem perspectiva concreta se retornará ao trabalho, podendo ficar em inatividade não apenas por horas e dias, mas até por meses, nos moldes regulamentado pelo Reformador Trabalhista.

Por isso, entendemos que é devido o pagamento de férias e décimo terceiro proporcionais a cada prestação de serviços prestado pelo trabalhador intermitente, ainda que somente em um dia de trabalho.

O empregador deve depositar o FGTS, assim como recolher a contribuição previdenciária com base no salário mensal. A cada doze meses o empregado adquire o direito de usufruir um mês de férias (§8º).

Por fim, o artigo 452-A, §9º da CLT dispõe que no contrato de trabalho intermitente, a cada doze meses de trabalho, o empregado tem direito ao gozo de um mês de férias. De acordo com Antônio Capuzzi, o termo "mês" deve ser interpretado sistematicamente com o Código Civil, que dispõe que os prazos de meses expiram no dia de igual número do seu início, ou no dia imediato caso de correspondência inexata. Deste modo, poderá haver períodos de férias com 28, 29, 30 ou 31 dias, a depender do mês da concessão pelo empregador no caso de contrato de trabalho intermitente[55].

FGTS

Constitucionalidade do dispositivo que considera incabível medidas cautelares ou tutela antecipada que implique saque ou movimentação da conta do FGTS

(ADIs) 2382, 2425 e 2479

"O Plenário do STF, por maioria e em julgamento conjunto, julgou improcedentes os pedidos formulados em ações diretas de inconstitucionalidade ajuizadas contra o art. 5º da Medida Provisória 1.951-33/2000, atual MP 2.197-43, com relação à parte que introduziu o § 18 no art. 20 e os artigos 29-A e 29-B na Lei 8.036/1990, a qual dispõe sobre o Fundo de Garantia do Tempo de Serviço – FGTS.

A Lei 8.036/1990, a partir dos dispositivos introduzidos pela medida provisória, passou a dispor que:

a) é indispensável o comparecimento pessoal do titular da conta vinculada do FGTS para a realização de levantamento de valores, em determinadas hipóteses, salvo em caso de grave moléstia comprovada por perícia médica, quando será paga a procurador especialmente constituído para esse fim [§ 18 do art. 20 (1)];

b) quaisquer créditos relativos à correção dos saldos das contas vinculadas do FGTS serão liquidados mediante lançamento pelo agente operador na respectiva conta do trabalhador [art. 29-A (2)]; e

c) não será cabível medida liminar em mandado de segurança, no procedimento cautelar ou em quaisquer outras ações de natureza cautelar

---

55 CAPUZZI. Antônio. As férias no contrato de trabalho intermitente oriundo da reforma trabalhista. << http://ostrabalhistas.com.br/as-ferias-no-contrato-de-trabalho-intermitente--oriundo-da-reforma-trabalhista/>> Acessado em 21/09/2017.

> ou preventiva, nem a tutela antecipada que impliquem saque ou movimentação da conta vinculada do trabalhador no FGTS [art. 29-B (3)].

De início, quanto à alegada ofensa aos requisitos de relevância e urgência para edição de medidas provisórias (CF, art. 62), o Tribunal reafirmou jurisprudência consolidada da Corte no sentido de não caber ao Poder Judiciário verificá-los, pois configuram conceitos jurídicos indeterminados que estão situados dentro da discricionariedade política do Poder Executivo para edição de tais atos normativos e do Congresso Nacional para conversão ou não em lei.

Apenas em caráter excepcional é possível o controle jurisdicional destes requisitos, quando existir abuso de poder ou a ausência destes pressupostos for evidente. No entanto, essas hipóteses não estão presentes no caso, uma vez que a matéria tratada possui evidente relevância e havia considerável urgência na edição da Medida, por meio da qual se buscou reduzir os inúmeros casos de fraude envolvendo saques de valores depositados nas contas de FGTS dos trabalhadores. "

A despeito da constitucionalidade da vedação à concessão de medida provisória para levantamento do FGTS, a medida em questão tem em mira as ações contra o órgão operador do FGTS (CAIXA) e não reclamações trabalhistas, cabendo interpretação conforme à Constituição nesse sentido.

ALTERAÇÃO DO CONTRATO DE TRABALHO

ACÚMULO DE FUNÇÃO

TST confirma jurisprudência restritiva do acúmulo de função

Processo: RR - 488-12.2012.5.09.0663 Data de Julgamento: 02/05/2018, Relator Ministro: Márcio Eurico Vitral Amaro, 8ª Turma, Data de Publicação: DEJT 04/05/2018.

"A Til Transportes Coletivos S.A., de Londrina (PR), não terá de pagar adicional por acúmulo de funções a motorista de ônibus que exercia cumulativamente a tarefa de cobrador. A decisão, da Oitava Turma do Tribunal Superior do Trabalho, considerou que o empregado se obrigou a todo e qualquer serviço compatível com sua condição pessoal.

Na reclamação trabalhista, o motorista contou que trabalhava em diversos horários em linhas urbanas e metropolitanas e em fretamentos. O Tribunal Regional do Trabalho da 9ª Região (PR) condenou a empresa a pagar as diferenças salariais de 30% sobre o salário, com repercussão em aviso-prévio, 13º salário, férias acrescidas do terço constitucional e FGTS.

A Til Transportes recorreu ao TST com o argumento de não haver embasamento legal para o pagamento das diferenças. Sustentou que as atividades de motorista e de cobrador são compatíveis, realizadas dentro do ônibus e no horário de trabalho.

O relator, ministro Márcio Eurico Vitral Amaro, afirmou que, com base no artigo 456, parágrafo único, da CLT, o TST entende que a percepção do adicional de acúmulo de funções não se justifica nessa hipótese. Segundo a jurisprudência, a atribuição de receber passagens é plenamente compatível com as condições contratuais do motorista de transporte coletivo."

Conceito de acúmulo de função

O acúmulo de funções se dá quando o empregado, além de exercer sua função, recebe do empregador a incumbência de realização de outra função, com tarefas estranhas ao seu contrato de trabalho e sem aumento na remuneração. Não é aceitável que o empregador, em vez de contratar um número maior de funcionários, passe a distribuir tarefas de outras funções a seus empregados como forma de suprir suas carências em determinada função, sem a devida contraprestação ao autor[1].

Plus salarial pelo acúmulo

O acúmulo de função que enseja o direito ao pagamento de um plus salarial é aquele que importa na alteração da comutatividade contratual, ou seja, pressupõe o acréscimo de tarefas mais onerosas em meio ao contrato sem a correspondente contraprestação salarial. Entende-se que o postulado plus salarial é devido quando existe prova no sentido de que o empregador passou a exigir do empregado, em meio ao vínculo, o exercício de atribuições estranhas àquelas que o trabalhador foi contratado[2].

Para pedir o plus salarial pelo acúmulo de função, é possível utilizar analogicamente o art. 13 da Lei n. 6.615/78, que determina um adicional que varia de 10% a 40% para o radialista. A analogia é fonte de integração do direito do trabalho nos casos de lacuna da legislação específica, conforme art. 8º, caput da CLT. Segundo Luciano Martinez, analogia é um processo comparativo por meio do qual se pode estender a um caso não previsto aquilo que o legislador previu para outro semelhante, em igualdade de razões[3].

> **CLT, art. 8º** - As autoridades administrativas e a Justiça do Trabalho, na falta de disposições legais ou contratuais, decidirão, conforme o caso, pela jurisprudência, por analogia, por equidade e outros princípios e normas gerais de direito, principalmente do direito do trabalho, e, ainda, de acordo com os usos e costumes, o direito comparado, mas sempre de maneira que nenhum interesse de classe ou particular prevaleça sobre o interesse público.
>
> **Lei n. 6.615/78, art. 13** - Na hipótese de exercício de funções acumuladas dentro de um mesmo setor em que se desdobram as atividades mencionadas no art. 4º, será assegurado ao Radialista um adicional mínimo de:

---

1 LUCENA JUNIOR, Hamilton Novo. Iniciação à prática trabalhista. Salvador: Editora JusPodivm, 2018.

2 Informações retirada do processo n. 0000946-44.2014.5.04.0551 RO

3 MARTINEZ, Luciano. "Curso de direito do Trabalho". São Paulo: Saraiva, 2010, p. 66.

I - 40% (quarenta por cento), pela função acumulada, tomando-se por base a função melhor remunerada, nas emissoras de potência igual ou superior a 10 (dez) quilowatts e, nas empresas equiparadas segundo o parágrafo único do art. 3º;

II - 20% (vinte por cento), pela função acumulada, tomando-se por base a função melhor remunerada, nas emissoras de potência inferior a 10 (dez) quilowatts e, superior a 1 (um) quilowatt;

III - 10% (dez por cento), pela função acumulada, tomando-se por base a função melhor remunerada, nas emissoras de potência igual ou inferior a 1 (um) quilowatt.

Importante se faz a distinção conceitual sobre "função", "tarefa" ou "atribuição" para não haver pedidos equivocados de acúmulo de função e também de desvio de função. Sobre o tema, leciona Maurício Godinho Delgado[4]:

> "Função é o conjunto sistemático de atividades, atribuições e poderes laborativos, integrados entre si, formando um todo unitário no contexto da divisão do trabalho estruturada no estabelecimento ou na empresa. É essencial distinguir-se, conceitualmente, entre função e tarefa. A tarefa consiste em uma atividade laborativa específica, estrita e delimitada, existente na divisão do trabalho estruturada no estabelecimento ou na empresa. É uma atribuição ou ato singular no contexto da prestação laboral. A reunião coordenada e integrada de um conjunto de tarefas dá origem a uma função. Neste quadro, função corresponde a um conjunto coordenado e integrado de tarefas, formando um todo unitário. É, pois, um conjunto sistemático e unitário de tarefas - um feixe unitário de tarefas. Analiticamente, é a função um conjunto de tarefas que se reúnem em um todo unitário, de modo a situar o trabalhador em um posicionamento específico no universo da divisão do trabalho da empresa."

E continua Delgado:

> "Tais diferenciações são, efetivamente, essenciais ao estudo das alterações qualitativas do contrato empregatício. De fato, o simples exercício de algumas tarefas componentes de uma outra função não traduz, automaticamente, a ocorrência de uma efetiva alteração funcional no tocante ao empregado. É preciso que haja uma concentração significativa do conjunto de tarefas integrantes da enfocada função para que se configure a alteração funcional objetivada."

A remuneração por acúmulo de função tem caráter excepcional, pois só incide quando incompatíveis as funções desempenhadas, ou por expressa previsão normativa (legal ou convencional), isto é, a contratação do trabalhador para

4 DELGADO, Maurício Godinho. Curso de Direito do Trabalho. 16° Ed. São Paulo. LTr, 2017.

exercer certa função não obsta a que ele venha a desempenhar, licitamente, tarefas compatíveis e/ou correlatas com essa função, especialmente diante do advento do modelo toyotista, que exige uma multifuncionalidade do empregado. É essa a ideia que se extrai, inclusive, do disposto no art. 456, § único, da CLT:

> A falta de prova ou inexistindo cláusula expressa e tal respeito, entender-se-á que o empregado se obrigou a todo e qualquer serviço compatível com a sua condição pessoal.

Assim, conclui-se que haverá acúmulo de funções quando o empregado, originalmente contratado para o exercício de uma determinada função, passa a exercer, conjuntamente com esta, atribuições que não são compatíveis com a função contratada, que se referem a uma outra função, ou seja, não é o simples acréscimo de atribuições que demonstra o acúmulo de funções, pois estas atribuições novas podem se referir à função originalmente contratada.

Além disso, geralmente o trabalhador recebe salário à unidade de tempo e não de tarefa, sendo-lhe pago pela empresa salário pelo tempo à disposição, conforme art. 4º da CLT, não inferior ao mínimo legal.

Impossibilidade do acúmulo de funções – Bancário x Transporte de valores

Na esteira do entendimento do TST, além de a atividade de transporte de valores por empregado bancário representar um desvio das funções consideradas tipicamente bancárias, ensejando a contraprestação pecuniária em decorrência do acúmulo de funções para evitar o enriquecimento sem causa do empregador, vedado pelo art. 884 do CC[5].

Nesse sentido:

> "(...) **TRANSPORTE DE VALORES. ALTERAÇÃO UNILATERAL DO CONTRATO DE EMPREGO. COMPENSAÇÃO FINANCEIRA**. 1. Este Tribunal Superior tem adotado, de forma reiterada, entendimento no sentido de que a conduta da instituição financeira de atribuir aos seus empregados a atividade de transporte de valores entre as agências bancárias dá ensejo à compensação financeira, não só pelo acúmulo de funções, mas também pela inobservância dos estritos termos dos artigos 7.º, XXII, da Constituição da República e 3.º, II, da Lei n.º 7.102/83. Leva-se em consideração, para tanto, o risco à integridade física (inclusive de morte) inerente à função em exame e o desvio funcional perpetrado pelas instituições bancárias, que, ao invés de con-

5 **CC, Art. 884.** Aquele que, sem justa causa, se enriquecer à custa de outrem, será obrigado a restituir o indevidamente auferido, feita a atualização dos valores monetários.

tratar pessoal especializado, consoante determina a lei específica, utilizam-se de empregados bancários comuns. Precedentes da SBDI-I e das Turmas deste Tribunal Superior. 2. Uma vez que a tarefa de transporte de numerário extrapolou os limites do contratado, nada impede que, em tal circunstância, se reconheça espécie de alteração lesiva do contrato de emprego, em evidente violação do artigo 468 da Consolidação das Leis do Trabalho. Logo, diante do acréscimo de funções sem a devida compensação financeira, é plenamente possível ao julgador se socorrer do artigo 460 da Consolidação das Leis do Trabalho, reconhecendo ao reclamante o direito à percepção adicional à remuneração. 3. Recurso de Revista não conhecido. (...)." (RR-185-92.2011.5.04.0009, Relator: Desembargador Convocado Marcelo Lamego Pertence, Data de Julgamento: 4/11/2015, 1.ª Turma, Data de Publicação: DEJT 6/11/2015.)

"(...) **ADICIONAL DE RISCO. EMPREGADO DE COOPERATIVA DE CRÉDITO. TRANSPORTE DE VALORES.** 1. O Tribunal de origem concluiu que não há falar, face à realização de transporte de valores por empregado de cooperativa de crédito, "em plus salarial por acúmulo de funções ou em desvio funcional, tampouco contraprestação do adicional de risco". 2. À luz da jurisprudência desta Corte, quando o empregado não especializado em serviço de vigilância realiza o transporte de numerário, porquanto, nesses casos, se permite a execução de tarefa notoriamente arriscada, para qual o trabalhador não foi devidamente preparado, há inobservância dos artigos 3.º, 4.º e 5.º da Lei n.º 7.102/83. 3. Exposto o empregado ao risco de sofrer violência ou grave ameaça face à atribuição de função pelo empregador, para o qual o empregado não fora treinado, é devido o pagamento de adicional de risco. Precedentes. Recurso de revista conhecido e provido, no tema. (...)". (TST-RR-11954-61.2010.5.04.0000, Relator: Ministro Hugo Carlos Scheuermann, 1.ª Turma, DEJT 12/6/2015.)

"(...) **2. TRANSPORTE DE VALORES. ACÚMULO DE FUNÇÃO. PLUS SALARIAL.** Consoante se extrai da Lei 7.102/83, art. 3.º, o desempenho da função de transportar valores deve ser realizado por pessoal especializado, ante o risco que lhe é inerente. Assim, considerando que foi imposto ao Autor o exercício de função que comporta risco, para a qual sequer possuía a habilitação específica exigida em lei, além de ser alheia às suas atribuições contratuais como bancário, resta viabilizada a incidência do adicional de risco, por analogia (art. 8.º, caput, da CLT). Observe-se que a Lei 3.207/1957 cria adicional de acúmulo de funções, no importe de 10 % (dez por cento) do salário (art. 8.º), ao passo que os instrumentos normativos dos vigilantes instituem, usualmente, adicional de risco no importe de 15% do salário. Este parâmetro tem sido adotado pela jurisprudência para sobrer remunerar o intenso desgaste resultante do exercício irregular da função de transporte de valores. O acréscimo monetário mensal também retribui pela afronta ao patrimônio moral do trabalhador. Teleologia que observa, ademais, dentre outros, os princípios da dignidade da pessoa humana, da proibição de enriquecimento ilícito e da comutatividade nas prestações contratuais. Precedentes de todas as Turmas do Tribunal Superior do Trabalho. O Recurso de Revista não preenche os requisitos previstos no art. 896 da CLT, pelo que se mostra inviável o seu conhecimento. Recurso de revista não conhecido nos temas. (...)." (TST-RR-472-70.2011.5.04.0004, Relator: Ministro Mauricio Godinho Delgado, 3.ª Turma, DEJT 22/3/2016.)

"**RECURSO DE REVISTA DO RECLAMADO - BANCÁRIO CONTRATADO PARA EXERCER A FUNÇÃO DE CONTÍNUO E, POSTERIORMENTE, GERENTE - ATIVAÇÃO EM TRANSPORTE DE VALORES - DESVIO DE FUNÇÃO - ADICIONAL REMUNERATÓRIO CABÍVEL - ART. 456, PARÁGRAFO ÚNICO, DA CLT**. Nos termos do art. 456, parágrafo único, da CLT, o empregado, salvo disposição em contrário em seu contrato de trabalho, obriga-se a executar todas as funções compatíveis com a sua condição pessoal. Havendo, entretanto, disposição vinculando o trabalhador a determinada função na empresa, exigir-lhe outra enseja a quebra do pactuado entre as partes, devendo o empregado ser compensado por tal violação contratual. Na hipótese dos autos, afigura-se incontroverso que o Reclamante foi contratado para exercer a função de contínuo e, posteriormente, gerente, limitando-se, pois, o ajuste contratual firmado entre as partes ao desempenho das mencionadas atividades. Em face disso, a ativação do empregado em transporte de valores representa manifesta quebra do ajustado entre as partes, ofendendo, pois, a força vinculante dos contratos, e determinando o pagamento de valor suplementar ao empregado, nos exatos termos asseverados pelo Tribunal de origem. Recurso de revista não conhecido. (...)." (TST-RR-179500-22.2004.5.09.0095, Relator: Ministro Luiz Philippe Vieira de Mello Filho, 4.ª Turma, DEJT 17/8/2012.)

"(...) **2 - TRANSPORTE DE VALORES. BANCÁRIO. ACÚMULO DE FUNÇÕES**. Na hipótese, inobservada a diretriz legal e tendo o Reclamante efetuado o transporte de valores, sendo-lhe imposto o exercício de função de risco para a qual não possuía o preparo específico exigido em lei, além de ser alheia às suas atribuições contratuais como bancário, tem-se como consequência a necessidade de que seja remunerado, nos termos do art. 460 da CLT, consentaneamente também ao disposto no art. 7.º, XXII, da Constituição da República. Precedentes. Recurso de Revista conhecido e provido." (TST-RR-295-03.2013.5.05.0621, Redator: Ministro Emmanoel Pereira, 5.ª Turma, DEJT 2/10/2015.)

"(...) **ACÚMULO DE FUNÇÕES**. A prova dos autos demonstrou que o autor foi contratado para exercer a função de Auxiliar Financeiro, mas que, entretanto, desenvolveu, simultaneamente, a tarefa de transporte de valores da Reclamada à instituição bancária e vice-versa, tarefa esta que, segundo a testemunha do autor, havia revezamento entre os empregados do setor financeiro na realização dessa atividade. Verifica-se, portanto, a incompatibilidade entre a atividade para a qual foi contratado e a tarefa de transporte de valores, que, incontroversamente, exige a utilização de pessoal treinado e especializado. Neste contexto, não se vislumbra a alegada afronta ao artigo 456 da CLT. Recurso de revista não conhecido. (...)." (TST-RR-440-55.2012.5.04.0384, Relator: Ministro Augusto César Leite de Carvalho, 6.ª Turma, DEJT 19/5/2017.)

"(...) **ACÚMULO DE FUNÇÕES. ACRÉSCIMO REMUNERATÓRIO. BANCÁRIO. TRANSPORTE DE VALORES.** O desempenho pelo trabalhador de atribuições de cargo de maior complexidade ao seu ou de atividades não correlacionadas com a inicialmente contratada exige acréscimo de remuneração, pois, exercendo ele tais funções, com carga ocupacional quantitativamente e qualitativamente superior à do cargo primitivo, o referido acúmulo enseja a reparação salarial correspondente. Na hipótese, a Corte de origem consignou que o autor, contratado na condição de bancário, foi obrigado a realizar o transporte de valores da sua agência para outros estabelecimentos. É cediço que a referida função não faz parte das atribuições contratuais do Reclamante, inclusive, em virtude de exigir qualificação especial para sua realização, nos moldes da Lei n.º 7.102, de 20 de junho de 1983, a qual a parte não possuía. Desse modo, deve ser reconhecido o direito ao acréscimo salarial pleiteado. Precedentes. Recurso de revista de que se conhece e a que se dá provimento parcial. (...)". (TST-RR-1154-20.2011.5.05.0611, Relator: Ministro Cláudio Mascarenhas Brandão, 7.ª Turma, DEJT 9/6/2017.)

"(...) **ACÚMULO DE FUNÇÕES.** Conforme registrado pelo Regional, a Reclamante foi contratada para as funções de atendente e caixa, não sendo compatível com estas o desempenho da atividade de transporte de valores. Desse modo, não há falar em afronta ao parágrafo único do art. 456 da CLT porque não se pode deduzir que o acúmulo de funções dizia respeito a serviço compatível com a condição pessoal da Reclamante." (RR - 296-10.2010.5.04.0010, Relator: Ministro Márcio Eurico Vitral Amaro, Data de Julgamento: 5/10/2016, 8.ª Turma, Data de Publicação: DEJT 7/10/2016.)

ACÚMULO DE FUNÇÃO. BANCÁRIO. TRANSPORTE DE VALORES. PLUS SALARIAL. Na esteira do entendimento desta Corte, além de a atividade de transporte de valores por empregado bancário representar um desvio das funções consideradas tipicamente bancárias, ensejando a contraprestação pecuniária em decorrência do acúmulo de funções, no mínimo para evitar o enriquecimento sem causa do empregador, nos termos do art. 460 da CLT, a exigência do deferimento do acréscimo salarial igualmente decorre da inobservância das disposições inserta na Lei n.º 7.102/83 por parte do Banco Reclamado.

Possibilidade do acúmulo de funções – Motorista x Cobrador de ônibus

O art. 456, parágrafo único, da CLT determina que *"à falta de prova ou inexistindo cláusula expressa a tal respeito, entender-se-á que o empregado se obrigou a todo e qualquer serviço compatível com a sua condição pessoal"*.

Com fundamento neste dispositivo legal, o TST vem entendendo que a atribuição de receber passagens é plenamente compatível com as condições contratuais do motorista de transporte coletivo, não se justificando a percepção de adicional de acúmulo de funções.

Nesse sentido, os seguintes julgados:

> [..] **RECURSO DE REVISTA. ACÚMULO DE FUNÇÕES. MOTORISTA DE ÔNIBUS E COBRADOR.** A jurisprudência majoritária desta Corte adota o entendimento de que a cumulação de tarefas de motorista e cobrador são funções que se complementam entre si, exercidas no mesmo horário de trabalho, não demandando esforço superior ao aceitável ou conhecimento específico mais complexo do que aquele inerente à função principal, que justifiquem o pagamento de diferenças salariais ao trabalhador. Em processos em que se discute a possibilidade de acúmulo das funções de motorista e cobrador, esta Corte tem dirimido a questão conforme o art. 456, parágrafo único da CLT, a qual dispõe que à falta de prova ou inexistindo cláusula expressa a tal respeito, entender-se-á que o empregado se obrigou a todo e qualquer serviço compatível com a sua condição pessoal. Assim, tem decidido pela possibilidade do exercício da dupla função de motorista de ônibus e cobrador. Recurso de revista conhecido e provido" (RR-11652-48.2014.5.01.0041, 6ª Turma, Relator Ministro: Augusto César Leite de Carvalho, DEJT 23/03/2018).

> "(-) **B) AGRAVO DE INSTRUMENTO EM RECURSO DE REVISTA INTERPOSTO PELO RECLAMANTE. ACÚMULO DE FUNÇÕES. MOTORISTA E COBRADOR.** A jurisprudência deste Tribunal Superior caminha no sentido de que o recebimento de passagens é plenamente compatível com as atividades legalmente contratadas pelo motorista de transporte coletivo, não se justificando a percepção de adicional de acúmulo de funções, por se configurar atribuição compatível com a sua condição pessoal, nos moldes do art. 456, parágrafo único, da CLT. Agravo de instrumento conhecido e não provido" (AIRR-11723-26.2014.5.03.0031, 8ª Turma, Relatora Ministra: Dora Maria da Costa, DEJT 16/03/2018).

> "**RECURSO DE REVISTA. ACÚMULO DE FUNÇÕES. EXERCÍCIO DA ATIVIDADE DE MOTORISTA E COBRADOR. PLUS SALARIAL.** É firme a jurisprudência deste Tribunal Superior no sentido de que o art. 456, parágrafo único, da CLT admite a possibilidade do acúmulo das funções de motorista e cobrador, na mesma jornada, não ensejando direito à contraprestação. Precedentes. Recurso de revista conhecido e provido" (RR-157700-62.2013.5.17.0009, 1ª Turma, Relator Ministro: Walmir Oliveira da Costa, DEJT 01/12/2017).

> "(-) **2. ACÚMULO DE FUNÇÕES. MOTORISTA DE ÔNIBUS URBANO E COBRADOR. POSSIBILIDADE. PROVIMENTO.** Esta Corte Superior tem

firme entendimento no sentido de que as atividades de motorista e cobrador são complementares entre si e não demandam esforço superior ao aceitável ou conhecimento específico mais complexo para sua execução, razão pela qual são cumuláveis e não justificam o pagamento de diferenças salariais ao trabalhador. Precedentes. Na hipótese, o egrégio Tribunal Regional manteve a r. sentença em que se deferiu diferenças salariais aos empregados substituídos, em virtude da acumulação das funções de motorista e cobrador. A decisão contraria, portanto, o entendimento desta Corte Superior de que a acumulação das funções de motorista e cobrador não autoriza o pagamento de plus salarial. Recurso de revista de que se conhece e a que se dá provimento" (RR-263-17.2014.5.12.0023, 5ª Turma, Relator Ministro: Guilherme Augusto Caputo Bastos, DEJT 18/08/2017).

"**RECURSO DE REVISTA. ACÚMULO DE FUNÇÕES. MOTORISTA DE TRANSPORTE COLETIVO. EXERCÍCIO DAS ATRIBUIÇÕES DE COBRADOR. COMPATIBILIDADE COM AS CONDIÇÕES CONTRATUAIS DO MOTORISTA.** Prevalece no âmbito desta Corte o entendimento de que a atribuição de receber passagens é plenamente compatível com as condições contratuais do motorista de transporte coletivo, não havendo amparo legal para que se conclua que o exercício dessa atribuição, nos momentos anteriores ao início da viagem propriamente dita, importe em alteração contratual ilícita, nos termos do disposto no artigo 468 da CLT. Inexiste, portanto, o alegado 'acúmulo de funções', devendo a questão ser dirimida à luz do artigo 456, parágrafo único, da CLT, que dispõe que, 'à falta de prova ou inexistindo cláusula expressa a tal respeito, entender-se-á que o empregado se obrigou a todo e qualquer serviço compatível com a sua condição pessoal'. Precedentes da Corte. Recurso de Revista não conhecido" (RR-1103-05.2010.5.05.0462, 4ª Turma, Relatora Ministra: Maria de Assis Calsing, DEJT 01/04/2016).

"**(...) II. RECURSO DE REVISTA DO RECLAMANTE. ACÚMULO DE FUNÇÕES. MOTORISTA E COBRADOR. COMPATIBILIDADE.** A jurisprudência desta Corte tem pacificado o entendimento, à luz do artigo 456, parágrafo único, da CLT, de que a função de motorista de transporte coletivo é compatível com a atividade de cobrador de passagens, não se justificando a percepção de adicional de acúmulo de funções por se tratarem de tarefas compatíveis com a sua condição pessoal. Recurso de revista não conhecido" (ARR-157100-17.2009.5.20.0003, 7ª Turma, Relator Ministro: Douglas Alencar Rodrigues, DEJT 26/02/2016).

"**RECURSO DE REVISTA. DIFERENÇAS SALARIAIS. ACÚMULO DE FUNÇÕES. MOTORISTA E COBRADOR. POSSIBILIDADE.** No caso concreto, o e. TRT concluiu que são devidas diferenças salariais pelo acúmulo de funções pela simples circunstância de o motorista de ônibus realizar, paralelamente às suas atividades, a cobrança de passagens. A referida decisão não guarda consonância com a atual jurisprudência desta Corte, que, com apoio no parágrafo único do art. 456 da CLT, entende que a atividade de motorista de transporte coletivo guarda compatibilidade com a função de cobrador das passagens, restando por isso, afastada a ideia de acúmulo entre essas duas funções. Precedentes do TST. Recurso de revista conhecido por divergência jurisprudencial e provido." (RR-190-69.2010.5.02.0312, 3ª Turma, Relator Ministro: Alexandre de Souza Agra Belmonte, DEJT 17/04/2015).

"(...) **ACÚMULO DE FUNÇÕES - MOTORISTA E COBRADOR. ATIVIDADES COMPATÍVEIS.** Esta Corte Superior tem dirimido a questão com fulcro no artigo 456, parágrafo único, da CLT, segundo o qual 'A falta de prova ou inexistindo cláusula expressa a tal respeito, entender-se-á que o empregado se obrigou a todo e qualquer serviço compatível com a sua condição pessoal'. Extrai-se desse dispositivo que é permitido ao empregador exigir do empregado qualquer atividade, desde que lícita, que seja compatível com a condição pessoal do empregado, não havendo justificativa, portanto, para a percepção de acréscimo salarial, pelo reclamante, que exerce, cumulativamente, a função de motorista e cobrador. Precedentes. Recurso de revista não conhecido. (...)" (ARR-1247-87.2012.5.01.0019, 2ª Turma, Relator Ministro: José Roberto Freire Pimenta, DEJT 20/11/2015).

É possível a argumentação de que se o empregado foi contratado somente para motorista e se existiam cobradores antes do "acumulo de atribuições" teríamos um desequilíbrio no pactuado a exigir o deferimento do plus salarial.

Cálculo do acúmulo de função

Acúmulo de função

Salário multiplicado pelo percentual do acúmulo de função multiplicado pela quantidade de meses trabalhados cumulando função [dica: para calcular os meses, aconselho utilizar a calculadora do Windows 10] = Valor do acúmulo de função.

A) Reflexos do acúmulo de função no FGTS 8%

Valor do acúmulo de função multiplicado pela alíquota do FGTS [Alíquota de 8% – usa-se 0,08] = Valor do reflexo do acúmulo de função no FGTS.

B) Reflexos do acúmulo de função na multa de 40% do FGTS

Valor do reflexo do acúmulo de função no FGTS multiplicado pela alíquota da multa do FGTS [Alíquota de 40%. – usa-se 0,4] = Valor do reflexo do acúmulo de função na multa de 40% do FGTS.

C) Reflexos do acúmulo de função no aviso prévio

Valor mensal do salário multiplicado pelo percentual do acúmulo de função dividido por 30 multiplicado pelos dias de aviso prévio = Valor do reflexo do acúmulo de função no aviso prévio.

OBS: Se o aviso prévio for superior a 30 dias, deverá dividir o valor apurado do adicional de periculosidade por 30 e multiplicar pelo número de dias do aviso devido.

Lembre-se:

O Aviso Prévio é de mínimo 30 dias – Art. 7º, XXI da CF.

> **Art. 7º da CF/88 – [...]**
>
> **XXI** - aviso prévio proporcional ao tempo de serviço, sendo no mínimo de trinta dias, nos termos da lei;

O Avido Prévio é de no máximo 90 dias - Lei 12.506/2011.

> **Lei 12.506/2011 - Art. 1º** - O aviso prévio, de que trata o Capítulo VI do Título IV da Consolidação das Leis do Trabalho - CLT, aprovada pelo Decreto-Lei no 5.452, de 1º de maio de 1943, será concedido na proporção de 30 (trinta) dias aos empregados que contem até 1 (um) ano de serviço na mesma empresa.
>
> **Parágrafo único.** Ao aviso prévio previsto neste artigo serão acrescidos 3 (três) dias por ano de serviço prestado na mesma empresa, até o máximo de 60 (sessenta) dias, perfazendo um total de até 90 (noventa) dias.

D) Reflexos do acúmulo de função no 13º salário

Valor do acúmulo de função dividido por 12 [divisor utilizado para calcular o reflexo do acúmulo de função no 13° Salário (OBS: Se o período trabalhado for inferior a um ano, toma-se como base os meses trabalhados)] = Valor do reflexo do acúmulo de função no 13° Salário.

E) Reflexos do acúmulo de função nas férias

Valor do acúmulo de função dividido por 12 [divisor utilizado para calcular o reflexo do acúmulo de função nas férias (OBS: Se o período trabalhado for inferior a um ano, toma-se como base os meses trabalhados)] = Valor do reflexo do acúmulo de função nas férias.

F) Adicional 1/3 das férias

Valor do reflexo do acúmulo de função nas férias dividido por 3 [divisor utilizado para calcular o adicional de 1/3 das Férias] = Adicional de 1/3 das Férias.

TERCEIRIZAÇÃO

ATIVIDADE FIM

É lícito terceirizar atividade-fim da empresa

STF conclui o julgamento da ADPF 324 e do RE 958252, autorizando, por maioria (7 a 4), a terceirização da atividade-fim. Reiteramos o alerta, contudo, que a direção da mão de obra, bem como pessoalidade e subordinação devem se dar com a empresa prestadora de serviços a terceiros, nos termos da própria Lei de Terceirização e Trabalho Temporário. Pode ser interpretado como um indício negativo a hipótese em que o tomador "escolhe" quem deve ser contratado. O julgamento não é um salvo-conduto para mascarar a realidade. É necessário examinar os casos concretos com cautela.

Tese fixada pelo STF

Tese fixada pelo STF no julgamento da terceirização: "*É lícita a terceirização ou qualquer outra forma de divisão do trabalho entre pessoas jurídicas distintas, independentemente do objeto social das empresas envolvidas, mantida a responsabilidade subsidiária da empresa contratante*"

Julgamentos do TST posteriores à decisão do STF, admitindo a terceirização de atividade fim

> **RESPONSABILIDADE SOLIDÁRIA. TERCEIRIZAÇÃO. ATIVIDADE-MEIO E ATIVIDADE-FIM. LICITUDE. DECISÃO PROFERIDA PELO SUPREMO TRIBUNAL FEDERAL NA ADPF N.º 324 E NO RE N.º 958.252, COM REPERCUSSÃO GERAL RECONHECIDA (TEMA 725).** O Plenário do Supremo Tribunal Federal, no dia 30/8/2018, ao julgar a Arguição de Descumprimento de Preceito Fundamental (ADPF) n.º 324 e o Recurso Extraordinário (RE) n.º 958.252, com repercussão geral reconhecida, decidiu

que é lícita a terceirização em todas as etapas do processo produtivo, ou seja, na atividade-meio e na atividade-fim das empresas. A tese de repercussão geral aprovada no RE n.º 958.252 (Rel. Min. Luiz Fux), com efeito vinculante para todo o Poder Judiciário, assim restou redigida: "É licita a terceirização ou qualquer outra forma de divisão do trabalho entre pessoas jurídicas distintas, independentemente do objeto social das empresas envolvidas, mantida a responsabilidade subsidiária da empresa contratante" (destacamos). Do mesmo modo, no julgamento da ADPF n.º 324, o eminente Relator, Min. Roberto Barroso, ao proceder a leitura da ementa de seu voto, assim se manifestou: "I. É lícita a terceirização de toda e qualquer atividade, meio ou fim, não se configurando relação de emprego entre a contratante e o empregado da contratada. 2. Na terceirização, compete à tomadora do serviço: I) zelar pelo cumprimento de todas as normas trabalhistas, de seguridade social e de proteção à saúde e segurança do trabalho incidentes na relação entre a empresa terceirizada e o trabalhador terceirizado; II) assumir a responsabilidade subsidiária pelo descumprimento de obrigações trabalhistas e pela indenização por acidente de trabalho, bem como a responsabilidade previdenciária, nos termos do art. 31 da Lei 8.212/1993" (grifamos). Assim ficou assentado na certidão de julgamento: "Decisão: O Tribunal, no mérito, por maioria e nos termos do voto do Relator, julgou procedente a arguição de descumprimento de preceito fundamental, vencidos os Ministros Edson Fachin, Rosa Weber, Ricardo Lewandowski e Marco Aurélio". Prevaleceu, em breve síntese, como fundamento o entendimento no sentido de que os postulados da livre concorrência (art. 170, IV) e da livre-iniciativa (art. 170), expressamente assentados na Constituição Federal de 1.988, asseguram às empresas liberdade em busca de melhores resultados e maior competitividade. Quanto à possível modulação dos efeitos da decisão exarada, resultou firmado, conforme decisão de julgamento da ADPF n.º 324 (Rel. Min. Roberto Barroso), que: "(...) o Relator prestou esclarecimentos no sentido de que a decisão deste julgamento não afeta os processos em relação aos quais tenha havido coisa julgada. Presidiu o julgamento a Ministra Cármen Lúcia. Plenário, 30.8.2018". Nesse contexto, a partir de 30/8/2018, é de observância obrigatória aos processos judiciais em curso ou pendente de julgamento a tese jurídica firmada pelo e. STF no RE n.º 958.252 e na ADPF n.º 324. Assim, não há mais espaço para o reconhecimento da responsabilidade solidária do tomador de serviços sob o fundamento de que houve terceirização ilícita (ou seja, terceirização de atividade essencial, fim ou finalística), porque o e. STF, consoante exposto, firmou entendimento de que toda terceirização é sempre lícita, inclusive, repita-se, registrando a impossibilidade de reconhecimento de vínculo empregatício do empregado da prestadora de serviços com o tomador. Recurso de revista conhecido e provido.

A) AGRAVOS DE INSTRUMENTO EM RECURSOS DE REVISTA INTERPOSTOS PELAS RECLAMADAS. ANÁLISE CONJUNTA. DECISÃO REGIONAL PUBLICADA ANTES DA VIGÊNCIA DA LEI Nº 13.015/2014. PROCEDIMENTO SUMARÍSSIMO. 1. TERCEIRIZAÇÃO. CALL CEN-

TER. LICITUDE. ADPF Nº 324 E RE Nº 958.252. TESE FIRMADA PELO STF EM SEDE DE REPERCUSSÃO GERAL. APLICAÇÃO DA SÚMULA Nº 331 DO TST À LUZ DOS PRECEDENTES DO STF. PROVIMENTO. I. O Tribunal de origem entendeu pela ilicitude da terceirização em relação às atividades desenvolvidas pela parte Autora, com consequente reconhecimento de vínculo de emprego diretamente com o tomador de serviços, na forma da Súmula nº 331, I, do TST. Esse entendimento parece divergir da tese jurídica de caráter vinculante fixada pelo Supremo Tribunal Federal acerca da matéria, consolidada em 30/08/2018, com o julgamento do RE nº 958.252 e da ADPF nº 324. Sob esse enfoque, o recurso de revista merece processamento, por violação do art. 5º, II, da CF/88. II. Agravos de instrumento de que se conhece e a que se dá provimento, para determinar o processamento dos recursos de revista, observando-se o disposto na Resolução Administrativa nº 928/2003 do TST. B) RECURSOS DE REVISTA INTERPOSTOS PELAS RECLAMADAS. ANÁLISE CONJUNTA. DECISÃO REGIONAL PUBLICADA ANTES DA VIGÊNCIA DA LEI Nº 13.015/2014. PROCEDIMENTO SUMARÍSSIMO. 1. TERCEIRIZAÇÃO. CALL CENTER. LICITUDE. ADPF Nº 324 E RE Nº 958.252. TESE FIRMADA PELO STF EM SEDE DE REPERCUSSÃO GERAL. APLICAÇÃO DA SÚMULA Nº 331 DO TST À LUZ DOS PRECEDENTES DO STF. CONHECIMENTO E PROVIMENTO. I. O Supremo Tribunal Federal reconheceu a repercussão geral em relação ao tema da terceirização, cujo deslinde se deu em 30/08/2018, com o julgamento do RE nº 958.252, de que resultou a fixação da seguinte tese jurídica de caráter vinculante: "é lícita a terceirização ou qualquer outra forma de divisão do trabalho entre pessoas jurídicas distintas, independentemente do objeto social das empresas envolvidas, mantida a responsabilidade subsidiária da empresa contratante". Na mesma oportunidade, ao julgar a ADPF nº 324, a Suprema Corte firmou tese de que "1. É lícita a terceirização de toda e qualquer atividade, meio ou fim, não se configurando relação de emprego entre a contratante e o empregado da contratada. 2. Na terceirização, compete à contratante: i) verificar a idoneidade e a capacidade econômica da terceirizada; e ii) responder subsidiariamente pelo descumprimento das normas trabalhistas, bem como por obrigações previdenciárias, na forma do art. 31 da Lei 8.212/1993". A partir de então, esse entendimento passou a ser de aplicação obrigatória aos processos judiciais em curso em que se discute a terceirização, impondo-se, inclusive, a leitura e a aplicação da Súmula nº 331 do TST à luz desses precedentes. II. No caso dos autos, o Tribunal de origem entendeu pela ilicitude da terceirização em relação às atividades desenvolvidas pela parte Autora, com consequente reconhecimento de vínculo de emprego diretamente com o tomador de serviços, na forma da Súmula nº 331, I, do TST. Esse entendimento diverge da jurisprudência atual, notória e de caráter vinculante do Supremo Tribunal Federal acerca da matéria, razão pela qual o provimento ao recurso de revista é medida que se impõe. III. Recursos de revista de que se conhece, por violação do art. 5º, II, da CF/88, e a que se dá provimento. (RR - 1445-51.2013.5.03.0111, Relator Ministro: Alexandre Luiz Ramos, Data de Julgamento: 12/12/2018, 4ª Turma, Data de Publicação: DEJT 19/12/2018)

AGRAVO DE INSTRUMENTO EM RECURSO DE REVISTA NÃO REGIDO PELA LEI 13.015/2014. ISONOMIA SALARIAL. ORIENTAÇÃO JURISPRUDENCIAL 383 DO TST. IMPOSSIBILIDADE. 1. O Tribunal Regional afastou a possibilidade de reconhecimento do direito obreiro às verbas trabalhistas - legais e normativas - asseguradas aos empregados da tomadora de serviços, nos termos da Orientação Jurisprudencial 383 da SBDI-1/TST, ao fundamento de que não ficou demonstrada a igualdade de funções entre o Reclamante e os empregados da tomadora. 2. O Plenário do Supremo Tribunal Federal, em 30/8/2018, ao julgar a Arguição de Descumprimento de Preceito Fundamental (ADPF) 324 e o Recurso Extraordinário (RE) 958.252, com repercussão geral, firmou entendimento no sentido de ser lícita a terceirização de toda e qualquer atividade, meio ou fim, não se estabelecendo relação de emprego entre a tomadora de serviços e o empregado da empresa prestadora. 3. Dispõe a Orientação Jurisprudencial 383 da SBDI-1 que: "A contratação irregular de trabalhador, mediante empresa interposta, não gera vínculo de emprego com ente da Administração Pública, não afastando, contudo, pelo princípio da isonomia, o direito dos empregados terceirizados às mesmas verbas trabalhistas legais e normativas asseguradas àqueles contratados pelo tomador dos serviços, desde que presente a igualdade de funções". 4. O fato autorizador da isonomia de direitos entre os empregados terceirizados e os regularmente contratados pelo tomador de serviços integrante da Administração Pública é a ilicitude da terceirização. Nessa esteira de raciocínio, reconhecendo o STF a licitude da terceirização tanto na atividade-meio quanto na atividade-fim das empresas tomadoras, é inviável a aplicação da OJ 383 da SBDI-1/TST, que traz como premissa básica a irregularidade da contratação do trabalhador terceirizado. Agravo de instrumento não provido. (AIRR - 1060-10.2013.5.18.0201, Relator Ministro: Douglas Alencar Rodrigues, Data de Julgamento: 12/12/2018, 5ª Turma, Data de Publicação: DEJT 19/12/2018)

I) AGRAVOS DE INSTRUMENTO DAS RECLAMADAS. MATÉRIA COMUM. SERVIÇO DE CALL CENTER OU TELEMARKETING. EMPRESA DE TELECOMUNICAÇÕES. TERCEIRIZAÇÃO. LICITUDE. PROVIMENTO. Ante possível contrariedade à Súmula 331, I, o provimento dos agravos de instrumento para o exame dos recursos de revista é medida que se impõe. Agravo de instrumento a que se dá provimento. II) RECURSOS DE REVISTA DAS RECLAMADAS. MATÉRIA COMUM. SERVIÇO DE CALL CENTER OU TELEMARKETING. EMPRESA DE TELECOMUNICAÇÕES. TERCEIRIZAÇÃO. LICITUDE. PROVIMENTO. A aferição da licitude da terceirização no âmbito desta Corte Superior demandava prévia análise do objeto da contratação. Isso porque sempre se entendeu pela impossibilidade da terceirização de serviços ligados à atividade precípua da tomadora de serviços, com o fim de evitar a arregimentação de empregados por meio da intermediação de mão de obra e, por consequência, a precarização de direitos trabalhistas (Súmula nº 331, itens I e III). A questão, contudo, foi submetida à apreciação do Supremo Tribunal Federal na ADPF 324 e no RE 958.252, em repercussão geral, os quais foram julgados conjuntamente em 30.8.2018, ocasião em que foi fixada a seguinte tese jurídica: "É lícita a terceirização ou qualquer outra forma de divisão do trabalho entre pessoas jurídicas distintas, independentemente do objeto social das empresas envolvidas, mantida a responsabilidade subsidiária da empresa contratante." A partir dessa data, portanto, em razão da natureza vinculante das decisões proferidas pelo excelso Supremo Tribunal Federal nos aludidos feitos, passou-se a reconhecer a licitude das terceirizações em qualquer atividade empresarial, de modo que a empresa tomadora apenas poderá ser responsabilizada subsidiariamente. É inequívoco que, em se tratando de concessionárias de telecomunicações, a Lei nº 9.472/1997, que disciplina a organização da prestação desse serviço público, em seu artigo 94, II, autoriza a contratação de terceiros para "o desenvolvimento de atividades inerentes, acessórias ou complementares ao serviço, bem como a implementação de projetos associados". Não há, pois, qualquer limitação quanto ao tipo de serviço que poderá ser prestado por terceiro. Impende destacar que a excelsa Corte, em 11.10.2018, julgou o ARE 791.932, tema 739 da repercussão geral, em que se discutia a possibilidade de recusa de aplicação do artigo 94, II, da Lei nº 9.472/1997, em razão da invocação do entendimento preconizado na Súmula nº 331, sem a observância da regra de reserva de plenário. No referido julgamento, foi fixada a seguinte tese: "É nula a decisão de órgão fracionário que se recusa a aplicar o artigo 94, II, da Lei nº 9.472/1997, sem observar a cláusula de reserva de Plenário (CF, art. 97), observado o art. 949 do Código de Processo Civil". Conclui-se, desse modo, com base nas decisões proferidas pela excelsa Corte na ADPF 324, no RE 958.252 e no ARE 791.932, ser plenamente possível a terceirização de serviços afetos às atividades precípuas das concessionárias de telecomunicações, de modo que é irrelevante aferir se as funções a serem desempenhadas pela contratada estariam inseridas nas atividades essenciais ou acessórias da contratante. Na espécie, o Tribunal Regional consignou que a reclamante foi contratada pela Contax para prestar serviços para a Telemar, na função de Operadora de Telemarketing. Assim, concluiu que houve fraude perpetrada pelas reclamadas, vez que "a terceirização praticada nos autos se insere dentro da própria atividade fim da tomadora", o que autorizava o reconhecimento do vínculo empregatício diretamente com a Telemar. Nesse contexto, referida decisão destoa do entendimento do E. STF, bem como da Sumula 331, I. Recurso de revista conhecido e provido. III) RECURSO DE REVISTA DA PRIMEIRA RECLAMADA. TELEMAR NORTE LESTE S.A. MATÉRIA REMANESCENTE. MULTA. ARTIGO 477, § 8º, DA CLT. ATRASO. HOMOLOGAÇÃO SINDICAL. RESCISÃO CONTRATUAL. INAPLICABILIDADE. PROVIMENTO. A multa prevista no artigo 477, § 8º, da CLT é devida somente quando há pagamento das verbas rescisórias fora do prazo contido em seu § 6º. Não incide na hipótese em que a homologação sindical do termo rescisório ocorre fora do prazo estabelecido no aludido dispositivo, por ausência de previsão legal de sua incidência. Precedentes. Recurso de revista conhecido e provido. (RR - 1089-67.2011.5.01.0051,

Relator Ministro: Guilherme Augusto Caputo Bastos, Data de Julgamento: 12/12/2018, 4ª Turma, Data de Publicação: DEJT 19/12/2018)

I) AGRAVO DE INSTRUMENTO DO RECLAMADO ITAÚ UNIBANCO S.A. - TERCEIRIZAÇÃO DE CALL CENTER PARA BANCO - LICITUDE - ADPF 324 E RE 958.252 - APLICAÇÃO DA SÚMULA 331 DO TST À LUZ DOS PRECEDENTES DO STF - PROVIMENTO. Diante de possível contrariedade à Súmula 331, III, do TST e violação do art. 5º, II, da CF, acerca da ilicitude da terceirização de serviços de telemarketing bancário, dá-se provimento ao agravo de instrumento para determinar o processamento do recurso de revista. Agravo de instrumento do Reclamado Itaú Unibanco S.A. provido. II) RECURSO DE REVISTA DO RECLAMADO ITAÚ UNIBANCO S.A. - TERCEIRIZAÇÃO DE CALL CENTER PARA BANCO - LICITUDE - ADPF 324 E RE 958.252 - APLICAÇÃO DA SÚMULA 331 DO TST À LUZ DOS PRECEDENTES DO STF. 1. A Súmula 331 do TST constituiu, por mais de 2 décadas, o marco regulatório por excelência do fenômeno da terceirização na seara trabalhista, editada que foi em atenção a pedido formulado pelo MPT, em 1993, de revisão da Súmula 256, que era superlativamente restritiva da terceirização, limitando-a às hipóteses de vigilância (Lei 7.102/83) e trabalho temporário (Lei 6.019/74). 2. Revisada por duas vezes (2000 e 2011), em função da questão acessória da responsabilidade subsidiária da administração pública nos casos de inadimplemento das obrigações trabalhistas por parte das empresas terceirizadas (incisos IV e V), o STF, ao pacificar tal questão periférica, deu também sinalização clara quanto à fragilidade e imprecisão conceitual da distinção entre atividade-fim e atividade-meio para efeito de fixação da licitude da terceirização de serviços (cfr. RE 760.931-DF, Red. Min. Luiz Fux, julgado em 30/03/17). 3. O que condenou finalmente a Súmula 331 do TST, em seu núcleo conceitual central do inciso III, sobre a licitude da terceirização apenas de atividades-meio das empresas tomadoras de serviços, foram os excessos no enquadramento das atividades das empresas, generalizando a ideia de atividade-fim, especialmente quanto aos serviços de call center prestados para bancos (cfr. TST-RR-1785-39.2012.5.06.0016) e concessionárias de serviços de telecomunicações (cfr. TST-E-ED-RR-2707-41.2010.5.12.0030) e energia elétrica (cfr. TST-RR-574-78.2011.5.04.0332), ao arrepio das Leis 8.987/95 (art. 25, § 1º) e 9.472/97 (art. 94, II), além dos casos de cabistas (cfr. TST-E-ED-RR-234600-14.2009.5.09.0021), leituristas (cfr. TST-E-ED-RR-1521-87.2010.5.05.0511) e vendedores no ramo de transporte rodoviário (cfr. TST-E-RR-1419-44.2011.5.10.0009), apenas para citar os mais comuns. 4. No intuito de combater o fenômeno econômico da terceirização, caracterizado pela cadeia produtiva horizontal, para forçar o retorno ao modelo de empresa vertical, em que a quase totalidade das atividades é exercida pelos seus empregados contratados diretamente e não por empresas terceirizadas e seus empregados, a jurisprudência majoritária do TST levou o STF a reconhecer a repercussão geral dos temas 725 e 739, sobre terceirização, cujo deslinde em 30/08/18, com o julgamento do RE 958.252 e da ADPF 324 resultou na fixação da seguinte tese jurídica de caráter vinculante: "É lícita a terceirização ou qualquer outra forma de divisão do trabalho entre pessoas jurídicas distintas, independentemente do objeto social das empresas envolvidas, mantida a responsabilidade subsidiária da empresa contratante". 5. Assim, a partir de 30/08/18, passou a ser de aplicação aos processos judiciais em que se discute a terceirização a tese jurídica fixada pelo STF no precedente dos processos RE 958.252 e ADPF 324, mormente em face da rejeição da questão de ordem relativa a eventual perda de objeto dos processos, diante da edição da Lei 13.429/17, uma vez que se reconheceu que esta passou a regular a matéria para o futuro, enquanto o julgamento do STF dispôs sobre os casos do passado. 6. Por outro lado, a par de não mais subsistirem, para efeito do reconhecimento da licitude da terceirização os conceitos de atividade-fim, atividade-meio e subordinação estrutural entre empresas, não há de se aguardar a revisão da Súmula 331 para apreciação dos casos pendentes, quer por depender da discussão prévia sobre a constitucionalidade do art. 702, I, "f", e § 3º, da CLT, quer por ser possível decidir de pronto a matéria, sem tisnar a Súmula 331, quando se reconhecer o caráter de atividade-meio desenvolvida pela prestadora de serviços em relação à tomadora de serviços, como são os casos típicos de call center, em que a atividade é desenvolvida por empresa que presta o mesmo serviço para inúmeros setores produtivos, como meio de venda de seus produtos ou recebimento de reclamações quanto aos serviços prestados (cfr. TST-E-ED-RR-876-84.2011.5.01.0011, Rel. Min.Aloysio Corrêa da Veiga, SBDI-1, DEJTde 03/08/18). 7. In casu, como se trata de terceirização de telemarketing bancário, relativos ao setor ativo do Banco Itaú S.A., referentes à atividade de representante de atendimento, tem-se que o recurso de revista merece conhecimento, por contrariedade à Súmula 331, III, do TST e violação do art. 5º, II, da CF (arrimo dos Temas 725 e 739 de repercussão geral do STF), e provimento, para, reformando o acórdão regional no aspecto, afastar a ilicitude da terceirização e, por conseguinte, o reconhecimento do vínculo de emprego com o 2º Reclamado Itaú Unibanco S.A., bem como os benefícios convencionais concedidos especificamente aos seus empregados, e todas as verbas da condenação que decorreram exclusivamente do enquadramento da Autora como bancária, julgando improcedente a presente ação trabalhista. Recurso de revista do Reclamado Itaú Unibanco S.A. provido. (RR - 10425-36.2017.5.03.0114, Relator Ministro: Ives Gandra Martins Filho, Data de Julgamento: 12/12/2018, 4ª Turma, Data de Publicação: DEJT 19/12/2018)

Aplicabilidade Imediata da nova tese ou modulação de efeitos?

Conquanto adotássemos o entendimento de que a autorização legal de terceirização de atividade-fim colidia com a essência do texto constitucional, já que ela foi tida por constitucional, é fundamental analisar o marco inicial de permissão da terceirização de atividade-fim.

Iuri Pinheiro e Raphael Miziara já haviam defendido à página 89 da obra "A Regulamentação da Terceirização e o Novo Regime do Trabalho Temporário", pela editora LTr, o posicionamento de que a Lei 13.429/2017 não havia autorizado a terceirização de atividade-fim, o que teria restado permitido apenas pela Reforma Trabalhista (Lei 13.467/2017), conforme acabou decidindo o próprio C. TST em ação civil pública (AgR-ARR – 994-89.2013.5.15.0079 Data de Julgamento: 25/04/2018, Relatora Ministra: Kátia Magalhães Arruda, 6ª Turma, Data de Publicação: DEJT 04/05/2018).

Considerado como marco inicial de permissão da terceirização de atividade-fim a data de vigência da Lei 13.467/2017 (11/11/2017), cumpriria examinar a situação híbrida, em que um contrato tivesse se iniciado antes da Lei 13.467/2017 e findado após a sua vigência.

É certo que a regra é a da incidência imediata de efeitos a partir da vigência da lei ("tempus regit actum), contudo, a ordem jurídica traz alguns temperamentos. A licitude da terceirização reflete um elemento de validade do negócio jurídico encartado no art. 104 do Código Civil (objeto lícito), devendo, por isso, ser aferido de acordo com o momento de sua constituição, a teor do art. 2.035 do Código Civil:

> Art. 2.035. A validade dos negócios e demais atos jurídicos, constituídos antes da entrada em vigor deste Código, obedece ao disposto nas leis anteriores, referidas no art. 2.045, mas os seus efeitos, produzidos após a vigência deste Código, aos preceitos dele se subordinam, salvo se houver sido prevista pelas partes determinada forma de execução. (grifos não constantes no original)

Desse modo, a licitude da terceirização deveria ser aferida no momento de celebração do contrato de trabalho e, se ilícita, tornaria nula e contaminaria a pactuação desde o nascedouro.

No caso de contratação de trabalhador terceirizado para atividade-fim antes da vigência da Lei 13.467/2017, haveria nulidade pela ilicitude da terceirização segundo a interpretação que se fazia da legislação da época. Sendo nulo aquele contrato, o vínculo formar-se-ia com a tomadora de serviços, em observância ao Princípio da Primazia da Realidade corporificado no art. 9º da CLT.

Não haveria como se falar em convalidação da contratação a partir da vigência da Lei 13.467/2017 porquanto o Princípio da Continuidade da Relação de Emprego (art. 7º, I, da CRFB) orientaria pela manutenção do contrato em curso, salvo extinção formal do contrato de trabalho. Assim, a aplicação do novo regramento da terceirização trazido pela Lei 13.467/2017, em tais casos, só seria possível por meio de nova contratação a partir de 11/11/2017, observada a quarentena instituída pela Lei 13.429/2017 (art. 5º-D da Lei 6.019/74).

Contudo, na ADPF 324 e no RE 958252, sem modulação de efeitos, decidiu o STF que é válida a terceirização de serviços na atividade-fim da empresa e a Corte

Suprema vem cassando decisões que afastam tal entendimento, independente de publicação da decisão e do trânsito em julgado, sob o entendimento de que a vinculação ao julgamento se dá com a mera publicação da ata de julgamento e que apenas a coisa julgada não seria atingida (vide Reclamação 32840 MG).

Além disso, destaque-se que o TST também vem aplicando esse entendimento de forma retroativa, ante a ausência de modulação de efeitos, conforme os seguintes julgados: Processo: Ag-ARR - 10816-02.2013.5.18.0053 Data de Julgamento: 13/02/2019, Relator Ministro: Breno Medeiros, 5ª Turma, Data de Publicação: DEJT 15/02/2019; Processo: RR - 92-70.2014.5.17.0007 Data de Julgamento: 13/02/2019, Relator Ministro: Douglas Alencar Rodrigues, 5ª Turma, Data de Publicação: DEJT 15/02/2019; Processo: RR - 455-38.2014.5.03.0107 Data de Julgamento: 13/02/2019, Relator Ministro: Guilherme Augusto Caputo Bastos, 4ª Turma, Data de Publicação: DEJT 15/02/2019; Processo: RR - 12118-59.2015.5.03.0103 Data de Julgamento: 13/02/2019, Relator Ministro: Ives Gandra Martins Filho, 4ª Turma, Data de Publicação: DEJT 15/02/2019; Processo: ARR - 11910-08.2016.5.03.0017 Data de Julgamento: 13/02/2019, Relatora Ministra: Maria Cristina Irigoyen Peduzzi, 8ª Turma, Data de Publicação: DEJT 15/02/2019.; Processo: RR - 2340-79.2013.5.03.0024 Data de Julgamento: 06/02/2019, Relatora Ministra: Dora Maria da Costa, 8ª Turma, Data de Publicação: DEJT 15/02/2019; Processo: ARR - 1262-56.2010.5.09.0002 Data de Julgamento: 06/02/2019, Relator Ministro: Alexandre Luiz Ramos, 4ª Turma, Data de Publicação: DEJT 08/02/2019; Processo: RR - 10420-18.2015.5.03.0103 Data de Julgamento: 06/02/2019, Relator Ministro: Márcio Eurico Vitral Amaro, 8ª Turma, Data de Publicação: DEJT 08/02/2019; Processo: RR - 1753-49.2011.5.03.0017 Data de Julgamento: 06/02/2019, Relator Ministro: Walmir Oliveira da Costa, 1ª Turma, Data de Publicação: DEJT 08/02/2019; Processo: Ag-AIRR - 530-82.2012.5.05.0013 Data de Julgamento: 12/12/2018, Relator Ministro: Emmanoel Pereira, 5ª Turma, Data de Publicação: DEJT 14/12/2018.

Assim, em que pese à divergência literária dos autores e a interposição de embargos de declaração, os tribunais de superposição (STF e TST) vêm aplicando a licitude de terceirização sem modulação de efeitos.

DONO DA OBRA

Inexistência de responsabilidade subsidiária

E-RR - 296-21.2013.5.09.0671 Data de Julgamento: 06/09/2018, Redator Ministro: Ives Gandra Martins Filho, Subseção I Especializada em Dissídios Individuais, Data de Publicação: DEJT 28/09/2018.

Informativo 183 do TST

A contratação pelo dono da obra de empresa para construir, manter e conservar estrada (obras de construção civil), ainda que por prazo indeterminado, não enseja responsabilidade solidária ou subsidiária pelas obrigações trabalhistas contraídas pelo empreiteiro, consoante entendimento contido na Orientação Jurisprudencial no 191 da SBDI-I.

O fato de o contrato ter perdurado por cerca de 10 (dez) anos não descaracteriza a natureza da contratação (contrato de empreita), sendo certo que a OJ 191 não admite exceções quanto à sua aplicação, quer na finalidade da empresa, quer na duração do contrato.

Sendo assim, o contrato de empreitada não enseja nenhuma responsabilidade do dono da obra pelas obrigações trabalhistas do empreiteiro, quando a contratante não é empresa construtora ou incorporadora, mas, sim, ligada à exploração de outra atividade.

Dono da obra

Dono da obra é a pessoa física ou jurídica, ente despersonificado que não sendo construtor ou incorporador, formaliza contrato de empreita de construção civil com empreiteiro.

Responsabilidade do dono da obra - verbas trabalhistas

Segundo a OJ 191 da SBDI-1 do TST, por ausência de previsão legal o dono da obra não responde solidária ou subsidiária pelas obrigações trabalhistas contraídas pelo empreiteiro, salvo sendo o dono da obra uma empresa construtora ou incorporadora.

> **OJ n.º 191 da SBDI-1 do TST - CONTRATO DE EMPREITADA. DONO DA OBRA DE CONSTRUÇÃO CIVIL. RESPONSABILIDADE.** Diante da inexistência de previsão legal específica, o contrato de empreitada de construção civil entre o dono da obra e o empreiteiro não enseja responsabilidade solidária ou subsidiária nas obrigações trabalhistas contraídas pelo empreiteiro, salvo sendo o dono da obra uma empresa construtora ou incorporadora.

A SBDI-1 do TST, em composição plena, ao julgar o Incidente de Recursos Repetitivos (processo TST-IRR-190-53.2015.5.03.0090), constante do Tema 6 da Tabela de Recursos de Revista Repetitivos, que possui efeito vinculante, nos termos do art. 985 do CPC, fixou o entendimento de que:

> **I)** a exclusão de responsabilidade solidária ou subsidiária por obrigação trabalhista, a que se refere a Orientação Jurisprudencial 191 da SBDI-1 do TST, não se restringe a pessoa física ou micro e pequenas empresas, mais compreende igualmente empresas de médio e grande porte e entes públicos;

II) a excepcional responsabilidade por obrigações trabalhistas, prevista na parte final da Orientação Jurisprudencial 191 da SDI-1 do TST, por aplicação analógica do artigo 455 da CLT, alcança os casos em que o dono da obra de construção civil é construtor ou incorporador e, portanto, desenvolve a mesma atividade econômica do empreiteiro;

III) não é compatível com a diretriz sufragada na Orientação Jurisprudencial 191 da SBDI-1 do TST jurisprudência de Tribunal Regional do Trabalho que amplia a responsabilidade trabalhista do dono da obra, excepcionando apenas "a pessoa física ou micro e pequenas empresas, na forma da lei, que não exerçam atividade econômica vinculada ao objeto contratado";

IV) exceto ente público da Administração direta e indireta, se houver inadimplemento das obrigações trabalhistas contraídas por empreiteiro que contratar, sem idoneidade econômico-financeira, o dono da obra responderá subsidiariamente por tais obrigações, em face de aplicação analógica do art. 455 da CLT e de culpa in eligendo.

Responsabilidade do dono da obra nos casos de acidente de trabalho

O TST já pacificou entendimento de que a Orientação Jurisprudencial 191 não se aplica a hipóteses em que as pretensões formuladas elo autor da ação decorram de acidente de trabalho para o qual tenha concorrido o dono da obra. Isso porque a OJ 191 apenas reporta-se às obrigações trabalhistas, não abrangendo as indenizações de natureza civil, decorrentes da responsabilidade civil decorrentes do acidente de trabalho.

Nesse sentido, o TST:

Precedentes vinculantes do TST

RESPONSABILIDADE CIVIL. DONO DA OBRA. ACIDENTE DE TRABALHO. FALECIMENTO DE EMPREGADO CONTRATADO POR SUBEMPREITEIRA. ORIENTAÇÃO JURISPRUDENCIAL N.º 191 DA SbDI-1 DO TST. INAPLICABILIDADE 1. Nas ações acidentárias não se postulam simplesmente parcelas contratuais não adimplidas, e sim indenização por dano moral e/ou material decorrente de infortúnio que, nos casos de contrato de empreitada, em regra, ocorre nas dependências da dona da obra, igualmente responsável em relação à prevenção de acidentes e doenças ocupacionais. 2. Se o dono da obra concorreu para o infortúnio, no que não impediu a prestação de labor sem a observância das normas de higiene e segurança do trabalho, a cargo do empregador, incide, em tese, a responsabilidade solidária inserta no art. 942, caput, do Código Civil de 2002. Precedentes da SbDI-1 do TST. 3. Responsabilidade subsidiária do dono da obra que se mantém, em respeito aos limites da postulação deduzida em embargos. 4. Embargos dos Reclamantes de que se conhece, por divergência jurisprudencial, e a que se dá provimento para restabelecer o acórdão regional." (E-RR - 240-03.2012.5.04.0011, Relator: Ministro João Oreste Dalazen, Subseção I Especializada em Dissídios Individuais, DEJT 27/11/2015.)

"**AGRAVO REGIMENTAL EM EMBARGOS REGIDOS PELA LEI N.º 11.496/2007. PEDIDO DE INDENIZAÇÃO POR DANO MORAL E MATERIAL. ACIDENTE DE TRABALHO. DONO DA OBRA. ORIENTAÇÃO JURISPRUDENCIAL N.º 191 DA SBDI-1 DO TST. PEDIDO DE VERBA DE CUNHO CIVILISTA. APLICAÇÃO DA REGRA GERAL DE RESPONSABILIDADE CIVIL.** É cediço que o pleito de indenização por dano moral e/ou material decorrente de acidente de trabalho tem cunho civilista, não se tratando de verba tipicamente trabalhista, apesar de ser julgado na Justiça do Trabalho, diante da previsão do artigo 114, inciso VI, da Constituição Federal, com a redação dada pela Emenda Constitucional n.º 45/2004. Assim, os pedidos de indenização por danos morais e materiais decorrentes de acidente de trabalho sofrido por empregado contratado por empreiteiro ou subempreiteiro não se submetem às disposições do artigo 455 da CLT e da Orientação Jurisprudencial n.º 191 da SBDI-1 desta Corte, que tratam, exclusivamente, de obrigações tipicamente trabalhistas. Nesse caso, se da prestação de serviço resultar dano ao empregado, sua pretensão indenizatória será regida pela regra geral de responsabilidade civil. Assim, o dono da obra, beneficiado pelo labor do empregado acidentado, pode ser responsabilizado por acidente de trabalho sofrido pelo obreiro, nos termos em que dispõe a legislação civil acerca da matéria, especialmente os artigos 5.º, inciso X, da Constituição Federal e 186, 927, caput, 932, inciso III, 933, parágrafo único, e 942 do Código Civil. Agravo desprovido." (AgR-E-ED-RR - 1229-31.2010.5.03.0003, Relator: Ministro José Roberto Freire Pimenta, Subseção I Especializada em Dissídios Individuais, DEJT 6/11/2015.)

Outros julgados do TST:

RECURSO DE REVISTA. RESPONSABILIDADE SOLIDÁRIA. DONO DA OBRA. ACIDENTE DO TRABALHO. INAPLICABILIDADE DO ENTENDIMENTO CONTIDO NA OJ N.º 191 DA SBDI-1 DO TST. AUSÊNCIA DOS REQUISITOS NECESSÁRIOS À CARACTERIZAÇÃO DA RESPONSABILIDADE CIVIL. A questão da inaplicabilidade da Orientação Jurisprudencial n.º 191 da SBDI-1 nas lides envolvendo demandas oriundas de acidente do trabalho e/ou doença ocupacional ou profissional não comporta maiores discussões no âmbito desta Corte, considerando as reiteradas decisões proferidas nesse sentido pelas suas diversas Turmas e, especialmente, pela SBDI-1. Contudo, nos termos do acórdão regional, não houve demonstração de prática de ato ilícito pela União (dona da obra) que tenha ocasionado o acidente ou contribuído para a sua ocorrência. Tais elementos fáticos afastam qualquer argumento dos Reclamantes, relacionado à existência de culpa. Diante de tais considerações, não há que falar em responsabilidade da União, nos termos dos artigos 186, 927, caput, e 942 do CCB/2002. Recurso de Revista conhecido e não provido. fls. PROCESSO Nº TST-RR-378-82.2014.5.09.0003 Firmado por assinatura digital em 03/10/2018 pelo sistema AssineJus da Justiça do Trabalho, conforme MP 2.200-2/2001, que instituiu a Infra-Estrutura de Chaves Públicas Brasileira. (RR - 378-82.2014.5.09.0003, Relator Desembargador Convocado: Roberto Nobrega de Almeida Filho, Data de Julgamento: 26/09/2018, 1ª Turma, Data de Publicação: DEJT 05/10/2018)

"**RECURSO DE REVISTA. RESPONSABILIDADE SUBSIDIÁRIA. ENTE PÚBLICO. ACIDENTE DE TRABALHO. INDENIZAÇÃO POR DANO MORAL E MATERIAL. SÚMULA N.º 331, V, DESTA CORTE INAPLICÁVEL.** Não há como se afastar a responsabilidade subsidiária atribuída ao ente público, tomador de serviços, pelo pagamento de indenização por danos morais e materiais, decorrente de acidente de trabalho, com fundamento na Súmula n.º 331, V, desta Corte. Isso porque a isenção da responsabilidade do ente público, com fundamento na decisão proferida pelo STF, nos autos da ADC 16, alcança apenas as obrigações trabalhistas em sentido estrito, não alcançando as obrigações de natureza jurídica civil, decorrentes de culpa extracontratual ou aquiliana do tomador de serviços pelo dano moral, resultante de acidente de trabalho. Precedentes. Recurso de revista não conhecido." (RR-209-55.2015.5.03.0059, Relator: Ministro Aloysio Corrêa da Veiga, 6.ª Turma, DEJT 24/2/2017.)

"(...) **RESPONSABILIDADE SUBSIDIÁRIA.** É incontroverso nos autos que o Reclamante foi contratado pela primeira-reclamada e prestava serviços em benefício direto da segunda-reclamada, que firmou contrato de prestação de serviços. Qualquer alegação da Recorrente em sentido contrário encontra óbice na Súmula n.º 126 do TST, que veda a esta Corte o revolvimento dos fatos e das provas dos autos. Dessa forma, não se sustenta a alegação da Recorrente de que figurou como dona da obra. A partir dessa situação fática, tendo em vista que a segunda-reclamada foi tomadora dos serviços do Reclamante, o Juízo a quo a condenou subsidiariamente para responder pelas verbas trabalhistas devidas e não pagas pela empregadora. Decisão regional em consonância com o preconizado na Súmula n.º 331, IV, do TST. Recurso de revista não conhecido. SOLIDARIEDADE - INDENIZAÇÃO POR DANOS MORAIS E MATERIAIS - AUSÊNCIA DE RESPONSABILIDADE CIVIL DAS RECLAMADAS. A jurisprudência desta Corte firmou entendimento de que o tomador de serviços responde solidariamente pelo pagamento de indenização por danos morais quando a doença ocupacional ou acidente de trabalho possui nexo de causalidade com as atividades desenvolvidas no âmbito de seu estabelecimento empresarial. Precedentes. Recurso de revista não conhecido. (...)." (RR-139400-16.2008.5.17.0013, Relator: Ministro Luiz Philippe Vieira de Mello Filho, 7.ª Turma, DEJT 24/3/2017.)

Prazo do contrato de empreitada

O TST ao julgar o processo n. TST-E-RR-296-21.2013.5.09.0671, entendeu que o fato de o contrato de empreita durar por muitos anos (no caso do processo mencionado - por cerca de 10 anos) não descaracteriza a natureza da contratação, sendo certo que a referida OJ 191 não admite exceções quanto à sua aplicação, quer no tocante à finalidade da empresa, quer na duração do contrato.

REMUNERAÇÃO DO EMPREGADO

SALÁRIO

Pagamento de salário após o quinto dia útil

TST-E-ED-RR-86400-85.2008.5.15.0101, SBDI-I, rel. Min. Alberto Luiz Bresciani de Fontan Pereira, 23.8.2018

Informativo 182 do TST

É invalida cláusula de norma coletiva que autoriza o pagamento de salários em data posterior àquela expressamente prevista em lei, ou seja, após o quinto dia útil do mês subsequente ao da prestação de serviços.

Prazo para pagamento dos salários

O pagamento dos salários não pode ser estipulado por prazo superior a um mês. Quando o pagamento for estipulado por mês, deverá ser efetuado, o mais tardar, até o quinto dia útil do mês subsequente ao vencido. Alguns pagamentos podem ser efetuados com prazo superior a um mês. Ocorre nos casos de remuneração variável e complementar, como por exemplo no pagamento das comissões, prêmios e gratificações.

Nesse sentido:

> **CLT, Art. 459**. O pagamento do salário, qualquer que seja a modalidade do trabalho, não deve ser estipulado por período superior a um mês, salvo o que concerne a comissões, percentagens e gratificações.
>
> **Parágrafo único.** Quando o pagamento houver sido estipulado por mês, deverá ser efetuado, o mais tardar, até o quinto dia útil do mês subsequente ao vencido.

Sábado é dia útil para contagem do pagamento dos salários

O entendimento consolidado pelo TST, é que para o pagamento do salário nos termos do art. 459, §1º, da CLT, considera-se o sábado como dia útil para a contagem do prazo. Nesse sentido, são os seguintes julgados:

> **PRAZO PARA PAGAMENTO DO SALÁRIO. INCLUSÃO DO SÁBADO COMO DIA ÚTIL PARA FINS DO ART. 459, § 1º DA CLT 1** - O entendimento consubstanciado nesta Corte é que para o pagamento do salário nos termos do art. 459, § 1º, da CLT, considera-se o sábado como dia útil para a contagem do prazo. 2 - Agravo de instrumento a que se nega provimento. (AG-AIRR nº 79900-75.2008.5.23.0005, 6ª Turma do TST, Rel. Kátia Magalhães Arruda. j. 19.09.2018, Publ. 28.09.2018).

> **"AGRAVO EM AGRAVO DE INSTRUMENTO EM RECURSO DE REVISTA. RECURSO INTERPOSTO SOB A ÉGIDE DA LEI Nº 13.015/2014 - AUTO DE INFRAÇÃO. MULTA ADMINISTRATIVA DECORRENTE DE ATRASO NO PAGAMENTO DE SALÁRIO. PREVISÃO EM NORMA COLETIVA DO SÁBADO COMO DIA NÃO ÚTIL. IMPOSSIBILIDADE.** Nos termos do art. 7º, XXVI, da Constituição Federal, o reconhecimento das negociações coletivas não autoriza a subtração de direitos indisponíveis dos trabalhadores. Assim, a jurisprudência do TST tem entendido que não é válida norma coletiva que elastece o prazo previsto no art. 459, § 1º, da CLT, para fins de pagamento salarial, considerando o sábado como dia não útil. Agravo conhecido e não proviLdo." (Ag-AIRR - 81210-48.2014.5.22.0001, Relator Ministro: Márcio Eurico Vitral Amaro, Data de Julgamento: 27/09/2017, 8ª Turma, Data de Publicação: DEJT 29/09/2017)

> **"AGRAVO DE INSTRUMENTO. AUTO DE INFRAÇÃO. MULTA ADMINISTRATIVA. ATRASO DE SALÁRIO. SÁBADO. DIA NÃO ÚTIL. PREVISÃO EM NORMA COLETIVA. IMPOSSIBILIDADE.** Diante da aparente violação do art. 459, § 1º, da CLT, nos termos exigidos no artigo 896 da CLT, dá-se provimento ao agravo de instrumento para determinar o processamento do recurso de revista. RECURSO DE REVISTA. AUTO DE INFRAÇÃO. MULTA ADMINISTRATIVA. ATRASO DE SALÁRIO. SÁBADO. DIA NÃO ÚTIL. PREVISÃO EM NORMA COLETIVA. IMPOSSIBILIDADE. O legislador constituinte (art. 7º, XXVI), ao prever o reconhecimento das negociações coletivas, não chancelou a possibilidade de se subtrair direito indisponível dos trabalhadores. Nesse sentido, a jurisprudência desta Corte tem se apresentado no tocante a não ter validade a norma coletiva a qual elastece o prazo previsto no art. 459, § 1º, da CLT para o pagamento dos salários, ao considerar o sábado como dia não útil. Há Precedentes. Logo, o sábado deve ser considerado dia útil para fins de pagamento de salário em decorrência do disposto no art. 459, § 1º, da CLT. In casu, o salário do reclamante referente ao mês de agosto de 2009 foi quitado em 8/9/2009, o que "levou o Auditor Fiscal

do Trabalho a lavrar o auto de infração nº 16752562, ao fundamento de que a autora teria descumprido o art. 459, § 1º, da CLT, deixando de '(...) efetuar, até o 5º (quinto) dia útil do mês subsequente ao vencido, o pagamento integral do salário mensal devido ao empregado". O Regional, por sua vez, manteve a sentença, a qual desconsiderou a multa aplicada com fundamento na norma coletiva determinando que o sábado não é dia útil para fins do previsto no art. 459, § 1º, da CLT. Ante o exposto, não merece validade a norma a qual dilata prazo previsto em lei que garante direitos indisponíveis dos trabalhadores. Recurso de revista conhecido e provido." (RR - 1923-56.2010.5.18.0011, Relator Ministro: Augusto César Leite de Carvalho, Data de Julgamento: 09/11/2016, 6ª Turma, Data de Publicação: DEJT 11/11/2016)

"I - AGRAVO DE INSTRUMENTO - MULTA ADMINISTRATIVA - PAGAMENTO DE SALÁRIOS - TERMO FINAL - QUINTO DIA ÚTIL DO MÊS SUBSEQUENTE AO DA PRESTAÇÃO DOS SERVIÇOS - SÁBADO - DIA ÚTIL - INCLUSÃO NO CÔMPUTO DO PRAZO Diante de possível violação ao art. 459, § 1º, da CLT, dá-se provimento ao Agravo de Instrumento para mandar processar o Recurso de Revista. II - RECURSO DE REVISTA - MULTA ADMINISTRATIVA - PAGAMENTO DE SALÁRIOS - TERMO FINAL - QUINTO DIA ÚTIL DO MÊS SUBSEQUENTE AO DA PRESTAÇÃO DOS SERVIÇOS - SÁBADO - DIA ÚTIL - INCLUSÃO NO CÔMPUTO DO PRAZO A C. Seção de Dissídios Coletivos deste Tribunal, em situação análoga, sinalizou entendimento de que não tem validade norma coletiva que determina que o sábado seja considerado dia não útil para o pagamento dos salários, salvo na hipótese em que esse dia houver contraprestação como repouso semanal remunerado. Precedentes. Recurso de Revista conhecido e provido." (RR - 2819-49.2011.5.18.0081, Relator Desembargador Convocado: João Pedro Silvestrin, Data de Julgamento: 08/04/2015, 8ª Turma, Data de Publicação: DEJT 10/04/2015)

"AGRAVO DE INSTRUMENTO PRAZO PARA PAGAMENTO DOS SALÁRIOS. ELASTECIMENTO DO LIMITE LEGAL. PREVISÃO EM NORMA COLETIVA. IMPOSSIBILIDADE. Demonstrada a ocorrência de afronta ao artigo 459, § 1º, da Consolidação das Leis do Trabalho, viabiliza-se o processamento do Recurso de Revista. Agravo de Instrumento conhecido e provido. RECURSO DE REVISTA PRAZO PARA PAGAMENTO DOS SALÁRIOS. ELASTECIMENTO DO LIMITE LEGAL. PREVISÃO EM NORMA COLETIVA. IMPOSSIBILIDADE. 1. O princípio do reconhecimento das convenções e acordos coletivos de trabalho, consagrado no artigo 7º, XXVI, da Constituição da República, apenas guarda pertinência com aquelas hipóteses em que o conteúdo das normas pactuadas não se revela contrário a preceitos legais de caráter cogente. 2. O prazo máximo para o pagamento dos salários está assegurado pelo artigo 459, § 1º, da Consolidação das Leis do Trabalho, norma que se reveste do caráter de ordem pública. A dilação do prazo legalmente estabelecido (até o quinto dia útil do mês subsequente ao vencido), mediante norma coletiva, afronta diretamente a referida disposição de lei, além de atentar contra os preceitos constitucionais assecuratórios de condições mínimas de proteção ao trabalho. Resulta evidente, daí, que tal avença não encontra respaldo no artigo 7º, XXVI, da Constituição da República. 3. Recurso de Revista conhecido e provido." (RR - 1635-58.2011.5.18.0081, Relator Desembargador Convocado: Marcelo Lamego Pertence, Data de Julgamento: 09/12/2015, 1ª Turma, Data de Publicação: DEJT 11/12/2015)

Consequências pelo atraso no pagamento dos salários

O atraso no pagamento de salário gera:

1. Rescisão Indireta do contrato de trabalho - art. 483, "d", da CLT.

O atraso no pagamento dos salários é conduta suficientemente grave, apta a ensejar a rescisão indireta do contrato de trabalho, diante dos prejuízos ocasionados ao empregado, nos moldes do art. 483, "d", da CLT.

Ressalte-se que as condições financeiras pelas quais estão passando as empresas, não constituem justificativa idônea para o atraso no pagamento salarial, cumprindo registrar que se trata, de acordo com melhor doutrina (DELGADO, 2018[1]), de parcela de caráter forfetário, ou seja, devida a despeito dos resultados da atividade econômica do empregador. Nesse sentido, o Precedente Administrativo n. 35 da Fiscalização do Trabalho:

> **SALÁRIO. PAGAMENTO FORA DO PRAZO LEGAL. DIFICULDADES ECONÔMICAS.** Dificuldades econômicas do empregador, decorrentes de inadimplemento contratual de clientes, retração de mercado ou de outros transtornos inerentes à atividade empreendedora, não autorizam o atraso no pagamento de salários, uma vez que, salvo exceções expressamente previstas em lei, os riscos do negócio devem ser suportados exclusivamente pelo empregador.

Nesse sentido também se encontram julgados do TST:

> **RECURSO DE REVISTA - PROCESSO SOB A VIGÊNCIA DA LEI Nº 13.015/2014 - ATRASO REITERADO NO PAGAMENTO DE SALÁRIOS - RESCISÃO INDIRETA DO CONTRATO DE TRABALHO E INDENIZAÇÃO POR DANOS MORAIS.** O Tribunal Regional consignou que a autora, durante o período trabalhado, não recebeu corretamente o seu salário (atraso salarial por três anos seguidos), ocorrendo tais pagamentos sempre nos dias 15 ou 20 do mês subsequente ao vencido. A conduta da reclamada revela-se suficientemente grave, ensejando a rescisão indireta do contrato de trabalho, diante dos prejuízos ocasionados à trabalhadora, nos moldes do artigo 483, "d", da CLT. Saliente-se que a tolerância quanto ao pagamento do salário é

[1] DELGADO, Maurício Godinho. Curso de Direito do Trabalho. 17º Ed. São Paulo. LTr, 2018, p. 872.

aquela prevista no art. 459 da CLT, não cabendo ao Poder Judiciário estipular margens outras de tolerância onde o legislador não o fez, notadamente em face do caráter alimentar da parcela. Ressalte-se que as condições financeiras pelas quais passou a reclamada não constituem justificativa idônea para o atraso no pagamento salarial, cumprindo registrar que se trata, de acordo com a melhor doutrina (DELGADO, 2017), de parcela de caráter forfetário, ou seja, devida a despeito dos resultados da atividade econômica do empregador. Por outro lado, a questão referente ao dano moral em decorrência do atraso no pagamento de salários tem sido analisada sob duas perspectivas: a primeira, em que ocorre o simples atraso no pagamento de salários, e a segunda, quando esse atraso é reiterado, contumaz, na qual é reconhecido o direito à indenização por dano moral. No caso, incontroverso que se trata de atraso reiterado. A reiterada omissão no pagamento do salário pela empregadora tem como consequência a dificuldade de o trabalhador saldar suas obrigações, criando-lhe constrangimento indevido e acima do que seria razoável. Trata-se de condenação decorrente da presunção dos prejuízos causados ao trabalhador em face do não pagamento reiterado dos salários, verba alimentar indispensável à sua subsistência, ou seja, descumprimento contratual, e não dano in re ipsa, hipótese em que é praticamente impossível a sua comprovação material. Recurso de revista conhecido e provido. (RR nº 4604-27.2013.5.12.0054, 7ª Turma do TST, Rel. Luiz Philippe Vieira de Mello Filho. j. 11.04.2018, Publ. 13.04.2018).

2. Danos morais

O TST, por meio do informativo 91, decidiu que o atraso reiterado no pagamento dos salários configura dano moral *in re ipsa* (não precisa comprovar o dano), ou seja, presume-se a lesão ao direito de personalidade do trabalhador, pois tal fato, gera estado permanente de apreensão no empregado, que se vê impossibilitado de honrar seus compromissos financeiros e de prover suas necessidades básicas.

Precedente vinculante do TST

Informativo 91 do TST - EMBARGOS EM RECURSO DE REVISTA. ATRASO REITERADO NO PAGAMENTO DE SALÁRIOS. DANO MORAL. A mora reiterada no pagamento de salários gera dano moral, classificado como -in re ipsa-, pois presumida a lesão a direito da personalidade do trabalhador, consistente na aptidão de honrar compromissos assumidos e de prover o sustento próprio e da família. No caso, o reclamante experimentou atrasos nos pagamentos de salários por cinco a seis meses, período em que igualmente não recebeu vale-alimentação nem vale-transporte e, ainda, por ocasião da dispensa, não lhe foram pagas as verbas rescisórias. Embargos de que se conhece e a que se dá provimento. (E-RR - 577900-83.2009.5.09.0010, Relator Ministro: Márcio Eurico Vitral Amaro, Data de Julgamento: 09/10/2014, Subseção I Especializada em Dissídios Individuais, Data de Publicação: DEJT 24/10/2014)

RECURSO DE EMBARGOS EM RECURSO DE REVISTA. INTERPOSIÇÃO SOB A ÉGIDE DA LEI 11.496/07. ATRASO REITERADO NO PAGAMENTO DE SALÁRIOS. DANO MORAL. CONFIGURAÇÃO PELA SIMPLES OCORRÊNCIA DO FATO. 1. No caso, o atraso reiterado no pagamento dos salários da reclamante é premissa fática incontroversa nos autos. Sobre tal premissa, a Eg. Turma erigiu a tese de que basta comprovação de atraso no pagamento dos salários para configurar dano moral in re ipsa e, assim, gerar a indenização correspondente. 2. Embora os atrasos no cumprimento das obrigações trabalhistas, em regra, acarretem apenas danos patrimoniais, sanados com a condenação ao pagamento das parcelas correspondentes, no caso, configura-se também o dano moral, porquanto inegável que houve reiterado atraso no pagamento dos salários da trabalhadora. 3. O atraso no pagamento dos salários não se limita a meros dissabores, já que deixa o trabalhador em total insegurança quanto ao futuro, sem poder se programar quanto à adimplência de seus compromissos financeiros. A contumaz impontualidade 'quebra' toda a programação e organização mensal do empregado para o pagamento de contas, gerando-lhe insegurança e natural angústia. 4. Nesse sentido são os precedentes da C. SbDI-1 do TST. Recurso de embargos conhecido, por divergência jurisprudencial, e não provido" (TST-E-ARR-241400-36.2009.5.09.0093, Subseção I Especializada em Dissídios Individuais, Relator Ministro Hugo Carlos Scheuermann, DEJT 22.4.2016).

Outros julgados do TST:

III - RECURSO DE REVISTA. RECLAMANTE. ACÓRDÃO RECORRIDO PUBLICADO NA VIGÊNCIA DA LEI Nº 13.015/2014, DA INSTRUÇÃO NORMATIVA Nº 40 DO TST E DA LEI Nº 13.467/2017. RESPONSABILIDADE CIVIL DO EMPREGADOR. INDENIZAÇÃO POR DANO MORAL. ATRASO REITERADO NO PAGAMENTO DE SALÁRIOS. 1 - O TRT afastou a tese da reclamante de que do atraso reiterado de salários defluem danos morais in re ipsa, ao fundamento de que "a omissão do empregador em relação ao pagamento de verbas contratuais não gera, automaticamente, o dever de indenizar". 2 - Contudo, a jurisprudência desta Corte Superior firmou-se no sentido de ser devida a indenização por danos morais na hipótese do atraso reiterado de salários, visto que o dano moral verifica-se in re ipsa, exigindo-se apenas a prova dos fatos que ensejam o pedido indenizatório. 3 - Com efeito, a Constituição Federal, especialmente em seu artigo 5º, incisos V e X, estabeleceu o dano moral como ilícito passível de reparação, a exemplo daqueles causados à honra, intimidade e imagem do indivíduo, expressões próprias dos direitos da personalidade. 4 - As previsões do artigo 5º, incisos V e X, aliadas ao caráter protetivo do Direito do Trabalho e às demais garantias expressas da Carta Magna, relativas à natureza de direito social fundamental do trabalho e das necessidades básicas que ele viabiliza (saúde, moradia, lazer, etc.), levam ao dever de indenizar, em caso como o dos autos. 5 - O fato de o empregado estar privado, ainda que temporariamente, dos recursos necessários à sua subsistência, considerando principalmente que o salário tem natureza alimentar e recebe especial proteção constitucional, revela a gravidade do fato e o prejuízo causado ao trabalhador. Julgados da SBDI-1 do TST. 6 - Caracterizada, portanto, a conduta ilícita patronal e demonstrados os pressupostos para a responsabilização civil (ação ou omissão culposa ou dolosa do agente, nexo de causalidade e dano experimentado pela vítima), é devida a indenização por dano moral postulada, comportando conhecimento o apelo por violação dos incisos V e X do artigo 5º da Constituição da República. 7 - Nesse passo, cumpre fixar o quantum indenizatório, já que tanto a Vara do Trabalho quanto o Tribunal Regional de origem negaram a pretensão formulada pela reclamante. 8 - Pois bem, na fixação do montante da indenização por danos morais, devem ser levados em consideração os critérios da proporcionalidade, da razoabilidade, da justiça e da equidade, não havendo norma legal que estabeleça a forma de cálculo a ser utilizada para resolver a controvérsia, pois o artigo 944 do Código Civil apenas estabelece que a indenização é medida pela extensão do dano. 9 - A par dessas considerações, de acordo com o entendimento doutrinário e jurisprudencial, na fixação do montante devem ser observados os seguintes objetivos: compensar a vítima pela lesão ao direito da personalidade e servir como medida pedagógica ao ofensor. 10 - Assim, a partir do quadro fático descrito no acórdão recorrido, aliado aos fatos incontroversos de que a reclamante exerceu a atividade de professora de curso de graduação e de que a reclamada se trata de instituição de ensino particular (pessoa jurídica de direito privado), arbitra-se o montante da indenização por danos morais em R$ 5.000,00 (cinco mil reais). 11 - Recurso de revista de que se conhece e a que se dá provimento. (RR nº 921-45.2017.5.13.0011, 6ª Turma do TST, Rel. Kátia Magalhães Arruda. j. 14.11.2018, Publ. 23.11.2018).

3. DANO MORAL. ATRASO REITERADO NO PAGAMENTO DE SALÁRIOS. INDENIZAÇÃO. 1. O Tribunal Regional adotou compreensão de que a conduta da empregadora de atrasar habitualmente o pagamento dos salários acarreta abalo da honra ou imagem do trabalhador, sendo fato suficiente para embasar a concessão de indenização por dano moral. 2. O atraso reiterado no pagamento dos salários não se limita a meros dissabores, já que deixa o trabalhador em total insegurança quanto ao futuro, sem poder se programar quanto à adimplência de seus compromissos financeiros. A contumaz impontualidade "quebra" toda a programação e organização mensal do empregado para o pagamento de contas, gerando-lhe insegurança e natural angústia. 3. Tratando-se o dano moral de dano in re ipsa e restando delineada a conduta ilícita, é devida a indenização pleiteada. 4. Óbice do art. 896, § 4º, da CLT e da Súmula 333/TST. Recurso de revista não conhecido, no tema. (RR nº 253-28.2010.5.09.0562, 1ª Turma do TST, Rel. Hugo Carlos Scheuermann. j. 11.04.2018, Publ. 13.04.2018).

"[...] B) RECURSO DE REVISTA DA FUNDAÇÃO PARQUE TECNOLÓGICO ITAIPU - BRASIL. 1) ATRASO NO PAGAMENTO DE SALÁRIOS. DANO MORAL. CONFIGURAÇÃO. CARÁTER ABSOLUTAMENTE INDISPENSÁVEL DA VERBA. DIREITOS SOCIAIS FUNDAMENTAIS.

ART. 6º DA CF. A conquista e a afirmação da dignidade da pessoa humana não mais podem se restringir à sua liberdade e intangibilidade física e psíquica, envolvendo, naturalmente, também a conquista e afirmação de sua individualidade no meio econômico e social, com repercussões positivas conexas no plano cultural - o que se faz, de maneira geral, considerado o conjunto mais amplo e diversificado das pessoas, mediante o trabalho e, particularmente, o emprego. O direito à indenização por dano moral encontra amparo no art. 5º, X, da CF, bem como nos princípios basilares da nova ordem constitucional, mormente naqueles que dizem respeito à proteção da dignidade humana e da valorização do trabalho humano (art. 1º, da CF/88). No caso dos autos - em que houve reiterado atraso no pagamento de salários ao trabalhador, sendo incontroversa, ainda, a circunstância de o Autor e todos os demais empregados da primeira Reclamada terem sido dispensados no final do ano, sem receber as verbas rescisórias, tampouco os documentos que lhes permitiria amenizar a situação dramática de se verem desempregados -, emerge manifesto dano ao patrimônio moral do ser humano que vive de sua força de trabalho, em face do caráter absolutamente indispensável que a verba tem para atender necessidades inerentes à própria dignidade da pessoa natural, tais como alimentação, moradia, saúde, educação, bem-estar - todos eles direitos sociais fundamentais na ordem jurídica do país (art. 6º, CF). Recurso de revista não conhecido quanto ao tema. [...]" (TST-ARR-64-82.2012.5.09.0658, Ac. 3ª Turma, Relator Ministro Mauricio Godinho Delgado, DEJT 6.3.2015).

BÔNUS

Natureza salarial do Hiring bônus ou bônus de contratação

Informativo 188 do TST

Processo: ARR - 723-08.2013.5.04.0008 Data de Julgamento: 15/03/2017, Relatora Ministra: Maria Cristina Irigoyen Peduzzi, 8ª Turma, Data de Publicação: DEJT 17/03/2017.

A parcela denominada hiring bonus ou bônus de contratação – que visa atrair empregados altamente qualificados que já mantêm contrato de trabalho com outro empregador –, embora ostente natureza salarial, tem seus reflexos limitados ao depósito do FGTS e à respectiva multa de 40%, correspondentes ao mês de pagamento da verba. Trata-se de parcela paga uma única vez, de modo que sua repercussão se esgota no próprio mês de pagamento.

Hiring bônus ou bônus de contratação

Hiring bônus trata-se de parcela paga ao empregado como incentivo à contratação ou à manutenção do vínculo de emprego.

A doutrina e a jurisprudência tem feito analogia do Hiring bônus às luvas recebidas pelo jogador de futebol, reconhecendo o direito da integração do valor pago no salário para os fins legais. Desta forma, tal parcela possui caráter salarial e serve de base para cálculo do FGTS 8% e da multa de 40%. Nesse sentido:

> **RECURSO DE REVISTA INTERPOSTO PELO RECLAMANTE. 1. BANCÁRIO. LUVAS. NATUREZA JURÍDICA.** Este Tribunal Superior entende que a parcela em debate possui caráter salarial, porque constitui reconhecimento pelos desempenho e resultados alcançados pelo profissional em sua carreira, equiparando-se às luvas do atleta profissional. É irrelevante o fato de seu pagamento ocorrer uma única vez. As luvas não correspondem a uma indenização, pois não visam o ressarcimento, a compensação ou a reparação de nenhuma espécie, mas, como ressaltado alhures, caracterizam resultado do patrimônio que o trabalhador incorporou à sua vida profissional. Recurso de revista conhecido e provido. (ARR-3110-27.2013.5.02.0048, 8ª Turma, Relatora Ministra Dora Maria da Costa, DEJT 16/9/2016)

> **RECURSO DE REVISTA - BANCÁRIO. "LUVAS". NATUREZA JURÍDICA SALARIAL.** A decisão regional está em consonância com a jurisprudência desta Corte, segundo a qual a parcela "luvas" possui natureza salarial, sendo irrelevante o fato de seu pagamento ocorrer em parcela única. Precedentes. Recurso de Revista não conhecido. (RR-431100-04.2008.5.09.0663, 8ª Turma Relator Ministro Márcio Eurico Vitral Amaro, DEJT 12/9/2014)

> **EMBARGOS DE DECLARAÇÃO. ESCLARECIMENTOS. BANCO. SIMULAÇÃO DE CONTRATO DE MÚTUO. INCENTIVO À CONTRATAÇÃO E PERMANÊNCIA NO EMPREGO. NATUREZA JURÍDICA. SALÁRIO. EQUIPARAÇÃO A LUVAS DO ATLETA PROFISSIONAL. REPERCUSSÃO PELA MÉDIA 1.** O valor avençado a título de contrato de mútuo simulado entre o Banco e empregado ostenta natureza jurídica salarial pela similitude com as luvas do atleta profissional. 2. Contraprestação pela contratação e permanência mínima no emprego e, pois, ajuste de valor em razão do trabalho, ainda que disfarçado sob as vestes de um contrato de mútuo inválido, é salário para todos os efeitos legais. 3. A repercussão no salário dá-se mediante a divisão do valor das "luvas" pelo período avençado. 4. Embargos de declaração interpostos pelo Reclamado de que se conhece e a que dá parcial provimento para prestar esclarecimentos, sem, contudo, imprimir efeito modificativo ao julgado. (ED-ARR-51300-14.2009.5.04.0401, 4ª Turma, Relator Ministro João Oreste Dalazen, DEJT 11/12/2015)

> **RECURSO DE REVISTA. DIFERENÇAS SALARIAIS. ABONO PAGO NO MOMENTO DA CONTRATAÇÃO. "LUVAS". NATUREZA JURÍDICA.** O valor pago a título de empréstimo, formalizado por meio de contrato de mútuo, com a finalidade de tornar mais atrativa a contratação de empregado bancário, equipara-se às luvas pagas aos atletas profissionais, razão por que tem nítida

natureza salarial e, não obstante o pagamento ter ocorrido uma única vez, a parcela deve integrar a remuneração da autora para todos os efeitos. Recurso de revista conhecido e provido. (RR-1336-98.2012.5.03.0005, 6ª Turma, Relator Ministro Aloysio Corrêa da Veiga, DEJT 15/4/2014)

RECURSO DE REVISTA NÃO REGIDO PELA LEI 13.015/14. PARCELA DENOMINADA "HIRING BONUS". EQUIPARAÇÃO ÀS "LUVAS". NATUREZA SALARIAL. A parcela paga sob a denominação hiring bonus ao Reclamante pelo Banco Reclamado equipara-se à denominada "luvas", prevista inicialmente no artigo 12 da Lei 6.354/76 (revogada pela Lei 12.395/11) e, atualmente, no artigo 31, § 1º, da Lei 9.615/98, típica dos contratos empregatícios com atletas profissionais. Conforme destacado pelo TRT, a parcela é paga como forma de incentivar a contratação do empregado com qualificação técnica diferenciada, ostentando nítido caráter salarial. Decisão regional em consonância com o entendimento atual, notório e interativo desta Corte Superior (Súmula 333/TST e artigo 896, § 7º, da CLT). Recurso de revista conhecido e não provido. (RR-1063-97.2012.5.15.0066, 7ª Turma, Relator Ministro Douglas Alencar Rodrigues, DEJT 25/11/2016)

BÔNUS CONTRATAÇÃO. GRATIFICAÇÃO CONCEDIDA NA DATA DA ADMISSÃO. NATUREZA SALARIAL. 1. O Tribunal Regional manteve a sentença no que tange à "repercussão da verba remuneratória paga no início do pacto laboral para efeito de depósito do FGTS, inclusive no que se refere à multa de 40%", ao fundamento de que a referida parcela "foi adimplida em razão do contrato de trabalho, sendo evidente a sua natureza salarial, na medida em que configura benefício remuneratório quitado pelo empregador, quando da contratação do empregado, objetivando atraí-lo e fixá-lo na empresa pelo real patamar salarial compreendido por todas as verbas pagas pelo trabalho a ser prestado, incluindo o valor ofertado a título de bônus no momento da admissão". 2. A decisão regional está em sintonia com a jurisprudência desta Corte, firme no sentido de que a gratificação concedida ao empregado na data da contratação, com o objetivo de atraí-lo a integrar o quadro funcional da empresa, ainda que quitada em uma única oportunidade, ostenta natureza salarial. Óbices do art. 896, § 4º, da CLT e da Súmula 333/TST. Agravo de instrumento conhecido e não provido. (AIRR-167000-47.2006.5.01.0071, 1ª Turma, Relator Ministro Hugo Carlos Scheuermann, DEJT 27/2/2015)

RECURSO DE REVISTA DO RECLAMANTE. BANCÁRIO. (...) REFLEXOS DO VALOR RECEBIDO A TÍTULO DE "LUVAS". NATUREZA JURÍDICA. A verba paga ao empregado de outra empresa para dela se desvincular e passar a integrar o quadro de empregados corresponde a uma gratificação ajustada em face da produtividade do empregado, não em relação a um benefício já existente, mas de uma expectativa decorrente da boa fama e da alta produtividade alcançadas no emprego anterior. O fato de a verba denominada "luvas" ser recebida de uma só vez ou em parcelas não desvirtua a sua natureza salarial, pois ela não constitui uma indenização, porquanto não visa ao ressarcimento, compensação ou reparação de nenhuma espécie. Tal verba é o resultado do patrimônio do trabalhador em razão do reconhecimento pelo desempenho e pelos resultados alcançados em sua vida profissional e equipara-se às luvas dos atletas profissionais, justificando o pagamento da aludida verba, cujo caráter é salarial. Nesse sentido, é a jurisprudência desta Corte. Recurso de revista conhecido e provido. (RR-5191-65.2010.5.12.0018, 6ª Turma, Relator Ministro Augusto César Leite de Carvalho, DEJT 22/8/2014)

I - RECURSO DE REVISTA DO BANCO SAFRA S.A. (...) 2 - VALIDADE DO CONTRATO DE MÚTUO. A delimitação fática da matéria retratada no acórdão recorrido, demonstra que o "empréstimo" concedido teve o evidente escopo de mascarar o pagamento de vantagem pecuniária concedida para viabilizar a permanência do trabalhador na empresa. Desse modo, para se concluir pela regularidade do "contrato de empréstimo", como defende o reclamado, seria imprescindível a incursão na seara fática dos autos, medida inviável em instância extraordinária, consoante Súmula 126 do TST. Esta Corte, examinando casos idênticos, envolvendo o Banco Safra tem, reiteradamente, concluído pela integração da verba em questão por equipará-la às "luvas" do atleta profissional, uma vez que oferecida pelo empregador com o objetivo de tornar mais atraente a aceitação ao emprego, mesmo quando ausente a habitualidade no pagamento de tais verbas. Isso porque o fato de o pagamento ter sido feito em única parcela (ausência de habitualidade) não retira sua natureza salarial, por se tratar de um adiantamento, parcela paga à título de adiantamento no início ou no curso do contrato de trabalho, é salário. Recurso de revista não conhecido. (RR-32400-74.2009.5.04.0403, 2ª Turma, Relatora Ministra Delaíde Miranda Arantes, DEJT 3/10/2014)

RECURSO DE REVISTA DO RECLAMANTE. 1. BANCÁRIO. SIMULAÇÃO DE EMPRÉSTIMO. PARCELA PAGA COMO INCENTIVO À CONTRATAÇÃO. EQUIPARAÇÃO ÀS LUVAS. NATUREZA JURÍDICA SALARIAL. REFLEXOS. O Tribunal Regional assinalou que o Banco Reclamado pagou ao Reclamante o valor de R$ 80.000,00 (oitenta mil reais), como forma de incentivo e atrativo para a contratação, para a manutenção do vínculo que pretendia formar e como uma recompensa ou bônus por ter se desligado do anterior emprego em outra instituição financeira. Reconheceu que se tratava, em verdade, de estímulo à contratação e manutenção no emprego por um período previamente ajustado. A parcela "luvas", nos moldes em que foi legislativamente prevista, consiste na retribuição material paga pela entidade empregadora ao atleta profissional, em vista da celebração de seu contrato de trabalho, seja originalmente, seja por renovação. Tem sua natureza salarial reconhecida pelo Direito Brasileiro, tanto no art. 12 da antiga Lei 6.354/76 (revogada pela Lei nº 12.395/2011), como no art. 31, § 1º, da Lei 9.615/98. Com efeito, essa diretriz que se aplica ao atleta profissional, em relação a quem a parcela -luvas- foi originalmente destinada, também incide nos demais casos em que, sob a simulação de pagamento de outra verba, em verdade configura-se um estímulo e incentivo à contratação, por reconhecimento das habilidades profissionais de determinado empregado. Logo, considerando que o pagamento se deu "em razão do trabalho", é inconteste a natureza salarial de que se reveste.

Releva ponderar que a parcela, no caso sob exame, não teve por escopo compensar ou ressarcir o Reclamante, na medida em que foi paga, inclusive, numa fase pré-contratual, antes de se formar o vínculo empregatício, mas com uma correlação estreita e direta com o contrato de trabalho a ela atrelado. Logo, por todos os ângulos que se analise a controvérsia, resulta afastado o caráter indenizatório e evidenciada a natureza salarial, sendo devidos, portanto, os seus reflexos, nos limites da lei(no caso, reflexos em FGTS). Recurso de revista conhecido e parcialmente provido no aspecto. (RR-79300-57.2009.5.04.0002, 3ª Turma, Relator Ministro Mauricio Godinho Delgado, DEJT 5/12/2014)

RECURSO DE REVISTA. (...) BANCÁRIO. "LUVAS". NATUREZA JURÍDICA SALARIAL. As "luvas" pagas ao reclamante são como aquelas pagas ao atleta profissional pelo clube que integra, em razão de sua contratação, e que, por constituírem o reconhecimento pelo desempenho e pelos resultados alcançados pelo profissional em sua carreira, têm nítida natureza salarial. A não habitualidade no pagamento das "luvas" ao reclamante não impede a sua repercussão nas demais verbas, e deve ser considerada não a sua periodicidade, mas a sua reconhecida natureza jurídica salarial, como gratificação ajustada, nos termos do art. 457, § 1º, da CLT. Precedentes. Recurso de revista a que se nega provimento. (RR-1057-47.2010.5.03.0114, 6ª Turma, Relatora Ministra Kátia Magalhães Arruda, DEJT 24/10/2014)

"LUVAS" EM FORMA DE EMPRÉSTIMO. NATUREZA JURÍDICA. A antecipação, pelo futuro empregador, de quantia em dinheiro em forma de contrato empréstimo, visando atrair profissional para os seus quadros, evidencia o pagamento de "luvas" simulado de contrato de empréstimo. Por isso, essa parcela ostenta natureza jurídica salarial. Recurso de Revista de que se conhece em parte e a que se dá provimento. (RR-787400-36.2009.5.12.0034, 5ª Turma, Relator Ministro João Batista Brito Pereira, DEJT 26/4/2013)

RECURSO DE REVISTA. CONTRATO DE MÚTUO. 'LUVAS'. NATUREZA JURÍDICA. Esta Corte vem entendendo que os empréstimos efetuados visando a aceitação da pessoa ao emprego equiparam-se às "luvas" do atleta profissional, que possui natureza salarial. Decisão do Tribunal Regional em consonância com o referido entendimento. (RR-1798200-92.2009.5.09.0001, 7ª Turma, Relator Ministro Pedro Paulo Manus, DEJT de 15/2/2013)

RECURSO DE REVISTA INTERPOSTO PELO BANCO RECLAMADO. BANCÁRIO. LUVAS. NATUREZA JURÍDICA. Esta Corte já se posicionou no sentido de que a parcela em debate, possui caráter salarial, porque constitui reconhecimento pelo desempenho e resultados alcançados pelo profissional em sua carreira, equiparando-se as luvas do atleta profissional. É irrelevante o fato de seu pagamento ocorrer uma única vez. As luvas não correspondem a uma indenização, pois não visam o ressarcimento, compensação ou reparação de nenhuma espécie, mas, como ressaltado alhures, caracterizam resultado do patrimônio que o trabalhador incorporou à sua vida profissional. Precedentes. Recurso de revista não conhecido. (RR-354500-42.2008.5.12.0053, 8ª Turma, Relatora Ministra Dora Maria da Costa, DEJT 8/3/2013)

ADICIONAIS AO SALÁRIO

ADICIONAL DE INSALUBRIDADE

Não é insalubre o manuseio de produtos de limpeza de uso doméstico

Processo: RR - 1092-08.2013.5.04.0006 Data de Julgamento: 05/09/2018, Relator Ministro: Alexandre Luiz Ramos, 4ª Turma, Data de Publicação: DEJT 14/09/2018.

O manuseio de produtos de limpeza de uso doméstico (Veja Multiuso, Veja X14 e Ajax Multiuso) mesmo sem usar luvas, não caracteriza atividade insalubre.

Adicional de insalubridade – Materiais de Limpeza

Nesse particular, a SBDI-1 do TST já havia firmado jurisprudência (E-RR - 129-47.2014.5.04.0561) no sentido de que "o Anexo 13 da NR 15 da Portaria nº 3.214/78 do MTE, ao tratar do manuseio de álcalis cáusticos, refere-se, exclusivamente, ao produto bruto, em sua composição plena, e não à substância diluída em produtos de limpeza.

Assim, de acordo com o entendimento do TST, ainda que o laudo pericial aponte que o agente é insalubre, o pagamento do adicional de insalubridade é indevido.

> **EMBARGOS EM RECURSO DE REVISTA - REGÊNCIA PELA LEI Nº 13.015/2014 - ADICIONAL DE INSALUBRIDADE. MATERIAIS DE LIMPEZA. ÁLCALISCÁUSTICOS.** Dá-se provimento a recurso de embargos quando constatada a desconformidade do acórdão turmário com a jurisprudência deste Tribunal, firme no sentido de que o Anexo 13 da NR 15 da Portaria nº 3.214/78 do MTE, ao tratar do manuseio de álcalis cáusticos, refere-se, exclusivamente, ao produto bruto, em sua composição plena, e não à substância diluída em produtos de limpeza. Dessa forma, ainda que o laudo pericial aponte em sentido diverso, o pagamento do adicional de insalubri-

dade, na hipótese dos autos, é indevido, nos exatos termos da Súmula 448, I, deste Tribunal. Recurso de embargos conhecido e provido" (E-RR - 129-47.2014.5.04.0561, Relator Ministro Márcio Eurico Vitral Amaro, Subseção I Especializada em Dissídios Individuais, DEJT 23/09/2016)

Umidade apta a gerar adicional de insalubridade é apenas aquela decorrente de ambiente encharcado

Processo: RR - 370-67.2015.5.09.0069 Data de Julgamento: 08/08/2018, Relatora Desembargadora Convocada: Cilene Ferreira Amaro Santos, 6ª Turma, Data de Publicação: DEJT 10/08/2018.

Há algum tempo tem gerado muita controvérsia a caracterização de insalubridade por umidade. Isso porque a NR15 trata da umidade no Anexo 10 e considera insalubres "as atividades ou operações executadas em locais alagados ou encharcados, com umidade excessiva, capazes de produzir danos à saúde dos trabalhadores".

Há menção, portanto, ao ambiente encharcado como necessário para gerar direito ao adicional de insalubridade. Considerando que o adicional apenas é devido nas hipóteses descritas pelo órgão técnico (MTE), o C. TST entendeu pela improcedência do pleito no caso de trabalhadora que fazia apenas a limpeza de banheiro.

No exame do caso, a relatora ressaltou que, na decisão do TRT, consta que a empregada "molhava um simples pano de chão num balde com água e produto de limpeza comum para passar num piso frio". Por isso, sua situação não se enquadra nos requisitos para a caracterização da insalubridade pelo agente umidade.

Norma Regulamentadora nº 15 do Ministério do Trabalho – Anexo X

Como já dito antes, não basta a constatação da insalubridade por meio de laudo pericial para que o empregado tenha direito ao respectivo adicional, **sendo necessária a classificação da atividade insalubre na relação oficial elaborada pelo Ministério do Trabalho,** ou seja, na NR 15. (Item I da súmula 448 do TST)

Desta forma, para a atividade ser insalubre:

1. O agente deve ser nocivo à saúde.
2. Deve ultrapassar os limites de tolerância.
3. Deve haver enquadramento pelo MTE como atividade nociva.

A Norma Regulamentadora nº 15 do Ministério do Trabalho, em seu anexo X, trata especificamente da agente umidade. *In verbis:*

> As atividades ou operações executadas em locais alagados ou encharcados, com umidade excessiva, capazes de produzir danos à saúde dos trabalhadores, serão consideradas insalubres em decorrência de laudo de inspeção realizada no local de trabalho.

Dessa forma, se o empregado não trabalhava em ambiente alagado ou encharcado, não faz jus ao pagamento de adicional de insalubridade, pois não restam atendidos os requisitos para a caracterização da insalubridade pelo agente umidade.

Nesse sentido:

> **RECURSO DE REVISTA. ADICIONAL DE INSALUBRIDADE. MANUSEIO DE ÁLCALIS CÁUSTICOS. PRODUTO COMUM DE LIMPEZA.** Esta Corte tem entendido que o manuseio de produtos comuns de limpeza por contato com álcalis cáusticos não enseja o pagamento do adicional de insalubridade, ainda que o laudo pericial tenha pronunciamento em sentido diverso, nos termos da Súmula 448, I, do TST (conversão da OJ nº 4 da SBDI-1 desta Corte). Recurso de revista conhecido e provido. ADICIONAL DE INSALUBRIDADE. UMIDADE. CONTATO COM UMIDADE NA ATIVIDADE DE LIMPEZA DE VASILHAS E DO LOCAL DE TRABALHO. In casu, o debate a respeito do adicional de insalubridade, por exposição a umidade, envolve o enquadramento das atividades exercidas pela autora (lavagem de pisos, paredes e utensílios da cozinha com detergentes) nas hipóteses descritas na NR-15, Anexo 10, da Portaria MTE n.º 3.214/78. De acordo com a jurisprudência notória e atual desta Corte Superior, não se pode considerar que o trabalho como auxiliar de cozinha seja equiparado àquele desempenhado em locais "alagados ou encharcados", onde se constata a existência de umidade excessiva. Dessa forma, não se vislumbra, na situação dos autos, o alegado enquadramento no Anexo 10 da NR-15 da Portaria MTE n.º 3.214/78. Recurso de revista conhecido e provido. [..] (RR - 12-42.2013.5.04.0383, Relator Ministro: Augusto César Leite de Carvalho, Data de Julgamento: 05/12/2018, 6ª Turma, Data de Publicação: DEJT 07/12/2018)

> AGRAVO DE INSTRUMENTO. ADICIONAL DE INSALUBRIDADE. UMIDADE. ANEXO 10 DA NR 15 DO MINISTÉRIO DO TRABALHO. LOCAL ALAGADO OU ENCHARCADO. Demonstrada possível violação ao artigo 192 da CLT, deve ser provido o agravo de instrumento. Agravo de instrumento de que se conhece e a que se dá provimento para determinar o processamento do recurso de revista. RECURSO DE REVISTA. ADICIONAL DE INSALUBRIDADE. UMIDADE. ANEXO 10 DA NR 15 DO MINISTÉRIO DO TRABALHO. LOCAL ALAGADO OU ENCHARCADO. É indevido o adicional de insalubridade pelo agente umidade quando resta consignado que a atividade laboral não é exercida em ambiente alagado ou encharcado, nos termos do Anexo X da NR 15 do MTE. Portanto, o contato com a umidade em condições

> normais, isto é, não caracterizada como excessiva, não enseja o pagamento do adicional de insalubridade previsto no artigo 192 da CLT. Recurso de revista de que se conhece e a que se dá provimento. (RR - 370-67.2015.5.09.0069, Relatora Desembargadora Convocada: Cilene Ferreira Amaro Santos, Data de Julgamento: 08/08/2018, 6ª Turma, Data de Publicação: DEJT 10/08/2018)

Base de cálculo do adicional de insalubridade - direito adquirido - pagamento voluntário

Informativo 184 do TST

Processo: E-ARR - 11693-79.2015.5.18.0017 Data de Julgamento: 07/06/2018, Redator Ministro: Hugo Carlos Scheuermann, Subseção I Especializada em Dissídios Individuais, Data de Publicação: DEJT 03/08/2018.

A estipulação, por mera liberalidade da empresa, de base de cálculo mais vantajosa que o salário mínimo para o pagamento do adicional de insalubridade configura direito adquirido dos empregados protegido pelo Princípio da Condição Mais Benéfica, elucidativo de que as vantagens concedidas se incorporam ao patrimônio jurídico do empregado.

Assim, não pode a empregadora, a pretexto de ajustar-se ao entendimento fixado pelo Supremo Tribunal Federal na Súmula Vinculante 4, passar a utilizar o salário mínimo como base de cálculo do adicional de insalubridade, em detrimento do salário básico anteriormente adotado, sob pena de haver alteração contratual lesiva, a que se refere o art. 468 da CLT, e afronta ao princípio da irredutibilidade salarial.

Conceito de insalubridade

Insalubridade é a exposição do trabalhador a alguns agentes físicos, químicos ou biológicos em circunstâncias prejudiciais à saúde, que por acaso possam existir no ambiente de trabalho.

Atividade insalubre

Segundo o art. 189 da CLT, são as atividades que exponham os empregados a agentes nocivos à saúde, acima dos limites de tolerância.

> **CLT, Art. 189.** Serão consideradas atividades ou operações insalubres aquelas que, por sua natureza, condições ou métodos de trabalho, **exponham os empregados a agentes nocivos à saúde, acima dos limites de tolerância** fixados em razão da natureza e da intensidade do agente e do tempo de exposição aos seus efeitos.

Atividade insalubre - contato de forma intermitente

Se a exposição aos agentes nocivos for intermitente (sujeita a interrupções; que cessa e recomeça por intervalos; intervalado, descontínuo), é devido o adicional de insalubridade, nos termos da Súmula 47 do TST:

> **Súmula 47 do TST - INSALUBRIDADE** - O trabalho executado em condições insalubres, em caráter **intermitente, não afasta, só por essa circunstância**, o direito à percepção do respectivo adicional.

Necessidade de classificação da atividade insalubre na NR 15 do MTE

Segundo o item I da súmula 448 do TST, não basta a constatação da insalubridade por meio de laudo pericial para que o empregado tenha direito ao respectivo adicional, **sendo necessária a classificação da atividade insalubre na relação oficial elaborada pelo Ministério do Trabalho,** ou seja, na NR 15.

Desta forma, para a atividade ser insalubre:

1. O agente deve ser nocivo à saúde.

2. Deve ultrapassar os limites de tolerância.

3. Deve haver enquadramento pelo MTE como atividade nociva.

> **OJ 173da SDI-1 do TST - ADICIONAL DE INSALUBRIDADE. ATIVIDADE A CÉU ABERTO. EXPOSIÇÃO AO SOL E AO CALOR.**
>
> **I** – Ausente previsão legal, indevido o adicional de insalubridade ao trabalhador em atividade a céu aberto, por sujeição à radiação solar (art. 195 da CLT e Anexo 7 da NR 15 da Portaria Nº 3214/78 do MTE).

Proibição de trabalhar em local insalubre?

1. Empregado menor de 18 anos

O menor de 18 anos, não pode trabalhar em ambiente insalubre.

> **Art. 7° da CF – [...]**
>
> **XXXIII** - proibição de trabalho noturno, perigoso ou insalubre a menores de dezoito e de qualquer trabalho a menores de dezesseis anos, salvo na condição de aprendiz, a partir de quatorze anos;

Ainda que se trata de menor emancipado, entendemos que tal apenas afasta a incapacidade para os atos da vida civil, remanescendo as restrições voltadas à preservação biológica de tais pessoas.

2. Empregada gestante

Segundo o art. 394-A da CLT:

- A empregada deverá ser afastada do trabalho nos casos de insalubridade em **grau máximo** enquanto durar a gestação.
- A empregada deverá ser afastada do trabalho nos casos de insalubridade em **grau médio ou mínimo** apenas quando apresentar atestado de saúde, emitido por médico de confiança, que recomende o afastamento durante a gestação, ou seja, se não houver atestado médico, a empregada continua trabalhando normalmente.

3. Empregada lactante

Segundo o inciso III do art. 394-A da CLT:

- A empregada deverá ser afastada do trabalho nas atividades consideradas insalubres em qualquer grau, quando apresentar atestado de saúde, emitido por médico de confiança, que recomende o afastamento durante a lactação.

4. Empregado que trabalha em sobrejornada (realizando horas extras)

O empregado que trabalha em área insalubre, não pode realizar horas extras, salvo se autorizado pelo MTE - Ministério do Trabalho e Emprego, nos termos do art. 60 da CLT:

> **CLT, Art. 60** - Nas atividades insalubres, assim consideradas as constantes dos quadros mencionados no capítulo "Da Segurança e da Medicina do Trabalho", ou que neles venham a ser incluídas por ato do Ministro do Trabalho, Industria e Comercio, quaisquer prorrogações só poderão ser acordadas mediante licença prévia das autoridades competentes em matéria de higiene do trabalho, as quais, para esse efeito, procederão aos necessários exames locais e à verificação dos métodos e processos de trabalho, quer diretamente, quer por intermédio de autoridades sanitárias federais, estaduais e municipais, com quem entrarão em entendimento para tal fim.

Oportuno citar o item VI da Súmula nº 85, com o seguinte teor: "não é válido acordo de compensação de jornada em atividade insalubre, ainda que estipulado em norma coletiva, sem a necessária inspeção prévia e permissão da autoridade competente, na forma do art. 60 da CLT".

Contudo, a reforma trabalhista do ano de 2017 - Lei n° 13.467/2017, trouxe duas situações em que não serão necessárias a autorização do MTE - Ministério do Trabalho e Emprego (com a extinção do Ministério do Trabalho, o encargo ficará sob responsabilidade do Ministério da Economia, conforme MP 870/2019), senão vejamos:

- Quem trabalha na jornada de 12 horas de trabalho por 36 horas de descanso, conforme determinado pelo parágrafo único do art. 60 da CLT:

CLT, Art. 60, parágrafo único - Excetuam-se da exigência de licença prévia as jornadas de doze horas de trabalho por trinta e seis horas ininterruptas de descanso. (Parágrafo incluído pela Lei nº 13.467/2017 - DOU 14/07/2017)

- Quando autorizado por convenção coletiva ou acordo coletivo de trabalho nos termos do inciso XIII do art. 611-A da CLT:

CLT, art. 611-A - A convenção coletiva e o acordo coletivo de trabalho têm prevalência sobre a lei quando, entre outros, dispuserem sobre:

XIII - prorrogação de jornada em ambientes insalubres, sem licença prévia das autoridades competentes do Ministério do Trabalho.

Oportuno pontuar que tal raciocínio se aplica para qualquer prorrogação de jornada, mesmo em se tratando daquelas inferiores a 8 (oito) horas diárias e cujo sobrelabor se limite ao marco constitucional, dado que o foco é a concessão segura de prorrogações da jornada "ordinária".

ATIVIDADE INSALUBRE. MINAS DE SUBSOLO. TURNO ININTERRUPTO DE REVEZAMENTO. JORNADA SUPERIOR A SEIS HORAS DIÁRIAS. COMPENSAÇÃO. INVALIDADE. NÃO CONHECIMENTO. A atual jurisprudência desta Corte Superior, segue no sentido de concluir ser indispensável a autorização prévia de autoridade competente em matéria de higiene do trabalho para que haja compensação de jornada de trabalho em atividades insalubres, ainda que previsto o regime compensatório em norma coletiva. Tal entendimento, inclusive, ocasionou o cancelamento da Súmula nº 349, que considerava válida a previsão convencional de compensação de jornada de trabalho em atividades insalubres, mesmo sem autorização prévia da autoridade competente. Ademais, resta pacificado que o labor em minas de subsolo é insalubre e a prorrogação da jornada além de seis horas depende de prévia autorização da autoridade competente em matéria de higiene do trabalho para a formalização do acordo coletivo de prorrogação/compensação de jornada na referida atividade. Desatendido tal requisito, é inválido o acordo de compensação de jornada de trabalho, conforme reconhecido na presente hipótese. Precedentes. Incidência da Súmula nº 333 e do artigo 896, § 7º, da CLT. Recurso de revista de que não se conhece. (RR - 395-23.2015.5.18.0201, Relator Ministro: Guilherme Augusto Caputo Bastos, Data de Julgamento: 14/03/2018, 5ª Turma, Data de Publicação: DEJT 23/03/2018)

RECURSO DE REVISTA - HORAS EXTRAORDINÁRIAS - TURNOS ININTERRUPTOS DE REVEZAMENTO PRORROGAÇÃO DA JORNADA DE TRABALHO - ATIVIDADE INSALUBRE - NORMA COLETIVA - AUSÊN-

CIA DE AUTORIZAÇÃO PRÉVIA DO ÓRGÃO COMPETENTE - DEVIDAS COMO EXTRAORDINÁRIAS AS HORAS TRABALHADAS ALÉM DA -6ª DIÁRIA E 36ª SEMANAL. Com efeito, a norma, contida no art. 60 da CLT dispõe expressamente que, nas atividades consideradas insalubres, quaisquer prorrogações só poderão ser acordadas mediante licença prévia das autoridades competentes em matéria de higiene do trabalho, as quais, para esse efeito, procederão aos necessários exames nos locais e à verificação dos métodos e processos de trabalho. Pontue-se que a Súmula nº 349 do TST, que admitia a celebração de acordo coletivo de compensação de jornada em atividade insalubre, sem a necessidade de autorização do Ministério do Trabalho e Emprego, foi cancelada pela Resolução nº 174/2011 (divulgada em 27, 30 e 31/5/2011). Evidencia-se, portanto, a necessidade de autorização do aludido órgão, conforme determina o art. 60 da CLT, norma relacionada à higiene e segurança do trabalhador, que tem índole pública e cogente, consequentemente, infensa à negociação coletiva. Dessa forma, a ausência de licença prévia prevista no art. 60 da CLT torna inválida a prorrogação de jornada para oito horas em turnos ininterruptos de revezamento para atividades insalubres, pois falta requisito essencial estabelecido em norma de ordem pública que garante a saúde e a segurança no ambiente de trabalho. Recurso de revista conhecido e provido. (RR - 1377-54.2012.5.03.0041, Relator Ministro: Luiz Philippe Vieira de Mello Filho, Data de Julgamento: 13/05/2015, 7ª Turma, Data de Publicação: DEJT 15/05/2015).

Agente insalubre nocivo diverso do apontado na petição inicial

Em homenagem ao Princípio da Adstrição ou Congruência, corporificado nos arts. 141 e 492 do TST, o TST pacificou o entendimento de que "a verificação mediante perícia judicial de prestação de serviços em condições nocivas, considerado agente insalubre diverso do apontado na inicial, não prejudica o pedido de adicional de insalubridade", consoante a Súmula 293 da Corte Superior Trabalhista.

Por outro lado, a periculosidade retrata outro direito, devendo ser veiculado em pedido próprio, sob pena de julgamento "extra petita".

O recebimento do adicional não gera direito adquirido

O adicional de insalubridade tem natureza jurídica de salário-condição, porquanto é parcela contra prestativa devida ao empregado em virtude do exercício do trabalho em circunstância mais gravosa, qual seja, a exposição do trabalhador a condições de trabalho insalubres.

As parcelas consideradas "salário-condição" são devidas tão somente enquanto durarem as condições especiais de trabalho que as originam, estando inserida no "jus variandi" do empregador a possibilidade de afastar o empregado do trabalho em condição especial e suspender o pagamento do respectivo adicional, sem que tal situação configure alteração contratual ilícita, afinal, é mais benéfico ao empregado ter a sua saúde preservada.

Nesse sentido:

> **ADICIONAL DE INSALUBRIDADE. SALÁRIO-CONDIÇÃO.** O adicional de insalubridade tem natureza jurídica de salário-condição, porquanto é parcela contra prestativa devida ao empregado em virtude do exercício do trabalho em circunstância mais gravosa, qual seja, a exposição do trabalhador a condições de trabalho insalubres. Dessa forma, referido adicional somente pode ser suprimido caso desaparecida ou neutralizada a insalubridade, nos termos do art. 191, II, da CLT e da Súmula nº 80 do TST, o que não se vislumbra na espécie. (RO nº 0001347-41.2014.5.03.0011, 7ª Turma do TRT da 3ª Região/MG, Rel. Fernando Luiz G. Rios Neto. Publ. 02.09.2016).

Assim, o recebimento do adicional de insalubridade **não gera direito adquirido**, nesse sentido, a **súmula 248 do TST**:

> **Súmula 248 do TST- ADICIONAL DE INSALUBRIDADE. DIREITO ADQUIRIDO** - A reclassificação ou a descaracterização da insalubridade, por ato da autoridade competente, repercute na satisfação do respectivo adicional, sem ofensa a direito adquirido ou ao princípio da irredutibilidade salarial.

A Orientação Jurisprudencial 172 da SBDI-1 do TST prevê que, "condenada ao pagamento do adicional de insalubridade ou periculosidade, a empresa deverá inserir, mês a mês e enquanto o trabalho for executado sob essas condições, o valor correspondente em folha de pagamento."

Para fins de sustação do pagamento do adicional de insalubridade, é recomendável o ajuizamento de uma ação revisional, na qual se designa perito para aferir eventual modificação nas condições ambientais.

A jurisprudência é oscilante, havendo quem defenda sua desnecessidade por faltar previsão legal nesse sentido e porque a existência de fato novo afastaria a cogitação de coisa julgada.

Por outro lado, há quem argumente que a situação retrata o caso da coisa julgada continuativa prevista no art. 505, I, do CPC e que demanda ação revisional para demonstração de modificação no estado de fato ou de direito.

A nosso ver, a necessidade de ação revisional depende da causa invocada como fundamentação da cessação. Caso a empresa exerça o seu "jus variandi" e transfira o empregado para outro setor, que não estava enquadrado como insalubre, não seria necessária ação revisional porque não se pretende demonstrar modificação no estado de fato do objeto periciado. Contudo, em se tratando da hipótese em que a empresa defende modificação das condições ambientais de um dado setor já periciado (como no caso de troca de maquinários), seria, de fato, imprescindível o ajuizamento da ação para que uma perícia atestasse a permanência ou a modificação das condições fáticas.

Eliminação da insalubridade

Segundo o art. 191 da CLT, a eliminação ou a neutralização da insalubridade ocorrerá com a adoção de medidas que conservem o ambiente de trabalho dentro dos limites de tolerância e/ou com a utilização de equipamentos de proteção individual ao trabalhador, que diminuam a intensidade do agente agressivo a limites de tolerância.

Nesse sentido, a súmula 80 do TST:

> **Súmula 80 do TST - INSALUBRIDADE** - A eliminação da insalubridade mediante fornecimento de aparelhos protetores aprovados pelo órgão competente do Poder Executivo exclui a percepção do respectivo adicional.

Porém, o simples fornecimento de EPI – Equipamento de Proteção Individual - não elide a insalubridade, devendo tal equipamento neutralizar por completo o agente agressor para eximir o pagamento do adicional. Ademais, cabe ao empregador fiscalizar o uso efetivo do equipamento, conforme Súmula 289 do TST:

> **SÚMULA 289 DO TST - INSALUBRIDADE. ADICIONAL. FORNECIMENTO DO APARELHO DE PROTEÇÃO. EFEITO** - O simples fornecimento do aparelho de proteção pelo empregador não o exime do pagamento do adicional de insalubridade. Cabe-lhe tomar as medidas que conduzam à diminuição ou eliminação da nocividade, entre as quais as relativas ao uso efetivo do equipamento pelo empregado.

Relevante pontuar também que o pedido de adicional de insalubridade envolve matéria técnica, demandando em função disso a necessidade de produção de prova pericial, razão pela qual a prova testemunhal dificilmente se prestará para comprovar a neutralização da nocividade pelo fornecimento ou utilização adequada de equipamentos de proteção individual.

Isso porque a capacidade de neutralizar a nocividade envolve o conhecimento técnico-científico, que apenas pode ser aferido por pessoa habilitada para tanto e não pela impressão pessoal de uma testemunha, no sentido de que o equipamento seria cientificamente apto a neutralizar a nocividade.

Nesse sentido, encontra-se precedente do C. TST:

> **RECURSO DE REVISTA. CERCEAMENTO DE DEFESA.** O indeferimento da oitiva do depoimento da autora e das testemunhas não implicou, in casu, o cerceamento de defesa alegado. Os julgadores, destinatários finais das provas

> produzidas, calcados no princípio da persuasão racional (art. 131 do cpc), concluíram que a prova oral acerca do uso do EPI e de realização de ginástica laboral não serve para afastar o nexo causal apurado pela prova pericial. Não se identifica, portanto, qualquer prejuízo à recorrente, pelo indeferimento da oitiva testemunhal, na medida em que a prova técnica já produzida era suficiente para a formação de seu convencimento. (Tribunal Superior do Trabalho TST; RR 0110100-65.2006.5.04.0231; Sexta Turma; Rel. Min. Augusto Cesar Leite de Carvalho; DEJT 03/10/2014)

Assim, não pode a prova testemunhal suprir o registro, especialmente se não diz as datas em que foram entregues os EPIs e nem o número do certificado de aprovação do MTE, pois, como delineado, não basta o mero fornecimento de tais equipamentos, sendo também necessário seu fornecimento adequado, conforme se extrai das Súmulas 80 e 289 do C. TST.

Além disso, a NR 6 da Portaria 3214/78 do MTE dispõe que o empregador tem como obrigação registrar documentalmente o fornecimento de EPI ao trabalhador por meio de livros, fichas ou sistema eletrônico (item 6.6.1, "h"):

> 6.6 Responsabilidades do empregador. (Alterado pela Portaria SIT n.º 194, de 07 de dezembro de 2010)
>
> 6.6.1 Cabe ao empregador quanto ao EPI:
>
> a) adquirir o adequado ao risco de cada atividade;
>
> b) exigir seu uso;
>
> c) fornecer ao trabalhador somente o aprovado pelo órgão nacional competente em matéria de segurança e saúde no trabalho;
>
> d) orientar e treinar o trabalhador sobre o uso adequado, guarda e conservação;
>
> e) substituir imediatamente, quando danificado ou extraviado;
>
> f) responsabilizar-se pela higienização e manutenção periódica; e,
>
> g) comunicar ao MTE qualquer irregularidade observada.
>
> h) registrar o seu fornecimento ao trabalhador, podendo ser adotados livros, fichas ou sistema eletrônico. (Inserida pela Portaria SIT n.º 107, de 25 de agosto de 2009) (grifo nosso)

Cuida-se de imposição chancelada pelo art. 200, "caput" e inciso VI, da CLT que confere delegação legislativa ao órgão ministerial para regulamentação de questões técnicas, conforme reconhece a Orientação Jurisprudencial 345 da SBDI-1 do TST.

Assim, o indeferimento de prova testemunhal sobre o aspecto técnico encontra supedâneo no art. 443, II, do CPC/2015.

É possível, contudo, produzir prova oral acerca de aspectos fáticos que podem interferir na conclusão técnica, como a ausência de ingresso do trabalhador e áreas em que o perito atestou insalubridade ou a existência de maquinário ou procedimentos diversos daqueles existentes quando da realização da perícia.

Base de cálculo do adicional de insalubridade

Em que pese a vedação insculpida na parte final do inciso IV do art. 7º da Constituição da República e na Súmula Vinculante nº 4 do o Supremo Tribunal Federal, a base de cálculo do adicional de insalubridade deverá ser o salário mínimo, conforme o artigo 192 da CLT, até que seja editada lei ou norma coletiva com disciplina diversa sobre o tema.

Isso porque o reconhecimento da inconstitucionalidade pelo Supremo se deu por meio da utilização da técnica da inconstitucionalidade sem pronúncia de nulidade.

Nesse sentido:

> **RECURSO DE REVISTA. BASE DE CÁLCULO DO ADICIONAL DE INSALUBRIDADE.** Após a edição da Súmula Vinculante 4ª do STF, até que sobrevenha nova lei dispondo sobre a base de cálculo do adicional de insalubridade, e não havendo previsão normativa nesse sentido, tal parcela deverá continuar sendo calculada sobre o salário mínimo nacional. Há precedentes da SBDI-1 do TST. Recurso de revista conhecido e provido. [...] (RR nº 795-80.2011.5.04.0261, 6ª Turma do TST, Rel. Fábio Túlio Correia Ribeiro. j. 03.10.2018, Publ. 05.10.2018).

> **RECURSO DE REVISTA. APELO INTERPOSTO ANTES DA LEI Nº 13.015/2014. PRESCRIÇÃO. ADICIONAL DE INSALUBRIDADE. BASE DE CÁLCULO.** Para a adoção de parâmetros que possam servir como base de cálculo do adicional de insalubridade, deve prevalecer o entendimento da Súmula Vinculante nº 4 do STF, que declarou a impossibilidade de se utilizar o salário mínimo como indexador da base de cálculo do adicional de insalubridade, estabelecendo que lei federal deverá fixar novos parâmetros, o que afasta a possibilidade de aplicação do entendimento jurisprudencial da Súmula nº 17 do TST, a qual já foi cancelada pelo Tribunal Pleno deste TST. Entende-se, portanto, que a fixação da base de cálculo do adicional de insalubridade a partir do salário mínimo não somente é possível, mas também é a única alternativa a ser adotada, até que nova base de cálculo seja fixada por lei, conforme se depreende do despacho proferido pelo Ministro Gilmar Mendes na Medida Cautelar em Reclamação Constitucional nº 6266. Recurso de Revista conhecido e provido, no tópico. [...] (RR nº 151500-58.2007.5.04.0511, 1ª Turma do TST, Rel. Roberto Nobrega de Almeida Filho. j. 03.10.2018, Publ. 05.10.2018).

Mudança da base de cálculo

Quando a empresa estipula o pagamento do adicional de insalubridade sobre base de cálculo diversa daquela prevista no art. 192 da CLT (ex: calcula o adicional de insalubridade sobre o salário base por livre e espontânea vontade), não há como admitir que o referido adicional seja pago sobre o salário mínimo, sob pena de se admitir a alteração contratual lesiva, vedada no ordenamento jurídico trabalhista, pois a condição anterior, que lhe era benéfica, decorrente de liberalidade do empregador, aderiu ao seu contrato individual de trabalho.

Nesse sentido, art. 468, caput, da CLT dispõe que: n*os contratos individuais de trabalho só é lícita a alteração das respectivas condições, por mútuo consentimento, e, ainda assim, desde que não resultem, direta ou indiretamente, prejuízos ao empregado, sob pena de nulidade da cláusula infringente desta garantia.*

Nesse sentido também:

> **EMBARGOS EM RECURSO DE REVISTA. ADICIONAL DE INSALUBRIDADE PAGO SOBRE O SALÁRIO BASE. ADEQUAÇÃO A DECISÃO SUPERVENIENTE DO STF QUE DEFINE O SALÁRIO MÍNIMO COMO BASE DE CÁLCULO DA PARCELA. REDUÇÃO SALARIAL. ALTERAÇÃO DO CONTRATUAL LESIVA. OFENSA AO DIREITO ADQUIRIDO.** 1. A decisão da Oitava Turma desta e. Corte noticiou que, a teor do acórdão regional, a empresa empregadora, primeira reclamada, definiu o "salário básico" como base de cálculo do adicional de insalubridade pago aos reclamantes. Consta ainda que tal pagamento era feito nesses moldes por mera liberalidade da reclamada, sendo certo que não havia qualquer instrumento coletivo ou norma empresarial que assegurasse o "salário básico" como base para o cálculo da referida parcela. 2. Em razão de novo entendimento do Supremo Tribunal Federal, a reclamada houve por bem ajustar o pagamento da parcela, passando a adotar o salário mínimo como base de cálculo do adicional de insalubridade, em detrimento do salário básico anteriormente utilizado pela empresa. 3. Na hipótese, em que os reclamantes vinham percebendo o adicional de insalubridade sobre uma determinada base de cálculo, por liberalidade da empresa, restou configurada a alteração contratual lesiva (artigo 468 da CLT), pois o fato de a reclamada valer-se de base de cálculo diversa, em prejuízo dos empregados, ainda que a pretexto de decisão do Supremo Tribunal Federal, configura afronta ao direito adquirido e ao princípio da irredutibilidade salarial (artigos 5º, XXXVI, e 7º, VI, da Constituição da República). Precedente da SDI-1 do TST. Recurso de embargos conhecido e provido. (E-ARR - 11693-79.2015.5.18.0017, Redator Ministro: Hugo Carlos Scheuermann, Data de Julgamento: 07/06/2018, Subseção I Especializada em Dissídios Individuais, Data de Publicação: DEJT 03/08/2018)

> **"ADICIONAL DE INSALUBRIDADE - BASE DE CÁLCULO - ALTERAÇÃO LESIVA DO CONTRATO DE TRABALHO - ART. 468 DA CLT.** 1. O art. 468, -caput-, da CLT dispõe que -nos contratos individuais de trabalho só é lícita a alteração das respectivas condições, por mútuo consentimento, e, ainda assim, desde que não resultem, direta ou indiretamente, prejuízos ao empregado, sob pena de nulidade da cláusula infringente desta garantia-. 2. Na hipótese dos autos, embora a Turma tenha tratado da questão sob o viés da base de cálculo do adicional de insalubridade, a questão comporta análise

diferenciada, uma vez que a controvérsia gira em torno da alteração da base de cálculo de tal adicional pela Empregadora, já que ele era pago sobre o salário profissional do Obreiro, passando a ser calculado e pago, posteriormente, sobre o salário mínimo. 3. Dessa forma, tendo a própria Reclamada estipulado o pagamento do adicional de insalubridade sobre base de cálculo diversa daquela prevista no art. 192 da CLT, não há como entender que o referido adicional seja pago sobre o salário mínimo, sob pena de se admitir a alteração contratual lesiva, vedada no ordenamento jurídico trabalhista, pois a condição anterior, que lhe era benéfica, decorrente de liberalidade do empregador, aderiu ao seu contrato individual de trabalho. Embargos providos." (TST-E-ED-RR - 108700-32.2008.5.04.0009, Relator Ministro: Ives Gandra Martins Filho, Subseção I Especializada em Dissídios Individuais, Data de Publicação: DEJT 19/04/2013).

Outros jugados:

ADICIONAL DE INSALUBRIDADE. BASE DE CÁLCULO. SALÁRIO-BASE. PAGAMENTO VOLUNTÁRIO PELO EMPREGADOR. IMPOSSIBILIDADE DE REDUÇÃO. ALTERAÇÃO CONTRATUAL LESIVA. INAPLICABILIDADE DA SÚMULA VINCULANTE Nº 4 DO STF. Uma vez pago voluntariamente pelo empregado o adicional de insalubridade sobre o salário-base, ilícita é a alteração contratual, uma vez que o salário-condição acopla-se ao salário-base, sendo irredutível pelo princípio da condição mais benéfica. Inteligência do artigo 7º, VI, da Lei Maior c/c artigo 468 da CLT. A Particularidade do caso concreto afasta a incidência da Súmula Vinculante nº 4 do STF, por conter premissas diversas. Ademais, ainda que se admitisse a aplicação de tal Súmula, que é fonte formal do direito e não pode retroagir, há que se lembrar que na época do pagamento e da alteração contratual existia intensa controvérsia doutrinária e jurisprudencial a respeito da matéria, o que torna impertinente a invocação do artigo 7º, IV, da Lei Maior. Agravo Regimental a que se nega provimento. (AgR-AIRR - 1190-25.2011.5.04.0018, Relator Ministro: Emmanoel Pereira, Data de Julgamento: 11/12/2013, 5ª Turma, Data de Publicação: DEJT 19/12/2013)

AGRAVO DE INSTRUMENTO EM RECURSO DE REVISTA - ADICIONAL DE INSALUBRIDADE - BASE DE CÁLCULO - INCIDÊNCIA SOBRE O SALÁRIO NORMATIVO POR LIBERALIDADE DO EMPREGADOR - REDUÇÃO - IMPOSSIBILIDADE. O Tribunal Regional deferiu o pagamento de diferenças de adicional de insalubridade a partir de setembro de 2005, por entender que a reclamada não poderia reduzir a base de cálculo da parcela adotada desde o início do contrato de trabalho, salário normativo, calculando-se, a partir de então, com base no salário-mínimo. A hipótese dos autos não se confunde com a da Súmula Vinculante nº 4 do Supremo Tribunal Federal e a da Súmula nº 228 do TST, como bem pontuou a Corte de origem, tendo em vista que a própria reclamada implementou como base de cálculo do adicional de insalubridade do autor o salário normativo, e não o salário-mínimo.

Assim, a alteração unilateral do contrato de trabalho perpetrada em setembro de 2005, reduzindo o valor da parcela, que passou a ser calculada com base no salário-mínimo e não mais com fulcro no salário normativo, esbarra no comando do art. 468 da CLT. Tratando-se de liberalidade implementada pelo próprio empregador, não se há de falar em afronta ao art. 192 da CLT tampouco discrepância com a Súmula nº 228 do TST. Agravo de instrumento desprovido. (AIRR - 63040-13.2006.5.04.0291, Relator Ministro: Luiz Philippe Vieira de Mello Filho, 1ª Turma, Data de Publicação: DEJT 03/04/2012).

Cálculo do adicional de insalubridade e seus reflexos

Insalubridade

Salário mínimo multiplicado pelo percentual do adicional de insalubridade 10% ou 20% ou 40% [usa-se 0,1 ou 0,2 ou 0,4] multiplicado pela quantidade de meses trabalhados [dica: para calcular os meses, aconselho utilizar a calculadora do Windows 10] = Valor do adicional de insalubridade.

A) Reflexos adicional de insalubridade no FGTS 8%

Valor do adicional de insalubridade multiplicado pela alíquota do FGTS [Alíquota de 8% – usa-se 0,08] = Valor do reflexo do adicional de insalubridade no FGTS.

B) Reflexos adicional de insalubridade na multa de 40% do FGTS

Valor do reflexo do adicional de insalubridade no FGTS multiplicado pela alíquota da multa do FGTS [Alíquota de 40%. – usa-se 0,4] = Valor do reflexo do adicional de insalubridade na multa de 40% do FGTS.

C) Reflexos adicional de insalubridade no aviso prévio

Salário mínimo multiplicado pelo percentual do adicional de insalubridade 10% ou 20% ou 40% [usa-se 0,1 ou 0,2 ou 0,4] dividido por 30 multiplicado pelos dias de aviso prévio = Valor do reflexo do adicional de insalubridade no aviso prévio.

OBS: Se o aviso prévio for superior a 30 dias, deverá dividir o valor apurado do adicional de periculosidade por 30 e multiplicar pelo número de dias do aviso devido.

Lembre-se:

O Aviso Prévio é de mínimo 30 dias – Art. 7º, XXI da CF.

Art. 7º da CF/88 – [...]

XXI - aviso prévio proporcional ao tempo de serviço, sendo no mínimo de trinta dias, nos termos da lei;

O Avido Prévio é de no máximo 90 dias - Lei 12.506/2011.

Lei 12.506/2011 - Art. 1º - O aviso prévio, de que trata o Capítulo VI do Título IV da Consolidação das Leis do Trabalho - CLT, aprovada pelo Decreto-Lei no 5.452, de 1º de maio de 1943, será concedido na proporção de 30 (trinta) dias aos empregados que contem até 1 (um) ano de serviço na mesma empresa.

Parágrafo único. Ao aviso prévio previsto neste artigo serão acrescidos 3 (três) dias por ano de serviço prestado na mesma empresa, até o máximo de 60 (sessenta) dias, perfazendo um total de até 90 (noventa) dias.

D) Reflexos adicional de insalubridade no 13º salário

Valor do adicional de insalubridade dividido por 12 [divisor utilizado para calcular o reflexo do adicional de insalubridade no 13° Salário (OBS: Se o período trabalhado for inferior a um ano, toma-se como base os meses trabalhados)] = Valor do reflexo do adicional de insalubridade no 13° Salário.

E) Reflexos adicional de insalubridade nas férias

Valor do adicional de insalubridade dividido por 12 [divisor utilizado para calcular o reflexo do adicional de insalubridade nas férias (OBS: Se o período trabalhado for inferior a um ano, toma-se como base os meses trabalhados)] = Valor do reflexo do adicional de insalubridade nas férias.

F) Adicional 1/3 das férias

Valor do reflexo do adicional de insalubridade nas férias dividido por 3 [divisor utilizado para calcular o adicional de 1/3 das Férias] = Adicional de 1/3 das Férias.

ADICIONAL DE PERICULOSIDADE

Adicional de periculosidade para piloto de helicóptero que acompanha abastecimento

Processo: E-ED-RR - 1763-44.2012.5.02.0031 Data de Julgamento: 23/08/2018, Relator Ministro: Walmir Oliveira da Costa, Subseção I Especializada em Dissídios Individuais, Data de Publicação: DEJT 31/08/2018.

Informativo 182 do TST

É devido o adicional de periculosidade ao piloto de helicóptero que acompanhava o abastecimento da aeronave até oito vezes por semana, por quatro minutos, pois configurado o contato intermitente com o agente de risco.

O TST não considerou a exposição do empregado ao agente de risco como se fosse fortuita ou por tempo extremamente reduzido, como entende a Súmula 364 do TST, pois o acesso a área perigosa, fazia parte da rotina do empregado, não sendo um elemento acidental ou casual da relação de emprego.

Quais atividades são consideradas perigosas:

Segundo o art. 193 da CLT, são consideradas atividades ou operações perigosas, na forma da regulamentação aprovada pelo Ministério do Trabalho e Emprego (Norma Regulamentadora n° 16 - NR-16), aquelas que, por sua natureza ou métodos de trabalho, impliquem risco acentuado em virtude de exposição permanente do trabalhador a inflamáveis, explosivos ou energia elétrica (Lei nº 7.369/85 e Decreto nº 93.412/86); roubos ou outras espécies de violência física nas atividades profissionais de segurança pessoal ou patrimonial. São também consideradas perigosas as atividades de trabalhador em motocicleta.

> **CLT, Art. 193.** São consideradas atividades ou operações perigosas, na forma da regulamentação aprovada pelo Ministério do Trabalho e Emprego, aquelas que, por sua natureza ou métodos de trabalho, impliquem risco acentuado em virtude de exposição permanente do trabalhador a:
>
> I - inflamáveis, explosivos ou energia elétrica;
>
> II - roubos ou outras espécies de violência física nas atividades profissionais de segurança pessoal ou patrimonial.
>
> § 1º O trabalho em condições de periculosidade assegura ao empregado um adicional de 30% (trinta por cento) sobre o salário sem os acréscimos resultantes de gratificações, prêmios ou participações nos lucros da empresa.
>
> § 2º O empregado poderá optar pelo adicional de insalubridade que porventura lhe seja devido.
>
> § 3º Serão descontados ou compensados do adicional outros da mesma natureza eventualmente já concedidos ao vigilante por meio de acordo coletivo.
>
> § 4º São também consideradas perigosas as atividades de trabalhador em motocicleta.

Em resumo, atividade perigosa é aquela em que o empregado está em contato permanente com explosivos, inflamáveis ou demais agentes que o coloquem em condições de risco acentuado.

a) contato com inflamáveis (art. 193, I, da CLT);

b) contato com explosivos (art. 193, I, da CLT);

c) energia elétrica (art. 193, I, CLT) e, recentemente, foram inseridas outras duas atividades de risco:

d) exposição a roubos ou outras espécies de violência física (art. 193, II, CLT) e

e) atividades de trabalhador em motocicleta – "motoboy" (art. 193, § 4º, CLT).

Quem não tem direito ao adicional de periculosidade:

1. Trabalho com contato a área perigosa de forma eventual

Nesse sentido o item I da súmula 364 do TST:

> **Súmula 364 do TST - ADICIONAL DE PERICULOSIDADE. EXPOSIÇÃO EVENTUAL, PERMANENTE E INTERMITENTE.**
>
> **I** - Tem direito ao adicional de periculosidade o empregado exposto permanentemente ou que, de forma intermitente, sujeita-se a condições de risco. Indevido, apenas, quando o contato dá-se de forma eventual, assim considerado o fortuito, ou o que, sendo habitual, dá-se por tempo extremamente reduzido.

2. Motorista que acompanha o abastecimento do veículo

A jurisprudência do TST adota o entendimento no sentido de que o empregado que apenas acompanha o abastecimento do veículo por ele conduzido não faz jus ao pagamento de adicional de periculosidade, porquanto não configurado contato direto com inflamável, em condições de risco acentuado, nos moldes exigidos no art. 193 da CLT e na NR 16 do Ministério do Trabalho.

Precedentes vinculantes do TST

> **EMBARGOS REGIDOS PELA LEI Nº 11.496/2007. ADICIONAL DE PERICULOSIDADE. MOTORISTA DE CAMINHÃO. PERMANÊNCIA NA ÁREA DE RISCO APENAS DURANTE O TEMPO DE ESPERA DO ABASTECIMENTO FEITO POR FRENTISTA.** A Subseção I Especializada em Dissídios Individuais desta Corte, com ressalva do posicionamento pessoal deste Relator, firmou o entendimento de que, na hipótese em que o motorista limitar-se a acompanhar o abastecimento do veículo realizado por um frentista, não é devido o pagamento do adicional de periculosidade. Com efeito, considerando-se que, no caso dos autos, o reclamante não era o responsável pelo abastecimento do caminhão, limitando-se a exposição ao agente inflamável ao tempo de espera do abastecimento, não faz jus ao adicional de periculosidade, uma vez que tal circunstância não se encontra enquadrada como atividade perigosa, nos termos definidos na NR nº 16 da

Portaria nº 3.214/78 do Ministério do Trabalho e Emprego. Esse entendimento encontra ressonância no entendimento desta Corte, consubstanciado no teor da Súmula nº 364 do TST. Embargos não conhecidos. (TST-E-ED-RR - 66300-05.2006.5.15.0029 Data de Julgamento: 14/09/2017, Relator Ministro: José Roberto Freire Pimenta, Subseção I Especializada em Dissídios Individuais, Data de Publicação: DEJT 22/09/2017).

Outros julgados do TST:

[..] **IV - RECURSO DE REVISTA DA RECLAMADA. POSTERIOR À LEI Nº 13.015/2014 E À IN 40/TST E ANTERIOR À LEI Nº 13.467/2017. ADICIONAL DE PERICULOSIDADE. INFLAMÁVEIS. MOTORISTA. ACOMPANHAMENTO DE ABASTECIMENTO DE VEÍCULO.** 1 - A SBDI-1 do TST, a qual uniformiza a jurisprudência das Turmas, já decidiu que não é devido o adicional de periculosidade ao empregado cuja atividade não é de abastecimento de veículo. 2 - Conforme a NR 16, anexo 2, quadro 3, do Ministério do Trabalho, são consideradas atividades ou operações perigosas com inflamáveis, as "operações em postos de serviço e bombas de abastecimento de inflamáveis líquido", e é devido o adicional ao "operador de bomba e trabalhadores que operam na área de risco". O item 2, V, a, desse mesmo anexo esclarece que nas operações em postos de serviço e bombas de abastecimento de inflamáveis líquidos, é devido o adicional nas "atividades ligadas diretamente ao abastecimento de viaturas com motor a explosão", situação que não se enquadra com a dos autos. 3 - Recurso de revista de que se conhece e a que se dá provimento. (ARR nº 1000795-28.2013.5.02.0462, 6ª Turma do TST, Rel. Kátia Magalhães Arruda. j. 23.10.2018, Publ. 26.10.2018).

RECURSO DE REVISTA. ADICIONAL DE PERICULOSIDADE. MOTORISTA. ABASTECIMENTO DE VEÍCULO. ACOMPANHAMENTO. ADICIONAL DE PERICULOSIDADE. PAGAMENTO INDEVIDO. 1. O Tribunal Regional considerou que a "exposição ao risco que ocorre no caso dos autos era habitual, já que fazia parte da rotina de trabalho do reclamante, pois este era obrigado a aguardar o abastecimento do ônibus no final da jornada, todos os dias." 2. A jurisprudência desta Corte adota o entendimento no sentido de que o empregado que apenas acompanha o abastecimento do veículo por ele conduzido não faz jus ao pagamento de adicional de periculosidade, porquanto não configurado contato direto com inflamável, em condições de risco acentuado, nos moldes exigidos no art. 193 da CLT e na NR 16 do Ministério do Trabalho. Recurso de Revista conhecido e provido, no tema. (RR nº 20312-44.2013.5.04.0021, 1ª Turma do TST, Rel. Hugo Carlos Scheuermann. j. 22.08.2018, Publ. 24.08.2018).

3. Os tripulantes no momento do abastecimento da aeronave

O TST por meio da súmula 447 do TST, entende que os tripulantes e demais empregados em serviços auxiliares de transporte aéreo que, no momento do abastecimento da aeronave, permanecem a bordo não têm direito ao adicional de periculosidade a que aludem o art. 193 da CLT e o Anexo 2, item 1, "c", da NR 16 do MTE.

4. Vigia

O vigia desempenha funções de asseio e conservação cujo exercício, de acordo com a Classificação Brasileira de Ocupações (CBO) do MTE nº 5174, requer apenas a conclusão do ensino fundamental, diferente do vigilante, que necessita dos requisitos específicos dos arts. 15 e 16 da Lei nº 7.102/83, tais como, idade mínima de 21 anos, prévia aprovação em curso de formação profissional supervisionado pela Polícia Federal, e em exame de saúde física, mental e psicotécnico, entre outros.

Nesse sentido:

> **AGRAVO DE INSTRUMENTO. RECURSO DE REVISTA INTERPOSTO SOB A ÉGIDE DAS LEIS. NºS 13.015/2014 E 13.105/2015 E ANTES DA VIGÊNCIA DA LEI Nº 13.467/2017 - DESCABIMENTO. ADICIONAL DE PERICULOSIDADE. VIGIA E VIGILANTE.** Na hipótese dos autos, o Regional consignou que o autor exercia a função de vigia, não utilizava arma de fogo na função, não preenchia os requisitos do item 2 do Anexo 3 da NR-16 e não comprovou integrar serviço orgânico de vigilância privada, devidamente registrada no Departamento de Polícia Federal, não tratando da aprovação em curso de formação de vigilante em estabelecimento autorizado (Súmula 126/TST). Ressalte-se que o adicional de periculosidade previsto no Anexo 3 da Portaria nº 1.885/2013 não beneficia a função de vigia, razão pela qual é indevido no caso. Agravo de instrumento conhecido e desprovido. (AIRR nº 1548-50.2016.5.12.0031, 3ª Turma do TST, Rel. Alberto Luiz Bresciani de Fontan Pereira. j. 19.09.2018, Publ. 21.09.2018).

> **ADICIONAL DE PERICULOSIDADE. VIGIA.** Constatada possível violação do art. 193 da CLT, merece provimento o agravo de instrumento para determinar o processamento do recurso de revista. II - RECURSO DE REVISTA - ADICIONAL DE PERICULOSIDADE. VIGIA. O vigia não faz jus ao adicional de periculosidade, pois referida função não está inserida no conceito de segurança pessoal ou patrimonial previsto no Anexo 3, da Portaria nº 1.885/2013, que pressupõe a exposição do trabalhador a roubos ou outras espécies de violência física. Recurso de revista conhecido e provido. (ARR nº 10789-46.2015.5.15.0016, 8ª Turma do TST, Rel. Márcio Eurico Vitral Amaro. j. 13.06.2018, Publ. 15.06.2018).

5. Quem está de sobreaviso

O empregado também não recebe o adicional de periculosidade durante as horas de sobreaviso, visto que, neste, aguarda o chamado em sua própria residência.

Súmula 132 do TST - ADICIONAL DE PERICULOSIDADE. INTEGRAÇÃO.

II - Durante as horas de sobreaviso, o empregado não se encontra em condições de risco, razão pela qual é incabível a integração do adicional de periculosidade sobre as mencionadas horas.

Sobre o tema sobreaviso, vale citar a doutrina do Professor Homero[1]:

> O art. 244 é muito citado em julgados sobre o uso de telefone celular e outros aparelhos de comando a distância, suprimindo a falta de legislação a respeito (Súmulas 229 e 428 do TST). Há forte tendência à analogia de outras profissões com as figuras do sobreaviso e da prontidão no âmbito ferroviário. Para o sobreaviso, que mantém o empregado em casa, o legislador fixou o valor de um terço da hora. Então, ao cabo de 24 horas retido em casa, o empregado aufere o valor de oito horas, como se houvesse laborado uma jornada normal na empresa. Para a prontidão, que mantém o empregado uniformizado no saguão da empresa, o legislador estipulou o pagamento do valor de 2/3 da hora. Ao cabo das 12 horas máximas de escala de prontidão, o empregado fará jus, portanto, a oito horas de salário, novamente como se fora uma jornada normal. O valor empata, mas devido a cargas horárias diferentes (um terço de 24 horas versus dois terços de 12 horas). Por serem calculados sobre o salário-hora, ambas as parcelas refletem nos descansos semanais remunerados. Por estar o empregador em casa, no aguardo das ordens, o sobreaviso não é calculado com o adicional de periculosidade ou de insalubridade em sua base, mesmo que a empresa os pague habitualmente. Horas de sobreaviso não dão direito a intervalo para refeição e descanso, porque a pessoa já está em casa. Horas de prontidão não deveriam ter intervalo para refeição e descanso, porque se supõe que a empresa manterá facilidades para a alimentação do trabalhador nos locais de espera, mas o art. 244, § 4.º, adverte que, caso a empresa não se preocupe com o local e com a alimentação, deve fixar uma pausa de uma hora em meio à prontidão.

Impossibilidade de cumulação com adicional de insalubridade

Após uma certa hesitação jurisprudencial, o TST confirmou o entendimento de que é vedada a cumulação dos adicionais de periculosidade e de insalubridade, tendo em vista os termos do art. 193, § 2°, da CLT[2].

---

1 SILVA, Homero Batista Mateus da. CLT Comentada - São Paulo: Revista dos Tribunais. 2016.

2 O C. TST já reconheceu a possibilidade de cumulação entre os adicionais de penosidade e insalubridade, já que a vedação legal é apenas para periculosidade (Processo: RR - 150-45.2015.5.04.0801, Data de Publicação: 24.08.2018, Órgão Judicante: 6ª Turma, Ministro Augusto César Leite de Carvalho).

Art. 193, §2º da CLT - O empregado poderá optar pelo adicional de insalubridade que porventura lhe seja devido.

Informativo 134 do TST - ADICIONAL DE INSALUBRIDADE E DE PERICULOSIDADE. CUMULAÇÃO. IMPOSSIBILIDADE. PREVALÊNCIA DO ART. 193, § 2º, DA CLT ANTE AS CONVENÇÕES n. 148 E 155 DA OIT. É vedada a percepção cumulativa dos adicionais de insalubridade e de periculosidade ante a expressa dicção do art. 193, § 2º, da CLT. Ademais, não obstante as Convenções n. 148 e 155 da Organização Internacional do Trabalho (OIT) tenham sido incorporadas ao ordenamento jurídico brasileiro, elas não se sobrepõem à norma interna que consagra entendimento diametral mente oposto, aplicando-se tão somente às situações ainda não reguladas por lei. Sob esse fundamento, a SBDI-I, por unanimidade, conheceu do recurso de embargos, por divergência jurisprudencial, e no mérito, por maioria, negou-lhe provimento. Vencidos os Ministros Cláudio Mascarenhas Brandão, relator, Augusto César de Carvalho, Hugo Carlos Scheuermann e Alexandre Agra Belmonte. TST-E-ARR-1081-60.2012.5.03.0064. SBDl-I, rei. Min. Cláudio Mascarenhas Brandão, red. p/acórdão Min. João Preste Dalazen. 28.4.2016

RECURSO DE EMBARGOS. RECURSO DE REVISTA NÃO CONHECIDO. CUMULAÇÃO DOS ADICIONAIS DE INSALUBRIDADE E PERICULOSIDADE. IMPOSSIBILIDADE. O art. 193, §2º, da CLT, ao conceder ao empregado a prerrogativa de optar pelo adicional que lhe for mais favorável, afastou a possibilidade de cumulação. Cabe ressaltar que muito antes da promulgação da Constituição Federal de 1988, a qual incluiu os direitos sociais do trabalhador de redução dos riscos inerentes ao trabalho, a CLT já tinha a previsão de pagamento dos adicionais em questão. Não há como se concluir que haja na atual Carta Constitucional qualquer disposição expressa ou tácita acerca da não recepção do art. 193, §2º, da CLT, seja porque ao prever o pagamento dos adicionais, usou a expressão, na forma da lei, sendo, portanto, norma constitucional de eficácia contida, regulamentada, portanto, pela CLT; seja porque utilizou do conectivo ou e não e, donde se depreende que foi utilizada uma conjunção exclusiva e não inclusiva. Registre-se que não se ignora que as Convenções Internacionais sobre direitos humanos tem status de norma supralegal, conforme entendimento do STF. No entanto, da leitura dos arts. 8º, III, da Convenção nº 145 e 11, b, da Convenção nº 155, ambas da OIT, não há como se chegar à conclusão de que há a determinação, previsão ou recomendação de pagamento cumulado dos adicionais em questão. As referidas normas tão-somente preveem que sejam considerados os riscos para a saúde do empregado decorrentes de exposição simultânea a diversas substâncias e agentes. Tratam, pois, da individualização dos riscos e não de cumulação de adicionais. Neste contexto, tendo em vista o expressamente disposto em lei, não há que se falar em cumulação dos adicionais de insalubridade e periculosidade. Recurso de embargos conhecido e não provido. (E-RR - 10722-70.2013.5.12.0037, Relator Ministro: Aloysio Corrêa da Veiga, Data de Julgamento: 28/04/2016, Subseção I Especializada em Dissídios Individuais, Data de Publicação: DEJT 10/06/2016)

Nesse sentido ainda, o item 16.2.1 da NR 16 e a Súmula 76 do TRT da 4ª Região:

> **NR 16, item 16.2.1** - O empregado poderá optar pelo adicional de Insalubridade que porventura lhe seja devido.
>
> **SÚMULA Nº 76 DO TRT DA 4ª REGIÃO: ADICIONAIS DE INSALUBRIDADE E PERICULOSIDADE. ACUMULAÇÃO. IMPOSSIBILIDADE.** O pagamento cumulativo dos adicionais de insalubridade e periculosidade encontra óbice no artigo 193, § 2º, da CLT, o qual faculta ao empregado o direito de optar pelo adicional mais favorável. Inexistência de violação aos incisos XXII e XXIII, do artigo 7º, da Constituição.

Para fins de conhecimento, é possível argumentar em sentido contrário porque não se mostra aceitável admitir que a saúde e a existência do trabalhador sejam agredidas com dois agentes e o empregador tenha o dever de indenizar apenas por um dos dois agentes.

A saúde do obreiro deve ser objeto de preocupação do Estado e da comunidade jurídica, exigindo-se do empregador a incessante busca de melhoria nas condições ambientais de trabalho. Contudo, se o empregador for obrigado ao pagamento de apenas um adicional, independentemente da quantidade de agentes a que o trabalhador está exposto, sem dúvida, estar-se-á desestimulando as melhorias nas condições de trabalho, em franco descompasso com o art. 7º, XXII, da CF/88.

O referido procedimento acaba por macular ainda o Princípio da Isonomia, na medida em que o trabalhador exposto a apenas um agente receberá a mesma indenização daquele exposto aos dois agentes. Tratar igualmente pessoas em condições fáticas desiguais importa em inadmissível afronta a igualdade substancial, consagrada no art. 5º da Carta Republicana.

Incide, no particular, o Princípio do Solidarismo Constitucional, tendo como paradigma o dano sofrido e a restauração da Justiça Comutativa.

Além das violações já apontadas, não se pode perder de vista a estruturação do sistema jurídico quanto à reparação civil. Com efeito, o art. 944 preceitua que a indenização se mede pela extensão do dano. Trata-se do princípio da Reparação Integral, consoante leciona José Affonso Dallegrave Neto: "*o verdadeiro sentido da indenização consolida uma ideia de plena indenização, protegendo de forma integral o ser humano*".

Assim, atentando-se a necessidade de reparação integral, conclui-se a necessidade do pagamento dos dois adicionais em questão.

Cumpre pontuar ainda que a Organização Internacional do Trabalho, por meio de sua Conferência Internacional, aprovou a Convenção n. 155, que preceitua a necessidade de cobertura de todos os riscos a que o trabalhador estiver sujeito:

Artigo 11

A fim de tornar efetiva a política a que se refere o Artigo 4 do presente Convênio, a autoridade ou autoridades competentes deverão garantir a realização progressiva das seguintes funções:

[...]

b) a determinação das operações e processos que estarão proibidos, limitados ou sujeitos à autorização ou ao controle da autoridade ou autoridades competentes, bem como a determinação das substâncias e agentes aos quais a exposição no trabalho estará proibida, limitada ou sujeita à autorização ou ao controle da autoridade ou autoridades competentes; deverão levar-se em consideração os riscos para a saúde causados pela exposição simultânea a várias substâncias ou agentes;

Ressalte-se que o referido instrumento normativo foi ratificado pelo Brasil, tendo sido incorporado no direito interno brasileiro por meio do Decreto n.1.254, de 29 de setembro de 1994.

Assim sendo, não se pode desprezar que referida Convenção tem aplicabilidade em nosso território e que, por tratar de direitos humanos (já é remansoso o entendimento de que os direitos sociais estão compreendidos no gênero direitos humanos), ostenta o "status" de supralegalidade.

Diante do reconhecimento do patamar de supralegalidade, conclui-se que a norma da Convenção é hierarquicamente superior ao art. 193 da CLT, devendo ser aplicado em detrimento desta até mesmo por influxo do denominado Controle de Convencionalidade.

Apenas por apego ao argumento, deve-se salientar que a hermenêutica trabalhista se orienta por meio de um critério hierárquico flexível, no qual a subsunção recai na norma mais favorável ao trabalhador (Princípio da Norma Mais Favorável). Por isso, mesmo que se desconsidere o "status" supralegal, o dispositivo da Convenção 155 deveria prevalecer virtude de concretizar em maior amplitude a dignidade humana.

Reforça-se, assim, que a interpretação de dispositivos relacionados com o direito do trabalho há de ser feita com observância do "caput" do art. 7º da Constituição Federal que proclama o princípio da melhoria da condição econômica e social do trabalhador – Princípio da Progressividade -, também estampado no art. 19, § 8º, da Constituição da OIT.

Referido princípio traz em seu bojo a lição de que a aplicação e interpretação das normas trabalhistas deve sempre buscar um avanço social.

Por isso mesmo, quando um trabalhador estiver sujeito há um duplo risco pela exposição a agentes periculosos e insalubres, não se pode dar guarida a interpretação de que apenas um dos adicionais deve ser pago.

Não se desconhece que o objetivo precípuo na tutela à saúde do trabalhador é a eliminação do risco, afastando-se a nefasta monetização dos malefícios. Contudo, não tendo sido possível referida eliminação, deve ser realizada a interpretação de melhor conteúdo social.

Importante destacar que uma interpretação contrária provocaria grave violação ao Princípio da Impessoalidade e da Razoabilidade, na medida em que um trabalhador exposto a apenas um agente receberia o mesmo tratamento daquele exposto a dois ou mais agentes.

Pelas razões alinhavadas acima, não resta outra saída que não seja o reconhecimento da cumulatividade dos adicionais de insalubridade e periculosidade, quando não for possível neutralizar tais riscos do ambiente de trabalho.

Impossibilidade alterar o percentual da periculosidade por meio de negociação coletiva

Segundo o item II da súmula 364 do TST, **não é válida** a cláusula de acordo ou convenção coletiva de trabalho **fixando o adicional de periculosidade em percentual inferior ao estabelecido em lei e proporcional ao tempo de exposição ao risco**, pois tal parcela constitui medida de higiene, saúde e segurança do trabalho, garantida por norma de ordem pública (arts. 7º, XXII e XXIII, da CF e 193, §1º, da CLT).

No mesmo sentido, o art. 611-B da CLT, acrescentado pela reforma trabalhista do ano de 2017 - Lei 13.467/2017.

> **CLT, art. 611-B.** Constituem objeto ilícito de convenção coletiva ou de acordo coletivo de trabalho, exclusivamente, a supressão ou a redução dos seguintes direitos:
>
> **XVIII** - adicional de remuneração para as atividades penosas, insalubres ou perigosas;

Bases para cálculo

O adicional de periculosidade será 30% sobre o salário base do empregado.

> **CLT, art. 193 - [..]**
>
> **§ 1º** - O trabalho em condições de periculosidade assegura ao empregado um adicional de 30% (trinta por cento) sobre o salário sem os acréscimos resultantes de gratificações, prêmios ou participações nos lucros da empresa.

Súmula nº 191 do TST - ADICIONAL DE PERICULOSIDADE. INCIDÊNCIA. BASE DE CÁLCULO (cancelada a parte final da antiga redação e inseridos os itens II e III) - Res. 214/2016, DEJT divulgado em 30.11.2016 e 01 e 02.12.2016

> **I** – O adicional de periculosidade incide apenas sobre o salário básico e não sobre este acrescido de outros adicionais.

Oportuno salientar que o adicional de periculosidade do eletricitário tinha como base de cálculo o conjunto de parcelas salariais, mas a Lei 12.740/2012 o equiparou com os demais empregados para estipular apenas o salário básico como referência.

Importante realçar, também, que TST consolidou sua jurisprudência no sentido de que tal alteração incidiria apenas para contratos de trabalho firmados após o início de vigência da lei, a fim de preservar a irredutibilidade salarial (art. 7º, VI, da CFRB) e a segurança jurídica (art. 7º, "caput", da CRFB)[3]. Nesse sentido, a Súmula 191:

> **Súmula nº 191 do TST - ADICIONAL DE PERICULOSIDADE. INCIDÊNCIA. BASE DE CÁLCULO**
>
> **II** – O adicional de periculosidade do empregado eletricitário, contratado sob a égide da Lei nº 7.369/1985, deve ser calculado sobre a totalidade das parcelas de natureza salarial. Não é válida norma coletiva mediante a qual se determina a incidência do referido adicional sobre o salário básico.
>
> **III** - A alteração da base de cálculo do adicional de periculosidade do eletricitário promovida pela Lei nº 12.740/2012 atinge somente contrato de trabalho firmado a partir de sua vigência, de modo que, nesse caso, o cálculo será realizado exclusivamente sobre o salário básico, conforme determina o § 1º do art. 193 da CLT.

Cálculo do adicional de periculosidade e seus reflexos:

Periculosidade

Salário base multiplicado pelo percentual do adicional de periculosidade 30% [usa-se 0,3] multiplicado pela quantidade de meses trabalhados [dica: para calcular os meses, aconselho utilizar a calculadora do Windows 10] = Valor do adicional de periculosidade.

A) Reflexos adicional de periculosidade no FGTS 8%

Valor do adicional de periculosidade multiplicado pela alíquota do FGTS [Alíquota de 8% – usa-se 0,08] = Valor do reflexo do adicional de periculosidade no FGTS.

---

3 Percebam que esse fundamento pode perfeitamente ser adotado também em face da reforma trabalhista, quanto aos dispositivos que provocarem redução salarial.

B) Reflexos adicional de periculosidade na multa de 40% do FGTS.

Valor do reflexo do adicional de periculosidade no FGTS multiplicado pela alíquota da multa do FGTS [Alíquota de 40%. – usa-se 0,4] = Valor do reflexo do adicional de periculosidade na multa de 40% do FGTS.

C) Reflexos adicional de periculosidade no aviso prévio

Salário base multiplicado pelo percentual do adicional de periculosidade 30% [usa-se 0,3] dividido por 30 multiplicado pelos dias de aviso prévio = Valor do reflexo do adicional de periculosidade no aviso prévio.

OBS: Se o aviso prévio for superior a 30 dias, deverá dividir o valor apurado do adicional de periculosidade por 30 e multiplicar pelo número de dias do aviso devido.

Lembre-se:

O Aviso Prévio é de mínimo 30 dias – Art. 7º, XXI da CF.

> **Art. 7º da CF/88** – [...]
>
> **XXI** - aviso prévio proporcional ao tempo de serviço, sendo no mínimo de trinta dias, nos termos da lei;

O Avido Prévio é de no máximo 90 dias - Lei 12.506/2011.

> **Lei 12.506/2011 - Art. 1º**- O aviso prévio, de que trata o Capítulo VI do Título IV da Consolidação das Leis do Trabalho - CLT, aprovada pelo Decreto-Lei no 5.452, de 1º de maio de 1943, será concedido na proporção de 30 (trinta) dias aos empregados que contem até 1 (um) ano de serviço na mesma empresa.
>
> **Parágrafo único.** Ao aviso prévio previsto neste artigo serão acrescidos 3 (três) dias por ano de serviço prestado na mesma empresa, até o máximo de 60 (sessenta) dias, perfazendo um total de até 90 (noventa) dias.

D) Reflexos adicional de periculosidade no 13º salário

Valor do adicional de periculosidade dividido por 12 [divisor utilizado para calcular o reflexo do adicional de periculosidade no 13° Salário (OBS: Se o período trabalhado for inferior a um ano, toma-se como base os meses trabalhados)] = Valor do reflexo do adicional de periculosidade no 13° Salário.

E) Reflexos adicional de periculosidade nas férias

Valor das do adicional de periculosidade dividido por 12 [divisor utilizado para calcular o reflexo do adicional de periculosidade nas férias (OBS: Se o período trabalhado for inferior a um ano, toma-se como base os meses trabalhados)] = Valor do reflexo do adicional de periculosidade nas férias.

F) Adicional 1/3 das férias

Valor do reflexo do adicional de periculosidade nas férias dividido por 3 [divisor utilizado para calcular o adicional de 1/3 das Férias] = Adicional de 1/3 das Férias.

ADICIONAL DE TRANSFERÊNCIA

Adicional de transferência é indevido nos casos de transferência definitiva

Processo: E-ED-RR - 3767900-20.2008.5.09.0011 Data de Julgamento: 28/06/2018, Redator Ministro: Renato de Lacerda Paiva, Subseção I Especializada em Dissídios Individuais, Data de Publicação: DEJT 17/08/2018.

Informativo 181 do TST

O pressuposto legal apto a legitimar a percepção do adicional de transferência de 25% é a transferência provisória.

A lei, contudo, não delimita os requisitos para caracterização da transitoriedade ou definitividade da transferência, o que leva a jurisprudência a avaliar as circunstâncias de caso concreto.

A jurisprudência majoritária no TST, inclusive da SBDI-1, faz alusão ao marco temporal de 2 (dois) anos como limite da provisoriedade:

> **ADICIONAL DE TRANSFERÊNCIA.** [...] Neste aspecto, portanto, a jurisprudência desta Corte já está pacificada, a partir do entendimento majoritário dos membros que compõem a Egrégia SBDI-1, no sentido de se adotar como critério temporal da transferência provisória, ser ela por tempo inferior a 2 anos, razão pela qual não pode ser reputada provisória transferência que perdurou por mais de 5 anos. Além disso, no presente caso, cabe analisar a questão atinente à sucessividade das transferências, como fator definidor do pagamento do respectivo adicional, haja vista que a jurisprudência desta Corte Superior vem se consolidando no sentido de reconhecer devido o adicional de transferência quando verificadas sucessivas transferências ocorridas durante o contrato de trabalho. É fato incontroverso nos autos que o reclamante foi submetido a diversas transferências, as quais ocorreram, quase que em sua totalidade, no período prescrito. (E-ED-RR - 3767900-20.2008.5.09.0011, Redator Ministro: Renato de Lacerda Paiva, Data de Julgamento: 28/06/2018, Subseção I Especializada em Dissídios Individuais, Data de Publicação: DEJT 17/08/2018)

ADICIONAL DE TRANSFERÊNCIA - TRANSFERÊNCIA DE NOVA LONDRINA PARA PAIÇANDU - PERÍODO DE AGOSTO DE 1997 A JANEIRO DE 2000 - DURAÇÃO DE DOIS ANOS E CINCO MESES - ORIENTAÇÃO JURISPRUDENCIAL 113 DA SBDI-1 DO TST - DEFINITIVIDADE - ADICIONAL INDEVIDO. 1. Nos termos da Orientação Jurisprudencial 113 da SBDI-1 do TST, o pressuposto legal apto a legitimar a percepção do adicional de transferência é a transferência provisória. 2. Esse verbete veio apenas explicitar e definir conceitualmente, denominando de 'transferência provisória', o que a lei dispunha de forma não tão clara, ao dizer 'enquanto durar essa situação" (CLT, art. 469, § 3º). 3. À míngua de critério numérico legal específico, a jurisprudência acabou se balizando pela realidade vivenciada em carreiras como as de diplomatas e militares, que, guardadas as devidas diferenças, adotam um período mínimo de 2 anos em cada posto, com ajuda de custo, mas sem adicional, fundando-se em tal critério temporal para as transferências. 4. A SBDI-1 do TST tem concluído que, 'consignada a ocorrência de duas transferências no período imprescrito de um contrato de quase dezoito anos, cada uma delas com duração superior a dois anos, e, a última para local onde se deu a extinção do contrato de trabalho, não há que se falar em provisoriedade apta a ensejar o pagamento do adicional de transferência, nos termos da Orientação Jurisprudencial nº 113 da SBDI-1' (TST-E-RR-1988400-27.2003.5.09.0014, Rel. Min. Brito Pereira, Data de Julgamento 16/08/12, cfr. Informativo nº 18 do TST). 5. 'In casu', a transferência do Reclamante para Paiçandu, em agosto de 1997, perdurou por dois anos e cinco meses, período suficientemente longo para que dele se infira a definitividade, independentemente da existência de transferência subsequente, para Maringá, ocorrida, conforme a decisão turmária, em janeiro de 2000, nos moldes do precedente acima mencionado. Tendo o acórdão embargado encampado tal posicionamento, não se revela viável a reforma pretendida. Embargos parcialmente conhecidos e desprovidos." (E-RR - 323600-98.2004.5.09.0021, Relator Ministro: Ives Gandra Martins Filho, Data de Julgamento: 27/04/2017, Subseção I Especializada em Dissídios Individuais, Data de Publicação: DEJT 19/05/2017);

EMBARGOS INTERPOSTOS PELO RECLAMADO. BANCO BANESTADO S.A. (...) ADICIONAL DE TRANSFERÊNCIA. TRANSFERÊNCIA DEFINITIVA. OJ 113 DA SBDI-1 DO TST. A Subseção de Dissídios Individuais 1 tem reiteradamente decidido pelo mínimo de dois anos de duração da transferência para que se caracterize a transferência definitiva, de forma que, ultrapassado esse período, como aqui, dois anos e quatro meses, sem registro de transferências sucessivas e tendo a transferência perdurado até a rescisão contratual, configura-se a transferência definitiva a afastar o direito ao adicional de transferência. Detecta-se a contrariedade à OJ 113 da SbDI-1 do TST. Embargos conhecidos e providos." (E-ED-RR - 1060500-37.2002.5.09.0012, Relator Ministro: Márcio Eurico Vitral Amaro, Data de Julgamento: 23/02/2017, Subseção I Especializada em Dissídios Individuais, Data de Publicação: DEJT 03/03/2017);

Contudo, é preciso ponderar que a composição do TST tem sido alterada e existem decisões turmárias recentes que consideraram o marco de 3 (três) anos como limite[4], razão pela qual se mostra aconselhável uma análise casuística, a partir do contexto de cada causa sob exame.

O C. TST tem utilizado os seguintes critérios: i) duração do contrato de trabalho; ii) número de transferências que ocorreram durante o vínculo empregatício; iii) tempo de permanência no local para onde ocorreu a transferência; iv) se o contrato findou na localidade para onde foi transferido.

> **AGRAVO DE INSTRUMENTO. RECURSO DE REVISTA DO RECLAMANTE INTERPOSTO NA VIGÊNCIA DA LEI Nº 13.015/2014 E DA IN Nº 40/2016 E ANTERIORMENTE À LEI Nº 13.467/2017. PRETENSÃO DE PAGAMENTO DE ADICIONAL DE TRANSFERÊNCIA. PECULIARIDADE DO CASO CONCRETO.** 1 - Nos termos do art. 469, caput, da CLT, somente há transferência quando ocorre a mudança de domicílio. 2 - Nos termos do § 3º do art. 469 da CLT, é devido o pagamento de adicional de transferência "enquanto durar essa situação". 3 - A finalidade pretendida pelo legislador foi assegurar o pagamento de adicional como "salário-condição" na transferência provisória, conforme a interpretação dada pelo TST na parte final da OJ nº 113: "O pressuposto legal apto a legitimar a percepção do mencionado adicional é a transferência provisória". 4 - A lei não estabelece critérios objetivos para definir a transferência provisória, justamente porque a provisoriedade deve ser avaliada pelo julgador considerando o contexto da situação do trabalhador no caso concreto. 5 - A SBDI-1 do TST, a qual uniformiza o entendimento das Turmas, tem levado em conta nessa matéria, entre as circunstâncias de cada caso examinado, o tempo de duração das transferências e a sucessividade nas mudanças de domicílio ao longo do contrato de trabalho (indicativa da provisoriedade). 6 - No caso concreto, a delimitação constante no acórdão recorrido, trecho transcrito no recurso de revista, é a seguinte: a) no primeiro deslocamento do Rio de Janeiro para Belo Horizonte houve a mudança de domicílio do reclamante inclusive com o acompanhamento da sua família, o que configura a transferência; b) a transferência do Rio de Janeiro para Belo Horizonte teria sido definitiva porque, posteriormente, houve deslocamentos para Brasília e Rio Grande do Sul sem alteração do domicílio fixado em Belo Horizonte. 7 - Para o TRT o domicílio do reclamante teria permanecido em Belo Horizonte porque sua família lá permaneceu e porque nos deslocamentos para Brasília e Rio Grande do Sul o trabalhador ficou em hotéis pagos pelo empregador. Ainda que em princípio o domicílio do reclamante não se confunda

[4] ARR - 599-42.2011.5.09.0659, Relatora Ministra: Maria Helena Mallmann, Data de Julgamento: 29/05/2018, 2ª Turma, Data de Publicação: DEJT 08/06/2018; ARR - 1105-78.2013.5.04.0241 Data de Julgamento: 07/02/2018, Relator Ministro: Mauricio Godinho Delgado, 3ª Turma, Data de Publicação: DEJT 09/02/2018; ARR - 2558400-16.2008.5.09.0015, Rel. Min. Alexandre de Souza Agra Belmonte, 3ª Turma, DEJT 19/8/2016

necessariamente com o domicílio da família, e conquanto em tese seja possível alteração de domicílio quando ocorra hospedagem em hotel (seja porque a empresa paga o hotel, por exemplo; seja porque o trabalhador utiliza o hotel como alternativa ao aluguel ou à compra de imóvel, em outro exemplo), subsiste que no caso dos autos não há como avançar nessas peculiaridades porque seria necessário o reexame do conjunto probatório para saber exatamente qual seria a situação do reclamante, o que é vedado nesta instância extraordinária, nos termos da Súmula nº 126 do TST. 8 - Por outro lado, o TRT registrou que os deslocamentos para Brasília e Rio Grande do Sul ocorreram três anos após a transferência definitiva do Rio de Janeiro para Belo Horizonte. Contudo, não consta no acórdão recorrido, trecho transcrito, qual seria a duração dos deslocamentos para Brasília e Rio Grande do Sul. Assim, também nesse particular, não há como saber qual era a situação real do reclamante (Súmula nº 126 do TST). 9 - Cumpre notar que a Corte regional registrou o depoimento pessoal do reclamante de que não haveria programação de retorno quando ocorreram os deslocamentos. Porém, não há como avaliar com exatidão o que significaria, nas circunstâncias particulares do reclamante, a hipótese de inexistência de programação de retorno quando era deslocado, ante a vedação do reexame de fatos e provas nesta Corte Superior (Súmula nº 126 do TST). 10 - Agravo de instrumento a que se nega provimento. (ARR - 2227-76.2013.5.03.0008, Relatora Ministra: Kátia Magalhães Arruda, Data de Julgamento: 12/12/2018, 6ª Turma, Data de Publicação: DEJT 14/12/2018)

RECURSO DE REVISTA INTERPOSTO PELO RECLAMADO. ADICIONAL DE TRANSFERÊNCIA. O entendimento de que para que o empregado tenha direito ao adicional de transferência basta a simples mudança de domicílio diverge daquele consagrado na Orientação Jurisprudencial nº 113 da SBDI-1 desta Corte, segundo a qual o adicional deve ser pago tão somente quando a transferência for provisória. Ademais, este Tribunal Superior tem decidido reiteradamente que se considera definitiva a transferência que perdura até a rescisão do contrato de trabalho. Recurso de revista de que se conhece e a que se dá provimento. (RR-29000-73.2005.5.09.0073, Rel. Min. Fernando Eizo Ono, 4ª Turma, DEJT 13/03/2015)

O exame da sucessividade das transferências, para efeito de aferição do direito à percepção do adicional respectivo, não deve levar em consideração aquelas efetuadas no período prescrito, sob pena de os efeitos jurídicos de uma transferência já abarcada pela prescrição repercutirem na pretensão relativa ao adicional correspondente às transferências do período não prescrito.

[...]Observe-se, no entanto, que a Turma limitou-se a analisar a única transferência ocorrida no período imprescrito, tendo disposto sobre a questão que "a única transferência realizada no período imprescrito 'ocorreu com animus de definitividade, na medida em que o autor continuou trabalhando no local para o qual foi transferido até o final da contratação.", e que essa transferência "perdurou por mais de cinco anos, até o final do liame empregatício.". Desta forma, conclui-se que o acórdão da Turma emitiu tese no sentido de que para efeito de aferição do direito à percepção do adicional de transferência, o exame da sucessividade das transferências não deve levar em consideração àquelas ocorridas no período prescrito, entendimento este que se mostra irrepreensível. Ora, se determinada transferência ocorreu no período alcançado pela prescrição, a exigibilidade da pretensão relativa ao pagamento do adicional correspondente àquela transferência encontra-se tragada pela prescrição. Logo, caso subsistam transferências ocorridas no período imprescrito, a questão atinente à sucessividade destas transferências, para efeito de verificação da ocorrência do fato gerador do pagamento do respectivo adicional, deve ser examinada sem levar em consideração àquelas que se deram no período prescrito, sob pena de que os efeitos jurídicos advindo de uma transferência já abarcada pela prescrição repercutam na pretensão relativa ao adicional correspondente à uma ou mais transferências ocorridas no período imprescrito, fazendo com que situações jurídicas já consolidadas pela prescrição acabem possibilitando o deferimento do pedido vindicado. Assim, partindo-se da premissa de que a transferência provisória é o pressuposto legal apto a legitimar a percepção do respectivo adicional, conforme estabelecido na parte final da Orientação Jurisprudencial da SBDI-1/TST nº 113, na presente hipótese, não obstante tenham ocorrido sucessivas transferências no período prescrito, quatro no total, o fato é que no período imprescrito houve apenas uma, a qual ocorreu com "animus de definitividade", conforme expressamente consignado no acórdão impugnado, tendo perdurado por mais de cinco anos, até a rescisão do contrato laboral, razão pela qual não pode ser reputada transitória. Recurso de embargos conhecido e desprovido. (E-ED-RR - 3767900-20.2008.5.09.0011, Redator Ministro: Renato de Lacerda Paiva, Data de Julgamento: 28/06/2018, Subseção I Especializada em Dissídios Individuais, Data de Publicação: DEJT 17/08/2018)

ADICIONAL DE TRANSFERÊNCIA. Em razão de provável caracterização de contrariedade à Orientação Jurisprudencial nº 113 da SBDI-1/TST, dá-se provimento ao agravo de instrumento para determinar o prosseguimento do recurso de revista. Agravo de instrumento provido. RECURSO DE REVISTA. ACÓRDÃO PUBLICADO NA VIGÊNCIA DA LEI Nº 13.015/2014. ADICIONAL DE TRANSFERÊNCIA. A Orientação Jurisprudencial 113 da SDI-1 do TST firmou-se no sentido de que "o pressuposto legal apto a legitimar a percepção do mencionado adicional é a transferência provisória". Na hipótese a única transferência abrangida no período imprescrito (2007 a 2012) ocorreu em 2005. Assim, tendo o reclamante permanecido na localidade por longo período de tempo (mais de sete anos), evidencia-se à saciedade o caráter definitivo da transferência, de maneira que o e. TRT, ao condenar o reclamado ao pagamento do adicional respectivo, incorreu em contrariedade à Orientação Jurisprudencial nº 113 da SBDI-1/TST. Recurso de revista conhecido e provido. (RR - 1116-69.2012.5.09.0026, Relator Ministro: Breno Medeiros, Data de Julgamento: 12/12/2018, 5ª Turma, Data de Publicação: DEJT 14/12/2018)

Transferência do empregado - Ato bilateral.

O artigo 469, caput, da CLT, veda ao empregador transferir o empregado sem a sua anuência, para localidade diversa da que resultar do contrato, não se considerando transferência a que não acarretar necessariamente a mudança do seu domicílio.

> **CLT, Art. 469** - Ao empregador é vedado transferir o empregado, sem a sua anuência, para localidade diversa da que resultar do contrato, não se considerando transferência a que não acarretar necessariamente a mudança do seu domicílio .

Requisitos da transferência:

1. Anuência do empregado (Ato bilateral);
2. Mudança de domicílio[5].

Transferência do empregado - Ato unilateral do empregador

Diz o art. 469, § 1º e § 2º da CLT

> **CLT, Art. 469** -[..]
>
> **§ 1º** - Não estão compreendidos na proibição deste artigo os empregados que exerçam cargo de confiança e aqueles cujos contratos tenham como condição, implícita ou explícita, a transferência, quando esta decorra de real necessidade de serviço.
>
> **§ 2º** - É licita a transferência quando ocorrer extinção do estabelecimento em que trabalhar o empregado.
>
> **§3º** - Em caso de necessidade de serviço o empregador poderá transferir o empregado para localidade diversa da que resultar do contrato, não obstante as restrições do artigo anterior, mas, nesse caso, ficará obrigado a um pagamento suplementar, nunca inferior a 25% (vinte e cinco por cento) dos salários que o empregado percebia naquela localidade, enquanto durar essa situação.

Como vimos, a própria CLT, permite a transferência por ato unilateral do empregador em caso de:

(1) Empregados cujos contratos tenham como condição, implícita ou explícita de transferência;

---

5 Para fins de caracterizar essa alteração, domicílio deve ser entendido como residência. E como a residência será em transferência provisória e o conceito de domicilio do Código Civil pressupõe animo definitivo, conclui-se que o conceito de domicílio da CLT é diverso do Código Civil.

(2) Empregados que exercem cargos de confiança;

(3) Transferência provisória por necessidade de serviço;

(4) Extinção da empresa.

O TST entende que nas hipóteses 1, 2 e 3 acima mencionadas, é necessária real necessidade dos serviços, para a transferência não ser abusiva, senão vejamos:

> **Súmula 43 do TST – TRANSFERÊNCIA** - Presume-se abusiva a transferência de que trata o § 1º do art. 469 da CLT, sem comprovação da necessidade do serviço.

Entende-se por real necessidade de serviço a circunstância de a empresa não poder desenvolver sua atividade de forma adequada sem o concurso daquele determinado empregado ou, em outras palavras, a impossibilidade de execução daquela função por outro empregado[6].

Desta forma, podemos concluir que mesmo sendo contrária à vontade do empregado, a transferência pode se processar em duas hipóteses:

> (1) extinção do estabelecimento onde trabalhava o obreiro;
>
> (2) necessidade de serviço, mediante pagamento de adicional de pelo menos 25% sobre seu salário no local anterior, e enquanto durar essa situação (§ 3ºdo art. 469 da CLT).

Remoção

Remoção é a mudança de local de prestação de serviços que não implica a mudança de residência. Assim, na remoção, o empregado é removido de um estabelecimento para outro, sem alteração do seu domicílio, podendo ser feita unilateralmente pelo empregador, sem a anuência do trabalhador.

A remoção situa-se, portanto, no *jus variandi* empresarial.

Com base na súmula 29 do TST, quando o empregado for transferido, por ato unilateral do empregador para local mais distante de sua residência, ele tem direito a suplemento salarial correspondente ao acréscimo da despesa de transporte.

A reforma trabalhista do ano de 2017 (Lei 13.467/2017) regulamentou a remoção de empregados que trabalham no regime de teletrabalho, senão vejamos:

> **Art. 75-C.** A prestação de serviços na modalidade de teletrabalho deverá constar expressamente do contrato individual de trabalho, que especificará as atividades que serão realizadas pelo empregado.

---

6 RESENDE, Ricardo. Direito do Trabalho Esquematizado- 4. ed. São Paulo, Método, 2014.

§ 1° Poderá ser realizada a alteração entre regime presencial e de teletrabalho desde que haja mútuo acordo entre as partes, registrado em aditivo contratual.

§ 2° Poderá ser realizada a **alteração do regime de teletrabalho para o presencial** por determinação do empregador, garantido prazo de transição mínimo de quinze dias, com correspondente registro em aditivo contratual.

Vedação de transferência punitiva

O TST a decidiu que não pode ocorrer a transferência do empregado com caráter punitivo, senão vejamos;

> **AGRAVO DE INSTRUMENTO. RECURSO DE REVISTA. DANO MORAL. TRANSFERÊNCIA DO EMPREGADO COM CARÁTER PUNITIVO. FIXAÇÃO DO VALOR. RAZOABILIDADE.** 1. Somente na hipótese de arbitramento de valor manifestamente irrisório ou excessivo, que se mostre absurdo ou fora da realidade, seja para o mais ou para o menos, o recurso de revista passa a ser cabível, por violação dos princípios da razoabilidade e da proporcionalidade insculpidos no art. 5º, V e X, da Constituição, ou do art. 944, do CCB. 2. Considerando as particularidades do caso concreto, sedimentadas pelo eg. Regional, em que o ex-empregado falecido, membro da CIPA, foi transferido para local de trabalho distante, em que permanecia separado dos demais colegas de trabalho, no intuito de puni-lo por ter pleiteado melhorias para a categoria e de prejudicar sua atuação como cipeiro, o valor arbitrado "R$ 10.000,00" não se insere nessas hipóteses extremadas, pois nem exagerado nem ínfimo, antes, razoável e adequadamente fixado a partir de critérios objetivos, fundamentadamente apontados na r. decisão. 3. Agravo de instrumento de que se conhece e a que se nega provimento. (AIRR nº 0002422-47.2012.5.12.0040, 4ª Turma do TST, Rel. Sueli Gil El Rafihi. unânime, DEJT 03.10.2014).

Tal fato gera inclusive, danos morais:

> **2. TRANSFERÊNCIA DISCRIMINATÓRIA E PUNITIVA. DESRESPEITO AOS PRINCÍPIOS FUNDAMENTAIS DA DIGNIDADE DA PESSOA HUMANA, DA INVIOLABILIDADE PSÍQUICA (ALÉM DA FÍSICA) DA PESSOA HUMANA, DO BEM-ESTAR INDIVIDUAL (ALÉM DO SOCIAL) DO SER HUMANO, TODOS INTEGRANTES DO PATRIMÔNIO MORAL DA PESSOA FÍSICA. DANO MORAL CARACTERIZADO. INCIDÊNCIA, ADEMAIS, DA SÚMULA 126/TST, RELATIVAMENTE AOS FATOS EXPLICITADOS NO ACÓRDÃO.** A conquista e afirmação da dignidade da pessoa humana não mais podem se restringir à sua liberdade e intangibilidade física e psíquica, envolvendo, naturalmente, também a conquista e afirmação de sua individualidade no meio econômico e social, com repercussões positivas conexas no plano cultural - o que se faz, de maneira geral, considerado o conjunto mais amplo e diversificado das pessoas,

mediante o trabalho e, particularmente, o emprego. O direito à indenização por dano moral encontra amparo no art. 5º, V e X, da Constituição da República e no art. 186 do CCB/2002, bem como nos princípios basilares da nova ordem constitucional, mormente naqueles que dizem respeito à proteção da dignidade humana, da inviolabilidade (física e psíquica) do direito à vida, do bem-estar individual (e social), da segurança física e psíquica do indivíduo, além da valorização do trabalho humano. O patrimônio moral da pessoa humana envolve todos os bens imateriais, consubstanciados em princípios. Afrontado esse patrimônio moral, em seu conjunto ou em parte relevante, cabe a indenização por dano moral, deflagrada pela Constituição de 1988. Na hipótese, o Tribunal Regional, com alicerce no conjunto fático-probatório produzido nos autos, consignou que houve a prática de ato discriminatório pela Reclamada por ocasião da tentativa de transferência dos Reclamantes para o interior do Estado, em condições inadequadas de trabalho, na medida em que foi demonstrado que a conduta patronal representava forma de punição aos trabalhadores em razão do ajuizamento de reclamações trabalhistas contra a Empregadora em momento anterior. Assim, diante do contexto fático delineado pela Corte Regional, forçoso concluir que as situações vivenciadas pelos Obreiros realmente atentaram contra a sua dignidade, a sua integridade psíquica e o seu bem-estar individual - bens imateriais que compõem seu patrimônio moral protegido pela Constituição -, ensejando a reparação moral, conforme autorizam o inciso X do art. 5º da Constituição Federal e os arts. 186 e 927, caput, do CCB/2002. Ademais, afirmando a Instância Ordinária, quer pela sentença, quer pelo acórdão, a presença dos requisitos configuradores do dano moral, torna-se inviável, em recurso de revista, reexaminar o conjunto probatório dos autos, por não se tratar o TST de suposta terceira instância, mas de Juízo rigorosamente extraordinário - limites da Súmula 126/TST. Recurso de revista não conhecido quanto aos temas. 3. VALOR ARBITRADO A TÍTULO DE DANO MORAL. CRITÉRIO DE FIXAÇÃO. Não há na legislação pátria delineamento do quantum a ser fixado a título de dano moral. Caberá ao juiz fixá-lo, equitativamente, sem se afastar da máxima cautela e sopesando todo o conjunto probatório constante dos autos. A lacuna legislativa na seara laboral quanto aos critérios para fixação leva o julgador a lançar mão do princípio da razoabilidade, cujo corolário é o princípio da proporcionalidade, pelo qual se estabelece a relação de equivalência entre a gravidade da lesão e o valor monetário da indenização imposta, de modo que possa propiciar a certeza de que o ato ofensor não fique impune e servir de desestímulo a práticas inadequadas aos parâmetros da lei. A jurisprudência desta Corte vem se direcionando no sentido de rever o valor fixado nas instâncias ordinárias a título de indenização apenas para reprimir valores estratosféricos ou excessivamente módicos. No caso vertente, considerando alguns elementos dos autos, tais como o dano, o tempo de serviço prestado pelos Autores (inferior a dois anos), a condição econômica da Reclamada, além do não enriquecimento indevido dos Obreiros e o caráter pedagógico da medida, forçoso concluir que o montante arbitrado pelo Tribunal Regional (R$ 50.000,00) mostra-se acima do padrão médio estabelecido por esta Corte em casos análogos, de modo que merece reforma a decisão recorrida, a fim de que seja arbitrado o valor de R$ 10.000,00, para cada Reclamante. Recurso de revista conhecido e provido no aspecto. (RR nº 1873-33.2014.5.17.0006, 3ª Turma do TST, Rel. Maurício Godinho Delgado. j. 07.02.2018, Publ. 09.02.2018).

TRANSFERÊNCIA PUNITIVA. DANO MORAL. DEFERIMENTO. A transferência punitiva é vedada pelo ordenamento jurídico. Assim, o empregado transferido para outro setor com perdas, inclusive, salariais diante do novo horário de trabalho, como medida disciplinar, sofre efetivo dano moral indenizável. (Processo nº 0000225-52.2014.5.05.0038, 4ª Turma do TRT da 5ª Região/BA, Rel. Alcino Felizola. DJe 10.06.2016).

No direito do trabalho, o empregador pode aplicar as seguintes punições:

(1) Advertência:

A penalidade de advertência, que pode ser verbal ou escrita e não tem previsão na CLT, decorrendo, entretanto, do costume (art. 8ª da CLT). Tal penalidade é aplicada quando o empregado praticar ato de gravidade leve. Exemplo: chegar atrasado ao trabalho, faltar sem justificativa etc.

(2) Suspensão:

A penalidade de suspensão não pode ultrapassar o prazo máximo de 30 dias e, durante o período da suspensão, o empregado não trabalha e também não recebe a remuneração correspondente aos dias de suspensão. Esta penalidade é aplicada quando o empregado praticar ato de gravidade média ou quando as penalidades de advertência não surtirem efeitos. Pode ser citado como exemplo a hipótese do empregado flagrado sem o uso do EPI – Equipamento de Proteção Individual - em área de risco, quando já tenha sido punido pelo empregador com advertências umas 3 vezes por ter faltado ao serviço de forma injustificada, etc. A suspensão está prevista na CLT em seu art. 474, de seguinte teor:

CLT, Art. 474 da CLT - A suspensão do empregado por mais de 30 (trinta) dias consecutivos importa na rescisão injusta do contrato de trabalho.

(3) Justa Causa:

Pode ainda, o empregador aplicar a penalidade de dispensa por justa causa prevista no art. 482 da CLT para as penas mais graves. Entretanto, extinguir o contrato de trabalho por justa causa, por iniciativa do empregador, é a medida disciplinar mais drástica e de efeitos mais maléficos que pode ser imposta ao empregado. Por isso, é evidente a noção de que, além de provada, a conduta deve ser grave o suficiente a ensejar a despedida por justo motivo.

Para Godinho[7], justa causa é;

> "O motivo relevante, previsto legalmente, que autoriza a resolução do contrato de trabalho por culpa do sujeito comitente da infração — no caso, o empregado. Trata-se, pois, da conduta tipificada em lei que autoriza a resolução do contrato de trabalho por culpa do trabalhador."

O TST, ao julgar o processo n. AIRR nº 558-45.2012.5.10.0002, 3ª Turma do TST, Rel. Alberto Luiz Bresciani de Fontan Pereira. j. 10.08.2016, Publ. 19.08.2016, decidiu que a imposição da maior penalidade aplicável ao empregado, consistente na rescisão do contrato por justa causa, norteia-se pelos princípios da atualidade, proporcionalidade, gravidade e caráter determinante, necessitando, ainda, da produção de prova robusta sobre o cometimento da infração. Por força, também, do princípio da continuidade da relação de emprego que vigora no Direito do Trabalho, é ônus do empregador demonstrar, de forma inequívoca, a presença dos motivos e dos requisitos ensejadores da referida modalidade de dispensa.

A dispensa por justa causa[8] é modalidade de extinção contratual por infração obreira apta a quebrar a fidúcia necessária para a continuidade do vínculo de emprego. Portanto, para a sua caracterização, devem estar presentes os seguintes requisitos:

a) tipicidade da conduta;

b) autoria obreira da infração;

c) dolo ou culpa do infrator;

d) nexo de causalidade;

e) adequação e proporcionalidade;

f) imediaticidade da punição;

g) ausência de perdão tácito;

h) singularidade da punição (non bis in idem);

i) caráter pedagógico do exercício do poder disciplinar, com a correspondente gradação de penalidades.

(4) Multa:

A penalidade de multa, não é admitida no Direito do Trabalho por contrariar o princípio da intangibilidade salarial previsto no art. 462 da CLT. A exceção ocorre, ao atleta profissional (art. 48, III da Lei 9.615/98).

---

7 DELGADO, Maurício Godinho. Curso de Direito do Trabalho. 16° Ed. São Paulo. LTr, 2017, p. 1349.

8 RR nº 0001364-83.2014.5.21.0041, 3ª Turma do TST, Rel. Maurício Godinho Delgado. unânime, DEJT 14.04.2016

Direito de resistência

Quando a transferência for ilegal, o empregado pode exercer o direito de resistência, ou seja, o empregado poderá ajuizada reclamação trabalhista com pedido de tutela provisória de urgência de natureza antecipada (ou pedido liminar) para suspender a transferência até a decisão do processo, nos termos do art. 659, inciso IX, da CLT, art. 294 e 300 do CPC.

> **CLT, Art. 659** - [..]
>
> **IX** - conceder medida liminar, até decisão final do processo em reclamações trabalhistas que visem a tornar sem efeito transferência disciplinada pelos parágrafos do art. 469 desta Consolidação.
>
> **CPC, Art. 294**. A tutela provisória pode fundamentar-se em urgência ou evidência.
>
> **CPC, Art. 300.** A tutela de urgência será concedida quando houver elementos que evidenciem a probabilidade do direito e o perigo de dano ou o risco ao resultado útil do processo.

Segundo Luciano Martinez[9], *"o ius resistentiae começará quando o ius variandi tiver extrapolado o seu limite. Assim, na forma indicada no adágio popular segundo o qual "um direito começa quando o outro termina", a atuação patronal encontrará sua fronteira na própria lei ou na proporcionalidade."*

Supressão do adicional de transferência

O adicional de transferência pode ser suprimido quando acabar a transferência provisória, ou quando a transferência se tornar definitiva.

Valor do adicional da transferência provisória

O empregador que transferir provisoriamente o empregado, ficará obrigado a um pagamento suplementar, nunca inferior a 25% (vinte e cinco por cento) dos salários que o empregado percebia naquela localidade, enquanto durar essa situação.

> **CLT, Art. 469** -[..]
>
> **§3º** - Em caso de necessidade de serviço o empregador poderá transferir o empregado para localidade diversa da que resultar do contrato, não obstante as

9 MARTINEZ, Luciano. Curso de Direito do Trabalho. – 3. ed. São Paulo, Saraiva, 2012.

> restrições do artigo anterior, mas, nesse caso, ficará obrigado a um pagamento suplementar, nunca inferior a 25% (vinte e cinco por cento) dos salários que o empregado percebia naquela localidade, enquanto durar essa situação.

O fato de o empregado exercer cargo de confiança ou a existência de previsão de transferência no contrato de trabalho não exclui o direito ao adicional. O pressuposto legal apto a legitimar a percepção do mencionado adicional é a transferência provisória. (TST, OJ 113 da SDI-1)

Quem não pode ser transferido

Segundo Godinho[10], os empregados revestidos de garantia de emprego (cipeiro, gestante, acidentado, diretor de cooperativa obreira, etc.) também se encontram imantados pela proteção da intransferibilidade (isto é, desde que consideradas apenas as transferências relevantes, é claro). É que tal efeito é inerente à própria ideia de garantia de emprego, sob pena de a vantagem especial poder se voltar contra os próprios interesses daquele a quem visou proteger."

Os seguintes empregados não podem ser transferidos:

1. Dirigente sindical

> **CLT, Art. 543** - O empregado eleito para cargo de administração sindical ou representação profissional, inclusive junto a órgão de deliberação coletiva, não poderá ser impedido do exercício de suas funções, nem transferido para lugar ou mister que lhe dificulte ou torne impossível o desempenho das suas atribuições sindicais.
>
> **§ 1º** - O empregado perderá o mandato se a transferência for por ele solicitada ou voluntariamente aceita.

2. Cipeiro

Segundo os ensinamentos de Godinho citados acima, o Cipeiro não pode ser transferido. Contudo, existem alguns julgados de TRT's que vem permitindo a transferência do cipeiro

> **GARANTIA PROVISÓRIA DE EMPREGO. CIPEIRO. TRANSFERÊNCIA DA SEDE DA RECLAMADA PARA OUTRO MUNICÍPIO.** Considerando que a ré encerrou as suas atividades em São Paulo, as quais foram transferidas para a cidade de Sorocaba, não havia mais motivos para se manter a

---

10 DELGADO, Maurício Godinho. Curso de Direito do Trabalho. 13ª Edição. São Paulo: LTr, 2014, p. 1110.

Comissão Interna de Prevenção de Acidentes no local de trabalho desativado, tampouco se justificava a manutenção da garantia de emprego ao autor. Recurso do reclamante ao qual se nega provimento, no particular. (RO nº 00020359220155020076 (20170176554), 11ª Turma do TRT da 2ª Região/SP, Rel. Celso Ricardo Peel Furtado de Oliveira. unânime, DOe 28.03.2017).

MEMBRO DA CIPA. TRANSFERÊNCIA. POSSIBILIDADE. Uma vez resguardada a garantia de emprego prevista no art. 10, II, "a" do ADCT, não há óbice para a transferência do empregado cipeiro para outro estabelecimento, desde que prevista no contrato de trabalho do autor cláusula expressa de transferibilidade e comprovado pela reclamada a real necessidade do serviço, caso contrário, afigura-se ilícito o ato patronal (inteligência da Súmula nº 43 do TST). Recurso ordinário conhecido e parcialmente provido. (ROPS nº 0119000-29.2013.5.16.0014, TRT da 16ª Região/MA, Rel. José Evandro de Souza. Publ. 09.06.2015).

3. Acidentado - Art. 118 da Lei 8.213/91

4. Diretor de cooperativa obreira - Art. 55 da Lei 5.764/71

5. Gestante - Art. 10, II, "b"do ADCT.

TRANSFERÊNCIA DE EMPREGADA GESTANTE. IMPOSSIBILIDADE, MESMO DIANTE DO ENCERRAMENTO DAS ATIVIDADES EMPRESARIAIS NA LOCALIDADE. À empregada gestante garante-se não só a intangibilidade contratual, mas também a inalterabilidade das condições de trabalho. Desta forma, mesmo que haja o encerramento das atividades empresariais na localidade, é vedado ao empregador transferir a empregada que se encontra em estado gravídico, sob pena de esvaziar-se a garantia conferida pelo artigo 10, II, "b", do ADCT. (RO nº 0061800-81.2013.5.17.0161, TRT da 17ª Região/ES, Rel. Wanda Lúcia Costa Leite França Decuzzi. unânime, DEJT 20.08.2014).

Despesas com a transferência

O empregador deve arcar com as despesas da transferência nos termos do artigo 470, da CLT:

CLT, Art. 470. As despesas resultantes da transferência correrão por conta do empregador.

Nesse sentido, a jurisprudência:

[..] **DANOS MATERIAIS.** O empregador deve arcar com as despesas da transferência nos termos do artigo 470, da CLT.[..] (RO nº 0001304-88.2014.5.11.0009, 2ª Turma do TRT da 11ª Região/AM-RR, Rel. Ruth Barbosa Sampaio. DEJT 26.04.2018).

Cálculo do adicional de transferência e seus reflexos:

Adicional de transferência

Salário base multiplicado pelo percentual do adicional de transferência 25% [usa-se 0,25] multiplicado pela quantidade de meses m que o empregado ficou transferido [dica: para calcular os meses, aconselho utilizar a calculadora do Windows 10] = Valor do adicional de transferência.

A) Reflexos adicional de transferência no FGTS 8%

Valor do adicional de transferência multiplicado pela alíquota do FGTS [Alíquota de 8% – usa-se 0,08] = Valor do reflexo do adicional de transferência no FGTS.

B) Reflexos adicional de transferência na multa de 40% do FGTS.

Valor do reflexo do adicional de transferência no FGTS multiplicado pela alíquota da multa do FGTS [Alíquota de 40%. – usa-se 0,4] = Valor do reflexo do adicional de transferência na multa de 40% do FGTS.

C) Reflexos adicional de transferência no aviso prévio

Salário base multiplicado pelo percentual do adicional de transferência 25% [usa-se 0,25] dividido por 30 multiplicado pelos dias de aviso prévio = Valor do reflexo do adicional de transferência no aviso prévio.

OBS: Se o aviso prévio for superior a 30 dias, deverá dividir o valor apurado do adicional de periculosidade por 30 e multiplicar pelo número de dias do aviso devido.

Lembre-se:

O Aviso Prévio é de mínimo 30 dias – Art. 7º, XXI da CF.

> **Art. 7º da CF/88 – [...]**
>
> **XXI** - aviso prévio proporcional ao tempo de serviço, sendo no mínimo de trinta dias, nos termos da lei;

O Avido Prévio é de no máximo 90 dias - Lei 12.506/2011.

> **Lei 12.506/2011 - Art. 1º**- O aviso prévio, de que trata o Capítulo VI do Título IV da Consolidação das Leis do Trabalho - CLT, aprovada pelo Decreto-Lei no

5.452, de 1º de maio de 1943, será concedido na proporção de 30 (trinta) dias aos empregados que contem até 1 (um) ano de serviço na mesma empresa.

Parágrafo único. Ao aviso prévio previsto neste artigo serão acrescidos 3 (três) dias por ano de serviço prestado na mesma empresa, até o máximo de 60 (sessenta) dias, perfazendo um total de até 90 (noventa) dias.

D) Reflexos adicional de transferência no 13º salário

Valor do adicional de transferência dividido por 12 [divisor utilizado para calcular o reflexo do adicional de transferência no 13° Salário (OBS: Se o período trabalhado for inferior a um ano, toma-se como base os meses trabalhados)] = Valor do reflexo do adicional de transferência no 13° Salário.

E) Reflexos adicional de transferência nas férias

Valor das do adicional de transferência dividido por 12 [divisor utilizado para calcular o reflexo do adicional de transferência nas férias (OBS: Se o período trabalhado for inferior a um ano, toma-se como base os meses trabalhados)] = Valor do reflexo do adicional de transferência nas férias.

F) Adicional 1/3 das férias

Valor do reflexo do adicional de transferência nas férias dividido por 3 [divisor utilizado para calcular o adicional de 1/3 das Férias] = Adicional de 1/3 das Férias.

JORNADA DE TRABALHO

INTERVALO INTRAJORNADA

Trabalho externo com controle da jornada - não concessão do intervalo intrajornada - ônus da prova do empregado

Informativo 184 do TST

Processo: RR - 10348-80.2015.5.05.0101 Data de Julgamento: 19/09/2018, Relator Ministro: Márcio Eurico Vitral Amaro, 8ª Turma, Data de Publicação: DEJT 21/09/2018.

É do empregado o ônus da prova da supressão ou redução do intervalo intrajornada quando desempenha trabalho externo, ainda que haja a possibilidade de controle dos horários de início e término da jornada.

As peculiaridades do trabalho externo afastam a aplicação do item I da Súmula nº 338 do Eg. TST, pois é impossível ao empregador fiscalizar a fruição do intervalo intrajornada do empregado que exerce suas atividades fora das dependências da empresa.

Conceito de intrajornada

Intervalo intrajornada é o período de descanso concedido ao empregado após determinado período de trabalho, ou seja, sendo fixado pelo art. 71 caput e §1º da CLT que o empregado terá direito de ter no mínimo 1 (uma) hora de intervalo e, no máximo 2 (duas) horas, para todo trabalho cuja duração exceda de 6 (seis) horas diárias. Não excedendo de 6 (seis) horas o trabalho, será, entretanto, obrigatório um intervalo de 15 (quinze) minutos quando a duração ultrapassar 4 (quatro) horas.

Aqueles empregados que trabalham 4 (quatro) ou menos horas por dia, não tem direito ao intervalo intrajornada.

Marcação do intervalo no cartão de ponto

Segundo dispõe o artigo 74, § 2º da CLT "*para os estabelecimentos de mais de dez trabalhadores será obrigatória a anotação da hora de entrada e de saída, em registro manual, mecânico ou eletrônico, conforme instruções a serem expedidas pelo Ministério do Trabalho,* **devendo haver pré-assinalação do período de repouso**".

Como vimos, os cartões de ponto podem ter os horários de intervalos para repouso pré-assinalados. Caso a empresa apresente em juízo os cartões de ponto com os horários de intervalos pré-assinalados, impõe ao reclamante o ônus de comprovar a não fruição do intervalo.

Nesse sentido:

> **AGRAVO DE INSTRUMENTO. RECURSO DE REVISTA. PROCESSO SOB A ÉGIDE DA LEI 13.015/2014. INTERVALO INTRAJORNADA. FRUIÇÃO PARCIAL. ÔNUS DA PROVA. CARTÕES VÁLIDOS.** Nos termos do art. 818 da CLT e 333 do CPC/1973 (art. 373 do CPC/2015), o ônus da prova cabe a quem alega o fato constitutivo de seu direito, que se inverte em face da alegação de fato impeditivo, extintivo ou modificativo. Em relação ao ônus da prova do intervalo intrajornada, esta Corte tem entendido que, em decorrência da regra disposta no art. 74, § 2º, da CLT - que prevê que, nos estabelecimentos com mais de dez empregados, é obrigatória a anotação dos horários de entrada e saída dos obreiros, podendo haver a simples pré-assinalação do intervalo intrajornada -, a apresentação dos cartões de ponto válidos pela Reclamada, com a devida pré-assinalação do período destinado a alimentação e repouso, impõe ao Reclamante o ônus de comprovar a não fruição do intervalo. Contudo, na hipótese, ficou consignado, no acórdão recorrido, que "uma análise dos cartões de ponto revela que o intervalo intrajornada para repouso e alimentação não foi realizado integralmente em diversos dias. Por amostragem, observe-se que no dia 07/07/2011 foram gozados apenas 35 minutos; já no dia 31/07/2011 foram usufruídos 29 minutos. Vejam-se, ainda, os dias 24/08/2011 e 28/08/2011 apontados pelo autor em audiência (ata de f. 133), em que também se observa o gozo em tempo inferior ao devido, 36 e 20 minutos, respectivamente". Conclui-se, portanto, diante do contexto probatório descrito pela Corte de origem, que, de fato, o ônus da prova era da Reclamada, do qual se desincumbiu com a juntada dos cartões de ponto, os quais constavam a anotação correta, e que comprovam a fruição parcial dos intervalos intrajornada. Outrossim, para que se pudesse chegar, se fosse o caso, a conclusão fática diversa, seria necessário o revolvimento do conteúdo fático-probatório, propósito insuscetível de ser alcançado nesta fase processual, diante do óbice da Súmula 126/TST. Julgados desta Corte. Agravo de instrumento desprovido. (AIRR - 2121-78.2014.5.03.0138, Relator Ministro: Mauricio Godinho Delgado, Data de Julgamento: 28/09/2016, 3ª Turma, Data de Publicação: DEJT 30/09/2016)

(...) **2. INTERVALO INTRAJORNADA. PRÉ-ASSINALAÇÃO. ÔNUS DA PROVA.** Nos termos do § 2º do art. 74 da CLT, nos estabelecimentos com mais de dez empregados, é obrigatória a anotação do horário de entrada e saída dos empregados, devendo haver a pré-assinalação do período de repouso. No caso, o Tribunal Regional reputou válidos os cartões de ponto, nos quais constava a pré-assinalação do intervalo intrajornada, concluindo que houve a fruição regular desse período. Nesse contexto, cabia ao Sindicato Autor provar a fruição parcial do intervalo, ônus do qual não se desincumbiu. Não há falar em contrariedade à Súmula 338/TST, porquanto somente os horários de entrada e de saída não podem ser marcados de forma uniforme. Recurso de revista não conhecido. (RR - 119700-15.2007.5.03.0034, Relator Ministro: Douglas Alencar Rodrigues, Data de Julgamento: 14/06/2017, 7ª Turma, Data de Publicação: DEJT 23/06/2017)

AGRAVO DE INSTRUMENTO EM RECURSO DE REVISTA. RECURSO DE REVISTA INTERPOSTO NA VIGÊNCIA DA LEI Nº 13.015/2014. INTERVALO INTRAJORNADA. CARTÕES DE PONTO PRÉ-ASSINALADOS. ÔNUS DA PROVA. No caso, extrai-se do acordão regional que a reclamada trouxe aos autos os cartões de ponto do período contratual e que, ao contrário do afirmado pelo reclamante, o intervalo intrajornada era pré-assinalado, conforme autoriza o artigo 74, § 2º, da CLT. Para se chegar a conclusão de que não havia pré-assinalação do intervalo, seria necessário o revolvimento da valoração do conjunto fático-probatório feita pelas instâncias ordinárias, procedimento vedado nesta esfera recursal de natureza extraordinária, fazendo incidir, à espécie, o teor da Súmula nº 126 desta Corte. Nesta Corte superior tem prevalecido o entendimento de que é do empregado o ônus de comprovar a concessão irregular do período para repouso e alimentação quando apresentados pelo empregador cartões de ponto com a pré-assinalação do intervalo intrajornada. O artigo 74, § 2º, da CLT exige a anotação das horas de entrada e de saída dos empregados nos estabelecimentos com mais de dez trabalhadores. Contudo, acerca do tempo de intervalo intrajornada, a referida norma determina apenas a sua pré-assinalação. A Portaria nº 3.626/91 do Ministério do Trabalho, a qual disciplina o registro de empregados, anotação na CTPS e registro de horário, corrobora a assertiva de que o empregador pode tão somente pré-assinalar o período referente ao intervalo intrajornada para satisfazer a exigência legal. Dessa forma, constata-se que a reclamada cumpriu a determinação do citado dispositivo legal, sendo, portanto, válida a pré-assinalação do referido intervalo, o que transfere ao reclamante o ônus de provar o fato gerador da parcela vindicada (concessão irregular do intervalo intrajornada). Agravo de instrumento desprovido. (...). (AIRR - 342-79.2014.5.05.0026, Relator Ministro: José Roberto Freire Pimenta, Data de Julgamento: 07/06/2017, 2ª Turma, Data de Publicação: DEJT 09/06/2017)

AGRAVO DE INSTRUMENTO EM RECURSO DE REVISTA DO RECLAMANTE. APELO INTERPOSTO NA VIGÊNCIA DO NOVO CPC (LEI

> **N.º 13.105/2015). INTERVALO INTRAJORNADA. ÔNUS DA PROVA.** Nos termos do art. 74, § 2.º, da CLT, "para os estabelecimentos de mais de dez trabalhadores será obrigatória a anotação da hora de entrada e de saída, em registro manual, mecânico ou eletrônico, conforme instruções a serem expedidas pelo Ministério do Trabalho, devendo haver pré-assinalação do período de repouso". Diante da redação do referido preceito legal, esta Corte firmou o entendimento de que é possível haver a pré-assinalação do horário destinado ao gozo do intervalo intrajornada, sendo que, nesse caso, caberá ao empregado comprovar a incorreta fruição do intervalo intrajornada, por se tratar de fato constitutivo de seu direito. In casu, a Corte de origem consignou que os cartões de ponto colacionados pela Reclamada, que continham a pré-assinalação do intervalo intrajornada, foram invalidados apenas quanto à jornada de trabalho e não quanto ao horário do intervalo. Ora, a argumentação da parte recorrente de que, uma vez invalidados os cartões de ponto, há a completa invalidação de todas as marcações nele efetuadas não prospera, visto que os horários de entrada, saída e do intervalo intrajornada têm marcações distintas, e podem ser fracionadas quando do exame da validade dos cartões de ponto, sobretudo porque, nos termos do art. 74, § 2.º, da CLT, é autorizada a pré-assinalação do intervalo intrajornada. Assim, tendo a Corte de origem atribuído ao Reclamante o ônus de demonstrar a incorreta fruição do intervalo intrajornada, e concluído que ele não lograra êxito em tal encargo, sua decisão encontra-se em consonância com a jurisprudência desta Corte, sendo certo que qualquer ilação em sentido contrário demandaria necessariamente o reexame do conjunto fático-probatório, o que é vedado pela Súmula n.º 126 do TST. Agravo de Instrumento conhecido e não provido. (...). (ARR - 520-16.2014.5.04.0233, Relatora Ministra: Maria de Assis Calsing, Data de Julgamento: 31/05/2017, 4ª Turma, Data de Publicação: DEJT 09/06/2017)

Caso o empregado não comprove a irregularidade no gozo do intervalo intrajornada (supressão ou redução) deve ser julgado improcedente o pedido.

Nesse sentido:

> **(...) RECURSO DE REVISTA. PROCESSO SOB A ÉGIDE DA LEI 13.015/2014 E ANTERIOR À LEI 13.467/2017. 1. VENDEDOR. ADICIONAL DE COBRANÇA. 2. FÉRIAS NÃO GOZADAS. 3. INTERVALO INTRAJORNADA. TRABALHADOR EXTERNO.** A jurisprudência desta corte é no sentido de que, ainda que seja possível o controle do início e do fim da jornada de trabalho do empregado que labora externamente, a fiscalização do gozo de intervalo intrajornada não é, em princípio, viável ao empregador, incumbindo ao empregado que labora nessas condições provar a supressão total ou parcial do tempo devido. Recurso de revista não conhecido, nos temas. (...) (RR-11435-14.2015.5.03.0138, Relator Ministro Mauricio Godinho Delgado, 3ª Turma, DEJT 6/9/2018)

> **(...) AGRAVO DE INSTRUMENTO EM RECURSO DE REVISTA DO RECLAMANTE INTERPOSTO EM FACE DO TEOR DA INSTRUÇÃO**

NORMATIVA N.º 40/2016 DO TST. APELO APRESENTADO NA VIGÊNCIA DO NOVO CPC (LEI N.º 13.105/2015). Afigura-se acertada a decisão regional que, ante a constatação de que o Reclamante, trabalhador externo com fiscalização da jornada de trabalho, quando efetuava atividade interna na sede da empresa tinha regularmente concedido o intervalo intrajornada, atribui a ele o ônus da prova quanto à irregular fruição do aludido intervalo quando da prestação de atividade externa, sobretudo diante do fato de que não houve prova de que o empregador o impedia de gozar integralmente o intervalo para refeição e descanso. Agravo de Instrumento conhecido e não provido. (...) (ARR-1376-96.2014.5.06.0144, Relatora Ministra Maria de Assis Calsing, 4ª Turma, DEJT 1º/9/2017)

Redução do intervalo intrajornada

A legislação permite a redução do intervalo para refeição, em duas possibilidades:

1. Com autorização do MTE - Ministério do Trabalho e Emprego

O §3º do art. 71, da CLT determina que o limite mínimo de 1 (uma) hora para repouso ou refeição poderá ser reduzido por ato do Ministro do Trabalho quando, ouvida a Secretaria de Segurança e Higiene do Trabalho, se verificar que o estabelecimento atende integralmente às exigências concernentes à organização dos refeitórios e quando os respectivos empregados não estiverem sob regime de trabalho prorrogado a horas suplementares.

Em relação ao procedimento para este ato do Ministério do Trabalho, observa-se três momentos na evolução normativa ministerial:

i) Em um primeiro momento, mais especificamente no período compreendido entre 05.04.1989 e 28.03.2007, a matéria foi regida, no âmbito do MTE, pela Portaria 3.116/89, que previa em seu art. 3º a obrigatoriedade de inspeção prévia da empresa requerente pela Delegacia Regional do Trabalho, concedendo autorização por período não superior a 2 anos para a prática da limitação do intervalo intrajornada, desde que obedecidos os critérios previstos em tal norma. Assim, até 2007 foi necessária autorização específica do MTE para as empresas que quisessem limitar o intervalo, com necessidade de inspeção prévia pelo órgão. Frise-se que o SAPS (Serviço de Alimentação da Previdência Social) foi extinto em 1967, sendo desnecessária sua oitiva.

ii) Em um segundo momento, sobreveio a Portaria 42, de 28.03.2007, publicada no DOU de 30.03.2007, que previu expressamente, em seu artigo 1º, a possibilidade de redução do intervalo para repouso ou alimentação por mera convenção ou acordo coletivo de trabalho, preenchidos os demais requisitos normativos. A inspeção obrigatória e prévia pelo MTE, desta forma, foi dispensada, sendo possível a redução do intervalo por norma advinda da negociação coletiva e nenhum outro requisito. A Portaria 42 vigorou até 19.05.2010, quando foi revogada pela Portaria 1.095/2010.

- Oportuno pontuar que o C. TST entende pela invalidade desta Portaria pelo atrito com a redação do art. 71, § 3º, da CLT, que exige ato específico do TEM. Por todos, cita-se:

> **RECURSO DE EMBARGOS EM RECURSO DE REVISTA. INTERVALO INTRAJORNADA. REDUÇÃO PREVISTA EM NORMA COLETIVA. PORTARIA Nº 42/2007 DO MINISTÉRIO DO TRABALHO E EMPREGO. INVALIDADE. ALEGAÇÃO DE MÁ APLICAÇÃO DA SÚMULA Nº 437, II, DO TST E DIVERGÊNCIA JURISPRUDENCIAL. ART. 894, §2º, DA CLT**. Trata-se o caso de recurso de revista do reclamante, conhecido e provido pela c. Turma para considerar inválida a norma coletiva que contempla a redução do intervalo intrajornada, nos termos da Súmula nº 437, II, do TST. Não há, na decisão embargada, contrariedade à mencionada súmula, uma vez que esta não se refere à especificidade em torno da possibilidade de redução do intervalo por meio de autorização do Ministério do Trabalho e Emprego. Ademais, a controvérsia acerca da validade da Portaria nº 42/2007 foi dirimida por esta c. Subseção, que já firmou entendimento no sentido de que, diante de seu caráter genérico, referida portaria ministerial não tem o condão de autorizar a redução do intervalo intrajornada, como pretende a empresa embargante. Precedentes. Aplicação do art. 894, §2º, da CLT. Recurso de Embargos não conhecido. (E-RR - 221100-11.2009.5.02.0461, Relator Ministro: Alexandre de Souza Agra Belmonte, Data de Julgamento: 21/09/2017, Subseção I Especializada em Dissídios Individuais, Data de Publicação: DEJT 29/09/2017)

> **INTERVALO INTRAJORNADA. REDUÇÃO**. É inválida a cláusula de instrumento coletivo que suprime ou reduz o intervalo intrajornada, porquanto a pausa para descanso e alimentação constitui medida de saúde, higiene e segurança do trabalho. A Portaria/MTE nº 42/2007 não possui o condão de, por si só, aprovar a supressão do direito. (Ag-ED-ARR - 66-15.2012.5.12.0029, Relator Ministro: Alexandre de Souza Agra Belmonte, Data de Julgamento: 12/12/2018, 3ª Turma, Data de Publicação: DEJT 14/12/2018)

iii) No terceiro e atual momento, em que vigora a Portaria 1.095/2010, a situação encontra-se normatizada da seguinte maneira:

> Art. 1º A redução do intervalo intrajornada de que trata o art. 71, § 3º, da Consolidação das Leis do Trabalho - CLT poderá ser deferida por ato de autoridade do Ministério do Trabalho e Emprego quando prevista em convenção ou acordo coletivo de trabalho, desde que os estabelecimentos abrangidos pelo seu âmbito de incidência atendam integralmente às exigências concernentes à

organização dos refeitórios, e quando os respectivos empregados não estiverem sob regime de trabalho prorrogado a horas suplementares.

§ 1º Fica delegada, privativamente, aos Superintendentes Regionais do Trabalho e Emprego a competência para decidir sobre o pedido de redução de intervalo para repouso ou refeição.

§ 2º Os instrumentos coletivos que estabeleçam a possibilidade de redução deverão especificar o período do intervalo intrajornada.

§ 3º Não será admitida a supressão, diluição ou indenização do intervalo intrajornada, respeitado o limite mínimo de trinta minutos.

Art. 2º O pedido de redução do intervalo intrajornada formulado pelas empresas com fulcro em instrumento coletivo far-se-ão acompanhar de cópia deste e serão dirigidos ao Superintendente Regional do Trabalho e Emprego, com a individualização dos estabelecimentos que atendam os requisitos indicados no caput do art. 1º desta Portaria, vedado o deferimento de pedido genérico.

§ 1º Deverá também instruir o pedido, conforme modelo previsto no anexo desta Portaria, documentação que ateste o cumprimento, por cada estabelecimento, dos requisitos previstos no caput do art. 1º desta Portaria.

§ 2º O Superintendente Regional do Trabalho e Emprego poderá deferir o pedido formulado, independentemente de inspeção prévia, após verificar a regularidade das condições de trabalho nos estabelecimentos pela análise da documentação apresentada, e pela extração de dados do Sistema Federal de Inspeção do Trabalho, da Relação Anual de Informações Sociais - RAIS e do Cadastro Geral de Empregados e Desempregados - CAGED.

Assim, atualmente são necessários os seguintes requisitos para redução intervalar:

1) previsão em norma coletiva;
2) autorização do MTE mediante verificação documental de que:
    a) a empresa atende integralmente às exigências concernentes à organização dos refeitórios e
    b) os respectivos empregados não estejam sob regime de trabalho prorrogado a horas suplementares.

2. Com autorização por meio de Acordo ou Convenção Coletiva

Após a reforma trabalhista do ano de 2017, o art. 611-A passou a autorizar a redução do intervalo intrajornada por meio de convenção coletiva ou acordo coletivo de trabalho, e tal ajuste, têm prevalência sobre a lei.

CLT, Art. 611-A. A convenção coletiva e o acordo coletivo de trabalho têm prevalência sobre a lei quando, entre outros, dispuserem sobre:

> III - intervalo intrajornada, respeitado o limite mínimo de trinta minutos para jornadas superiores a seis horas; (Incluído pela Lei nº 13.467, de 2017)

Ampliação do intervalo intrajornada e a diferença para o sistema de dupla pegada

O "caput" do art. 71 da CLT preceitua que o intervalo intrajornada pode exceder de 2 (duas) horas por meio de "acordo escrito ou contrato coletivo".

A jurisprudência do TST se firmou no sentido de que é possível a ampliação do intervalo intrajornada para além de 2 (duas) horas por meio de negociação coletiva ou acordo individual escrito, desde que seja fixado, efetivamente, o seu tempo de duração.

Nesse sentido, cita-se:

> **I - AGRAVO DE INSTRUMENTO EM RECURSO DE REVISTA. INTERVALO INTRAJORNADA SUPERIOR A DUAS HORAS. PREVISÃO EM NORMA COLETIVA. VALIDADE.** Esta Corte firmou entendimento no sentido da validade da ampliação do intervalo intrajornada (artigo 71, caput, da CLT) por meio de norma coletiva, desde que previamente fixado o tempo a ser usufruído pelo empregado, sob pena de ser desvirtuada a finalidade do referido dispositivo de lei. No presente caso, a decisão do Regional, firmada a partir da análise do quadro fático, considerou válida a ampliação do intervalo intrajornada para além de duas horas, por haver previsão em norma coletiva, com o tempo a ser usufruído pelo empregado previamente estabelecido em escala pré-fixada, de conhecimento antecipado dos empregados. Diante das premissas fáticas fixadas pelo Regional, constata-se que o acórdão recorrido está em consonância com a atual jurisprudência desta Corte, atraindo o óbice da Súmula nº 333 à pretensão recursal. Precedentes. Agravo de instrumento desprovido. (AIRR - 1132-51.2014.5.09.0673, Relator Ministro: Emmanoel Pereira, Data de Julgamento: 28/11/2018, 5ª Turma, Data de Publicação: DEJT 30/11/2018)

> **EMBARGOS EM RECURSO DE REVISTA. EMPRESA DE VIAÇÃO. DISCUSSÃO RESTRITA AOS ACORDOS COLETIVOS DE TRABALHO ANTERIORES A SETEMBRO DE 2009, QUE FIXARAM GENERICAMENTE INTERVALO INTRAJORNADA SUPERIOR A DUAS HORAS. INVALIDADE.** No mérito, melhor sorte não tem a empresa, uma vez que, apesar de o artigo 71 da CLT admitir a possibilidade de elastecimento do intervalo intrajornada superior a duas horas por meio de acordo ou convenção coletiva, a jurisprudência desta Corte é no sentido de que a validade do instrumento coletivo para realização de intervalo intrajornada superior a duas horas exige a fixação do tempo a ser usufruído pelo empregado, não sendo suficiente a mera previsão de que é possível ampliar a sua duração para além

de duas horas, visto que tal circunstância possibilita o desvirtuamento da finalidade do intervalo ampliado e o empregado ficaria sujeito ao alvedrio da vontade do empregador, podendo permanecer indefinidamente à disposição da empresa, pois somente a esta caberia dispor ou não do tempo para alimentação e descanso, já que não é possível ao empregado o gozo do seu intervalo para repouso e alimentação como bem entender. Precedentes da SBDI-1 e de todas as Turmas desta Corte. Recurso de embargos conhecido por divergência jurisprudencial e desprovido. (E-RR - 20-58.2011.5.09.0089, Relator Ministro: Alexandre de Souza Agra Belmonte, Subseção I Especializada em Dissídios Individuais, Data de Publicação: DEJT 29/01/2016)

INTERVALO INTRAJORNADA. O art. 71 de CLT autoriza a ampliação do intervalo intrajornada para período superior a duas horas diárias apenas mediante contrato coletivo ou acordo escrito. Nenhuma dessas duas hipóteses se configura a partir da narrativa regional, sendo importante frisar que a tese do contrato realidade não se enquadra efetivamente nos requisitos elencados no referido artigo. Logo, inexiste violação ao art. 71 da CLT. No mais, o Regional aduz expressamente que não há prova nos autos de que o reclamante estava livre para realizar qualquer tipo de atividade que desejasse. Incidência das Súmulas 126 e 296, I, do TST. Recurso de Revista não conhecido. (E-RR - 340600-06.2000.5.09.0069, Relator Ministro: Carlos Alberto Reis de Paula, Data de Julgamento: 03/09/2008, 3ª Turma, Data de Publicação: DEJT 03/10/2008)

Importante consignar que a jurisprudência do TST deixou de considerar o sistema de "dupla pegada" como sendo hipótese de ampliação do intervalo intrajornada. Entende o TST que a dupla pegada retrata a ocorrência de dois turnos diversos de trabalho, de modo que, ainda que iniciados no mesmo dia, o hiato temporal corresponde a um intervalo interjornada e não intrajornada:

HORAS EXTRAS. "DUPLA PEGADA". INTERVALO ENTRE TURNOS, CUMPRIDOS NUMA MESMA JORNADA, SUPERIOR A DUAS HORAS. INAPLICABILIDADE DA SÚMULA Nº 118 DO TST. 1. A SBDI-1 desta Corte entende que o período compreendido entre turnos de trabalho laborados numa mesma jornada ("dupla pegada"), em que os trabalhadores não estão se ativando, consubstancia intervalo entre jornadas, os quais devem corresponder a 11 horas, e não intervalo intrajornada, razão pela qual não há falar na limitação de duas horas estabelecida no artigo 71 da CLT. 2. Assim sendo, afigura-se inaplicável a diretriz traçada na Súmula nº 118 do TST, segundo a qual "os intervalos concedidos pelo empregador na jornada de trabalho, não previstos em lei, representam tempo à disposição da empresa, remunerados como serviço extraordinário, se acrescidos ao final da jornada", visto que, consoante ressaltado, o caso é de descumprimento do intervalo entre jornadas de 11 horas, e não do intervalo intrajornada inferior a duas horas. Julgados. 3. Recurso de revista de que se conhece e a que se dá provimento. HORAS EXTRAS. INTERVALO INTERJORNADAS DE 11 HORAS. CONCESSÃO PARCIAL. PRETENSÃO

DE PAGAMENTO DO PERÍODO INTEGRAL. INTELIGÊNCIA DA ORIENTAÇÃO JURISPRUDENCIAL Nº 355 DO TST. 1. Estabelecida a premissa fática pelo TRT de que houve desrespeito ao intervalo interjornadas de 11 horas, o entendimento da Corte Regional de que "Deve ser remunerado como trabalho extraordinário o tempo despendido com serviços em prejuízo ao intervalo mínimo de 11 horas", está em consonância com a OJ nº 355 da SBDI-1 do TST, segundo a qual "O desrespeito ao intervalo mínimo interjornadas previsto no art. 66 da CLT acarreta, por analogia, os mesmos efeitos previstos no § 4º do art. 71 da CLT e na Súmula nº 110 do TST, devendo-se pagar a integralidade das horas que foram subtraídas do intervalo, acrescidas do respectivo adicional"(grifo nosso). 2. Incide como óbice ao conhecimento do recurso de revista o artigo 896, § 4º, da CLT e a Súmula nº 333 do TST. 3. Recurso de revista de que não se conhece. (RR - 100-29.2011.5.09.0022, Relatora Ministra: Kátia Magalhães Arruda, Data de Julgamento: 23/05/2018, 6ª Turma, Data de Publicação: DEJT 25/05/2018)

EMBARGOS REGIDOS PELA LEI Nº 11.496/2007. TRABALHADOR PORTUÁRIO AVULSO. (...) HORAS EXTRAS DECORRENTES DO INTERVALO INTRAJORNADA SUPERIOR A DUAS HORAS. INDEVIDAS. A Turma manteve o acórdão regional quanto à condenação do reclamado ao pagamento de horas extras decorrentes da ampliação do intervalo intrajornada superior a duas horas e reflexos. Deixou explícito que os reclamantes se submetiam à jornada de trabalho de seis horas, cujos turnos inseriam-se na mesma jornada (turnos iniciados no mesmo dia) e não entre uma jornada e outra. O período compreendido entre um turno e outro, em que os reclamantes não estão se ativando, consiste em intervalo interjornada, e não intrajornada, ainda que os turnos tenham se iniciado no mesmo dia. Na hipótese, não se aplica o teor da Súmula nº 118 do TST, segundo a qual "os intervalos concedidos pelo empregador na jornada de trabalho, não previstos em lei, representam tempo à disposição da empresa, remunerados como serviço extraordinário, se acrescidos ao final da jornada". Conforme já ressaltado, o caso é de descumprimento do intervalo interjornada de 11 horas, e não do intervalo intrajornada inferior a duas horas (precedentes). Embargos conhecidos e providos. (E-RR-148200-93.2006.5.09.0411, Relator Ministro: José Roberto Freire Pimenta, Data de Julgamento: 14/09/2017, Subseção I Especializada em Dissídios Individuais, Data de Publicação: DEJT 22/09/2017);

RECURSO DE EMBARGOS EM RECURSO DE REVISTA. INTERPOSIÇÃO SOB A ÉGIDE DA LEI 11.406/07. TRABALHADOR PORTUÁRIO AVULSO. INTERVALO INTRAJORNADA SUPERIOR A DUAS HORAS. INDEVIDO. Na matéria, esta Corte possui precedentes no sentido de que o período compreendido entre dois turnos, ainda que no mesmo dia, não configura intervalo para descanso e alimentação. Assim, ao considerar o intervalo compreendido entre dois turnos de trabalho como intervalo intrajornada e, à luz do art. 71 da CLT, manter o acórdão do TRT que concluíra ser necessário acordo individual escrito ou norma coletiva prevendo a ampliação do intervalo intrajornada, inexistentes nos autos, sendo então devidas as horas excedentes a duas horas de intervalo apenas quando os turnos se derem no mesmo dia, sem que haja confusão com o intervalo de 11 horas, a Eg. Turma contrariou o entendimento jurisprudencial corrente no TST a respeito da matéria. Precedentes da SbDI-1 e de Turmas do TST. Recurso de embargos conhecido, por divergência jurisprudencial, e provido. (E-ED-RR-10200-79.2007.5.09.0411, Relator Ministro: Hugo Carlos Scheuermann, Data de Julgamento: 07/04/2016, Subseção I Especializada em Dissídios Individuais, Data de Publicação: DEJT 15/04/2016)

O intervalo intrajornada concedido não serão computados na jornada de trabalho

Os intervalos para refeição e descanso não serão computados na duração do trabalho, conforme o art. 71, § 2º da CLT.

> **Art. 71, § 2º** - Os intervalos de descanso não serão computados na duração do trabalho.

Intervalo não concedido - consequências

Quando o intervalo para repouso e alimentação não for concedido pelo empregador, este ficará obrigado a indenizar, apenas o período suprimido, com acréscimo de 50% (cinquenta por cento) sobre o valor do salário da hora normal de trabalho. Nesse sentido, o § 4º do art. 71 da CLT, modificado com a reforma trabalhista do ano de 2017.

> **Art. 71 - [...]**
>
> **§ 4º** - A não concessão ou a concessão parcial do intervalo intrajornada mínimo, para repouso e alimentação, a empregados urbanos e rurais, implica o pagamento, de natureza indenizatória, apenas do período suprimido, com acréscimo de 50% (cinquenta por cento) sobre o valor da remuneração da hora normal de trabalho.

Sendo assim, a empresa, após a edição da Lei 13.467/2017, vai indenizar apenas o período suprimido, ou seja, se o empregado destinatário de 1 (uma) hora de intervalo para descanso e refeição gozou apenas 40 (quarenta) minutos, a empresa vai indenizar apenas os 20 (vinte) minutos que foram suprimidos, em detrimento do pagamento da 1 (uma) hora integral que era preconizada na Súmula 437, I do TST.

Ademais, diante da natureza indenizatória, o pagamento deixa de produzir o efeito expansionista circular e, assim não produz mais reflexos em outras parcelas salariais, como também era preceituado pela Súmula 437, III, do TST.

Cálculo das horas intrajornadas

Apurando a quantidade de horas intrajornadas

Quantidade dos minutos suprimidos do intervalo intrajornada = quantidade por dia.

Observação: No cálculo trabalhista, a apuração do número de horas deve ser efetuada com base na hora centesimal e não na hora relógio. A hora relógio tem 60min e a hora centesimal trabalha com frações de 100.

Para transformar hora relógio em hora centesimal, **cabe dividir o número de minutos por 60**. Assim para transformar 25 minutos em hora centesimal, deve-se dividir 25 por 60, apurando-se 0,42 centésimos da hora.

Quantidade da intrajornada no dia multiplicado pela quantidade de dias trabalhados na semana multiplicado pela quantidade de semanas no mês [o mês possui 4,285714 semanas equivalente à divisão de 30/7 – arredonda para 4,28] multiplicado pela quantidade de meses trabalhados [dica: para calcular os meses, aconselho utilizar a calculadora do Windows 10] = quantidade total de hora intrajornada.

Apuração do valor das horas intrajornadas

Salário do empregado (salário + adicionais) dividido pelo divisor (220 ou 200 ou 180 etc..) = Valor da hora de trabalho.

Valor da hora de trabalho multiplicado 1,5 = Valor da hora de trabalho com adicional de 50%

Valor da hora de trabalho com adicional de 50% multiplicado pela quantidade total de horas intajornadas referente ao contrato de trabalho = valor das horas intrajornadas do contrato de trabalho.

Observação: Para fazer o cálculo é necessário **transformar o percentual referente ao adicional em número índice** da seguinte forma: **Percentual (que é de 50%) dividido 100 + 1** 50/100 + 1 = 1,50.

Observação: Em regra, usa-se o divisor 220. O divisor de 220 foi obtido tomando-se às **44 horas semanais, dividindo-se por seis**, para se saber o número de horas diárias na semana e em seguida, **multiplicando-se por 30**, que é o número de dias no mês.[1] Oportuno consignar que o TST entende pela incidência do divisor 220 ao regime 12x36[2], caso inexista norma coletiva mais benéfica,

---

1 BARROS, Alice Monteiro. Curso de Direito do Trabalho. 3 ed. São Paulo: LTr, 2007. P. 651.

2 RECURSO DE REVISTA. LEIS Nos 13.015/2014 E 13.105/2015. REGIME 12X36. DIVISOR DE HORAS EXTRAS. No regime 12x36, o empregado trabalha 48 horas em uma semana e 36 horas na seguinte, com vistas à compensação para adequação à jornada máxima constitu-

em que pese entendimentos regionais no sentido do divisor 210 em observância à média semanal de 42 (quarenta e duas) horas.

GERENTE – CONTROLE DE JORNADA DE TRABALHO

Gerente geral de agência bancária pode preencher a Folha Individual de Presença - FIP

E-RR - 537400-41.2008.5.12.0037, Relator Ministro: Alexandre de Souza Agra Belmonte, Data de Julgamento: 02/08/2018, Subseção I Especializada em Dissídios Individuais, Data de Publicação: DEJT 10/08/2018

Informativo 181 do TST

As anotações das Folhas Individuais de Presença - FIPs não têm o condão de desnaturar a característica de autoridade máxima do gerente geral na agência bancária, pois se destinam tão somente ao controle de frequência do empregado, e não de horário.

No caso, o empregado possuía total autonomia e liberdade no exercício de suas atividades, tinha poderes de mando e gestão e todos os demais empregados da agência bancária se subordinavam a ele, de modo que o preenchimento das FIPs, por si só, não é suficiente para afastar a incidência do art. 62, II, da CLT e da parte final da Súmula nº 287 do TST.

Gerente geral de agência bancária

O gerente geral da agência possui total liberdade no exercício de suas atividades, sendo autoridade máxima no local, com poderes de mando e desmando, estando todos os demais empregados da agência a ele subordinados.

Sendo assim, o TST por meio da Súmula nº 287 do TST, traz a presunção de que o gerente geral de agência exerce cargo de gestão e, por isso, não se submete a controle de jornada, aplicando-se-lhe o contido no art. 62, II, da CLT.

> **Súmula nº 287 do TST - JORNADA DE TRABALHO. GERENTE BANCÁRIO** - A jornada de trabalho do empregado de banco gerente de agência é regida pelo art. 224, § 2º, da CLT. Quanto ao gerente-geral de agência bancária, presume-se o exercício de encargo de gestão, aplicando-se-lhe o art. 62 da CLT.

---

cional de 44 horas. Assim sendo, somente são pagas as horas extraordinárias que excederem a 44ª hora semanal de trabalho, o que atrai a aplicação do divisor 220, conforme vem reiteradamente decidindo esta c. Corte. Precedentes. Recurso de revista conhecido por divergência jurisprudencial e provido. (RR - 10439-17.2014.5.03.0149, Relator Ministro: Alexandre de Souza Agra Belmonte, Data de Julgamento: 19/09/2018, 3ª Turma, Data de Publicação: DEJT 21/09/2018)

Gerente - Cargo de gestão

Diz o artigo 62, II da CLT:

> **CLT, Art. 62** - Não são abrangidos pelo regime previsto neste capítulo:
>
> **II** - os gerentes, assim considerados os exercentes de cargos de gestão, aos quais se equiparam, para efeito do disposto neste artigo, os diretores e chefes de departamento ou filial.
>
> **Parágrafo único** - O regime previsto neste capítulo será aplicável aos empregados mencionados no inciso II deste artigo, quando o salário do cargo de confiança, compreendendo a gratificação de função, se houver, for inferior ao valor do respectivo salário efetivo acrescido de 40% (quarenta por cento).

A função de confiança, ficará configurada com forem verificados de dois requisitos:

(1) poderes de mando; e

(2) recebimento de gratificação de função de, no mínimo, 40% sobre o salário.

Nesse sentido:

> [..] **HORAS EXTRAS. PERÍODO CONTRATUAL POSTERIOR A AGOSTO DE 2009. CARGO DE CONFIANÇA. ARTIGO 62, INCISO II, DA CLT. NÃO CONFIGURAÇÃO.** 1. Extrai-se do acórdão recorrido o registro de que, no caso concreto, não foram atendidos os requisitos objetivo ("percebimento de salário do cargo de confiança, compreendendo a gratificação de função, se houver, não inferior ao valor do respectivo salário efetivo, acrescido de 40%") e subjetivo ("prática de funções especiais de gestão"), para que o recorrido pudesse ser considerado enquadrado no artigo 62, inciso II, da CLT. 2. Com essas peculiaridades, constata-se que apenas mediante a reanálise dos fatos e provas seria possível acolher a tese recursal de que o recorrido era detentor de cargo de confiança, nos moldes fixados no artigo 62, inciso II, da CLT, procedimento defeso em sede de recurso de revista na esteira da Súmula nº 126/TST. 3. Os julgados colacionados, a seu turno, não espelham a especificidade exigida na Súmula nº 296, I, do TST, pois versam situações nas quais ficara comprovado o exercício do cargo de confiança do artigo 62, II, da CLT, premissa fática não detectada no acórdão recorrido. [...] (RR nº 957-88.2012.5.09.0071, 6ª Turma do TST, Rel. Kátia Magalhães Arruda. j. 11.04.2018, Publ. 13.04.2018).

Assim, é gerente aquele empregado que tem poderes de gestão, ou seja, ele pode contratar ou demitir funcionários, tem liberdade de horário, não se subordina a cartões-ponto, pode aplicar punições (advertências, suspensões e justa causa), fazer compras, e etc. Seu salário de gerente deve ser superior, no mínimo, em 40%, ao salário do cargo efetivo.

A falta de um dos requisitos, afasta o empregado das determinações do caput do art. 62 da CLT, ou seja, o empregado passa a ter todos os direitos do capítulo da duração do trabalho.

Empregado gerente não pode bater ponto

O empregado gerente não pode bater cartão de ponto, marcando os horários de entrada e saída diariamente, caso isso aconteça, ocorrerá o desvirtuamento da função de gerente, pois ausente o poder de gestão.

Nesse sentido:

> **AGRAVO DE INSTRUMENTO EM RECURSO DE REVISTA. RECURSO DE REVISTA INTERPOSTO NA VIGÊNCIA DA LEI Nº 13.015/2014. HORAS EXTRAS DEVIDAS. CARGO DE CONFIANÇA NÃO CARACTERIZADO.** O Regional, com base no conjunto fático-probatório dos autos, manteve a decisão do Juízo de origem que concluiu que as atividades exercidas pelo reclamante não caracterizavam o cargo de confiança previsto artigo 62, inciso II da CLT. O Tribunal consignou que a excepcional fidúcia contratual inerente ao verdadeiro poder de mando e gestão do cargo de confiança, que se aproxima da figura de longa manus do empregador, não ficou demonstrada pela prova dos autos. A Corte a quo assentou que o reclamado é uma das maiores lojas de departamento no mundo e que o valor do salário percebido pelo reclamante não se coaduna com a figura do cargo de confiança na dimensão do empreendimento da empresa ré. Ainda, o Regional consignou que, consoante a prova testemunhal, não foi possível concluir pela efetiva inserção do autor nas funções de gerente, **visto que tanto o depoente quanto o reclamante batiam cartão de ponto e que recebiam o espelho de ponto para conferência e assinatura ao final do mês, bem como aduziu que, quando o autor passou a ser gerente, continuou registrando os horários de entrada e saída em cartão de ponto, normalmente.** Por fim, o Tribunal registrou que o reclamado chegou a juntar aos autos os registros de frequência do reclamante, mesmo que sem assinatura, e que não se desincumbiu do ônus de comprovar a condição excetiva do cargo de confiança do obreiro. Neste sentido, a Corte a quo manteve o entendimento esposado na sentença de que não restaram suficientemente demonstrados os requisitos que ensejam a exceção do artigo 62, inciso II, da CLT. Decidir de maneira diversa do Regional acerca da natureza jurídica da função desempenhada pelo reclamante demandaria o revolvimento do conjunto fático-probatório, não permitido nesta instância recursal de natureza extraordinária, ante o óbice previsto na Súmula nº 126 do TST. (AIRR nº 1001581-85.2014.5.02.0608, 2ª Turma do TST, Rel. José Roberto Freire Pimenta. j. 29.06.2016, Publ. 01.07.2016).

Sobre o tema, Godinho[3] escreve que:

> "O suposto legal é que tais trabalhadores, por estarem investidos de parcela significativa do próprio poder empregatício, não se submeteriam, logicamente, a estrito controle de horários, sob pena de isso até mesmo inviabilizar o

[3] DELGADO, Maurício Godinho. Curso de Direito do Trabalho. 11° ed. São Paulo: LTR 2012, p.906.

exercício precípuo de sua função de poder perante os demais trabalhadores. [...]"evidenciado que o gerente, não obstante detentor de poderes de gestão e favorecido pelo acréscimo salarial equivalente ou maior do que 40% do salário efetivo, submete-se a estrito controle diário de horário e jornada, enquadra-se tal empregado nas fronteiras da duração padrão de trabalho de sua categoria profissional, sendo credor de horas extras efetivamente prestadas por além dessa duração padrão."

Empregado gerente pode preencher a Folha Individual de Presença - FIP

O TST vem decidindo que as FIPs - Folha Individual de Presença, se destinam tão somente ao controle de frequência do empregado, e não têm o condão de desnaturar a característica de autoridade máxima na agência, com toda a autonomia inerente à função. Assim, o preenchimento das FIPs, por si só, não é capaz de excluir a aplicação da exceção prevista no art. 62, II, da CLT.

Nesse sentido:

Precedente vinculante do TST

RECURSO DE EMBARGOS EM RECURSO DE REVISTA. HORAS EXTRAS. GERENTE GERAL DE AGÊNCIA. PREENCHIMENTO DE FIPS. ENQUADRAMENTO NO ART. 62, II, DA CLT. APLICAÇÃO DA SÚMULA Nº 287 DESTA C. CORTE. No caso em tela, não há controvérsia quanto ao fato de que o reclamante era gerente geral de agência, tampouco se controverte que estava submetido à anotação das FIPs. A Súmula nº 287 do TST traz a presunção de que o gerente geral de agência exerce cargo de gestão e, por isso, não se submete a controle de jornada, aplicando-se-lhe o contido no art. 62, II, da CLT. De fato, sendo gerente geral da agência, o empregado possui total liberdade no exercício de suas atividades, sendo autoridade máxima no local, com poderes de mando e gestão, estando todos os demais empregados da agência a ele subordinados. Conquanto se possa argumentar que as chamadas FIPs tragam anotações de controle de horário, de modo a elidir a presunção inserta na parte final da súmula destacada, certo é que se destinam tão somente ao controle de frequência do empregado, e não têm o condão de desnaturar a característica de autoridade máxima do gerente geral na agência, com toda a autonomia inerente à função. Recurso de Embargos conhecido por divergência jurisprudencial e desprovido. (E-RR - 537400-41.2008.5.12.0037, Relator Ministro: Alexandre de Souza Agra Belmonte, Data de Julgamento: 02/08/2018, Subseção I Especializada em Dissídios Individuais, Data de Publicação: DEJT 10/08/2018)

Outras decisões do TST:

[...] GERENTE-GERAL DE AGÊNCIA BANCÁRIA. SUJEIÇÃO AO SISTEMA DAS FIP' S. CONTROLE DE FREQUÊNCIA. ENQUADRAMENTO

NO ART. 62, II, DA CLT. 1. A Corte de origem registrou ser "incontroverso e documentado nos autos que o autor exerceu a função de gerente-geral de agência desde 1999 e cargos estratégicos". Assim, manteve o indeferimento de horas extras além da oitava diária, ao entendimento de que "ao gerente-geral de agência bancária deve ser aplicado o art. 62 da CLT, uma vez que se presume o exercício de encargo de gestão, nos termos da Súmula nº. 287 do TST". 2. Registrado pela Corte de origem que o reclamante era gerente-geral de agência bancária, forçoso concluir, à luz da jurisprudência deste Tribunal, cristalizada na Súmula 287/TST, que a função por ele exercida o enquadrava na excepcionalidade do inciso II do art. 62 da CLT. 3. A circunstância - registrada no acórdão regional - de o reclamado manter o controle de frequência do reclamante mediante o sistema de Folhas Individuais de Presença (FIPs) não tem o condão de afastar o enquadramento no art. 62, II, da CLT, porquanto referidas FIPs, a teor de precedentes desta Corte, não traduzem controle de horário, mas visam, tão-somente, a controlar a frequência do comparecimento do empregado ao local de trabalho. Precedentes. 4. Nesse contexto, não há falar que o indeferimento das horas extras tenha implicado ofensa ao art. 62, II, da CLT ou contrariedade à Súmula 287/TST. 5. Arestos inespecíficos (Súmula 296, I, do TST). Recurso de revista não conhecido, no tema. (...) (RR - 537400-41.2008.5.12.0037, Relator Ministro: Hugo Carlos Scheuermann, Data de Julgamento: 20/05/2015, 1ª Turma, Data de Publicação: DEJT 29/05/2015)

[...] **RECURSO DE REVISTA INTERPOSTO PELO RECLAMANTE HORAS EXTRAS. EMPREGADO ENQUADRADO NO ART. 62, II, DA CLT.** Os elementos fáticos consignados no acórdão do TRT corroboram a conclusão daquela Corte de que o reclamante estava enquadrado no art. 62, II, da CLT, e decisão contrária quanto às atividades desenvolvidas ou à ocorrência de efetivo controle de jornada, encontra óbice nas Súmulas n.ºs 102, I, e 126 do TST. No caso dos autos, o reclamante exerceu cargos de gerente geral de agência, gerente regional e superintendente regional e havia utilização de FIP (folha individual de presença), a qual demonstra o comparecimento ao trabalho, e não o controle de jornada (carga horária efetivamente cumprida); logo, a utilização de FIP, por si mesma, não afasta a presunção do exercício de cargo de mando e gestão nos termos da Súmula nº 287 do TST. Recurso de revista de que não se conhece. (...) (ARR - 432785-96.2009.5.12.0026, Relatora Ministra: Kátia Magalhães Arruda, Data de Julgamento: 18/11/2015, 6ª Turma, Data de Publicação: DEJT 18/12/2015)

Horas extras indevidas

O empregado enquadrado como gerente, não tem direito a horas extras. Nesse sentido, o caput do art. 62 da CLT e a jurisprudência:

CARGO DE CONFIANÇA. PODER DE MANDO E GESTÃO CONFIGURADOS. HORAS EXTRAS INDEVIDAS. INTELIGÊNCIA DO DISPOSTO

NO ART. 62, II, DA CLT. A natureza da função desempenhada pela autora, em que o elemento fiduciário assume especial relevo, aliada ao percebimento de remuneração que a distinguia dos demais empregados da empresa, faz incidir ao contrato a hipótese de exceção prevista no artigo 62, II, da CLT, resultando indevida a paga de horas extras. Recurso autoral a que se nega provimento, no aspecto. (RO nº 0000905-10.2013.5.06.0017, 4ª Turma do TRT da 6ª Região/PE, Rel. Maria das Graças de Arruda França. j. 07.06.2018).

EXERCÍCIO DA FUNÇÃO DE "ENCARREGADO DE LOGÍSTICA". NATUREZA GERENCIAL. CARACTERIZAÇÃO. HORAS EXTRAS INDEVIDAS. Para o enquadramento do empregado no art. 62, II, da CLT, são exigidos amplos poderes de mando, representação e substituição do empregador, o que, in casu, restou comprovado pela prova oral produzida nos autos. (Recurso Ordinário nº 0000918-43.2017.5.07.0016, 1ª Turma do TRT da 7ª Região/CE, Rel. Dulcina de Holanda Palhano. j. 06.06.2018).

Direito ao pagamento em dobro do RSR e feriados

Conforme informativo 149 do TST, o empregado que exerce cargo de gestão, inserido no art. 62, II, da CLT, tem direito ao gozo do repouso semanal e à folga referente aos feriados com a remuneração correspondente.

O que o art. 62, II, da CLT excepciona é o serviço prestado durante a semana, pois, quanto ao trabalho prestado em dias de repouso, não é possível adotar o mesmo entendimento, visto que este é um direito constitucionalmente assegurado a todos os trabalhadores, sem distinção - art. 7º, XV, da CF.

O repouso semanal remunerado permite o empregado descansar após uma semana de trabalho, de forma que a cada seis dias trabalhados este repouse no sétimo dia.

Assim, a exceção a que se refere o art. 62, II, da CLT, não possibilita supressão do dia destinado ao descanso semanal sem a devida contraprestação, e caso o empregado gerente não usufrua esse direito ou não tenha a oportunidade de compensar a folga na semana seguinte, o empregador deve pagar, em dobro, a remuneração dos dias laborados, nos termos da Súmula nº 146 do TST.

Precedente vinculante do TST

Informativo 149 do TST - CARGO DE CONFIANÇA. ART. 62, II, DA CLT. REPOUSO SEMANAL REMUNERADO E FERIADOS. NÃO CONCESSÃO. PAGAMENTO EM DOBRO. INCIDÊNCIA DA SÚMULA Nº 146 DO TST. O empregado exercente de cargo de gestão, inserido no art. 62, II, da CLT, tem direito ao gozo do repouso semanal e à folga referente aos feriados com a remuneração correspondente. Assim, caso não usufrua esse direito ou não tenha a oportunidade de compensar a folga na semana seguinte, o empregador deve pagar, em dobro, a remuneração dos dias laborados, nos termos da Súmula nº 146 do TST. O objetivo do art. 62, II, da CLT é excluir a obrigação de o empregador remunerar, como extraordinário, o trabalho prestado pelos ocupantes de cargo de confiança, mas isso não retira do empregado o direito constitucionalmente assegurado ao repouso semanal remunerado, previsto no art. 7º, XV, da CF. Sob esse entendimento, a SBDI-I, por unanimidade, conheceu do recurso de embargos, por divergência jurisprudencial, e, no mérito, negou-lhe provimento. TST-E-RR-3453300-61.2008.5.09.0013. SBDI-L rei. Min. José Roberto Freire Pimenta, 17.11.2016.

Outros julgados do TST:

[...] **DOMINGOS E FERIADOS LABORADOS. ARTIGO 62, II, DA CLT. GERENTE. PAGAMENTO EM DOBRO.** 1. Hipótese em que o Tribunal de origem consigna que "mesmo não sendo abrangido pelo regime de duração do trabalho, na forma do que dispõe o art. 62, II, da CLT, o empregado que exerce cargo de confiança faz jus ao pagamento em dobro pelo trabalho realizado em domingos" e "o mesmo entendimento se aplica em relação aos feriados". 2. Esta Corte Superior tem se manifestado no sentido de que os artigos 7º, XV, da Constituição Federal, 67, caput, da CLT e 1º da Lei 605/49 conferem a todos os trabalhadores o direito ao repouso semanal remunerado, sendo que as disposições contidas no artigo 62 da CLT não afastam este direito, uma vez que pretendeu apenas excluir a obrigação do empregador de remunerar, como serviço extraordinário, o trabalho realizado pelos empregados que exercem atividade externa e os ocupantes de cargo de confiança. Assim, os ocupantes de cargo de confiança têm direito ao pagamento da dobra dos domingos e feriados laborados. (RR - 1522-48.2010.5.18.0111, Relator Ministro: Hugo Carlos Scheuermann, Data de Julgamento: 15/08/2018, 1ª Turma, Data de Publicação: DEJT 17/08/2018)

[..] **III - RECURSO DE REVISTA. TRABALHO EM REPOUSO SEMANAL REMUNERADO E FERIADOS. PAGAMENTO EM DOBRO.** O entendimento desta Corte é o de que o art. 62 da CLT não afasta o direito ao repouso semanal remunerado previsto nos arts. 7º, XV, da Constituição Federal, 67, caput, da CLT e 1º da Lei nº 605/49. Assim, os ocupantes de cargo de confiança têm direito ao pagamento da dobra aos domingos e feriados trabalhados. Julgados. Recurso de revista conhecido e provido. (ARR - 1145-51.2012.5.23.0052, Relator Ministro: Márcio Eurico Vitral Amaro, Data de Julgamento: 26/06/2018, 8ª Turma, Data de Publicação: DEJT 29/06/2018)

Importante pontuar, contudo, que se houver desconto do repouso semanal por eventual atraso ou falta (critério da Lei 605/49), o empregado está sendo de certo modo "fiscalizado", o que pode afastar o enquadramento no art. 62, II, da CLT.

CARTÃO DE PONTO

Ausência de assinatura – validade

Nos autos do Processo RR-10092-41.2015.5.01.0072, em decisão publicada em 27/04/2018, o TST reiterou o entendimento de ser desnecessária a assinatura nos cartões de ponto, uma vez que o art. 74, § 2º, da CLT não traz tal exigência de modo expresso.

A despeito da respeitável decisão, entendo que a temática merece algumas reflexões. Isso porque a assinatura é da essência do ato de "documentar". Apenas consignando a assinatura sobre o documento é que se pode entender chancelado o conteúdo nele inserido.

Não bastasse isso, o art. 408 do CPC/2015 é categórico no sentido de presumir verdadeiras as declarações constantes em documento particular apenas quando assinado pelo signatário.

A jurisprudência do TST, contudo, segue remansosa em sentido contrário.

Cartão de Ponto

O art. 74, § 2º, da CLT determina que para os estabelecimentos com mais de dez empregados, a obrigação do empregador de controlar a jornada de trabalho por meio de sistemas de registro manual, mecânico ou eletrônico, sem, contudo, determinar a obrigação que os cartões de ponto sejam firmados pelo empregado.

Nesse sentido, as precedentes do TST:

> **Precedente vinculante**
>
> **RECURSO DE EMBARGOS REGIDO PELA LEI Nº 11.496/2007. HORAS EXTRAS. CARTÕES DE PONTO. AUSÊNCIA DE ASSINATURA DO EMPREGADO. O art. 74, § 2º da CLT** nada estabelece acerca da necessidade de assinatura do empregado no espelho do registro de ponto eletrônico para validar sua eficácia, não se justificando tal imposição ao empregador, em observância ao princípio da legalidade, porque onde a lei não exige não pode o intérprete, em regra fazê-lo. No caso em exame, contudo, embora afastada a imprestabilidade dos cartões pela ausência de assinatura do empregado, remanesce o vício de ausência de validação de superior hierárquico para a percepção das horas extras, persistindo a invalidade dos registros por motivo diverso. Recurso de embargos conhecido e não provido. (...). (TST-E-RR-168200-14.2009.5.05.0511, Relator Ministro Augusto César Leite de Carvalho, Subseção I Especializada em Dissídios Individuais, DEJT 14/11/2014)

Outros julgados

> **(...) HORAS EXTRAS. CARTÕES DE PONTO APÓCRIFOS. VALIDADE. VIOLAÇÃO DOS ARTIGOS 74 E 818 DA CLT E 333 DO CPC. NÃO OCORRÊNCIA.** I - Ao estabelecer a obrigatoriedade do registro de frequência para as empresas com mais de 10 empregados, o artigo 74, § 2º, da CLT não contemplou a exigibilidade de assinatura pelo trabalhador. II - Nesse passo, a firme jurisprudência desta Corte é no sentido de que a ausência de assi-

natura nos cartões de ponto configura mera irregularidade administrativa, não tendo o condão de torná-los inválidos, ante a ausência de previsão legal. III - Outrossim, o fato de ser apócrifo o registro de frequência não acarreta a inversão do ônus probatório, permanecendo com o reclamante o encargo de comprovar a veracidade da jornada de trabalho declinada na inicial. IV - In casu, a Corte local, alicerçada na matriz fático-probatória dos autos, assentou que o autor não se desincumbiu de provar suas alegações quanto à invalidade dos cartões de ponto . V - Ademais, externou o entendimento que a ausência de assinatura, neste caso, não tem o condão de afastar a validade dos controles de frequência. VI - Assim, para acolher entendimento diverso, inconteste a necessidade de revolvimento dos fatos e provas, atividade refratária no âmbito de cognição deste Tribunal, a teor da Súmula 126/TST. VII - Estando a decisão recorrida em conformidade com a atual, iterativa e notória jurisprudência desta Corte, avulta a convicção de que o recurso de revista não desafiava processamento, quer à guisa de violação aos artigos 74 e 818 da CLT e 333 do CPC, quer a título de divergência pretoriana, ante o óbice do artigo 896, § 7º, da CLT e da Súmula nº 333/TST, em que os precedentes desta Corte foram erigidos à condição de requisitos negativos de admissibilidade do apelo extraordinário. VIII - Agravo de instrumento a que se nega provimento. (TST-AIRR-375-76.2014.5.02.0083, Relator Ministro Antonio José de Barros Levenhagen, 5ª Turma, DEJT 19/12/2016)

I - AGRAVO DE INSTRUMENTO. RECURSO DE REVISTA INTERPOSTO NA VIGÊNCIA DA LEI Nº 13.015/2014. ADMISSIBILIDADE. HORAS EXTRAS. CARTÃO DE PONTO APÓCRIFO. VALIDADE. Mostra-se prudente o provimento do agravo de instrumento para determinar o processamento do recurso de revista, ante a provável divergência jurisprudencial. Agravo de instrumento provido. II - RECURSO DE REVISTA. INTERPOSIÇÃO NA VIGÊNCIA DA LEI Nº 13.015/2014. ADMISSIBILIDADE. HORAS EXTRAS . CARTÃO DE PONTO APÓCRIFO. VALIDADE. A tão-somente ausência de assinatura nos cartões de ponto não enseja sua invalidação e, tampouco, autoriza a inversão do ônus da prova. Recurso de revista conhecido e provido. (TST-RR-546-43.2013.5.09.0513, Relator Ministro Emmanoel Pereira, 5ª Turma, DEJT 12/02/2016)

(...) 3. HORAS EXTRAORDINÁRIAS. CARTÕES DE PONTO ELETRÔNICOS. AUSÊNCIA DE ASSINATURA DO EMPREGADO. VALIDADE. Esta colenda Corte Superior tem se manifestado no sentido de que, em não havendo exigência legal para a assinatura nos cartões de ponto, eles não são passíveis de invalidação como meio de prova somente por este motivo. Precedentes. Recurso de revista não conhecido. (...). (TST- ARR - 2075-24.2010.5.15.0097, Relator Ministro Guilherme Augusto Caputo Bastos, 5ª Turma, DEJT 13/11/2015)

AGRAVO DE INSTRUMENTO. RECURSO DE REVISTA. HORAS EXTRAS. CARTÕES DE PONTO SEM ASSINATURA DO EMPREGADO. VALIDADE. 1. O Tribunal Regional entendeu que os cartões de ponto sem assinatura são inválidos e inverteu o ônus da prova, concluiu que deve prevalecer a jornada de trabalho alegada na inicial e manteve a condenação da reclamada em horas extras. 2. Divergência jurisprudencial evidenciada nos moldes do art. 896, "a", da CLT, a ensejar o provimento do agravo de instrumento nos termos do artigo 3º da RA nº 928/2003. Agravo de instrumento conhecido e provido. RECURSO DE REVISTA. HORAS EXTRAS. CARTÕES DE PONTO SEM ASSINATURA DO EMPREGADO. VALIDADE. 1. O Tribunal Regional entendeu que os cartões de ponto sem assinatura são inválidos e inverteu o ônus da prova, concluiu que deve prevalecer a jornada de trabalho alegada na inicial e manteve a condenação da reclamada em horas extras. 2. Prevalece nesta Corte Superior o entendimento de que a ausência de assinatura do empregado nos cartões de ponto, por si só, não os invalida e, tampouco tem o condão de acarretar a inversão do ônus da prova, cabendo ao empregado provar que a jornada ali aposta é inverídica, uma vez que o art. 74, § 2º, da CLT apenas exige, para os estabelecimentos com mais de dez empregados, que seja feita a anotação da jornada em registro manual, mecânico ou eletrônico. 3. Incidência da Súmula 333/TST e do art. 896, § 4º, da CLT. Recurso de revista conhecido e provido. (TST- RR - 1046-90.2010.5.02.0002, Relator Ministro Hugo Carlos Scheuermann, 1ª Turma, DEJT 25/09/2015)

RECURSO DE REVISTA. CARTÕES DE PONTO SEM ASSINATURA DO EMPREGADO. VALIDADE. Não há, no art. 74, § 2º, da CLT, referência à necessidade de assinatura dos cartões de ponto pelo empregado como condição de sua validade. A falta de assinatura do empregado nos registros de frequência configura tão somente irregularidade administrativa, e não é suficiente, por si mesma, para tornar inválida a prova documental apresentada, relativa a registro de ponto por meio do sistema eletrônico 'login/logout', se não há outras provas a infirmá-la. Recurso de revista conhecido e provido. (TST-RR-1103-50.2012.5.05.0004, Relator Ministro Augusto César Leite de Carvalho, 6ª Turma, DEJT 18/09/2015)

RECURSO DE REVISTA. HORAS EXTRAS - CARTÕES DE PONTO APÓCRIFOS - VALIDADE. O artigo 74, §2º, da Consolidação das Leis do Trabalho, ao prescrever para os estabelecimentos com mais de dez empregados a obrigatoriedade de anotação da hora de entrada e de saída, em registro manual, mecânico ou eletrônico, nenhuma imposição faz no sentido de que o controle de jornada contenha assinatura do empregado. Nem mesmo as instruções emanadas do Ministério do Trabalho, por força de previsão do citado dispositivo legal, fazem essa exigência, como se constata da Portaria nº 3.626/91, expedida para esse fim (atualizada pela Portaria nº 41/2007). Portanto, não há que se falar em invalidação dos cartões de ponto e tampouco transferência do ônus da prova da jornada de trabalho ao empregador. Recurso de revista conhecido e provido. (TST-RR-73-02.2011.5.05.0008, Relator Ministro Renato de Lacerda Paiva, 2ª Turma, DEJT 11/09/2015)

ESTABILIDADE PROVISÓRIA NO EMPREGO

ESTABILIDADE GRAVÍDICA

Estabilidade limitada ao período de ajuizamento da ação até 5 meses após o parto - impossibilidade

Processo: RR - 576-54.2016.5.19.0009 Data de Julgamento: 22/08/2018, Relatora Ministra: Kátia Magalhães Arruda, 6ª Turma, Data de Publicação: DEJT 24/08/2018

O art. 10, II, "b", do Ato das Disposições Constitucionais Transitórias veda a dispensa arbitrária da empregada gestante, desde a confirmação da gravidez até cinco meses após o parto, sem sequer fazer restrição à modalidade de contrato de trabalho, pois a garantia visa à tutela do nascituro, reconhecendo direito fundamental cuja aplicação deve-se conferir a máxima efetividade, conforme regras de Hermenêutica Constitucional.

O ajuizamento da reclamação trabalhista após o nascimento da criança, não tem o condão de limitar a aplicabilidade da estabilidade provisória conferida à gestante (art. 10, II, "b", do ADCT) ou da indenização substitutiva correspondente, conforme OJ n.º 399 da SBDI-1 do TST.

Ademais, o entendimento consagrado na redação do item I da Súmula 396 do TST é no sentido de que "exaurido o período de estabilidade, são devidos ao empregado apenas os salários do período compreendido entre a data da despedida e o final do período de estabilidade, não lhe sendo assegurada a reintegração no emprego"

O ajuizamento da ação meses após o conhecimento do estado gravídico, não justifica a limitação da estabilidade provisória ou da indenização substitutiva correspondente.

Estabilidade da empregada gestante

Segundo a alínea "b" do inciso II do art. 10 do ADCT, fica vedada a dispensa arbitrária ou sem justa causa da empregada gestante, desde a confirmação da gravidez até cinco meses após o parto. Tal estabilidade é devida, ainda que a empregada fique grávida no curso do aviso prévio, seja ele indenizado ou trabalhado e ainda, no contrato por prazo determinado, indeterminado ou intermitente.

Nesse sentido:

> **CLT, Art. 391-A.** A confirmação do estado de gravidez advindo no curso do contrato de trabalho, ainda que durante o prazo do aviso prévio trabalhado ou indenizado, garante à empregada gestante a estabilidade provisória prevista na alínea b do inciso II do art. 10 do Ato das Disposições Constitucionais Transitórias.

> **Súmula 244 do TST - III** - A empregada gestante tem direito à estabilidade provisória prevista no art. 10, inciso II, alínea "b", do Ato das Disposições Constitucionais Transitórias, **mesmo na hipótese de admissão mediante contrato por tempo determinado**.

Desconhecimento estado gravídico

O TST firmou entendimento que o desconhecimento do estado gravídico tanto pela empregada bem como pelo empregador, **não afasta a estabilidade provisória** da gestante prevista no art. 10, II, "b", do ADCT), conforme o item I da súmula 244 do TST e os precedentes daquela corte abaixo escritos.

> **Súmula 244, I do TST** - O desconhecimento do estado gravídico pelo **empregador não afasta o direito** ao pagamento da indenização decorrente da estabilidade (art. 10, II, "b" do ADCT).

> **RECURSO DE REVISTA. APELO INTERPOSTO NA VIGÊNCIA DO NOVO CPC (LEI N.º 13.105/2015). ESTABILIDADE DA GESTANTE. CONFIRMAÇÃO DA GRAVIDEZ APÓS A RESCISÃO CONTRATUAL. RECONHECIMENTO. PROTEÇÃO AO DIREITO DO NASCITURO. SÚMULA N.º 244 DO TST. PERÍODO ESTABILITÁRIO. PROPOSITURA DA AÇÃO.** O art. 10, inciso II, "b", do ADCT, assegura à empregada gestante a estabilidade provisória no emprego, desde a confirmação da gravidez até cinco meses após o parto. O dispositivo constitucional tem por escopo tanto a proteção da gestante contra a dispensa arbitrária quanto a tutela do nascituro. Seguindo-se a interpretação teleológica da aludida norma constitucional, e diante dos termos da Súmula n.º 244 do TST, **tem-se que o desconhecimento da gravidez pelo empregador**

ou até mesmo pela trabalhadora, quando do ato demissional, não afasta o direito ao pagamento da indenização decorrente da estabilidade não usufruída, cumprindo registrar que o direito em questão não está condicionado à propositura da ação durante o período estabilitário, e que o único pressuposto ao direito à estabilidade (e à sua conversão em indenização, caso ultrapassado o período de garantia de emprego) é o fato de a empregada estar grávida no momento da dispensa, sendo certo, ainda, quanto ao ajuizamento da ação, que o pressuposto a ser considerado é apenas a observância do prazo prescricional. Recurso de Revista conhecido e provido" (RR - 1001282-57.2016.5.02.0473, Rel. Min. Maria de Assis Calsing, 4ª Turma, DEJT 20/10/2017)

"**RECURSO DE REVISTA. GESTANTE. ESTABILIDADE PROVISÓRIA. DESCONHECIMENTO DO ESTADO GRAVÍDICO PELO EMPREGADOR. IRRELEVÂNCIA. PERÍODO DA ESTABILIDADE EXAURIDO. INDENIZAÇÃO SUBSTITUTIVA. DEVIDA.** 1. O e. TRT concluiu que a reclamante não faz jus à estabilidade prevista no artigo 10, II, b, do ADCT, uma vez que não comunicou ao empregador seu estado gravídico no momento em que foi dispensada, tampouco demonstrou interesse em retornar ao trabalho. Restou consignado no acórdão regional que "No que respeita à estabilidade provisória concedida à empregada gestante - art. 10, II, do ADCT, outra não é a conclusão. Isto porque ficou estreme de dúvidas, em instrução, que por ocasião da dispensa empregada ou empregador não tinham ainda ciência do estado gravídico" e que "a reclamante deixou transcorrer, inerte, praticamente todo o período estabilitário, vindo a juízo buscar ' a reintegração ou indenização substitutiva' quando restava apenas um mês da expiração da garantia legal. Sua atitude demonstra claramente que pretendia não o retorno ao trabalho, finalidade última da norma que regula a espécie, mas a indenização relativa ao período da estabilidade legal, o que fere o princípio da ética e da boa fé que deve viger em todas as relações humanas". 2. A norma inserida na alínea "b" do inciso II do art. 10 do ADCT da Constituição da República confere à empregada gestante a garantia ao emprego desde a confirmação da gravidez até cinco meses após o parto, adotando como pressuposto da garantia de emprego da gestante apenas a existência da gravidez no curso de contrato de trabalho, sendo irrelevante o momento em que constatado o estado gestacional, **bem como o eventual desconhecimento da gravidez pelo empregador na data da despedida, ou mesmo pela empregada.** 3. Respeitado o prazo prescricional do direito de ação, é devida a garantia estabelecida no artigo 10, II, "b", do ADCT, que objetiva não apenas coibir ato discriminatório do empregador, mas também proteger o nascituro. 4. Decisão regional em contrariedade à Súmula 244, I, do TST. Recurso de revista conhecido e provido" (RR - 1163-06.2012.5.03.0060, Rel. Min. Hugo Carlos Scheuermann, 1ª Turma, DEJT 1/9/2017)

O Plenário do Supremo Tribunal Federal reconheceu por 8 votos a 1, ao julgar o RE 629.053 com repercussão geral, que mulheres grávidas devem ter estabilidade a partir da confirmação da gravidez, e não somente após a comunicação ao empregador. Desta forma, ficou mantido o entendimento do item I da Súmula 244 do TST.

Registra-se, contudo, a existência de decisões regionais no sentido de que, havendo comprovação de que o empregador não tinha ciência da gravidez, os salários seriam devidos apenas a partir do ajuizamento da ação porque a cogitação de ato ilícito do empregador demandaria que este tivesse conhecimento, além de ser dever do titular de um direito mitigar as próprias perdas ("duty to mitigate the loss").

A jurisprudência do TST e do STF, entretanto, se baseiam no fato de que não se está a tratar apenas de um direito da gestante, mas também do nascituro e o entendimento deve ser acolhido porque o RE foi julgado sob a sistemática da repercussão geral.

Fechamento da empresa

Mesmo que ocorra o fechamento da empresa, a empregada gestante **não perde a estabilidade provisória,** conforme informativo 05 do TST.

> **Precedente vinculante do TST**
>
> **Informativo 05 do TST - GESTANTE. ESTABILIDADE PROVISÓRIA. ART. 10, II, "B", DO ADCT. FECHAMENTO DO ESTABELECIMENTO. TRANSFERÊNCIA PARA OUTRA LOCALIDADE. RECUSA DA EMPREGADA. JUSTA CAUSA. NÃO CARACTERIZAÇÃO.** Levando em consideração que a garantia no emprego da empregada gestante prevista no art. 10, II, "b", do ADCT não está condicionada à existência de atividades regulares na empresa, e visa, em último caso, proteger não apenas a empregada, mas também o bem-estar do nascituro, a **recusa da obreira em ser transferida para outra localidade em razão do fechamento da filial em que trabalhava não pode ser tida como justa causa a obstaculizar a percepção das verbas devidas em decorrência da estabilidade.** Com esse entendimento, a SBDI-II, decidiu, por unanimidade, conhecer do recurso ordinário e, no mérito, dar-lhe provimento para, reconhecida a afronta ao art. 10, II, "b", do ADCT, desconstituir em parte o acórdão do regional e, em juízo rescisório, **determinar o retorno dos autos à Vara do Trabalho de origem para que, afastada a justa causa que fora imposta pelas instâncias ordinárias, aprecie os pedidos postulados na reclamação trabalhista, como entender de direito.** TST-RO-298-Q4.2Q 10.5.15.0000. SBDI-IL rei. Min. Guilherme Augusto Caputo Bastos. 10.4.2012.

Outros julgados:

> **"ESTABILIDADE PROVISÓRIA DA GESTANTE. EXTINÇÃO DAS ATIVIDADES DA RECLAMADA NO LOCAL DA PRESTAÇÃO DOS SERVIÇOS.**

INDENIZAÇÃO SUBSTITUTIVA. A jurisprudência desta Corte se firmou no sentido de que o encerramento das atividades da reclamada no local da prestação dos serviços da reclamante não prejudica a estabilidade provisória da gestante. Assim, impossibilitada a continuidade do liame empregatício em função da extinção das atividades da reclamada, devida a indenização substitutiva relativa ao período estabilitário. Recurso de revista não conhecido." (ARR - 984-12.2010.5.12.0054, Relatora Ministra: Delaíde Miranda Arantes, Data de Julgamento: 21/06/2017, 2ª Turma, Data de Publicação: DEJT 30/06/2017)

"RECURSO ORDINÁRIO EM AÇÃO RESCISÓRIA. ART. 485, V, DO CPC. VIOLAÇÃO DO ART. 10, II, -B-, DO ADCT. INAPLICABILIDADE DO ÓBICE DA SÚMULA 83/TST. ESTABILIDADE GESTANTE. ENCERRAMENTO DAS ATIVIDADES DA RECLAMADA. 1. Nos termos da Súmula 83/TST, não há que se falar em interpretação controvertida quando a rescisória estiver fundamentada em violação literal de preceito da Constituição Federal. 2. O empregador responde pelo risco empresarial - aí incluído o encerramento de suas atividades - o qual não pode ser transferido ao empregado, segundo disciplina do art. 2º da CLT. Assim, o direito da trabalhadora à estabilidade provisória decorrente do art. 10, II, -b-, do ADCT subsiste mesmo em face do encerramento da atividade empresarial, sendo-lhe devida, em tal circunstância, indenização substitutiva, relativa ao período remanescente. Recurso ordinário conhecido e provido" (RO- 118- 51.2011.5.15.0000, Relator Ministro: Alberto Luiz Bresciani de Fontan Pereira, Data de Julgamento: 10/12/2013, Subseção II Especializada em Dissídios Individuais, Data de Publicação: DEJT 13/12/2013).

Novo emprego após a demissão x estabilidade

A jurisprudência do TST vem adotando o entendimento no sentido de que a **obtenção de novo emprego pela gestante não inviabiliza o direito à indenização decorrente da estabilidade do art. 10, II, "b", do ADCT**. A garantia provisória de emprego assegurada constitucionalmente tem como pressuposto a concepção, **visando proteger a maternidade e o nascituro**, sendo irrelevante, portanto, que a empregada tenha obtido novo emprego no período estabilitário.

Nesse sentido, cito alguns julgados:

RECURSO DE REVISTA. ESTABILIDADE PROVISÓRIA. GESTANTE. OBTENÇÃO DE NOVO EMPREGO. CONSEQUÊNCIAS JURÍDICAS. 1. O art. 10, II, "b", do ADCT estabelece a responsabilidade objetiva do empregador pelos salários e garantias inerentes ao contrato de trabalho durante todo o período de estabilidade. 2. O único pressuposto para que a empregada tenha reconhecido seu direito à estabilidade provisória (ou à sua conversão em indenização) é a gravidez no momento da rescisão do contrato de trabalho. Objetiva-se, em última análise, a tutela do nascituro. 3. Trata-se, pois, de direito irrenunciável até mesmo pela mãe. 4. A jurisprudência do TST perfilha o entendimento de que a recusa à proposta de retorno ao emprego e o fato de ter ajuizado a ação após cinco meses da dispensa ou mesmo ter conseguido um novo emprego não podem ser admitidos como ato válido de renúncia à estabilidade. 5. Recurso de revista da Reclamante conhecido e provido. (RR nº 2332-60.2010.5.02.0081, 4ª Turma do TST, Rel. João Oreste Dalazen. j. 02.08.2017, Publ. 10.08.2017).

RECURSO DE REVISTA INTERPOSTO NA VIGÊNCIA DA LEI Nº 13.015/2014. GESTANTE. PROIBIÇÃO MOMENTÂNEA DO PODER POTESTATIVO DE RESILIÇÃO CONTRATUAL. INDENIZAÇÃO DEVIDA PELA ILICITUDE DO ATO PATRONAL. ADMISSÃO EM NOVO EMPREGO. IRRELEVÂNCIA. INDENIZAÇÃO SUBSTITUTIVA DEVIDA. VIOLAÇÃO AO ART. 10, II, "b" DO ADCT. CONFIGURAÇÃO. I - É bom ter presente que o artigo 10, II, alínea "b", do ADCT não previu nenhuma garantia no emprego ou estabilidade provisória, na medida em que a norma nele contida dispõe ser vedada a dispensa arbitrária ou sem justa causa da empregada gestante desde a confirmação da gravidez até cinco meses após o parto. II - Fácil inferir da ratio essendi do preceito constitucional que o constituinte se limitara a proibir momentaneamente o exercício do poder potestativo de resilição, cuja infringência, por omissão voluntária ou negligência, configura ato ilícito do empregador. III - Com isso, abre-se para a empregada gestante o direito à percepção de indenização reparatória do dano que sofrera, equivalente ao interregno de interdição do exercício do poder de rescindir o contrato de trabalho, na esteira do artigo 159 do Código Civil de 1916 e seu correlato artigo 186 do Código Civil de 2002. IV- Por isso há de se convir não ser juridicamente sustentável a tese de limitação da indenização por enriquecimento sem causa da reclamante, extraída do fato de ela ter sido admitida em outra empresa logo após a dispensa. V - É que a obtenção de novo emprego não é obstáculo ao deferimento da integralidade da indenização substitutiva, pois isso não tem o condão convalidar a ilegalidade do ato, permanecendo o dever de indenizar. VI - Tanto assim, que sufragou o constituinte de 88 a orientação de que a responsabilidade do empregador é efetivamente objetiva, remontando a aquisição do direito à vantagem financeira prevista no artigo 10, inciso II, alínea "b", do ADCT unicamente à presença do estado gravídico à época da rescisão do contrato de trabalho. VII - Frente ao contexto jurídico-factual delineado no acórdão recorrido, o bastante para afastar o óbice da Súmula 126/TST, sobressai a vulneração do artigo 10, II, "b", do Ato das Disposições Constitucionais Transitórias. VIII - Recurso conhecido e provido. (RR - 2079-68.2014.5.09.0653, Relator Ministro: Antonio José de Barros Levenhagen, Data de Julgamento: 05/04/2017, 5ª Turma, Data de Publicação: DEJT 11/04/2017)

Mulher ou homem adotante – guarda provisória

Para a mãe adotante poder alcançar a licença-maternidade sem o risco de ser despedida, **é preciso que ela também seja beneficiada pela estabilidade**

provisória prevista no art.10, II, "b", do ADCT da Constituição Federal de 1988. Sendo assim, a Lei nº 13.509/2017, que entrou em vigor no dia 22 de novembro de 2017, incluiu o parágrafo único ao art. 391-A da CLT para determinar **que o empregado sendo homem ou mulher, que adotar uma criança ou adolescente, passa a ter a estabilidade prevista na alínea "b" do inciso II do art. 10 do Ato das Disposições Constitucionais Transitórias.**

> **CLT, Art. 391-A.** A confirmação do estado de gravidez advindo no curso do contrato de trabalho, ainda que durante o prazo do aviso prévio trabalhado ou indenizado, garante à empregada gestante a estabilidade provisória prevista na alínea b do inciso II do art. 10 do Ato das Disposições Constitucionais Transitórias.
>
> **Parágrafo único.** O disposto no caput deste artigo **aplica-se ao empregado adotante ao qual tenha sido concedida guarda provisória para fins de adoção.**

Assim, se a guarda provisória para fins de adoção for concedida durante o prazo do aviso prévio trabalhado ou indenizado, o empregado e (ou) a empregada adotante terá direito à estabilidade provisória, no caso, até cinco meses após ter sido concedida guarda provisória.

A jurisprudência do TST, já decidia desta forma, senão vejamos:

> **EMBARGOS DE DECLARAÇÃO. RECURSO DE REVISTA. TERMO INICIAL DA ESTABILIDADE PROVISÓRIA DA MÃE ADOTANTE. COMUNICAÇÃO À EMPRESA. OMISSÃO INEXISTENTE.** Não prospera a alegação de que o banco empregador não foi comunicado do processo de adoção, uma vez que consta da decisão regional que a empregada comunicou sua viagem de São Paulo (onde trabalhava) para o Maranhão (onde nasceu a criança adotada), o que foi devidamente comprovado nos autos. Ressalte-se o que ficou consignado no acórdão, ora embargado: "Dessa forma, não merece prosperar o fato de a empresa dispensar a empregada sem justa causa durante o período que corresponderia ao direito à fruição da licença adotante, ao fundamento de que não tinha conhecimento do processo de adoção ou da guarda provisória. Aliás, seria muita coincidência acreditar que a empresa desconhecia o processo de adoção e por isso despediu a autora exatamente um dia antes da concretização da guarda provisória". (fl. 321). Esclareça-se que esta e. Turma equiparou a mãe adotante ao dirigente sindical e ao cipeiro apenas para demonstrar que a estabilidade decorre da expressão do interesse, qual seja, a partir do requerimento de adoção e não da sentença transitada em julgado ou da guarda provisória, assim como a estabilidade do dirigente sindical e do cipeiro tem início na data do registro da candidatura, ao contrário do que acontece com a mãe gestante, que se dá a partir da confirmação da gravidez. No caso do dirigente sindical, a Súmula 369, I, do TST, inclusive, assegura a estabilidade provisória ainda que a comunicação do registro da

candidatura ocorra por outros meios e fora do prazo. Embargos de declaração conhecidos e providos para prestar esclarecimentos, sem efeito modificativo. (ED-RR - 200600-19.2008.5.02.0085, Relator Ministro: Alexandre de Souza Agra Belmonte, Data de Julgamento: 30/09/2015, 3ª Turma, Data de Publicação: DEJT 02/10/2015)

I- AGRAVO DE INSTRUMENTO. RECURSO DE REVISTA. TERMO INICIAL DA ESTABILIDADE PROVISÓRIA DA MÃE ADOTANTE. DIREITO SOCIAL À FRUIÇÃO DA LICENÇA ADOTANTE INDEVIDAMENTE OBSTADO. Provável violação do artigo 392-A, § 1º, da CLT. Agravo de instrumento conhecido e provido. II - RECURSO DE REVISTA. TERMO INICIAL DA ESTABILIDADE PROVISÓRIA DA MÃE ADOTANTE. DIREITO SOCIAL À FRUIÇÃO DA LICENÇA ADOTANTE INDEVIDAMENTE OBSTADO. 1. O art.7º, XVIII, do texto constitucional concede licença de cento e vinte dias à gestante, sem prejuízo do emprego e do salário. Para possibilitar o exercício do direito e proteger, antes e depois, a maternidade, o art.10, II, "b", do ADCT da Constituição Federal de 1988 veda a despedida arbitrária ou sem justa causa da empregada gestante, desde a confirmação da gravidez até cinco meses após o parto. 2. A Constituição utiliza o termo "gestante", mas a licença de cento e vinte dias abrange, nos termos da parte final do art.7º, caput, da Constituição, o direito social destinado à melhoria das condições de trabalho das mães adotantes, previsto no art. 392-A, da CLT, daí que a utilização da expressão licença maternidade abrange a licença gestante e a licença adotante. 3. A licença adotante é um direito social, porque tem por fim assegurar a proteção à maternidade (art.6º, da CF), visando a utilização de um tempo à estruturação familiar que permita a dedicação exclusiva aos interesses necessários ao desenvolvimento saudável da criança. Para a mãe adotante poder alcançar a licença-maternidade sem o risco de ser despedida, é preciso que ela também seja beneficiada pela estabilidade provisória prevista no art.10, II, "b", do ADCT da Constituição Federal de 1988. 4. A trabalhadora, mãe adotante, ajuizou o processo de adoção em 5/6/2008, mesma data em que recebeu a criança (nascida em 28/5/2008) sob seus cuidados, por autorização da mãe biológica e da Vara da Infância e Juventude. 5. Não tendo ocorrido disputa sobre a guarda, a carecer de decisão judicial que a definisse, tem-se que a estabilidade da trabalhadora, mãe adotante, restou assegurada a partir do momento em que expressou judicialmente o interesse em adotar a criança oferecida, daí computando-se o período de estabilidade, em que compreendida a licença adotante. Ou seja, tem direito ao gozo de licença adotante, com a estabilidade necessária ao exercício do direito até cinco meses após o recebimento da criança a ser adotada. O entendimento de que a autora só se tornaria estável após a conclusão do processo de adoção simplesmente inviabilizaria, como inviabilizou, o exercício do direito à fruição da licença adotante no curso do contrato, contrariando os objetivos do art.392-A, caput e §4º, da CLT. 6. Assim como as estabilidades do dirigente sindical e do cipeiro têm início a partir do registro da candidatura e não da eleição, a da mãe adotante tem início a partir do requerimento de adoção e não da sentença transitada em julgado, ainda mais quando há registro de autorização da mãe biológica e da Vara da Infância e Juventude para o recebimento da criança, pela adotante, no mesmo dia em que ajuizada a ação (5/6/2008) e não depois da concretização da guarda provisória (12/6/2008). 7. A estabilidade da mãe adotante tem, evidentemente, marcos inicial e final distintos da mãe gestante. Enquanto a desta tem início a partir da confirmação da gravidez e se estende até cinco meses após o parto, a daquela se situa no período de cinco meses após a concretização do interesse na adoção, em que inserido o período de licença adotante, de cento e vinte dias. 8. Dessa forma, não merece prosperar a empresa dispensa da empregada sem justa causa ocorrida em 11/6/2008, mais precisamente durante o período que corresponderia aos direitos à estabilidade e à fruição da licença adotante, ou seja, exatamente um dia antes da assinatura, em juízo, do termo de guarda e responsabilidade provisória do menor (que já se encontrava com a adotante desde 5/6/2008, por autorização judicial), ao fundamento de que não tinha conhecimento do processo de adoção ou da guarda provisória. Aplica-se aqui, em última análise, a mesma solução dada à gestante, pela jurisprudência trabalhista. Assim como a confirmação da gravidez é fato objetivo, a confirmação do interesse em adotar, quer por meio da conclusão do processo de adoção, quer por meio da guarda provisória em meio ao processo de adoção, quer por meio de requerimento judicial, condicionado à concretização da guarda provisória, é também fato objetivo, a ensejar a estabilidade durante o prazo de cinco meses após a guarda provisória e a fruição da licença correspondente, de cento e vinte dias. 9. Verifica-se, portanto, que a empresa obstou o gozo da licença-adotante, assegurado à empregada a partir do momento em que expressou interesse em adotar a criança oferecida, ou seja, do ajuizamento do processo de adoção. Recurso de revista conhecido, por violação do artigo 392-A da CLT, e provido. (RR - 200600-19.2008.5.02.0085, Relator Ministro: Alexandre de Souza Agra Belmonte, Data de Julgamento: 05/08/2015, 3ª Turma, Data de Publicação: DEJT 07/08/2015)

Aborto espontâneo x estabilidade

Com a interrupção da gravidez em decorrência de aborto espontâneo (não criminoso), a empregada **perde a estabilidade provisória** prevista na alínea "b" do inciso II do art. 10 do Ato das Disposições Constitucionais Transitórias, reservando-se à mulher **apenas o direito às verbas salariais devidas desde a dispensa até o fim de duas semanas após o aborto**, por inteligência do art. 395 da CLT[1].

---

1 CLT, Art. 395 - Em caso de aborto não criminoso, comprovado por atestado médico oficial, a mulher terá um repouso remunerado de 2 (duas) semanas, ficando-lhe assegurado o direito de retornar à função que ocupava antes de seu afastamento.

Nesse sentido:

> **ESTABILIDADE PROVISÓRIA. GESTANTE. ABORTO ESPONTÂNEO. DEMORA NO AJUIZAMENTO DA RECLAMAÇÃO TRABALHISTA.** Segundo se extrai da decisão proferida pelo Tribunal Regional, a reclamante, na época da despedida, em 23.12.2009, já estava grávida e em 30.01.2010, após internação, sofreu aborto espontâneo. Esta Corte, ao interpretar os arts. 10, inc. II, alínea"b", da Constituição da República e 395 da CLT, uniformizou o entendimento de que à empregada gestante é garantida a estabilidade provisória no emprego desde a concepção até cinco meses após o parto. **Todavia, em caso de interrupção da gravidez por aborto espontâneo, essa garantia persiste desde a concepção até duas semanas após o aborto.** O único pressuposto para que a empregada gestante tenha assegurado o seu direito à estabilidade provisória (ADCT, art. 10, inc. II, alínea "b") é que esteja grávida, não se cogitando de outro prazo para o ajuizamento da ação, senão o de dois anos a contar da extinção do contrato de trabalho consoante dispõe o art. 7º, inc. XXIX, da Constituição da República. Recurso de Revista de que se conhece e a que se dá provimento. (RR nº 1236-86.2011.5.04.0382, 5ª Turma do TST, Rel. João Batista Brito Pereira. j. 09.08.2017, Publ. 18.08.2017).

> "[...] **ESTABILIDADE PROVISÓRIA - GESTANTE - CONHECIMENTO DA GRAVIDEZ NO CURSO DO CONTRATO DE TRABALHO - DESNECESSIDADE - INTERRUPÇÃO DA GRAVIDEZ POR ABORTO ESPONTÂNEO.** 1. Esta Eg. Corte firmou jurisprudência no sentido de garantir a estabilidade provisória da gestante, ainda que o empregador não tenha ciência da gravidez no momento da dispensa, inclusive se a confirmação do estado gravídico ocorrer após a despedida. Para a empregada ter jus à aludida garantia, basta que a concepção tenha se dado na vigência do contrato de trabalho. Súmula nº 244, I, do TST. 2. No caso, porém, tendo em vista a interrupção da gravidez em decorrência de aborto espontâneo - não criminoso -, **a estabilidade provisória do ADCT não se configura, reservando-se à mulher apenas o direito às verbas salariais devidas desde a dispensa até o fim de duas semanas após o aborto. Inteligência do art. 395 da CLT**. Recurso de Revista parcialmente conhecido e provido". (RR - 1455-21.2011.5.15.0018, Data de Julgamento: 25/02/2015, Relator Desembargador Convocado João Pedro Silvestrin, 8ª Turma, Data de Publicação: DEJT 27/02/2015)

Nesse contexto, é fundamental distinguir as hipóteses de aborto espontâneo e parto que resulte em criança que já nasce morta (natimorto), uma vez que, no primeiro caso, há o direito ao repouso e salário maternidade apenas por 2 (duas) semanas, enquanto, na segunda hipótese, há o direito ao salário-maternidade integral de 120 (cento e vinte) dias e à estabilidade de gestante.

Acerca dessa diferenciação, Alice Monteiro de Barros leciona:

> Por aborto, entendia-se a interrupção da prenhez antes que o feto fosse viável, isto é, antes que o feto pudesse viver fora do útero materno, o que ocorria

dos sete meses da gestação em diante. (...). Em face do avanço científico e tecnológico, o conceito de aborto sofreu alteração no decorrer dos anos. Atualmente, é definido pela doutrina 'como a interrupção da gravidez antes da viabilidade fetal. (...). No momento, de acordo com a Organização Mundial de Saúde, consideram-se inviáveis fetos com menos de 20 semanas de idade gestacional ou peso inferior a 500 gramas. Excepcionalmente, feto com essas características sobrevivem. (...)". (Curso de Direito do Trabalho, 8ª ed., São Paulo: 2012, p. 869).

A Instrução Normativa INSS nº 20, de 18 de maio de 2000, por sua vez, dispôs que deveria ser considerado parto o evento ocorrido a partir da 23ª semana (6º mês de gestação), inclusive em se tratando de natimorto:

> **Instrução Normativa INSS nº 20/2000 - Art. 91.** Para fins de concessão de salário-maternidade, considera-se parto o evento ocorrido à partir da 23ª semana (6º mês) de gestação, inclusive em caso de natimorto.
>
> **Instrução Normativa INSS nº 20/2000 - Art. 92.** Em casos de parto antecipado, ou não, e ainda que ocorra parto de natimorto, a segurada terá direito aos 120 (cento e vinte) dias previstos em lei, sem necessidade de avaliação médico-pericial pelo INSS, desde que comprovado mediante atestado médico.

A Instrução Normativa INSS nº 77, de 21 de janeiro de 2015, revogou a anterior e não fixa mais um número mínimo de semanas de gestação para que se possa conceber a ocorrência de um parto, mesmo no caso de natimorto. É considerado parto o evento que gere uma certidão de nascimento ou óbito (para o caso de natimorto):

> **Instrução Normativa INSS nº 77/2015 - Art. 343, § 3º** Para fins de concessão do salário-maternidade, considera-se parto o evento que gerou a certidão de nascimento ou certidão de óbito da criança.
>
> **§ 4º** Em caso de aborto não criminoso, comprovado mediante atestado médico com informação do CID específico, a segurada terá direito ao salário-maternidade correspondente a duas semanas.
>
> **§ 5º** Tratando-se de parto antecipado ou não, ainda que ocorra parto de natimorto, este último comprovado mediante certidão de óbito, a segurada terá direito aos 120 (cento e vinte) dias previstos em lei, sem necessidade de avaliação médico-pericial pelo INSS.

Assim, considerando que o parto é um evento fenomenológico a ser atestado por um médico, cabe a este avaliar se houve a ocorrência de um aborto espontâneo (geralmente com fragmentos de um feto não formado) ou se é o caso de natimorto (feto formado, mas que já nasce morto). No caso de entender pela ocorrência de natimorto, o médico expede a certidão de óbito e esse é o elemento suficiente para que se considere a ocorrência de um parto e, assim, o usufruto da licença maternidade e reconhecimento da estabilidade, independentemente da quantidade de semanas da gestação. Nesse sentido vem se pronunciado o TST:

> **GESTANTE. NATIMORTO. ESTABILIDADE PROVISÓRIA.** O art. 10, II, "b", do Ato das Disposições Constitucionais Transitórias dispõe que é vedada a dispensa arbitrária ou sem justa causa da empregada gestante desde a confirmação da gravidez até cinco meses após o parto. O requisito objetivo para a aquisição da referida estabilidade é a concepção na vigência do curso do contrato de trabalho, não estando o direito condicionado ao nascimento com vida da criança. Logo, ainda que nascido o filho sem vida (natimorto), a empregada faz jus à estabilidade provisória conferida à gestante. Precedentes. Recurso de revista conhecido e provido, no particular. (RR - 4139-32.2010.5.12.0051, Relator Desembargador Convocado: Marcelo Lamego Pertence, Data de Julgamento: 24/10/2018, 1ª Turma, Data de Publicação: DEJT 26/10/2018)

Demissão x estabilidade

A finalidade do art. 10, II, "b", do Ato das Disposições Constitucionais Transitórias é garantir o emprego contra a dispensa indiscriminada e injusta e impedir que a gravidez seja causa de discriminação. Em se tratando de empregada gestante, detentora de estabilidade provisória, **a validade da comunicação de demissão[2] está condicionada à assistência do respectivo Sindicato** ou **da autoridade do Ministério do Trabalho, nos termos do artigo 500 da CLT**[3].

Algumas decisões do TST têm considerado que, quando houver demissão da empregada gestante **sem nenhum vício de consentimento, não se há de se falar em estabilidade provisória**, porquanto tal instituto se aplica somente aos casos de dispensa imotivada.

> **AGRAVO DE INSTRUMENTO EM RECURSO DE REVISTA INTERPOSTO NA VIGÊNCIA DA LEI 13.015/2014. GESTANTE. PEDIDO DE DEMISSÃO.** No caso, o Tribunal Regional registrou que consta do TRCT "o pedido de demissão da reclamante, em 11.09.14, 71 dias após a sua admissão, em 02.07.14", e que por isso a reclamante não faria jus à estabilidade provisória à gestante, prevista no art. 10, II, "b", da CLT. Por sua vez, esta Corte Superior

2 Optamos por não utilizar a nomenclatura "pedido de demissão" porque se demitir reflete um direito potestativo de se desligar, não devendo ser encarado como um pedido, mas sim como uma comunicação, já que não depende de aceite do empregador.

3 CLT, Art. 500 - O pedido de demissão do empregado estável só será válido quando feito com a assistência do respectivo Sindicato e, se não o houver, perante autoridade local competente do Ministério do Trabalho e Previdência Social ou da Justiça do Trabalho.

vem considerando válido o pedido de demissão de empregada gestante, de modo que afasta a estabilidade prevista no art. 10, II, "b", do ADCT, por não se tratar de dispensa arbitrária ou imotivada. Precedentes. Agravo de instrumento a que se nega provimento. (TST - AIRR 21280-57.2015.5.04.0004 - 2.ª Turma - j. 13/12/2017 - julgado por Maria Helena Mallmann Sulzbach)

RECURSO DE REVISTA INTERPOSTO SOB A ÉGIDE DA LEI Nº 13.015/2014. GESTANTE. PEDIDO DE DEMISSÃO. ESTABILIDADE PROVISÓRIA. INDEVIDA. 1. A Constituição Federal prevê, no seu art. 6º, "caput", que são direitos sociais, entre outros que enumera, "a proteção à maternidade e à infância". O art. 10, II, "b", do ADCT, respondendo à diretriz do art. 7º, XVIII, da Carta Magna, afirma que "II - fica vedada a dispensa arbitrária ou sem justa causa: b) da empregada gestante, desde a confirmação da gravidez até cinco meses parto". 2. No caso em exame, o Regional constatou que a reclamante pediu demissão, sendo certo que não provou qualquer vício de consentimento capaz de invalidar o seu ato. Inexistindo dispensa imotivada, não há que se cogitar de estabilidade provisória. Recurso de revista conhecido e provido. (RR nº 0020074-75.2015.5.04.0014, 3ª Turma do TST, Rel. Alberto Luiz Bresciani de Fontan Pereira. unânime, DEJT 14.04.2016)

Entretanto, a maioria das Turmas têm aplicado o entendimento de que, **se a demissão da empregada grávida for feita sem a assistência do sindicato de sua categoria profissional ou do Ministério do Trabalho,** como determina o artigo 500 da CLT, **será tida como inválida porquanto a assistência, nesse caso, é da substância do ato e sua ausência atrai a nulidade**, conforme julgados abaixo:

AGRAVO DE INSTRUMENTO. ESTABILIDADE PROVISÓRIA. EMPREGADA GESTANTE. PEDIDO DE DEMISSÃO. NECESSIDADE DE ASSISTÊNCIA SINDICAL INDEPENDENTEMENTE DA DURAÇÃO DO CONTRATO DE TRABALHO. ART. 500 DA CLT. O processamento do recurso de revista está adstrito à demonstração de divergência jurisprudencial (art. 896, alíneas a e b, da CLT) ou violação direta e literal de dispositivo da Constituição da República ou de lei federal (art. 896, c, da CLT). Não demonstrada nenhuma das hipóteses do art. 896 da CLT, não há como reformar o r. despacho agravado. Agravo de Instrumento de que se conhece e a que se nega provimento. (AIRR - 10196-78.2016.5.15.0049, Relatora Desembargadora Convocada: Cilene Ferreira Amaro Santos, Data de Julgamento: 05/09/2018, 6ª Turma, Data de Publicação: DEJT 14/09/2018)

RECURSO DE REVISTA - VIGÊNCIA DA INSTRUÇÃO NORMATIVA Nº 40 DO TST - GESTANTE - ESTABILIDADE PROVISÓRIA - PEDIDO DE DEMISSÃO - AUSÊNCIA DE ASSISTÊNCIA PELO SINDICATO OBREIRO. 1. O art. 10, II, "b", do ADCT veda, em termos expressos e inequívocos, a dispensa arbitrária ou imotivada da empregada gestante, desde a confirmação da gravidez até cinco meses após o parto. 2. O pedido de demissão formulado por empregada que detenha estabilidade no emprego somente é válido e eficaz se assistido pela entidade sindical profissional ou, na falta desta, pela autoridade competente do Ministério do Trabalho, nos termos do art. 500 da CLT. Tal regra constitui norma cogente, tratando-se de formalidade essencial e imprescindível à validação do pedido demissional. 3. Logo, o pedido de demissão da empregada gestante ocorrido sem a necessária assistência sindical é nulo, devendo ser reconhecida a dispensa sem justa causa por iniciativa da reclamada e o direito à estabilidade provisória da gestante. Recurso de revista conhecido e provido. (RR - 1001324-95.2016.5.02.0703, Relator Ministro: Luiz Philippe Vieira de Mello Filho, Data de Julgamento: 21/08/2018, 7ª Turma, Data de Publicação: DEJT 24/08/2018)

PEDIDO DE DEMISSÃO. EMPREGADA GESTANTE. AUSÊNCIA DE ASSISTÊNCIA SINDICAL OU DE AUTORIDADE COMPETENTE. INVALIDADE. Trata-se de pedido de demissão de empregada grávida sem a assistência do sindicato de sua categoria profissional. O Regional registrou que, à época do pedido de demissão, era irrelevante a ciência da empregada de seu estado gravídico, visto que a estabilidade somente ocorre nos casos de demissão imotivada, de iniciativa do empregador. Registrou a Corte de origem que por não haver qualquer vício de vontade da empregada que pediu demissão, é desnecessária a assistência sindical para a validade da rescisão contratual. Consignou que "a falta de homologação sindical não tem o condão de anular o ato de pedido de demissão, ademais porque a pedido de desligamento da empresa ré foi efetivamente reconhecido como realizado pela a autora, não havendo sequer que se discutir a incidência da regra segundo a qual a homologação é necessária, já que o contrato perdurou menos de um ano (pouco mais de um mês). De todo modo, prevalece, no Colegiado que a homologação pelo Sindicato, se ausente para as hipóteses de contratos de mais de um ano, não é causa, por si só, para invalidação da rescisão". Concluiu que o pedido de demissão da autora, livre de qualquer vício de vontade, constitui "renúncia tácita à estabilidade, pois o empregado, ainda que estável, evidentemente tem o direito de denunciar o contrato de trabalho, vez que, diverso modo, ficaria escravizado à empresa, violando-se direitos humanos fundamentais". Ocorre que a Súmula nº 244 do TST dispõe o seguinte: "GESTANTE. ESTABILIDADE PROVISÓRIA. I. O desconhecimento do estado gravídico pelo empregador não afasta o direito ao pagamento da indenização decorrente da estabilidade (art. 10, II, "b" do ADCT). II. A garantia de emprego à gestante só autoriza a reintegração se esta se der durante o período de estabilidade. Do contrário, a garantia restringe-se aos salários e demais direitos correspondentes ao período de estabilidade. III. A empregada gestante tem direito à estabilidade provisória prevista no art. 10, inciso II, alínea "b", do Ato das Disposições Constitucionais Transitórias, mesmo na hipótese de admissão mediante contrato por tempo determinado". O item I da súmula interpreta o disposto no artigo 10, inciso II, alínea "b", do Ato das Disposições Constitucionais Transitórias, que, expressamente, veda a dispensa arbitrária ou sem justa causa da empregada gestante, desde a confirmação da gravidez até cinco meses após o parto. Assim, nos termos da norma constitucional, é assegurada à gestante a estabilidade provisória no emprego desde a confirmação da gravidez até cinco meses após o parto. Tem-se, portanto, que o pedido de demissão só será válido quando feito com a assistência do respectivo sindicato, conforme prevê o artigo 500 da CLT, independentemente da duração do contrato de trabalho. Na hipótese, como o pedido de demissão da reclamante não foi homologado pelo sindicato ou Ministério do Trabalho e Emprego, deve ser considerado inválido (precedentes). Recurso de revista conhecido e provido. (RR nº 22-25.2016.5.09.0001, 2ª Turma do TST, Rel. José Roberto Freire Pimenta. j. 09.08.2017, Publ. 18.08.2017).

"AGRAVO DE INSTRUMENTO EM RECURSO DE REVISTA INTERPOSTO NA VIGÊNCIA DA LEI Nº 13.015/2014. GESTANTE. PEDIDO DE DEMISSÃO. NÃO COMPROVAÇÃO DE VÍCIO DE VONTADE. CONTRATO DE TRABALHO COM DURAÇÃO INFERIOR A UM ANO. EMPREGADA ESTÁVEL. NECESSIDADE DE HOMOLOGAÇÃO DA RESCISÃO CONTRATUAL COM ASSISTÊNCIA SINDICAL OU DE AUTORIDADE COMPETENTE. A discussão dos autos envolve pedido de demissão de empregada gestante, com menos de um ano de contrato de trabalho, sem assistência sindical ou de autoridade competente. É condição essencial para que seja assegurada a estabilidade à reclamante o fato de a gravidez ter ocorrido durante o transcurso do contrato de trabalho, como no caso. O artigo 10, inciso II, alínea "b", do Ato das Disposições Constitucionais Transitórias, que, expressamente, veda a dispensa arbitrária ou sem justa causa da empregada gestante, desde a confirmação da gravidez até cinco meses após o parto. Incidência ainda da Súmula nº 244 do TST. O artigo 500 da CLT, por sua vez, estabelece que o pedido de demissão de empregado estável só é válido quando efetuado com assistência sindical ou autoridade competente. Desse modo, tem-se que, por se tratar de empregada gestante portadora de estabilidade provisória, o reconhecimento jurídico do seu pedido de demissão só se completa com a assistência do Sindicato profissional ou de autoridade competente, independentemente da duração do contrato de trabalho. (precedentes). Agravo de instrumento desprovido". (AIRR - 10228-76.2015.5.12.0025, Relator Ministro: José Roberto Freire Pimenta, Data de Julgamento: 26/04/2017, 2ª Turma, Data de Publicação: DEJT 05/05/2017)

Concepção ocorrida antes do início do contrato

O TST entende que o empregador, ao contratar a empregada grávida, anuiu com essa condição e assumiu o ônus da garantia do emprego nos termos em que estabelece a Constituição Federal no art. 10, II, "b", do ADCT.

Nesse sentido:

> **RECURSO DE REVISTA INTERPOSTO SOB A ÉGIDE DA LEI Nº 13.015/2014 – ESTABILIDADE PROVISÓRIA - GESTANTE – CONTRATO POR PRAZO DETERMINADO – DESCONHECIMENTO DO ESTADO GRAVÍDICO** - 1. A ocorrência de gestação no curso de contrato por prazo determinado não afasta o direito da empregada à estabilidade provisória prevista no art. 10, II, "b", do ADCT. Inteligência da Súmula nº 244, III, do TST. 2. É conferida à gestante a garantia de estabilidade provisória no emprego ainda que a concepção tenha ocorrido antes da contratação. Precedentes. Recurso de Revista conhecido e provido. (TST - RR 1000044-81.2015.5.02.0232 - 8.ª Turma - j. 3/8/2016 - julgado por MARIA CRISTINA IRIGOYEN PEDUZZI)

> **I - AGRAVO DE INSTRUMENTO. RECURSO DE REVISTA INTERPOSTO ANTES DA LEI Nº 13.015/2014. EMPREGADA GESTANTE. ESTABILIDADE PROVISÓRIA. CONTRATO DE EXPERIÊNCIA. GRAVIDEZ ANTERIOR À CONTRATAÇÃO.** Ante a possível violação do art. 10, II, "b", do ADCT, dá-se provimento ao agravo de instrumento. II - RECURSO DE REVISTA INTERPOSTO ANTES DA LEI Nº 13.015/2014. EMPREGADA GESTANTE. ESTABILIDADE PROVISÓRIA. CONTRATO DE EXPERIÊNCIA. GRAVIDEZ ANTERIOR À CONTRATAÇÃO. Nos termos da Súmula nº 244, I e III, do TST, mesmo na hipótese de admissão mediante contrato por tempo determinado, a empregada gestante faz jus à estabilidade provisória disposta no art. 10, II, "b", do ADCT, não afastando tal direito o fato de o empregador desconhecer o estado gravídico da trabalhadora. Ainda conforme entendimento desta Corte Superior, a estabilidade é garantida mesmo na hipótese em que a empregada já se encontrava grávida no momento da contratação. Precedentes. Recurso de revista conhecido e provido. (RR-1002120-45.2013.5.02.0492, 5ª Turma, Relatora Ministra Maria Helena Mallmann, DEJT 4/12/2015)

> **RITO SUMARÍSSIMO. ESTABILIDADE PROVISÓRIA. GESTANTE. CONTRATO DE EXPERIÊNCIA. CONCEPÇÃO OCORRIDA ANTES DO INÍCIO DO CONTRATO DE TRABALHO. CIÊNCIA DO ESTADO GRAVÍDICO PELAS PARTES NO MOMENTO DA CONTRATAÇÃO.** O artigo 10, inciso II, alínea "b", do Ato das Disposições Constitucionais Transitórias veda a dispensa arbitrária da empregada gestante, desde a confirmação da gravidez até cinco meses após o parto. O citado dispositivo da Constituição Federal foi interpretado pela jurisprudência desta Corte, consoante o disposto na Súmula nº 244, item I, do TST, segundo o qual "O desconhecimento do estado gravídico pelo empregador não afasta o direito ao pagamento da indenização decorrente da estabilidade (art. 10, inciso II, alínea 'b', do ADCT)". É condição essencial para que seja assegurada a estabilidade à reclamante o fato de a gravidez ter ocorrido durante o transcurso do contrato de trabalho, não sendo exigido o conhecimento da gravidez pelo empregador. Por outro lado, a jurisprudência prevalecente nesta Corte superior se firmou

no sentido da existência de estabilidade provisória da gestante, mesmo nos contratos por prazo determinado, conforme a nova redação dada ao item III da Súmula nº 244, que assim dispõe: "III. A empregada gestante tem direito à estabilidade provisória prevista no art. 10, inciso II, alínea 'b', do Ato das Disposições Constitucionais Transitórias, mesmo na hipótese de admissão mediante contrato por tempo determinado". No caso concreto, conforme registrado pela Corte Regional, a agravante já estava grávida quando foi contratada para exercer o contrato de experiência. Entretanto, essa condição já era conhecida por ambas as partes desde o momento da contratação. Logo, ainda que a concepção não tenha ocorrido durante o transcurso do contrato de trabalho, o empregador ao contratar a empregada ciente de seu estado gravídico anuiu com essa condição e assumiu o ônus da garantia do emprego nos termos em que estabelece a Constituição Federal. Portanto, o fato de as partes, no momento da contratação, já terem ciência da gravidez da contratada reforça, ainda com mais razão, o direito à estabilidade provisória garantida constitucionalmente. Recurso de revista conhecido e desprovido. (RR nº 0000487-92.2011.5.15.0049, 2ª Turma do TST, Rel. José Roberto Freire Pimenta. unânime, DEJT 22.05.2014).

AGRAVO DE INSTRUMENTO EM RECURSO DE REVISTA. GESTANTE. ESTABILIDADE PROVISÓRIA. CONTRATO DE EXPERIÊNCIA. CONCEPÇÃO ANTES DA CONTRATAÇÃO. Demonstrada possível violação do art. 10, II, b, do ADCT, impõe-se o provimento do agravo de instrumento para determinar o processamento do recurso de revista. Agravo de instrumento provido. II - RECURSO DE REVISTA. GESTANTE. ESTABILIDADE PROVISÓRIA. CONTRATO DE EXPERIÊNCIA. CONCEPÇÃO ANTES DA CONTRATAÇÃO. Nos termos da Súmula 244, III, do TST, a empregada gestante tem direito à estabilidade provisória prevista no art. 10, inciso II, alínea b, do Ato das Disposições Constitucionais Transitórias, mesmo na hipótese de admissão mediante contrato por tempo determinado e gravidez anterior a contratação. Precedentes. Recurso de revista conhecido e provido. (RR nº 0000981-87.2010.5.01.0531, 7ª Turma do TST, Rel. Delaíde Miranda Arantes. unânime, DEJT 20.03.2014).

"RECURSO DE REVISTA. ESTABILIDADE PROVISÓRIA DA EMPREGADA GESTANTE. CONTRATO DE EXPERIÊNCIA. EXAURIMENTO DO PERÍODO DA ESTABILIDADE. GRAVIDEZ ANTES DA CONTRATAÇÃO. A empregada gestante contratada por experiência também tem garantia de estabilidade no emprego, por força do disposto no artigo 10, II, "b", do ADCT e diante da nova redação da Súmula 244, III, do c. TST, mesmo já estando grávida antes da contratação. Constatado o exaurimento do período correspondente à garantia de emprego que era assegurado à reclamante, impõe-se a conversão da obrigação de reintegrar em indenizar. Recurso de revista conhecido e provido" (RR-451-74.2012.5.11.0001, Rel. Min. Aloysio Corrêa da Veiga, 6ª Turma, 26/04/2013.

Estabilidade para quem detiver guarda do filho em caso de falecimento da genitora

O Art. 1º da Lei complementar nº 146/2014 passou a prever que, no caso de a mãe falecer, a estabilidade provisória do art. 10, II, "b", do Ato das Disposições Constitucionais Transitórias, passa para quem ficar com a guarda criança.

> **LEI COMPLEMENTAR Nº 146, DE 25 DE JUNHO DE 2014 - Art. 1º** - O direito prescrito na alínea b do inciso II do art. 10 do Ato das Disposições Constitucionais Transitórias, nos casos em que ocorrer o falecimento da genitora, será assegurado a quem detiver a guarda do seu filho.

Estabilidade para quem ajuizou ação trabalhista após o prazo da estabilidade

O TST já firmou entendimento que a empregada não perde o direito a estabilidade no caso de ajuizamento de ação trabalhista após decorrido o período de garantia de emprego, por se não configurar abuso do exercício do direito de ação, pois esta submete-se apenas ao prazo prescricional doart. 7º, XXIX, da CF/1988.

> **Precedente vinculante do TST**
>
> **OJ n.º 399 da SBDI-1 do TST[4] - ESTABILIDADE PROVISÓRIA. AÇÃO TRABALHISTA AJUIZADA APÓS O TÉRMINO DO PERÍODO DE GARANTIA NO EMPREGO. ABUSO DO EXERCÍCIO DO DIREITO DE AÇÃO. NÃO CONFIGURAÇÃO. INDENIZAÇÃO DEVIDA.** O ajuizamento de ação trabalhista após decorrido o período de garantia de emprego não configura abuso do exercício do direito de ação, pois este está submetido apenas ao prazo prescricional inscrito no art. 7º, XXIX, da CF/1988, sendo devida a indenização desde a dispensa até a data do término do período estabilitário.

Outros julgados sobre o tema:

> **AGRAVO ESTABILIDADE PROVISÓRIA. GESTANTE. AVISO-PRÉVIO. SÚMULA Nº 244, II. NÃO PROVIMENTO.** O artigo 10, II, "b" do ADCT, garante à empregada gestante o direito à estabilidade provisória, desde a confirmação da gravidez até cinco meses após o parto. Nessa esteira, esta colenda Corte consolidou, através da Orientação Jurisprudencial 399 da SBDI-1, o entendimento no sentido de que a demora no ajuizamento da ação não afasta o direito da gestante de receber a indenização de todo o período estabilitário, desde que respeitado, é claro, o prazo prescricional. Ademais, nos termos da

---

4 A orientação jurisprudencial, é a reunião do entendimento consolidado de uma série de acórdãos que adotem idêntica interpretação de preceito jurídico em tese.

Súmula nº 244, a garantia de emprego à gestante somente autoriza a reintegração se esta ocorrer durante o período de estabilidade que, quando exaurido, enseja apenas o pagamento dos salários do período de estabilidade, ou seja, entre a data da dispensa imotivada até o final do período estabilitário. In casu, a Corte Regional consignou que o exame de ultrassom demonstrou que, na data da dispensa, a autora já estava grávida, razão pela qual reconheceu o seu direito à estabilidade provisória, determinando o pagamento de indenização correspondente ao período, conforme o entendimento preconizado na Súmula nº 244, II. Incidência da Súmula 333. Agravo a que se nega provimento. (AG-AIRR nº 10852-71.2016.5.03.0048, 4ª Turma do TST, Rel. Guilherme Augusto Caputo Bastos. j. 05.09.2018, Publ. 14.09.2018).

RECURSO DE REVISTA. ACÓRDÃO REGIONAL PUBLICADO NA VIGÊNCIA DA LEI Nº 13.015/2014. ESTABILIDADE PROVISÓRIA DA GESTANTE. AÇÃO TRABALHISTA AJUIZADA APÓS O TÉRMINO DO PERÍODO DE GARANTIA DE EMPREGO. I. A SBDI-1 desta Corte Superior tem entendimento consagrado em sua Orientação Jurisprudencial nº 399 de que "o ajuizamento de ação trabalhista após decorrido o período de garantia de emprego não configura abuso do exercício do direito de ação, pois este está submetido apenas ao prazo prescricional inscrito no art. 7º, XXIX, da CF/88, sendo devida a indenização desde a dispensa até a data do término do período estabilitário". II. Ao considerar que ao não postular a reintegração ou a indenização substitutiva de imediato, mas apenas após expirado o período estabilitário, a parte Autora renunciou ao seu direito à estabilidade provisória de emprego, a decisão da Corte Regional ofende o art. 10, II, "b", do ADCT. III. Recurso de revista de que se conhece e a que se dá provimento. (RR nº 10846-96.2016.5.15.0091, 4ª Turma do TST, Rel. Alexandre Luiz Ramos. j. 29.08.2018, Publ. 31.08.2018).

Desnecessidade de inquérito judicial para demitir a empregada grávida por justa causa

Segundo entendimento do TST, não há necessidade de ajuizamento de inquérito judicial para apuração de falta grave previsto no art. 853 da CLT para dispensar a empregada gestante por justa causa.

AGRAVO DE INSTRUMENTO EM RECURSO DE REVISTA. ACÓRDÃO PUBLICADO ANTES DA VIGÊNCIA DA LEI Nº 13.015/2014. DISPENSA POR JUSTA CAUSA. INQUÉRITO JUDICIAL PARA APURAÇÃO DE FALTA GRAVE. EMPREGADA GESTANTE. DESNECESSIDADE. O e. TRT considerou "devidamente comprovada nos autos a reiteração do comportamento ensejador da dispensa motivada, bem como a progressão das medidas punitivas aplicadas pela 1ª ré, procurando evitar o rompimento do contrato de trabalho", razão pela qual considerou "evidenciada a quebra de confiança autorizadora da justa causa, com supedâneo no art. 482, alínea e, da CLT". Assim, incide a Súmula nº 126 desta Corte como obstáculo ao exame da alegada contrariedade à Súmula nº 244 do TST, na medida em que seria necessário o reexame do conjunto fático-probatório a fim de se concluir pela incorreção da penalidade aplicada à reclamante. Quanto à necessidade de instauração de inquérito judicial para apuração de falta grave como pressuposto de validade da dispensa por justa causa da gestante, o v. acórdão **está em conformidade com a jurisprudência desta Corte, que já se posicionou no sentido de que o procedimento previsto no art. 853 da CLT não é aplicável às hipóteses de estabilidade provisória**. Incidência da Súmula nº 333 do TST. Agravo de instrumento não provido. TST - AIRR 310-46.2012.5.02.0085 - 8.ª Turma - j. 24/6/2015 - julgado por BRENO MEDEIROS.

INQUÉRITO JUDICIAL PARA APURAÇÃO DE FALTA GRAVE - INTERESSE DE AGIR - EMPREGADA GESTANTE. 1. Consoante o disposto no art. 853 da CLT, reputado violado pelo Agravante, para a instauração do inquérito para apuração de falta grave contra empregado garantido com estabilidade, o empregador apresentará reclamação por escrito à Vara do Trabalho ou Juízo de Direito, dentro de 30 dias, contados da data da suspensão do empregado. 2. No caso, o Regional manteve a sentença que extinguiu o feito sem a resolução de mérito, salientando que afigura-se desnecessário o ajuizamento de inquérito judicial para a apuração de falta grave de empregada gestante, ou seja, portadora de garantia provisória de emprego. 3. O entendimento adotado pelo Regional não viola o art. 853 da CLT invocado no recurso de revista e reiterado no agravo de instrumento, o qual trata do procedimento a ser observado no inquérito a que se refere o art. 494 da CLT, que, por sua vez dispõe apenas sobre a estabilidade decenal. Mesmo se considerarmos que é necessário o ajuizamento de inquérito para a apuração de falta grave cometida por outros empregados estáveis, não há como estender essa exigência para a empregada gestante que apenas detém garantia provisória de emprego. Tampouco resta violado o art. 4º, I, do CPC, uma vez que o Colegiado de origem interpretou de forma razoável a norma contida nesse dispositivo, incidindo o óbice da Súmula 221, II, do TST. 4. No que tange à violação do art. 5º, XXXV, da CF, o apelo não merece prosperar, na medida em que a ofensa ao referido dispositivo é, em regra, reflexa, não atendendo, portanto, a exigência contida no art. 896, "c", da CLT. Agravo de instrumento desprovido. Processo: AIRR - 157740-06.2005.5.15.0001 Data de Julgamento: 11/06/2008.

A incidência da estabilidade prevista no art. 10, II, do Ato das Disposições Constitucionais Transitórias (ADCT) somente exige a anterioridade da gravidez à dispensa sem justa causa.

STF. Plenário. RE 629053/SP, Rel. Min. Marco Aurélio, red. p/ ac. Min. Alexandre de Moraes, julgado em 10/10/2018 (repercussão geral)

Com base nesse entendimento, o Plenário, por maioria, ao apreciar o Tema 497 da repercussão geral, negou provimento ao recurso extraordinário interposto contra acórdão do Tribunal Superior do Trabalho (TST) que, fundado no item I (2) do Verbete 244 da Súmula daquela Corte, assentou que o desconhecimento da gravidez por parte do empregador não exclui o direito ao recebimento da indenização relativa ao período de estabilidade da gestante.

A parte recorrente apontou violação ao art. 10, II, b, do ADCT, sob o argumento, em suma, de que o termo inicial da estabilidade é a confirmação da gravidez, ou seja, a demonstração inequívoca e objetiva da sua existência, por meio de atestado ou laudo médico.

Nos termos do acórdão recorrido, a estabilidade deve ser respeitada mesmo quando, no ato da despedida imotivada, o empregador não tenha ciência da situação, porquanto pertinente a teoria da responsabilidade objetiva, voltada à proteção da maternidade e do nascituro. Ficou consignado o dever de o empregador indenizar a gestante mediante o pagamento dos salários e demais direitos trabalhistas devidos no período.

A controvérsia refere-se à determinação do conteúdo semântico da expressão "confirmação da gravidez": se relacionado a atestado médico ou ao momento da própria concepção.

De início, o Tribunal asseverou que a proteção à maternidade é um direito social previsto pela primeira vez na Constituição Federal de 1988, em seu art. 6º (3). Trata-se de uma norma de proteção material, assegurada pelo direito instrumental da proteção contra a dispensa arbitrária da gestante.

Esse direito tem uma dupla titularidade: da gestante e da criança. A proteção à maternidade leva em conta tanto a mãe quanto o filho. Entre as várias estabilidades que a legislação complementar pode estabelecer, o legislador constituinte fez questão de, nesse caso, já definir o prazo da segurança no emprego, o qual é contado da confirmação da gravidez até cinco meses após o parto.

Durante esse período, garante-se estabilidade econômica e psicológica à gestante para que ela tenha maior proximidade com o filho durante a gravidez e nos cinco meses seguintes.

É preciso fixar interpretação sistemática da Carta Magna, de modo a garantir a máxima efetividade da proteção constitucional à maternidade. Ademais, a estabilidade à empregada gestante assegura também a proteção da família e da criança, inclusive do nascituro, nos termos do arts. 201, II (4); 203, I (5); e 227 (6) da CF e em consonância com a Convenção 103 da Organização Internacional do Trabalho (OIT).

O sentido da norma é proteger o nascituro e assegurar à mãe a permanência no emprego, em situação em que, normalmente, sua empregabilidade seria de maior dificuldade. O ordenamento tutela o nascituro, ainda que o empregador esteja de boa-fé.

Com base nessas premissas, o Colegiado entendeu que a estabilidade da gestante não deve ser condicionada a um aviso formal da existência da gravidez. O que o texto constitucional coloca como termo inicial é a gravidez. Uma vez constatada antes da dispensa arbitrária, incide a garantia, de modo que se mostra irrelevante o momento de sua comprovação, que pode ter ocorrido posteriormente à dispensa.

O único requisito exigido, portanto, é de natureza biológica. Constatado que houve gravidez antes da dispensa arbitrária, fica assegurada a proteção. Exige-se apenas a comprovação de que a gravidez ocorreu antes da dispensa arbitrária, não sendo necessários quaisquer outros requisitos, como o prévio conhecimento do empregador ou da própria gestante. Esse entendimento, aliás, já foi adotado por esta Corte no julgamento do RE 634.093.

Nessa situação, o empregador deve reintegrar a empregada. De todo modo, durante o período do salário-maternidade, é a Previdência quem arcará com o ônus, e não o empregador, o qual não é penalizado desmedidamente.

São direitos irrenunciáveis. O desconhecimento por parte da gestante ou sua própria negligência em juntar uma documentação ou mostrar um atestado não pode prejudicá-la, tampouco pode prejudicar o recém-nascido.

Vencido o ministro Marco Aurélio, que proveu o recurso para assentar que a norma constitucional prevê expressamente a locução "confirmação da gravidez", a qual encerra o momento da descoberta desta, ou seja, do conhecimento pelo empregador. Surge impertinente o elastecimento do conteúdo da expressão citada para abarcar o instante da concepção.

Considerou, em síntese, que a gestante possui direito à estabilidade no emprego desde que o empregador tenha ciência do estado gravídico em momento anterior ao da despedida imotivada.

TÉRMINO DO CONTRATO DE TRABALHO

DISPENSA DISCRIMINATÓRIA

Empregado portador de doença grave – HIV – Ciência dessa condição pelo empregador muitos anos antes da dispensa – Ausência de presunção de dispensa arbitrária e discriminatória

Informativo 184 do TST

TST-E-ED-ARR-185700-05.2008.5.02.0029, SBDI-I, rel. Min. Aloysio Corrêa da Veiga, red. p/ acórdão Min. Alberto Luiz Bresciani de Fontan Pereira

Presume-se discriminatória a despedida de empregado portador do vírus HIV ou de outra doença grave que suscite estigma ou preconceito. Inválido o ato, o empregado tem direito à reintegração no emprego, conforme súmula 443 do TST.

A referida súmula tem o intuito de proteger os trabalhadores que se encontrem em situações de vulnerabilidade, impondo ao empregador uma obrigação negativa, qual seja, a comprovação de que a dispensa não possui contorno discriminatório, buscando, assim, evitar a dispensa do empregado com dificuldades de reinserção no mercado de trabalho e a concretização do comando constitucional da busca do pleno emprego.

Afasta-se a presunção de dispensa arbitrária e discriminatória a que se refere a Súmula nº 443 do TST na hipótese em que a demissão de empregado portador do vírus HIV foi motivada por processo de reestruturação organizacional que ocorreu muitos anos após o empregador ter conhecimento da condição do reclamante.

Dispensa discriminatória

Diz o art. 1º da Lei 9.029/95:

> **Art. 1º** - É proibida a adoção de qualquer prática discriminatória e limitativa para efeito de acesso à relação de trabalho, ou de sua manutenção, por motivo

de sexo, origem, raça, cor, estado civil, situação familiar, deficiência, reabilitação profissional, idade, entre outros, ressalvadas, nesse caso, as hipóteses de proteção à criança e ao adolescente previstas no inciso XXXIII do art. 7º da Constituição Federal.

A jurisprudência do TST vem se manifestando no sentido de que o rol constante da Lei 9.029/95 não é taxativo, mas exemplificativo, podendo o art. 1ª da Lei 9.029/95 ser aplicado em casos em que fique comprovada a conduta discriminatória, assegurando a dignidade da pessoa humana, o valor social do trabalho e bens tutelados pela Constituição Federal.

Nesse sentido:

> **Precedente vinculante do TST**
>
> **Informativo 168 do TST - Dispensa decorrente do ajuizamento de reclamação trabalhista. Prática discriminatória. Art. 1º da Lei nº 9.029/1995. Rol exemplificativo. Reintegração devida.** O rol de práticas consideradas discriminatórias previsto no art. 1º da Lei nº 9.029/1995 sempre foi meramente exemplificativo, mesmo antes da alteração introduzida pela Lei nº 12.146/2015, que somente acrescentou a expressão "entre outros". Ao efetuar a referida modificação, o objetivo do legislador foi apenas deixar evidente o que já estava estabelecido na redação original do dispositivo, ou seja, a vedação a qualquer atitude discriminatória que impeça o acesso ou a manutenção de relação de trabalho. Assim, na hipótese dos autos, em que houve a comprovação da ocorrência de dispensa retaliatória em razão de ajuizamento de reclamatória trabalhista anterior, a SBDI-I, por unanimidade, conheceu dos embargos, por divergência jurisprudencial, e, no mérito, por maioria, deu-lhes provimento para determinar a reintegração do reclamante ao emprego, com o pagamento de todas as verbas devidas no período de afastamento, corrigidas monetariamente e acrescidas de juros (art. 4º, I, da Lei nº 9.029/1995). TST-E-RR-807-35.2013.5.09.0892, SBDI-I, rel. Min. Brito Pereira, 26.10.2017.

Outros julgados sobre o tema:

> **INDENIZAÇÃO. DANOS MATERIAIS. DISPENSA DISCRIMINATÓRIA. REINTEGRAÇÃO.** Concluiu o Tribunal Regional que o fato de ter o autor sido demitido por ter ingressado com ação contra a empresa não caracteriza dispensa discriminatória, nos termos da Lei 9.029/95, porque só aplicado o disposto no art. 4º da referida lei se, no caso concreto, incorrer o empregador nas hipóteses de discriminação previstas no art. 1º, visto que a interpretação do dispositivo é exaustiva. O artigo 1º da Lei 9.029/95, com a redação dada pela Lei nº 13.146/2015, proíbe a adoção de práticas discriminatória quanto ao acesso ou manutenção da relação de emprego. A jurisprudência desta Corte vem se manifestando no sentido de que o rol constante da Lei 9.029/95 não é taxativo, mas enunciativo, podendo ser aplicado em casos em que

fique comprovada a conduta discriminatória, pois no referido dispositivo, quis o legislador ampliar a possibilidade de aplicação, ao resguardar o direito do trabalhador no emprego, assegurando a dignidade da pessoa humana, o valor social do trabalho e bens tutelados pela Constituição Federal. O caso configura típico caso de aplicação do instituto que a doutrina jurídica moderna, sobretudo espanhola, denomina garantia de indenidade, a qual consiste em técnica de proteção do exercício dos direitos fundamentais, na busca da ineficácia dos atos empresariais lesivos a esses direitos dos trabalhadores. O Supremo Tribunal Federal reconhece a relevância da pretensão ligada à garantia de indenidade, ao considerar que, se "de um lado reconhece-se o direito do empregador de fazer cessar o contrato a qualquer momento, sem que esteja obrigado a justificar a conduta, de outro não se pode olvidar que o exercício respectivo há que ocorrer sob a égide legal e esta não o contempla como via oblíqua para se punir aqueles que, possuidores de sentimento democrático e certos da convivência em sociedade, ousaram posicionar-se politicamente, só que o fazendo de forma contrária aos interesses do copartícipe da força de produção" (RE 130206-PA, relator Ministro Ilmar Galvão, DJ de 14.08.1992). (ARR nº 2223-30.2014.5.17.0003, 6ª Turma do TST, Rel. Augusto César Leite de Carvalho. j. 19.10.2016, Publ. 11.11.2016).

Exemplos de dispensa discriminatória

Segundo o TST, a dispensa discriminatória pode ocorrer quando:

(1) O empregado ajuíza a demanda trabalhista com o contrato de trabalho ativo e, logo em seguida, é dispensado.

Precedentes vinculantes do TST

Informativo 4 do TST - Dispensa decorrente do ajuizamento de reclamação trabalhista. Caráter retaliativo e discriminatório. Abuso de direito. Obstáculo à garantia de acesso à justiça. Reintegração. Devida. A dispensa do trabalhador, quando motivada pela não desistência de reclamação trabalhista ajuizada contra o empregador, possui conotação retaliativa e discriminatória, configurando abuso de direito e obstáculo à garantia de acesso à justiça. Com base nessa premissa, a SBDI-I, por unanimidade, conheceu dos embargos, por divergência jurisprudencial, e, no mérito, deu-lhes provimento para, decretada a nulidade dos atos de despedimento, condenar a reclamada à reintegração do autor, bem como ao pagamento dos salários e demais vantagens referentes ao período de afastamento. Na espécie, ressaltou o Ministro relator que o exercício do direito potestativo de denúncia vazia do contrato de trabalho sofre limites em razão dos princípios da função social da propriedade e da dignidade da pessoa humana, e dos valores sociais do trabalho, revelando-se aviltante a conduta da Infraero quando, cumprindo ameaças, demitiu os empregados públicos que não desistiram da ação em que pleiteavam adicionais de insalubridade e periculosidade. TST-E-RR-7633000-19.2003.5.14.0900, SBDI-I, rel. Min. Ives Gandra da Silva Martins Filho, 29.3.2012.

Informativo 168 do TST - Dispensa decorrente do ajuizamento de reclamação trabalhista. Prática discriminatória. Art. 1º da Lei nº 9.029/1995. Rol exemplificativo. Reintegração devida. O rol de práticas consideradas discriminatórias previsto no art. 1º da Lei nº 9.029/1995 sempre foi meramente exemplificativo, mesmo antes da alteração introduzida pela Lei nº 12.146/2015, que somente acrescentou a expressão "entre outros". Ao efetuar a referida modificação, o objetivo do legislador foi apenas deixar evidente o que já estava estabelecido na redação original do dispositivo, ou seja, a vedação a qualquer atitude discriminatória que impeça o acesso ou a manutenção de relação de trabalho. Assim, na hipótese dos autos, em que houve a comprovação da ocorrência de dispensa retaliatória em razão de ajuizamento de reclamatória trabalhista anterior, a SBDI-I, por unanimidade, conheceu dos embargos, por divergência jurisprudencial, e, no mérito, por maioria, deu-lhes provimento para determinar a reintegração do reclamante ao emprego, com o pagamento de todas as verbas devidas no período de afastamento, corrigidas monetariamente e acrescidas de juros (art. 4º, I, da Lei nº 9.029/1995). TST-E-RR–807-35.2013.5.09.0892, SBDI-I, rel. Min. Brito Pereira, 26.10.2017.

Outros julgados:

"RECURSO DE REVISTA INTERPOSTO NA VIGÊNCIA DA LEI Nº 13.015/2014. DISPENSA DISCRIMINATÓRIA. RETALIAÇÃO PELO AJUIZAMENTO DE AÇÃO TRABALHISTA. REINTEGRAÇÃO. A Lei nº. 9.029/95, em seu artigo 1º, proíbe a adoção de práticas discriminatórias quanto ao acesso ou manutenção da relação de emprego. Embora o dispositivo se refira a discriminação por "motivo de sexo, origem, raça, cor, estado civil, situação familiar ou idade", doutrina e jurisprudência têm entendido que se trata de menção unicamente exemplificativa, a autorizar a aplicação do art. 8º da CLT, para o efeito de reconhecer outras situações de discriminação. Isso se deve ao fato de que a própria Constituição Federal, em seus artigos 3º, IV, 5º, caput, I, VIII, XVII, XX e XLI, 7º, XXX, XXXI e XXXII, veda outras práticas de discriminação. A CLT, em seu art. 373-A, também repele formas de discriminação ao trabalho da mulher, devendo ser acrescentado que a Súmula nº 443 desta Corte é igualmente exemplo de interpretação ampliativa do art. 1º da Lei n º 9.029/95, ao consolidar o entendimento de ser presumível a dispensa discriminatória de empregado portador de HIV. No caso, ficou constatado o abuso do direito potestativo do empregador em dispensar empregados, como meio de punição/retaliação ao ajuizamento de ação trabalhista. Esta Corte, nessas circunstâncias, tem identificado a dispensa discriminatória, a ensejar o direito do empregado à reintegração, nos termos do art. 4º, I, da Lei nº 9.029/95. Recurso de revista conhecido e provido [...] (RR - 10425-06.2014.5.03.0061, Relator Desembargador Convocado: Paulo Marcelo de Miranda Serrano, Data de Julgamento: 22/06/2016, 6ª Turma, Data de Publicação: DEJT 24/06/2016)

"**RECURSO DE REVISTA INTERPOSTO NA VIGÊNCIA DA LEI Nº 13.015/2014. DISPENSA DISCRIMINATÓRIA. RETALIAÇÃO PELO AJUIZAMENTO DE AÇÃO TRABALHISTA. REINTEGRAÇÃO.** A Lei nº. 9.029/95, em seu artigo 1º, proíbe a adoção de práticas discriminatórias quanto ao acesso ou manutenção da relação de emprego. Embora o dispositivo se refira a discriminação por "motivo de sexo, origem, raça, cor, estado civil, situação familiar ou idade", doutrina e jurisprudência têm entendido que se trata de menção unicamente exemplificativa, a autorizar a aplicação do art. 8º da CLT, para o efeito de reconhecer outras situações de discriminação. Isso se deve ao fato de que a própria Constituição Federal, em seus artigos 3º, IV, 5º, caput, I, VIII, XVII, XX e XLI, 7º, XXX, XXXI e XXXII, veda outras práticas de discriminação. A CLT, em seu art. 373-A, também repele formas de discriminação ao trabalho da mulher, devendo ser acrescentado que a Súmula nº 443 desta Corte é igualmente exemplo de interpretação ampliativa do art. 1º da Lei n º 9.029/95, ao consolidar o entendimento de ser presumível a dispensa discriminatória de empregado portador de HIV. No caso, ficou constatado o abuso do direito potestativo do empregador em dispensar empregados, como meio de punição/retaliação ao ajuizamento de ação trabalhista. Esta Corte, nessas circunstâncias, tem identificado a dispensa discriminatória, a ensejar o direito do empregado à reintegração, nos termos do art. 4º, I, da Lei nº 9.029/95. Recurso de revista conhecido e provido. (RR - 10425-06.2014.5.03.0061, Relator Desembargador Convocado: Paulo Marcelo de Miranda Serrano, Data de Julgamento: 22/06/2016, 6ª Turma, Data de Publicação: DEJT 24/06/2016)

Esse contexto retaliativo ao direito de ação atraiu a importação da "garantia de indenidade" ao direito brasileiro, instituto que decorre da necessidade de observância de comportamento ético e em conformidade com a boa-fé objetiva ("treu und glauben") por todos os contratantes.

O seu objeto de incidência ocorre com o ajuizamento de uma ação judicial, quando o direito de uma parte passa a ser exercido como uma forma de "retaliação" pelo simples acionamento do Poder Judiciário pela parte contrária, em busca de um determinado direito, garantia fundamental de todo e qualquer cidadão (art. 5º, XXXV, da CFRB/88).

É isso que se passa com uma dispensa promovida pelo empregador pelo simples fato do empregado ter ingressado com um processo trabalhista. Não se pode admitir que o simples ajuizamento de uma demanda seja capaz de gerar uma discriminação injustificada, devendo ser assegurada a "indenidade" (integridade) do contrato de trabalho, conforme já reconheceu o TST e o STF, adotando ensinamentos do Direito Espanhol. Por todos:

RECURSO DE REVISTA DA RECLAMANTE. MIGRAÇÃO DE PLANO. RENÚNCIA DE AÇÕES. CEF. IMPOSIÇÃO REGULAMENTAR DE DESISTÊNCIA DE AÇÕES JUDICIAIS. PRINCÍPIO DA INAFASTABILIDADE DA JURISDIÇÃO. GARANTIA DE INDENIDADE. Cinge-se a controvérsia à eficácia de que condicionaram a adesão ao novo PCS da CEF à exigência de renúncia aos direitos nos quais se fundam as ações judiciais que já estavam em tramitação e as que, porventura, fossem ajuizadas. O caso configura típico caso de aplicação do instituto que a doutrina jurídica moderna, sobretudo espanhola, denomina garantia de indenidade, a qual consiste em técnica de proteção do exercício dos direitos fundamentais, na busca da ineficácia dos atos empresariais lesivos a esses direitos dos trabalhadores. O Supremo Tribunal Federal reconhece a relevância da pretensão ligada à garantia de indenidade, ao considerar que, se "de um lado reconhece-se o direito do empregador de fazer cessar o contrato a qualquer momento, sem que esteja obrigado a justificar a conduta, de outro não se pode olvidar que o exercício respectivo há que ocorrer sob a égide legal e esta não o contempla como via oblíqua para se punir aqueles que, possuidores de sentimento democrático e certos da convivência em sociedade, ousaram posicionar-se politicamente, só que o fazendo de forma contrária aos interesses do co-partícipe da força de produção" (RE 130206-PA, relator Ministro Ilmar Galvão, DJ de 14/8/1992). Há precedentes. Nesse contexto, entende-se que norma interna, exigindo a renúncia do direito de ação para reivindicar parcelas decorrentes do contrato do trabalho em face da adesão ao novo PCS da reclamada, revela-se cláusula abusiva a qual consubstancia obstáculo ao direito-garantia constitucional de acesso ao Judiciário, insculpido no seu art. 5º, inciso XXXV. Recurso de revista conhecido e provido. (ARR - 377-22.2011.5.05.0195, Relator Ministro: Augusto César Leite de Carvalho, Data de Julgamento: 18/04/2018, 6ª Turma, Data de Publicação: DEJT 20/04/2018)

(2) O empregado for portador de doença grave estigmatizante:

Não é suficiente que o empregado seja portador de uma doença grave, sendo imperioso que ela provoque estigma. Acerca do conceito de "doença estigmatizante", trazemos à colação considerações pertinentes da doutrina[1]:

> "Pensamos, todavia, que o termo 'estigmatizar', verbo derivado de 'estigma', mais do que este último traz a informação adequada e precisa, inclusive em sua especificidade, à compreensão do quanto contido em algumas das decisões de nosso tribunais [...].
>
> [...] a atitude do indivíduo que estigmatiza, poderia ser correspondente à daquele que discrimina, posto que tanto em uma como em outra hipótese, um pré-juízo é estabelecido (juízo = avaliação, estimativa, opinião) por parte

1 GUALAZZI, Alexandre Augusto; "AIDS" e Direito do Trabalho: questões de direito material e processual; São Paulo: LTr, 2005, pp. 87-89.

do agente, no sentido de que, se o indivíduo considerado porta determinada marca, sinal ou tem certas características, inclusive morfológicas ou físicas, isto só pode se dar em virtude de um passado ou origens nebulosas e pouco recomendáveis. Como, por exemplo, o ostentar o espectro do acometido por AIDS, ou do 'aidético'. [...].

É, todavia, da pretensão ao xingamento com o emprego de expressões que aludem a uma determinada condição de saúde, que resulta de forma clara a associação de idéias. Ou seja, entre a doença, e a má qualidade ou falta de caráter do ofendido.

Neste passo mister seria lembrar que tais vicissitudes que ainda hoje atingem a espécie humana, remontam à Idade Média, quando, como lembra Foucault: 'o leproso era alguém que, logo que descoberto, era expulso do espaço comum, posto fora dos muros da cidade, exilado em algum lugar confuso onde ia misturar a sua lepra à lepra dos outros. O mecanismo de exclusão era o mecanismo do exílio, da purificação do espaço urbano. Medicalizar alguém era mandá-lo para fora e, por conseguinte, purificar os outros. A medicina era uma medicina de exclusão'.

[...]

Antiga portanto, e como se vê, a tendência dos indivíduos em imprecarem contra outrem mediante a inculcação de adjetivo que denota condição mórbida de saúde.

É, ainda, no referente à 'marcação' ou à 'sinalização' física do indivíduo, em que, por vezes, se ressaltava sua condição de inferior, de pária, a justificar a ação excludente e discriminatória."

(2.1) Empregado portador do vírus HIV (TST, SUM 443)

Precedentes vinculantes do TST

TST, SUM 443 - DISPENSA DISCRIMINATÓRIA. PRESUNÇÃO. EMPREGADO PORTADOR DE DOENÇA GRAVE. ESTIGMA OU PRECONCEITO. DIREITO À REINTEGRAÇÃO. Presume-se discriminatória a despedida de empregado portador do vírus HIV ou de outra doença grave que suscite estigma ou preconceito. Inválido o ato, o empregado tem direito à reintegração no emprego.

Informativo 112 do TST - Dispensa discriminatória. Portador do vírus HIV. Estigma ou preconceito. Presunção relativa. Súmula nº 443 do TST. Nos termos da Súmula nº 443 do TST, presume-se discriminatória a despedida de empregado portador do vírus HIV ou de outra doença grave que suscite estigma ou preconceito, cabendo ao empregador comprovar que o motivo da dispensa não possui relação com a enfermidade. Na espécie, não se cogitou de desconhecimento do estado de saúde da reclamante pela reclamada. Além da ciência do estado de saúde da reclamante, não se identificou no acórdão do Tribunal Regional do Trabalho da 2ª Região qualquer motivação de ordem técnica a justificar a dispensa, apenas se podendo detectar momento de fragilidade física e emocional decorrentes da moléstia, conforme relatado por perita. Sob esses fundamentos, a SBDI-1, por unanimidade, conheceu dos embargos, por contrariedade à Súmula nº 443 do TST, e, no mérito, deu-lhes provimento para, reputando discriminatória a dispensa da reclamante ocorrida em 11/10/2008, declarar nulo o ato de dispensa sem justa causa e determinar a sua reintegração ao trabalho, com pagamento dos salários vencidos e vincendos, inclusive PLR's, 13° salários e férias mais 1/3, com as respectivas dobras eventualmente cabíveis, desde a ilícita dispensa até a efetiva reintegração, acrescidos dos reajustes legais, normativos, espontâneos e promocionais. TST-E-ED-RR-1129-60.2010.5.02.0082, SBDI-I, rel. Min. Márcio Eurico Vitral Amaro, 25.6.2015.

(2.2) Empregado portador de tuberculose

Precedente vinculante do TST

Informativo 115 do TST - Dispensa discriminatória. Presunção. Empregado portador de tuberculose. Súmula n° 443 do TST. A SBDI-I, por maioria, conheceu dos embargos, por contrariedade à Súmula nº 443 do TST e, no mérito, por unanimidade, deu-lhes **provimento para reconhecer o caráter discriminatório da dispensa sem justa causa de empregada portadora de tuberculose**. Na hipótese, a Subseção reformou decisão turmária que não conhecera do recurso de revista sob o fundamento de que a presunção prevista na Súmula nº 443 do TST não se aplica ao caso em que o vínculo foi mantido por mais de seis anos após a empresa ter ciência da doença, não houve afastamento do trabalho para tratamento de saúde, nem a percepção de benefício previdenciário, não havia incapacidade de ordem psiquiátrica ao tempo da dispensa e muito menos nexo causal com as condições laborais. Prevaleceu o entendimento de que, sendo incontroverso que a reclamada sabia que a reclamante era portadora de tuberculose, não há base legal para se exigir, como requisitos para a comprovação da dispensa discriminatória, a imediatidade da despedida, a redução da capacidade laboral, o afastamento para tratamento de saúde, a concessão de auxílio-doença ou o nexo causal entre a enfermidade e o trabalho realizado. Ademais, a fundamentação da Corte regional, endossada pela Turma do TST, adotou posicionamento diametralmente oposto aos termos da Súmula nº 443 do TST, pois reputou à reclamante o ônus de comprovar a discriminação alegada. Vencidos os Ministros João Oreste Dalazen, Ives Gandra Martins Filho, Aloysio Corrêa da Veiga, Márcio Eurico Vitral Amaro e Cláudio Mascarenhas Brandão. TST-E-ED-RR-65800-46.2009.5.02.0044, SBDI-I, rel. Min. Walmir Oliveira da Costa, 9.3.2017

(2.3) Empregado portador de neoplasia maligna - Câncer

RECURSO ORDINÁRIO EM MANDADO DE SEGURANÇA. DISPENSA DISCRIMINATÓRIA. PRESUNÇÃO. EMPREGADO PORTADOR DE

NEOPLASIA MALIGNA - CÂNCER DE PRÓSTATA. REINTEGRAÇÃO E RESTABELECIMENTO DO PLANO DE SAÚDE. PRESENÇA DOS PRESSUPOSTOS DO ARTIGO 300 DO CÓDIGO DE PROCESSO CIVIL/2015 DEMONSTRADOS. Trata-se de mandado de segurança impetrado contra decisão proferida nos autos da reclamação trabalhista que indeferiu o pedido de tutela de urgência para reintegrar imediatamente o reclamante, ora impetrante, ao emprego. Na esteira de inúmeros precedentes que fundamentam a Súmula nº 443/TST e do atual entendimento desta SBDI-2/TST, presume-se discriminatória a despedida de empregado que padece de neoplasia maligna. Tal presunção, entretanto, não é absoluta e pode ser afastada em caso de robusto acervo probatório em sentido contrário. No caso concreto, verifica-se dos autos que o empregado foi admitido em 31/7/2004 nos quadros da litisconsorte e que a dispensa sem justa causa foi comunicada em 3/3/2017, com aviso prévio indenizado de 66 (sessenta e seis dias), cujo término ocorreu em 8/5/2017. Os documentos e os laudos médicos anexados nos autos demonstraram que: em consulta na Fundação FIAT, a qual incontroversamente é constituída e mantida pela contratante, foi solicitado ao empregado consulta com o urologista, em 8/12/2016; nos exames de sangue para verificação do nível do antígeno prostático específico (PSA) demonstraram a avançada concentração desse antígeno, em 24/11/2016, exame repetido em 7/3/2017; o laudo médico foi conclusivo no sentido de que o impetrante desenvolveu adenocarcinoma acinar invasivo da próstata (CID-10: C61) (neoplasia maligna da próstata), em 29/03/2017. Estabelecidas tais premissas, tem-se que a situação se amolda ao entendimento desta Corte Superior (Súmula nº 443 e desta eg. SBDI-2) no sentido de que é discriminatória a dispensa de empregado portador de neoplasia maligna, razão pela qual razoável o direito afirmado na ação mandamental. Dessa forma, a concessão da segurança para reintegrar o impetrante revelou-se correta, atendendo aos requisitos do art.300doCPC/15, pois demonstrados a probabilidade do direito e o perigo do dano ou o risco ao resultado útil do processo, a sinalizar para a necessidade de preservação do emprego enquanto não houver solução definitiva de mérito. Precedentes específicos desta Subseção-2. Concessão da segurança mantida. Recurso ordinário conhecido e não provido. (RO - 10869-23.2017.5.03.0000, Relatora Ministra: Maria Helena Mallmann, Data de Julgamento: 02/10/2018, Subseção II Especializada em Dissídios Individuais, Data de Publicação: DEJT 05/10/2018)

RECURSO ORDINÁRIO EM MANDADO DE SEGURANÇA. (...) TUTELA PROVISÓRIA DE URGÊNCIA DEFERIDA NA RECLAMAÇÃO TRABALHISTA. REINTEGRAÇÃO DE PORTADORA DE NEOPLASIA MALIGNA. EMPREGADA PÚBLICA EM COMISSÃO. AUSÊNCIA DE ILEGALIDADE. 1. Mandado de segurança impetrado contra decisão interlocutória de deferimento de tutela provisória de urgência, na qual determinada a reintegração de empregada pública em comissão portadora de neoplasia maligna, dispensada no primeiro dia útil seguinte ao retorno da licença para tratamento de saúde. 2. O mandado de segurança é a ação prevista no art. 5º,

LXIX, da Constituição Federal, disciplinado na Lei 12.016/2009, visando a proteger direito líquido e certo, não amparado por habeas corpus ou habeas data, quando o responsável pela ilegalidade ou abuso de poder for autoridade pública ou agente de pessoa jurídica no exercício de atribuições do Poder Público. A concessão do writ está condicionada à demonstração de ato ilegal ou abusivo da autoridade coatora e do direito líquido e certo da Impetrante. 3. In casu, a autoridade coatora pontuou que a Litisconsorte passiva é portadora de neoplasia maligna, deferindo a reintegração com fulcro na diretriz da Súmula 443 do TST. 4. A eventual descaracterização da enfermidade que acomete a Litisconsorte passiva como doença que causa estigma ou preconceito, em ordem a afastar a incidência da diretriz da Súmula 443 do TST, é providência que reclama o exame aprofundado da controvérsia, com dilação probatória, insuscetível de viabilização no mandado de segurança. Causa perplexidade o fato de a empregada ter ficado afastada por longo tempo (mais de um ano), ter sido submetida a mastectomia, cirurgia reparatória e tratamento quimioterápico, e no primeiro dia útil após a alta do INSS ter sido dispensada. A circunstância de se tratar de emprego público em comissão, de caráter precário, em nada altera essa conclusão. Afinal, a compreensão sedimentada no referido verbete sumular foi construída em interpretação da Lei 9.029/1995 e dos arts. 1º, III e IV, 3º, IV, 5º, caput e XLI, e 7º, XXX, da Carta de 1988, em julgamentos de causas entre empregados e empresas em que também não havia estabilidade dos trabalhadores. Desse modo, por ora, demonstrada a probabilidade de que o direito invocado na reclamação trabalhista realmente exista, ao lado do periculum in mora, não há espaço para concessão da segurança e cassação da tutela de urgência deferida no feito originário. Convém ter presente que num dos precedentes que deram origem à Súmula 443 do TST foi examinada polêmica que envolve a dispensa de empregada portadora de neoplasia maligna, reconhecendo a Turma do TST o direito da trabalhadora à reintegração. 5. Segurança denegada. Recurso ordinário conhecido e parcialmente provido. (RO - 1000370-87.2017.5.02.0000, Relator Ministro: Douglas Alencar Rodrigues, Subseção II Especializada em Dissídios Individuais, DEJT 31/8/2018)

RECURSO DE REVISTA EM FACE DE DECISÃO PUBLICADA NA VIGÊNCIA DA LEI Nº 13.015/2014. DISPENSA DISCRIMINATÓRIA. NEOPLASIA MALIGNA (CÂNCER). CARACTERIZAÇÃO. DOENÇA QUE GERA ESTIGMA. SÚMULA Nº 443 DO TST. A Súmula nº 443 do TST estabelece presunção de discriminação na ruptura contratual quando o empregado apresenta doença grave, que suscite estigma ou preconceito. À luz de tal verbete, nesses casos, há inversão do ônus da prova e incumbe ao empregador comprovar ter havido outro motivo para a dispensa. No caso, não obstante a constatação de ser o autor portador de neoplasia maligna (câncer na pele da orelha e do conduto auditivo externo), o Tribunal Regional reconheceu que não houve dispensa discriminatória, sob o argumento de que a enfermidade não ocasionou anormalidades anatômicas ou alterações visíveis, aptas a configurar estigma ou preconceito. Sucede que a própria moldura fática do acórdão recorrido permite concluir em sentido contrário, cabendo esclarecer não se tratar do revolvimento de fatos e provas, mas, apenas, do correto enquadramento jurídico dos fatos ali consignados. Isso porque, constou no julgado que a empregadora tinha a exata ciência da gravidade da doença que acometia o reclamante, inclusive, da necessidade de tratamento contínuo ao qual deveria ser submetido. Ficou registrado também que, poucos meses antes da dispensa, o trabalhador foi submetido à cirurgia, com afastamento do trabalho por quinze dias, e que, de acordo com laudo médico (de agosto/2012), necessitaria de "tratamento trimestral por período não inferior a cinco anos". Por fim, a Corte de origem anotou que "os documentos de fls. 57/66 e 73 revelaram que a doença desencadeou uma série de problemas psicológicos (transtornos de ansiedade, episódio depressivo, transtorno afetivo bipolar, episódio hipomaníaco), os quais resultaram em alguns afastamentos do trabalho, corroborados pelas anotações dos cartões de ponto" e que, "mesmo ausente qualquer motivo disciplinar, técnico, econômico ou financeiro", o empregador dispensou o obreiro "como se nada estivesse acontecendo". Ora, diante do contexto narrado, é possível perceber que a doença adquirida pelo trabalhador se amolda, sem dúvida, aos parâmetros da mencionada súmula, pois, em razão da gravidade que lhe é inerente e das consequências dela advindas, pode ser comumente associada a estigmas ou preconceitos. Outrossim, a ausência de motivos disciplinares, técnicos ou financeiros é condição que agrava a presunção do caráter discriminatório da medida. Precedentes. É de se ressaltar, ainda, que o exercício da atividade econômica, premissa legitimada em um sistema capitalista de produção, está condicionado pelo artigo 170 da Constituição à observância dos princípios nele enumerados, entre os quais se incluem a valorização do trabalho humano, a existência digna, de acordo com a justiça social (caput) e a função social da propriedade (inciso III), este último perfeitamente lido como função social da empresa. Desse modo, merece reparo a decisão regional. Recurso de revista conhecido e provido. (RR - 1213-97.2013.5.15.0113, Relator Ministro: Cláudio Mascarenhas Brandão, Data de Julgamento: 08/08/2018, 7ª Turma, Data de Publicação: DEJT 17/08/2018)

"**AGRAVO DE INSTRUMENTO. RECURSO DE REVISTA. PROCESSO SOB A ÉGIDE DA LEI 13.015/2014 E ANTERIOR À LEI 13.467/2017 1. PRELIMINAR DE NULIDADE PROCESSUAL POR NEGATIVA DE PRESTAÇÃO JURISDICIONAL. NÃO CONFIGURAÇÃO. 2. DISPENSA DISCRIMINATÓRIA. PRESUNÇÃO. EMPREGADO PORTADOR DE DOENÇA GRAVE - CÂNCER. ESTIGMA OU PRECONCEITO. 3. DANO MORAL DECORRENTE DA DISPENSA DISCRIMINATÓRIA. MATÉRIA FÁTICA. SÚMULAS 126 E 443/TST. 4. HONORÁRIOS ADVOCATÍCIOS. APELO DESFUNDAMENTADO. SÚMULA 422/TST**. Presume-se discriminatória a ruptura arbitrária do contrato de trabalho, quando não comprovado um motivo justificável, em face de circunstancial debilidade física do empregado. Esse entendimento pode ser abstraído do contexto geral de normas do nosso ordenamento jurídico, que entende o trabalhador como indivíduo inserto numa sociedade que vela pelos valores sociais do trabalho, pela dignidade da pessoa humana e pela função social da propriedade (arts. 1º, III e IV e 170, III e VIII, da CF). Não se olvide, outrossim, que faz parte do compromisso do Brasil, também na ordem internacional (Convenção 111 da OIT), o rechaçamento a toda forma de discriminação no âmbito laboral. Na esteira desse raciocínio, foi editada a Súmula 443/TST, que delimita a pacificação da jurisprudência trabalhista nesse aspecto, com o seguinte teor: 'Presume-se discriminatória a despedida de empregado portador do vírus HIV ou de outra doença grave que suscite estigma ou preconceito. Inválido o ato, o empregado tem direito à reintegração no emprego'. No caso concreto, consta do acórdão recorrido que '(-) a reclamante informou, na inicial, que foi diagnosticada com neoplasia maligna de mama, em março de 2014, tendo realizado diversos tratamentos (cirurgia, quimioterapia e radioterapia) e permanecido afastada em benefício previdenciário até 24/03/2016, vindo a ser despedida sem justa causa, em 21/12/2016, quando ainda em tratamento para a plena recuperação do câncer. (-) a defesa da reclamada tangencia a questão, esgrima contra a hipótese de nexo ocupacional, inexistência de óbice para o exercício da atividade, etc. Entretanto, não opõe qualquer razão para a dispensa (redução de pessoal, cessação de atividade e/ou setor, etc). O silêncio faz supor a dispensa da reclamante e não de outro empregado porque ela foi portadora e ainda depende de acompanhamento médico pela hipótese de tornar a ser vítima da ação agressiva à saúde.' Nesse contexto, e uma vez que a Reclamada não comprovou os motivos apontados para a dispensa, a Corte de origem concluiu ter havido discriminação e arbitrariedade na dispensa da Autora, porquanto a ruptura contratual ocorreu fora dos limites do direito potestativo do empregador. Diante do quadro fático delineado no acórdão recorrido, considera-se correta a decisão regional, porque em consonância com os termos da Súmula 443/TST. Outrossim, para que se pudesse chegar a conclusão fática diversa, necessário seria o revolvimento do conjunto probatório constante dos autos, propósito insuscetível de ser alcançado nesta fase processual, diante do óbice da Súmula 126/TST. Agravo de instrumento desprovido." (AIRR-20060-24.2017.5.04.0531, Relator Ministro: Mauricio Godinho Delgado, 3ª Turma, DEJT 18/05/2018);

(2.4) Empregado portador de hanseníase

I- RECURSO DE REVISTA DA RECLAMADA. RECURSO DE REVISTA INTERPOSTO ANTES DA LEI Nº 13.015/2014. DISPENSA DISCRIMINATÓRIA. EMPREGADA PORTADORA DE DOENÇA GRAVE. HANSENÍASE. SÚMULA 443/TST In casu, o TRT registra expressamente que "não logrou a Reclamada comprovar as alegações que teriam motivado a dispensa(administrativo-financeiros) ônus de sua incumbência, uma vez que, em prestígio ao princípio da aptidão da prova, possui melhores condições de demonstrar a inexistência de discriminação do que a própria vítima (trabalhadora).". Não se desvencilhando a reclamada do ônus que lhe competia, qual seja, de provar que não foi discriminatória a dispensa de empregado acometido de doença grave e estigmatizante, conclui-se que está correta a decisão do Regional que a condenou ao pagamento em dobro dos salários, em perfeita consonância com a Súmula 443 desta Corte Superior. Recurso de revista não conhecido. INDENIZAÇÃO POR DANOS MORAIS. RESPONSABILIDADE CIVIL DA EMPRESA. DISPENSA DISCRIMINATÓRIA. DOENÇA ESTIGMATIZANTE. HANSENÍASE Embora a reclamada sustente que não cometeu qualquer ato que ensejasse sua condenação em indenização por danos morais, extrai-se da moldura fática delineada pelo Tribunal Regional que a conduta foi discriminatória, tendo o TRT enfatizado a confissão da empresa nos seguintes termos: "a preposta da Consignante confessou a divulgação dos sobreditos cartazes, no refeitório, bem como que uma técnica de segurança da empresa comunicara, por microfone, acerca da doença e seu tratamento, haja vista que "funcionários, de fato, procuraram a empresa informando que não gostariam mais de trabalhar próximos da mesma (Reconvinte) em razão de que não queriam ser contaminados." (fls. 133) Queda patente, assim, a comprovação do aviltamento à integridade moral da Recorrente". Considerando que a conduta discriminatória da empresa repercutiu na esfera íntima e social da empregada, conclui-se que o TRT promoveu a correta aplicação dos artigos 186, 927 do Código Civil, 818 da CLT e 333 do CPC. Recurso de revista não conhecido. QUANTUM INDENIZATÓRIO. A matéria atinente ao valor fixado a título de danos morais será apreciada no exame do recurso de revista da autora. ..]INDENIZAÇÃO. REMUNERAÇÃO EM DOBRO REFERENTE AO PERÍODO DE AFASTAMENTO. TERMO FINAL. O TRT condenou a reclamada ao pagamento em dobro da remuneração do período de afastamento, desde a dispensa até a decisão que determinou a dispensa arbitrária. Com razão a Corte Regional. Nos termos da Súmula 28 do TST: "no caso de se converter a reintegração em indenização dobrada, o direito aos salários é assegurado até a data da primeira decisão que determinou essa conversão". Precedentes. Recurso de revista não conhecido (RR - 796-79.2011.5.07.0003, Relatora Ministra: Maria Helena Mallmann, Data de Julgamento: 26/09/2018, 2ª Turma, Data de Publicação: DEJT 28/09/2018)

(2.6) Empregado portador de hepatite C

RECURSO DE REVISTA. PROCESSO SOB A ÉGIDE DA LEI 13.015/2014. 1. DISPENSA DISCRIMINATÓRIA. HEPATITE C. MATÉRIA FÁTICA. SÚMULA 126/TST. Presume-se discriminatória a ruptura arbitrária do contrato de trabalho, quando não comprovado um motivo justificável, em face de circunstancial debilidade física do empregado. Esse entendimento pode ser abstraído do contexto geral de normas do nosso ordenamento jurídico, que entende o trabalhador como indivíduo inserto numa sociedade que vela pelos valores sociais do trabalho, pela dignidade da pessoa humana e pela função social da propriedade (arts. 1º, III e IV e 170, III e VIII, da CF). Não se olvide, outrossim, que faz parte do compromisso do Brasil, também na ordem internacional (Convenção 111 da OIT), o rechaçamento a toda forma de discriminação no âmbito laboral. Na esteira desse raciocínio, foi editada a Súmula 443/TST, que delimita a pacificação da jurisprudência trabalhista neste aspecto, com o seguinte teor: "Presume-se discriminatória a despedida de empregado portador do vírus HIV ou de outra doença grave que suscite estigma ou preconceito. Inválido o ato, o empregado tem direito à reintegração no emprego". No caso concreto, o TRT consignou que o Reclamante, admitido em 16.06.2008, era portador de doença grave e causadora de estigma (hepatite C) - tendo sido diagnosticado em 17.02.2011, sendo que tal fato era de conhecimento de todos na empresa - e foi dispensado em 12.12.2011 sem qualquer justificativa pela Reclamada, o que, nos termos da Súmula 443 desta Corte, faz presumir o seu caráter discriminatório. Ficou ainda registrado que "a Reclamada não procedeu ao desligamento do reclamante por motivos de ordem disciplinar ou técnica uma vez que os depoimentos colhidos nos autos demonstram que este era um bom empregado e a sua função na empresa apesar de temporariamente vacante foi reativada pela contratação de outro encarregado para o setor há cerca de um ano". Com efeito, entender de maneira diversa demandaria o revolvimento do contexto fático-probatório dos autos, o que não se coaduna com a natureza extraordinária do recurso de revista (Súmula 126/TST). Precedentes. Recurso de revista não conhecido no tópico. (RR - 883-29.2012.5.04.0732, Relator Ministro: Mauricio Godinho Delgado, 3ª Turma, DEJT 19/2/2016)

AGRAVO DE INSTRUMENTO EM RECURSO DE REVISTA. NEGATIVA DE PRESTAÇÃO JURISDICIONAL. DISPENSA DISCRIMINATÓRIA. HEPATITE -C-. MULTA POR EMBARGOS PROTELATÓRIOS. DESPACHO MANTIDO POR SEUS PRÓPRIOS FUNDAMENTOS. A despeito das razões expostas pela parte agravante, merece ser mantido o despacho que negou seguimento ao Recurso de Revista, pois subsistentes os seus fundamentos. No mais, constata-se do acórdão recorrido que o reconhecimento do ato discriminatório coaduna-se com o entendimento jurisprudencial predominante nesta Corte sobre a matéria, a qual caminha no sentido de que a discriminação, na hipótese dos autos - portador de hepatite -c-, assim como aquelas que envolvem portadores de HIV, esquizofrenia, cardiopatia, entre outras doenças graves, é presumida, cabendo ao empregador a comprovação de que a dispensa não ocorreu em decorrência da enfermidade acometida pelo empregado. Precedentes. Agravo de Instrumento conhecido e não provido. (AIRR - 16200-54.2012.5.17.0005, Relatora Ministra: Maria de Assis Calsing, 4ª Turma, DEJT 17/10/2014)

RECURSO DE REVISTA. DISPENSA DE EMPREGADA PORTADORA DE "HEPATITE C". SÚMULA Nº 443 DO C. TST. MOTIVAÇÃO PARA A DISPENSA INEXISTENTE. PRESUNÇÃO DE DISCRIMINAÇÃO NÃO AFASTADA. A dispensa arbitrária de empregado portador de doença grave, considerada como tal aquela estigmatizante ou que gere preconceito, presume-se como abuso de direito e, por corolário, ato ilícito (artigo 187 do CC), na medida em que vai de encontro aos princípios da dignidade da pessoa humana, do valor social do trabalho e da função social da empresa (artigos 1º, III e IV, e 170, caput e III, da Constituição Federal). Admite-se, por outro lado a dispensa de portador de doença grave quando não arbitrária, a qual se dá, nos termos do artigo 165 da CLT, quando por motivo disciplinar, técnico, econômico ou financeiro. Em havendo dispensa por justa causa, como o motivo disciplinar consta da rescisão contratual, não caberá falar em presunção de dispensa discriminatória. Na hipótese de despedida sem justa causa, por outro lado, a prova de que a dispensa não foi arbitrária, pois fundada em motivo técnico, econômico ou financeiro, incumbe ao empregador, por ser fato impeditivo do direito pretendido pelo reclamante, bem como em face do princípio da aptidão para a prova. Daí por que se presume discriminatória a mera dispensa sem justa causa de portador de doença grave (Súmula nº 443 do c. TST). No caso dos autos, o fato de que a comunicação da dispensa se deu antes de a autora ter informado à empregadora que era portadora de Hepatite C não justifica a dispensa imotivada e, portanto, não tem o condão de afastar a presunção de discriminação. Ainda, não há informação no sentido de que eventual reestruturação organizacional noticiada tenha tornado inviável a permanência do reclamante na empresa, situação que justificaria a dispensa por motivo técnico. Dessa forma, não tendo a reclamada comprovado que a dispensa da reclamante se deu por algum dos motivos constantes do artigo 165 da CLT, presume-se discriminatória a dispensa ocorrida, fazendo jus a autora à reintegração no emprego, com o pagamento dos salários vencidos e vincendos do período de afastamento. Recurso de revista conhecido e provido. (RR - 979-71.2013.5.02.0083, Relator Ministro: Aloysio Corrêa da Veiga, 6ª Turma, DEJT 19/12/2016)

AGRAVO DE INSTRUMENTO EM RECURSO DE REVISTA. 1. (...). 3. DISPENSA DISCRIMINATÓRIA. DOENÇA GRAVE. MATÉRIA FÁTICA. SÚMULA 126, DO C. TST. INDENIZAÇÃO POR DANO MORAL. DECISÃO EM CONSONÂNCIA COM A SÚMULA 443, DO C. TST. ÓBICE DO ARTIGO 896, § 7º, DA CLT E DA SÚMULA 333, DO C. TST. VIOLAÃO AOS ARTIGOS 5º, II, E 7º, XXII, DA LEI MAIOR E 168, DA CLT, NÃO CONFIGURADA. O E. Tribunal de Origem, por meio do minucioso e detalhado exame do conjunto probatório produzido nos autos, assentou ser o autor portador de hepatite C, doença crônica e, encontrando-se em fase grave, e que a reclamada tinha plena ciência das condições precárias do estado de saúde do demandante. Dessa forma, reputou a C. Corte Regional que o exame demissional realizado não era compatível com o estado de saúde do trabalhador e que a reclamada deveria zelar por programas de saúde e medicina do trabalho, inclusive com o encaminhamento do autor à Previdência Social, o que não foi feito. Trata-se, pois, de exame dos elementos fáticos e probatórios encartados aos autos, campo em que o E. Regional é soberano e, portanto, de impossível reanálise por esta C. Corte (súmula 126, do C. TST). O entendimento adotado pelo E. Regional, em verdade, está em total consonância com a jurisprudência desta C. Corte, cristalizada na súmula 443, razão pela qual o trânsito do recurso de revista encontra óbice no artigo 896, § 7º, da CLT e na súmula 333, do C. TST. Incólumes os artigos 5º, II e 7º, XXII, da Constituição Federal e 168, da CLT. (...). (AIRR - 63800-43.2009.5.15.0131, Relatora Desembargadora Convocada: Jane Granzoto Torres da Silva,, 8ª Turma, DEJT 14/8/2015)

RECURSO DE REVISTA. (...). DISPENSA DE EMPREGADO PORTADOR DE HEPATITE C - ATO DISCRIMINATÓRIO (violação ao artigo 5º, II, da CF/88, 818, da CLT, 1º, da Lei nº 9.029/95 e 168, da CLT). Não se admite violação aos dispositivos legais indicados quando constatado que o Tribunal Regional decidiu a controvérsia em consonância com a jurisprudência dominante nesta Corte em casos desta natureza, presumindo-se o ato discriminatório na dispensa de empregados portadores de doenças graves, tais como hepatite C, HIV, esquizofrenia, cardiopatia, entre outras, cabendo ao empregador a comprovação de que a dispensa não foi motivada pela enfermidade acometida ao obreiro. Recurso de revista não conhecido. **REINTEGRAÇÃO AO EMPREGO - EMPREGADO PORTADOR DE HEPATITE C** (violação ao artigo 5º, II, da CF/88, 156, do CC, 168, da CLT, Norma Regulamentadora nº 07 do Ministério do Trabalho e divergência jurisprudencial). Não demonstrada a violação à literalidade de preceito constitucional, dispositivo de lei federal ou a existência de teses diversas na interpretação de um mesmo dispositivo legal, não há que se determinar o seguimento do recurso de revista com fundamento nas alíneas -a- e -c- do artigo 896 da Consolidação das Leis do Trabalho. Recurso de revista não conhecido. (...). DISPENSA DISCRIMINATÓRIA - DANO MORAL (violação aos artigos 5º, II, da CF/88, 818, da CLT, e divergência jurisprudencial). O princípio da legalidade insculpido no inciso II do artigo 5º da CF/88, mostra-se como norma constitucional correspondente a princípio geral do nosso ordenamento jurídico, pelo que a violação ao preceito invocado não será direta e literal, como exige a alínea "c" do artigo 896 da CLT, em face da subjetividade que cerca o seu conceito. Inadmissível o recurso de revista fundamentado em divergência jurisprudencial quando constatado que os arestos paradigmas revelam-se inespecíficos (Súmula nº 296 desta Corte), e oriundos de Turmas do STJ. Recurso de revista não conhecido. (...). (RR - 189000-12.2003.5.06.0005, Relator Ministro: Renato de Lacerda Paiva,, 2ª Turma, DEJT 13/4/2012)

(2.7) Empregado dependente químico

RECURSO DE REVISTA. ACÓRDÃO PUBLICADO NA VIGÊNCIA DA LEI Nº 13.015/2014. REINTEGRAÇÃO. DISPENSA DISCRIMINATÓRIA. DEPENDENTE QUÍMICO. ÔNUS DA PROVA. Reportando-se à fundamentação da decisão impugnada, vê-se que o não reconhecimento do caráter discriminatório da dispensa fora sedimentado no pilar de que houve ausência de prova de que o ato fora discriminatório, ônus que se advertiu seria do reclamante. Do teor da Súmula nº 443 do TST se constata a possibilidade de presumir-se discriminatória a dispensa sem justa causa do empregado portador de patologia grave que suscite estigmas ou preconceitos. Não é demais advertir que a dita presunção milita em favor do empregado, sabidamente hipossuficiente na relação empregatícia, situação agravada na hipótese de acometimento de grave moléstia. Nesta trilha, sendo tal presunção juris tantum, possui esta Corte firme entendimento no sentido de que cabe ao empregador o ônus de demonstrar que a dispensa decorreu de motivo legítimo, alheio a fator discriminatório relacionado à doença do empregado. Precedentes. Ademais, ao analisar casos em que o empregado é dependente químico, este Tribunal tem reconhecido o caráter grave da patologia, sendo sua dispensa discriminatória, na esteira do que preleciona a Súmula 443 do TST. Precedentes. Desse modo, sendo incontroverso nos autos, por meio de prova documental, que foram solicitados 15 dias de afastamento do autor, a partir de 23/09/2013, por motivo de doença, e que no dia 26/09/2013 houve o encaminhamento do obreiro para internação em clínica para tratamento de dependentes químicos, forçoso reconhecer a natureza discriminatória da dispensa, nos exatos termos do que preleciona a Súmula 443 do TST. Recurso de revista conhecido e provido. [...] (RR - 10524-33.2014.5.15.0031, Relator Ministro: Breno Medeiros, Data de Julgamento: 28/02/2018, 5ª Turma, Data de Publicação: DEJT 09/03/2018)

AGRAVO DE INSTRUMENTO. RECURSO DE REVISTA. PROCESSO SOB A ÉGIDE DA LEI 13.015/2014 E ANTERIOR À LEI 13.467/2017. 1. HORAS EXTRAS. INIDONEIDADE DOS CARTÕES DE PONTO. APURAÇÃO COM BASE NA JORNADA INDICADA NA EXORDIAL. MATÉRIA FÁTICA. SÚMULA 126/TST. 2. DESCONTOS INDEVIDOS. AUSÊNCIA DE COMPROVAÇÃO DOS DANOS ALEGADOS. MATÉRIA FÁTICA. SÚMULA 126/TST. 3. INDENIZAÇÃO POR DANO MORAL DECORRENTE DA DISPENSA DISCRIMINATÓRIA. DEPENDÊNCIA QUÍMICA. ALCOOLISMO. DESRESPEITO AOS PRINCÍPIOS FUNDAMENTAIS DA DIGNIDADE DA PESSOA HUMANA, DA INVIOLABILIDADE PSÍQUICA (ALÉM DA FÍSICA) DA PESSOA HUMANA, DO BEM-ESTAR INDIVIDUAL (ALÉM DO SOCIAL) DO SER HUMANO, TODOS INTEGRANTES DO PATRIMÔNIO MORAL DA PESSOA FÍSICA. DANO MORAL CARACTERIZADO. INCIDÊNCIA, ADEMAIS, DA SÚMULA 126/TST, RELATIVAMENTE AOS FATOS EXPLICITADOS NO ACÓRDÃO. 4. JUSTA CAUSA. NÃO CONFIGURAÇÃO. MATÉRIA FÁTICA. SÚMULA 126/TST. 5. VALOR ARBITRADO A TÍTULO DE DANO MORAL. ART. 896, § 1º-A, I, DA CLT. EXIGÊNCIA DE TRANSCRIÇÃO DOS FUNDAMENTOS EM QUE SE IDENTIFICA O PREQUESTIONAMENTO DA MATÉRIA OBJETO DE RECURSO DE REVISTA. ÓBICE ESTRITAMENTE PROCESSUAL. A Constituição da República veda, firmemente, prática discriminatória no contexto da sociedade política (Estado) e da sociedade civil, inclusive no âmbito empresarial e empregatício (art. 3º, IV, in fine, CF). Nessa linha, o TST editou a Súmula 443, mencionando a presunção de discriminação relativamente à dispensa de trabalhadores portadores de doença grave que suscite estigma ou preconceito. Com efeito, presume-se discriminatória a ruptura arbitrária do contrato de trabalho, quando não comprovado um motivo justificável, em face de circunstancial debilidade física, psíquica e moral decorrente da síndrome de dependência do álcool, que, regra geral, é vista com preconceito e discriminação no seio da sociedade. Por sua vez, hodiernamente, o alcoolismo é considerado uma doença pela Organização Mundial da Saúde (OMS), formalmente reconhecida pelo Código Internacional de Doenças (CID - referência F-10.2), e se recomenda que o assunto seja tratado como matéria de saúde pública. Saliente-se, entretanto, que a presunção de ilegalidade do ato de dispensa do empregado portador de doença grave, ressoante na jurisprudência trabalhista, não é absoluta, sob risco de se criar uma nova espécie de estabilidade empregatícia totalmente desvinculada do caráter discriminatório que se quer reprimir. Assim, torna-se possível que a denúncia vazia do contrato de trabalho seja considerada legal e não se repute discriminatório o ato de dispensa do empregado dependente químico. Essa prova é ônus da empresa (Súmula 443), e não do trabalhador. Na hipótese, o Tribunal Regional, analisando com zelo e minúcia o conjunto fático-probatório produzido nos autos, manteve a sentença no sentido de que a dispensa do Obreiro teve cunho preconceituoso e discriminatório, não tendo a Reclamada se desincumbido do ônus de elidir a presunção fixada pela Súmula 443/TST. De fato, o contexto probatório delineado no acórdão regional, insuscetível de revisão nesta esfera recursal de natureza extraordinária - a teor da Súmula 126/TST -, revela abusividade por parte da Reclamada quando da dispensa do Reclamante. Em síntese, a presunção fixada pela Súmula 443 do TST não foi elidida pelo conjunto probatório dos autos, conforme explicitação realizada pelo TRT. Registre-se, ainda, que a conquista e afirmação da dignidade da pessoa humana não mais podem se restringir à sua liberdade e intangibilidade física e psíquica, envolvendo, naturalmente, também a conquista e afirmação de sua individualidade no meio econômico e social, com repercussões positivas conexas no plano cultural - o que se faz, de maneira geral, considerado o conjunto mais amplo e diversificado das pessoas, mediante o trabalho e, particularmente, o emprego. O direito à indenização por dano moral encontra amparo no art. 5º, V e X, da Constituição da República e no art. 186 do CCB/2002, bem como nos princípios basilares da nova ordem constitucional, mormente naqueles que dizem respeito à proteção da dignidade humana, da inviolabilidade (física e psíquica) do direito à vida, do bem-estar individual (e social), da segurança física e psíquica do indivíduo, além da valorização do trabalho humano. O patrimônio moral da pessoa humana envolve todos os bens imateriais, consubstanciados em princípios. Afrontado esse patrimônio moral, em seu conjunto ou em parte relevante, cabe a indenização por dano moral, deflagrada pela Constituição de 1988. No caso dos autos, frise-se que é inequívoco o dano moral sofrido pelo Reclamante, pois a caracterização da dispensa discriminatória é ato ilícito suficiente para violar seu patrimônio moral, consubstanciado em direitos da personalidade que visam resguardar sua incolumidade física e psíquica (art. 1º, III, 5º, V e X, da CF/88; e 186 e 927 do CCB). Ademais, para divergir da conclusão adotada pela Corte de origem, seria necessário o revolvimento de fatos e provas, o que é defeso nesta sede recursal, conforme já mencionado, nos termos da Súmula 126/TST. Como se sabe, no sistema processual trabalhista, o exame da matéria fática dos autos é atribuição da Instância Ordinária, quer pelo Juiz de Primeiro Grau, quer pelo TRT. Sendo o recurso de revista um apelo de caráter extraordinário, em que se examinam potenciais nulidades, a interpretação da ordem jurídica e as dissenções decisórias em face da jurisprudência do TST, somente deve a Corte Superior Trabalhista se imiscuir no assunto fático se houver manifestos desajustes ou contradições entre os dados fáticos expostos e a decisão tomada, o que não é o caso dos autos. Agravo de instrumento desprovido. (AIRR - 168-07.2013.5.05.0511, Relator Ministro: Mauricio Godinho Delgado, Data de Julgamento: 20/03/2018, 3ª Turma, Data de Publicação: DEJT 23/03/2018)

I - AGRAVO DE INSTRUMENTO EM RECURSO DE REVISTA. EMPREGADO DEPENDENTE QUÍMICO. DISPENSA DISCRIMINATÓRIA. PRESUNÇÃO. Demonstrada possível contrariedade à Súmula 443 do TST, impõe-se o provimento do agravo de instrumento, para determinar o processamento do recurso de revista. Agravo de instrumento provido. **II - RECURSO DE REVISTA. EMPREGADO DEPENDENTE QUÍMICO. DISPENSA DISCRIMINATÓRIA. PRESUNÇÃO.** 1. Caso em que a Corte de origem imputou ao reclamante, portador de doença grave que suscita estigma ou preconceito (dependência química), o ônus da prova quanto à natureza discriminatória da dispensa. 2. Decisão que contraria os termos da Súmula 443 do TST, segundo a qual "Presume-se discriminatória a despedida de empregado portador do vírus HIV ou de outra doença grave que suscite estigma ou preconceito". 3. Uma vez reconhecida a natureza discriminatória da dispensa do reclamante, faz ele jus ao recebimento da remuneração relativa ao período de afastamento em dobro, nos moldes do art. 4º, II, da Lei 9.029/95, bem como à indenização por danos morais, no valor de R$ 10.000,00. Recurso de revista conhecido e parcialmente provido. (RR nº 2525-61.2012.5.15.0140, 2ª Turma do TST, Rel. Delaíde Miranda Arantes. j. 14.12.2016, Publ. 19.12.2016).

(2.8) Empregado portador de insuficiência renal crônica

AGRAVO REGIMENTAL EM AGRAVO DE INSTRUMENTO. LEI 13.015/2014. DISPENSA DISCRIMINATÓRIA. DOENÇA GRAVE. INSUFICIÊNCIA RENAL CRÔNICA. A Constituição Federal colocou a pessoa humana no ápice do Estado Democrático de Direito e no centro das relações jurídicas, para, concretamente, assegurar a sua dignidade. Mesmo considerando os custos do funcionamento do sistema, a Carta Magna, por incentivar a livre iniciativa, os equilibra e compensa com uma série de vantagens para as empresas. De um lado, protege e incentiva a livre iniciativa geradora de empregos e investimentos, mas, de outro, determina o respeito à dignidade da pessoa humana e o valor social do trabalho, num sistema de freios e contrapesos. Pois bem, é incontroverso nos autos que o autor possui doença grave, qual seja, insuficiência renal crônica. O Tribunal Superior do Trabalho, por meio da Súmula nº 443, uniformizou o entendimento de que, na hipótese de o empregado ser portador de doença grave, como portadores do vírus HIV, câncer, dependência química, etc, se o empregado apresenta sinais de doença que suscite estigma ou preconceito, o empregador estará naturalmente impedido de dispensá-lo, à exceção de motivo que justifique a dispensa, sob pena de presumir-se discriminação. Desse modo, visando à proteção dos trabalhadores que se encontrem em situações de vulnerabilidade, impõe-se ao empregador uma obrigação negativa, qual seja, a comprovação de que a dispensa não possui contorno discriminatório, buscando, assim, assegurar a proteção da dispensa do empregado com dificuldades de reinserção no mercado de trabalho e a concretização do comando constitucional da busca do pleno emprego (art. 170, VIII, da CF). Nesse contexto, não há como deixar de concluir que, além dos indícios de pleno conhecimento da empresa quanto ao estado de saúde do autor e da sua condição no momento da despedida, a empresa não apresentou prova concreta de motivação distinta da condição do autor. A pessoa acometida de doença grave ou estigmatizante não pode ser dispensada em virtude de sua condição, pois isso é o que emana da Constituição Federal e pode ser observado pelos princípios da valorização do trabalho e do emprego, justiça social, subordinação da propriedade à sua função e bem-estar individual e social, dentre tantos outros. Inúmeros princípios constitucionais ficariam esvaziados se um caso como o dos autos não tivesse uma solução concreta. Estando a decisão regional em plena sintonia com a atual, notória e iterativa jurisprudência desta Corte Uniformizadora, o conhecimento do recurso de revista por divergência jurisprudencial encontra óbice na Súmula nº 333 deste Tribunal e no artigo 896, § 7º, da CLT. Por outro lado, tendo o Regional concluído com apoio na interpretação das provas a respeito da dispensa discriminatória, correta a decisão que deferiu o pleito de indenização por danos morais, arbitrada em valor razoável. Para se concluir de modo contrário, como pretende a recorrente, implicaria o revolvimento do quadro fático-probatório delineado nos autos, hipótese vedada nesta instância recursal, nos termos da Súmula nº 126 do TST. Agravo regimental conhecido e desprovido. (AgR-AIRR - 312-16.2014.5.02.0030, Relator Ministro: Alexandre de Souza Agra Belmonte, Data de Julgamento: 26/09/2018, 3ª Turma, Data de Publicação: DEJT 28/09/2018)

(3) Empregado que sofre acidente de trabalho e é dispensado logo após o retorno do INSS

Precedente vinculante do TST

Informativo 115 do TST - Recurso ordinário em mandado de segurança. Antecipação de tutela. Reintegração ao emprego. Trabalhadora dispensada logo após retornar de afastamento previdenciário. Ato da empresa tido

como tratamento discriminatório. Exercício abusivo do direito. Inexistência de direito líquido e certo à cassação da decisão antecipatória. Recurso ordinário em mandado de segurança impetrado contra decisão interlocutória de antecipação dos efeitos da tutela, na qual determinada a reintegração de empregada dispensada sem justa causa vinte e um dias após retornar de licença para tratamento de saúde. O ato tido como coator foi exarado com fundamento na possível conduta discriminatória da empresa, que rompeu o vínculo empregatício tão logo a empregada recebeu alta do INSS, após recuperação de suposto acidente sofrido nas dependências da empresa. A ideia central da dignidade da pessoa humana, tal como referida no Texto Constitucional, não se compadece com tratamentos discriminatórios. O exercício abusivo do direito de rescisão do contrato de trabalho, porque ilícito, não pode produzir efeitos válidos. Ademais, não obstante a empresa tenha de suportar as despesas com o pagamento dos salários até o julgamento final da causa, é certo que se beneficiará da prestação de serviços da empregada durante o período. Ressalte-se que a ruptura do vínculo de emprego traduz dano de difícil reparação para a trabalhadora, na medida em que o prejuízo financeiro sofrido renova-se e é agravado mês a mês, atingindo a subsistência da empregada e de sua família. Não há falar, portanto, em ofensa a direito líquido e certo da empresa à cassação da decisão antecipatória. TST-RO-5588-92.2013.5.15.0000, SBDI-II, rel. Min. Douglas Alencar Rodrigues, 25.8.2015.

4. Programa de desligamento incentivado baseado em tempo de serviço

"(...) **2. SOCIEDADE DE ECONOMIA MISTA. BANESTES. PROGRAMA DE DESLIGAMENTO INCENTIVADO BASEADO EM TEMPO DE SERVIÇO. DISPENSA DISCRIMINATÓRIA. ABUSO DO DIREITO POTESTATIVO. NÃO CONHECIMENTO.** O fundamento utilizado pela egrégia Corte Regional para manter a condenação ao pagamento de indenização foi exclusivamente a demissão discriminatória, em razão do tempo de serviço, que obstou o direito da reclamante de requerer o benefício de aposentadoria antecipada pelo Plano de Benefícios da Fundação Banestes bem como o de preencher os requisitos necessários à integralidade da suplementação de aposentadoria. Ficou consignado, ainda, ser nítido que a dissolução do contrato teve o intuito de prejudicar a reclamante na aquisição de direitos, que passariam a existir, caso o contrato de trabalho continuasse em vigor, o que não é passível de reforma nesta fase recursal, ao teor da Súmula nº 126. Precedentes. Nesse contexto, não há utilidade no debate da questão sob o enfoque do direito ou não de estabilidade prevista no artigo 41 da Constituição Federal nem da obrigatoriedade ou não de motivação do ato de sociedade de economia mista. Fica, portanto, afastada a pretensão de conhecimento do recurso com base na alegada contrariedade à Súmula nº 390, II e à Orientação Jurisprudencial nº 247, I e na ofensa ao artigo 173, § 1º, da Constituição Federal. Recurso de revista de que não se conhece. (...)" (ARR-72900-30.2010.5.17.0002, 5ª Turma, Relator Ministro: Guilherme Augusto Caputo Bastos, DEJT 02/12/2016).

Nulidade da dispensa discriminatória - Pedido de reintegração

A dispensa discriminatória é considerada um ato abusivo do empregador (art. 187, CC), pois vai de encontro aos princípios da dignidade da pessoa humana, do valor social do trabalho e da função social da empresa (artigos 1º, III e IV, e 170, caput e III, da Constituição Federal).

> **CF, Art. 1º** A República Federativa do Brasil, formada pela união indissolúvel dos Estados e Municípios e do Distrito Federal, constitui-se em Estado Democrático de Direito e tem como fundamentos:
>
> III - a dignidade da pessoa humana;
>
> IV - os valores sociais do trabalho e da livre iniciativa;

> **CF, Art. 170.** A ordem econômica, fundada na valorização do trabalho humano e na livre iniciativa, tem por fim assegurar a todos existência digna, conforme os ditames da justiça social, observados os seguintes princípios:
>
> III - função social da propriedade;

Caso ocorra a dispensa discriminatória, o ordenamento jurídico respalda o pronunciamento da nulidade da dispensa do empregado, embasado na constatação de ter o empregador exercido abusivamente o direito de romper o contrato.

Nestes casos, o empregado pode postular:

(1) A reintegração com ressarcimento integral de todo o período de afastamento; ou

> **Lei 9.029/95, Art. 4º** - O rompimento da relação de trabalho por ato discriminatório, nos moldes desta Lei, além do direito à reparação pelo dano moral, faculta ao empregado optar entre:
>
> **I** - a reintegração com ressarcimento integral de todo o período de afastamento, mediante pagamento das remunerações devidas, corrigidas monetariamente e acrescidas de juros legais;

(2) A percepção, em dobro, dos salários do período de afastamento se não pretender mais retornar mais ao emprego.

> **Lei 9.029/95, Art. 4º** - O rompimento da relação de trabalho por ato discriminatório, nos moldes desta Lei, além do direito à reparação pelo dano moral, faculta ao empregado optar entre:
>
> **II** - a percepção, em dobro, da remuneração do período de afastamento, corrigida monetariamente e acrescida dos juros legais.

O pagamento em dobro da remuneração do período de afastamento é da data dispensa discriminatória até a decisão que determinou a dispensa arbitrária. Nesse sentido, a Súmula 28 do TST dispõe que:

> "no caso de se converter a reintegração em indenização dobrada, o direito aos salários é assegurado até a data da primeira decisão que determinou essa conversão".

> **Precedente vinculante do TST**
>
> **Informativo 180 do TST - Dispensa discriminatória. Conversão da readmissão em indenização dobrada. Art. 4º, II, da Lei nº 9.029/1995. Incidência da Súmula nº 28 do TST.** A Súmula nº 28 do TST, que, no caso de conversão da reintegração em indenização dobrada, garante o direito aos salários até a data da primeira decisão que determinou a referida conversão, aplica-se também à hipótese de rompimento da relação de trabalho por ato discriminatório, a que se refere o art. 4º da Lei nº 9.029/1995. A tese consagrada na referida súmula diz respeito aos efeitos concretos da conversão de qualquer reintegração em indenização, independentemente de seus motivos determinantes, pois o fato jurídico relevante, que delimita o marco temporal para o pagamento do salário, é a inexistência da relação de emprego e da contraprestação de serviços, o que ocorreu, no caso, com a prolação da sentença condenatória que deferiu a indenização substitutiva da readmissão (inciso II do art. 4º da Lei nº 9.029/1995). TST-E-ED-RR-941-95.2010.5.01.0017, SBDI-I, rel. Min. Aloysio Corrêa da Veiga, 7.6.2018.

Outras decisões do TST sobre o tema:

> **RECURSO DE REVISTA. DISPENSA DISCRIMINATÓRIA. INDENIZAÇÃO EM DOBRO REFERENTE AO PERÍODO DE AFASTAMENTO. TERMO FINAL.** A jurisprudência desta Corte, consubstanciada na Súmula nº 28, possui o entendimento de que a indenização prevista no art. 4º, II, da Lei nº 9.029/95 deve ser limitada ao período de afastamento, que compreende desde a data da rescisão contratual até a data da primeira decisão que reconheceu a dispensa discriminatória. Recurso de revista conhecido e provido. (RR nº 20094-49.2015.5.04.0731, 8ª Turma do TST, Rel. Dora Maria da Costa. j. 08.08.2018, Publ. 10.08.2018).

> **[...] INDENIZAÇÃO. REMUNERAÇÃO EM DOBRO REFERENTE AO PERÍODO DE AFASTAMENTO. TERMO FINAL.** Nos termos da Súmula 28 do TST: "no caso de se converter a reintegração em indenização dobrada, o direito aos salários é assegurado até a data da primeira decisão que determinou essa conversão". Recurso de revista conhecido e provido. INDENIZAÇÃO POR DANOS MATERIAIS. PARCELA ÚNICA. A decisão regional foi mantida, em relação à previdência social, em respeito aos limites da pretensão recursal do reclamado. Na hipótese, o reclamado foi condenado ao pagamento de indenização por danos materiais pela perda de uma chance, tendo em vista a

aposentadoria antecipada da autora. Nestes termos, não sendo o caso de pensionamento, imperioso que o montante seja pago em parcela única. Recurso de revista não conhecido. [...] (RR nº 41800-57.2010.5.17.0002, 8ª Turma do TST, Rel. Márcio Eurico Vitral Amaro. j. 22.11.2017, Publ. 01.12.2017).

[..] **4. DISPENSA DISCRIMINATÓRIA. INDENIZAÇÃO EM DOBRO PREVISTA NA LEI Nº 9.029/95. TERMO FINAL. PROVIMENTO.** O egrégio Tribunal Regional considerou, como marco final do período de afastamento, o trânsito em julgado da r. sentença, que reconheceu a dispensa discriminatória. Tal entendimento está dissonante da Súmula nº 28, segundo a qual o direito aos salários é assegurado até a data da primeira decisão que determinou a conversão da reintegração em indenização e não a data do seu trânsito em julgado. Recurso de revista de que se conhece e a que se dá provimento. (...)" (ARR-72900-30.2010.5.17.0002, 5ª Turma, Relator Ministro: Guilherme Augusto Caputo Bastos, DEJT 02/12/2016).

[...] **RECURSO DE REVISTA DA RECLAMANTE - DISPENSA DISCRIMINATÓRIA - LEI Nº 9.029/1995 - PERÍODO DE AFASTAMENTO**. A dispensa discriminatória assegura ao empregado uma de duas possibilidades, a reintegração com o ressarcimento integral de todo o período de afastamento ou o pagamento em dobro da remuneração do período de afastamento, nos termos do art. 4º, I e II, da Lei nº 9.029/95. No caso de pagamento de indenização em dobro, o período de afastamento é aquele compreendido entre a data da rescisão contratual e a data da primeira decisão reconhecendo a dispensa discriminatória. Incide a Súmula nº 28 do TST. Recurso de revista da reclamante não conhecido. (...)" (RR- 92100-02.2010.5.17.0009, 7ª Turma, Relator Ministro: Luiz Philippe Vieira de Mello Filho, DEJT 21/10/2016).

Dispensa discriminatória - Indenização por danos morais

O empregado pode ainda, pleitear uma indenização por danos morais como faculta o "caput" do art. 4º da Lei 9.029/95.

Lei 9.029/95, Art. 4º - O rompimento da relação de trabalho por ato discriminatório, nos moldes desta Lei, além do **direito à reparação pelo dano moral,** faculta ao empregado optar entre:

O dano moral ocorre quando for violado um dos direitos de personalidade, como a honra, intimidade, dignidade, imagem, causando ao seu titular sofrimento, vexame, humilhação etc. conforme determinado pelos arts. 223-B e 223-C.

João Oreste Dalazen[2] conceitua o dano moral trabalhista como:

2 Processo n. RR - 299-68.2013.5.03.0080

Dano moral trabalhista é o agravo ou o constrangimento moral infligido quer ao empregado, quer ao empregador, mediante a violação de direitos ínsitos à personalidade, como consequência da relação de emprego. Não se identifica, pois, necessariamente, com qualquer infração da legislação trabalhista, visto que tal implicaria banalizar e retirar seriedade ao instituto.

Dispensa discriminatória - Ônus da prova

Quanto ao ônus da prova, o TST entende que deve ser aplicado a distribuição dinâmica, ou seja, apesar do art. 818, I da CLT determinar que cabe ao reclamante provar os fatos constitutivos do seu direito, o ônus probatório deve ser transferido para o empregador com base no § 1º do art. 818 da CLT, que possui a seguinte redação:

> **§ 1°** Nos casos previstos em lei ou diante de peculiaridades da causa relacionadas à impossibilidade ou à excessiva dificuldade de cumprir o encargo nos termos deste artigo ou à maior facilidade de obtenção da prova do fato contrário, poderá o juízo atribuir o ônus da prova de modo diverso, desde que o faça por decisão fundamentada, caso em que deverá dar à parte a oportunidade de se desincumbir do ônus que lhe foi atribuído.

Assim, tratando-se de ação trabalhista que tenha pedido de reintegração em virtude de dispensa discriminatória, o TST entende que a dispensa se presume discriminatória, cuidando-se de presunção relativa, cabendo a empresa reclamada provar o contrário durante a instrução processual, ante sua melhor aptidão para demonstrar eventuais outras motivações para dispensa.

Nesse sentido:

> [...] Segundo a diretriz perfilhada pela Súmula nº 443 do TST, "presume-se discriminatória a despedida de empregado portador do vírus HIV ou de outra doença grave que suscite estigma ou preconceito". No caso concreto, não restou evidenciada a existência de doença grave que suscite estigma ou preconceito capaz de autorizar o reconhecimento do caráter discriminatório da dispensa de forma presumida e a inversão do ônus da prova. Por conseguinte, ausente a prova efetiva da prática de qualquer conduta discriminatória vedada pelo art. 1º da Lei nº 9.029/95, não há falar em nulidade da dispensa. Recurso de revista conhecido e provido. Recurso de revista conhecido e provido. Processo: ARR - 1744-32.2014.5.09.0012 Data de Julgamento: 26/09/2018, Relatora Ministra: Dora Maria da Costa, 8ª Turma, Data de Publicação: DEJT 28/09/2018.

> [..] Na hipótese de despedida sem justa causa, por outro lado, a prova de que a dispensa não foi arbitrária, pois fundada em motivo técnico, econômico ou financeiro, incumbe ao empregador, por ser fato impeditivo do direito

pretendido pelo reclamante, bem como em face do princípio da aptidão para a prova. Daí por que se presume discriminatória a mera dispensa sem justa causa de portador de doença grave (Súmula nº 443 do c. TST). [..] (RR nº 979-71.2013.5.02.0083, 6ª Turma do TST, Rel. Aloysio Corrêa da Veiga. j. 07.12.2016, Publ. 19.12.2016).

[..] Caso em que a Corte de origem imputou ao reclamante, portador de doença grave que suscita estigma ou preconceito (dependência química), o ônus da prova quanto à natureza discriminatória da dispensa. 2. Decisão que contraria os termos da Súmula 443 do TST, segundo a qual "Presume-se discriminatória a despedida de empregado portador do vírus HIV ou de outra doença grave que suscite estigma ou preconceito". 3. Uma vez reconhecida a natureza discriminatória da dispensa do reclamante, faz ele jus ao recebimento da remuneração relativa ao período de afastamento em dobro, nos moldes do art. 4º, II, da Lei 9.029/95, bem como à indenização por danos morais, no valor de R$ 10.000,00. Recurso de revista conhecido e parcialmente provido. (RR nº 2525-61.2012.5.15.0140, 2ª Turma do TST, Rel. Delaíde Miranda Arantes. j. 14.12.2016, Publ. 19.12.2016).

Não será dispensa discriminatória

O TST entendeu, **não ser discriminatória** as seguintes dispensas:

(1) Dispensa de portador de doença grave quando por motivo disciplinar, técnico, econômico ou financeiro.

Admite-se, por outro lado a dispensa de portador de doença grave quando não arbitrária, a qual se dá, nos termos do artigo 165 da CLT, quando por motivo disciplinar, técnico, econômico ou financeiro. Em havendo dispensa por justa causa, como o motivo disciplinar consta da rescisão contratual, não caberá falar em presunção de dispensa discriminatória. (Processo: RR - 979-71.2013.5.02.0083 Data de Julgamento: 07/12/2016, Relator Ministro: Aloysio Corrêa da Veiga, 6ª Turma, Data de Publicação: DEJT 19/12/2016)

(2) Dispensa do empregado em processo de reestruturação organizacional na empresa que ocorreu muitos anos após o empregador ter conhecimento da doença deste empregado

Precedente vinculante do TST

Informativo 184 - Afasta-se a presunção de dispensa arbitrária e discriminatória a que se refere a Súmula nº 443 do TST na hipótese em que a demissão de empregado portador do vírus HIV foi motivada por processo de reestruturação organizacional que ocorreu muitos anos após o empregador ter conhecimento da condição do reclamante. (TST-E-ED-ARR-185700-05.2008.5.02.0029, SBDI-I, rel. Min. Aloysio Corrêa da Veiga, red. p/ acórdão Min. Alberto Luiz Bresciani de Fontan Pereira)

(3) Quando a empresa já tinha ciência do fato muito antes da data da dispensa

II - AGRAVO DE INSTRUMENTO EM RECURSO DE REVISTA DO RECLAMANTE. RECURSO DE REVISTA INTERPOSTO ANTES DA VIGÊNCIA LEI Nº 13.015/2014. REINTEGRAÇÃO PARA ENCAMINHAMENTO AO INSS. TRATAMENTOS E INTERNAÇÕES ANTES DA DEMISSÃO. DISPENSA DISCRIMINATÓRIA NÃO CONFIGURADA. REEXAME DE FATOS E PROVAS. O Regional, ao consignar a nulidade da dispensa por justa causa e determinar a reintegração do reclamante para ser submetido a avaliação do seu estado de saúde (se apto ou não para o trabalho) pela Previdência Social e, caso houvesse discordância das partes, que ajuizassem as ações próprias, fundamentou in verbis: "...não há falar-se que a dispensa foi discriminatória, em face da dependência química do reclamante, já que a reclamada muito antes da data do despedimento já tinha ciência do fato, procedendo-se inclusive a tratamentos e internações." (fls. 269/270). Incidência da Súmula 126 do TST. Ressalte-se que incólume à Súmula 443 do TST, pois o Regional expressamente consignou que não se comprovou a dispensa discriminatória. [...] (AIRR - 2211-82.2012.5.02.0462, Relatora Ministra: Maria Helena Mallmann, Data de Julgamento: 29/08/2018, 2ª Turma, Data de Publicação: DEJT 06/09/2018)

(4) Doença grave desconhecida no ato da dispensa

AGRAVO INTERPOSTO CONTRA DECISÃO DE PRESIDENTE DE TURMA DENEGATÓRIA DE SEGUIMENTO DE EMBARGOS REGIDOS PELA LEI Nº 13.015/2014. DISPENSA DISCRIMINATÓRIA. EMPREGADO PORTADOR DE DOENÇA GRAVE DESCONHECIDA NO ATO DA DISPENSA. IMPOSSIBILIDADE DE PRESUNÇÃO DE CIÊNCIA DE SEU ESTADO DE SAÚDE PELA EMPREGADORA. ESTIGMA OU PRECONCEITO. NÃO CONFIGURAÇÃO. Inicialmente, não se constata contrariedade à Súmula nº 126 desta Corte, porquanto o recurso de revista foi conhecido por divergência jurisprudencial. Ressalta-se que o entendimento consagrado nesse verbete impõe óbice ao conhecimento do recurso de revista, mas, uma vez conhecido o apelo, a Turma não se limitou aos aspectos fáticos registrados na decisão regional. Quanto ao mérito, melhor sorte não assiste o reclamante. A Turma assentou que a dispensa não podia ser considerada discriminatória quando a empregadora desconhecia que o empregado estivesse doente. Acrescentou que, na hipótese dos autos, nem o autor tinha ciência de que era enfermo quando foi dispensado, haja vista que a resilição contratual ocorreu antes de o empregado ter ciência do resultado do exame confirmatório da sua doença. Concluiu, então, pela ausência de conduta discriminatória da reclamada ao dispensar o reclamante. Nesse contexto, verifica-se que os arestos colacionados desservem ao cotejo de teses, porquanto carecem da devida especificidade, exigida nos termos do item I da Súmula nº 296 desta Corte, já que não revelam teses diversas acerca da interpretação do mesmo dispositivo legal diante do mesmo quadro fático retratado nos autos. Com efeito, nenhum dos julgados paradigmas trata da mesma premissa fática do caso, qual seja dispensa sem justa de empregado portador de enfermidade grave sem que ele e o empregador tivessem conhecimento. Ao contrário, os arestos paradigmas retratam premissas fáticas de que o empregador teve ciência da moléstia no exame demissional, o que destoa do caso dos autos. Assim, ausente a necessária identidade fática entre o caso dos autos e os julgados paradigmas, não há falar em divergência jurisprudencial específica, nos termos em que exige o item I da Súmula nº 296 desta Corte. Agravo desprovido. (Ag-E-RR - 113900-71.2011.5.17.0132, Relator Ministro: José Roberto Freire Pimenta, Data de Julgamento: 20/09/2018, Subseção I Especializada em Dissídios Individuais, Data de Publicação: DEJT 28/09/2018)

(5) Empregado com obesidade mórbida

A existência de doença grave por parte do empregado (obesidade mórbida) não atrai automaticamente a presunção de dispensa discriminatório, devendo ser comprovado que a enfermidade tenha causado estigma ou preconceito no ambiente de trabalho.

Nesse sentido:

> [...] **2. DISPENSA DE EMPREGADO COM OBESIDADE MÓRBIDA. REINTEGRAÇÃO. CONDUTA DISCRIMINATÓRIA. REQUISITOS. PROVIMENTO. I.** Nos termos do art. 4º, caput, da Lei nº 9.029/1995, a reintegração prevista no seu inciso I exige que a extinção do contrato de trabalho tenha ocorrido por motivo de prática discriminatória por parte do empregador. II. Por outro lado, a Súmula nº 443 do TST dispõe que o direito à reintegração no emprego por presunção de despedida discriminatória abrange o empregado portador de "doença grave que suscite estigma ou preconceito". III. Assim, apenas a existência de doença grave por parte do empregado (obesidade mórbida) não atrai automaticamente a presunção de ato discriminatório da Reclamada ao dispensar o Reclamante, devendo-se comprovar com critérios objetivos que a enfermidade tenha causado estigma ou preconceito no ambiente de trabalho. Precedente desta Corte Superior. IV. Na hipótese dos autos, conforme registrado pela Corte Regional, "não restou demonstrada cabalmente a discriminação da empresa em relação à obesidade mórbida do reclamante, tanto que já o admitiu obeso". Da mesma forma, não é possível se concluir do acórdão regional que o fato de "que o autor seria submetido à cirurgia bariátrica" tenha sido motivo crucial para a sua dispensa. V. Logo, na espécie, não se vislumbra que a obesidade mórbida ou a iminência de realização

de cirurgia bariátrica tenham necessariamente causado estigma, preconceito ou discriminação a ponto de culminar na rescisão do contrato de trabalho do Reclamante, ainda que de forma presumida. VI. Recurso de revista de que se conhece, por divergência jurisprudencial, e a que se dá provimento. (RR - 20900-24.2013.5.17.0010, Relator Ministro: Alexandre Luiz Ramos, Data de Julgamento: 03/10/2018, 4ª Turma, Data de Publicação: DEJT 05/10/2018)

EMBARGOS DE DECLARAÇÃO EM RECURSO DE REVISTA. DISPENSA DISCRIMINATÓRIA. OBESIDADE. DOENÇA GRAVE QUE CAUSA ESTIGMA OU PRECONCEITO. INDENIZAÇÃO POR DANOS MORAIS. Extrai-se do acórdão embargado que o teor da Súmula nº 443 desta Corte é o de que não basta o trabalhador possuir doença grave para atrair a presunção do viés discriminatório da dispensa, devendo o quadro clínico do empregado, além de grave, suscitar preconceito ou estigma nas demais pessoas de forma a se presumir a discriminação em razão do próprio senso comum que permeia o tratamento social dado a determinadas doenças, o que não é o caso daquelas das quais a reclamante é portadora, já que não são contagiosas nem geram necessariamente sinais de repulsa nos seus portadores, motivo pelo qual se concluiu que não há como presumir que a dispensa tenha se dado de forma discriminatória capaz de ensejar dano moral passível de indenização. Ausentes, na decisão embargada, as hipóteses dos arts. 897-A da CLT e 1.022 do CPC/2015. Embargos de declaração rejeitados. (ED-RR - 1450-05.2016.5.17.0006, Relatora Ministra: Dora Maria da Costa, Data de Julgamento: 19/09/2018, 8ª Turma, Data de Publicação: DEJT 21/09/2018)

A) AGRAVO DE INSTRUMENTO EM RECURSO DE REVISTA. [...] 4. DISPENSA DISCRIMINATÓRIA. OBESIDADE. DOENÇA GRAVE QUE CAUSA ESTIGMA OU PRECONCEITO. INDENIZAÇÃO POR DANOS MORAIS. Diante de possível contrariedade à Súmula nº 443 do TST, impõe-se prover o agravo de instrumento para determinar o prosseguimento do recurso de revista. Agravo de instrumento conhecido e provido. B) RECURSO DE REVISTA. DISPENSA DISCRIMINATÓRIA. OBESIDADE. DOENÇA GRAVE QUE CAUSA ESTIGMA OU PRECONCEITO. INDENIZAÇÃO POR DANOS MORAIS Extrai-se da Súmula nº 443 do TST que não é apenas o fato de o trabalhador possuir doença grave que atrai a presunção acerca do viés discriminatório de sua dispensa. O quadro clínico, além de grave, deve suscitar preconceito ou estigma nas demais pessoas, de modo a se presumir a discriminação em razão do próprio senso comum que permeia o tratamento social dado a determinadas doenças. Embora grave, não é possível dizer que a obesidade, por si só, é uma doença que provoque estigma ou preconceito no seio social, sobretudo porque não é contagiosa e não gera necessariamente sinais de repulsa nos seus portadores. Constata-se, portanto, o flagrante descompasso da decisão recorrida com o aludido verbete, porquanto não constatada a doença grave apta a causar estigma ou preconceito. Recurso de revista conhecido e provido" (ARR - 1000162-39.2015.5.02.0432, Relatora Ministra Dora Maria da Costa, 8ª Turma, DEJT 27/04/2018).

(6) Empregado portador de tumor benigno

[...] **II - RECURSO DE REVISTA INTERPOSTO SOB A ÉGIDE DA LEI Nº 13.015/14 E DO NCPC - DOENÇA NÃO ESTIGMATIZANTE - DISPENSA NÃO DISCRIMINATÓRIA** A aplicação da Súmula nº 443 do TST exige que a doença grave que afeta o empregado despedido gere estigma ou preconceito, a fim de presumir discriminatória a dispensa. O tumor benigno é doença que não possui natureza contagiosa, ou manifestação externa necessariamente repugnante, o que afasta seu caráter estigmatizante per se. Portanto, afasta-se a presunção de dispensa discriminatória. Recurso de Revista conhecido e provido. (RR - 1001295-45.2014.5.02.0467, Relatora Ministra: Maria Cristina Irigoyen Peduzzi, Data de Julgamento: 26/06/2018, 8ª Turma, Data de Publicação: DEJT 29/06/2018)

(7) Empregado portador de psoríase

RECURSO DE REVISTA. ACÓRDÃO PUBLICADO NA VIGÊNCIA DA LEI Nº 13.015/2014. DISPENSA DISCRIMINATÓRIA. PRESUNÇÃO. PSORÍASE E DEPRESSÃO. DOENÇAS QUE NÃO SUSCITAM ESTIGMA E PRECONCEITO. INAPLICABILIDADE DA SÚMULA Nº 443 DO TST. Cinge-se a controvérsia em definir se a psoríase e a depressão, moléstias que incontroversamente acometem o reclamante, podem ser consideradas doenças graves que suscitam estigma ou preconceito, a fim de atrair a aplicação do entendimento consolidado na Súmula nº 443 desta Corte, segundo a qual: "Presume-se discriminatória a despedida de empregado portador do vírus HIV ou de outra doença grave que suscite estigma ou preconceito. Inválido o ato, o empregado tem direito à reintegração no emprego". A psoríase é uma doença de pele relativamente comum, crônica e não contagiosa, cujos sintomas desaparecem e reaparecem periodicamente, não sendo, portanto, grave. Quanto à depressão, considerada o "mal do século" pela Organização Mundial da Saúde, inegável tratar-se de doença grave, de difícil diagnóstico, não detectável mediante realização de exames laboratoriais, e que, só no Brasil, afeta milhões de pessoas. É importante ressaltar que a depressão assume diferentes formas e níveis, subdividindo-se em diversos tipos, de modo que, a depender do grau de intensidade, a doença pode sim suscitar estigma social e preconceito, levando à presunção da dispensa discriminatória. Na hipótese dos autos, contudo, não é possível extrair das premissas fáticas lançadas no acordão regional qual o exato tipo, ou nível, de depressão que acometia o reclamante no momento de sua dispensa, tendo sido consignado apenas que, segundo a prova técnica, as moléstias (depressão e psoríase) estavam sob controle, com a aptidão para o trabalho preservada. Desse modo, não evidenciado que a depressão do reclamante suscitou estigma ou preconceito, inviável presumir como discriminatória a despedida do empregado, o qual detinha o ônus de provar os fatos constitutivos do seu direito à reintegração, nos termos dos artigos 818 da CLT e 373, I, do CPC/15. Recurso de revista conhecido e provido. Processo: RR - 10125-83.2015.5.03.0069 Data de Julgamento: 26/09/2018, Relator Ministro: Breno Medeiros, 5ª Turma, Data de Publicação: DEJT 05/10/2018.

(8) Empregado com depressão

[...] **RECURSO DE REVISTA. DEPRESSÃO. DISPENSA DISCRIMINATÓRIA. NÃO CONFIGURAÇÃO. DOENÇA QUE NÃO GERA PRESUNÇÃO DE ESTIGMA OU PRECONCEITO. INAPLICABLIDADE DA SÚMULA Nº 443. PROVIMENTO.** Segundo o entendimento consolidado nesta colenda Corte Superior, a dispensa imotivada de um determinado empregado encontra respaldo no poder diretivo do empregador, razão pela qual, por si só, não gera direito ao pagamento de compensação por dano moral nem direito de reintegração ao emprego. Ocorre, todavia, que devem ser consideradas algumas exceções, como aquelas previstas na Súmula nº 443, cujo teor preconiza que a despedida de empregado portador do vírus HIV ou de outra doença grave que suscite estigma ou preconceito acarretaria a presunção de discriminação e, por conseguinte, daria o direito ao empregado de reintegração no emprego. Na hipótese vertente, depreende-se da leitura do v. acórdão recorrido que, embora o reclamante apresentasse um quadro clínico diagnosticado como depressão, o reclamado o despediu imotivadamente, razão pela qual o egrégio Tribunal Regional presumiu que houve dispensa discriminatória. Conquanto a depressão seja uma doença considerada grave, apta a limitar as condições físicas, emocionais e psicológicas de uma pessoa, não é possível enquadrá-la como uma patologia que gera estigma ou preconceito. Logo, se não há elementos probatórios que ratifiquem a conduta discriminatória do empregador, o empregado não tem direito de reintegração ao emprego. Considerando, pois, que, no caso em questão, não existem provas no sentido de que a despedida do reclamante tenha decorrido de discriminação em virtude da depressão que o acomete, ele não tem direito de reintegração ao seu posto de trabalho, porquanto não é possível presumir a dispensa discriminatória de uma doença que não é estigmatizante. Recurso de revista de que se conhece e ao qual se dá provimento. (RR-AIRR-1037-46.2014.5.02.0081, Relator Ministro: Guilherme Augusto Caputo Bastos, 4ª Turma, DEJT de 15/06/2018).

AGRAVO DE INSTRUMENTO. RECURSO DE REVISTA. DISPENSA DISCRIMINATÓRIA. MATÉRIA FÁTICA. SÚMULA 126/TST. DECISÃO DENEGATÓRIA. MANUTENÇÃO. Presume-se discriminatória a ruptura arbitrária do contrato de trabalho, quando não comprovado um motivo justificável, em face de circunstancial debilidade física do empregado. Esse entendimento pode ser abstraído do contexto geral de normas do nosso ordenamento jurídico, que entende o trabalhador como indivíduo inserto numa sociedade que vela pelos valores sociais do trabalho, pela dignidade da pessoa humana e pela função social da propriedade (arts. 1º, III e IV e 170, III e VIII, da CF). Não se olvide, outrossim, que faz parte do compromisso do Brasil, também na ordem internacional (Convenção 111 da OIT), o rechaçamento a toda forma de discriminação no âmbito laboral. Na esteira desse raciocínio, foi editada a Súmula 443/TST, que delimita a pacificação da jurisprudência trabalhista neste aspecto, com o seguinte teor: "Presume-se discriminatória a despedida de empregado portador do vírus HIV ou de outra doença grave que suscite estigma ou preconceito. Inválido o ato, o empregado tem direito à reintegração no emprego". Contudo, no caso concreto, o TRT consignou não ter ficado evidenciada a alegada dispensa discriminatória, pois não ficou demonstrada a ciência do quadro clínico de depressão do Reclamante pela Reclamada, e a única testemunha obreira declarou ter tido conhecimento de que o Autor estava doente apenas na data da audiência de instrução. Ademais, a patologia da qual o Obreiro é portador (depressão) não é, regra geral, hipótese de doença estigmatizante, o que afasta a presunção de que foi discriminatória a sua dispensa. Inexistem, assim, dados fáticos que possam ensejar a aplicação da referida Súmula. Entendimento diverso implicaria o reexame de fatos e provas, o que é vedado nesta esfera recursal em razão do óbice da Súmula 126/TST. Inviável o processamento do recurso de revista quando o agravo de instrumento interposto não desconstitui os termos da decisão denegatória, que subsiste por seus próprios fundamentos. Agravo de instrumento desprovido. (AIRR-4002-33.2013.5.12.0055, Relator Ministro: Mauricio Godinho Delgado, 3ª Turma, DEJT de 16/10/2015).

(9) Empregado com diabetes

AGRAVO EM AGRAVO DE INSTRUMENTO EM RECURSO DE REVISTA EM FACE DE DECISÃO PUBLICADA NA VIGÊNCIA DA LEI Nº 13.015/2014. DOENÇA GRAVE. DIABETES. DISPENSA DISCRIMINATÓRIA NÃO CONFIGURADA. Nos termos da Súmula nº 443 desta Corte, para que a enfermidade seja enquadrada como discriminatória, é necessário que seja considerada grave e que suscite estigma ou preconceito. Não obstante o diabetes e a depressão dela decorrente sejam consideradas doenças graves, não se pode afirmar que causem estigma ou preconceito. Precedentes. Agravo conhecido e não provido. (Ag-ARR - 10362-07.2014.5.15.0009, Relator Ministro: Cláudio Mascarenhas Brandão, Data de Julgamento: 29/08/2018, 7ª Turma, Data de Publicação: DEJT 06/09/2018)

(10) Dispensa sem justa causa de empregado que completar 70 anos com base em cláusula de acordo coletivo

Informativo 81 do TST - Ação rescisória. Professor universitário. Rescisão do contrato, sem justa causa, ao completar 70 anos de idade. Previsão em cláusula de acordo coletivo. Despedida não discriminatória. Não implica conduta discriminatória a dispensa de professor universitário, sem justa causa, ao completar 70 anos de idade, na hipótese em que a dispensa decorreu do poder potestativo do empregador, realizado nos limites da legalidade e sem abuso de direito, porque fundamentada em cláusula de acordo coletivo. Assim, reputa-se não violado o art. 1º da Lei 9.029/95 no caso em que cláusula normativa estabelece a possibilidade de dispensa por idade, pois trata-se de critério genérico de afastamento de pessoa do trabalho firmado com base em negociação coletiva e, portanto, oriunda da vontade da categoria profissional. Com esse posicionamento, a SBDI-II, por maioria, deu provimento ao recurso ordinário e julgou improcedente a pretensão rescisória, vencidos os Ministros Hugo Carlos Scheuermann, relator, e Emmanoel Pereira, que entendiam discriminatória a dispensa. TST-RO-27-40.2012.5.18.0000, SBDI-II, rel. Min. Hugo Carlos Scheuermann, red. p/ acórdão Min. Cláudio Mascarenhas Brandão, 6.5.2014

(11) Dispensa coincidente com o término do benefício previdenciário

Precedente vinculante do TST

Informativo 185 do TST - Empregada doméstica acometida de neoplasia maligna. Dispensa coincidente com o término do benefício previdenciário. Ausência de discriminação. Súmula nº 443 do TST. Não incidência. A SBDI-I, por unanimidade, conheceu de embargos, por divergência jurisprudencial e, no mérito, deu-lhes provimento para restabelecer o acórdão do Tribunal Regional que julgara improcedente o pedido de reconhecimento de dispensa discriminatória, afastando-se, portanto, a aplicação da presunção a que se refere a Súmula nº 443 do TST. Na espécie, embora reconhecido que a neoplasia maligna (câncer) enquadra-se no conceito de doença estigmatizante, registrou-se que a reclamante foi demitida apenas no dia do término do benefício previdenciário (e não no curso da enfermidade), não havendo provas de que ela ainda estivesse em tratamento médico ou tenha restado alguma incapacidade para o trabalho. Ademais, consignou-se que os reclamados não se recusaram a dar o apoio necessário ao diagnóstico e ao tratamento da doença e já haviam admitido outra empregada na residência, não existindo obrigação legal de permanecer com duas empregadas ou de despedir a segunda trabalhadora para dar sequência ao contrato de trabalho que se encontrava suspenso. TSTE-RR-465-58.2015.5.09.0664, SBDI-I, rel. Min. Cláudio Mascarenhas Brandão, 18.10.2018

Há uma diferença sutil entre esse caso e aquele tratado no Informativo 115[3], explorado acima. Aquele caso dizia respeito à trabalhador que houvera sofrido acidente de trabalho, diversamente dessa hipótese em que a doença não tem vinculação com a profissão ou condições de trabalho.

3 . TST-RO-5588-92.2013.5.15.0000, SBDI-II, rel. Min. Douglas Alencar Rodrigues, 25.8.2015

FIM DO CONTRATO NO EMPREGO PÚBLICO EM COMISSÃO

Direito ao pagamento de férias proporcionais e décimo terceiro salário proporcional.

Informativo 183 do TST

Processo: RO - 9477-85.2011.5.02.0000 Data de Julgamento: 28/08/2018, Relator Ministro: Douglas Alencar Rodrigues, Subseção II Especializada em Dissídios Individuais, Data de Publicação: DEJT 31/08/2018.

Não se tratando hipótese de contrato nulo, pois a empregada foi admitida para exercer emprego público em comissão, o acerto financeiro que resulta da destituição do emprego em comissão deve incluir o pagamento dos direitos sociais previstos no art. 7º, VIII e XVII, da Constituição Federal (no caso, férias proporcionais e décimo terceiro salário proporcional), sem portanto, o pagamento de aviso prévio e de indenização de 40% do FGTS, dada a precariedade da relação existente entre o empregador e o empregado em comissão, que decorre da possibilidade de rompimento *ad nutum* dessa frágil espécie de liame.

A parte final do inciso II do art. 37 da CF, permite a contratação do emprego em comissão:

> **CF, Art. 37.** A administração pública direta e indireta de qualquer dos Poderes da União, dos Estados, do Distrito Federal e dos Municípios obedecerá aos princípios de legalidade, impessoalidade, moralidade, publicidade e eficiência e, também, ao seguinte:
>
> **II** - a investidura em cargo ou emprego público depende de aprovação prévia em concurso público de provas ou de provas e títulos, de acordo com a natureza e a complexidade do cargo ou emprego, na forma prevista em lei, **ressalvadas as nomeações para cargo em comissão declarado em lei de livre nomeação e exoneração;**

Verbas devidas no fim do contrato

No fim do contrato dos empregados contratados sob o regime celetista que eram ocupantes de cargos de livre nomeação e exoneração, providos na forma do artigo 37, II, da Constituição Federal de 1988, vai ser pago:

- **Férias com adicional de 1/3;**
- **13º Salários;**
- **FGTS 8%;**
- **Saldo de Salários.**

Entretanto, não vai ser devido:

- **Multa de 40% do FGTS;**
- **Multa do artigo 477, § 8º, da CLT;**
- **Aviso prévio.**

Possibilidade de contratação em emprego em comissão:

A SBDI-1 do TST tem reconhecido a possibilidade de admissão de trabalhadores para ocupação de emprego em comissão, senão vejamos:

Precedentes vinculantes do TST

EMBARGOS EM RECURSO DE REVISTA. INTERPOSIÇÃO SOB A ÉGIDE DA LEI Nº 13.015/2014. CARGO EM COMISSÃO. REGIME CELETISTA. VERBAS RESCISÓRIAS. PAGAMENTO. AVISO PRÉVIO. MULTA DE 40% SOBRE O FGTS. MULTA PREVISTA NO ARTIGO 477, § 8º, DA CLT. IMPOSSIBILIDADE. NÃO CONHECIMENTO. 1. Ainda que contratados sob o regime celetista, os ocupantes de cargos de livre nomeação e exoneração, providos na forma do artigo 37, II, da Constituição Federal, não possuem garantias de permanência nem estão assistidos pela legislação trabalhista, de modo que não fazem jus ao pagamento de verbas rescisórias por ocasião da exoneração ad nutum. Dessarte, não há falar em direito às multas de 40% do FGTS e do artigo 477, § 8º, da CLT, bem como ao aviso prévio. Precedentes desta egrégia SBDI-1. 2. Considerando, pois, que o v. acórdão turmário está em conformidade com a atual e iterativa jurisprudência desta colenda Corte Superior, o conhecimento do recurso de embargos encontra óbice no artigo 894, § 2º, da CLT. 3. Recurso de embargos de que não se conhece. (E-ED-RR - 141-83.2014.5.03.0013, Relator Ministro: Guilherme Augusto Caputo Bastos, Data de Julgamento: 01/12/2016, Subseção I Especializada em Dissídios Individuais, Data de Publicação: DEJT 09/12/2016)

EMBARGOS REGIDOS PELA LEI Nº 13.015/2014. SERVIDOR PÚBLICO. CARGO EM COMISSÃO. REGIME CELETISTA. LIVRE NOMEAÇÃO E EXONERAÇÃO. INDENIZAÇÃO DE 40% DO FGTS. Discute-se se a exoneração do reclamante, ocupante de cargo comissionado, contratado sob o regime celetista, gera direito ao pagamento da indenização de 40% sobre os depósitos do FGTS. In casu, o reclamante foi contratado para exercer o cargo em comissão de Assessor Jurídico, nível 111, na reclamada. A característica dos cargos em comissão, na forma prevista na ressalva do inciso II do artigo 37 da Constituição Federal, é a livre exoneração. Assim, o vínculo que se estabelece entre o ente público e o servidor nomeado para provimento de cargo em comissão tem caráter precário e transitório, não possuindo o servidor, portanto, direito ao pagamento das verbas rescisórias, como a multa de 40% do FGTS. Nessas circunstâncias, a exoneração do reclamante está amparada por lei, não tendo a reclamada cometido nenhuma ilegalidade. Assim, a contratação de servidores, pela Administração Pública, para o exercício de cargo em comissão não gera vínculo empregatício entre o ocupante do cargo comissionado e o ente público, mas simples vínculo administrativo, de caráter precário e transitório, com possibilidade de exoneração ad nutum, sendo incompatível com a Constituição Federal a condenação ao pagamento de verbas rescisórias, como o aviso-prévio e a multa de 40% do FGTS. Importante destacar que não se olvida o entendimento desta Subseção firmado no julgamento do processo E-RR-72000-66.2009.5.15.0025, de relatoria do Ministro Augusto César Leite de Carvalho, cujo acórdão foi publicado no DEJT de 13/3/2015, de que servidor público investido em cargo em comissão submetido ao regime celetista tem direito aos depósitos do FGTS, sob o fundamento de que não pode o ente público renegar a aplicação da legislação trabalhista a qual se vinculou no momento da nomeação do cargo comissionado. Contudo, o objeto da pretensão, no caso dos autos, não é o depósito do FGTS, mas, sim, a indenização de 40% incidente sobre o saldo depositado devida pela exoneração do autor do cargo em comissão, razão pela qual não se aplica o entendimento sufragado no referido precedente. Embargos conhecidos e providos. (E-RR - 20786-26.2014.5.04.0006, Relator Ministro: José Roberto Freire Pimenta, Data de Julgamento: 22/09/2016, Subseção I Especializada em Dissídios Individuais, Data de Publicação: DEJT 30/09/2016)

RECURSO DE EMBARGOS. CONSELHO REGIONAL DE ENGENHARIA E AGRONOMIA - CREA. NATUREZA JURÍDICA DE AUTARQUIA ESPECIAL. EMPREGADO OCUPANTE DE CARGO EM COMISSÃO REGIDO PELA CLT. EXONERAÇÃO. PARCELAS RESCISÓRIAS. MULTA DE 40% DO FGTS. RECURSO DE REVISTA CONHECIDO E PROVIDO. LIMITAÇÃO AO PAGAMENTO DO FGTS. A SBDI-1 desta Corte, em precedente da lavra do Exmo. Ministro Augusto César Leite de Carvalho (E-RR - 72000-66.2009.5.15.0025, Data de Publicação: DEJT 13/03/2015), firmou o entendimento de que o empregado público, nomeado para ocupar cargo em comissão de livre nomeação e exoneração, sob o regime celetista, tem direito aos depósitos do FGTS, haja vista não se tratar de servidor público civil sujeito a regime próprio, nos termos do art. 15, § 2º, da Lei nº 8.036/90. In casu, não há pretensão aos depósitos do FGTS, mas à multa de 40% do FGTS e parcelas rescisórias, o que não é devido. Recurso de embargos conhecido e provido. (E-RR - 300-42.2013.5.12.0035, Relator Ministro: Aloysio Corrêa da Veiga, Data de Julgamento: 12/05/2016, Subseção I Especializada em Dissídios Individuais, Data de Publicação: DEJT 01/07/2016)

Contratação nula:

O emprego em comissão, trata-se de caso diferente da contratação nula, pois neste caso, o empegado é contratado sem concurso público, ou seja, com violação do art. 37, II da CF que possui a seguinte redação:

> **CF, Art. 37.** A administração pública direta e indireta de qualquer dos Poderes da União, dos Estados, do Distrito Federal e dos Municípios obedecerá aos princípios de legalidade, impessoalidade, moralidade, publicidade e eficiência e, também, ao seguinte:
>
> **II** - a investidura em cargo ou emprego público **depende de aprovação prévia em concurso** público de provas ou de provas e títulos, de acordo com a natureza e a complexidade do cargo ou emprego, na forma prevista em lei, ressalvadas as nomeações para cargo em comissão declarado em lei de livre nomeação e exoneração;

Quem é contratado de forma irregular, no fim do contrato, recebe apenas as horas trabalhadas (saldo de salário) e o FGTS 8%, conforme determinado pela súmula 363 do TST:

> **SÚMULA 363 DO TST - CONTRATO NULO. EFEITOS.** A contratação de servidor público, após a CF/1988, sem prévia aprovação em concurso público, encontra óbice no respectivo art. 37, II e § 2º, somente lhe conferindo direito ao pagamento da contraprestação pactuada, em relação ao número de horas trabalhadas, respeitado o valor da hora do salário mínimo, e dos valores referentes aos depósitos do FGTS.

Cálculo das verbas trabalhistas

Cálculo do saldo de salário

Salário dividido por 30 (média de dias no mês) multiplicado pela quantidade de dias trabalhados no mês.

Cálculo das férias em dobro + adicional de 1/3

Remuneração multiplicado por 2 = Férias em dobro.

Férias em dobro dividido por 3 = Adicional de 1/3 das férias em dobro.

Férias em dobro + Adicional de 1/3 das férias em dobro = Férias em dobro +1/3.

Cálculo das férias simples + adicional de 1/3

Remuneração = Férias Simples.

Férias simples dividido por 3 = Adicional de 1/3 das férias simples.

Férias simples + Adicional de 1/3 das férias simples = Férias simples +1/3.

Cálculo das férias proporcionais + adicional de 1/3

Remuneração dividida por quantidade de meses do ano [12 meses] multiplicado pelo total de meses do período aquisitivo levando em consideração a projeção do aviso prévio, caso este seja indenizado nas dispensas sem justa causa = Férias proporcionais.

Férias proporcionais dividido por 3 = Adicional de 1/3 das férias proporcionais.

Férias proporcionais + Adicional de 1/3 das férias proporcionais = Férias proporcionais +1/3.

Cálculo do 13º Salário

Remuneração dividida por total de meses do Ano [12 meses] multiplicada por total de meses trabalhados levando em consideração a projeção do aviso prévio, caso este seja indenizado nas dispensas sem justa causa = 13º Salário

Cálculo do FGTS 8%

Remuneração multiplicada pela alíquota do FGTS – [8% - usa-se 0,08] multiplicada pelo total de meses trabalhados levando em consideração a projeção do aviso prévio, caso este seja indenizado nas dispensas sem justa causa = FGTS 8%

JUSTA CAUSA

Possibilidade de aplicar a dispensa por justa causa por uma única conduta faltosa do trabalhador

Informativo 185 do TST

Processo: RO - 101576-28.2016.5.01.0000 Data de Julgamento: 25/09/2018, Relator Ministro: Douglas Alencar Rodrigues, Subseção II Especializada em Dissídios Individuais, Data de Publicação: DEJT 19/10/2018.

A ruptura contratual por justa causa motivada em uma única conduta faltosa do trabalhador não se revela desproporcional quando demonstrada a gravidade da falta cometida. No caso, o autor descumpriu normas empresariais de segurança ao enviar informações confidenciais de clientes para seu e-mail pessoal, com evidente quebra de confiança necessária à continuidade do vínculo de emprego com a instituição financeira. Assim, não há falar em ofensa ao art. 482, "h", da CLT.

Justa causa

Para Godinho[4], justa causa é;

> "O motivo relevante, previsto legalmente, que autoriza a resolução do contrato de trabalho por culpa do sujeito comitente da infração — no caso, o empregado. Trata-se, pois, da conduta tipificada em lei que autoriza a resolução do contrato de trabalho por culpa do trabalhador."

As hipóteses de justa causa, estão previstas no artigo 482 da CLT:

> **CLT, Art. 482** - Constituem justa causa para rescisão do contrato de trabalho pelo empregador:
>
> **a)** ato de improbidade;
>
> **b)** incontinência de conduta ou mau procedimento;
>
> **c)** negociação habitual por conta própria ou alheia sem permissão do empregador, e quando constituir ato de concorrência à empresa para a qual trabalha o empregado, ou for prejudicial ao serviço;
>
> **d)** condenação criminal do empregado, passada em julgado, caso não tenha havido suspensão da execução da pena;
>
> **e)** desídia no desempenho das respectivas funções;
>
> **f)** embriaguez habitual ou em serviço;
>
> **g)** violação de segredo da empresa;
>
> **h)** ato de indisciplina ou de insubordinação;
>
> **i)** abandono de emprego;
>
> **j)** ato lesivo da honra ou da boa fama praticado no serviço contra qualquer pessoa, ou ofensas físicas, nas mesmas condições, salvo em caso de legítima defesa, própria ou de outrem;
>
> k) ato lesivo da honra ou da boa fama ou ofensas físicas praticadas contra o empregador e superiores hierárquicos, salvo em caso de legítima defesa, própria ou de outrem;
>
> **l)** prática constante de jogos de azar.
>
> **m)** perda da habilitação ou dos requisitos estabelecidos em lei para o exercício da profissão, em decorrência de conduta dolosa do empregado. (Incluído pela Lei nº 13.467, de 2017)

4 DELGADO, Maurício Godinho. Curso de Direito do Trabalho. 16° Ed. São Paulo. LTr, 2017, p. 1349.

Elementos da justa causa

A dispensa por justa causa é modalidade de extinção contratual por infração obreira apta a quebrar a fidúcia necessária para a continuidade do vínculo de emprego. Portanto, para a sua caracterização, devem estar presentes os seguintes requisitos:

a) tipicidade da conduta;

b) autoria obreira da infração;

c) dolo ou culpa do infrator;

d) nexo de causalidade;

e) adequação e proporcionalidade;

f) imediaticidade da punição;

g) ausência de perdão tácito;

h) singularidade da punição (non bis in idem);

i) caráter pedagógico do exercício do poder disciplinar, com a correspondente gradação de penalidades[5].

Gravidade da conduta faltosa do trabalhador

Quanto à avaliação da gravidade da falta, é conveniente citar o que ensina Wagner Giglio[6]:

> "Para avaliar a gravidade da falta, aqueles elementos objetivos auxiliarão a determinar a intensidade da infração, e os fatores subjetivos serão levados em conta na apuração do grau de abalo da confiança. Assim, do ponto de vista objetivo, somente haverá justa causa para a dispensa do empregado quando o ato faltoso por ele praticado **constituir em uma violação séria das principais obrigações resultantes do contrato de trabalho**. Do ponto de vista subjetivo, somente existirá justa causa para o rompimento do vínculo **se resultar irreversivelmente destruída a confiança votada no empregado**, de tal forma que se torne virtualmente impossível a subsistência da relação de emprego.

Assim, o empregador deve verificar se a falta praticada pelo empregado foi grave, caso não seja grave, deve ser aplicada a gradação pedagógica da penalida-

---

5 RR nº 0001364-83.2014.5.21.0041, 3ª Turma do TST, Rel. Maurício Godinho Delgado. unânime, DEJT 14.04.2016

6 GIGLIO, Wagner. Justa Causa. 7.ed. São Paulo: Saraiva, 2000.

de, ou seja, deve ser aplicada a pena de advertência ou suspensão respeitando a proporcionalidade entre a punição e o ato motivador da punição.

A título de exemplo, menciono os seguintes julgados:

Precedente Vinculante

RECURSO DE EMBARGOS. REGÊNCIA DA LEI Nº 13.015/2014. ATESTADO MÉDICO FALSO. CONDUTA REITERADA. ATO DE IMPROBIDADE. RESOLUÇÃO DO CONTRATO DE TRABALHO. JUSTA CAUSA. 1. A Segunda Turma, com fundamento nas premissas fáticas firmadas no acórdão regional, concluiu que, não obstante a confissão do empregado, perante a Comissão de Sindicância, quanto à adulteração de atestado médico, por duas vezes, não configura ato de improbidade apto a justificar a dispensa por justa causa, porque não observada a devida gradação na aplicação das penalidades de suspensão, seguida pela dispensa por justa causa. 2. O princípio da proporcionalidade entre a falta e a punição, embora discipline hipóteses em que o empregador exorbite seu poder disciplinar, não tem aplicação irrestrita, pois encontra limites no direito assegurado em lei ao empregador para rescindir o contrato de trabalho, por justa causa, quando o empregado cometer falta grave prevista no art. 482 da CLT, agindo com menoscabo do dever de confiança recíproca, ou seja, violando o elemento fiduciário que alicerça o vínculo empregatício. 3. A jurisprudência desta Corte Superior sinaliza não ser exigível a gradação de sanções, quando a gravidade do ato praticado justifica a sumária dispensa por justa causa, hipótese dos autos. Precedentes. Recurso de embargos conhecido e provido. (E-RR - 132200-79.2008.5.15.0120, Relator Ministro: Walmir Oliveira da Costa, Data de Julgamento: 29/11/2018, Subseção I Especializada em Dissídios Individuais, Data de Publicação: DEJT 07/12/2018)

Outros julgados sobre o tema:

RECURSO ORDINÁRIO EM AÇÃO RESCISÓRIA. DECISÃO TRANSITADA EM JULGADO NA VIGÊNCIA DO CPC DE 1973. INVOCAÇÃO DE CAUSA DE RESCINDIBILIDADE DO CPC DE 2015. 1. Cuida-se de ação desconstitutiva intentada após o advento do CPC de 2015, com fundamento em causa de rescindibilidade prevista no referido diploma legal, embora o trânsito em julgado da sentença rescindenda tenha ocorrido sob a égide do CPC de 1973. 2. Transitando em julgado a decisão rescindenda na vigência do CPC de 1973, a ação rescisória deve ser proposta com fundamento nas hipóteses de rescindibilidade listadas no aludido diploma legal. Afinal, como explica Celso Neves, "o juízo rescisório vincula-se às hipóteses previstas na lei vigente ao tempo do trânsito em julgado da sentença rescindenda". 3. No caso, a indicação de hipótese de desconstituição da coisa julgada prevista no CPC de 2015 em nada compromete o exame da controvérsia, ante a existência, no Diploma de 1973, de causa com exata correspondência. **ARTIGO**

485, V, DO CPC DE 1973. ALEGAÇÃO DE VIOLAÇÃO DOS ARTIGOS 458, I E III, 469, I, II E III, E 472 DO CPC DE 1973, 832 E 482, "H" DA CLT. NÃO CONFIGURAÇÃO. 1. Ação rescisória calcada em violação dos artigos 458, I e III, 469, I, II e III, e 472 do CPC de 1973, 832 e 482, "h", da CLT, em que o Autor pretende desconstituir sentença na qual reconhecida a justa causa para a dispensa, bem como indeferidos os pedidos relacionados à reintegração no emprego e ao pagamento de verbas rescisórias. 2. Não procede o pleito rescisório alicerçado em violação do artigo 458, I e III, e 469, I, II e III, do CPC de 1973 e 832 da CLT, dispositivos legais que tratam dos elementos essenciais da sentença, pois a hipótese revela a existência de mero erro material relativamente à identificação das partes, com a troca do nome do Autor na parte dispositiva, mas sem qualquer prejuízo à compreensão exata do julgado. Tanto é que o Autor opôs embargos de declaração e, posteriormente, recurso ordinário, este inadmitido em virtude de deserção. 3. Também não se constata violação dos artigos 128 e 460 do CPC de 1973. O juízo prolator da sentença rescindenda acolheu a justa causa alegada pelo empregador em razão do descumprimento de norma de segurança empresarial pelo reclamante (ora Autor), que enviou dados sigilosos de clientes para o seu e-mail privado, deixando as informações expostas em ambiente desprotegido. Sob a perspectiva do magistrado prolator da sentença, o fato foi suficientemente grave para justificar a dispensa, nos termos do artigo 482, "h", da CLT, o que ficou claro quando assinalado que o reclamado "apurou detidamente os fatos para não cometer uma injustiça e aplicou a penalidade apenas quando possuía provas contundentes do ilícito praticado pelo empregado e tão logo este se apresentou ao trabalho". A menção à reiteração da conduta, na apreciação da prova oral levada a efeito na decisão, foi registrada apenas como reforço de fundamentação, não consubstanciando julgamento além dos limites objetivos da lide. 4. Por fim, quanto à alegação de afronta à regra do artigo 482, "h", da CLT, cumpre relembrar que a justa causa traduz a mais severa punição aplicável ao empregado, produzindo efeitos pecuniários danosos e imediatos, também atingindo o seu patrimônio moral e a sua imagem profissional futura. Todavia, no caso, fixada a premissa fática incontroversa de ter o Autor, ao enviar informações confidenciais de clientes para seu e-mail, descumprido normas empresariais de segurança, é evidente a quebra da confiança necessária à continuidade do vínculo de emprego com a instituição financeira Ré. Dada a gravidade da falta cometida, suscetível de causar prejuízo incalculável para uma entidade bancária, não se revela desproporcional a ruptura contratual por justa causa motivada em uma única conduta faltosa do trabalhador. Portanto, não há falar em ofensa ao artigo 482, "h", da CLT, até porque a violação de literal disposição de lei, apta a autorizar o corte rescisório, há de se apresentar manifesta, evidente, como na hipótese em que exista na coisa julgada tese jurídica dissonante da própria literalidade do preceito legal tido por vulnerado, o que não se verifica na espécie examinada. Recurso conhecido e não provido. (RO - 101576-28.2016.5.01.0000, Relator Ministro: Douglas Alencar Rodrigues,

Data de Julgamento: 25/09/2018, Subseção II Especializada em Dissídios Individuais, Data de Publicação: DEJT 19/10/2018)

[...] DISPENSA POR JUSTA CAUSA. ATO DE IMPROBIDADE. "ROUPEIRO" DE CLUBE DE FUTEBOL. ACUSAÇÃO DE SUBTRAÇÃO DE TRÊS CAMISETAS USADAS PARA ENTREGA A TORCEDOR, POR INTERMÉDIO DE ATLETA PROFISSIONAL DO CLUBE. INEXISTÊNCIA DE REGULAMENTAÇÃO ACERCA DA DESTINAÇÃO DE UNIFORMES USADOS. CONSTATAÇÃO DA PRÁTICA DE TROCA E DISTRIBUIÇÃO DE CAMISETAS USADAS. AUSÊNCIA DE PROPORCIONALIDADE ENTRE A CONDUTA DO TRABALHADOR E A PENALIDADE APLICADA. 1. Extrai-se do acórdão regional que "o reclamante, na condição de roupeiro do S. C. Internacional, foi acusado de furto qualificado e demitido por justa causa", "em razão do fornecimento de três camisetas usadas, com valor de mercado de R$ 40,00 a R$ 70,00 cada uma" e que "sequer houve advertência, ou suspensão prévia". Conforme registrado pelo TRT, "um torcedor/colecionador pediu camiseta a um jogador profissional de seu clube do coração, o qual repassou o pedido ao seu roupeiro" e, em razão disso, o reclamante "alcançou três camisetas usadas". Acrescentou, ainda, que "não há normatização editada pelo reclamado no sentido de ordenar de forma precisa a concessão das camisetas usadas, ou em desuso", de modo que "foram necessárias várias diligências e questionamentos, até se chegar à conclusão de que os roupeiros não estão autorizados a dar uniformes usados ou em desuso". Ressaltou que "próprio clube, quando realiza partidas no Beira-Rio, distribui, nos intervalos, em torno de dez camisetas para torcedores", que "também é normal a troca de camisetas entre os jogares", bem como ser incontroverso que o reclamante "já distribuiu camisetas na presença de dirigentes, quando em jogos pelo interior do Estado". Concluiu, assim, que "a conduta do réu foi excessiva e desproporcional, pois cabia a ele, em meio a todas essas peculiaridades que envolvem o mundo do futebol, no qual estão inseridos os roupeiros, jogadores e torcedores, regulamentar o fornecimento e distribuição de camisetas em desuso pelo clube". Dito isso, deu provimento ao recurso ordinário do reclamante para reverter para imotivada a modalidade da dispensa do autor. 2. Este Tribunal firmou jurisprudência no sentido de que para o adequado exercício do poder disciplinar do empregador, há que se observar o preenchimento de certos requisitos, entre eles a proporcionalidade entre o ato faltoso e a penalidade aplicada. Precedentes. 3. Na hipótese dos autos, conclui-se que a conduta praticada pelo reclamante, de fornecer três camisetas usadas a um dos atletas profissionais do clube, não se reveste da gravidade necessária à configuração da justa causa ensejadora da dispensa motivada (artigo 482, "a", da CLT), máxime quando o quadro fático revela a ausência de normatização interna a respeito e, até mesmo, alguma permissibilidade do clube quanto à distribuição e troca de camisetas usadas, de modo a gerar dúvida razoável quanto à própria ilicitude da conduta. Recurso de revista não conhecido, no tema. [...] (TST, 1ª Turma, RR-119600-32.2008.5.04.0023, Rel. Min. Hugo Carlos Scheuermann, Data de Julgamento: 09.12.2015, DEJT 18.12.2015).

Desta forma, quando a falta cometida pelo empregado for grave, suscetível de causar prejuízo incalculável ao empregador, não se revela desproporcional mesmo motivada em um único ato faltoso do trabalhador.

PLANO DE DEMISSÃO VOLUNTÁRIA

Validade da cláusula de quitação geral do contrato de trabalho

Informativo 187 do TST

Processo: TST-E-RR-920-84.2012.5.09.0322, SBDI-I, rel. Min. Hugo Carlos Scheuermann, 12.11.2018

Não tem eficácia a ressalva oposta em termo de rescisão contratual, na hipótese em que havia ajuste coletivo prevendo a quitação ampla e geral do contrato de trabalho em caso de adesão de empregado da Administração dos Portos de Paranaguá e Antonina (APPA) a plano de dispensa incentivada. Aplica-se ao caso a tese fixada pelo STF no RE 590.415/SC. Na espécie, registrou-se que o empregado concordou com o disposto em item do regulamento do PDI que não permitia ressalvas, além de ter assinado formulário de ratificação da adesão dando plena quitação ao contrato de trabalho. Ademais, o ajuste coletivo foi fruto de amplo debate entre as partes convenentes, devendo prevalecer sobre o ato unilateral firmado pelo reclamante quando da homologação do termo de rescisão, que ressalvou da quitação os direitos postulados nas ações judiciais trabalhistas ajuizadas até 31.7.2014.

Informativo 189 do TST

Processo: TST-ERR-446485-88.2007.5.12.0001, SBDI-I, rel. Min. Hugo Carlos Scheuemann, 13.12.2018

A adesão voluntária do empregado ao Programa de Demissão Incentivada (PDI/2001), instituído pelo Banco do Estado de Santa Catarina - BESC, implica o reconhecimento da quitação ampla e irrestrita de todas as parcelas objeto do contrato de emprego (conforme previsto no acordo coletivo que aprovou o plano), incluindo o pedido de indenização por danos morais. No caso, entendeu-se que o referido pedido, decorrente do transporte irregular de valores, está vinculado ao extinto contrato de emprego, pois tem como causa de pedir suposto ato ilícito praticado pelo empregador, sujeitando-se, portanto, à ampla quitação decorrente da adesão ao PDI.

Plano de demissão voluntária ou incentivada

O empregado pode ajustar o fim do contrato com o empregado, ou seja, por comum acordo entre as partes, conhecido como distrato. No direito do trabalho, o distrato é conhecido como:

- Plano de Demissão Voluntária (PDV);
- Programa de Incentivo à Rescisão Contratual (PIRC); ou
- Plano de Demissão Incentivada (PDI).

O assunto foi tratado pelo art.477-B da CLT, incluído pela reforma trabalhista do ano de 2017.

> **CLT, Art. 477-B.** Plano de Demissão Voluntária ou Incentivada, para dispensa individual, prima ou coletiva, previsto em convenção coletiva ou acordo coletivo de trabalho, enseja quitação plena e irrevogável dos direitos decorrentes da relação empregatícia, salvo disposição em contrário estipulada entre as partes.

Essa modalidade de rescisão, necessita criação pelo empregador de um programa ou plano com algum tipo de estímulo em dinheiro, para estimular e atrair empregados a pedirem demissão.

O art. 477-B, seguiu o entendimento do STF - Supremo Tribunal Federal, que ao analisar do Recurso Extraordinário RE 590.415/SC, atribuiu repercussão geral ao tema. Na decisão, o STF entendeu que é válida a quitação ampla e irrestrita das parcelas objeto do contrato de emprego caso essa condição tenha constado expressamente do instrumento coletivo (convenção coletiva ou acordo coletivo) que aprovou o plano de incentivo à dispensa.

O TST, após a decisão do STF, passou a seguir tal entendimento:

> **'RECURSO DE EMBARGOS NÃO REGIDO PELA LEI 11.496/2007. RETORNO DOS AUTOS. ART. 543-B, §3º, DO CPC/1973. BESC. PLANO DE INCENTIVO AO DESLIGAMENTO VOLUNTÁRIO. EFEITOS DA QUITAÇÃO GERAL E IRRESTRITA DO CONTRATO DE TRABALHO. PREVISÃO EM NORMA COLETIVA. DECISÃO DO SUPREMO TRIBUNAL FEDERAL COM REPERCUSSÃO GERAL.** Discutem-se os efeitos da quitação do contrato de trabalho decorrente de adesão ao Plano de Incentivo ao Desligamento do BESC previsto em acordo coletivo de trabalho. O Supremo Tribunal Federal, em análise do Recurso Extraordinário nº RE 590415/SC, em que se atribuiu repercussão geral ao tema, entendeu pela possibilidade da quitação ampla e irrestrita das parcelas objeto do contrato de emprego caso essa condição tenha constado expressamente do instrumento coletivo que aprovou o plano de incentivo à dispensa. Situação dos autos, consoante dados do acórdão do Tribunal Regional transcritos no acórdão da Turma deste Tribunal. A particularidade do caso afasta por completo a incidência da Orientação Jurisprudencial 270 desta Subseção, que havia ensejado o provimento do recurso de revista do reclamante. Há julgados recentes desta Subseção proferidos em casos semelhantes, com decisão unânime, em análise do mesmo PDI de 2001. Nesse contexto, cabe exercer o juízo de retratação na forma do disposto no art. 543-B, § 3º, do CPC/1973 para restabelecer o

> acórdão do Tribunal Regional, na parte em que manteve a improcedência do pedido formulado na petição inicial. Recurso de embargos conhecido e provido' (E-ED-RR - 635600-65.2003.5.12.0035 Data de Julgamento: 20/10/2016, Relator Ministro: Augusto César Leite de Carvalho, Subseção I Especializada em Dissídios Individuais, Data de Publicação: DEJT 28/10/2016)

Sendo assim, para ter eficácia liberatória geral, é preciso:

- Plano de Incentivo a Demissão Voluntária;
- Cláusula de quitação ampla e irrestrita das parcelas objeto do contrato de emprego previstas em instrumento coletivo (convenção coletiva ou acordo coletivo);
- Concordância pelo empregado.

Caso o Plano de Incentivo a Demissão Voluntária tenha cumprido os itens acima, não será aplicado o entendimento da Orientação Jurisprudencial nº 270 da SDI-1 do TST.

> **TST, OJ-SDI1-270. PROGRAMA DE INCENTIVO À DEMISSÃO VOLUNTÁRIA. TRANSAÇÃO EXTRAJUDICIAL. PARCELAS ORIUNDAS DO EXTINTO CONTRATO DE TRABALHO. EFEITOS** - A transação extrajudicial que importa rescisão do contrato de trabalho ante a adesão do empregado a plano de demissão voluntária implica quitação exclusivamente das parcelas e valores constantes do recibo.

Por fim, é importante saber que a jurisprudência do TST, orienta-se no sentido de que a adesão ao programa de incentivo a desligamento voluntário é incompatível com o pagamento de parcelas oriundas da dispensa imotivada, ou seja, o empregado não vai ter direito de receber:

- Aviso Prévio;
- Saque do FGTS; e
- Multa de 40% do FGTS.

Nesse sentido:

> [..] **B) AGRAVO DE INSTRUMENTO DO RECLAMANTE. RECURSO DE REVISTA. PROCESSO SOB A ÉGIDE DA LEI 13.015/2014. PLANO DE INCENTIVO À APOSENTADORIA - PIA. ADESÃO. MULTA DE 40% DO FGTS E AVISO-PRÉVIO.** A jurisprudência desta Corte Superior tem se firmado no sentido de reconhecer que a adesão do empregado a Plano de Desligamento Voluntário, quando ausente vício de vontade, não pode produzir os mesmos efeitos da dispensa imotivada. Prevalece, portanto, a

tese que reconhece a incompatibilidade entre a adesão a PDV e congêneres e o recebimento da indenização respectiva, bem como a incidência de verbas rescisórias. Julgados desta Corte. Agravo de instrumento desprovido. (AIRR nº 10965-80.2015.5.15.0127, 3ª Turma do TST, Rel. Maurício Godinho Delgado. j. 11.10.2017, Publ. 20.10.2017).

[...] **ADESÃO A PROGRAMA DE DESLIGAMENTO VOLUNTÁRIO. INDENIZAÇÃO DO FGTS E AVISO PRÉVIO.** O Tribunal Regional indica que o término do contrato de trabalho se deu por iniciativa do reclamante que aderiu ao plano de demissão voluntária, mediante o pagamento de indenização. O entendimento desta Corte Superior é no sentido de que a adesão ao plano de demissão voluntária equivale ao pedido de rescisão contratual por iniciativa do empregado, situação que não gera direito às parcelas pedidas pelo trabalhador. Assim, não se tratando de dispensa imotivada, não é devida a indenização de 40% sobre o FGTS, tampouco o aviso prévio, por ausência de previsão legal e porque a adesão do trabalhador a Plano de Aposentadoria Voluntária - PDV é incompatível com o pagamento das parcelas em questão. Recurso de revista não conhecido. [...] (ARR - 615-80.2010.5.09.0028 Data de Julgamento: 28/06/2017, Relator Ministro: Alexandre de Souza Agra Belmonte, 3ª Turma, Data de Publicação: DEJT 03/07/2017).

RECURSO DE REVISTA INTERPOSTO SOB A ÉGIDE DA LEI Nº 13.015/2014 - PLANO DE APOIO À APOSENTADORIA - MULTAS DO FGTS E DO ART. 477, § 8º, DA CLT E AVISO- PRÉVIO Os elementos fáticos consignados no acórdão regional indicam que a rescisão do contrato de trabalho decorreu de iniciativa da Reclamante, que aderiu voluntariamente ao PAA - Plano de Apoio à Aposentadoria. Não há falar em dispensa sem justa causa por iniciativa do Empregador, o que afasta o direito ao pagamento do aviso prévio, da multa do art. 477, § 8º, da CLT e da multa de 40% sobre o FGTS. Precedentes. Recurso de Revista não conhecido. (RR-1208-91.2014.5.06.0145, Rel. Min. Maria Cristina Irigoyen Peduzzi, 8ª Turma, DEJT de 15/4/2016)

AGRAVO DE INSTRUMENTO EM RECURSO DE REVISTA. PROGRAMA DE DEMISSÃO VOLUNTÁRIA. SAQUE DO FGTS. Na hipótese dos autos, o autor pretende sacar o saldo de sua conta vinculada no FGTS, mesmo tendo como o motivo de sua rescisão contratual a sua adesão a Programa de Demissão Voluntária (PDV). Com efeito, o inciso I do artigo 20 da Lei nº 8.036/90 dispõe que a conta vinculada do trabalhador no FGTS poderá ser movimentada nos casos de despedida sem justa causa, inclusive a indireta, de culpa recíproca e de força maior. Entendo que a adesão do empregado aos planos de demissão voluntária não altera a natureza da iniciativa da rescisão contratual por parte do empregador. Isso porque, como se sabe, os planos de demissão voluntária são implementados pelo empregador, por decisão estratégica que lhe cabe, com o intuito de racionalizar a sua estrutura administrativa e enxugar o seu quadro de empregados, anunciando, claramente, que vai, em futuro próximo, dispensar um número expressivo de empregados. Assim, visando a evitar as naturais resistências coletivas e organizadas dos empregados alvo dessas demissões em massa e a compensar a perda dos respectivos empregos, o empregador divulga que os trabalhadores que aderirem ao plano de demissão, além das verbas normais da dispensa imotivada, receberão valores adicionais em decorrência dessa mesma demissão. Vale destacar, ainda, o fundamento adotado pelo Ministro Horácio de Senna Pires, na sessão de julgamento, ao ressalvar seu entendimento pessoal, do qual compartilho, de que o empregado que não adere ao plano de desligamento voluntário poderá ser despedido sem justa causa posteriormente, deixando de receber aquelas vantagens pecuniárias previstas no plano, uma vez que o interesse do empregador em reduzir o quadro de empregados fica evidenciado com a instituição do programa de desligamento voluntário. Em outras palavras, os empregados que optam por aderir a esses programas têm que escolher entre manifestar individualmente o seu consentimento em serem dispensados sem justa causa, recebendo, em contrapartida, as vantagens financeiras adicionais unilateralmente oferecidas por seu empregador, ou correrem o risco de, em futuro próximo, não tendo "aderido" ao PDV, serem imotivadamente dispensados, no âmbito do anunciado programa de "enxugamento" dos quadros daquela empresa, sem nada mais receberem, além dos valores legalmente devidos para essa mesma modalidade de rescisão contratual. Seguindo essa linha de raciocínio, se a despedida é, efetivamente, imotivada, não será possível admitir a alteração da natureza jurídica desta rescisão contratual nos casos em que o desligamento decorre de adesão a plano de demissão voluntária. **Entretanto, ressalte-se que esta Corte tem o entendimento de que, no caso de adesão ao programa de demissão voluntária, quando não houver notícia de vício de vontade no acordo firmado, a situação de desemprego resultou de ato voluntário do empregado, o que afasta o enquadramento nas hipóteses taxativas previstas em lei. Agravo de instrumento desprovido.** (AIRR-62340-67.2008.5.24.0046, 2ª Turma, Relator Ministro José Roberto Freire Pimenta, DEJT 03/05/2013).

RESPONSABILIDADE CIVIL

DESCUMPRIMENTO DE NORMAS TRABALHISTAS

Fornecimento de EPI inadequado – Ausência de danos morais

Processo: RR - 10348-80.2015.5.05.0101 Data de Julgamento: 19/09/2018, Relator Ministro: Márcio Eurico Vitral Amaro, 8ª Turma, Data de Publicação: DEJT 21/09/2018.

Fornecimento de equipamento de proteção inadequado a pintor não afronta direitos da personalidade e não gera direito a indenização por danos morais.

Conceito de EPI - Equipamento de Proteção Individual

Equipamento de Proteção Individual (EPI) é todo dispositivo ou produto, de uso individual utilizado pelo trabalhador, destinado à proteção de riscos suscetíveis de ameaçar a segurança e a saúde no trabalho.

Dever da empresa em fornecer o EPI - Equipamento de Proteção Individual

A empresa é obrigada a fornecer aos empregados, gratuitamente, EPI adequado ao risco, em perfeito estado de conservação e funcionamento, nas seguintes circunstâncias:

> **a)** sempre que as medidas de ordem geral não ofereçam completa proteção contra os riscos de acidentes do trabalho ou de doenças profissionais e do trabalho;
>
> **b)** enquanto as medidas de proteção coletiva estiverem sendo implantadas; e,
>
> **c)** para atender a situações de emergência.

Nesse sentido, o art. 166 da CLT:

> **CLT, Art. 166** - A empresa é obrigada a fornecer aos empregados, gratuitamente, equipamento de proteção individual adequado ao risco e em perfeito

estado de conservação e funcionamento, sempre que as medidas de ordem geral não ofereçam completa proteção contra os riscos de acidentes e danos à saúde dos empregados.

Cabe ao empregador quanto ao EPI:

a) adquirir o adequado ao risco de cada atividade;

b) exigir seu uso;

c) fornecer ao trabalhador somente o aprovado pelo órgão nacional competente em matéria de segurança e saúde no trabalho;

d) orientar e treinar o trabalhador sobre o uso adequado, guarda e conservação;

e) substituir imediatamente, quando danificado ou extraviado;

f) responsabilizar-se pela higienização e manutenção periódica; e,

g) comunicar ao MTE qualquer irregularidade observada.

Aprovação do EPI - Equipamento de Proteção Individual pelo MTE

Segundo o art. 167da CLT, o EPI somente pode ser fornecido ao trabalhador após aprovado pelo órgão nacional competente em matéria de segurança e saúde no trabalho.

> **CLT, Art. 167** - O equipamento de proteção só poderá ser posto à venda ou utilizado com a indicação do Certificado de Aprovação do Ministério do Trabalho.

Nesse sentido, a jurisprudência:

> **EPI NÃO CERTIFICADO. ADICIONAL DE INSALUBRIDADE DEVIDO.** A utilização de Equipamentos de Proteção Individual em desconformidade com os artigos 166 e 167 da CLT, bem como da Norma Regulamentadora nº 6 do MTE, acarreta em obrigação de pagar o adicional de insalubridade, pois não há como garantir que esses materiais serão capazes de suprimir os agentes agressores presentes no ambiente insalubre. (RO nº 0000495-21.2017.5.14.0006, 2ª Turma do TRT da 14ª Região/AC-RO, Rel. Marlene Alves de Oliveira. DEJT 21.06.2018).

Dano moral pela ausência do fornecimento do EPI - Equipamento de Proteção Individual

João Oreste Dalazen[1] conceitua o dano moral trabalhista como:

---

1 Processo n. RR - 299-68.2013.5.03.0080.

> Dano moral trabalhista é o agravo ou o constrangimento moral infligido quer ao empregado, quer ao empregador, mediante a violação de direitos ínsitos à personalidade, como consequência da relação de emprego. Não se identifica, pois, necessariamente, com qualquer infração da legislação trabalhista, visto que tal implicaria banalizar e retirar seriedade ao instituto.

O dano moral ocorre quando for violado um dos direitos de personalidade, como a honra, intimidade, dignidade, imagem, causando ao seu titular sofrimento, vexame, humilhação etc. Nesse sentido, os arts. 223-B e 223-C da CLT:

> **CLT, art. 223-B.** Causa dano de natureza extrapatrimonial a ação ou omissão que ofenda a esfera moral ou existencial da pessoa física ou jurídica, as quais são as titulares exclusivas do direito à reparação.
>
> **CLT, art. 223-C.** A honra, a imagem, a intimidade, a liberdade de ação, a autoestima, a sexualidade, a saúde, o lazer e a integridade física são os bens juridicamente tutelados inerentes à pessoa física.

O TST decidiu que o fornecimento inadequado de EPIs, não representa, por si só, afronta aos direitos da personalidade do trabalhador, ensejando apenas o pagamento do adicional de insalubridade.

Nessa esteira, os seguintes julgados do TST:

> "(...) **RECURSO DE REVISTA DA RECLAMADA LDC BIOENERGIA S.A. DANO MORAL. INDENIZAÇÃO. DESCUMPRIMENTO DE NORMAS DE SEGURANÇA HIGIENE E SAÚDE DO TRABALHADOR 1**. Dano moral trabalhista é o agravo ou o constrangimento moral infligido quer ao empregado, quer ao empregador, mediante a violação de direitos ínsitos à personalidade, como consequência da relação de emprego. Não se identifica, pois, necessariamente, com qualquer infração da legislação trabalhista, visto que tal implicaria banalizar e retirar seriedade ao instituto. 2. O descumprimento do intervalo intrajornada ou a não concessão de EPI ao empregado constituem violação de normas de segurança, higiene e saúde do trabalhador. No entanto, não afrontam os direitos de personalidade do empregado, de modo a caracterizar dano moral, mormente porque a legislação trabalhista contém medidas punitivas e reparadoras, como multa por descumprimento da legislação trabalhista e pagamento de adicional de insalubridade. 3. Decisão regional proferida em desconformidade com a iterativa, notória e atual jurisprudência do Tribunal Superior do Trabalho (Súmula nº 333 do TST). 4. Recurso de revista de que se conhece e a que se dá provimento para excluir da condenação o pagamento de indenização por dano moral" (TST-RR- 10900-24.2006.5.15.0120, 4ª Turma, Relator Ministro: João Oreste Dalazen, DEJT 08/05/2015).
>
> **"DANO MORAL. NÃO OBSERVÂNCIA DE NORMAS TRABALHISTAS.** Para que haja direito a indenização por dano moral, deve estar demonstrada

nos autos a conduta do agente, a lesão aos direitos de personalidade e o nexo causal entre esses dois elementos. A simples afirmação de que a reclamada não cumpria a legislação trabalhista não é suficiente para ensejar a indenização pleiteada, mormente no caso em tela em que a Corte Regional consignou no acórdão recorrido que a condenação limitou-se ao pagamento de '... diferenças de horas extras e seus reflexos, de modo que o pagamento era efetuado, ainda que incorretamente'. Destarte, o exame da tese recursal esbarra no teor da Súmula nº 126 do TST, pois demanda o revolvimento dos fatos e das provas. Recurso de revista de que não se conhece" (TST-RR-109200-83.2009.5.02.0441, 7ª Turma, Relator Ministro Cláudio Mascarenhas Brandão, DEJT 14/2/2014).

Obrigações do empregado após o recebimento do EPI

Cabe ao empregado quanto ao EPI:

a) usar, utilizando-o apenas para a finalidade a que se destina;

b) responsabilizar-se pela guarda e conservação;

c) comunicar ao empregador qualquer alteração que o torne impróprio para uso; e,

d) cumprir as determinações do empregador sobre o uso adequado.

Nesse sentido, o art. 158 da CLT:

CLT, Art. 158 - Cabe aos empregados:

I - observar as normas de segurança e medicina do trabalho, inclusive as instruções de que trata o item II do artigo anterior;

II - colaborar com a empresa na aplicação dos dispositivos deste Capítulo.

III - conhecer, em segunda e última instância, dos recursos voluntários ou de ofício, das decisões proferidas pelos Delegados Regionais do Trabalho em matéria de segurança e higiene do trabalho.

Parágrafo único - Constitui **ato faltoso** do empregado a recusa injustificada:

a) à observância das instruções expedidas pelo empregador na forma do item II do artigo anterior;

b) ao **uso dos equipamentos de proteção individual fornecidos pela empresa.**

Sendo assim, o empregado que não utiliza o EPI, comete ato faltoso, podendo ser punido com advertências, suspensões e, se após algumas advertências e suspensões, persistir a sua recusa em usar o EPI, poderá a empresa demiti-lo por justa causa. Nesse sentido:

RECUSA NO USO DO EPI. FALTA. GRAVE. JUSTA CAUSA. A recusa no uso do EPI coloca em risco o ambiente de trabalho, cabendo aos envolvidos na relação de emprego atuarem para minorar os riscos que possam incidir sobre a saúde e segurança do trabalhador. A recusa injustificada no uso do EPI autoriza a rescisão do contrato de trabalho por iniciativa do empregador e cumpla do empregado. (RO nº 0000062-32.2015.5.08.0110, 1ª Turma do TRT da 8ª Região/ PA-AP, Rel. Francisco Sérgio Silva Rocha. unânime, DEJT 29.11.2017).

JUSTA CAUSA. RECUSA INJUSTIFICADA AO USO DE EPI. CONFIGURAÇÃO. O ato de recusar o uso de Equipamento de Proteção Individual corresponde simultaneamente à negligência, ao desacato à ordem superior e ao descumprimento das normas da empresa. Justa causa configurada. Pelo não provimento do recurso. (RO nº 00023558520135020441 (20150032492), 3ª Turma do TRT da 2ª Região/SP, Rel. Mercia Tomazinho. unânime, DOe 03.02.2015).

ACIDENTE NO TRAJETO - "CASA-TRABALHO" OU "TRABALHO-CASA"

Responsabilidade objetiva da empresa

Processo: E-ED-RR - 32300-85.2006.5.15.0123 Data de Julgamento: 02/08/2018, Relator Ministro: Cláudio Mascarenhas Brandão, Subseção I Especializada em Dissídios Individuais, Data de Publicação: DEJT 24/08/2018.

Informativo 181 do TST

Na hipótese em que o empregado faleceu em razão de acidente de trânsito ocorrido durante o transporte em veículo fornecido pela empresa, a responsabilidade da empregadora é objetiva, a teor dos arts. 734 e 735 do Código Civil. O contrato de transporte, na espécie, é acessório ao contrato de trabalho e caracteriza-se, essencialmente, pela existência de cláusula de incolumidade que implica em obrigação de resultado, ou seja, em levar o passageiro em segurança até o seu destino. Assim, a empresa que fornece transporte aos seus empregados equipara-se ao transportador, assumindo, portanto, o ônus e o risco dessa atividade, ainda que o estado de conservação e de manutenção do veículo seja satisfatório ou que não reste comprovada eventual falha na adoção de medidas de segurança.

Conceito de acidente do trabalho

Os arts. 19 e 20, da Lei n. 8.213/1991, definem acidente de trabalho como:

1. Típico

"Ocorre pelo exercício do trabalho a serviço de empresa ou de empregador doméstico ou pelo exercício do trabalho dos segurados referidos no inciso

VII do art. 11 desta Lei, provocando lesão corporal ou perturbação funcional que cause a morte ou a perda ou redução, permanente ou temporária, da capacidade para o trabalho".

2. Doença profissional

"Assim entendida a produzida ou desencadeada pelo exercício do trabalho peculiar a determinada atividade e constante da respectiva relação elaborada pelo Ministério do Trabalho e da Previdência Social".

3. Doença do trabalho

"Assim entendida a adquirida ou desencadeada em função de condições especiais em que o trabalho é realizado e com ele se relacione diretamente, constante da relação mencionada no inciso I".

Situações equiparadas ao acidente do trabalho

Equipara-se ao acidente do trabalho, nos termos do art. 21 da Lei 8.213/91:

Concausa - o acidente ligado ao trabalho que, embora não tenha sido a causa única, haja contribuído diretamente para a morte do segurado, para redução ou perda da sua capacidade para o trabalho, ou produzido lesão que exija atenção médica para a sua recuperação;

O acidente sofrido pelo segurado no local e no horário do trabalho, em consequência de:

a) ato de agressão, sabotagem ou terrorismo praticado por terceiro ou companheiro de trabalho;

b) ofensa física intencional, inclusive de terceiro, por motivo de disputa relacionada ao trabalho;

c) ato de imprudência, de negligência ou de imperícia de terceiro ou de companheiro de trabalho;

d) ato de pessoa privada do uso da razão;

e) desabamento, inundação, incêndio e outros casos fortuitos ou decorrentes de força maior;

A doença proveniente de contaminação acidental do empregado no exercício de sua atividade;

O acidente sofrido pelo segurado ainda que fora do local e horário de trabalho:

a) na execução de ordem ou na realização de serviço sob a autoridade da empresa;

b) na prestação espontânea de qualquer serviço à empresa para lhe evitar prejuízo ou proporcionar proveito;

c) em viagem a serviço da empresa, inclusive para estudo quando financiada por esta dentro de seus planos para melhor capacitação da mão-de-obra, independentemente do meio de locomoção utilizado, inclusive veículo de propriedade do segurado;

d) no percurso da residência para o local de trabalho ou deste para aquela, qualquer que seja o meio de locomoção, inclusive veículo de propriedade do segurado.

Comunicação de Acidente do Trabalho - CAT

Segundo o art. 22 da Lei 8.213/91, o empregador deverá comunicar o acidente do trabalho à Previdência Social até o primeiro dia útil seguinte ao da ocorrência e, em caso de morte, de imediato, à autoridade competente, sob pena de multa.

Na falta de comunicação por parte da empresa, podem formalizá-la o próprio acidentado, seus dependentes, a entidade sindical competente, o médico que o assistiu ou qualquer autoridade pública, não prevalecendo nestes casos o prazo previsto neste artigo.

Estabilidade

De acordo com o art. 118 da Lei 8.213/91, o empregado que sofreu acidente do trabalho tem garantida, pelo prazo mínimo de doze meses, a manutenção do seu contrato de trabalho na empresa, após a cessação do auxílio-doença acidentário ou da aposentadoria por invalidez decorrente do acidente de trabalho.

O empregado submetido a contrato de trabalho por tempo determinado (Ex: contrato de experiência) goza da garantia provisória de emprego decorrente de acidente de trabalho.

Requisitos:

(1) Afastamento do Trabalho por prazo superior a 15 dias; e

(2) Percepção de auxílio-doença acidentário ou aposentadoria por invalidez decorrente do acidente de trabalho.

Nesse sentido:

Súmula nº 378 do TST - ESTABILIDADE PROVISÓRIA. ACIDENTE DO TRABALHO. ART. 118 DA LEI Nº 8.213/1991.

II - São pressupostos para a concessão da estabilidade o afastamento superior a 15 dias e a consequente percepção do auxílio-doença acidentário, salvo se constatada, após a despedida, doença profissional que guarde relação de causalidade com a execução do contrato de emprego.

Responsabilidade civil do empregador

O que significa responsabilidade[2]?

"Significa que alguém vai assumir as consequências jurídicas de sua atividade, pois vigora no nosso ordenamento jurídico o princípio da "proibição de ofender", decorrente da cláusula geral da responsabilidade civil prevista no art. 186 do Código Civil, assim, não podemos causar dano a quem quer que seja."

A responsabilidade civil pode ser subjetiva ou objetiva.

1. Responsabilidade civil subjetiva

A responsabilidade civil do empregador pelos danos resultantes de acidente de trabalho é, em regra, subjetiva, conforme inteligência do art. 7º, XXVIII, da Constituição Federal, ou seja, sua configuração depende da comprovação três requisitos: Dano, nexo causal e a culpa.

Nesse sentido:

> [...] **B) RECURSO DE REVISTA. PROCESSO SOB A ÉGIDE DA LEI Nº 13.015/2014 E ANTERIOR ÀS ALTERAÇÕES DA LEI Nº 13.467/2017. ACIDENTE DE TRABALHO. RESPONSABILIDADE CIVIL DO EMPREGADOR. INDENIZAÇÃO POR DANOS MORAIS, MATERIAIS E ESTÉTICOS.** A indenização por dano moral e material resultante de acidente do trabalho e/ou doença profissional ou ocupacional supõe a presença de três requisitos: a) ocorrência do fato deflagrador do dano ou do próprio dano, que se constata pelo fato da doença ou do acidente, os quais, por si sós, agridem o patrimônio moral e emocional da pessoa trabalhadora (nesse sentido, o dano moral, em tais casos, verifica-se pela própria circunstância da ocorrência do malefício físico ou psíquico); b) nexo causal ou concausal, que se evidencia pela circunstância de o malefício ter ocorrido em face das circunstâncias laborativas; c) culpa empresarial, excetuadas as hipóteses de responsabilidade objetiva. A regra geral do ordenamento jurídico, no tocante à responsabilidade civil do autor do dano, mantém-se com a noção da responsabilidade subjetiva (arts. 186 e 927, caput, CCB)[...] (RR - 10473-49.2016.5.18.0231, Redator Ministro:

[2] LUCENA JUNIOR, Hamilton Novo. Responsabilidade civil no direito do trabalho: análise de casos práticos. Salvador:JusPodivm, 2018.

Mauricio Godinho Delgado, Data de Julgamento: 29/08/2018, 3ª Turma, Data de Publicação: DEJT 28/09/2018)

1) Dano

Dano é a lesão a um interesse jurídico tutelado – patrimonial ou não, causado por ação ou omissão do sujeito infrator. Para haver a responsabilidade civil, é indispensável a existência de um dano ou prejuízo. Nesse sentido, o art. 944 do CC - "A indenização mede-se pela extensão do dano".

O dano pode ser:

1.1) Estético

Dano estético é qualquer alteração morfológica do acidentado.

1.2) Material

O dano material é o prejuízo efetivo sofrido pela vítima, causando por consequência uma diminuição do seu patrimônio, avaliável monetariamente. O dano material pode ser:

1.2.1) Dano Emergente

Dano emergente é tudo aquilo que se perdeu, sendo certo que a indenização haverá de ser suficiente para restituir o prejuízo integral, conforme determinado pelos arts. 949 e 950 do CC.

1.2.2) Lucro Cessante

Lucro cessante é tudo aquilo que o trabalhador razoavelmente se deixou ou deixar-se-á de lucrar, devendo este receber indenização por tal fato, conforme determinado pelos arts. 949 e 950 do CC.

1.2.3) Pensionamento

A pensão mensal vitalícia pressupõe a perda ou redução permanente da capacidade laborativa do trabalhador, porquanto sua finalidade é a de manter o mesmo padrão de vida que detinha o empregado antes do acidente de trabalho ou doença equiparada.

1.3) Moral

O dano moral ocorre quando for violado um dos direitos de personalidade, como a honra, intimidade, dignidade, imagem, causando ao seu titular sofrimento, vexame, humilhação etc. conforme determinado pelos arts. 223-B e 223-C.

O Tribunal Superior do Trabalho possui entendimento no sentido de que a retenção indevida da CTPS é capaz, por si só, de gerar danos morais "in re ipsa", ou seja, sem necessidade de comprovar prejuízo específico, por ser a CTPS um documento que espelha toda a vida profissional do trabalhador subordinado e autônomo, além de imprescindível para colocação em novos postos de trabalho.

Assim, a retenção indevida da CTPS traz um estado de apreensão permanente, na esteira da jurisprudência do C. TST. Vide E-RR - 3069-95.2013.5.12.0011, Relator Ministro: Cláudio Mascarenhas Brandão, Data de Julgamento: 22/02/2018, Subseção I Especializada em Dissídios Individuais, Data de Publicação: DEJT 02/03/2018 e RR-58-65.2016.5.12.0007, Relator Ministro: Luiz Philippe Vieira de Mello Filho, 7ª Turma, DEJT 15/09/2017.

Com relação à ausência de anotação de CTPS, o entendimento do C. TST é de que este procedimento é reparado pela obrigação de fazer (anotação da CTPS) e de pagar (direitos empregatícios inobservados), não causando, por si só, dano moral e, assim, sendo necessário provar algum dano concreto aos direitos da personalidade. Vide TST-E-ED-RR - 3323-58.2010.5.02.0203, Ac. SBDI-1, Rel. Min. Cláudio Mascarenhas Brandão, DEJT 10.6.2016 e RR - 1080-02.2011.5.02.0044 Data de Julgamento: 23/11/2016, Relator Ministro: Luiz Philippe Vieira de Mello Filho, 7ª Turma, Data de Publicação: DEJT 25/11/2016.

Os dois casos são muito polêmicos porque a diferença entre eles é muito sútil, havendo quem defenda a procedência e outros a improcedência para ambos os casos. A circunstância de dever ser a CTPS um espelho da vida profissional é um fator que suscita dúvidas se não deveria se reconhecer o dano moral em ambos os casos, mas o "estado de apreensão permanente" parece existir de maneira mais clara apenas no caso de retenção indevida da CTPS.

1.3.1) Existencial

Segundo o TST, pode conceituar o dano existencial como sendo "espécie de dano extrapatrimonial e tem como principal característica a frustração do projeto de vida ou comprometimento das relações sociais do trabalhador, impedindo a sua efetiva integração à sociedade e o seu pleno desenvolvimento enquanto ser humano, em decorrência de ato ilícito do empregador.[3]".

O TST tem considerado que a prestação habitual de horas extras não permite concluir pela ocorrência de dano existencial, sendo necessário provar o dano concreto ao projeto de vida ou à vida de relações (RR-523-56.2012.5.04.0292 e RR-1507-65.2014.5.09.0022), registrando-se, contudo, decisão em sentido contrário no RR-297-29.2014.5.23.0041, na qual se entendeu ser presumido o dano existencial por jornada exaustiva.

Quanto ao dano existencial decorrente da ausência de fruição de férias, por sua vez, no âmbito do processo de número RR-727-76.2011.5.24.0002, o TST fixou o entendimento de que a não fruição de férias por longo período faz presumir o dano existencial.

---

3 AIRR - 619-72.2016.5.06.0002, Relator Ministro: José Roberto Freire Pimenta, Data de Julgamento: 04/09/2018, 2ª Turma, Data de Publicação: DEJT 06/09/2018

1.4) Espiritual

Conforme delineado por Wagson Lindolfo[4], essa nomenclatura foi importada apenas de modo recente ao Direito Brasileiro, a partir de um acordo de R$ 4.000.000,00 (quatro milhões de reais), intermediado pelo Ministério Público Federal, entre a Companhia Aérea Gol e a comunidade indígena de Copoto-Jarina, ocasião em que se fez alusão à reparação por danos espirituais por não ter retirado da floresta os destroços da queda de um avião no norte do Estado de Mato Grosso, ocorrida no dia 29 de setembro de 2006 (http://apublica.org/2017/02/gol-pagara-indenizacao-a-indios-por-dano-espiritual/).

Essa nomenclatura, contudo, já havia sido utilizada pela Corte Interamericana de Direitos Humanos (Comunidade Moiwana vs. Suriname), no qual se estabeleceu diretriz interessante de que a convivência deve ser harmoniosa e implicar dignidade para as comunidades indígenas e não causar dano espiritual pelo impedimento de realização de rituais.

Wagson Lindolfo[5] conceitua o dano espiritual nos seguintes termos:

> Por uma interpretação e tradução livres, pode-se conceituar o dano espiritual como uma forma agravada de dano moral, já que tem estreita ligação com a parte mais íntima do gênero humano, abarcando o seu lado interior, sua crença no destino da humanidade e suas relações com os falecidos.
>
> Por outro lado, surge também o direito ao projeto de pós-vida, que nada mais é do que o respeito à relação que os vivos estabelecem com os mortos, sendo fundamental esta ligação com os antepassados para a unidade e perpetuidade de algumas comunidades indígenas.

2) Nexo causal

O nexo de causal é a relação entre a conduta do agente e o dano sofrido pela vítima. Caso o dano não esteja relacionada com a conduta do agente, não haverá que se falar em nexo de causalidade e, via de consequência, em obrigação de indenizar.

2.1) Concausa

É o fato que embora não tenha sido a causa única, contribuiu diretamente para a morte do empregado, para redução ou perda da sua capacidade para o trabalho, ou produzido lesão que exija atenção médica para a sua recuperação;

3) Culpa

Ação ou omissão ilícita do empregador (dolosa ou culposa);

4 http://www.magistradotrabalhista.com.br/2017/02/dano-espiritual-e-dano-ao-projeto-de.html.

5 http://www.magistradotrabalhista.com.br/2017/02/dano-espiritual-e-dano-ao-projeto-de.html.

2. Responsabilidade civil objetiva

A responsabilidade civil do empregador pelos danos resultantes de acidente de trabalho será objetiva, ou seja, sua configuração depende da comprovação da o nexo causal e dos danos, independendo da culpa do empregador.

Nesse sentido:

> **CC, Art. 927.** Aquele que, por ato ilícito (arts. 186 e 187), causar dano a outrem, fica obrigado a repará-lo.
>
> **Parágrafo único.** Haverá obrigação de reparar o dano, independentemente de culpa, nos casos especificados em lei, ou quando a atividade normalmente desenvolvida pelo autor do dano implicar, por sua natureza, risco para os direitos de outrem.

Requisitos:

(1) Quando a lei determina; ou

> **CC, Art. 932.** São também responsáveis pela reparação civil:
>
> **III** - o empregador ou comitente, por seus empregados, serviçais e prepostos, no exercício do trabalho que lhes competir, ou em razão dele;

> **CC, Art. 734.** O transportador responde pelos danos causados às pessoas transportadas e suas bagagens, salvo motivo de força maior, sendo nula qualquer cláusula excludente da responsabilidade.

> **CC, Art. 735.** A responsabilidade contratual do transportador por acidente com o passageiro não é elidida por culpa de terceiro, contra o qual tem ação regressiva.

(2) Quando a atividade normalmente desenvolvida pelo autor do dano implicar, por sua natureza, risco para os direitos de outrem.

> [...] Contudo, tratando-se de atividade empresarial, ou de dinâmica laborativa (independentemente da atividade da empresa), fixadoras de risco para os trabalhadores envolvidos, desponta a exceção ressaltada pelo parágrafo único do art. 927 do Código Civil, tornando objetiva a responsabilidade empresarial por danos acidentários (responsabilidade em face do risco). Nesse quadro, é compatível com a Constituição Federal a regra excetiva do parágrafo único do art. 927 do CCB, que estipula a objetivação da responsabilidade nos casos em que a "atividade exercida pelo autor do dano implicar, por sua natureza, riscos para os direitos de outrem", sendo essa a situação dos autos. Assim, nos casos em que o risco ao qual se expõe o trabalhador (em razão de sua função prevista no contrato de trabalho) é muito maior do que o vivenciado pelo indivíduo

médio, é possível a aplicação da responsabilidade civil objetiva do empregador (parágrafo único do art. 927 do CCB))[...] (RR - 10473-49.2016.5.18.0231, Redator Ministro: Maurício Godinho Delgado, Data de Julgamento: 29/08/2018, 3ª Turma, Data de Publicação: DEJT 28/09/2018)

Acidente de trajeto - responsabilidade civil do empregador

Como vimos anteriormente, equipara-se a acidente de trabalho o acidente sofrido pelo empregado no percurso da residência para o local de trabalho ou deste para aquela, qualquer que seja o meio de locomoção, inclusive veículo de propriedade do segurado. (Art. 21, IV, "d" da Lei 8.213/91).

O acidente de trajeto, pode ocorrer:

1 - No veículo do próprio empregado

Embora o acidente de trajeto seja considerado como acidente do trabalho, fica evidenciada a ausência de culpa ou mesmo nexo de causalidade entre as atividades desenvolvidas e o evento danoso, assim, o empregado não pode pleitear indenização por danos morais ou materiais do empregador quando este utiliza seu próprio veículo.

Nesse sentido, a jurisprudência do TST:

> **AGRAVO DE INSTRUMENTO. RECURSO DE REVISTA. INDENIZAÇÃO POR DANO MORAL, DANO ESTÉTICO E DANO MATERIAL. ACIDENTE DE TRÂNSITO (TRAJETO). FATO DE TERCEIRO. AUSÊNCIA DE CAUSALIDADE.** O Tribunal Regional, analisando o conjunto fático-probatório, consignou que o reclamante, ao conduzir sua moto, sofreu acidente de trânsito no trajeto entre a empresa e sua residência. Consignou que não houve negligência da empresa no evento fortuito sofrido pelo empregado. Diante do quadro fático, o Regional considerou que não houve nexo de causalidade, tendo em vista que não houve a participação direta da empregadora ou o exercício da atividade laboral para a ocorrência do evento. Dessa forma, para se chegar à conclusão pretendida pelo agravante de responsabilidade da empresa pelo acidente sofrido, seria necessário o revolvimento do conjunto probatório, procedimento vedado nesta fase recursal, nos termos da Súmula nº 126 do TST. Oportuno salientar que o acidente de trajeto é acidente de trabalho para fins previdenciários, ficando, no entanto, isento o empregador de responsabilidade se não contribuiu para o evento[..] (AIRR nº 0000136-10.2010.5.03.0043, 3ª Turma do TST, Rel. Alexandre de Souza Agra Belmonte. unânime, DEJT 28.04.2016).

> **"DANO MORAL. ACIDENTE DE TRÂNSITO SOFRIDO PELO EMPREGADO NO USO DE VEÍCULO PRÓPRIO NO RETORNO PARA CASA**

APÓS A JORNADA DE TRABALHO. O caso dos autos trata de acidente de trânsito sofrido pelo reclamante quando retornava para casa após a jornada de trabalho. Segundo consta do acórdão regional, o reclamante, ao sair do trabalho, dirigiu-se à sua casa em veículo próprio e sofreu acidente de trânsito no percurso. Não se constata, no caso, a possibilidade de se responsabilizar objetivamente as reclamadas, tendo em vista que o artigo 927, parágrafo único, do Código Civil se refere ao risco inerente à atividade normalmente desenvolvida pelo empregador. Embora seja considerado acidente de trabalho para fins previdenciários, porque ocorrido no trajeto para casa, o acidente de trânsito não ocorreu durante a jornada de trabalho, tampouco no exercício de atividade a favor das reclamadas, não sendo possível responsabilizá-las objetivamente nos termos do citado dispositivo legal. Por outro lado, eventual discussão calcada em possível responsabilização subjetiva ensejaria exame probatório, pois, segundo a Corte de origem, não há, nos autos, prova de que as reclamadas tenham concorrido de alguma maneira para a ocorrência do sinistro, o que atrai a incidência da Súmula nº 126 desta Corte e inviabiliza a análise da alegada ofensa aos artigos 5º, incisos V e X, 7º, inciso XXVIII, e 37, § 6º, da Constituição Federal e 186, 927, parágrafo único, do Código Civil. Precedentes desta Corte. Agravo de instrumento desprovido." (AIRR - 85900-28.2004.5.15.0014, Relator Ministro: José Roberto Freire Pimenta, Data de Julgamento: 02/12/2015, 2ª Turma, Data de Publicação: DEJT 11/12/2015)

2. No veículo fornecido pelo empregador

Se o empregador fornecer o transporte de seus empregados para que cheguem ao local da prestação dos serviços ou para que cheguem em sua residência, equipara-se ao transportador, assumindo o ônus e o risco desse transporte, para os efeitos dos arts. 734 e 735 do Código Civil. Nessa hipótese, a responsabilidade da empregadora é objetiva, a teor dos arts. 734 e 735 do Código Civil.

CC, Art. 734. O transportador responde pelos danos causados às pessoas transportadas e suas bagagens, salvo motivo de força maior, sendo nula qualquer cláusula excludente da responsabilidade. Parágrafo único. É lícito ao transportador exigir a declaração do valor da bagagem a fim de fixar o limite da indenização.

CC, Art. 735. A responsabilidade contratual do transportador por acidente com o passageiro não é elidida por culpa de terceiro, contra o qual tem ação regressiva.

Ademais, o fato de o acidente de trânsito ter sido provocado por terceiro não afasta a responsabilidade do empregador porque responde o transportador pela ocorrência de acidente, independe de culpa, conforme previsão do art. 735 do Código Civil, e jurisprudência contida na Súmula 187 do STF, a qual preconiza que, a responsabilidade contratual do transportador, pelo acidente com o passageiro, não é elidida por culpa de terceiro, contra o qual tem ação regressiva.

Nesse sentido:

Precedentes vinculantes do TST

EMBARGOS EM EMBARGOS DE DECLARAÇÃO EM RECURSO DE REVISTA INTERPOSTOS NA VIGÊNCIA DA LEI Nº 11.496/2007. NULIDADE DO ACÓRDÃO REGIONAL POR NEGATIVA DE PRESTAÇÃO JURISDICIONAL. INDICAÇÃO DE OFENSA A DISPOSITIVOS DE LEI E DA CONSTITUIÇÃO FEDERAL. INCIDÊNCIA DO ARTIGO 894, II, DA CLT. A alegação de ofensa a dispositivos de lei federal e da Constituição da República indicados não mais se insere como fundamentação própria dos embargos, em decorrência da redação do artigo 894, II, da CLT conferida pela Lei nº 11.496/2007. Recurso de embargos de que não se conhece. **ACIDENTE DE TRABALHO. MORTE DURANTE O TRAJETO EM VEÍCULO FORNECIDO PELO EMPREGADOR. RESPONSABILIDADE OBJETIVA DECORRENTE DO CONTRATO DE TRANSPORTE. INDENIZAÇÃO POR DANOS MORAIS E MATERIAIS.** A responsabilidade do empregador nas hipóteses em que o acidente de trânsito ocorreu durante o transporte do empregado em veículo fornecido pela empresa é objetiva, com amparo nos artigos 734 e 735 do Código Civil. O contrato de transporte, no presente caso acessório ao contrato de trabalho, caracteriza-se, fundamentalmente, pela existência de cláusula de incolumidade decorrente da obrigação de resultado (e não apenas de meio) que dele provém, o que significa dizer, em outras palavras, que o transportador não se obriga a tomar as providências e cautelas necessárias para o bom sucesso do transporte; muito ao contrário, obriga-se pelo fim, isto é, garante o bom êxito. Nesse contexto, a reclamada, ao fornecer transporte aos seus empregados em veículo da empresa, equipara-se ao transportador, assumindo, portanto, o ônus e o risco dessa atividade. Desse modo, há de se reconhecer a corresponsabilidade das rés, a primeira, por ser a ex-empregadora da vítima, e a segunda, por ter firmado contrato de seguro com aquela, o que enseja a condenação de ambas ao pagamento de indenização por danos morais e materiais, decorrente do acidente que culminou na morte do marido e pai dos autores, observado, no caso da seguradora, o limite fixado na apólice. Quanto ao pedido de indenização por danos materiais, não há dúvida que, em relação à vítima, a regra inserida no artigo 950 do Código Civil define, como critério de aferição, deva ela corresponder "à importância do trabalho para que se inabilitou, ou da depreciação que ele sofreu". Em caso de invalidez que o incapacite para o mister anteriormente exercido, alcançará a integralidade de sua remuneração, sem qualquer dúvida. No caso dos dependentes, contudo, considerando que o empregado, presumidamente, destinaria parte dos seus ganhos para gastos pessoais, o valor mensal devido à família e filhos deve equivaler a 2/3 do salário percebido pela vítima, em virtude de se presumir que gastava, em média, 1/3 do valor com despesas pessoais, conforme arbitrado em remansosa e antiga jurisprudência do e. STJ. Observe-se que o direito à pensão, reconhecido no caso em tela, corresponde ao valor que o falecido contribuiria para os gastos familiares ou propiciaria economia para utilização em atividades de lazer ou fins outros, o que não inclui a totalidade dos ganhos. Também na esteira do que vem sendo decidido pelo e. STJ, a pensão devida a cada um dos filhos possui, como termo final, o dia em que completar 25 anos de idade, quando, presumidamente, já deverá ter alcançado a independência econômica ou constituído família e, por consequência, cessa a manutenção pelos pais. A partir de então, reverte-se em favor da viúva. Isso porque, se vivo estivesse o pai, quando o filho se tornasse independente, ele e sua esposa teriam maior renda e melhora no padrão de vida. Portanto, deve ser assegurada ao cônjuge sobrevivente a mesma condição que gozaria, se vivo estivesse o seu marido, até que contraia eventual união. No que tange ao valor da reparação por danos morais, ainda que se busque criar parâmetros norteadores para a conduta do julgador, certo é que não se pode elaborar tabela de referência para a referida reparação. A lesão e a reparação precisam ser avaliadas caso a caso, a partir de suas peculiaridades. A reparação tem por objetivo proporcionar à vítima condições de vida mais adequadas e, com isso, minimizar as consequências do dano que lhe foi causado. Não se fala em estabelecer preço para a dor ou tarifar o sofrimento, mas possibilitar "remédio" para amenizar os efeitos da lesão, mediante a aquisição de bens e serviços que podem ser custeados pelo dinheiro, independentemente de qualquer juízo de valor acerca da conduta do autor do dano, mas, ao contrário, levando em consideração as circunstâncias do caso e as condições pessoais do seu destinatário. E, sendo assim, os critérios patrimonialistas calcados na condição pessoal da vítima, a fim de não provocar o seu enriquecimento injusto, e na capacidade econômica do ofensor, para servir de desestímulo à repetição da atitude lesiva, não devem compor a quantificação do dano moral. O que se há de reparar é o próprio dano em si e as repercussões dele decorrentes na esfera da vida do ofendido. Sob essa ótica, é preciso atentar-se "à efetiva repercussão da lesão sobre a vítima, não como classe econômica ou como gênero, mas como pessoa humana, cujas particulares características precisam ser levadas em conta no momento de quantificação do dano" (Anderson Schreiber. Direito civil e constituição. São Paulo: Atlas, 2013. p. 188). Ao analisar o tema, Maria Celina Bodin de Moraes destaca que "as condições pessoais da vítima, desde que se revelem aspectos de seu patrimônio moral, deverão ser cuidadosamente sopesadas, para que a reparação possa alcançar, sob a égide do princípio de isonomia substancial, a singularidade de quem sofreu o dano" (Danos à pessoa humana - uma leitura civil-constitucional dos danos morais. Rio de Janeiro: Renovar, 2003. p. 307). Logo, para compor o juízo da reparação, não há que se trazer à discussão argumentos relacionados ao porte econômico das partes ou circunstâncias outras externas aos fatos em si mesmos. Isso porque a finalidade da regra insculpida no artigo 944 do Código Civil é tão somente reparar/compensar o dano causado em toda a sua extensão, seja ele material ou moral; limita, assim, os critérios a serem observados pelo julgador e distancia a responsabilidade civil da responsabilidade penal. Ademais, a exceção à reparação que contemple toda a extensão do dano está descrita no parágrafo único do citado artigo 944 do CC. Todavia, não constitui autorização legislativa para a majoração da verba indenizatória, mas exclusivamente para a redução equitativa em razão do grau de culpa do ofensor. Como se vê, o papel do Poder Judiciário consiste em arbitrar valor em patamar voltado à estrita compensação do dano sofrido, pois o dano moral deve ser apenas compensado; qualquer pena a ser infligida, a título de desestímulo, deve ser previamente cominada (artigo 5º, inciso XXXIX, CF: "não há crime sem lei anterior que o defina, nem pena sem prévia cominação legal"), não obra exclusiva da doutrina nem tampouco do Estado-Juiz, sob pena de violação a expressa garantia constitucional. Arrematando, em consonância com a atual sistemática da reparação civil, em sede de quantificação, deve o julgador observar o próprio dano em si e suas consequências na esfera subjetiva do ofendido (aspectos existenciais, não econômicos) para, então, compor a efetiva extensão dos prejuízos sofridos, tanto mais próximo possível da realidade, e como dito desde o início, sempre norteado pelos princípios da reparação integral e da dignidade humana - epicentro da proteção constitucional. Registre-se que a observância dessa sistemática possibilita ao Judiciário exercer a função compensatória, cujo escopo é a proteção integral da vítima em todos os aspectos que compõem a sua personalidade. Vale destacar, ainda, o importante efeito pedagógico das decisões judiciais nas ações de reparação por danos morais, no sentido de possibilitar a transformação de padrões de comportamento na sociedade, inclusive, para que os cidadãos possam ter seu discernimento desenvolvido com vista a escolhas futuras que realizará no exercício da cidadania. Com efeito, a discussão em torno da reparabilidade e do arbitramento dos danos morais produz consequências que vão muito além do debate entre as partes diretamente envolvidas. De maneira subjacente, identifica-se até mesmo interesse da comunidade, a fim de que não permaneça o empregador no mesmo comportamento verdadeiramente depreciativo em relação ao valor da vida humana. No caso em análise, é preciso considerar os abalos naturalmente sofridos em razão da morte do marido e pai dos autores, dimensionados inclusive pela gravidade do acidente e a perplexidade que causa na sociedade - seu corpo foi totalmente carbonizado e ficou em pedaços -, o que, de fato, provoca nos familiares um transtorno irreparável. O valor a ser fixado leva em consideração a possibilidade de serem adquiridos bens materiais ou serviços que proporcionem minimizar o sofrimento causado com a morte em tais circunstâncias, ainda que, efetivamente, jamais poderão alcançar patamar próximo à realidade e a dimensão da perda em si. Por tais elementos, arbitra-se a indenização por danos morais em R$200.000,00 para cada um dos autores, por considerar que referido valor atende aos princípios da proporcionalidade e da razoabilidade. Isso porque a reparação por danos morais afasta-se do equivalente econômico, próprio das indenizações - por isso é sempre arbitrada - e se destina a proporcionar à vítima, com os prazeres e o conforto que o dinheiro pode proporcionar, forma de amenizar o sofrimento causado pela perda de ente querido, cujos efeitos são definitivos, como no caso dos autos. Não se busca indenizar, mesmo porque, em se tratando de lesão de natureza extrapatrimonial, não há como se aferir, efetivamente, o dano. É, simplesmente, permitir tornar a vida mais confortável, menos sofrida. O que se deve levar em conta é a natureza da lesão em si, o comportamento do ofensor (se reiterado ou ocasional), a extensão do dano causado (se gerador de incapacidade permanente, temporária, parcial ou total), enfim, o fato por si mesmo e as repercussões no patrimônio imaterial daqueles que, por ele, foram atingidos. Recurso de embargos de que se conhece e a que se dá provimento parcial. (E-ED-RR - 32300-85.2006.5.15.0123, Relator Ministro: Cláudio Mascarenhas Brandão, Data de Julgamento: 02/08/2018, Subseção I Especializada em Dissídios Individuais, Data de Publicação: DEJT 24/08/2018)

"**RECURSO DE EMBARGOS REGIDO PELA LEI 11.496/2007. INDENIZAÇÃO POR DANOS MORAIS E MATERIAIS. ACIDENTE DE TRÂNSITO OCORRIDO NO TRAJETO PARA O TRABALHO. TRANSPORTE FORNECIDO PELO EMPREGADOR.** Discute-se a responsabilidade civil do empregador pelo pagamento de indenização por danos morais e materiais em face de acidente de percurso onde o empregado é transportado em ônibus fornecido pela empresa. Revelou o Tribunal Regional, em acórdão reproduzido pela Turma, ter uma carreta colidido com o ônibus no qual se encontrava o autor, vindo, em consequência, descer um barranco e capotar em seguida. O acidente causou ao autor fraturas em membro inferior esquerdo e coluna cervical, entorse no tornozelo, ferimentos e traumas múltiplos. Passou o reclamante por tratamento cirúrgico corretivo e fisioterápicos, possuindo, atualmente, limitação em certos movimentos do pescoço como lateralização e rotação. Encontra-se o autor atualmente trabalhando em funções semelhantes às anteriores ao acidente, porém, com limitações. Nessas circunstâncias, o empregador, ao se responsabilizar pelo transporte de seus empregados para que cheguem ao local da prestação dos serviços, equipara-se ao transportador, assumindo o ônus e o risco desse transporte, para os efeitos dos arts. 734 a 736 do Código Civil, sobretudo porque tal transporte objetiva o atendimento do negócio e interesses da empresa. Os textos legais atinentes à matéria tratam com rigor as situações em comento, justamente em decorrência da obrigação que se deve ter em transportar pessoas ou coisas em perfeitas condições de segurança ao seu destino, estando a cláusula de incolumidade implícita no contrato de transporte. A empresa, ao assumir essa responsabilidade, não obstante de maneira informal ou de forma gratuita, gera, como consequência, a obrigação de responder pelos danos causados aos transportados em decorrência de eventual acidente, porque tem o dever de garantir a incolumidade física da pessoa transportada. Não se pode alegar que a responsabilidade objetiva se dá apenas nos casos em que o transporte se faz por empresas concessionárias desse serviço proque a lei não faz tal distinção, mas se aplica a qualquer que seja o transportador. Em síntese, se a empresa avoca para si tal responsabilidade, a transportador se equipara, conforme determinam os arts. 734 e 736 do Código Civil. Ademais, o fato de o acidente de trânsito ter sido provocado por terceiro não afasta a responsabilidade do empregador porque responde o transportador pela ocorrência de acidente, independe de culpa, conforme previsão do art. 735 do Código Civil, e jurisprudência contida na Súmula 187 do STF, a qual preconiza que -a responsabilidade contratual do transportador, pelo acidente com o passageiro, não é elidida por culpa de terceiro, contra o qual tem ação regressiva-. Há precedentes. Recurso de embargos conhecido e parcialmente provido." (E-RR-2071-05.2011.5.03.0026, Relator Ministro: Augusto César Leite de Carvalho, SBDI-1, DEJT 26/09/2014).

Carona sem a obrigação contratual de transporte

Quando o empregador oferece carona, sem a obrigação contratual de transporte, insere-se, portanto, na situação de transporte gratuito ou por cortesia, que segundo a súmula 145 do STJ, não decorre de responsabilidade objetiva. Assim, o empregador só será civilmente responsável por danos causados ao transportado quando incorrer em dolo ou culpa grave.

Nesse sentido:

> **CC, Art. 736.** Não se subordina às normas do contrato de transporte o feito gratuitamente, por amizade ou cortesia.
> Parágrafo único. Não se considera gratuito o transporte quando, embora feito sem remuneração, o transportador auferir vantagens indiretas.

> **Súmula 145/STJ - Responsabilidade civil. Transporte gratuito. Dolo ou culpa grave. Necessidade. CCB, art. 1.057.** No transporte desinteressado, de simples cortesia, o transportador só será civilmente responsável por danos causados ao transportado quando incorrer em dolo ou culpa grave.

> **RESPONSABILIDADE CIVIL POR DANO EM ACIDENTE DE VEÍCULO. INDENIZAÇÃO. RELAÇÃO JURÍDICA ENTRE TRABALHADOR EVENTUAL E TOMADOR DE SERVIÇOS.** O acidente se deu em razão de "carona" ofertada pelo réu, não havendo nada nos autos que indique qualquer obrigação contratual de transporte do réu em relação ao prestador de serviços. Insere-se, portanto, na situação de transporte gratuito ou por cortesia, que segundo orientação jurisprudencial do c. STJ não decorre de responsabilidade objetiva ("no transporte desinteressado, de simples cortesia, o transportador só será civilmente responsável pelos danos causados ao transportado quando inocorrer em dolo ou culpa grave" - Súmula nº 145). (Processo nº 00924-2005-012-01-00-3, 6ª Turma do TRT da 1ª Região/RJ, Rel. José Antônio Teixeira da Silva. j. 31.05.2006, maioria, DO 09.08.2006).

PRAZO PRESCRICIONAL NA AÇÃO AJUIZADA PELOS SUCESSORES EM NOME PRÓPRIO

Direito personalíssimo e autônomo. Natureza cível. Prescrição do Código Civil.

Processo: E-RR - 10248-50.2016.5.03.0165 Data de Julgamento: 07/06/2018, Relator Ministro: Luiz Philippe Vieira de Mello Filho, Subseção I Especializada em Dissídios Individuais, Data de Publicação: DEJT 15/06/2018.

Informativo 180 do TST

A ação em que viúva e filhos de empregado falecido pleiteiam, em nome próprio, o pagamento de indenização por danos morais e materiais decorrentes da morte de seu ente familiar por suposta doença ocupacional adquirida no curso do contrato de emprego se submete à prescrição prevista no art. 206, § 3º, do Código Civil.

Ainda que a competência para o julgamento da ação seja da Justiça do Trabalho, nos termos do art. 114, VI, da CF e da Súmula nº 392 do TST, trata-se de direito personalíssimo e autônomo dos familiares da vítima, de natureza eminentemente civil, e que se distingue do dano sofrido pelo próprio trabalhador.

Competência da justiça do trabalho para julgar ação propostas pelos dependentes ou sucessores do trabalhador falecido em decorrência de acidente de trabalho

Nas ações propostas pelos dependentes ou sucessores do trabalhador falecido em decorrência de acidente ou moléstia profissional, a Justiça do Trabalho é competente para processar e julgar tais ações, nos termos do artigo art. 114, inc. VI, da Constituição da República e da Súmula nº 392 do TST, de seguinte teor:

> **TST, SUM 392 - DANO MORAL E MATERIAL. RELAÇÃO DE TRABALHO. COMPETÊNCIA DA JUSTIÇA DO TRABALHO** - Nos termos do art. 114, inc. VI, da Constituição da República, a Justiça do Trabalho é competente para processar e julgar ações de indenização por dano moral e material, decorrentes da relação de trabalho, inclusive as oriundas de acidente de trabalho e doenças a ele equiparadas, ainda que propostas pelos dependentes ou sucessores do trabalhador falecido.

Prescrição - Conceito

Homero Batista Mateus da Silva[6] define a prescrição como:

> "a perda de uma pretensão, decorrente da inércia prolongada do credor, e tendo por fundamento a estabilidade das relações jurídicas, também considerada como pacificação das relações sociais, e como consequência a perda da exigibilidade".

6 SILVA, Homero Batista Mateus da. Curso de Direito do Trabalho Aplicado: Parte Geral, p. 249.

A prescrição é um instituto importante para se garantir a segurança e estabilidade das relações jurídicas e da convivência social. É uma forma de se assegurar a ordem e a paz na sociedade[7].

O novo Código Civil conceituou a prescrição como sendo a extinção da pretensão de um direito material violado pelo decurso dos prazos previstos em lei, desde que não haja causas impeditivas, interruptivas ou suspensivas de seu decurso.

A prescrição é regida pelo princípio da actio nata, consagrado no artigo 189 do CC, segundo o qual é a violação do direito subjetivo que faz nascer, para o seu titular, a pretensão de repará-lo, com o que se deflagra a fluência da prescrição extintiva do direito de ação correspondente.

> **CC, Art. 189** - Violado o direito, nasce para o titular a pretensão, a qual se extingue, pela prescrição, nos prazos a que se referem os arts. 205 e 206.

Após transcorrido o prazo prescricional, a obrigação passa a ser natural e seu cumprimento espontâneo não autoriza a repetição de indébito, isto é, a devolução.

> **CC, Art. 882.** Não se pode repetir o que se pagou para solver dívida prescrita, ou cumprir obrigação judicialmente inexigível.

A título de exemplo, vamos usar a seguinte situação:

> Renata trabalhou como empregada doméstica para Marcio, no período de 07/07/2007 a 07/07/2014, quando foi dispensada sem justa causa. Por ocasião da dispensa, Marcio informou a Renata que estava passando por dificuldades financeiras e que não possuía os recursos necessários ao pagamento das verbas rescisórias, mas, assim que estivesse em melhor situação, entraria em contato para quitar sua dívida. Em 07/07/2017, Marcio efetuou o pagamento do que era devido a Renata. Entretanto, ao voltar para casa, a esposa de Marcio advogada recém-formada, discordou de sua decisão, pois a dívida já estava prescrita há mais de dois anos. Por conta disso, pensou em a ajuizar uma ação de repetição de indébito em face de Renata, procurou Hamilton, advogado trabalhista experiente, onde este explicou que Marcio, não faz jus a reaver a quantia paga, pois se trata de cumprimento espontâneo de obrigação natural, conforme art. 882 do CC.

São elementos da prescrição:

- Conduta omissiva (comportamento humano).

---

[7] Informativo 813 do STF, comentado pelo Juiz Federal Márcio André Lopes Cavalcante – do site Dizer o Direito. (site: https://www.buscadordizerodireito.com.br/)

- Decurso de tempo (fato da natureza).
- Necessidade de pacificação social (segurança jurídica).

Prescrição na ação ajuizada pelos sucessores em nome próprio em caso de morte do trabalhador por acidente de trabalho

Quando a ação em que a viúva e os filhos do empregado falecido da reclamada pleiteiam em nome próprio o pagamento de indenização por danos morais e materiais que lhes foram causados em razão da morte de seu ente familiar, o prazo prescricional será o prazo de 3 anos previsto no art. 206, § 3º, do Código Civil.

Nesse sentido:

> **Precedentes vinculantes do TST**
>
> **RECURSO DE EMBARGOS EM RECURSO DE REVISTA. REGÊNCIA DA LEI Nº 13.015/2014. INDENIZAÇÃO POR DANO MORAL INDIRETO, REFLEXO OU EM RICOCHETE. AÇÃO AJUIZADA PELOS SUCESSORES DE EX-EMPREGADO FALECIDO EM DECORRÊNCIA DE DOENÇA OCUPACIONAL. PRESCRIÇÃO APLICÁVEL. 1.** A eg. Terceira Turma proferiu acórdão em harmonia com a jurisprudência deste Tribunal Superior, no sentido de que a prescrição aplicável à pretensão de indenização por danos morais em ação ajuizada pelos sucessores, em nome próprio, decorrente do falecimento de ex-empregado em razão de doença ocupacional, é a disposta no art. 206, § 3º, do Código Civil. 2. Nesse contexto, os embargos se afiguram incabíveis, nos termos do art. 894, § 2º, da CLT, considerada a redação dada pela Lei nº 13.015/2014 Recurso de embargos de que não se conhece. (E-RR - 11586-92.2013.5.03.0091, Relator Ministro: Walmir Oliveira da Costa, Data de Julgamento: 13/12/2018, Subseção I Especializada em Dissídios Individuais, Data de Publicação: DEJT 19/12/2018)
>
> **EMBARGOS INTERPOSTOS SOB A ÉGIDE DA LEI Nº 13.015/2014 E DO CPC/2015 - INDENIZAÇÃO POR DANOS MORAIS E MATERIAIS DECORRENTES DA MORTE DE TRABALHADOR POR SUPOSTA DOENÇA OCUPACIONAL - AÇÃO AJUIZADA PELA VIÚVA E FILHOS DO DE CUJUS - DIREITO PLEITEADO EM NOME PRÓPRIO - CONTROVÉRSIA RELATIVA À PRESCRIÇÃO INCIDENTE (CÍVEL OU TRABALHISTA). 1.** Nos termos do art. 114 da Constituição Federal (com a redação que lhe foi conferida pela Emenda Constitucional nº 45/2004), compete à Justiça do Trabalho o processamento e o julgamento das ações reparatórias de danos materiais, morais e estéticos oriundos de acidentes de trabalho ou moléstias profissionais. 2. Nesse sentido, pacificou-se o entendimento nesta Corte de que a pretensão referente à reparação por danos material e moral oriundos de infortúnios do trabalho caracteriza-se como direito eminentemente trabalhista,

> atraindo a incidência do art. 7º, XXIX, da Constituição Federal, com a aplicação das regras de transição, conforme a decisão proferida pelo Supremo Tribunal Federal no Conflito de Competência nº 7.204-1, publicada em 9/12/2005. 3. Contudo, em se tratando de ações propostas pelos sucessores do trabalhador em decorrência de acidente ou moléstia profissional, que se inserem na competência desta Justiça Especial, na conformidade da parte final da Súmula nº 392 do TST, é necessário fazer uma distinção relativamente à natureza do direito pleiteado para efeito de definição da prescrição incidente. 4. Com efeito, distintas são as situações em que os sucessores pugnam na condição de substitutos processuais pelo pagamento de indenização por danos causados ao de cujos no curso da relação de emprego, que poderá vir a integrar seu patrimônio por força de herança, daquelas em que pleiteiam a indenização pelo dano a si mesmos causado em razão do acidente ou moléstia que vitimou seu ente querido (dano reflexo ou em ricochete). 5. Trata-se, no segundo caso, de direito personalíssimo e autônomo dos familiares da vítima, que, embora tenha origem no mesmo evento e, por essa razão, esteja inserido na jurisdição trabalhista, destaca-se do dano sofrido pelo próprio trabalhador, ostentando natureza eminentemente civil, o que atrai a incidência da prescrição prevista no art. 206, § 3º, do Código Civil. Recurso de embargos conhecido e desprovido. (TST-E-RR-10248-50.2016.5.03.0165, Rel. Min. Luiz Philippe Vieira de Mello Filho, Subseção I Especializada em Dissídios Individuais, DEJT 15/06/2018)

Nessa mesma diretriz, transcrevo outros julgados do TST:

> **RECURSO DE REVISTA. PRESCRIÇÃO APLICÁVEL. COMPENSAÇÃO POR DANOS MORAIS, REFLEXOS OU EM RICOCHETE. ACIDENTE DE TRABALHO. MORTE DO EMPREGADO. AÇÃO AJUIZADA PELA GENITORA DO DE CUJUS. NÃO CONHECIMENTO.** Esta Corte pacificou entendimento de que a prescrição aplicável à pretensão de compensação por danos morais e materiais é definida de acordo com a data em que ocorreu o acidente de trabalho ou aquela em que o empregado teve ciência inequívoca da lesão: se posterior à publicação da Emenda Constitucional nº 45/2004, aplica-se o prazo previsto no artigo 7º, XXIX, da Constituição Federal; se anterior, a prescrição incidente é a civil. Esta, por sua vez, deve observar a regra de transição prevista no artigo 2.028 do novo Código Civil, podendo ser de vinte anos (artigo 177 do CC/1916), se no início da vigência do novo Código Civil (11/01/2003) transcorreram mais de dez anos da data do evento danoso ou da ciência inequívoca da lesão (mais da metade do prazo prescricional de 20 anos previsto no estatuto civil revogado); ou de três anos, se transcorrido menos da metade daquele prazo. Ocorre que, na presente demanda, a reclamante pleiteia compensação por danos morais em virtude de acidente que vitimou seu filho, à época empregado da reclamada. Trata-se, portanto, do instituto denominado de dano moral indireto, reflexo ou em ricochete, pois a lesão causadora da morte do de cujus, evidentemente, afetou a esfera íntima da reclamante, por ser mãe dele. Nesta hipótese, a egrégia SBDI-1 concluiu que

se aplica a prescrição trienal, prevista no artigo 206, § 3º, V, do Código Civil. Assim, decorridos mais de três anos entre a data da rescisão do contrato de trabalho advinda com a morte do empregado - 08/10/2008 - e o ajuizamento da presente ação - 31/07/2012 - há prescrição trienal a ser pronunciada. Precedentes de Turmas e da SBDI-1. Recurso de revista a que não se conhece. (TST-RR-271-78.2017.5.12.0058, Rel. Min. Guilherme Augusto Caputo Bastos, 4ª Turma, DEJT 17/08/2018)

AGRAVO DE INSTRUMENTO EM RECURSO DE REVISTA. APELO INTERPOSTO NA VIGÊNCIA DO NOVO CPC. NEGATIVA DE PRESTAÇÃO JURISDICIONAL. PRESCRIÇÃO. AÇÃO DE INDENIZAÇÃO POR DANO MORAL E MATERIAL. Diante da violação do artigo 206, § 3.º, do Código Civil, determina-se o processamento do Recurso de Revista. Agravo de Instrumento a que se dá provimento. RECURSO DE REVISTA. PRESCRIÇÃO. AÇÃO DE INDENIZAÇÃO POR DANO MORAL E MATERIAL. As demandas envolvendo dano moral indireto, reflexo ou "em ricochete", nas quais os herdeiros de ex-empregado postulam ação reparatória em nome próprio, encerram pretensão de natureza eminentemente civil para obter a reparação em razão do dano moral indireto, razão pela qual se aplicam as regras prescricionais incidentes que emanam do art. 206, § 3.º, do Código Civil, norma que prevê o prazo trienal. Recurso de Revista conhecido e provido. (RR - 1000526-56.2013.5.02.0472, Relatora Ministra: Maria de Assis Calsing, 4ª Turma, DEJT 17/03/2017).

PRESCRIÇÃO. TERMO INICIAL. INDENIZAÇÃO POR DANO MORAL INDIRETO OU EM RICOCHETE. AÇÃO AJUIZADA PELOS GENITORES DA EMPREGADA. ACIDENTE DE TRABALHO. DIREITO PRÓPRIO. PRESCRIÇÃO CIVIL. 2.1. O dano reflexo, indireto ou em ricochete, que concerne a terceira pessoa, origina-se do ato ilícito que causou dano à vítima imediata. Apesar da diversidade dos vínculos que ensejam os direitos da vítima direta e da vítima indireta, o dano reflexo decorre imediatamente do dano principal, possibilitando a pretensão indenizatória. Ademais, a relação entre os genitores e a trabalhadora acidentada possui natureza civil, e não trabalhista. Isso porque a pretensão não se origina na relação de emprego, mas em direito personalíssimo à indenização por dano moral, em razão do acidente da filha, caracterizando o dano em ricochete. Assim, os autores pleiteiam direito próprio. 2.2. Nessa esteira, uma vez que a pretensão indenizatória decorre de vínculo de natureza civil, incide a prescrição trienal do art. 206, § 3º, do Código Civil de 2002. No caso concreto, conforme se extrai do acórdão regional, o acidente ocorreu em 8.5.2005. Ajuizada a ação em 7.4.2008, estando o contrato de trabalho em curso, não foi ultrapassado o prazo trienal aplicável, inexistindo prescrição a ser declarada. Recurso de revista conhecido e provido. (RR - 46000-42.2008.5.06.0016 Data de Julgamento: 30/09/2015, Relator Ministro: Alberto Luiz Bresciani de Fontan Pereira, 3ª Turma, Data de Publicação: DEJT 02/10/2015).

AGRAVO DE INSTRUMENTO. RECURSO DE REVISTA. PROCESSO SOB A ÉGIDE DA LEI 13.015/2014. ART. 896, § 1º-A, I, DA CLT. 1. AÇÃO AJUIZADA PELOS SUCESSORES DO EX-EMPREGADO FALECIDO. INDENIZAÇÃO POR DANO MORAL INDIRETO (EM RICOCHETE) DECORRENTE DO ÓBITO CAUSADO POR DOENÇA OCUPACIONAL. PRESCRIÇÃO APLICÁVEL. DECISÃO DENEGATÓRIA. MANUTENÇÃO. Esta 3ª Turma passou a considerar que as demandas envolvendo dano moral indireto, reflexo ou "em ricochete", nas quais os herdeiros de ex-empregado postulam ação reparatória em nome próprio, tratam-se de pretensão de natureza eminentemente civil para obter a reparação em razão do dano moral indireto, razão pela qual aplicam-se as regras prescricionais incidentes que emanam do art. 206, § 3º, do Código Civil, norma que prevê o prazo trienal. Precedentes. Assim, considerando-se que o óbito do ex-empregado ocorreu em 30/05/2012 e que a presente ação foi ajuizada em 02/08/2013, não incide a prescrição trienal prevista no art. 206, § 3º, do CCB. Agravo de instrumento desprovido ... (AIRR - 11763-56.2013.5.03.0091, 3ª Turma, Relator Ministro Mauricio Godinho Delgado, DEJT de 13/11/2015).

ANULAÇÃO DA JUSTA CAUSA POR ATO DE IMPROBIDADE

A reversão em juízo da justa causa por ato de improbidade gera danos morais

Informativo 172 do TST

Processo: E-RR - 1123-90.2013.5.08.0014 Data de Julgamento: 01/03/2018, Relator Ministro: Walmir Oliveira da Costa, Subseção I Especializada em Dissídios Individuais, Data de Publicação: DEJT 09/03/2018.

No caso de reversão em juízo da dispensa por justa causa, fundada em imputação de ato de improbidade, é devida a indenização por danos morais in re ipsa, ou seja, independentemente da prova de abalo pessoal sofrido pelo empregado ou de eventual divulgação do ocorrido. A gravidade da acusação (apropriação indébita de diferenças de caixa) e o rigor da punição, sem a devida cautela por parte do empregador, autoriza a presunção de lesão à honra subjetiva do reclamante.

Justa causa

Para Godinho[8], justa causa é;

---

8 DELGADO, Maurício Godinho. Curso de Direito do Trabalho. 16° Ed. São Paulo. LTr, 2017, p. 1349.

"O motivo relevante, previsto legalmente, que autoriza a resolução do contrato de trabalho por culpa do sujeito comitente da infração — no caso, o empregado. Trata-se, pois, da conduta tipificada em lei que autoriza a resolução do contrato de trabalho por culpa do trabalhador."

As hipóteses de justa causa, estão previstas no artigo 482 da CLT:

CLT, Art. 482 - Constituem justa causa para rescisão do contrato de trabalho pelo empregador:

a) ato de improbidade;

b) incontinência de conduta ou mau procedimento;

c) negociação habitual por conta própria ou alheia sem permissão do empregador, e quando constituir ato de concorrência à empresa para a qual trabalha o empregado, ou for prejudicial ao serviço;

d) condenação criminal do empregado, passada em julgado, caso não tenha havido suspensão da execução da pena;

e) desídia no desempenho das respectivas funções;

f) embriaguez habitual ou em serviço;

g) violação de segredo da empresa;

h) ato de indisciplina ou de insubordinação;

i) abandono de emprego;

j) ato lesivo da honra ou da boa fama praticado no serviço contra qualquer pessoa, ou ofensas físicas, nas mesmas condições, salvo em caso de legítima defesa, própria ou de outrem;

k) ato lesivo da honra ou da boa fama ou ofensas físicas praticadas contra o empregador e superiores hierárquicos, salvo em caso de legítima defesa, própria ou de outrem;

l) prática constante de jogos de azar.

m) perda da habilitação ou dos requisitos estabelecidos em lei para o exercício da profissão, em decorrência de conduta dolosa do empregado. (Incluído pela Lei nº 13.467, de 2017)

Elementos da justa causa

A dispensa por justa causa é modalidade de extinção contratual por infração obreira apta a quebrar a fidúcia necessária para a continuidade do vínculo de emprego. Portanto, para a sua caracterização, devem estar presentes os seguintes requisitos:

a) tipicidade da conduta;

b) autoria obreira da infração;

c) dolo ou culpa do infrator;
d) nexo de causalidade;
e) adequação e proporcionalidade;
f) imediaticidade da punição;
g) ausência de perdão tácito;
h) singularidade da punição (non bis in idem);
i) caráter pedagógico do exercício do poder disciplinar, com a correspondente gradação de penalidades[9].

Justa causa por ato de improbidade

Fundamento legal:

> **CLT, Art. 482** - Constituem justa causa para rescisão do contrato de trabalho pelo empregador:
>
> **a)** ato de improbidade;

Ato de improbidade é todo aquele que não se coaduna com os padrões de moral definidos pela sociedade. Segundo Maurício Godinho Delgado[10], na obra Curso de Direito do Trabalho, ato de improbidade é assim definido:

> "Trata-se de conduta faltosa obreira que provoque dano ao patrimônio empresarial ou de terceiro, em função de comportamento vinculado ao contrato de trabalho, com o objetivo de alcançar vantagem para si ou para outrem. O ato de improbidade, embora seja também mau procedimento, afrontando a moral genérica imperante na vida social, tem a particularidade, segundo a ótica justrabalhista, de afetar o patrimônio de alguém, em especial do empregador, visando, irregularmente, a obtenção de vantagens para o obreiro ou a quem este favorecer."

Já Martinez[11] escreve que:

> A probidade caracteriza-se pelo exercício de bons, honestos e virtuosos comportamentos. Trata-se de uma qualidade visível nas pessoas de caráter íntegro, que agem com brio e pundonor. A improbidade, por sua vez, é exatamente

---

9 RR nº 0001364-83.2014.5.21.0041, 3ª Turma do TST, Rel. Maurício Godinho Delgado. unânime, DEJT 14.04.2016

10 DELGADO, Maurício Godinho. Curso de Direito do Trabalho. 16° Ed. São Paulo. LTr, 2017, p. 1359.

11 MARTINEZ, Luciano. Curso de direito do trabalho. 7. ed. — São Paulo: Saraiva, 2016.

a antítese disso, uma vez que revela a qualidade de quem age dolosamente de modo indigno, desonrado, desalinhado, ferindo o dever de lealdade e de correção de comportamento. É uma falta grave e comprometedora, talvez a mais deslustradora de todas as faltas, que, por isso mesmo, deve ser aferida com muita responsabilidade e cuidado.

Exemplos na prática:

FURTO

JUSTA CAUSA. ATO DE IMPROBIDADE. A tentativa de furto de produtos da reclamada é conduta ilícita e grave do empregado, suficiente para impossibilitar a continuidade da relação de emprego, pois há quebra definitiva da confiança. Justa causa para a despedida que se confirma com base no art. 482, "a", da CLT. Recurso ordinário do reclamante desprovido. (RO nº 0020769-72.2014.5.04.0205, 7ª Turma do TRT da 4ª Região/RS, Rel. Wilson Carvalho Dias. j. 28.01.2016, unânime).

JUSTA CAUSA - ATO DE IMPROBIDADE. Correta a decisão que entendeu provada a justa causa para o despedimento quando verificado, seja através de imagens trazidas aos autos, quanto por meio da prova testemunhal, que o reclamante praticou ato de improbidade, furto de mercadorias, capaz de quebrar a fidúcia imprescindível à continuidade do vínculo empregatício. (Recurso Ordinário nº 0000058-16.2015.5.07.0015, 2ª Turma do TRT da 7ª Região/CE, Rel. Jefferson Quesado Júnior. j. 19.09.2016).

ATESTADO MÉDICO – FALSIFICADO/RASURADO

JUSTA CAUSA - ATESTADO MÉDICO FALSO - ATO DE IMPROBIDADE. A apresentação de atestado médico falso à empregadora, com a finalidade de justificar faltas ao serviço, encontra tipificação no art. 482, "a", da CLT, autorizando a dispensa por justa causa, ante a violação da fidúcia imprescindível à continuidade da relação de emprego. (RO nº 0000225-93.2014.5.03.0107, 3ª Turma do TRT da 3ª Região/MG, Rel. Luis Felipe Lopes Boson. Publ. 07.03.2016).

JUSTA CAUSA. ATESTADO MÉDICO. FALSIFICAÇÃO. Hipótese em que a prova dos autos confirma ter o empregado praticado ato de improbidade, ensejador da resolução do contrato de trabalho. (Recurso Ordinário nº 0001470-79.2010.5.01.0061, 6ª Turma do TRT da 1ª Região/RJ, Rel. Nelson Tomaz Braga. j. 27.02.2013, unânime, Publ. 20.03.2013).

QUEBRA DE CONFIANÇA

[..] 2. RESCISÃO DO CONTRATO DE TRABALHO POR JUSTA CAUSA. ATO DE IMPROBIDADE. EMPREGADO QUE CONCEDE DESCONTOS NA FATURA DE CONTA TELEFÔNICA DA PRÓPRIA MÃE. AUSÊNCIA

DE AUTORIZAÇÃO DO EMPREGADOR. DESCONTOS CONCEDIDOS FORA DOS TRÂMITES COMUNS DA RECLAMADA. CONFISSÃO DO RECLAMANTE DA CONDUTA FALTOSA. QUEBRA DE CONFIANÇA. ARTIGO 482, "a", DA CLT. MATÉRIA FÁTICA. O Tribunal Regional consignou que o Reclamante reconheceu os fatos que ensejaram a dispensa por justa causa, por ato de improbidade. Segundo o depoimento do Reclamante, registrado no acórdão regional, "o autor confessou que "concedeu os descontos constantes na sindicância em favor de sua genitora; ... a genitora do autor não acessou os canais de comunicação da empresa para solicitar os descontos mencionados, tendo sido concedido pelo depoente; ... acredita que concedeu os descontos em duas ou três oportunidades, revogando os descontos anteriores; ... o depoente trabalhou no setor de contas e faturas; ... no setor de faturas há possibilidade de concessão de descontos, mas não na alçada autorizada no setor de retenção, que possui um nível maior" (fl. 379 - destaquei)" (fl. 673). Consignou, ainda, o acórdão regional que, "além da confissão expressa do autor, prova exponencial, que deve prevalecer sobre as demais, por razões óbvias, a conduta irregular do autor é confirmada por outro meio relevante de prova, qual seja, a sindicância interna da apuração do fato" (fl. 673). A sindicância instaurada pela Reclamada, consoante consta do acórdão regional, concluiu que o Reclamante efetuou, utilizando senha e login pessoais, descontos nas faturas de conta telefônica de sua mãe, destacando que "esses descontos foram concedidos de forma irregular, pois em desacordo com as normas e procedimentos internos por não existir registros de atendimento ao cliente" (fl. 674). Como ressaltado pela decisão regional recorrida, o Reclamante confessa ter concedido descontos irregulares nas contas telefônicas de sua genitora, sem autorização da Reclamada, de forma não oficial por canais não ordinários de comunicação da empresa. Trata-se de conduta faltosa, passível de dispensa por justa causa, pois o Reclamante reconheceu que provocou prejuízo ao patrimônio empresarial, no decorrer do exercício da prestação laboral, com o objetivo de obter vantagem para outrem, no caso a sua genitora. Revela-se, outrossim, como quebra de confiança a inviabilizar a continuidade do contrato de trabalho, não merecendo reforma a decisão agravada que manteve o teor do acórdão regional. De todo modo, investigar a conduta do Reclamante, para descaracterizar o ato de improbidade, exige o sopesamento do contexto probatório dos autos, procedimento vedado em recurso de revista, nos termos da Súmula 126/TST. Agravo interno de que se conhece e a que se nega provimento. (AG-AIRR nº 1434-65.2015.5.09.0020, 7ª Turma do TST, Rel. Ubirajara Carlos Mendes. j. 23.10.2018, Publ. 26.10.2018).

Ônus da prova

Por força do princípio da continuidade da relação de emprego que vigora no Direito do Trabalho, é ônus do empregador demonstrar, de forma inequívoca, a presença dos motivos e dos requisitos ensejadores da dispensa por justa causa. Nesse sentido:

2. FORMA DE DISSOLUÇÃO CONTRATUAL. JUSTA CAUSA. A imposição da maior penalidade aplicável ao empregado, consistente na rescisão do contrato por justa causa, norteia-se pelos princípios da atualidade, proporcionalidade, gravidade e caráter determinante, necessitando, ainda, da produção de prova robusta sobre o cometimento da infração. Por força, também, do princípio da continuidade da relação de emprego que vigora no Direito do Trabalho, é ônus do empregador demonstrar, de forma inequívoca, a presença dos motivos e dos requisitos ensejadores da referida modalidade de dispensa. Assim, presentes os elementos ensejadores da dispensa motivada aplicada, não há que se falar em violação dos dispositivos legais e constitucionais indicados. Agravo de instrumento conhecido e desprovido. (Processo: AIRR - 558-45.2012.5.10.0002 Data de Julgamento: 10/08/2016, Relator Ministro: Alberto Luiz Bresciani de Fontan Pereira, 3ª Turma, Data de Publicação: DEJT 19/08/2016)

AGRAVO DE INSTRUMENTO. JUSTA CAUSA. ÔNUS DA PROVA. O ônus da prova da justa causa cabe à Reclamada. Se o Regional assenta que a justa causa não foi comprovada, não cabe a esta Corte a análise dessa questão, uma vez que é impedida de reexaminar fatos e provas. Incidência do Enunciado nº 126/TST. (AIRR - 484423-36.1998.5.02.5555, Relator Ministro: Rider de Brito, Data de Julgamento: 12/04/2000, 5ª Turma, Data de Publicação: DJ 26/05/2000)

JUSTA CAUSA. ÔNUS DA PROVA. Compete ao empregador o ônus de provar a justa causa para a dispensa, por se tratar de fato extintivo do direito às parcelas rescisórias, próprias da dispensa injusta. Aplicam-se, à hipótese, os artigos 818 da CLT e 373, II, do CPC. No caso em exame, a reclamada logrou êxito em se desincumbir de seu ônus, motivo pelo qual deve ser mantida a dispensa motivada. (RO nº 0010048-74.2017.5.03.0111, 5ª Turma do TRT da 3ª Região/MG, Rel. Oswaldo Tadeu B. Guedes. j. 18.12.2018).

JUSTA CAUSA. PROVA ROBUSTA. REVERSÃO. Tratando-se a justa causa da penalidade mais severa imputável a um empregado (art. 482 da CLT), manchando sua reputação e dificultando sua recolocação no mercado de trabalho, é mister a prova robusta e inconteste da prática do fato ensejador da ruptura contratual, sendo que tal ônus incumbe ao empregador. (RO nº 0011119-29.2017.5.03.0106, 11ª Turma do TRT da 3ª Região/MG, Rel. Marco Antônio Paulinelli Carvalho. j. 14.12.2018).

Anulação da justa causa

A aplicação da justa causa como motivo para a dispensa não é capaz, por si só, de configurar dano atrativo do dever reparatório, constituindo direito do empregador, no exercício do poder disciplinar. Nesse sentido:

O fato de a reclamante ter sido dispensada por justa causa não enseja, por si só, o pagamento de indenização por danos morais. Frise-se que a imputação de falta grave à empregada não autoriza presumir o dano moral e a mera reversão, em Juízo, da dispensa por justa causa também não basta para a caracterização desse prejuízo. Não comprovada a alegada ofensa à honra, imagem ou dignidade da autora, não se há de falar em direito à indenização por danos morais. (AIRR nº 0000907-06.2011.5.09.0004, 7ª Turma do TST, Rel. Cláudio Mascarenhas Brandão. Unânime, DEJT 30.06.2016)

A improbidade, por caracterizar a mais grave das faltas prevista no art. 482 da CLT, deve ser robustamente provada. Caso a empresa não consiga provar os motivos ensejadores da justa causa, a mesma será anulada em juízo, evidenciando ainda, abuso do direito do empregador de exercer o poder disciplinar, configurando-se ato ilícito, previsto no artigo 186 do Código Civil, e indenizável, na forma do artigo 927 do mesmo diploma legal.

Nesse sentido, Martinez[12]:

> Por ter a aptidão de produzir sérios danos à imagem e à honra do empregado e por ter o condão de afetar a vida profissional, social e familiar do acusado, a improbidade deve ser alegada quando o empregador estiver seguro de sua ocorrência. Imputações descuradas podem levar o acusado a postular, com grande possibilidade de êxito, indenizações por danos morais.

Assim, gera o dever de indenizar, a desconstituição em juízo da demissão por justa causa quando fundada em imputação de ato de improbidade, pois a lesão à honra subjetiva da reclamante se configura *in re ipsa*, não se exigindo qualquer prova do abalo pessoal sofrido pelo empregado.

Nesse sentido:

> **Precedentes vinculantes**
>
> **RECURSO DE EMBARGOS. REGÊNCIA DA LEI Nº 13.015/2014. JUSTA CAUSA REVERTIDA EM JUÍZO. IMPUTAÇÃO DE ATO DE IMPROBIDADE. OFENSA À HONRA SUBJETIVA "IN RE IPSA". INDENIZAÇÃO POR DANO MORAL.** 1. Esta Subseção Especializada firmou o entendimento de que caracteriza dano moral, "in re ipsa", passível de indenização, a desconstituição em juízo da dispensa por justa causa, fundada na prática de ato de improbidade, pois a gravidade da acusação e o rigor da punição, aplicada sem a devida cautela por parte do empregador, autorizam presumir a lesão à honra subjetiva da reclamante, sem a exigência de qualquer prova de abalo pessoal individualmente sofrido pela ex-empregada, ou mesmo de eventual divulgação ampla do ocorrido. 2. Na espécie, a dispensa por justa causa se fundou na imputação de ato de improbidade, envolvendo diferença de caixa no valor de R$ 1.100,00 (mil e cem reais). O Tribunal Regional concluiu ter sido demons-

12 MARTINEZ, Luciano. Curso de direito do trabalho. 7. ed. — São Paulo: Saraiva, 2016.

trada a injustiça da acusação, bem como a desproporcionalidade da pena, o que configura abuso no exercício do poder disciplinar do empregador, com repercussões deletérias na esfera extrapatrimonial da reclamante, maculada em sua honra e dignidade pessoal, a ensejar a compensação prevista nos arts. 927, caput, do Código Civil e 5º, X, da Constituição Federal. (Processo: E-RR - 1123-90.2013.5.08.0014 Data de Julgamento: 01/03/2018, Rela-tor Ministro: Walmir Oliveira da Costa, Subseção I Especializada em Dissídios Individuais, Data de Publicação: DEJT 09/03/2018.)

EMBARGOS REGIDOS PELA LEI Nº 11.496/2007. DANO MORAL. DISPENSA FUNDADA EM ATO DE IMPROBIDADE. DESCONSTITUIÇÃO DA JUSTA CAUSA EM JUÍZO. OFENSA À HONRA SUBJETIVA IN RE IPSA. INDENIZAÇÃO DEVIDA. Discute-se, no caso, a caracterização de dano moral sofrido pela empregada, passível de indenização, em decorrência da desconstituição da justa causa fundada em ato de improbidade em Juízo. A Constituição Federal consagra, em seu artigo 5º, inciso X, o direito à "intimidade, a vida privada, a honra e a imagem das pessoas, assegurado o direito a indenização pelo dano material ou moral decorrente de sua violação". No caso, a ofensa à honra subjetiva da reclamante, o abalo e dano moral revelam-se in re ipsa, ou seja, presumem-se, sendo desnecessário qualquer tipo de prova para demonstrar o abalo moral decorrente da acusação de ato de improbidade desconstituído judicialmente. O ato de improbidade pressupõe conduta que causa dano ao patrimônio do empregador, tendo correlação com crimes previstos no Direito Penal, como furto, previsto no artigo 155 do Código Penal, ou apropriação indébita, prevista no artigo 168 do referido diploma legal. Diante disso, a acusação de prática de ato de improbidade constituiu uma grave imputação à empregada e a desconstituição pelo Judiciário demonstra claramente o abuso do direito do empregador de exercer o poder disciplinar, ao aplicar a mais severa das penas disciplinares, fundado em conduta gravíssima sem a cautela necessária. O empregado dispensado com base nesse tipo de conduta carrega a pecha de ímprobo, de desonesto, mesmo quando há a desconstituição da justa causa judicialmente, o que, por óbvio, ofende, de forma profunda, sua honra e sua imagem perante ele mesmo e perante toda a sociedade, causando-lhe sofrimento, independentemente da ampla divulgação ou não do ocorrido por parte de seu empregador. Aliás, esse foi o entendimento que prevaleceu nesta Subseção no julgamento do Processo E-ARR-1034-08.2013.5.12.0030, em 27/10/2016, decisão publicada no DEJT de 19/12/2016, cujo acórdão foi redigido por este Relator, ocasião em que se adotou a tese de que a acusação de prática de ato de improbidade constitui grave imputação ao empregado e a desconstituição pelo Judiciário demonstra claramente o abuso do direito do empregador de exercer o poder disciplinar, havendo abalo e dano moral in re ipsa. Destaca-se, por oportuno, que o fato de ter havido divulgação do motivo da demissão da reclamante pela empresa apenas realça o dano sofrido pela autora, considerando que o dano moral, neste caso, seria configurado, ainda que nenhuma outra pessoa soubesse do motivo do desligamento do reclamado. Imputar a alguém acusações graves de improbidade já é ofensa suficiente à honra subjetiva, pessoal, individual do empregado. Evidenciado, assim, o dano moral decorrente da não comprovação do ato de improbidade que fundamentou a justa causa da reclamante, é devida a indenização correspondente, nos termos dos artigos 5º, inciso X, da Constituição Federal e 927 do Código Civil. Embargos conhecidos e providos. (TST-E-ED-RR 1575100-35.2004.5.09.0012, Rel. Min. José Roberto Freire Pimenta, SBDI-1, DEJT 01/12/2017)

EMBARGOS REGIDOS PELA LEI Nº 13.015/2014. DANO MORAL. DISPENSA FUNDADA EM ATO DE IMPROBIDADE. DESCONSTITUIÇÃO DA JUSTA CAUSA EM JUÍZO. OFENSA À HONRA SUBJETIVA IN RE IPSA. INDENIZAÇÃO DEVIDA. Discute-se, no caso, a caracterização de dano moral sofrido pelo empregado, passível de indenização, em decorrência da desconstituição da justa causa fundada em ato de improbidade em juízo. A Constituição Federal consagra, em seu artigo 5º, inciso X, o direito a "intimidade, a vida privada, a honra e a imagem das pessoas, assegurado o direito a indenização pelo dano material ou moral decorrente de sua violação". Para que se configurem a existência do dano moral e a consequente obrigação de indenizar o ofendido, torna-se indispensável que tenham ocorrido o ato ilícito - omissivo ou comissivo e culposo ou doloso - praticado pelo agente, a constatação do dano vivenciado pela vítima e o nexo de causalidade entre o dano sofrido e a conduta ilícita. Para fins de aferição da responsabilidade civil por dano moral do empregador, é imprescindível a prova do fato danoso em si perpetrado por conduta ofensiva à dignidade da pessoa humana, o qual representa a relação de causa e efeito entre a conduta do empregador e o dano moral suportado pelo empregado, sendo prescindível, contudo, a prova de prejuízo concreto, por se tratar de violação de direitos da personalidade, que atingem tão somente a esfera íntima do ofendido. De outra vertente, é importante ressaltar que o Magistrado, ao solucionar as lides, não pode se ater apenas à literalidade da lei ao caso concreto, devendo, pois, considerar as regras de experiência comum, obtidas da observância dos acontecimentos da realidade, buscando atender à finalidade da norma jurídica investigada. Extrai-se da narrativa feita na decisão ora embargada que o reclamante foi dispensado por justa causa por ato de improbidade, a qual foi afastada em ação anteriormente proposta. No caso ora em exame, a ofensa à honra subjetiva do reclamante, o abalo e dano moral revelam-se in re ipsa, ou seja, presumem-se, sendo desnecessário qualquer tipo de prova para demonstrar o abalo moral decorrente da acusação de ato de improbidade desconstituído judicialmente. O ato de improbidade pressupõe conduta que causa dano ao patrimônio do empregador, tendo correlação com crimes previstos no Direito Penal, como furto, previsto no artigo 155 do Código Penal, ou apropriação indébita, prevista no artigo 168 do referido diploma legal. Diante disso, a acusação de prática de ato de improbidade constituiu uma grave imputação ao empregado, e a desconstituição pelo Judiciário demonstra claramente o abuso do direito do empregador de exercer o poder disciplinar, ao aplicar a mais severa das penas disciplinares, fundado em conduta gravíssima sem a cautela necessária. O empregado dispensado com base nesse tipo de conduta carrega a pecha de ímprobo, de desonesto, mesmo quando há a desconstituição da justa causa judicialmente, o que, por óbvio, ofende, de forma profunda, sua honra e sua imagem perante ele mesmo e toda a sociedade, causando-lhe sofrimento, independentemente da ampla divulgação ou não do ocorrido por parte de sua empregadora. Mesmo porque, tratando-se de verificação judicial dessa conduta, a publicidade é absoluta, haja vista que o processo é público e, no caso dos autos, não há notícia de que corra em sigilo de Justiça. Em julgamentos dessa natureza, são comuns a oitiva de testemunhas e a exposição a um processo público para que o reclamante demonstre que não foi ímprobo, que não deu causa a despedimento justificado. Dessarte, antes de imputar conduta ímproba a qualquer trabalhador, é indispensável que o empregador se certifique absolutamente da materialidade, da autoria, de todos os elementos necessários à futura comprovação dessa imputação. Evidenciado, assim, o dano moral decorrente da não comprovação do ato de improbidade que fundamentou a justa causa do reclamante, é devida a indenização correspondente, nos termos dos artigos 5º, inciso X, da Constituição Federal e 927 do Código Civil. Embargos conhecidos e providos. (...) (TST-E-ARR 1034-08.2013.5.12.0030, Red. Min. José Roberto Freire Pimenta, SBDI-1, DEJT 19/12/2016)

RECURSO DE EMBARGOS REGIDO PELA LEI 11.496/2007. INDENIZAÇÃO POR DANOS MORAIS. DESPEDIDA POR JUSTA CAUSA. IMPUTAÇÃO DE ATO DE IMPROBIDADE. DESCONSTITUIÇÃO EM JUÍZO. Discute-se o direito a indenização por dano moral em face da dispensa por justa causa por suposto ato de improbidade (desvio de numerário), desconstituído em juízo. A obrigação de indenizar por dano moral decorre da comprovação da prática de ato ilícito pelo empregador por ação ou omissão, culpa ou dolo, bem como da existência do nexo de causalidade entre o dano sofrido e a conduta ilícita, na forma dos arts. 186 e 927 do Código Civil. A resolução do contrato de trabalho por justa causa, fundada supostamente em ato de improbidade, quando desconstituída judicialmente, gera evidentemente reflexos na vida pessoal do empregado e lesiona direitos da personalidade, em especial a honra e a imagem. Embora a reversão judicial da dispensa por justa causa não constitua, por si só e necessariamente, motivo ensejador da indenização por dano moral, in casu, presume-se grave ofensa à imagem, pois não há como negar o sofrimento causado ao obreiro. Diferente seria se a justa causa imputada tivesse o pressuposto da conduta incontroversa (faltas ao trabalho, ofensa pessoal, desídia no cumprimento de norma geral, etc.), quando então estaria imune o empregador para exercer o direito de tentar enquadrar tal comportamento em um dos tipos legais descritivos de justa causa. Ademais, a acusação, sem a necessária cautela, de grave imputação de desvio de dinheiro, evidencia o abuso do direito do empregador ao exercer o poder disciplinar, configurando-se ato ilícito, previsto no artigo 186 do Código Civil, e indenizável, na forma do artigo 927 do mesmo diploma legal. Esta Corte tem decidido não ser necessária a comprovação de prejuízo advindo do dano moral, bastando que a parte comprove a violação de direito da personalidade, como ocorreu no caso em concreto. Há precedentes desta Subseção. Recurso de embargos conhecido e provido. (...) (TST-E-RR 48300-39.2003.5.09.0025, Rel. Min. Augusto César Leite de Carvalho, SBDI-1, DEJT 16/10/2015)

QUEBRA DE SIGILO FISCAL DOS EMPREGADOS DAS INSTITUIÇÕES FINANCEIRAS INSTITUIÇÕES FINANCEIRAS PODEM FISCALIZAR A MOVIMENTAÇÃO BANCÁRIA DE SEUS EMPREGADOS – AUSÊNCIA DE DANOS MORAIS

Processo: RR - 9300-04.2007.5.17.0111 Data de Julgamento: 19/09/2018, Relator Desembargador Convocado: Francisco Rossal de Araújo, 7ª Turma, Data de Publicação: DEJT 21/09/2018.

A questão é muito polêmica porque envolve o sigilo fiscal dos empregados das instituições financeiras.

Inicialmente, o TST entendia que o poder empregatício não seria fundamento para quebra do sigilo fiscal, mas houve uma inversão jurisprudencial e agora a SBDI-1 do TST e suas turmas entendem que os bancos podem assim proceder porque possuem o dever legal de monitorar as contas bancárias de seus estabelecimentos, nas quais se incluiriam as contas de seus empregados, com fundamento na interpretação que se extrai dos preceitos da Lei 9.613/98 – especialmente o art. 11, II, § 2º e conforme previsto Lei Complementar 105/2001.

Ausência de dano moral pela quebra de sigilo fiscal

O TST, por meio dos informativos 35 e 109, entendeu que não configura dano moral a quebra do sigilo bancário do empregado na hipótese em que haja determinação do Banco Central para, em procedimento geral adotado indistintamente em relação a todos os correntistas da instituição financeira, e não só aos empregados, monitorar contas correntes com o objetivo de detectar existência de movimentação extraordinária, emissão de cheques sem fundos e evitar lavagem de dinheiro[13].

Precedentes vinculantes

Informativo 35 do TST - RECURSO DE EMBARGOS REGIDO PELA LEI 11.496/2007. DANO MORAL. EMPREGADO DE INSTITUIÇÃO BANCÁRIA. ACESSO À MOVIMENTAÇÃO FINANCEIRA SEM AUTORIZAÇÃO

---

13 LUCENA JUNIOR, Hamilton Novo. Responsabilidade civil no direito do trabalho: análise de casos práticos. Salvador: Editora JusPodivm, 2018.

JUDICIAL. PROCEDIMENTO INDISTINTO ADOTADO PARA TODOS OS CORRENTISTAS DA INSTITUIÇÃO. Para a aferição da ocorrência de dano moral a empregado correntista de instituição financeira decorrente de quebra de sigilo bancário é necessário distinguir duas situações fáticas diversas. Se o acesso ocorre de forma indistinta em relação a todos os correntistas, para cumprir determinação legal inserta na Lei 9.613/98, art. 11, inciso II e § 2º, não há ilicitude a viabilizar a existência de dano moral. Nesse caso, a instituição age por dever legal e não se denota conduta de caráter fiscalizador ou punitivo dirigida apenas aos empregados. Conta com amparo no art. 5º, caput, da Constituição Federal. Todavia, se o acesso dirige-se apenas aos correntistas empregados da instituição bancária (ainda que por sindicância interna, com ampla defesa e sem divulgação a terceiros) existe ilicitude a justificar o reconhecimento de dano moral. Nesse último caso, o acesso apenas poderia ocorrer mediante autorização judicial, sendo vedado ao empregador valer-se da sua condição de detentor legítimo dos dados para acessá-los. A questão está afeta ao direito fundamental à privacidade e intimidade e ao dever de sigilo da instituição bancária, nos termos dos arts. 5º, X e XII, da Constituição Federal e 1º, 3º e 10 da LC/105/2001. No caso concreto, a Turma consignou que a verificação da conta corrente do reclamante ocorreu por determinação do Banco Central, em procedimento geral adotado indistintamente em relação a todos os correntistas, e não só ao empregado, peculiaridade que enquadra o caso na primeira hipótese, regida pela Lei 9.613/98, não se constatando ilícito a justificar a ocorrência de dano moral. Recurso de embargos conhecido e não provido. (E-ED-RR- 82600-37.2009.5.03.0137, Rel. Min. Augusto César Leite de Carvalho. SBDI-1, DEJT de 15/2/2013)

Informativo 109 do TST - Não configura dano moral a quebra do sigilo bancário pelo empregador, quando este mesmo procedimento é adotado indistintamente em relação a todos os correntistas, na estrita observância à determinação legal inserta no artigo 11, inciso II e § 2º da Lei nº 9.613/98. (TST- E-RR-1447-77.2010.5.05.0561, SBDI-I, rel. Min. Lelio Bentes Corrêa, 28.05.2015.)

RECURSO DE EMBARGOS EM RECURSO DE REVISTA. INTERPOSIÇÃO SOB A ÉGIDE DA LEI 11.496/2007. EMPREGADO BANCÁRIO. MONITORAMENTO DE CONTA CORRENTE. QUEBRA DE SIGILO. NÃO CARACTERIZAÇÃO. INDENIZAÇÃO POR DANOS MORAIS INDEVIDA. 1. O Colegiado Turmário negou provimento ao recurso de revista da empregada, ao registro de que "a vigilância das contas dos correntistas decorre de obrigação instituída pelo órgão encarregado de supervisionar o sistema financeiro nacional, com fundamento nos artigos 9º, 10 e 11 da Lei 9.613/98", de modo que é "legítimo o comportamento do réu que apenas viabilizava forma de atendimento de preceito a que está vinculado, por se tratar de instituição financeira". 2. A jurisprudência prevalente no âmbito deste Tribunal é no sentido de que o monitoramento da conta corrente do empregado pela instituição bancária empregadora, na forma determinada pela Lei 9.613/98, realizado de forma indiscriminada em relação aos demais correntistas e sem divulgação da movimentação financeira, não viola o direito à privacidade, tampouco caracteriza quebra de sigilo bancário, não ensejando, pois, o pagamento de indenização por danos morais. Precedentes desta Subseção. Recurso de embargos conhecido e não provido. (E-ED-RR - 154200-75.2009.5.03.0022, Rel. Min. Hugo Carlos Scheuermann, Subseção I Especializada em Dissídios Individuais, DEJT de 15/4/2016)

RECURSO DE EMBARGOS REGIDO PELA LEI 11.496/2007. DANO MORAL. EMPREGADO DE INSTITUIÇÃO BANCÁRIA. ACESSO À MOVIMENTAÇÃO FINANCEIRA SEM AUTORIZAÇÃO JUDICIAL. PROCEDIMENTO INDISTINTO ADOTADO PARA CUMPRIR A LEI 9.613/98. Esta Subseção, ao julgar o E-ED-RR - 82600-37.2009.5.03.0137 (DEJT 15/2/2013), definiu que, para a aferição da ocorrência de dano moral a empregado correntista de instituição financeira decorrente de quebra de sigilo bancário, é necessário distinguir duas situações fáticas diversas. Se o acesso ocorre de forma indistinta em relação a todos os correntistas, para cumprir determinação legal inserta na Lei 9.613/98, art. 11, inciso II e § 2º, não há ilicitude a viabilizar a existência de dano moral. Nesse caso, a instituição age por dever legal e não se denota conduta de caráter fiscalizador ou punitivo dirigida apenas aos empregados. Conta com amparo no art. 5º, caput, da Constituição Federal. Todavia, se o acesso dirige-se apenas aos correntistas empregados da instituição bancária (ainda que por sindicância interna, com ampla defesa e sem divulgação a terceiros), existe ilicitude a justificar o reconhecimento de dano moral. Nesse último caso, o acesso apenas poderia ocorrer mediante autorização judicial, sendo vedado ao empregador valer-se da sua condição de detentor legítimo dos dados para acessá-los. A questão está afeta ao direito fundamental à privacidade e intimidade e ao dever de sigilo da instituição bancária, nos termos dos arts. 5º, X e XII, da Constituição Federal e 1º, 3º e 10 da LC/105/2001. O caso concreto trata de acesso aos dados bancários como procedimento indistinto adotado em cumprimento à Lei 9.613/98, e não de conduta dirigida especificamente ao reclamante, peculiaridade que enquadra o caso na primeira hipótese, regida pela Lei 9.613/98. Portanto, não se constata ilícito a justificar a ocorrência de dano moral. Recurso de embargos conhecido e provido. (TST-E-ED-RR-128700-65.2009.5.03.0132, Rel. Min. Augusto César Leite de Carvalho, DEJT de 28/3/2014)

DANO MORAL. EMPREGADO BANCÁRIO. MONITORAMENTO DE CONTA-SALÁRIO. VIOLAÇÃO À PRIVACIDADE. QUEBRA ILEGAL DE SIGILO. NÃO CARACTERIZAÇÃO. 1. O monitoramento indiscriminado de contas-salário de todos os empregados de instituição financeira não constitui violação ilícita do sigilo bancário, se observados os limites da legislação vigente acerca da obrigatoriedade de prestação de informações, por parte das instituições bancárias, ao Conselho de Controle de Atividades Financeiras

(COAF) e ao Banco Central do Brasil -- Lei nº 9.613/1998 (alterada pela Lei nº 12.613/2012) e Lei Complementar nº 105/2001. 2. Nessas circunstâncias, o empregador confunde-se, em razão de previsão legal expressa, com a autoridade a quem o sistema normativo incumbe o direito-dever de guardar o sigilo bancário e, ao mesmo tempo, prestar aos órgãos de controle informações acerca do conteúdo das movimentações de todos os correntistas, o que inclui seus próprios empregados. Não dispõe o Banco, em face desse quadro, da alternativa de não monitorar as contas correntes dos clientes, dentre os quais figuram seus empregados. 3. Ao meramente atender determinação legal, o Banco empregador não lesiona o patrimônio moral dos empregados. Inexistência de afronta ao direito fundamental à privacidade. 4. Embargos de que se conhece, por divergência jurisprudencial, e a que se nega provimento. (E-RR- 1517-92.2010.5.03.0030, Red. Min. João Oreste Dalazen, Subseção I Especializada em Dissídios Individuais, DEJT de 14/3/2014)

FRAUDE

Gera danos morais a intermediação fraudulenta de mão de obra mediante cooperativa

Informativo 174 do TST

Processo: E-RR - 216100-08.2008.5.02.0027 Data de Julgamento: 15/03/2018, Relator Ministro: Augusto César Leite de Carvalho, Subseção I Especializada em Dissídios Individuais, Data de Publicação: DEJT 23/03/2018.

A contratação de empregado para atuar na atividade fim da empresa, condicionada à filiação a cooperativa fraudulenta, enseja o pagamento de indenização por danos morais, pois constitui prática de ato ilícito que precariza a relação laboral e desvirtua a finalidade social do trabalho, estando em desalinho com os princípios constitucionais da dignidade da pessoa humana e do valor social do trabalho.

Danos morais

O dano moral advém da ofensa aos direitos da personalidade. Segundo Maria Helena Diniz[14]:

> "o dano moral direto consiste na lesão a um interesse que visa a satisfação ou gozo de um bem jurídico extrapatrimonial contido nos direitos da personali-

[14] DINIZ, Maria Helena. Curso de direito civil brasileiro, v. 7. 23. ed., São Paulo, Saraiva, 2009, p. 94

dade (...) ou nos atributos da pessoa", ou, "ainda, a lesão à dignidade da pessoa humana (CF/88, art. 1º, III)"

O dano moral advém da interpretação sistemática[15] do artigo 5º, inciso X da CF, que prevê de forma expressa o dever jurídico de compensação por danos morais, em cotejo, sobretudo, com o princípio da dignidade da pessoa humana, consagrado no inciso III do artigo 1º da CF.

Dispõe o art.5º, inciso X, da CF:

> "são invioláveis a intimidade, a vida privada, a honra e a imagem das pessoas, assegurado o direito à indenização pelo dano material ou moral decorrente de sua violação."

Nesse sentido, os artigos 223-B e 223-C da CLT:

> **CLT, Art. 223-B.** Causa dano de natureza extrapatrimonial a ação ou omissão que ofenda a esfera moral ou existencial da pessoa física ou jurídica, as quais são as titulares exclusivas do direito à reparação.
>
> **CLT, Art. 223-C.** A honra, a imagem, a intimidade, a liberdade de ação, a autoestima, a sexualidade, a saúde, o lazer e a integridade física são os bens juridicamente tutelados inerentes à pessoa física.

A jurisprudência do TST tem reconhecido, reiteradamente, que a contratação de empregado para atuar na atividade fim da empresa, condicionada à filiação a cooperativa fraudulenta, enseja o pagamento de indenização por danos morais, como se demonstra com a transcrição dos seguintes julgados:

> **DANO MORAL COLETIVO. INDENIZAÇÃO COMPENSATÓRIA. INTERMEDIAÇÃO DE MÃO DE OBRA. COOPERATIVA FRAUDULENTA. ATO LESIVO À DIGNIDADE E À HONRA DO TRABALHADOR. CONFIGURAÇÃO.** 1. A obrigação de indenizar a lesão extrapatrimonial resulta da interpretação sistemática do artigo 5º, inciso X, da Constituição da República, mediante o qual houve o reconhecimento expresso, pelo legislador constituinte, do dever jurídico de compensação por danos morais, em cotejo,

---

15 Segundo Maximiliano a interpretação sistemática consiste em comparar o dispositivo sujeito a exegese com outros do mesmo repositório ou de leis diversas, mas referentes ao mesmo objeto. Depois acrescenta: "Confronta-se a prescrição positiva com outra de que proveio, ou que da mesma dimanaram, verifica-se o nexo entre a regra e a exceção, entre o geral e o particular, e deste modo se obtém esclarecimentos preciosos. O preceito, assim submetido a exame, longe de perder a própria individualidade, adquire realce maior, talvez inesperado. Com esse trabalho de síntese é mais bem- compreendido". (MAXIMILIANO, Carlos. "Hermenêutica e Aplicação do Direito". 20ª Edição. Rio de Janeiro. Forense, 2011. p. 100).

sobretudo, com o princípio da dignidade da pessoa humana, consagrado no inciso III do artigo 1º da Constituição da República. Infere-se, assim, que os bens extrapatrimoniais tutelados por nosso ordenamento não são apenas aqueles enumerados no inciso X do artigo 5º da Constituição da República. Frise-se, ainda, que a caracterização do dano moral prescinde da comprovação objetiva de dor, sofrimento ou abalo psicológico, especialmente diante da impossibilidade de sua comprovação material. 2. Feitas essas considerações, é de se concluir que do ato ilícito praticado pela reclamada, consistente na contratação de cooperativas com o objetivo de burlar a legislação trabalhista, decorre o dano à coletividade praticado pela reclamada, contribuindo para a precarização do trabalho e impedindo a aplicação das normas trabalhistas previstas na CLT às relações jurídicas existentes entre a empresa reclamada e seus empregados (e futuros empregados). 3. Agravo de Instrumento não provido. DANO MORAL COLETIVO. INDENIZAÇÃO COMPENSATÓRIA. INTERMEDIAÇÃO DE MÃO DE OBRA. COOPERATIVA FRAUDULENTA. ATO LESIVO À DIGNIDADE E À HONRA DO TRABALHADOR. FIXAÇÃO DO QUANTUM INDENIZATÓRIO. 1. Diante da ausência de critérios objetivos norteando a fixação do quantum devido a título de indenização por danos morais, cabe ao julgador arbitrá-lo de forma equitativa, pautando-se nos princípios da razoabilidade e da proporcionalidade, bem como nas especificidades de cada caso concreto, tais como: a situação do ofendido, a extensão e gravidade do dano suportado e a capacidade econômica do ofensor. Tem-se, de outro lado, que o exame da prova produzida nos autos é atribuição exclusiva das instâncias ordinárias, cujo pronunciamento, nesse aspecto, é soberano. Com efeito, a proximidade do julgador, em sede ordinária, com a realidade cotidiana em que contextualizada a controvérsia a ser dirimida, habilita-o a equacionar o litígio com maior precisão, sobretudo no que diz respeito à aferição de elementos de fato sujeitos a avaliação subjetiva, necessária à estipulação do valor da indenização. Conclui-se, num tal contexto, que não cabe a esta instância superior, em regra, rever a valoração emanada das instâncias ordinárias em relação ao montante arbitrado a título de indenização por danos morais, para o que se faria necessário o reexame dos elementos de fato e das provas constantes dos autos. Excepcionam-se, todavia, de tal regra as hipóteses em que o quantum indenizatório se revele extremamente irrisório ou nitidamente exagerado, denotando manifesta inobservância aos princípios da razoabilidade e da proporcionalidade, aferível de plano, sem necessidade de incursão na prova. 2. No caso dos autos, o Tribunal Regional, ao majorar o valor atribuído à indenização por danos morais para R$ 250.000,00 (duzentos e cinquenta mil reais), levou em consideração a natureza e a extensão do dano causado pela ré (terceirização da atividade fim por intermédio de cooperativas, resultando em verdadeira fraude aos direitos sociais do trabalho), a conduta e a capacidade econômica da empresa demandada, resultando observados os critérios da proporcionalidade e da razoabilidade. 3. Hipótese em que não se cogita na revisão do valor da condenação, para o que se faria necessário rever os critérios subjetivos que levaram o julgador à conclusão ora combatida, à luz das circunstâncias de fato reveladas nos autos. 4. Agravo de Instrumento a que se nega provimento. (AIRR - 21400-63.2008.5.02.0049, Relator Desembargador Convocado: Marcelo Lamego Pertence, Data de Julgamento: 28/10/2015, 1ª Turma, Data de Publicação: DEJT 03/11/2015)

(...). **DANO MORAL COLETIVO. TERCEIRIZAÇÃO ILÍCITA. LESÃO À COLETIVIDADE DOS TRABALHADORES (ATUAIS E FUTUROS) E À SOCIEDADE, EM FACE DA SONEGAÇÃO DE ENCARGOS FISCAIS E PREVIDENCIÁRIOS.** O Regional deu provimento ao recurso ordinário interposto pelo Ministério Público do Trabalho para condenar o ora agravante ao pagamento de R$ 40.000,00 (quarenta mil reais) a título de dano moral coletivo, sob o fundamento de que a terceirização ilícita causa prejuízos não apenas aos trabalhadores, mas a toda a sociedade. Salientou que, além da sonegação de direitos fundamentais, a terceirização (prática empresarial) consubstancia percentual expressivo de ações no Judiciário Trabalhista, em que se discute a responsabilidade solidária ou subsidiária das empresas tomadoras de serviço, o que acarreta maiores despesas para o Poder Público, custeado pelos impostos pagos pelos cidadãos. O Regional destacou que a referida prática empresarial também acarreta danos aos recolhimentos do FGTS e da contribuição previdenciária, implicando prejuízos indiscutíveis a toda a coletividade. Na hipótese sub judice, houve fraude contra direitos trabalhistas, "tanto pela pretensão de barateamento da mão-de-obra e desvalorização do trabalho subordinado, quanto pelo objetivo de sonegação de encargos trabalhistas, fiscais e previdenciários", conforme registrou o Tribunal a quo. Salienta-se que, segundo o Regional, a cooperativa e o hospital, conjuntamente, impunham aos trabalhadores a adesão obrigatória e não voluntária àquela e que os empregados não possuíam autonomia na prestação dos serviços, ou de clientela diversificada, como exigem os princípios do cooperativismo. Portanto, ao contrário da tese defendida pelo agravante, sua culpa foi caracterizada por sua conduta irregular - utilização de trabalhadores (apenas formalmente cooperativados) - e o dano consistiu nos prejuízos sofridos por toda a sociedade. Assim, conclui-se que o Regional, ao condenar o réu pelo pagamento de indenização por dano moral coletivo, em face da citada conduta antijurídica, não afrontou o artigo 186 do Código Civil. A invocação genérica de violação do artigo 5º, inciso II, da Constituição Federal de 1988, em regra e como ocorre neste caso, não é suficiente para autorizar o conhecimento deste recurso com base na previsão da alínea "c" do artigo 896 da CLT, na medida em que, para sua constatação, seria necessário concluir, previamente, ter havido ofensa a preceito infraconstitucional. Por fim, cabe destacar que a agravante não pleiteia a redução do valor da indenização a que foi condenada. Agravo de instrumento a que se nega provimento. (AIRR - 16640-48.2005.5.03.0114, Relator Ministro: José Roberto Freire Pimenta, Data de Julgamento: 02/12/2015, 2ª Turma, Data de Publicação: DEJT 11/12/2015)

II - RECURSO DE REVISTA DAS RECLAMADAS. MATÉRIA COMUM. 1. TERCEIRIZAÇÃO ILÍCITA. COOPERATIVA. FRAUDE. CONFIGURA-

ÇÃO. O Regional evidenciou a configuração de fraude aos direitos trabalhistas, porquanto constatada irregularidade no processo de admissão de novos cooperados, concluindo que foi desvirtuada a finalidade cooperativa, pois a Cootramerj atuou meramente como arregimentadora de mão de obra para a Petrobras. Recursos de revista não conhecidos. 2. DANO MORAL COLETIVO. 2.1. A terceirização ilícita por meio de falsas cooperativas gera lesão a direitos individuais homogêneos, coletivos e difusos. Suas consequências extrapolam a esfera individual dos envolvidos e repercutem nos interesses extrapatrimoniais da coletividade, fazendo exsurgir o dano moral coletivo. 2.2. O dano moral coletivo verifica-se a partir do próprio fato proibido (dano in re ipsa), sendo inexigível a sua comprovação. Recursos de revista não conhecidos. 3. DANO MORAL. INDENIZAÇÃO. VALOR. CRITÉRIOS PARA ARBITRAMENTO. A indenização por dano moral guarda conteúdo de interesse público. O valor fixado deve observar a extensão do dano sofrido, o grau de comprometimento dos envolvidos no evento, os perfis financeiros do autor do ilícito e da vítima, além de aspectos secundários pertinentes a cada caso. Incumbe ao juiz fixá-lo com prudência, bom senso e razoabilidade. Recursos de revista não conhecidos. (RR - 143600-68.2011.5.21.0007 Data de Julgamento: 02/04/2014, Relator Ministro: Alberto Luiz Bresciani de Fontan Pereira, 3ª Turma, Data de Publicação: DEJT 04/04/2014).

AGRAVOS DE INSTRUMENTO EM RECURSO DE REVISTA - ANÁLISE CONJUNTA - LEGITIMIDADE AD CAUSAM DO MINISTÉRIO PÚBLICO DO TRABALHO - AÇÃO CIVIL PÚBLICA - COOPERATIVA- FRAUDE - CONTRATAÇÃO IRREGULAR DE MÃO DE OBRA. Trata-se de ação civil pública ajuizada pelo Ministério Público do Trabalho da 2ª Região, que denuncia fraude no propósito de intermediação de mão de obra, referindo-se a controvérsia à obrigação de não fazer e à condenação ao pagamento de indenização por dano moral coletivo, a ser revertida para o FAT. Especificamente quanto à legitimidade do Ministério Público do Trabalho, na esteira dos arts. 127, caput, e 129, III e IV, da Constituição Federal, a Lei Complementar nº 75/93, em seu art. 83 c/c art. 6º, VII, "d", deixa inequívoca a legitimidade do Ministério Público do Trabalho para a propositura de ação civil pública. Os interesses a serem defendidos por esse instrumento são aqueles de natureza coletiva lato sensu ou transindividual, disciplinados no art. 81 do Código de Defesa do Consumidor (Lei nº 8.078/90). Ao contrário do alegado pelas rés, não se persegue a tutela de direito ou interesse de reparação individual, na realidade, o que se pretende coibir é o desvirtuamento do sistema de cooperativa, circunstância que traz prejuízos flagrantes aos direitos dos trabalhadores. Há presença, pois, de interesse social relevante, e ao Ministério Público do Trabalho, como visto, compete promover a defesa dos direitos ou interesses difusos ou coletivos. Precedentes. (AIRR - 158400-95.2005.5.02.0442 Data de Julgamento: 02/06/2015, Relator Ministro: Luiz Philippe Vieira de Mello Filho, 7ª Turma, Data de Publicação: DEJT 05/06/2015).

DISPENSA SEM JUSTA CAUSA EM PERÍODO DE ESTABILIDADE PRÉ-APOSENTADORIA

A dispensa sem justa causa de empregado portador de estabilidade pré-aposentadoria prevista em norma coletiva não gera danos morais

Informativo 174 do TST

Processo: E-RR - 10648-60.2014.5.01.0013 Data de Julgamento: 15/03/2018, Relator Ministro: Augusto César Leite de Carvalho, Subseção I Especializada em Dissídios Individuais, Data de Publicação: DEJT 23/03/2018.

A dispensa sem justa causa de empregado portador de estabilidade pré-aposentadoria prevista em norma coletiva não é suficiente, por si só, para caracterizar dano moral. A existência de constrangimento depende de evidências concretas de que o empregador se valeu de artifícios ou praticou ato de discriminação que atingiram direitos da personalidade do reclamante, não se admitindo, portanto, a configuração de dano moral *in re ipsa*.

Danos morais

O dano moral advém da ofensa aos direitos da personalidade. Segundo a jurisprudência majoritária do TST, é necessário a efetiva demonstração de ofensa aos direitos de personalidade, não se admitindo o dano moral in re ipsa, nos casos de dispensa obstativa a estabilidade provisória pré-aposentadoria

> **"AGRAVO DE INSTRUMENTO. RECURSO DE REVISTA. LEI 13.015/2014. (...) COMPENSAÇÃO POR DANOS MORAIS. DISPENSA IMOTIVADA. PERÍODO DE ESTABILIDADE PROVISÓRIA PRÉ-APOSENTADORIA. INDENIZAÇÃO RELATIVA AO PERÍODO PAGA.** A jurisprudência do TST tem se manifestado no sentido de que a dispensa imotivada do empregado no período da estabilidade pré-aposentadoria, por si só, não enseja o direito ao pagamento de compensação por dano moral, sendo necessária a efetiva demonstração de ofensa aos direitos de personalidade. No caso, a dispensa do reclamante se deu mediante o pagamento da respectiva indenização e não há notícia na decisão regional de qualquer discriminação ou qualquer outro ato ilícito por parte da reclamada, nos termos dos artigos 186 e 927 do Código Civil, 5º, V e X, da CRFB/1988. Óbice da Súmula 333 do TST. (...)" (AIRR-1602-76.2015.5.02.0080, Relatora Ministra: Maria Helena Mallmann, Data de Julgamento: 22/11/2017, 2ª Turma, Data de Publicação: DEJT 01/12/2017)
>
> **A) AGRAVO DE INSTRUMENTO EM RECURSO DE REVISTA. DISPENSA OBSTATIVA. ESTABILIDADE PRÉ-APOSENTADORIA. DESCONTOS DAS VERBAS RESCISÓRIAS APÓS A REINTEGRAÇÃO. DANO MORAL.**

NÃO CONFIGURAÇÃO. Em face da configuração de possível ofensa ao artigo 186 do CC, dá-se provimento ao agravo de instrumento para determinar o processamento do recurso de revista. Agravo de instrumento conhecido e provido. B) RECURSO DE REVISTA. 1. DISPENSA OBSTATIVA. ESTABILIDADE PRÉ-APOSENTADORIA. DESCONTOS DAS VERBAS RESCISÓRIAS APÓS A REINTEGRAÇÃO. DANO MORAL. NÃO CONFIGURAÇÃO. A dispensa da reclamante em data próxima à aquisição da estabilidade pré-aposentadoria bem assim a efetivação de descontos das verbas rescisórias recebidas pela empregada dispensada e posteriormente reintegrada em virtude de estabilidade, por si sós, não ensejam o direito ao pagamento de indenização por dano moral, sendo necessária, para tanto, a efetiva demonstração da ofensa aos direitos de personalidade, nos termos dos artigos 5º, V e X, da CF e 186 e 927 do Código Civil, situação não evidenciada no presente feito. Precedentes. Recurso de revista conhecido e provido. (...) (RR-1219-59.2014.5.02.0072, Relatora Ministra: Dora Maria da Costa, Data de Julgamento: 27/09/2017, 8ª Turma, Data de Publicação: DEJT 29/09/2017)

"RECURSO DE REVISTA INTERPOSTO NA VIGÊNCIA DA LEI Nº 13.015/2014. (...) INDENIZAÇÃO POR DANOS MORAIS. DISPENSA A DOIS DIAS DO ALCANCE DA ESTABILIDADE PRÉ-APOSENTADORIA. CONDUTA ABUSIVA OU EXCESSIVA DA EMPREGADORA. PREMISSA CONCRETA. 1 - Diferentemente de outros processos sobre a mesma matéria nos quais temos afastado a indenização por danos morais, o caso dos autos não é de simples dispensa de empregado às vésperas de alcançar a estabilidade normativa, mas de dispensa abusiva ou excessiva, dadas as circunstâncias em que ocorreu, conforme as premissas concretas constantes no acórdão recorrido: a) a norma coletiva previu o direito à estabilidade nos doze meses que antecedem o preenchimento das condições para aposentadoria perante o INSS, devendo o empregado comunicar à empresa tal condição no prazo de 45 dias que antecedem o período de estabilidade; b) a dispensa foi comunicada pela empresa ao reclamante apenas dois dias antes do início do período de doze meses que antecedem o preenchimento das condições para aposentadoria perante o INSS, 'visando efetivar a dispensa antes da aquisição da estabilidade pelo trabalhador e ao mesmo tempo em uma data que impede o cumprimento do prazo normativo de comunicação'; c) considerando o aviso prévio indenizado, quando foi dispensado o reclamante faltava menos de doze meses para o preenchimento dos requisitos para a aposentadoria, pelo que é devido o reconhecimento da estabilidade; d) 'o reclamante foi tolhido de gozar da garantia de emprego assegurada pela norma coletiva, situação que gera transtorno ao empregado que prestes a se aposentar e em idade de difícil recolocação no mercado de trabalho fica em situação de desamparo'. 2 - Embora o caso não seja exatamente de dano moral in re ipsa (dano moral pelo fato considerado em si mesmo), subsiste que o dano moral está configurado pela circunstância abusiva ou excessiva em que o ato da dispensa foi praticado: somente dois dias antes do início do prazo em que o empregado alcançaria a estabilidade, quando seria difícil providenciar a documentação que demonstrasse sua situação previdenciária, sabido que são morosas as providências sobre a requisição junto ao INSS e junto ao departamento de pessoal do empregado sobre a contagem do tempo de serviço para a aposentadoria. 3 - Recurso de revista de que não se conhece. (...)" (RR-1148-69.2013.5.04.0029, Redatora Ministra: Kátia Magalhães Arruda, Data de Julgamento: 13/04/2016, 6ª Turma, Data de Publicação: DEJT 10/06/2016)

"**RECURSO DE REVISTA DA RECLAMANTE. INTERPOSIÇÃO NA VIGÊNCIA DA LEI Nº 13.015/2014. DANO MORAL. DOENÇA OCUPACIONAL. VALOR DA INDENIZAÇÃO**. 1 - Foram atendidos os requisitos do art. 896, § 1º-A, da CLT, introduzidos pela Lei nº 13.015/2014. 2 - No caso dos autos, não está demonstrada a falta de proporcionalidade entre a fixação do montante da indenização por danos morais em cinco mil reais e os fatos comprovados (assalto ocorrido na agência em que a reclamante trabalhava, e durante o qual sofreu agressão física). 3 - Acrescente-se que o TRT, conforme consignado no acórdão, levou em conta para a fixação do quantum indenizatório a intensidade do sofrimento, a gravidade da lesão, a capacidade econômica do ofensor e seu comportamento em relação ao fato, e a finalidade educativa da condenação 4 - Recurso de revista de que não se conhece. DANO MORAL. DISPENSA DO RECLAMANTE NO PERÍODO DA ESTABILIDADE PRÉ-APOSENTADORIA. NÃO CONFIGURAÇÃO 1 - Foram atendidos os requisitos do art. 896, § 1º-A, da CLT, introduzidos pela Lei nº 13.015/2014. 2 - Esta Corte tem entendido que a dispensa do empregado no período da estabilidade pré-aposentadoria, por si só, não enseja o direito ao pagamento de indenização por dano moral, sendo necessária, para tanto, a efetiva demonstração da ofensa aos direitos de personalidade, nos termos dos artigos 5º, V e X, da CF e 186 e 927 do Código Civil. Precedentes. 3 - Recurso de revista a que se nega provimento." (RR-1564-41.2012.5.09.0673, Relatora Ministra: Kátia Magalhães Arruda, Data de Julgamento: 16/03/2016, 6ª Turma, Data de Publicação: DEJT 22/03/2016)

"**RECURSO DE REVISTA. ESTABILIDADE. PERÍODO PRÉ-APOSENTADORIA. NULIDADE DA DISPENSA. REINTEGRAÇÃO PROMOVIDA EM DATA POSTERIOR AO TÉRMINO DO PERÍODO DE ESTABILIDADE. DIREITO À INDENIZAÇÃO DO PERÍODO COMPREENDIDO ENTRE A DISPENSA E A REINTEGRAÇÃO**. Considera-se nula a dispensa ocorrida no curso da estabilidade pré-aposentadoria, sendo devida a reintegração do empregado. Todavia, uma vez exaurido o período dessa estabilidade, é devido tão somente o pagamento referente ao lapso entre a data da dispensa e o término do prazo estabilitário. A determinação de pagamento da indenização em substituição à reintegração, diante da constatação de que a estabilidade é temporária (pois se limita ao interregno de 24 meses que antecede a aposentadoria) não viola o art. 7º, XXVII, da Constituição Federal, mas respeita a cláusula coletiva que prevê a impossibilidade de dispensa do empregado no período de estabilidade. Recurso de revista não conhecido. INDENIZAÇÃO POR DANOS MORAIS EM RAZÃO DA DISPENSA NO PERÍODO PRÉ-APOSENTADORIA. DANO NÃO COMPROVADO. Ainda que ilegal a dispensa da reclamante, tal não configura situação em que o dano seria presumido, não havendo falar que a lesão, nesse caso, se faça de forma in re ipsa. No presente caso, o dano moral deve ser comprovado, dependendo de evidências concretas. Incólumes os arts. 5º, V e X, da Constituição Federal, 186 e 927 do Código Civil. Recurso de revista não conhecido. (...)" (RR-497-66.2010.5.01.0048, Relator Ministro: Aloysio Corrêa da Veiga, Data de Julgamento: 08/10/2014, 6ª Turma, Data de Publicação: DEJT 10/10/2014)

RESPONSABILIDADE SEM CULPA

Construção civil é atividade de risco, configurando responsabilidade civil objetiva

Informativo 177 do TST

Processo: E-RR - 89900-22.2008.5.15.0082 Data de Julgamento: 26/04/2018, Relator Ministro: Alexandre de Souza Agra Belmonte, Subseção I Especializada em Dissídios Individuais, Data de Publicação: DEJT 29/06/2018.

Em razão do peso e das posições de flexão e rotação realizadas pela coluna vertebral, é inegável o risco ergonômico a que exposto o trabalhador que desempenha a atividade de pedreiro e a possibilidade de adquirir doença profissional com comprometimento da coluna, como ocorreu na espécie, em que o reclamante desenvolveu hérnia de disco e se tornou totalmente incapacitado para a atividade. Assim, estabelecido o nexo causal entre a doença e a execução de atividade de risco, é devido o pagamento de indenização por danos morais, independentemente de haver culpa do empregador.

Responsabilidade civil objetiva

A responsabilidade objetiva não precisa da comprovação da culpa para a ocorrência do dano indenizável, bastando neste tipo de responsabilidade, haver o dano (material /moral /estético), a conduta do empregador (comissiva ou omissiva) e o nexo causal para justificar a responsabilidade civil do ofensor[16].

O Código Civil dispõe no parágrafo único do art. 927 que *"Haverá obrigação de reparar o dano, independentemente de culpa, nos casos especificados em lei, ou*

16 LUCENA JUNIOR, Hamilton Novo. Responsabilidade civil no direito do trabalho: análise de casos práticos. Salvador: Editora JusPodivm, 2018. p. 231

quando a atividade normalmente desenvolvida pelo autor do dano implicar, por sua natureza, risco para os direitos de outrem".

Desta forma, como a regra no ordenamento jurídico brasileiro é a responsabilidade civil subjetiva, a responsabilidade objetiva deve ser aplicada quando a lei determinar ou quando a atividade exercida pelo empregado for de risco[17]. Nesse sentido a jurisprudência:

> A responsabilidade do empregador por danos decorrentes de acidente de trabalho vem tratada no art. 7º, XXVIII, da Carta Magna, exigindo, em regra, a caracterização de dolo ou culpa. Contudo, no presente caso, verifica-se a hipótese excepcional de responsabilização objetiva, prevista no parágrafo único do art. 927 do Código Civil, uma vez que a função exercida pelo trabalhador, como motorista, configura atividade de risco. (AIRR - 660-79.2015.5.23.0041, Relator Ministro: Alberto Luiz Bresciani de Fontan Pereira, Data de Julgamento: 28/02/2018, 3ª Turma, Data de Publicação: DEJT 16/03/2018)

Atividade de risco dos empregados da construção civil

Nas atividades da construção civil, aplica-se a teoria do risco ou responsabilidade objetiva do empregador, nos termos do parágrafo único do art. 927 do CCB, hipótese em que é necessário apenas a ocorrência do dano e a presença do nexo de causalidade para gerar o dever de indenizar.

Na teoria do risco cabe ao responsável pelo desenvolvimento de determinada atividade reparar o dano causado a outrem em consequência de uma atividade realizada em seu benefício, independentemente de culpa.

O TST vem decidindo no sentido de que a regra prevista no artigo 7º, XXVIII, da CF deve ser interpretada de forma sistêmica aos demais direitos fundamentais, e a partir dessa compreensão, admite a adoção da teoria do risco (artigo 927, parágrafo único, do CCB), sendo, portanto, aplicável a responsabilização objetiva do empregador no âmbito das relações de trabalho para as chamadas atividades de risco.

No caso dos empregados da construção civil, verifica-se a maior exposição ao risco ergonômico pelo exercício da atividade, pois o trabalhador permanece exposto a risco ergonômico por posição inadequada, por executar movimentos repetitivos e por necessitar carregar pesos.

Nesse sentido decidiu o TST:

---

17 LUCENA JUNIOR, Hamilton Novo. Responsabilidade civil no direito do trabalho: análise de casos práticos. Salvador: Editora JusPodivm, 2018. p. 232

Precedente vinculante

RECURSO DE EMBARGOS INTERPOSTO NA VIGÊNCIA DA LEI Nº 13.015/2014. ACIDENTE DO TRABALHO. DOENÇA OCUPACIONAL. HÉRNIA DE DISCO. CONSTRUÇÃO CIVIL. PEDREIRO. RESPONSABILIDADE OBJETIVA. Esta e. Subseção vem decidindo no sentido de que a regra prevista no artigo 7º, XXVIII, da CF deve ser interpretada de forma sistêmica aos demais direitos fundamentais, e a partir desta compreensão, admite a adoção da teoria do risco (artigo 927, parágrafo único, do CCB), sendo, portanto, aplicável a responsabilização objetiva do empregador no âmbito das relações de trabalho para as chamadas atividades de risco. No caso, o autor desenvolveu doença ocupacional relativa a hérnia de disco no exercício da função de pedreiro, de que resultou incapacidade total para essa atividade. O próprio perito do juízo atestou a maior exposição ao risco ergonômico pelo exercício da atividade de pedreiro ao registrar que "na função de pedreiro, o trabalhador permanece exposto a risco ergonômico por posição inadequada e por necessitar carregar pesos". Considerando-se as funções desempenhadas no exercício da atividade de pedreiro durante o levantamento de paredes - pegar massa, pegar e colocar o tijolo, bater no tijolo e retirar o excesso de massa - é inegável o risco ergonômico a que exposto o trabalhador exatamente devido às posições de flexão e rotação realizadas pela coluna vertebral, representando alto risco de adquirir doença profissional com comprometimento da coluna, ligado à execução de movimentos repetitivos próprios da natureza da atividade, como no caso, em que o autor desenvolveu hérnia de disco. Comprovados o dano e o nexo causal entre o acidente e a função desempenhada, cuja execução representa risco para o empregado, faz jus o autor à indenização pleiteada, independentemente de culpa da empresa. Verifica-se, ademais, que foi reconhecido o vínculo de emprego no período sem registro, durante o qual sequer houve o gozo de férias. Considerando-se, portanto, que o autor trabalhou sem descanso por onze anos em proveito do empregador, mesmo que não admitida a responsabilidade objetiva, tem-se configurada a culpa pelo dever geral de segurança, pois negado ao empregado, pedreiro, o direito fundamental ao descanso previsto no art. 7º, XVII, da Constituição da República, capaz de minimizar os efeitos do esforço causador do dano. Recurso conhecido por divergência jurisprudencial e provido. (E-RR - 89900-22.2008.5.15.0082, Relator Ministro: Alexandre de Souza Agra Belmonte, Data de Julgamento: 26/04/2018, Subseção I Especializada em Dissídios Individuais, Data de Publicação: DEJT 29/06/2018)

Outros julgados sobre o tema:

(...) **RECURSO DE REVISTA INTERPOSTO PELA RECLAMADA. ACIDENTE DE TRABALHO. CONSTRUÇÃO CIVIL. PEDREIRO. RESPONSABILIDADE OBJETIVA DO EMPREGADOR. TEORIA DO RISCO PROFISSIONAL. INDENIZAÇÃO POR DANO MORAL.** A previsão de responsabilidade civil subjetiva abraçada pelo art. 7º, XXVIII, da Constituição

Federal não esgota o elenco de preceitos legais que tutelam os direitos da personalidade do trabalhador vitimado por acidente de trabalho, em hipótese de responsabilidade civil objetiva decorrente dos riscos da atividade empresarial, albergada no art. 927, parágrafo único, do Código Civil e há muito já consagrada no art. 2º, § 2º, da CLT. Nesse sentido, a jurisprudência deste Tribunal vem reconhecendo que, nas atividades vinculadas à construção civil, como na hipótese vertente, por apresentarem alto grau de risco, aplica-se a responsabilidade objetiva do empregador com apoio na teoria do risco profissional. Precedentes. Recurso de revista de que não se conhece. (ARR - 75800-25.2009.5.12.0013, Relator Ministro: Walmir Oliveira da Costa, Data de Julgamento: 28/02/2018, 1ª Turma, Data de Publicação: DEJT 02/03/2018)

(...) **ACIDENTE DE TRABALHO. DOENÇA OCUPACIONAL. LOMBALGIA. CARACTERIZAÇÃO. INDENIZAÇÃO POR DANO MORAL. PEDREIRO. ATIVIDADE DE RISCO NEXO CONCAUSAL. RESPONSABILIDADE OBJETIVA DA EMPREGADORA.** Trata-se de pedido de indenização por danos morais, em virtude de acidente de trabalho que ocasionou lesão na coluna vertebral do autor. Consta da decisão regional que a prova testemunhal confirmou que o autor, no desempenho de sua função de pedreiro, foi vítima de acidente de trabalho, ao puxar o balde de massa que pesava em torno de 40 kg, o que ocasionou lesão em sua coluna (lombalgia), levando o empregado a se afastar de suas funções e a perceber benefício previdenciário. O Tribunal de origem consignou que o perito foi preciso ao concluir, explicitamente, pela existência do nexo concausal entre a moléstia e a atividade que o autor desempenhava em prol da ré, sendo certo que não há nos autos nenhum elemento probante capaz de infirmar a conclusão médica. O Regional reconheceu a responsabilidade objetiva da reclamada pela doença que acometeu o autor, sob o fundamento que o reclamante laborava em construção civil, atividade que expõe o trabalhador a local de trabalho com risco grau 3 e que, portanto, exige maiores cautelas do empregador em relação à segurança dos trabalhadores. No caso de acidente de trabalho, o parágrafo único do art. 927 do Código Civil consagra a teoria da responsabilidade objetiva do empregador, em face do exercício de atividade de risco. Com efeito, a teoria do risco profissional considera que o dever de indenizar decorre da própria atividade profissional. São as hipóteses em que a atividade desenvolvida pelo empregado se constitui em risco acentuado ou excepcional pela natureza perigosa, de modo que a responsabilidade incide automaticamente, independentemente de culpa ou dolo do empregador. Na hipótese dos autos, diante da presença do dano sofrido pelo autor, do nexo concausal entre a doença acometida pelo reclamante e a atividade desempenhada na ré, bem como a culpa objetiva empresarial, correta a decisão regional em que se responsabilizou a ré pela reparação por dano decorrente da lesão vinculada ao exercício laboral em seu favor. Intacto o artigo 5º, incisos V e X, da Constituição Federal. Agravo de instrumento desprovido. (...) (AIRR - 10213-40.2015.5.12.0015, Relator Ministro: José Roberto Freire Pimenta, Data de Julgamento: 21/02/2018, 2ª Turma, Data de Publicação: DEJT 23/02/2018)

(...) ACIDENTE DE TRABALHO. RESPONSABILIDADE CIVIL DO EMPREGADOR. CULPA PRESUMIDA. INDENIZAÇÃO POR DANOS MORAIS E PENSÃO. (...) Com efeito, ao empregador cabe propiciar um ambiente de trabalho seguro (artigo 157 da CLT) capaz de evitar acidentes, não sendo crível, no caso, aventar que o empregado, no ambiente de trabalho, subiria em um andaime para cometer suicídio. Se caiu, é porque, no mínimo, as circunstâncias laborativas levaram a isso, inclusive a negligência quanto às medidas de segurança. Nesse contexto, a violação do artigo 927, parágrafo único, do CCB é patente, impondo-se o provimento do apelo para que seja condenada a empregadora em danos morais e pensão mensal; 4 - Recurso de revista conhecido e provido. (RR-34100-10.2008.5.03.0028, Relator Ministro Alexandre de Souza Agra Belmonte, 3ª Turma, DEJT 20/3/2015)

AGRAVO DE INSTRUMENTO EM RECURSO DE REVISTA. ACIDENTE DE TRABALHO. TEORIA DO RISCO. RESPONSABILIDADE OBJETIVA. CARACTERIZAÇÃO. Demonstrada a violação do art. 927, parágrafo único, do Código Civil, merece provimento o Agravo de Instrumento. Agravo de Instrumento conhecido e provido. RECURSO DE REVISTA. ACIDENTE DE TRABALHO. TEORIA DO RISCO. RESPONSABILIDADE OBJETIVA. CARACTERIZAÇÃO. A regra geral no Direito Brasileiro é a responsabilidade subjetiva, que pressupõe a ocorrência concomitante do dano, do nexo causal e da culpa do empregador. Tratando-se, todavia, de acidente de trabalho em atividade de risco, há norma específica para ser aplicada a responsabilidade objetiva, conforme se extrai do parágrafo único do art. 927 do Código Civil. Esta Corte tem entendido que o trabalhador da construção civil atua em situação de risco acentuado. Precedentes. Recurso de Revista conhecido e provido. (RR - 1086-22.2015.5.08.0005, Relatora Ministra: Maria de Assis Calsing, Data de Julgamento: 04/04/2018, 4ª Turma, Data de Publicação: DEJT 06/04/2018)

"(...). ACIDENTE DE TRABALHO. CONSTRUÇÃO CIVIL. ATIVIDADE DE RISCO. RESPONSABILIDADE OBJETIVA. DONO DA OBRA. Nos termos da jurisprudência consolidada deste Tribunal, a atividade de construção civil, por si só, apresenta alto grau de risco, configurando atividade perigosa, nos termos do art. 927, parágrafo único, do Código Civil. Efetivamente, o labor na construção civil expõe o trabalhador a um grau de risco superior àquele vivenciado pela população em geral. Essa atividade de risco impõe a responsabilização pelo simples fato de se verificar o nexo causal entre os danos sofridos e o labor durante o exercício da atividade perigosa. Frisa-se que, na hipótese de exercício de atividade de risco, não há que se perquirir acerca de eventual culpa ou dolo daquele que expos a vítima à atividade perigosa. Prevalece nesta Corte que o dono da obra é responsável pelo acidente de trabalho, mormente na hipótese em que esse agiu com culpa na fiscalização do ambiente laboral. Entende-se que o teor da OJ nº 191, da SBDI-1, do TST é inaplicável quanto à responsabilização pelo acidente de trabalho. Recursos de Revista de ambas as Reclamadas não conhecidos. (...). Recursos de Revista de ambas as Reclamadas não conhecidos." (RR-14400-71.2010.5.17.0001, Relator Desembargador Convocado: Marcelo Lamego Pertence, Data de Julgamento: 16/06/2014, 5ª Turma, Data de Publicação: DEJT 01/07/2014)

RECURSO DE REVISTA. ACIDENTE DE TRABALHO. RESPONSABILIDADE CIVIL SUBJETIVA E OBJETIVA. ATIVIDADE DE RISCO. NEXO CAUSAL. INDENIZAÇÃO POR DANOS MORAIS E MATERIAIS. Caso em que o Regional consignou que o autor laborava como pedreiro e controlador de lagoa de decantação, tendo desenvolvido doença ocupacional (lesão do manguito rotatório do ombro esquerdo), agravada por atropelamento sofrido no canteiro de obras, por caminhão que o atropelou, arremessando-o a longa distância, complicando a lesão em ombros e braços. Submetido a cirurgia não mais voltou a trabalhar, tendo sido aposentado por invalidez permanente. Registrou, ainda, que da análise do laudo pericial e da prova oral "ficou clara por demais a realidade de que as atividades desempenhadas pelo reclamante contribuíram para o surgimento das moléstias (...) que o levaram a aposentadoria por invalidez permanente". Acrescentou, por fim, que a "reclamada foi negligente quando desconsiderou a necessidade de transferi-lo para outras funções que não precisassem carregar peso", estando patente "o nexo e a culpa por parte do ex-empregador". Em tais circunstâncias, presentes os requisitos necessários ao reconhecimento da responsabilidade civil subjetiva do empregador, quais sejam: o dano, a culpa patronal e o nexo causal com as atividades laborais. Ademais, tratando-se de labor na construção civil, como pedreiro, a jurisprudência desta Corte reconhece a incidência da teoria do risco, e consequente possibilidade de reconhecimento da responsabilidade objetiva, ou seja, sem a necessidade de se perquirir da culpa patronal. Convém esclarecer que o texto constitucional (art. 7º, caput e XXVIII) abraça a responsabilidade subjetiva, obrigação de a empresa indenizar o dano que causar ao trabalhador mediante comprovação de culpa ou dolo, e o Código Civil (art. 927), a responsabilidade objetiva prescinde de tal comprovação, pois fundada na teoria do risco da atividade econômica. A primeira, norma constitucional, trata de garantia mínima do trabalhador e não exclui a segunda, que, por sua vez, atribui maior responsabilidade civil à empresa, perfeitamente aplicável de forma supletiva no Direito do Trabalho, haja vista o princípio da norma mais favorável, mais o fato de o Direito Laboral primar pela proteção do trabalhador e à segurança e medicina do trabalho, institutos destinados a assegurar a dignidade, integridade física e psíquica do empregado no seu ambiente de trabalho (arts. 1º, III, 7º, XXII, e 225 da Constituição Federal). No caso dos autos, em razão da atividade de risco na área de construção civil, o reclamante, cuja função principal era de pedreiro, sofreu acidente no ambiente de trabalho, que lhe ocasionou incapacidade total e permanente para o exercício de suas funções, tendo, inclusive, obtido a aposentadoria por invalidez permanente em consequência desse infortúnio. Não há notícia no acórdão de culpa exclusiva da vítima no acidente. Desse modo, a condenação patronal tem respaldo tanto da responsabilidade subjetiva, quanto na responsabilidade objetiva. Recurso de revista não conhecido. (...). (RR - 184200-37.2006.5.15.0052, Relator Ministro: Augusto César Leite de Carvalho, Data de Julgamento: 10/06/2015, 6ª Turma, Data de Publicação: DEJT 12/06/2015)

(...) II - RECURSO DE REVISTA. DANO MORAL. ACIDENTE DE TRABALHO. HÉRNIA DE DISCO. DOENÇA DEGENERATIVA. SERVENTE DE OBRAS. CONSTRUÇÃO CIVIL. COMPROVAÇÃO DE QUE AS FUNÇÕES EXERCIDAS PELO RECLAMANTE FORAM CONCAUSA DA MOLÉSTIA DESENVOLVIDA. INEXISTÊNCIA DE PROVA DE AÇÃO OU OMISSÃO CULPOSA DA RECLAMADA. IRRELEVÂNCIA. 1. No caso concreto, do quadro delimitado pelo Tribunal de origem, extrai-se que ficou evidenciado no laudo pericial que o acidente de trabalho a que foi acometido o autor contribuiu como concausa para a eclosão das moléstias que levaram à incapacitação para o desempenho de suas habituais funções. 2. Uma vez evidenciado o nexo concausal entre a doença a que foi acometido o autor e as funções por ele desenvolvidas na reclamada, é irrelevante a não comprovação de ação ou omissão culposa, uma vez que as atividades desenvolvidas em seu proveito foram responsáveis pelo agravamento da moléstia. 3. Não bastasse, o mero fato de a doença não ter sido provocada exclusivamente pelo trabalho não é suficiente para afastar a responsabilidade do empregador. Isso porque, tratando-se de construção civil, atividade reconhecidamente de risco, não é necessário perquirir acerca da existência de culpa do empregador na ocorrência do acidente ou do dano decorrente, sendo aplicável a teoria do risco da atividade ou da responsabilidade objetiva, consoante art. 927, parágrafo único, do Código Civil. 4. Além disso, esta Corte tem, reiteradamente, entendido que o mero fato de a doença não ter sido provocada exclusivamente pelo trabalho não é suficiente para afastar a responsabilidade do empregador, pois o dever de indenizar do empregador não exige nexo de causalidade exclusivo. Precedentes. Recurso de revista conhecido e provido." (RR-272400-54.2005.5.02.0072, Relatora Ministra: Delaíde Miranda Arantes, Data de Julgamento: 23/10/2013, 7ª Turma, Data de Publicação: DEJT 30/10/2013)

AGRAVO DE INSTRUMENTO EM RECURSO DE REVISTA. NÃO REGIDO PELA LEI 13.015/2014. 1. INDENIZAÇÃO POR DANOS MORAIS. ACIDENTE DE TRABALHO. RESPONSABILIDADE OBJETIVA. CONSTRUÇÃO CIVIL. Esta 7ª Turma tem decidido que, nas atividades da construção civil, aplica-se a teoria do risco ou responsabilidade objetiva do empregador, nos termos do parágrafo único do art. 927 do CCB, hipótese em que se examina apenas a ocorrência do dano e a presença do nexo de causalidade. Desse modo, uma vez incontroversa a atuação da Reclamada na área da construção civil, correta a aplicação da responsabilidade objetiva, não havendo falar em violação do art. 7º, XXVIII, da CF. Quanto à configuração do dano, restou consignado no acórdão regional que a lesão sofrida pelo empregado foi grave, pois gerou uma perda física permanente (amputação da falange). O nexo causal, por seu turno, restou caracterizado em razão de o acidente ter acontecido em ambiente e horário de trabalho, envolvendo empregados da Reclamada que estavam em serviço. Diante das premissas delineadas pela Corte de origem, não se cogita de ofensa aos arts. 818 da CLT e 333, I e II do CPC/73, na medida em as regras de distribuição do ônus da prova somente têm relevância num contexto de ausência de provas ou de provas insuficientes, o que definitivamente não é o caso dos autos. Nesse contexto, considerando que a natureza da atividade desempenhada pela empresa envolve risco à incolumidade física do prestador e que restaram demonstrados o dano e o nexo de causalidade entre a atividade exercida e o evento danoso, não há falar em violação dos arts. 7º, XXVIII, da CF, 186 e 927 do Código Civil. (...). (AIRR - 26900-54.2012.5.21.0013, Relator Ministro: Douglas Alencar Rodrigues, Data de Julgamento: 26/10/2016, 7ª Turma, Data de Publicação: DEJT 04/11/2016)

(...) **2. RESPONSABILIDADE PELO ACIDENTE DE TRABALHO. MORTE DO TRABALHADOR. CONSTRUÇÃO CIVIL. RESPONSABILIDADE OBJETIVA. ART. 927, PARÁGRAFO ÚNICO, DO CC.** Nos termos da Lei Civil, aplicada subsidiariamente ao Processo do Trabalho dados os termos do art. 769 da CLT, a responsabilidade subjetiva pela reparação de danos incide quando configurados os elementos dela caracterizadores, quais sejam o dano, o ato culposo do ofensor e o nexo de causalidade, tendo em vista a diretriz do art. 927, caput, do CC, segundo o qual "aquele que, por ato ilícito, causar dano a outrem, fica obrigado a repará-lo". Por sua vez, a responsabilidade objetiva aplica-se tão somente em casos que a doutrina denomina de risco excepcional, em que o dever de indenizar decorre de atividade que acarreta excepcional risco, como na hipótese dos autos, em que o trabalho era desenvolvido na construção civil. Nessas hipóteses, o agente deve indenizar quando, em razão de sua atividade econômica, cria um perigo para os que lhe prestam serviço, nos exatos termos delineados pelo parágrafo único do art. 927 do CC, segundo o qual "haverá obrigação de reparar o dano, independentemente de culpa, nos casos especificados em lei, ou quando a atividade normalmente desenvolvida pelo autor do dano implicar, por sua natureza, risco para os direitos de outrem". Precedentes. (...) (AIRR - 1597-11.2010.5.09.0670, Relatora Ministra: Dora Maria da Costa, Data de Julgamento: 16/11/2016, 8ª Turma, Data de Publicação: DEJT 18/11/2016)

DIREITO COLETIVO DO TRABALHO

CONVENÇÃO COLETIVA

Cláusula proibindo contratação de empregados terceirizados - Validade

Informativo 180 do TST

Processo: RO - 332-46.2012.5.10.0000 Data de Julgamento: 11/06/2018, Relatora Ministra: Kátia Magalhães Arruda, Seção Especializada em Dissídios Coletivos, Data de Publicação: DEJT 22/06/2018.

"São válidas cláusulas de termo aditivo de convenção coletiva de trabalho que proíbem aos condomínios residenciais e comerciais a contratação de mão de obra terceirizada para a execução de serviços definidos pelas partes como atividade fim (zelador, garagista, porteiro, trabalhador de serviços gerais e faxineiro).

Na espécie, registrou-se que as normas firmadas pelos convenentes apenas vedam a utilização de empresas interpostas nos serviços de limpeza, portaria, etc, sem adentrar na questão da validade ou não da terceirização das referidas atividades.

Ademais, pelo princípio da adequação setorial negociada, as normas autônomas, oriundas de negociações entre as categorias profissional e patronal, prevalecem sobre as regras estatais de proteção ao trabalho, desde que não avancem sobre direitos de indisponibilidade absoluta.

De outra sorte, não há falar em ofensa ao princípio constitucional da livre iniciativa, pois a opção dos convenentes tem aplicação restrita às categorias representadas, sem imposição direta a terceiros."

Outros julgados do TST semelhantes

Em diversos julgados, houve pronunciamento o TST no sentido de deferir cláusula que proibia a terceirização nas atividades-fim das empresas. Nesse sentido cito:

> "**I - RECURSO ORDINÁRIO DOS SUSCITADOS FIESP, SINDIREPA E SINAEMO - DISSÍDIO COLETIVO DE NATUREZA ECONÔMICA. (...) CLÁUSULA 119 - TERCEIRIZAÇÃO A** C. SDC decidiu, por maioria, não ser possível estabelecer, via sentença normativa, condicionantes à contratação de mão-de-obra terceirizada na atividade-meio, mantendo, assim, cláusula restritiva, com menor amplitude: "CLÁUSULA 119 - TERCEIRIZAÇÃO. A atividade fim da empresa não poderá ser objeto de terceirização, ficando, portanto, terminantemente proibida esta modalidade de contratação". (RO - 51049-84.2012.5.02.0000, Relatora Ministra: Maria Cristina Irigoyen Peduzzi, Data de Julgamento: 22/02/2016, Seção Especializada em Dissídios Coletivos, Data de Publicação: DEJT 04/03/2016)

> "**DISSÍDIO COLETIVO DE NATUREZA ECONÔMICA. RECURSO ORDINÁRIO DA FEDERAÇÃO DAS INDÚSTRIAS DO ESTADO DE SÃO PAULO - FIESP E OUTRO.(...) 2. CLÁUSULA 119 - TERCEIRIZAÇÃO.** A Constituição da República fixa a categoria profissional como elemento referencial para a representação dos sindicatos obreiros (art. 8º, II, da CF/88). Entretanto, não concretiza, explicitamente, o conceito jurídico de categoria. No Direito brasileiro, esse conceito é dado pela CLT, em seu art. 511, § 2º (conceito de categoria profissional) e § 3º (conceito de categoria profissional diferenciada). O fenômeno da terceirização, entre as inúmeras dificuldades que traz à sua regulação civilizatória pelo Direito do Trabalho, apresenta ainda manifesto desajuste à estrutura do sistema sindical do País, fundado na ideia matriz da categoria. É que os trabalhadores terceirizados não constituem, do ponto de vista real e sob a ótica jurídica, uma categoria profissional efetiva, uma vez que não apresentam, regra geral, similitude de condições de vida oriunda da profissão ou trabalho em comum, em situação de emprego na mesma atividade econômica ou em atividades econômicas similares ou conexas, compondo a expressão social elementar compreendida como categoria profissional (art. 511, § 2º, CLT). Ora, os trabalhadores terceirizados são ofertados a distintos tomadores de serviços, muitas vezes laborando em períodos diversos e sequenciais, para empresas sumamente diferentes, às vezes integrantes de categorias econômicas sem qualquer similitude entre si. São trabalhadores dispersados pela fórmula de contratação trabalhista a que se submetem. Revela-se, aí, um dos motivos pelos quais a terceirização é fenômeno tão prejudicial ao trabalhador. Além disso, é fato notório que a fórmula terceirizante conseguiu praticamente escapar de significativo controle sindical - considerados os marcos clássicos do sindicalismo -, não só por pulverizar a consciência e organização coletivas dos trabalhadores

terceirizados, como também por provocar enorme perplexidade nos sindicatos das categorias profissionais preexistentes quanto ao tratamento a ser deferido ao fenômeno. Nesse impasse, composto por várias facetas, o fenômeno terceirizante preserva e tem aprofundado sua inelutável tendência de induzir significativa precarização nas condições de contratação dos trabalhadores sob regência de sua fórmula. Nessa linha, uma das políticas públicas mais eficazes para enfrentar o aprofundamento da precarização propiciada pelo movimento terceirizante é limitar, juridicamente, as possibilidades válidas de contratação terceirizada, impondo, por consequência, apenações administrativas ao desrespeito a essas limitações. Nesse sentido, é a jurisprudência do TST consubstanciada na Súmula 331. Percebe-se, assim, que é exatamente o que pretende a cláusula impugnada: limitar as possibilidades de terceirização de mão de obra relacionada à atividade-fim pelas empresas representadas pelo Sindicato Suscitado. Denota-se uma nítida tentativa de fortalecimento do sindicato da categoria profissional, representada por esta cláusula proibitiva de terceirização, que deve ser mantida, uma vez que contribui para reprimir o fenômeno da terceirização tão prejudicial aos empregados. Ademais, ressalta-se que a livre e eficaz representação sindical é um direito constitucional fundamental. Nesse aspecto, cláusula de instrumento normativo que proíbe a terceirização de atividade-fim da empresa deve ser preservada e prestigiada pelo Poder Normativo, uma vez que contribui para o fortalecimento do Sindicato Obreiro, em contraponto ao processo de desdobramento e fragmentação das categorias profissionais que enfraquece o sindicalismo no País. Enfatize-se, por fim, que o TST realizou, na primeira semana de outubro de 2011, audiência pública sobre o tema, em que se evidenciou o risco social de se franquear a terceirização sem peias, quer em face das perdas econômicas para os trabalhadores terceirizados, quer em face da exacerbação dos malefícios à saúde e segurança no ambiente laborativo, em contraponto às regras e princípios insculpidos na ordem jurídica legal e constitucional. A douta maioria da SDC, registre-se, compreendeu que a redação da CLÁUSULA 119 - TERCEIRIZAÇÃO deve ser adequada. Nesse sentido, concluiu que, conquanto a cláusula deferida pelo TRT contenha um comando principal que se insere nos limites do poder normativo - já que objetiva melhorar as condições de trabalho e conferir efetividade à jurisprudência desta Corte, na medida em que impede a contratação de trabalhadores, por empresa interposta, para a atividade-fim -, deve-se afastar a segunda parte da cláusula, que impõe a obrigação de negociação coletiva prévia entre os sujeitos coletivos para a terceirização da atividade-meio. Para a douta maioria, essa espécie de norma jurídica, que obriga a negociação coletiva prévia entre os sujeitos coletivos para que o empregador possa contratar trabalhadores da atividade meio mediante empresa interposta, apenas pode ser estabelecida por instrumento normativo autônomo. Recurso ordinário provido, no aspecto, para manter a CLÁUSULA 119 - TERCEIRIZAÇÃO com a seguinte redação: "A atividade fim da empresa não poderá ser objeto de terceirização, ficando, portanto, terminantemente proibida esta modalidade de contratação". (...) (RO - 8760-73.2011.5.02.0000, Relator Ministro: Mauricio Godinho Delgado, Data de Julgamento: 08/06/2015, Seção Especializada em Dissídios Coletivos, Data de Publicação: DEJT 19/06/2015)

"**DISSÍDIO COLETIVO DE NATUREZA ECONÔMICA. RECURSO ORDINÁRIO DO SINDICATO DE REMANUFATURAMENTO, RECONDICIONAMENTO E/OU RETÍFICA DE MOTORES E SEUS AGREGADOS E PERIFÉRICOS DO ESTADO DE SÃO PAULO - SINDIMOTOR. (...) CLÁUSULA 117. TERCEIRIZAÇÃO.** A Constituição da República fixa a categoria profissional como elemento referencial para a representação dos sindicatos obreiros (art. 8º, II, da CF/88). Entretanto, não concretiza, explicitamente, o conceito jurídico de categoria. No Direito brasileiro, esse conceito é dado pela CLT, em seu art. 511, § 2º (conceito de categoria profissional) e § 3º (conceito de categoria profissional diferenciada). O fenômeno da terceirização, entre as inúmeras dificuldades que traz à sua regulação civilizatória pelo Direito do Trabalho, apresenta ainda manifesto desajuste à estrutura do sistema sindical do País, fundado na ideia matriz da categoria. É que os trabalhadores terceirizados não constituem, do ponto de vista real e sob a ótica jurídica, uma categoria profissional efetiva, uma vez que não apresentam, regra geral, similitude de condições de vida oriunda da profissão ou trabalho em comum, em situação de emprego na mesma atividade econômica ou em atividades econômicas similares ou conexas, compondo a expressão social elementar compreendida como categoria profissional (art. 511, § 2º, CLT). Ora, os trabalhadores terceirizados são ofertados a distintos tomadores de serviços, muitas vezes laborando em períodos diversos e sequenciais, para empresas sumamente diferentes, às vezes integrantes de categorias econômicas sem qualquer similitude entre si. São trabalhadores dispersados pela fórmula de contratação trabalhista a que se submetem. Revela-se, aí, um dos motivos pelos quais a terceirização é fenômeno tão prejudicial ao trabalhador. Além disso, é fato notório que a fórmula terceirizante conseguiu praticamente escapar de significativo controle sindical - considerados os marcos clássicos do sindicalismo -, não só por pulverizar a consciência e organização coletivas dos trabalhadores terceirizados, como também por provocar enorme perplexidade nos sindicatos das categorias profissionais preexistentes quanto ao tratamento a ser deferido ao fenômeno. Nesse impasse, composto por várias facetas, o fenômeno terceirizante preserva e tem aprofundado sua inelutável tendência de induzir significativa precarização nas condições de contratação dos trabalhadores sob regência de sua fórmula. Nessa linha, uma das políticas públicas mais eficazes para enfrentar o aprofundamento da precarização propiciada pelo movimento terceirizante é limitar, juridicamente, as possibilidades válidas de contratação terceirizada, impondo, por consequência, apenações administrativas ao desrespeito a essas limitações. Nesse sentido, é a jurisprudência do TST consubstanciada na Súmula 331. Percebe-se, assim, que é exatamente o que pretende a cláusula impugnada: limitar as possibilidades de terceirização de mão de obra relacionada à atividade-fim pelas empresas representadas pelo Sindicato Suscitado. Denota-se uma nítida tentativa de fortalecimento do sindicato da categoria profissional, representada por esta cláusula proibitiva de terceirização, que deve ser mantida integralmente, uma vez que contribui para reprimir o fenômeno da terceirização tão prejudicial aos empregados.

Ademais, ressalta-se que a livre e eficaz representação sindical é um direito constitucional fundamental. Nesse aspecto, cláusula de instrumento normativo que proíbe a terceirização de atividade-fim da empresa deve ser preservada e prestigiada pelo Poder Normativo, uma vez que contribui para o fortalecimento do Sindicato Obreiro, em contraponto ao processo de desdobramento e fragmentação das categorias profissionais que enfraquece o sindicalismo no País. Enfatize-se, por fim, que o TST realizou, na primeira semana de outubro de 2011, audiência pública sobre o tema, em que se evidenciou o risco social de se franquear a terceirização sem peias, quer em face das perdas econômicas para os trabalhadores terceirizados, quer em face da exacerbação dos malefícios à saúde e segurança no ambiente laborativo, em contraponto às regras e princípios insculpidos na ordem jurídica legal e constitucional. Recurso ordinário desprovido, no aspecto."(...) (RO - 11501-23.2010.5.02.0000, Relator Ministro: Maurício Godinho Delgado, Data de Julgamento: 08/09/2014, Seção Especializada em Dissídios Coletivos, Data de Publicação: DEJT 12/09/2014)

Julgado divergente.

Informativo 174 do TST

"RECURSO ORDINÁRIO EM AÇÃO ANULATÓRIA. CLÁUSULAS 51 E 52 DA CONVENÇÃO COLETIVA DE TRABALHO 2011/2013. PROIBIÇÃO, AOS CONDOMÍNIOS RESIDENCIAIS, DE CONTRATAREM EMPREGADOS TERCEIRIZADOS PARA A EXECUÇÃO DE SERVIÇOS DEFINIDOS, PELOS CONVENENTES, COMO ATIVIDADE FIM DO REFERIDO SEGMENTO. NULIDADE. OFENSA AO PRINCÍPIO CONSTITUCIONAL DA LIVRE CONCORRÊNCIA. Diante da necessidade de adequação da terceirização e, principalmente, de estabelecimento de garantias para o empregado terceirizado, foi editada a Súmula nº 331 do TST, a qual permite, em seu item III, que as atividades de vigilância, conservação e limpeza bem como as atividades meio do tomador - desde que inexistente a pessoalidade e a subordinação direta - sejam terceirizadas. As cláusulas 51 e 52 da Convenção Coletiva de Trabalho 2011/2013, firmada entre o SINDICONDOMÍNIO e o SEICON/DF, ao disporem que as atividades de zelador, garagista, porteiro, trabalhador de serviços gerais e faxineiro constituem atividades fim dos condomínios residenciais, proibindo a contratação de empregados terceirizados para a execução desses serviços, além de afastarem o permissivo previsto na Súmula nº 331 desta Corte, apresentam ingerência evidente na esfera de atuação do Sindicato autor, SEAC/DF, implicando em restrição de mercado e atingindo a livre iniciativa empresarial para a consecução de um objetivo considerado regular e lícito, podendo até interferir na própria sobrevivência das empresas prestadoras de serviços. Nesse contexto, a despeito do prestígio que deve ser conferido aos instrumentos negociais celebrados, de forma autônoma, pelas partes, por força do art. 7º, XXVI, da Constituição Federal, não há como reconhecer a validade das cláusulas que atingem categorias diversas

> daquelas representadas pelos Sindicatos convenentes, elidem a possibilidade de terceirização prevista na Súmula nº 331 do TST e apresentam afronta ao art. 170, IV e parágrafo único, da Lei Maior. Dá-se provimento ao recurso do SEAC/DF para declarar a nulidade das cláusulas 51 e 52 da CCT 2011/2013. Recurso ordinário conhecido e provido. (RO - 3434-13.2011.5.10.0000, Relatora Ministra: Dora Maria da Costa, Data de Julgamento: 15/05/2017, Seção Especializada em Dissídios Coletivos, Data de Publicação: DEJT 26/05/2017 - Vencidos os Ministros Mauricio Godinho Delgado, Kátia Magalhães Arruda e Maria de Assis Calsing).

Poder de criação de normas jurídicas por meio da negociação coletiva

A Constituição Federal de 1988 estabeleceu que os sindicatos, podem criar de forma excepcional, normas jurídicas de cunho trabalhista, por meio de negociação coletiva.

Nesse sentido:

> **Art. 7º** São direitos dos trabalhadores urbanos e rurais, além de outros que visem à melhoria de sua condição social:
>
> **XXVI** - reconhecimento das convenções e acordos coletivos de trabalho;

Conceito e características de convenção coletiva e acordo coletivo

1. Convenção Coletiva

Conceito:

Convenção Coletiva segundo o caput do art. 611 da CLT é o acordo de caráter normativo, pelo qual dois ou mais sindicatos representativos de categorias econômicas e profissionais estipulam condições de trabalho aplicáveis, no âmbito das respectivas representações, às relações individuais de trabalho.

Características:

- Ato jurídico próprio do Direito do Trabalho;
- Tem natureza normativa e contratual;
- Abrange toda a categoria.

As normas previstas na Convenção agem direta e imediatamente nos contratos individuais de trabalho em curso, vinculando empregado e empregador, independentemente da vontade destes[1].

---

[1] MOURA, Marcelo. Consolidação das Leis do Trabalho para concursos. 8. ed. Salvador: JusPODIVM, 2018.

2. Acordo Coletivo

Conceito:

Já o Acordo Coletivo pelo §1º do Art. 611, é o acordo firmado entre o sindicato de categoria profissional estipula com uma ou mais empresas da correspondente categoria econômica, condições de trabalho, aplicáveis no âmbito da empresa ou das acordantes respectivas relações de trabalho.

Características:

- Ato jurídico próprio do Direito do Trabalho;
- Tem natureza normativa e contratual;
- Vinculam apenas o empregador (empresa ou empresas) e o sindicato e não toda a categoria.

Conflito entre convenção coletiva e acordo coletivo

Segundo o art. 620 da CLT, modificado pela Lei 13.467/2017, as condições estabelecidas em acordo coletivo de trabalho sempre prevalecerão sobre as estipuladas em convenção coletiva de trabalho.

O princípio da aplicação da norma mais favorável, um dos princípios basilares do Direito do Trabalho, não só no Brasil, continua a incidir no direito brasileiro, mas não mais para o cotejo entre Convenção e Acordo Coletivo do Trabalho, pois quis a lei que prevalecesse o Acordo sobre a Convenção, atendendo ao critério da especificidade[2].

Prazo de validade da convenção coletiva e acordo coletivo

A Convenção ou Acordo passará a vigorar após 3 dias do depósito no órgão próprio do Ministério do Trabalho, para fins de registro e divulgação do documento firmado, conforme disposição expressa do § 1° da mesma norma.

É desnecessária a homologação, por Tribunal Trabalhista, do acordo extrajudicialmente celebrado, sendo suficiente, para que surta efeitos, sua formalização perante o Ministério do Trabalho (TST, OJ 34 SDC).

Conforme disposição expressa do § 3° do art. 614 da CLT, não será permitido estipular duração de convenção coletiva ou acordo coletivo de trabalho superior a dois anos.

---

2 MOURA, Marcelo. Consolidação das Leis do Trabalho para concursos. 8. ed. Salvador: JusPODIVM, 2018.

Princípio da ultratividade - vedação pela Lei 13.467/2017

Ultratividade significa que os dispositivos dos diplomas negociados (convenção ou acordo coletivo) projetariam seus efeitos até que novo diploma negocial os revogasse de forma expressa ou tácita (o novo diploma ao regular o conjunto da matéria omite preceitos da velha Convenção ou Acordo Coletivo)

Segundo a parte final do § 3° do art. 614 da CLT, modificado pela Lei 13.467/2017 e inspirado na ADPF 323, ficou vedada a ultratividade, ou seja, não se podem postergar os efeitos de convenção coletiva ou de acordo coletivo de trabalho para além do prazo de vigência fixado.

Princípio da adequação setorial negociada

Ensina o doutrinador e Ministro Maurício Godinho Delgado[3] que:

> "A convenção coletiva resulta, pois, de negociações entabuladas por entidades sindicais, quer a dos empregados, quer a dos respectivos empregadores. Envolve, portanto, o âmbito da categoria, seja a profissional (obreiros), seja a econômica (empregadores). Seu caráter coletivo e genérico é, assim, manifesto. As convenções coletivas, embora de origem privada, criam regras jurídicas (normas autônomas), isto é, preceitos gerais, abstratos e impessoais, dirigidos a normatizar situações ad futurum. Correspondem, via de consequência, à noção de lei em sentido material, traduzindo ato-regra (Duguit) ou comando abstrato. São, desse modo, do ponto de vista substantivo (ou seja, de seu conteúdo), diplomas desveladores de inquestionáveis regra jurídicas (embora existam também no seu interior cláusulas contratuais." (Direito Coletivo do Trabalho, 4.ª ed. São Paulo: LTr, 2011, p. 152)

Tal princípio, determina critérios de harmonização das regras jurídicas oriundas da negociação coletiva (convenção coletiva e acordo coletivo de trabalho) e as regras jurídicas provenientes da legislação federal.

Continua o renomado autor[4]:

> Pelo princípio da adequação setorial negociada, as normas autônomas juscoletivas, construídas para incidirem sobre certa comunidade econômico-profissional, podem prevalecer sobre o padrão geral heterônomo justrabalhista,

---

3 DELGADO, Maurício Godinho. Curso de direito do trabalho. 17ª ed. São Paulo: LTr, 2018. p. 1640/1641

4 DELGADO, Maurício Godinho. Curso de direito do trabalho. 17ª ed. São Paulo: LTr, 2018. p. 1668

desde que respeitados certos critérios objetivamente fixados. São dois esses critérios autorizativos: **a)** quando as normas autônomas juscoletivas implementam um padrão setorial de direitos superior ao padrão geral oriundo da legislação heterônoma aplicável; **b)** quando as normas autônomas juscoletivas transacionam setorialmente parcelas justrabalhistas de indisponibilidade apenas relativa (e não de indisponibilidade absoluta).

Com a reforma trabalhista, os arts. 611-A e 611-B da CLT, determinaram o que pode e o que não pode ser negociado por meio de negociações coletivas, senão vejamos:

1. Possibilidade de negociação por meio de convenção coletiva ou acordo coletivo de trabalho, com prevalência sobre a Lei Federal:

> **CLT, Art. 611-A** - A convenção coletiva e o acordo coletivo de trabalho têm prevalência sobre a lei quando, entre outros, dispuserem sobre:
>
> I - pacto quanto à jornada de trabalho, observados os limites constitucionais;
>
> II - banco de horas anual;
>
> III - intervalo intrajornada, respeitado o limite mínimo de trinta minutos para jornadas superiores a seis horas;
>
> IV - adesão ao Programa Seguro-Emprego (PSE), de que trata a Lei n° 13.189, de 19 de novembro de 2015;
>
> V - plano de cargos, salários e funções compatíveis com a condição pessoal do empregado, bem como identificação dos cargos que se enquadram como funções de confiança;
>
> VI - regulamento empresarial;
>
> VII - representante dos trabalhadores no local de trabalho;
>
> VIII - teletrabalho, regime de sobreaviso, e trabalho intermitente;
>
> IX - remuneração por produtividade, incluídas as gorjetas percebidas pelo empregado, e remuneração por desempenho individual;
>
> X - modalidade de registro de jornada de trabalho;
>
> XI - troca do dia de feriado;
>
> XII - enquadramento do grau de insalubridade;
>
> XIII - prorrogação de jornada em ambientes insalubres, sem licença prévia das autoridades competentes do Ministério do Trabalho;
>
> XIV - prêmios de incentivo em bens ou serviços, eventualmente concedidos em programas de incentivo;
>
> XV - participação nos lucros ou resultados da empresa.

As regras sobre duração do trabalho e intervalos não são consideradas como normas de saúde, higiene e segurança do trabalho para os fins do disposto neste artigo. (CLT, art. 611-B, p. único), o que é objeto de forte crítica por parte da doutrina, já que o excesso de jornada é justamente o que leva à fadiga, ao adoecimento e consequentemente aos acidentes.

2. Impossibilidade de negociação (supressão ou redução) por meio de convenção coletiva ou acordo coletivo de trabalho dos seguintes direitos.

> **CLT, Art. 611-B** - Constituem objeto ilícito de convenção coletiva ou de acordo coletivo de trabalho, exclusivamente, a supressão ou a redução dos seguintes direitos: I - normas de identificação profissional, inclusive as anotações na Carteira de Trabalho e Previdência Social;
>
> II - seguro-desemprego, em caso de desemprego involuntário;
>
> III - valor dos depósitos mensais e da indenização rescisória do Fundo de Garantia do Tempo de Serviço (FGTS);
>
> IV - salário mínimo;
>
> V - valor nominal do décimo terceiro salário;
>
> VI - remuneração do trabalho noturno superior à do diurno;
>
> VII - proteção do salário na forma da lei, constituindo crime sua retenção dolosa;
>
> VIII - salário-família;
>
> IX - repouso semanal remunerado;
>
> X - remuneração do serviço extraordinário superior, no mínimo, em 50% (cinquenta por cento) à do normal;
>
> XI - número de dias de férias devidas ao empregado;
>
> XII - gozo de férias anuais remuneradas com, pelo menos, um terço a mais do que o salário normal;
>
> XIII - licença-maternidade com a duração mínima de cento e vinte dias;
>
> XIV - licença-paternidade nos termos fixados em lei;
>
> XV - proteção do mercado de trabalho da mulher, mediante incentivos específicos, nos termos da lei;
>
> XVI - aviso prévio proporcional ao tempo de serviço, sendo no mínimo de trinta dias, nos termos da lei;
>
> XVII - normas de saúde, higiene e segurança do trabalho previstas em lei ou em normas regulamentadoras do Ministério do Trabalho;
>
> XVIII - adicional de remuneração para as atividades penosas, insalubres ou perigosas;
>
> XIX - aposentadoria;
>
> XX - seguro contra acidentes de trabalho, a cargo do empregador;
>
> XXI - ação, quanto aos créditos resultantes das relações de trabalho, com prazo prescricional de cinco anos para os trabalhadores urbanos e rurais, até o limite de dois anos após a extinção do contrato de trabalho;

> XXII - proibição de qualquer discriminação no tocante a salário e critérios de admissão do trabalhador com deficiência;
>
> XXIII - proibição de trabalho noturno, perigoso ou insalubre a menores de dezoito anos e de qualquer trabalho a menores de dezesseis anos, salvo na condição de aprendiz, a partir de quatorze anos;
>
> XXIV - medidas de proteção legal de crianças e adolescentes;
>
> XXV - igualdade de direitos entre o trabalhador com vínculo empregatício permanente e o trabalhador avulso;
>
> XXVI - liberdade de associação profissional ou sindical do trabalhador, inclusive o direito de não sofrer, sem sua expressa e prévia anuência, qualquer cobrança ou desconto salarial estabelecidos em convenção coletiva ou acordo coletivo de trabalho;
>
> XXVII - direito de greve, competindo aos trabalhadores decidir sobre a oportunidade de exercê-lo e sobre os interesses que devam por meio dele defender;
>
> XXVIII - definição legal sobre os serviços ou atividades essenciais e disposições legais sobre o atendimento das necessidades inadiáveis da comunidade em caso de greve;
>
> XXIX - tributos e outros créditos de terceiros;
>
> XXX - as disposições previstas nos arts. 373-A, 390, 392, 392-A, 394, 394-A, 395, 396 e 400 desta Consolidação.

Regras sobre a negociação coletiva do art. 611-A da CLT

No exame da convenção coletiva ou do acordo coletivo de trabalho, a Justiça do Trabalho observará o disposto no § 3° do art. 8° desta Consolidação.

> **CLT, Art. 8, §3º** - No exame de convenção coletiva ou acordo coletivo de trabalho, a Justiça do Trabalho analisará exclusivamente a conformidade dos elementos essenciais do negócio jurídico, respeitado o disposto no art. 104 da Lei no 10.406, de 10 de janeiro de 2002 (Código Civil), e balizará sua atuação pelo princípio da intervenção mínima na autonomia da vontade coletiva.

A inexistência de expressa indicação de contrapartidas recíprocas em convenção coletiva ou acordo coletivo de trabalho não ensejará sua nulidade por não caracterizar um vício do negócio jurídico.

Se for pactuada cláusula que reduza o salário ou a jornada, a convenção coletiva ou o acordo coletivo de trabalho deverão prever a proteção dos empregados contra dispensa imotivada durante o prazo de vigência do instrumento coletivo.

Na hipótese de procedência de ação anulatória de cláusula de convenção coletiva ou de acordo coletivo de trabalho, quando houver a cláusula compensatória, esta deverá ser igualmente anulada, sem repetição do indébito.

Os sindicatos subscritores de convenção coletiva ou de acordo coletivo de trabalho deverão participar, como litisconsortes necessários, em ação individual ou coletiva, que tenha como objeto a anulação de cláusulas desses instrumentos. Nesse sentido, o art. 114 do CPC:

> **CPC, Art. 114.** O litisconsórcio será necessário por disposição de lei ou quando, pela natureza da relação jurídica controvertida, a eficácia da sentença depender da citação de todos que devam ser litisconsortes.

A MP 808/2017 retirava a necessidade de litisconsórcio necessário com os sindicatos no caso de ação individual, o que era tecnicamente saudável, mas ela teve perda de vigência e, ainda assim, seria inconstitucional por não ser possível regulação de direito processual por medida provisória.

Uma discussão a ser enfrentada é se o Sindicato seria litisconsorte necessário quando se postulasse a nulidade de norma coletiva na ação individual apenas em caráter incidental ou se tal ficaria restrito ao caso de pretensão formulada como pedido principal.

Considerando que o ordenamento jurídico veda que se defenda em nome próprio um direito alheio (art. 18 do CPC), é licito concluir que o autor não pode pleitear a nulidade da norma coletiva como pedido principal, já que a norma é um direito de toda a categoria.

Assim, em sede de ação individual, apenas se pode pleitear a nulidade da norma coletiva em caráter incidental como fundamento para atender algum outro pedido principal. Exemplificativamente, poderia se citar o pedido de horas extraordinárias pela ausência de autorização do Ministério do Trabalho para prorrogação de jornada em ambiente insalubre, valendo salientar que a Reforma Trabalhista dispensou tal providencia apenas para os casos de jornadas de 12x36.

Considerando que, em ação individual, apenas se pode postular a nulidade em caráter incidental, conclui-se que a participação do Sindicato como litisconsorte necessário abarca justamente essa hipótese, sob pena de esvaziamento da norma.

O que temos observado, contudo, é que o Sindicato raramente tem atuado na demanda.

Princípio da livre iniciativa

O TST, ao julgar o processo em que estamos comentando, ou seja, o processo - RO - 332-46.2012.5.10.0000, entendeu que não afronta o princípio da livre iniciativa, a mera opção dos convenentes por certa modalidade legal de prestação de serviços, para aplicação restrita no âmbito das categorias representadas, sem imposição direta a terceiros.

No caso em exame, foi proibido por meio de convenção coletiva que os condomínios residenciais e comerciais, contratassem mão de obra terceirizada para a execução de serviços definidos pelas partes como atividade fim (zelador, garagista, porteiro, trabalhador de serviços gerais e faxineiro).

Entendeu ainda, que não foi violado o princípio da livre concorrência, uma vez que esse fundamento só tem pertinência nas circunstâncias em que a norma beneficia um indivíduo em detrimento de outro, não se aplicando para refutar interesses próprios da relação de trabalho.

Relação de confiança entre moradores e trabalhadores do condomínio

Ao afastar a terceirização por meio cláusula da convenção coletiva, os condomínios optaram por evitar a rotatividade dos empregados, possibilitando uma relação mais próxima e de maior confiança entre moradores e trabalhadores do condomínio, o que, evidentemente, resulta na maior segurança dos moradores e demais usuários, com redução do quadro de empregados e, por conseguinte, dos encargos trabalhistas e sociais, que, ao final, gera redução dos custos com contratação e treinamento de pessoal.

Intervenção do judiciário para declarar a nulidade de cláusula da convenção

A intervenção judicial, para declarar a nulidade da norma convencionada, apenas se justifica quando se verifica no instrumento negociado alguma violação d art. 104 do CC.

> **CC, Art. 104.** A validade do negócio jurídico requer:
>
> I - agente capaz;
>
> II - objeto lícito, possível, determinado ou determinável;
>
> III - forma prescrita ou não defesa em lei.

> **CC, Art. 166.** É nulo o negócio jurídico quando:
>
> I - celebrado por pessoa absolutamente incapaz;
>
> II - for ilícito, impossível ou indeterminável o seu objeto;
>
> III - o motivo determinante, comum a ambas as partes, for ilícito;
>
> IV - não revestir a forma prescrita em lei;
>
> V - for preterida alguma solenidade que a lei considere essencial para a sua validade;
>
> VI - tiver por objetivo fraudar lei imperativa;
>
> VII - a lei taxativamente o declarar nulo, ou proibir-lhe a prática, sem cominar sanção.

Nesse sentido:

> **CLT, Art. 8, §3º** - No exame de convenção coletiva ou acordo coletivo de trabalho, a Justiça do Trabalho analisará exclusivamente a conformidade dos elementos essenciais do negócio jurídico, respeitado o disposto no art. 104 da Lei no 10.406, de 10 de janeiro de 2002 (Código Civil), e balizará sua atuação pelo princípio da intervenção mínima na autonomia da vontade coletiva.

A grande válvula de escape para não se ter uma atividade judicial absolutamente engessada é o denominado "objeto lícito", visto que o ato ilícito é conceituado pelo Código Civil não apenas como aquele que viola a lei, mas também o que excede manifestamente os limites impostos pelo seu fim econômico ou social, pela boa-fé ou pelos bons costumes, na conformidade do art. 187 do Código Civil.

Norma coletiva que prevê registro apenas de horas extras é válida

Processo: RR - 2016-02.2011.5.03.0011 Data de Julgamento: 09/10/2018, Relator Ministro: Guilherme Augusto Caputo Bastos, 4ª Turma, Data de Publicação: DEJT 11/10/2018.

Essa modalidade de registro é chamada de marcação por exceção.

A Quarta Turma do Tribunal Superior do Trabalho deu provimento a recurso da Souza Cruz S.A. e julgou válida a norma coletiva que autoriza a marcação apenas das horas extras realizadas pelo empregado. Segundo o relator, ministro Caputo Bastos, é dever do Tribunal incentivar e garantir o cumprimento das decisões tomadas a partir de acordo coletivo, desde que dentro dos limites legais.

Marcação por exceção

O empregado foi dispensado quando exercia o cargo de coordenador de merchandising e alegou na reclamação trabalhista que não recebia o pagamento das horas extraordinárias prestadas. O juízo de primeiro grau, considerando válidas as normas coletivas que dispensam o registro de ponto diário dos empregados e autoriza somente as anotações relativas às horas extras, julgou o pedido improcedente.

No entanto, o Tribunal Regional do Trabalho da 3ª Região (MG) invalidou o instrumento normativo que autoriza a marcação da jornada de trabalho por exceção com fundamento no artigo 74, parágrafo 2º, da CLT. O dispositivo exige a anotação da hora de entrada e de saída nos estabelecimentos com mais de dez trabalhadores.

Eficácia da negociação

Ao examinar o recurso de revista da empresa, o ministro Caputo Bastos, destacou que a Constituição da República reconhece a validade e a eficácia dos instrumentos de negociação coletiva, desde que respeitados os direitos indisponíveis dos trabalhadores. Na mesma linha, o artigo 611-A, inciso X, da CLT autoriza a prevalência das normas coletivas que disciplinam a modalidade de registro de jornada em relação às disposições legais.

O relator entende que a forma de marcação da jornada de trabalho não se insere no rol de direitos indisponíveis dos trabalhadores. Por isso, não vê impedimento na negociação para afastar a incidência do dispositivo que regula a matéria.

Para o ministro Caputo Bastos, a decisão do TRT afrontou o artigo 7º, inciso XXVI, da Constituição. "A negociação coletiva é um instrumento valioso que nosso ordenamento jurídico coloca à disposição dos sujeitos trabalhistas para regulamentar as respectivas relações de trabalho, atendendo às particularidades e especificidades de cada caso", concluiu.

Decisões divergentes

É importante registrar que essa decisão é de Turma do TST e é contrária ao entendimento que até então pronunciavam todas as Turmas do TST, sendo necessário aguardar a manifestação das demais.

Nesse sentido:

> **AGRAVO. AGRAVO DE INSTRUMENTO. RECURSO DE REVISTA INTERPOSTO NA VIGÊNCIA DA LEI Nº 13.015/14. HORAS EXTRAS. SISTEMA ALTERNATIVO DE CONTROLE DE JORNADA. CONTROLE DE PONTO "POR EXCEÇÃO".** A parte agravante não apresenta argumentos capazes de desconstituir a juridicidade da decisão que negou seguimento ao agravo de instrumento, uma vez que o recurso de revista não demonstrou pressuposto intrínseco previsto no art. 896, "a" e "c", da CLT. A jurisprudência desta Corte Superior é firme no sentido de que são inválidas as cláusulas de acordo ou convenção coletiva de trabalho que isentem o empregador de registrar as horas efetivamente prestadas por seus empregados. A obrigatoriedade do registro de horário é garantida por norma de ordem pública (artigo 74, § 2º, da CLT), e, portanto, infensa à negociação coletiva. Agravo a que se nega provimento. (TST-Ag-AIRR - 114-48.2014.5.02.0007, Rel. Min. Walmir Oliveira da Costa, 1ª Turma, DEJT 15/08/2016).

> (...) **RECURSO DE REVISTA DO RECLAMANTE. HORA EXTRA. NORMA COLETIVA QUE DISPENSA O EMPREGADOR DE MANTER CONTRO-**

LES DE PONTO. REGISTRO DA JORNADA DE TRABALHO APENAS POR EXCEÇÃO. IMPOSSIBILIDADE. De acordo com o entendimento firmado nesta Corte, é inválida a norma coletiva que, dispensando o empregador da marcação da jornada de trabalho dos seus empregados, adota registros de ponto apenas por exceção, apenas nas ocasiões em que os horários de entrada ou de saída não observarem a jornada de trabalho contratada. A despeito de a flexibilização das relações trabalhistas ser possível em situações expressamente previstas na Constituição Federal, permitindo-se que as normas legais trabalhistas cedam lugar a regras acordadas coletivamente com base nas necessidades das empresas e dos trabalhadores, bem como nos interesses das partes, o artigo 7º, inciso XXVI, da Constituição Federal, que estabelece o reconhecimento das convenções e acordos coletivos de trabalho, não pode ser interpretado de forma ampla e irrestrita, sob pena de se chocar frontalmente com o núcleo mínimo de direitos fundamentais trabalhistas constitucionalmente assegurados. No caso, tratando-se de transação que envolve norma de ordem pública voltada à fiscalização do trabalho, a norma coletiva em questão carece de eficácia jurídica, tendo em vista que o controle da jornada de trabalho por parte dos empregadores está expressamente determinado no artigo 74, § 2º, da CLT. A adoção de quaisquer das formas de controle previstas nesse dispositivo não permite a exclusão do controle ou ausência total de registros dos horários de entrada e de saída dos empregados. Ocorre que, em casos como o destes autos, ao se adotar o sistema de registros apenas dos excessos de horários, na realidade, está-se retirando totalmente o controle de jornada ou se admitindo a adoção de folhas de frequência uniformes, sem nenhuma variação de horários, o que também não é admitido nesta Corte. A adoção de registros de ponto apenas por exceção fere a legislação trabalhista e deixa ao alvedrio patronal a fiscalização da jornada efetivamente cumprida pelo trabalhador, impedindo que este controle seu próprio horário de trabalho e possibilitando, muitas vezes, o cumprimento de uma jornada que não corresponde à realidade. Nesse contexto, considera-se inválida a norma coletiva em questão porque violado o artigo 74, § 2º, da CLT. Recurso de revista conhecido e provido. (TST-ARR- 114-30.2011.5.01.0056, Rel. Min. José Roberto Freire Pimenta, 2ª Turma, DEJT 04/03/2016).

I - RECURSO DE REVISTA DA RECLAMADA. MARCAÇÃO DE PONTO POR EXCEÇÃO. INSTRUMENTO COLETIVO. O entendimento pacífico do TST é o de que não prospera cláusula de instrumento coletivo de trabalho que determina o registro de ponto "por exceção", porquanto tal flexibilização é contrária às normas de saúde e segurança no trabalho. Precedentes de todas as Turmas desta Corte. Recurso de revista não conhecido. (TST--RR-2581900-20.2008.5.09.0013, Rel. Min. Alexandre de Souza Agra Belmonte, 3ª Turma, DEJT 19/12/2016).

(...) RECURSO DE REVISTA INTERPOSTO NA VIGÊNCIA DA LEI Nº 13.015/2014. HORAS EXTRAS. REGISTRO DE JORNADA DE TRABALHO "POR EXCEÇÃO". NORMA COLETIVA. INVALIDADE 1. O princípio da autonomia privada coletiva (art. 7º, XXVI, da Constituição Federal) não confere aos sindicatos amplo poder de disposição sobre direitos trabalhistas garantidos por norma cogente, que asseguram ao empregado um patamar mínimo de proteção, infenso à negociação coletiva, como é o caso do art. 74, § 2º, da CLT, que determina, para as empresas que contem com mais de dez empregados, a obrigatoriedade de anotação dos horários de entrada e saída dos empregados. 2. Afigura-se inválida cláusula de norma coletiva que fixa o registro de jornada de trabalho "por exceção" e dispensa a empregadora de anotar os horários de entrada e saída dos empregados. Precedentes. 3. Recurso de revista da Reclamada de que não se conhece. (TST-ARR-10380-93.2015.5.03.0084, Rel. Min. João Oreste Dalazen, 4ª Turma, DEJT 09/12/2016).

RECURSO DE REVISTA. 1. SISTEMA ALTERNATIVO DE CONTROLE DE JORNADA. REGISTRO DE PONTO POR EXCEÇÃO. INVALIDADE. NÃO CONHECIMENTO. O artigo 7º, XXVI, da Constituição Federal prestigia os instrumentos normativos oriundos de negociações coletivas. Contudo, não se pode entender que o referido dispositivo autoriza a estipulação de condições que atentem contra as normas de fiscalização trabalhista, conforme dispõe o artigo 74, § 2º, da CLT. Assim, não há como validar normas constantes em acordo ou convenção coletiva de trabalho que isentem o empregador de registrar as horas efetivamente prestadas por seus empregados. Precedentes. Nesse contexto, estando a decisão regional em consonância com jurisprudência desta Corte, não há falar em ofensa a dispositivo de lei nem da Constituição Federal, bem como em divergência jurisprudencial (artigo 896, § 4º, da CLT e Súmula nº 333). Recurso de revista de que não se conhece. (TST-RR-996-02.2011.5.04.0252, Rel. Min. Guilherme Augusto Caputo Bastos, 5ª Turma, Data de Publicação: DEJT 20/02/2015).

AGRAVO DE INSTRUMENTO EM RECURSO DE REVISTA. HORAS EXTRAORDINÁRIAS. MARCAÇÃO POR EXCEÇÃO PREVISTA EM NORMA COLETIVA. IMPOSSIBILIDADE. Merece provimento o apelo por aparente violação do art. 74, §2º, da CLT. Agravo de instrumento provido. RECURSO DE REVISTA. HORAS EXTRAORDINÁRIAS. MARCAÇÃO POR EXCEÇÃO PREVISTA EM NORMA COLETIVA. IMPOSSIBILIDADE. É inválida a norma coletiva que autoriza o registro do ponto por exceção, porque vulnera norma de fiscalização trabalhista, prevista no art. 74, § 2º, da CLT. Uma vez considerada inválida a marcação do ponto "por exceção", inverte-se o ônus da prova com relação à demonstração da jornada efetivamente cumprida pelo empregado, tal como dispõe a Súmula nº 338, III, do TST. Recurso de revista conhecido e provido. (TST-RR-112-08.2014.5.12.0005, Rel. Min. Aloysio Corrêa da Veiga, 6ª Turma, DEJT 28/10/2016).

AGRAVO EM AGRAVO DE INSTRUMENTO EM RECURSO DE REVISTA EM FACE DE DECISÃO PUBLICADA ANTES DA VIGÊNCIA DA LEI Nº 13.015/2014. REGISTRO DE JORNADA POR EXCEÇÃO. ACORDO

COLETIVO. INVALIDADE. É vedada a adoção de registro de jornada por exceção, visto que o § 2º do artigo 74 da CLT impõe ao empregador anotar a hora de entrada e de saída dos empregados nos estabelecimentos com mais de dez trabalhadores. A referida norma é cogente e não pode ser afastada sequer por instrumento normativo. Agravo a que se nega provimento. (TST-Ag--AIRR-228100-92.2009.5.02.0063, Rel. Min. Cláudio Mascarenhas Brandão, 7ª Turma, DEJT 24/04/2015).

RECURSO DE REVISTA. APELO INTERPOSTO SOB A ÉGIDE DA LEI Nº 13.015/14. PROCEDIMENTO SUMARÍSSIMO - HORAS EXTRAS. CONTROLE DE JORNADA POR EXCEÇÃO. NORMA COLETIVA. IMPOSSIBILIDADE. A jurisprudência desta Corte tem firmado o entendimento de que é inválida norma coletiva que prevê sistema de controle de ponto que consiste apenas no registro das exceções da jornada, já que é defeso estipular em contrariedade à lei (art. 74, § 2º, da CLT). Precedentes. Recurso de Revista não conhecido. (TST-RR- 12066-57.2014.5.03.0084, Rel. Min. Márcio Eurico Vitral Amaro, 8ª Turma, DEJT 14/08/2015).

Invalidade da cláusula de norma coletiva que estabelece a suspensão do plano de saúde pago pela empresa após 180 dias de afastamento do empregado

Informativo 173 do TST

Processo: E-ARR - 1513-39.2012.5.02.0442 Data de Julgamento: 08/03/2018, Relator Ministro: Hugo Carlos Scheuermann, Subseção I Especializada em Dissídios Individuais, Data de Publicação: DEJT 23/03/2018.

Não é válida norma coletiva que estabelece a suspensão do plano de saúde pago pela empresa após 180 dias de afastamento do empregado em decorrência de auxílio-doença ou de acidente de trabalho. Embora a suspensão do contrato, a que se refere o art. 475 da CLT, importe na sustação temporária dos principais efeitos do pacto laboral, preserva-se o vínculo de emprego e o dever de cumprir as obrigações não vinculadas diretamente à prestação de serviços, a exemplo do plano de saúde, nos termos da Súmula nº 440 do TST. Ademais, embora se deva observar o princípio da autonomia das vontades coletivas (art. 7º, XXVI, da CF), este não pode prevalecer se violar o princípio da igualdade (art. 5º, II, da CF) e causar prejuízo ao trabalhador afastado, como ocorreu no caso em apreço, em que o empregado foi excluído do plano de saúde justamente no momento em que se encontrava incapacitado para o trabalho, em gozo de aposentadoria por invalidez decorrente de acidente de trabalho.

Dever de manter as obrigações acessórias na suspensão do contrato de trabalho

Quando o empregado tem seu contrato de trabalho suspenso (Ex: Aposentadoria por Invalidez[5]) os principais efeitos do contrato de trabalho em relação às partes (prestação de serviços e pagamento de salários) são suspensos temporariamente, restando preservado, porém, o vínculo de emprego e o dever de cumprimento das obrigações não vinculadas diretamente à prestação de serviços, tais como a manutenção do plano de saúde.

Neste sentido, a Súmula 440 do TST, de seguinte teor:

> **TST, SUM 440 - AUXÍLIO-DOENÇA ACIDENTÁRIO. APOSENTADORIA POR INVALIDEZ. SUSPENSÃO DO CONTRATO DE TRABALHO. RECONHECIMENTO DO DIREITO À MANUTENÇÃO DE PLANO DE SAÚDE OU DE ASSISTÊNCIA MÉDICA** - Assegura-se o direito à manutenção de plano de saúde ou de assistência médica oferecido pela empresa ao empregado, não obstante suspenso o contrato de trabalho em virtude de auxílio-doença acidentário ou de aposentadoria por invalidez.

O TST já pacificou entendimento de que não é possível a supressão ou limitação no tempo do plano de saúde do empregado aposentado por invalidez, ainda que haja previsão em norma coletiva nesse sentido, sob pena de ofensa ao princípio da dignidade da pessoa humana e da função social da empresa.

Nesse sentido:

> **"SUSPENSÃO DO CONTRATO DE EMPREGO. PRAZO LIMITE DE CONCESSÃO DO PLANO DE SAÚDE. NORMA COLETIVA.** 1. Afigura-se inválida cláusula de norma coletiva que suprime ou que, ainda, limite a concessão de plano de saúde a um determinado prazo em caso de afastamento do empregado em decorrência da suspensão de seu contrato de emprego, mormente quando o aludido afastamento é consequência da percepção de auxílio-doença ou de auxílio-doença acidentário, sob pena de ofensa à honra e à dignidade da pessoa humana do trabalhador, vilipendiando sua saúde, direito fundamental que a ele deve ser garantido, não havendo falar, portanto, em violação do artigo 7º, XXVI, da Constituição da República. 2. Precedentes. 3. Agravo de Instrumento a que se nega provimento. (AIRR - 1433-09.2011.5.02.0055, Relator Desembargador Convocado: Marcelo Lamego Pertence, Data de Julgamento: 11/11/2015, 1ª Turma, Data de Publicação: DEJT 13/11/2015).

> **"RECURSO DE REVISTA INTERPOSTO SOB A ÉGIDE DAS LEIS Nos 13.015/2014 E 13.105/2015. APOSENTADORIA POR INVALIDEZ. SUSPENSÃO OU LIMITAÇÃO NO TEMPO DO PLANO DE SAÚDE. PREVISÃO EM NORMA COLETIVA.** A jurisprudência desta Corte firmou-se no sentido de não ser possível a supressão ou limitação no tempo do plano de

---

5 **CLT, Art. 475** - O empregado que for aposentado por invalidez terá suspenso o seu contrato de trabalho durante o prazo fixado pelas leis de previdência social para a efetivação do benefício.

saúde do empregado aposentado por invalidez, ainda que haja previsão em norma coletiva nesse sentido, sob pena de ofensa ao princípio da dignidade da pessoa humana e da função social da empresa. Recurso de revista de que se conhece, por divergência jurisprudencial, e a que se nega provimento" (Processo: RR - 10165-58.2016.5.03.0060 Data de Julgamento: 30/08/2017, Relator Ministro: Alberto Luiz Brescani de Fontan Pereira, 3ª Turma, Data de Publicação: DEJT 08/09/2017).

"**APOSENTADORIA POR INVALIDEZ. SUSPENSÃO DO CONTRATO DE TRABALHO. RESTABELECIMENTO DO PLANO DE SAÚDE**. A questão não comporta mais discussão nesta Corte que, por meio da Súmula n.º 440, consolidou entendimento no sentido de que assegura-se o direito à manutenção de plano de saúde ou de assistência médica oferecido pela empresa ao empregado, não obstante suspenso o contrato de trabalho em virtude de auxílio-doença acidentário ou de aposentadoria por invalidez. Quanto à possibilidade de norma coletiva limitar o direito ao plano de saúde ao pessoal da ativa ou limitar no tempo o direito ao plano de saúde para os aposentados, a jurisprudência desta Corte vem se manifestando no sentido de que é inválida. Recurso de Revista não conhecido" (Processo: RR - 1736-19.2010.5.12.0010 Data de Julgamento: 20/08/2014, Relator Desembargador Convocado: Marcelo Lamego Pertence, 5ª Turma, Data de Publicação: DEJT 03/10/2014).

"**AGRAVO DE INSTRUMENTO EM RECURSO DE REVISTA DO BANCO BRADESCO S.A. EM FACE DE DECISÃO PUBLICADA ANTES DA VIGÊNCIA DA LEI Nº 13.015/2014. PLANO DE SAÚDE. APOSENTADORIA POR INVALIDEZ. SUSPENSÃO DO CONTRATO DE TRABALHO**. EFEITOS. A jurisprudência desta Corte já se posicionou no sentido de que a suspensão do contrato de trabalho, seja por aposentadoria por invalidez ou por concessão de auxílio-doença, apenas acarreta a suspensão das obrigações principais do contrato de trabalho - como a prestação dos serviços e o pagamento de salário -, de modo que o direito de acesso ao plano de saúde, que decorre diretamente do contrato de emprego e não depende da prestação de serviços para sua manutenção, deve ser resguardado, enquanto durar a concessão do benefício previdenciário. Nesse sentido é a Súmula nº 440 do TST, com a qual se coaduna a decisão regional. No que tange à norma coletiva, extrai-se das razões recursais que ela se destina ao empregado despedido sem justa causa e, ainda que assim não fosse, é inválida cláusula que prevê a limitação ou suspensão do plano, em atenção ao princípio maior da proteção da dignidade da pessoa humana, e por se tratar de benefício cuja finalidade é resguardar a saúde do trabalhador - matéria de ordem pública. Agravo de instrumento a que se nega provimento" (Processo: AIRR - 176-96.2011.5.05.0464 Data de Julgamento: 26/08/2015, Relator Ministro: Cláudio Mascarenhas Brandão, 7ª Turma, Data de Publicação: DEJT 04/09/2015).

"**AGRAVO. AGRAVO DE INSTRUMENTO. RECURSO DE REVISTA INTERPOSTO NA VIGÊNCIA DA LEI Nº 13.015/2014. APOSENTADORIA POR INVALIDEZ. SUSPENSÃO DO CONTRATO DE TRABALHO.**

RECONHECIMENTO DO DIREITO À MANUTENÇÃO DE PLANO DE SAÚDE OU DE ASSISTÊNCIA MÉDICA. A agravante não apresenta argumentos capazes de desconstituir os jurígenos fundamentos da decisão proferida pelo Ministro Presidente do TST, no sentido de que é assegurado o direito à manutenção de plano de saúde ou de assistência médica oferecido pela empresa ao empregado, não obstante suspenso o contrato de trabalho em virtude de aposentadoria por invalidez, sendo ineficaz a cláusula coletiva que exclui esse direito no período de suspensão do contrato de trabalho. Inteligência da Súmula nº 440 do TST. Precedentes. Agravo a que se nega provimento" (Processo: Ag-AIRR - 1000504-60.2013.5.02.0322 Data de Julgamento: 17/02/2016, Relator Ministro: Walmir Oliveira da Costa, 1ª Turma, Data de Publicação: DEJT 19/02/2016).

"**RECURSO DE REVISTA. AUXÍLIO-DOENÇA. SUSPENSÃO DO PLANO DE SAÚDE. NORMA COLETIVA.** A jurisprudência desta Corte Superior se firmou no sentido de que a suspensão do contrato de trabalho em decorrência da percepção do auxílio-doença não impõe a suspensão do plano de saúde, nem mesmo por previsão em norma coletiva, eis que o direito do trabalhador a usufruir do plano de saúde no momento de maior necessidade médica e fragilidades física e emocional está atrelado à dignidade humana, insculpida no art. 1º, III, da Carta Magna. Precedentes. Recurso de revista conhecido e provido" (Processo: RR - 1429-40.2013.5.01.0342 Data de Julgamento: 03/05/2017, Relatora Ministra: Maria Helena Mallmann, 2ª Turma, Data de Publicação: DEJT 12/05/2017).

"**AGRAVO DE INSTRUMENTO. RECURSO DE REVISTA. INDENIZAÇÃO POR DANO MORAL. CANCELAMENTO DO PLANO DE SAÚDE. PREVISÃO EM NORMA COLETIVA.** É inválida a norma coletiva que prevê a supressão do plano de saúde fornecido pela empresa. O reconhecimento das negociações coletivas (artigo 7º, XXVI, da Constituição Federal) não pode se sobrepor ao direito fundamental à saúde. Essa é a ratio da Súmula 440/TST, que consagra o entendimento segundo o qual, durante a suspensão do contrato de trabalho, em virtude de auxílio doença acidentário ou de aposentadoria por invalidez, deve ser assegurada ao empregado a manutenção do plano de saúde. Nesse contexto, a decisão do egrégio Tribunal Regional que invalidou a norma coletiva que suprimiu o plano de saúde não afronta o artigo 7º, XXVI, tampouco o artigo 8º, III, ambos da Constituição Federal, ao contrário, confere-lhes a correta interpretação. Precedentes. Agravo de instrumento conhecido e não provido" (Processo: AIRR - 144500-59.2009.5.05.0462 Data de Julgamento: 29/10/2014, Relator Ministro: Alexandre de Souza Agra Belmonte, 3ª Turma, Data de Publicação: DEJT 31/10/2014).

"**RECURSO DE REVISTA DA RECLAMADA. LEI Nº 13.015/2014. RITO SUMARÍSSIMO. CANCELAMENTO DO PLANO DE SAÚDE NO PERÍODO DE SUSPENSÃO DO CONTRATO DE TRABALHO. NORMA COLETIVA.** 1 - Foram atendidos os requisitos do art. 896, § 1º-A, da CLT, introduzidos pela Lei nº 13.015/2014. 2 - A assistência médica ou o plano de saúde oferecido pela empresa ao empregado deve ser mantido, ainda que suspenso o contrato de trabalho em virtude de auxílio-doença acidentário ou de aposentadoria por invalidez. A decisão do TRT está em consonância com a Súmula nº 440 desta Corte. 3 - A norma coletiva não pode autorizar o cancelamento do plano de saúde, pois o caso é de benefício cuja finalidade é resguardar a saúde do trabalhador (matéria de ordem pública). Julgados. 4 - Recurso de revista de que não se conhece" (Processo: RR - 10704-08.2016.5.03.0033 Data de Julgamento: 15/02/2017, Relatora Ministra: Kátia Magalhães Arruda, 6ª Turma, Data de Publicação: DEJT 17/02/2017).

É válida norma coletiva que fixa percentual máximo de 50% do salário base para desconto em folha de pagamento

Informativo 178 do TST

Processo: RO - 560-36.2016.5.08.0000 Data de Julgamento: 14/05/2018, Relator Ministro: Aloysio Corrêa da Veiga, Seção Especializada em Dissídios Coletivos, Data de Publicação: DEJT 18/05/2018.

A Lei nº 10.820/2003, que dispõe sobre a consignação em folha nos casos de prestações decorrentes de operações financeiras, não fixa limites mínimo ou máximo para o desconto salarial. O percentual de 35% determinado no art. 1º, § 1º, da referida lei alude apenas ao limite de comprometimento das verbas rescisórias e não ao limite de desconto nos salários. No caso, a norma coletiva fixou o percentual máximo de desconto de 50% sobre o salário base em folha de pagamento, em consonância, portanto, com a Orientação Jurisprudencial nº 18 da SDC, que delimita os descontos salariais autorizados por meio de norma coletiva a 70% do salário base.

Desconto no salário referente ao pagamento de empréstimos, financiamentos, cartões de crédito e operações de arrendamento mercantil

O tema está regulamentado na Lei nº 10.820/2003, que diz que:

> **Lei nº 10.820/2003 - Art. 1º** Os empregados regidos pela Consolidação das Leis do Trabalho - CLT, aprovada pelo Decreto-Lei nº 5.452, de 1º de maio de 1943, poderão autorizar, de forma irrevogável e irretratável, o desconto em folha de pagamento ou na sua remuneração disponível dos valores referentes ao pagamento de empréstimos, financiamentos, cartões de crédito e operações de arrendamento mercantil concedidos por instituições financeiras e sociedades de arrendamento mercantil, quando previsto nos respectivos contratos
>
> § 1º O desconto mencionado neste artigo também poderá incidir sobre verbas rescisórias devidas pelo empregador, se assim previsto no respectivo contrato

> de empréstimo, financiamento, cartão de crédito ou arrendamento mercantil, até o limite de 35% (trinta e cinco por cento), sendo 5% (cinco por cento) destinados exclusivamente para:
>
> I - a amortização de despesas contraídas por meio de cartão de crédito;
>
> II - a utilização com a finalidade de saque por meio do cartão de crédito.
>
> § 2º O regulamento disporá sobre os limites de valor do empréstimo, da prestação consignável para os fins do caput e do comprometimento das verbas rescisórias para os fins do § 1º deste artigo.
>
> § 3º Os empregados de que trata o caput poderão solicitar o bloqueio, a qualquer tempo, de novos descontos.
>
> § 4º O disposto no § 3º não se aplica aos descontos autorizados em data anterior à da solicitação do bloqueio.

A Orientação Jurisprudencial 18 da SDC desta Corte fixou o limite mínimo de 30% de intangibilidade salarial a ser observado nos descontos autorizados por meio de norma coletiva:

> **TST, OJ 18 da SDC - DESCONTOS AUTORIZADOS NO SALÁRIO PELO TRABALHADOR. LIMITAÇÃO MÁXIMA DE 70% DO SALÁRIO BASE -** Os descontos efetuados com base em cláusula de acordo firmado entre as partes não podem ser superiores a 70% do salário base percebido pelo empregado, pois deve-se assegurar um mínimo de salário em espécie ao trabalhador.

Ao decidir o processo RO - 560-36.2016.5.08.0000, o TST entendeu que no caso foi estabelecida condição mais benéfica até em relação ao percentual de que trata o verbete, pois, como consignado na defesa e no acórdão regional, sem impugnação específica do Parquet, a cláusula coletiva viabiliza a formação de uma cadeia de convênios com o comércio local, beneficia os trabalhadores locais junto a tal comércio, criando a possibilidade de negociação e aquisição não só de bens, mas também de remédios, alimentos e vestuário, tudo visando à melhoria da condição da vida pessoal, familiar e até da comunidade local.

Assim, não impondo a Lei nº 10.820/2003 expressamente os limites para os descontos salariais de que tratam a norma coletiva, não há falar em invalidade em relação ao percentual de desconto de 50% do salário base autorizado em folha de pagamento, uma vez que em consonância com a diretriz fixada na OJ 18 da SDC.

Validade da cláusula que admite redução da base de cálculo das horas extras mediante contrapartida de adicional mais benéfico

Processo: RR - 583-71.2014.5.06.0011 Data de Julgamento: 21/03/2018, Relator Ministro: Douglas Alencar Rodrigues, 5ª Turma, Data de Publicação: DEJT 23/03/2018.

A jurisprudência do TST, em atenção ao disposto no artigo 7º, XXVI, da Constituição Federal, admite a flexibilização dos direitos legalmente estabelecidos quando houver negociação coletiva que preveja contrapartida vantajosa para o trabalhador, como no presente caso em que se estabeleceu um percentual superior ao previsto em lei para o cálculo das horas extraordinárias (70%)

Validade da cláusula

Com supedâneo no Princípio Constitucional da Autonomia Privada Coletiva, as Turmas e a SBDI-1 do TST têm admitido que a base de cálculo das horas extras seja reduzida apenas ao salário básico em detrimento do complexo salarial (Súmula 264 do TST), desde que haja contrapartida aos trabalhadores como sói ocorrer com a concessão de adicional de horas extras mais elevado que o constitucional.

Essa já era a jurisprudência da SBDI-1 do TST desde julho de 2017 e que vem sendo aplicada pelas Turmas do TST.

> **Precedente vinculante**
>
> **"EMBARGOS. HORAS EXTRAORDINÁRIAS - BASE DE CÁLCULO. ACRÉSCIMO DE 70% SOBRE A HORA NORMAL EM RELAÇÃO AO SALÁRIO BASE. CLÁUSULA 31ª DOS ACT´S DA ECT.** A celebração de acordo ou convenção coletiva importa em concessões mútuas. As partes estabelecem livremente normas para reger a relação de trabalho no âmbito da categoria representada. Daí, há que ser respeitada a vontade coletiva, a teor do que dispõe o art. 7º, inciso XXVI, da Constituição da República, que define como direito dos trabalhadores o reconhecimento das convenções e acordos coletivos do trabalho. No entanto, a apreciação da supressão de vantagens deve ser examinada com a verificação da contrapartida, quanto aos benefícios que dão suporte à validade da negociação coletiva. No caso, deve ser dada validade a norma coletiva que fixou adicional de horas extraordinárias superior ao previsto em lei, de 70% em contrapartida à alteração da base de cálculo das horas extraordinárias, qual seja o salário base do empregado, em face do que foi consagrado pelo Texto Constitucional e do respeito ao princípio que dá equilíbrio ao acordo coletivo. Embargos conhecidos e desprovidos." (E-RR - 1415-47.2014.5.09.0003, Relator Ministro: Aloysio Corrêa da Veiga, Data de Julgamento: 01/06/2017, Subseção I Especializada em Dissídios Individuais, Data de Publicação: DEJT 09/06/2017)".

Outros julgados do TST sobre o assunto:

> **AGRAVO DE INSTRUMENTO EM RECURSO DE REVISTA INTERPOSTO NA VIGÊNCIA DA LEI Nº 13.015/2014. HORAS EXTRAS. ADI-**

CIONAL DE 70% SOBRE O SALÁRIO BÁSICO. ACERTAMENTO EM INSTRUMENTO NORMATIVO. I - As convenções e os acordos coletivos, sem embargo da sua normatividade contemplada no artigo 7º, XXVI, da Constituição, desfrutam de incontrastável conteúdo contratual, cuja interpretação deve observar a regra de hermenêutica do artigo 112 do Código Civil de 2002. II - Essa é claríssima ao dispor que "nas declarações de vontade se atenderá mais à intenção nelas consubstanciada do que ao sentido literal da linguagem", norma que retrata a adesão do legislador à regra de hermenêutica da mens declarandis, de modo que é impositivo prestigiar e valorizar a negociação coletiva ultimada sob os auspícios da boa-fé objetiva, como forma de incentivo à concessão de novas condições de trabalho e de salário. III - O reconhecimento das convenções e acordos coletivos pelo artigo 7º, inciso XXVI, do Texto Constitucional, conquanto traga subentendida a normatividade que lhes é própria, decorre também e textualmente do artigo 611, da CLT. IV - Com efeito, dispõe a norma legal que "Convenção Coletiva de Trabalho é o acordo de caráter normativo, pelo qual dois ou mais Sindicatos representativos de categorias econômicas e profissionais estipulam condições de trabalho aplicáveis, no âmbito das respectivas representações, às relações individuais de trabalho". V - Por isso mesmo, os termos então ajustados devem ser fielmente respeitados, contanto que não colidam com preceitos constitucionais ou com normas de ordem pública, tudo de modo a prevenir o desestímulo à aplicação dos instrumentos convencionais, hoje alçados a patamar constitucional. VI - Assim, considera-se válida a norma coletiva que estabelece o cálculo das horas extras sobre o salário base, mediante concessões recíprocas, na esteira do princípio do conglobamento, especialmente, no caso em exame, em que a norma coletiva previu como contrapartida vantajosa para o trabalhador, cláusula, aliás, tombada sob o número 61 daquele instrumento, a fixação de percentual de horas extras no patamar de 70%, percentual superior ao previsto em lei. VII - Desse modo, sobressai inviável a alegação de afronta aos artigos 9º e 457 da CLT, valendo salientar a impertinência temática da Súmula 264 do TST, a qual versa apenas sobre a forma de apuração das horas extras, sem referência sobre a flexibilização dos parâmetros do cálculo por meio de norma coletiva. VIII - Agravo de Instrumento a que se nega provimento. (AIRR - 700-05.2015.5.21.0013, Rel. Min. Antonio José de Barros Levenhagen, 5ª Turma, DEJT de 25/11/2016).

AGRAVO DE INSTRUMENTO EM RECURSO DE REVISTA INTERPOSTO NA VIGÊNCIA DA LEI 13.015/2014. HORAS EXTRAS. ALTERAÇÃO DA BASE DE CÁLCULO. NEGOCIAÇÃO MEDIANTE NORMA COLETIVA. O Tribunal Regional registrou haver norma coletiva que prevê o cálculo das horas extras sobre o valor da hora normal em relação ao salário-base, em razão da fixação de adicional de horas extras no percentual de 70% (setenta por cento). A jurisprudência desta Corte, em atenção ao disposto no artigo 7º, XXVI, da Constituição Federal, admite a flexibilização dos direitos legalmente estabelecidos quando houver negociação coletiva que preveja contrapartida vantajosa para o trabalhador, como no presente caso em que se estabeleceu um percentual superior ao previsto em lei para o cálculo das horas extraordinárias (70%). Precedentes. Agravo de instrumento não provido. (AIRR - 914-90.2015.5.21.0014, Rel. Min. Douglas Alencar Rodrigues, 7ª Turma, DEJT de 21/10/2016).

AGRAVO DE INSTRUMENTO. RECURSO DE REVISTA INTERPOSTO SOB A ÉGIDE DAS LEIS Nº 13.015/2014 E 5.869/1973 - DESCABIMENTO. HORAS EXTRAS. BASE DE CÁLCULO. PREVISÃO EM NORMA COLETIVA. A negociação coletiva é instituto valorizado e protegido pela ordem constitucional (CF, art. 7º, incisos VI, XIII, XIV, XXVI, art. 8º, III). Constitui opção legitimadora do regramento trabalhista. Não está - e não pode estar -, no entanto, livre de quaisquer limites, atrelada, apenas, à vontade daqueles que contratam. A mesma Constituição que consagra acordos e convenções coletivas de trabalho, fixa direitos mínimos para a classe trabalhadora, exigindo o resguardo da dignidade da pessoa humana e dos valores sociais do trabalho. Esta proteção não pode subsistir sem a reserva de direitos mínimos, infensos à supressão por particulares e categorias. Esta Corte Superior, em observância ao disposto no artigo 7º, XXVI, da Constituição da República, no entanto, admite a flexibilização de direitos legalmente previstos quando, na negociação coletiva, não há a só supressão de garantia, mas, em contrapartida, a concessão de efetivos benefícios aos empregados. No caso, existindo ajuste relativo à base de cálculo das horas extras, com previsão de adicional de 70% sobre o salário base, deve-se respeitar o que restou pactuado. Agravo de instrumento conhecido e desprovido. (TST-AIRR-198-81.2015.5.21.0008, Relator Ministro Alberto Luiz Bresciani de Fontan Pereira, 3ª Turma, DEJT 16/09/2016).

RECURSO DE REVISTA INTERPOSTO SOB A ÉGIDE DA LEI Nº 13.015/2014 - DIFERENÇAS DE HORAS EXTRAS - BASE DE CÁLCULO - PREVISÃO EM NORMA COLETIVA. Restou consignado no acórdão regional haver previsão na cláusula coletiva de que as horas extras serão calculadas sobre o valor da hora normal em relação ao salário-base, em razão da fixação de adicional em percentual superior, na base de 70% (setenta por cento). Do mesmo modo, ficou assentada a previsão de adicional de 200% (duzentos por cento) para as horas laboradas em descanso semanal remunerado. Nesse contexto, devem prevalecer as condições pactuadas no instrumento normativo, sob pena de ofensa ao art. 7º, XXVI, da Constituição. Isso porque, na hipótese, evidencia-se concessões recíprocas a justificar a flexibilização do Direito do Trabalho, fundada na autonomia coletiva privada. JUSTA CAUSA - REVERSÃO O Recurso de Revista no tema referido não foi admitido pelo despacho publicado sob a égide no NCPC e não houve interposição de Agravo de Instrumento, motivo pelo qual resta preclusa a sua análise. Instrução Normativa nº 40/2016 do TST. Recurso de Revista não conhecido. (TST-RR-148-40.2014.5.09.0003, Relatora Ministra Maria Cristina Irigoyen Peduzzi, 8ª Turma, DEJT 16/09/2016).

HORAS EXTRAORDINÁRIAS. BASE DE CÁLCULO. SALÁRIO BÁSICO. ADICIONAL DE 70%. NORMA COLETIVA. A Constituição Federal, em seu artigo 7º, inciso XXVI, valoriza a negociação nas relações de trabalho, reconhecendo as convenções e acordos coletivos de trabalho, permitindo a flexibilização de direitos, desde que não se traduza em mera restrição, tampouco atinja direito indisponível. O princípio do conglobamento, por sua vez, deve ser observado na interpretação dos acordos e convenções coletivos em que se ajusta a redução de determinados direitos mediante a concessão de outras vantagens, de modo que o ajuste como um todo se mostre equilibrado para as partes. Não se podendo, assim, pinçar apenas as vantagens auferidas, deixando de se reconhecer as respectivas concessões. No presente caso, em que pese a norma coletiva tenha limitado a base de cálculo das horas extraordinárias apenas ao salário básico, fixou adicional de 70%, ou seja, superior àquele previsto na Constituição Federal. Não há como se concluir, assim, pela pura subtração de direito legalmente previsto, mas, tão somente, modificação do seu conteúdo, com concessões recíprocas, estando, assim, respeitado o artigo 7º, XXVI, da Constituição Federal. Precedentes. Recurso de revista conhecido e provido. (RR - 11080-20.2015.5.03.0165, Rel. Min. Aloysio Corrêa da Veiga, 6ª Turma, DEJT de 16/9/2016).

AGRAVO DE INSTRUMENTO EM RECURSO DE REVISTA. APELO INTERPOSTO NA VIGÊNCIA DA LEI Nº 13.015/2014. ANUÊNIOS. GRATIFICAÇÃO ANUAL. INTEGRAÇÃO NA BASE DE CÁLCULO DAS HORAS EXTRAS. NORMA COLETIVA. A Súmula n.º 203 do TST, bem como o art. 457, § 1º, da CLT, a despeito de estabelecerem que as gratificações integram o salário para todos os fins, inclusive para o cálculo de horas extras, não preveem a situação descrita nos autos, em que foi afastada a incidência das gratificações no cálculo das horas extras, à luz do art. 7.º, XXVI, da CF/88. Agravo de Instrumento conhecido e não provido. (AIRR - 629-87.2013.5.02.0017, Rel. Min. Maria de Assis Calsing, 4ª Turma, DEJT de 19/2/2016).

É inválida norma coletiva que estabelece o não recebimento pelo trabalhador substituto do salário equivalente ao do substituído se a substituição for inferior a 30 dias

Informativo 172 do TST

Processo: RO - 47-68.2016.5.08.0000 Data de Julgamento: 19/02/2018, Relatora Ministra: Kátia Magalhães Arruda, Seção Especializada em Dissídios Coletivos, Data de Publicação: DEJT 08/03/2018.

A partir da interpretação sistemática dos arts. 450 e 461 da CLT, esta Corte, por meio do item I da Súmula nº 159, consolidou o entendimento de que é garantido ao trabalhador substituto o pagamento do mesmo salário contratual do substituído, enquanto durar a substituição não eventual. Deste modo, é inválida a cláusula de convenção coletiva que estabelece o não recebimento pelo trabalhador substituto do salário equivalente ao do substituído se a substituição for inferior a 30 dias.

Salário substituição

Nos termos do art. 450 da CLT, o direito ao salário substituição pressupõe que a recolocação do empregado ocorra de forma não eventual, mas interina, sendo assim, o trabalhador que substitui o afastado tem direito de receber o salário contratual do substituído.

> **CLT, art. 450** - Ao empregado chamado a ocupar, em comissão, interinamente, ou em substituição eventual ou temporária, cargo diverso do que exercer na empresa, serão garantidas a contagem do tempo naquele serviço, bem como volta ao cargo anterior.

No mesmo sentido, a Súmula nº 159 do TST, que garante ao trabalhador substituto o pagamento do mesmo salário contratual do substituído, enquanto durar a substituição não eventual:

> **TST, SUM 159 - SUBSTITUIÇÃO DE CARÁTER NÃO EVENTUAL E VACÂNCIA DO CARGO**
>
> I - Enquanto perdurar a substituição que não tenha caráter meramente eventual, inclusive nas férias, o empregado substituto fará jus ao salário contratual do substituído.
>
> II - Vago o cargo em definitivo, o empregado que passa a ocupá-lo não tem direito a salário igual ao do antecessor.

Sobre a substituição meramente eventual Luciano Martinez[6] escreve que:

> "(...) a súmula não identifica o que seria uma "substituição não eventual", tampouco revela os limites temporais relativos a essa substituição.
>
> Assim, sanando a lacuna ora identificada, a expressão "substituição que não tenha caráter meramente eventual" parece querer indicar um período razoavelmente extenso e, por isso, capaz de arremeter responsabilidades funcionais para o substituto. Que seria, entretanto, um período razoavelmente extenso? A indicação das férias como exemplo de substituição que não tem caráter meramente eventual produz o falso entendimento de que somente afastamentos

[6] MARTINEZ, Luciano Curso de Direito do Trabalho. 3ª Edição. São Paulo: Saraiva, 2012, pág. 203

iguais ou superiores a trinta dias ingressariam nessa hipótese. Diz-se falso esse entendimento porque há períodos de férias com dimensões inferiores a trinta dias (vide os arts. 130 e 130- A da CLT), sendo inconsistente, portanto, a relação normalmente empreendida. Diante disso, é provável que a intenção da expressão "substituição que não tenha caráter meramente eventual" diga respeito apenas à plena assunção de responsabilidades funcionais do substituído pelo substituto, independentemente do tempo de duração da substituição. Exemplificam essa situação, independentemente do tempo de duração desses eventos, os afastamentos para o empregado gozar férias, para fruir de benefícios por incapacidade, para participar de curso ou programa de qualificação profissional ou, quando mulher, para receber o salário-maternidade.

(...)

Por outro lado, deve-se anotar que a jurisprudência dominante entende que "substituição de caráter meramente eventual" é aquela correspondente a poucos dias de afastamento, incapaz, portanto, de impor a reorganização da atividade produtiva mediante a inserção de trabalhadores efetivamente substitutos, inclusive no que diz respeito à responsabilidade funcional. Exemplificam essa situação os afastamentos para um empregado ir ao médico, para realizar alistamento eleitoral, para fazer doação de sangue, entre outras hipóteses similares em extensão temporal."

Já Mauricio Godinho Delgado[7], no seu Curso de Direito do Trabalho, explica que:

"Pelo tipo legal de substituição meramente eventual deve se compreender aquela que se concretiza por curtíssimo período, sem possibilidade de gerar estabilização contratual minimamente necessária para propiciar efeitos salariais diferenciados em benefício do trabalhador. A substituição de um chefe por um ou alguns poucos dias configura, nitidamente, esse tipo legal específico."

Não é possível incluir por norma coletiva as horas extras como base de cálculo da Participação nos Lucros e Resultados – PLR

Informativo 173 do TST

Processo: E-RR - 1088-24.2012.5.09.0084 Data de Julgamento: 08/03/2018, Relator Ministro: Alberto Luiz Bresciani de Fontan Pereira, Subseção I Especializada em Dissídios Individuais, Data de Publicação: DEJT 16/03/2018.

Na hipótese em que a norma coletiva da categoria prevê como base de cálculo da Participação nos Lucros e Resultados - PLR "o salário base acrescido de verbas

---

7 DELGADO. Mauricio Godinho. Curso de Direito do Trabalho, 15. ed., São Paulo: LTr, 2016, p. 922

fixas de natureza salarial", não é possível incluir as horas extras, ainda que tenham natureza salarial e sejam prestadas habitualmente, pois possuem caráter variável.

Cálculo do PLR - Participação nos Lucros e Resultados

As horas extras possuírem natureza salarial, contudo, elas não se caracterizam como verbas fixas, não servindo assim de base de cálculo para a PLR - Participação nos Lucros e Resultados, quando a norma coletiva estabelece que a PLR deve ser calculada considerando o salário-base mais verbas fixas de natureza salarial.

Nesse sentido, se orienta a jurisprudência do TST:

> **"RECURSO DE REVISTA. INTERPOSIÇÃO SOB A ÉGIDE DO CPC/2015. HORAS EXTRAS. PARCELA VARIÁVEL. REFLEXOS EM PARTICIPAÇÃO NOS LUCROS E RESULTADOS. IMPOSSIBILIDADE. PREVISÃO EM NORMA COLETIVA NO SENTIDO DE QUE O CÁLCULO DA PLR DEVE CONSIDERAR O SALÁRIO-BASE MAIS AS VERBAS FIXAS DE NATUREZA SALARIAL.** 1. O Tribunal Regional, a despeito de consignar que "as normas coletivas (...) estabelecem que a PLR deve ser calculada considerando o salário-base mais verbas fixas de natureza salarial", reformou a sentença para condenar o banco reclamado ao pagamento dos reflexos das horas extras na PLR, ao argumento de que "o fato de as horas extras representarem salário variável em nada interfere esta conclusão, notadamente porque a interpretação das normas coletivas deve ser orientada pelo princípio da proteção". 2. Tendo em vista a previsão contida no artigo 7º, XXVI, da Constituição Federal - no sentido do reconhecimento das convenções e acordos coletivos de trabalho - e sendo incontroverso nos autos que as normas coletivas em exame dispõem que a base de cálculo da participação nos lucros e resultados é o salário-base acrescido das verbas fixas de natureza salarial, as horas extras prestadas pela empregada não podem integrar ou gerar reflexos no cálculo da PLR, pois, não obstante o caráter salarial, constituem parcela variável condicionada ao efetivo labor além da jornada legal. 3. Violação do artigo 7º, XXVI, da Constituição Federal que se reconhece. Precedentes. Recurso de revista conhecido e provido, no tema. [...]." (RR-548-38.2013.5.03.0009, Relator Ministro Hugo Carlos Scheuermann, Ac. 1ª Turma, in DEJT 11.12.2017)

> **"REFLEXOS DAS HORAS EXTRAS NA PARTICIPAÇÃO DOS LUCROS E RESULTADOS.** A norma convencional possui previsão expressa no sentido de que as verbas a serem utilizadas para a apuração da Participação nos Lucros e Resultados são aquelas "fixas de natureza salarial". Assim, impossível a integração dos reflexos das horas extras, visto tratar-se de parcela, ainda que habitual, eminentemente variável. Assim, não há falar em ofensa ao art. 7º, XXVI, da Constituição Federal, mas sim em sua efetiva aplicação ao caso,

visto que a Corte regional respeitou a previsão convencional acerca do tema. Recurso de revista não conhecido." (RR-140300-75.2007.5.04.0019, Relator Ministro José Roberto Freire Pimenta, 2ª Turma, in DEJT 29.5.2015)

"**HORAS EXTRAS. REFLEXO NA PLR.** O Tribunal Regional consignou que a 'norma coletiva que instituiu o PLR contém determinação de que este seria devido em um percentual calculado sobre o ' salário-base acrescido das verbas fixas de natureza salarial' '. Dessa maneira, por ter a hora extra caráter variável, concluiu que não deve ser inserida na base de cálculo da PLR. No tópico, salienta-se que a CF inclui no rol dos direitos dos trabalhadores o reconhecimento das convenções e dos acordos coletivos. Se acordado, na contratualidade, que a base de cálculo da PLR não levará em consideração parcelas de caráter variável - como é o caso das horas extras -, não pode esta Justiça Especializada ampliar o pactuado e imprimir caráter salarial e efeitos retroativos à referida verba. A decisão, portanto, se deu com base na norma coletiva pactuada, em respeito ao que dispõe o art. 7º, XXVI, da CF/88. Julgados desta Corte" (ARR - 1339-21.2012.5.02.0445, Ac. 3ª Turma, Relator Ministro Mauricio Godinho Delgado, in DEJT 12.5.2017).

"**[...]. RECURSO DE REVISTA. RECLAMANTE. PARTICIPAÇÃO NOS LUCROS E RESULTADOS. DIFERENÇAS. CÔMPUTO DAS HORAS EXTRAS. NORMA COLETIVA. INTERPRETAÇÃO RESTRITIVA. ART. 114 DO CÓDIGO CIVIL 1.** Norma coletiva que textualmente prevê o cômputo de "verbas fixas mensais de natureza salarial" na base de cálculo de parcela concernente à participação nos lucros e resultados da empresa, por se tratar de norma coletiva benéfica aos empregados, comporta interpretação restritiva, nos termos da expressa disposição do art. 114 do Código Civil. 2. Incensurável o acórdão regional que, interpretando o teor da convenção coletiva de trabalho, nega provimento ao recurso ordinário da Reclamante quanto ao pedido de cômputo, no cálculo da participação nos lucros e resultados, de parcela auferida a título de horas extras, porquanto não se trata de parcela salarial fixa, tal como estipulado na norma coletiva. 3. Recurso conhecido e não provido." (ARR- 24000-63.2007.5.04.0008, Relator Ministro João Oreste Dalazen, Ac. 4ª Turma, in DEJT 21.8.2015)

"**RECURSO DE REVISTA INTERPOSTO ANTES DA VIGÊNCIA DA LEI Nº 13.015/2014. [...]. INTEGRAÇÃO DAS HORAS EXTRAS NA BASE DE CÁLCULO DA PARTICIPAÇÃO NOS LUCROS E RESULTADOS. NORMA COLETIVA. IMPOSSIBILIDADE. DIVERGÊNCIA JURISPRUDENCIAL. CONFIGURAÇÃO.** I - Restou evidenciado na decisão recorrida que a norma coletiva da categoria prevê que a base de cálculo da participação nos lucros ou resultados é formada pelo salário-base acrescido das verbas fixas mensais de natureza salarial. II - Tendo por norte tal previsão normativa, não há como inserir as horas extraordinárias na base de cálculo da PLR, porque, ainda que prestadas com habitualidade, se qualificam como parcela de natureza eminentemente variável. Precedentes desta Corte. III - Recurso de revista conhecido e provido." (RR-297-05.2014.5.03.0035, Relator Ministro Antonio José de Barros Levenhagen, Ac. 5ª Turma, in DEJT 12.5.2017)

"**AGRAVO DE INSTRUMENTO EM RECURSO DE REVISTA. PROCESSO REGIDO PELA LEI 13.015/2014. REFLEXOS DAS HORAS EXTRAS NA PARTICIPAÇÃO DOS LUCROS E RESULTADOS (PLR)**. O Tribunal Regional do Trabalho, com amparo no conjunto fático-probatório dos autos, registrou que a base de cálculo da participação nos lucros e resultados, prevista nas normas coletivas aplicáveis, consiste no salário-base, acrescido das verbas fixas de natureza salarial, nas quais não se incluem as horas extras, por serem parcelas variáveis. Não vislumbra-se contrariedade à Súmula 376, II, do TST, uma vez que não guarda pertinência com a matéria ora em exame, referindo-se ao cálculo das horas extras, tendo em vista a limitação prevista no artigo 59, caput, da CLT. Precedentes. Agravo de instrumento não provido." (AIRR-1630-09.2014.5.02.0006, Relator Ministro Douglas Alencar Rodrigues, Ac. 7ª Turma, in DEJT 28.4.2017)

"RECURSO DE REVISTA - [...].. HORAS EXTRAS. REFLEXOS EM PLR. As horas extras, ainda que habituais, não podem ser consideradas como parcela fixa, razão pela qual não devem integrar o cálculo da participação nos lucros e resultados, a qual, segundo previsão em instrumento coletivo, possui como base de cálculo o salário-base do empregado acrescido de verbas fixas de natureza salarial. Recurso de revista conhecido e provido." (RR-258-37.2011.5.09.0652, Relator Ministro Márcio Eurico Vitral Amaro, Ac. 8ª Turma, in DEJT 19.12.2017).

ARBITRAGEM

A jurisprudência do TST permite à Justiça do Trabalho decidir a respeito de participação nos lucros e resultados por meio do sistema da arbitragem de ofertas finais, quando as partes assim pactuarem

Processo: RO - 5902-33.2016.5.15.0000 Data de Julgamento: 11/06/2018, Relatora Ministra: Kátia Magalhães Arruda, Seção Especializada em Dissídios Coletivos, Data de Publicação: DEJT 22/06/2018.

A jurisprudência do TST, alicerçada no art. 4º, II, § 1º, da Lei nº 10.101/2000, permite à Justiça do Trabalho decidir a respeito de participação nos lucros e resultados por meio do sistema da arbitragem de ofertas finais, quando as partes assim pactuarem. Tal sistema, todavia, não comporta a atuação do TRT, ainda que com a finalidade de pacificar o conflito, pois o árbitro deve ater-se a escolher uma das ofertas definitivas apresentadas pelos demandantes. Assim, na hipótese em que a Corte Regional, ante a ausência de propostas das partes, desempenhou o papel de mediador do conflito e arbitrou valor para cada trabalhador a título de participação nos lucros e resultados, verifica-se que houve extrapolamento da expressa delimitação fixada pelos interessados para a atuação do poder normativo. Sob esse entendimento, a SDC, por unanimidade, conheceu do recurso ordinário e, no mérito, deu-lhe provimento para excluir a condenação relativa ao pagamento de participação nos lucros e resultados no valor de R$ 2.000,00 (dois mil reais) para cada trabalhador da Duratex S.A., resguardadas as situações fáticas já estabelecidas.

Introdução

Trata-se de um meio alternativo de solução dos conflitos. O STF já afirmou a sua constitucionalidade no processo STF, AgR-SE 5206,30/04/04.

Tem com o objeto direitos disponíveis.

> **Lei 9.307/96, Art. 1º** - As pessoas capazes de contratar poderão valer-se da arbitragem para dirimir litígios relativos a direitos patrimoniais disponíveis.

Admissibilidade da Arbitragem, como regra, no âmbito do direito coletivo do trabalho;

> **CF, Art. 114, § 1º** - Frustrada a negociação coletiva, as partes poderão eleger árbitros.

Arbitragem para Direitos Individuais – Lide entre Empregado x Empregador

Passou a ser permitido após a inserção do Art. 507-A na CLT pela Lei 13.467/2017. (Inserido pela Reforma)

> **Art. 507-A.** Nos contratos individuais de trabalho cuja remuneração seja superior a duas vezes o limite máximo estabelecido para os benefícios do Regime Geral de Previdência Social, poderá ser pactuada cláusula compromissória de arbitragem, desde que por iniciativa do empregado ou mediante a sua concordância expressa, nos termos previstos na Lei nº 9.307, de 23 de setembro de 1996.

Alguma formalidade para a cláusula de compromisso arbitral

Segundo o § 2º do art. 3º da Lei 9.307/96 (Lei que dispõe sobre a arbitragem), nos contratos de adesão, a cláusula compromissória só terá eficácia se o aderente tomar a iniciativa de instituir a arbitragem ou concordar, expressamente, com a sua instituição, desde que por escrito em documento anexo ou em negrito, com a assinatura ou visto especialmente para essa cláusula.

Previsões excepcionais expressas:

- Lei n. 12.815/2013 (Lei dos Portuários), Art. 37
- Lei 10.101/2000 (Participação nos Lucros), Art. 4º
- Lei 9.615/98 (Lei Pelé), Art. 90-C (exige norma coletiva)
- Lei 11.442/2007 (Lei do transporte rodoviário de cargas), Art. 19
- LC 123/2006 (SIMPLES), Art. 75
- LC 75/93 (MPU), Art. 83
- LC n. 80/1994 (DPU), Art. 4º
- CPC, Art. 3º

MULTA CONVENCIONAL

Natureza jurídica da multa convencional?

Informativo 187 do TST

Processo: E-ARR - 12481-66.2014.5.14.0041 Data de Julgamento: 12/11/2018, Relator Ministro: Augusto César Leite de Carvalho, Subseção I Especializada em Dissídios Individuais, Data de Publicação: DEJT 30/11/2018.

A multa convencional por descumprimento de norma coletiva tem a mesma natureza jurídica de cláusula penal, isto é, trata-se de obrigação acessória pela qual as partes acordam indenização no caso de inobservância do ajuste firmado entre elas. Tal entendimento atrai a incidência da diretriz firmada na Orientação Jurisprudencial nº 54 da SBDI-I, a qual preconiza que o valor da multa estipulada, ainda que diária, não poderá ser superior à obrigação principal corrigida, em observância ao art. 412 do Código Civil de 2002, de aplicação subsidiária ao Direito do Trabalho.

Limitação do valor da multa convencional

A cláusula normativa que estabelece multa por descumprimento do ajustado coletivamente tem a mesma natureza jurídica de cláusula penal, isto é, obrigação acessória pela qual as partes acordam indenização no caso de descumprimento da obrigação, o que atrai a incidência da diretriz firmada na Orientação Jurisprudencial 54 desta Subseção, *in verbis*:

TST, OJ 54 SDI-1 - "MULTA. CLÁUSULA PENAL. VALOR SUPERIOR AO PRINCIPAL - O valor da multa estipulada em cláusula penal, ainda que diária, não poderá ser superior à obrigação principal corrigida, em virtude da aplicação do artigo 412 do Código Civil de 2002 (art. 920 do Código Civil de 1916)."

Nesse sentido são os precedentes:

Precedentes vinculantes

"RECURSO DE EMBARGOS DO SINDICATO. INTERPOSIÇÃO SOB A ÉGIDE DA LEI 13.015/2014. NORMA COLETIVA. DESCUMPRIMENTO. MULTA NORMATIVA. NATUREZA JURÍDICA. CLÁUSULA PENAL. LIMITAÇÃO AO VALOR DA OBRIGAÇÃO PRINCIPAL. OJ 54 DESTA SUBSEÇÃO. CONTRARIEDADE NÃO CARACTERIZADA. 1. Trata-se de recurso de embargos interposto sob a égide da Lei 13.015/2014, mediante a qual conferida nova redação ao art. 894, II, da CLT, no sentido de que o recurso de embargos apenas é cabível quando demonstrada divergência entre decisões proferidas por Turmas desta Corte superior, destas com julgados da Seção de Dissídios Individuais, ou contrárias a súmula ou orientação jurisprudencial do TST ou súmula vinculante do STF. Nesse contexto, inviável a indicada violação dos arts. 7º, XXIX, da CF e 412 do CCB. 2. Aresto oriundo da mesma Turma prolatora do acórdão embargado é inservível ao aparelhamento do recurso de embargos, por falta de previsão no art. 894 da CLT. 3. A e. Turma analisou a questão pelo enfoque da natureza jurídica da cláusula normativa, em que concluiu que 'a multa estipulada em norma coletiva possui natureza de cláusula penal, por se tratar de indenização facultativa estipulada contratualmente'. Nesse contexto, os arestos válidos apresentados, que decidem pelo enfoque do reconhecimento da autonomia da vontade coletiva são inespecíficos, à luz da Súmula 296/TST. 4. No mais, esta Subseção já se manifestou no sentido de que cláusula normativa que estabelece multa por descumprimento do que ajustado coletivamente tem a mesma natureza jurídica de cláusula penal, razão por que a Turma, ao determinar a limitação da multa ao valor da obrigação principal não incorreu em contrariedade à OJ 54 da SBDI-1 desta Corte. Recurso de embargos não conhecido." (grifos nossos - E-RR-365-77.2012.5.05.0193, Relator Ministro: Hugo Carlos Scheuermann, Data de Julgamento: 29/09/2016, Subseção I Especializada em Dissídios Individuais, Data de Publicação: DEJT 07/10/2016)

"MULTA NORMATIVA - COMPATIBILIDADE COM O TRATAMENTO CONFERIDO À CLÁUSULA PENAL - LIMITAÇÃO AO VALOR DA OBRIGAÇÃO PRINCIPAL CORRIGIDA - ART. 412 DO CÓDIGO CIVIL E ORIENTAÇÃO JURISPRUDENCIAL 54 DA SBDI-1 DO TST. 1. A regra básica atinente à cláusula penal, ainda que prevista no contrato de trabalho, é a de que, mesmo em se tratando de multa diária pelo descumprimento da obrigação, não pode exceder ao valor da obrigação principal, em respeito ao disposto no art. 412 do Código Civil e na Orientação Jurisprudencial 54 da

SBDI-1 do TST. 2. Distingue-se a cláusula penal, que possui caráter contratual, submetendo-se à restrição imposta pelo art. 412 do CC, das atreintes, cuja natureza é de multa processual, passíveis de limitação somente pela ação do magistrado, nas hipóteses em que se afigurarem insuficientes ou excessivas (art. 461, § 6º, do CPC). 3. Por sua vez, a multa normativa, ou seja, estabelecida em instrumento coletivo para o descumprimento de obrigação negociada, possui natureza similar à da cláusula penal, de obrigação contratual, aplicando-se-lhe a disciplina do art. 412 do CC e da OJ 54 da SBDI-1 do TST. 4. Na hipótese dos autos, ficou evidente que a multa diária de 1/30 foi estipulada por meio de norma coletiva, de forma que se trata de multa convencional e não de astreintes, não havendo que se falar em má aplicação da Orientação Jurisprudencial 54 da SBDI-1, tampouco em reforma da decisão ora embargada, uma vez que proferida em consonância com o posicionamento pacífico adotado por esta SBDI-1. Embargos não conhecidos." (E-RR-213340-43.2004.5.01.0225, Relator Ministro: Ives Gandra Martins Filho, Data de Julgamento: 14/06/2012, Subseção I Especializada em Dissídios Individuais, Data de Publicação: DEJT 22/06/2012)

"MULTA CONVENCIONAL PELO ATRASO NO PAGAMENTO DAS VERBAS RESCISÓRIAS - CLÁUSULA PENAL - LIMITAÇÃO - ART. 920 DO CÓDIGO CIVIL 1. Cláusula penal é a que apena o responsável por obrigação principal inadimplida. Coage ao cumprimento desta e/ou indeniza perdas e danos resultantes da inexecução. 2. A previsão normativa de multa pela demora no pagamento das verbas rescisórias constitui cláusula penal moratória, com propósito de desencorajar o atraso, garantindo o adimplemento da obrigação principal. Está prevista na parte final do art. 917 do Código Civil: 'Art. 917. A cláusula penal pode referir-se à inexecução completa da obrigação, à de alguma cláusula especial ou simplesmente à mora'. 3. A decisão embargada está em consonância com a Orientação Jurisprudencial nº 54/SBDI-1: 'Multa estipulada em cláusula penal, ainda que diária, não poderá ser superior ao principal corrigido. Aplicação do art. 920 do Código Civil.'. ENUNCIADO Nº 333/TST. 'Não ensejam recursos de revista ou de embargos decisões superadas por iterativa, notória e atual jurisprudência do Tribunal Superior do Trabalho.'. Embargos não conhecidos." (RR-724229-89.2001.5.02.5555, Relatora Ministra: Maria Cristina Irigoyen Peduzzi, Data de Julgamento: 11/03/2002, Subseção I Especializada em Dissídios Individuais, Data de Publicação: DJ 22/03/2002)

Assim, valor da multa convencional prevista em norma coletiva de trabalho pelo descumprimento de cláusula normativa deve ser limitado ao valor da obrigação principal, em observância à regra prevista no artigo 412 do CC/2012, de aplicação subsidiária ao regramento trabalhista (CLT, artigo 8º).

CC, Art. 412. O valor da cominação imposta na cláusula penal não pode exceder o da obrigação principal.

EFICÁCIA NO TEMPO

Regularização de situação pretérita por meio de norma coletiva

Informativo 178 do TST

Processo: RO - 1000351-52.2015.5.02.0000 Data de Julgamento: 14/05/2018, Relator Ministro: Mauricio Godinho Delgado, Seção Especializada em Dissídios Coletivos, Data de Publicação: DEJT 18/05/2018.

A SDC, por unanimidade, conheceu de recurso ordinário e, no mérito, negou-lhe provimento para manter a decisão do Tribunal Regional que considerou válida as cláusulas de termo aditivo em acordo coletivo de trabalho por meio das quais se formalizou expressamente a jornada de 8 horas em regime de trabalho em turnos ininterruptos de revezamento e, concomitantemente, se estabeleceu transação extrajudicial para a quitação das 7ª e 8ª horas como extras relativas ao período pretérito, no qual o regime de turnos ininterruptos era adotado pela Companhia de Saneamento Básico do Estado de São Paulo – Sabesp sem respaldo em norma coletiva. Na espécie, registrou-se que embora os empregados tenham consentido com a satisfação apenas parcial do direito ao pagamento de eventuais horas extras trabalhadas, por outro lado, a norma coletiva assegurou benefícios importantes para a categoria, a revelar a ocorrência de despojamento bilateral e reciprocidade entre os sujeitos coletivos. Houve, portanto, efetiva transação coletiva sindical que redundou na concretização de uma das principais funções do Direito Coletivo do Trabalho, qual seja, a pacificação de conflitos de natureza sociocoletiva, na medida em que o instrumento firmado impediu a exacerbação da litigiosidade e trouxe segurança jurídica em relação à escala de 4x2x4 historicamente desempenhada pela categoria profissional.

Validade da negociação coletiva

O reconhecimento dos acordos e convenções coletivas permite que os trabalhadores contribuam para a formulação das normas que regerão a sua própria vida.[8]

A Constituição Federal reconhece os instrumentos jurídicos da negociação coletiva - convenções e acordos coletivos de trabalho (art. 7º, inciso XXVI, CF/88).

> **CF, Art. 7º** - São direitos dos trabalhadores urbanos e rurais, além de outros que visem à melhoria de sua condição social:
>
> [..]

[8] http://www.stf.jus.br/portal/constituicao/artigoBd.asp#visualizar [RE 590.415, rel. min. Roberto Barroso, j. 30-4-2015, P, DJE de 29-5-2015, Tema 152.]

XXVI - reconhecimento das convenções e acordos coletivos de trabalho;

Respeitados alguns limites, tais como, a renúncia a direitos, os seres coletivos detêm ampla autonomia para estipularem as normas que acharem convenientes. Nesse sentido o STF decidiu ao julgar o RE 895.759, senão vejamos:

> Conforme assentado pelo Plenário do STF no julgamento do RE 590.415 (rel. min. Roberto Barroso, DJE de 29-5-2015, Tema 152), a CF "reconheceu as convenções e os acordos coletivos como instrumentos legítimos de prevenção e de autocomposição de conflitos trabalhistas", tornando explícita inclusive "a possibilidade desses instrumentos para a redução de direitos trabalhistas". Ainda segundo esse precedente, as normas coletivas de trabalho podem prevalecer sobre "o padrão geral heterônomo, mesmo que sejam restritivas dos direitos dos trabalhadores, desde que não transacionem setorialmente parcelas justrabalhistas de indisponibilidade absoluta". É válida norma coletiva por meio da qual categoria de trabalhadores transaciona o direito ao cômputo das horas in itinere na jornada diária de trabalho em troca da concessão de vantagens de natureza pecuniária e de outras utilidades. [RE 895.759 AgR-segundo, rel. min. Teori Zavascki, j. 8-12-2016, 2ª T, DJE de 23-5-2017.]

Para uma melhor compreensão do tema, cito trechos do julgado do RO - 1000351-52.2015.5.02.0000:

> No caso concreto, embora se possa, por um lado, vislumbrar que os empregados consentiram com a satisfação puramente parcial do direito ao pagamento de eventuais horas extras trabalhadas no período pretérito; por outra vista, a norma coletiva também representou a conquista de benefícios importantes para a categoria profissional, como, por exemplo: o pagamento de 50% das horas extras trabalhadas no período pretérito, com início imediato da quitação, logo após a lavratura do acordo coletivo; e a garantia, para a classe trabalhadora, da manutenção da escala 4x2x4 em turnos ininterruptos de revezamento, escala cuja formalização por acordo coletivo vinha sendo reivindicada pelos Sindicatos Obreiros desde o ano de 1987.
>
> Neste ponto, importante sublinhar que a Constituição previu expressamente a hipótese de negociação coletiva autorizar a jornada de 8 horas para o trabalho realizado em turnos ininterruptos de revezamento (art. 7º, XIV, da CF). Outrossim, no caso concreto, observa-se que o direito a 100% das 7ª e 8ª horas laboradas do período pretérito (quando a escala em turnos ininterruptos de revezamento ainda não era formalmente válida por acordo coletivo de trabalho) consistia, em verdade, em mera expectativa de direito, pois várias seriam as possibilidades de desfecho das reclamações ajuizadas individualmente, contrárias ou não aos interesses dos Autores das ações - tudo a depender das circunstâncias dos casos concretos. Não há como, nesse contexto, considerar que o acordo coletivo envolveu direito indisponível, porquanto, em relação ao

objeto do ajuste (horas extras), há clara incerteza subjetiva quanto ao devido realmente (res dúbia).

Desse modo, a negociação coletiva, ao dispor uma solução razoável para a questão - criando benefícios para ambas as partes, prevenindo a exacerbação da litigiosidade entre as categorias profissional e econômica, e trazendo segurança jurídica em relação à escala de trabalho historicamente desempenhada pela categoria profissional (escala de 4x2x4) -, serviu de mecanismo eficaz para a concretização de uma das principais funções do Direito Coletivo do Trabalho, que é a pacificação de conflitos de natureza sociocoletiva.

Saliente-se, por oportuno, que a Empresa Ré é uma sociedade de economia mista, vinculada, portanto, à Administração Pública, e comporta em seus quadros trabalhadores altamente qualificados e que são muito bem representados pelos Sindicatos Réus, caracterizados por elogiável e responsável atuação em prol dos interesses da sua base sindical. A propósito, tanto dados da OIT, como do Ministério do Trabalho, a par de estudos acadêmicos, todos comprovam que o sindicalismo na área estatal é extremamente mais forte e representativo, com número muito significativo de filiados. Não há, pois, indício de afronta ao princípio da equivalência entre os contratantes coletivos, no caso em análise.

Por fim, registre-se ser inaplicável, no presente caso, a diretriz disposta na OJ 420/SBDI-1/TST ("é inválido o instrumento normativo que, regularizando situações pretéritas, estabelece jornada de oito horas para o trabalho em turnos ininterruptos de revezamento"), uma vez que a norma coletiva ora analisada não determinou a validação retroativa da jornada de trabalho em turnos ininterruptos de revezamento.

Nesse contexto, forçoso reconhecer que a norma coletiva representou efetiva transação coletiva sindical, com o despojamento bilateral e reciprocidade entre os sujeitos coletivos envolvidos.

Mantém-se, pois, a decisão do Tribunal Regional, que considerou válida a norma coletiva questionada pelo Ministério Público do Trabalho.

ENQUADRAMENTO SINDICAL - CATEGORIA DIFERENCIADA

Aplicação de normas coletivas

Processo: AIRR - 11008-72.2015.5.18.0017 Data de Julgamento: 18/12/2018, Relator Ministro: Mauricio Godinho Delgado, 3ª Turma, Data de Publicação: DEJT 07/01/2019.

A Empregado integrante de categoria profissional diferenciada não tem o direito de haver de seu empregador vantagens previstas em instrumento coletivo no qual a empresa não foi representada por órgão de classe de sua categoria (Súmula 374/TST). Na hipótese, é incontroverso nos autos que a Reclamada não foi representada pelo sindicato de sua categoria econômica nas negociações para elaboração das normas coletivas que o Reclamante exige observância. Sendo assim, o Tribunal Regional, ao indeferir ao Reclamante parcelas salariais com base nas normas coletivas da categoria, proferiu decisão em consonância ao referido verbete sumular.

Regra Geral

A representação sindical é definida pelos critérios da atividade preponderante do empregador (art. 581, § 2º, da CLT) e da territorialidade, este último decorrente da unicidade sindical prevista no artigo 8º, inciso II, da Constituição Federal. O inciso II, do artigo 8º da CF, diz que:

> **"é vedada a criação de mais de uma organização sindical, em qualquer grau, representativa de categoria profissional ou econômica, na mesma base territorial, que será definida pelos trabalhadores ou empregadores interessados, não podendo ser Documento elaborado e assinado em meio digital."**

Assim, temos uma proibição por lei, da existência de mais de um sindicato na mesma unidade de atuação.

O §2º do artigo 511 da CLT, determina que a categoria profissional será definida pela "similitude de condições de vida oriunda da profissão ou trabalho em comum, em situação de emprego na mesma atividade econômica ou em atividades econômicas similares ou conexas".

A teor do que dispõe o art. 581, § 1.º, da CLT, os empregados se enquadram na categoria onde se situam os respectivos empregadores, à exceção da existência de categoria diferenciada, nos termos do art. 511, § 3.º, da CLT.

> **Art. 581.** Para os fins do item III do artigo anterior, as empresas atribuirão parte do respectivo capital às suas sucursais, filiais ou agências, desde que localizadas fora da base territorial da entidade sindical representativa da atividade econômica do estabelecimento principal, na proporção das correspondentes operações econômicas, fazendo a devid a comunicação às Delegacias Regionais do Trabalho, conforme localidade da sede da empresa, sucursais, filiais ou agências.
>
> **§ 1º** Quando a empresa realizar diversas atividades econômicas, sem que nenhuma delas seja preponderante, cada uma dessas atividades será incorporada à respectiva categoria econômica, sendo a contribuição sindical devida à entidade sindical representativa da mesma categoria, procedendo-se, em relação às correspondentes sucursais, agências ou filiais, na forma do presente artigo.
>
> **§ 2º** Entende-se por atividade preponderante a que caracterizar a unidade de produto, operação ou objetivo final, para cuja obtenção todas as demais atividades convirjam, exclusivamente em regime de conexão funcional.

Pelos artigos acima mencionados, o enquadramento sindical dos empregados é determinado pela atividade preponderante da empresa e não pela natureza dos serviços prestados pelo trabalhador, a não ser em casos de categoria profissional diferenciada. Nestes termos, se o empregado não pertence a categoria profissional diferenciada prevista no §3º do art. 511 da CLT, vai ser enquadrado na categoria profissional correspondente à atividade preponderante do empregador.

Nesse sentido:

> [..] **2. ENQUADRAMENTO SINDICAL. NORMA COLETIVA APLICÁVEL. NÃO PROVIMENTO. I.** O enquadramento sindical da Reclamante foi realizado a partir da atividade preponderante da empresa do grupo econômico. Assim, em decorrência do enquadramento da empresa, foi definido o sindicato representante. II. Para se dirimir a controvérsia acerca da real atividade da Reclamada, da validade do instrumento coletivo, da participação da Reclamada na negociação e do enquadramento sindical da Reclamante, é necessário o reexame do conjunto fático-probatório dos autos, procedimento incompatível com a natureza extraordinária do recurso de revista (Súmula nº 126 do TST). III. Agravo de instrumento de que se conhece e a que se nega provimento. [..] (ARR - 921-77.2011.5.06.0002, Relator Ministro: Alexandre Luiz Ramos, Data de Julgamento: 28/11/2018, 4ª Turma, Data de Publicação: DEJT 30/11/2018)

> **AGRAVO. AGRAVO DE INSTRUMENTO EM RECURSO DE REVISTA. PROCESSO SOB A ÉGIDE DA LEI 13.015/2014 E ANTERIOR À LEI 13.467/2017. 1. ENQUADRAMENTO SINDICAL. ATIVIDADE PREPONDERANTE DA EMPRESA. APLICAÇÃO DAS NORMAS COLETIVAS. MULTA NORMATIVA. 2. ACÚMULO DE FUNÇÃO.** O artigo 511, § 1º, da CLT fixa como vínculo social básico da categoria econômica "a solidariedade de interesses econômicos dos que empreendem atividades idênticas, similares ou conexas". Portanto, a natureza da atividade é que se apresenta como critério de vinculação da categoria, criando a relação social inerente à associação sindical. Por outro lado, o enquadramento sindical deve ser feito de acordo com a atividade preponderante da empresa, a teor dos artigos 570 e 581 da CLT. No caso dos autos, o Tribunal Regional, com base no conjunto probatório dos autos, manteve a sentença, que reconheceu que a atividade preponderante da Reclamada é o comércio varejista. Dessa maneira, não há como analisar as alegações recursais por um prisma fático diverso daquele consignado pelo TRT, porquanto para tanto seria necessário o revolvimento do conjunto fático-probatório dos autos, o que é defeso nesta Instância Extraordinária de jurisdição, conforme o disposto na Súmula 126/TST. Assim sendo, a decisão agravada foi proferida em estrita observância às normas processuais (art. 557, caput, do CPC/1973; arts. 14 e 932, IV, "a", do CPC/2015), razão pela qual é insuscetível de reforma ou reconsideração. Agravo desprovido. (Ag-AIRR - 11545-42.2016.5.15.0106, Relator Ministro: Mauricio Godinho Delgado, Data de Julgamento: 26/11/2018, 3ª Turma, Data de Publicação: DEJT 30/11/2018)

[..] **2. ENQUADRAMENTO SINDICAL.** Segundo o Regional, a consulta ao CNPJ da empresa demonstra que esta possui como atividade econômica principal o fornecimento de alimentos preparados para empresas. Nesse contexto, o TRT de origem concluiu que, à luz do critério da atividade preponderante, as convenções coletivas aplicáveis são aquelas firmadas pelo Sindicato das Empresas de Refeições Coletivas de Santa Catarina. A adoção das premissas fáticas defendidas pela reclamante, quanto à atividade preponderante da empresa e à base territorial dos sindicatos, demandaria o revolvimento do conjunto fático-probatório, o que é inviável nesta fase processual, na forma da Súmula nº 126/TST. Incólumes os artigos 8º, II, da CF, e 511 da CLT. Agravo de instrumento conhecido e não provido. (AIRR - 880-66.2016.5.12.0003, Relatora Ministra: Dora Maria da Costa, Data de Julgamento: 14/11/2018, 8ª Turma, Data de Publicação: DEJT 19/11/2018)

ENQUADRAMENTO SINDICAL - FINANCIÁRIA. O enquadramento sindical se faz em função da atividade econômica preponderante do empregador (arts. 511, 570 e seguintes e 581, § 2º, da CLT), salvo em se tratando de categoria diferenciada (art. 511, § 3º, CLT). No caso concreto examinado, apurado que a primeira reclamada é financeira, tendo a autora prestado serviços em prol desta, impõe-se o reconhecimento da condição de financiária da laborista. (RO nº 0012363-35.2014.5.03.0029, 4ª Turma do TRT da 3ª Região/MG, Rel. Convocado Maria Raquel Ferraz Zagari Valentim. j. 15.06.2018).

A título de exemplo, cito a decisão do TST (E-RR-210300-34.2007.5.18.0012) transcrita logo abaixo, em que pacificou entendimento de que é impossível enquadrar como bancários os empregados da Empresa Brasileira de Correios e Telégrafos que trabalham em Banco Postal, pois os funcionários dos correios não têm os mesmos direitos do bancário, porquanto as atividades do Banco Postal seriam acessórias, e não tipicamente bancárias, devendo prevalecer, para efeitos de enquadramento sindical, a atividade econômica preponderante da ECT - Empresa Brasileira de Correios e Telégrafos.

EMBARGOS DE DECLARAÇÃO EM EMBARGOS EM RECURSO DE REVISTA OPOSTOS PELO RECLAMANTE. ENQUADRAMENTO DE EMPREGADO DO BANCO POSTAL COMO BANCÁRIO. IMPOSSIBILIDADE. INEXISTÊNCIA DOS VÍCIOS PREVISTOS NOS ARTS. 897-A DA CLT E 1.022 DO CPC. 1. A decisão omissa que pode ser alterada por meio de embargos de declaração se refere àquela que deixou de decidir algum ponto do litígio, no todo ou em parte, consubstanciando-se esse vício quando o julgador deixa de decidir sobre alguma questão, suscitada pelas partes, relevante ou fundamental ao deslinde da controvérsia. 2. In casu, o acórdão embargado, ao dar provimento ao recurso de embargos interposto pela primeira reclamada, a Empresa Brasileira de Correios e Telégrafos - ECT, para "afastar o enquadramento do reclamante como bancário e julgar totalmente improcedente a presente reclamatória trabalhista", abordou todos os aspectos alusivos à controvérsia. 3. Com efeito, a decisão ora impugnada foi clara ao consignar que a Empresa Brasileira de Correios e Telégrafos, embora na condição de correspondente bancário, não exerce as atividades peculiares das instituições bancárias, mas somente os serviços bancários básicos de uma agência, razão pela qual os empregados que prestam serviços em agência do Banco Postal, além de não se beneficiarem das normas aplicáveis à categoria dos trabalhadores bancários, também não são beneficiários da jornada diária de seis horas prevista pelo art. 224 da CLT, pois permanecem inseridos na categoria dos postalistas, atividade preponderante da ECT. 4. Assim, as razões declaratórias não se enquadram em nenhum dos permissivos dos arts. 897-A da CLT e 1.022 do CPC, sendo certo que os embargos de declaração não constituem remédio processual apto a alterar decisão, pois se destinam a eliminar obscuridade, omissão, contradição ou irregularidades, não constatadas no acórdão embargado. Embargos de declaração rejeitados. (ED-E-RR - 210300-34.2007.5.18.0012, Relatora Ministra: Dora Maria da Costa, Data de Julgamento: 27/06/2016, Tribunal Pleno, Data de Publicação: DEJT 01/07/2016)

EMBARGOS REGIDOS PELA LEI N.º 11.496/2007. EMPREGADO DA ECT LOTADO NO DENOMINADO "BANCO POSTAL". ENQUADRAMENTO COMO BANCÁRIO. IMPOSSIBILIDADE. Discute-se, no caso, o enquadramento, como bancário, de empregado dos Correios lotado no denominado "Banco Postal". A figura do correspondente bancário foi criada pelo Banco Central do Brasil, por meio da Resolução n.º 2.707, de 30 de março de 2000, a qual facultou aos bancos a contratação de empresas para o desempenho da função de correspondente bancário no País, com vistas à ampliação geográfica do Sistema Financeiro Nacional com a prestação de serviços bancários básicos. Em 4 de outubro de 2000, o Ministério da Comunicação editou a Portaria n.º 588/2000, que instituiu o Serviço Financiado Postal Especial, denominado "Banco Postal", para prestar os serviços bancários previstos na referida norma do Banco Central do Brasil, "como instrumento de inserção social", nos municípios desassistidos de atendimento bancário, por meio de parcerias com instituições pertencentes ao Sistema Financeiro Nacional. Com fulcro nessa norma ministerial, a ECT celebrou, em setembro de 2001, contrato de parceria com o Banco Bradesco, ora reclamado, para atuar como seu correspondente pelo país. Dessa forma, as agências dos Correios denominadas "Banco Postal" passaram a acumular duas atividades completamente diferentes: a postal e a bancária básica, que, conforme se extrai da norma do Banco Central do Brasil, tem uma larga abrangência. Nesse contexto, tendo em foco todas as atividades elencadas naquela resolução do Banco Central do Brasil, é inafastável a conclusão de que o reclamante, lotado em "Banco Postal", embora seja empregado da ECT, passou a prestar serviços eminentemente bancários, além das atividades próprias dos Correios. O Tribunal Pleno desta Corte, em sessão realizada em 24/11/2015, ao apreciar o processo E-RR-210300-34.2007.5.18.0012, da relatoria da Exma Ministra Dora Maria da Costa, decidiu, por unanimidade, que os empregados da Empresa Brasileira de Correios e Telégrafos, atuantes no "Banco Postal", conquanto exerçam atividades inerentes à categoria dos bancários, não podem ser enquadrados como tal, porquanto não são empregados de banco sob o ponto de vista formal, além do que, as atividades por eles desenvolvidas não exigem conhecimento técnico e especializado, de forma ampla, conhecimentos esses que são exigidos dos trabalhadores bancários, haja vista que exercem atividades meramente acessórias às desenvolvidas pelos empregados lotados em Banco. Ademais, deve prevalecer, para efeitos de enquadramento sindical, a atividade econômica preponderante do seu empregador, no caso, a prestação de serviços postais. Dessarte, aos empregados da ECT, lotados nos "Bancos Postais", não devem ser aplicadas as normas coletivas da categoria dos bancários, tampouco deve ser-lhes aplicada a diretriz da Súmula n.º 55 do TST, direcionada às empresas de crédito, financiamento ou investimento, relativamente à jornada de trabalho bancário. Nesse contexto, tendo em vista o entendimento firmado pelo Tribunal Pleno naquela oportunidade, conclui-se que, no caso, a Turma, ao reconhecer a equiparação do reclamante com o trabalhador bancário, para todos os efeitos legais, contrariou a jurisprudência que se firmou no âmbito desta Corte. Recurso de embargos conhecido e provido. (E-RR-2515-46.2011.5.10.0801, Relator Ministro: José Roberto Freire Pimenta, Data de Julgamento: 14/04/2016, Subseção I Especializada em Dissídios Individuais, Data de Publicação: DEJT 22/04/2016)

Em resumo: O enquadramento sindical deve considerar o local da prestação de serviços, após o que deverá ser observada a atividade preponderante do empregador para fins de incidência das normas coletivas correspondentes, exceto no caso de empregado pertencente a categoria profissional diferenciada, conforme disposição do artigo 511, § 3º, da CLT, quando incidirão as normas próprias.

Por fim, vale mencionar o entendimento da súmula 21 do TRT da 13ª Região e da súmula 19 do TRT da 20ª Região.

Súmula n. 21 do TRT da 13ª Região: Quando uma empresa exerce atividade industrial em sua matriz, e, em sua filial, dedica-se ao comércio, o enquadramento sindical vincula-se, respectivamente, à atividade preponderante exercida em cada base territorial. Assim, os empregados da matriz são representados pelo sindicato dos trabalhadores na indústria e os empregados da filial vinculam-se ao sindicato dos trabalhadores no comércio.

Súmula n. 19 do TRT da 20ª Região: 0 enquadramento sindical do empregado decorre da atividade econômica preponderante da empresa. Na hipótese de empresa situada em base territorial diversa da matriz, faz-se o enquadramento sindical levando-se em consideração o âmbito territorial em que ocorre a efetiva prestação de serviço e a atividade econômica preponderante desenvolvida na filial. Exegese dos artigos 511, 570 e 581 da Consolidação das Leis do Trabalho.

Exceção - Categoria Diferenciada.

A) Conceito

A CLT em seu art. 511 § 3º, esclarece que "categoria diferenciada é a que se forma dos empregados que exerçam profissões ou funções diferenciadas por força de estatuto profissional especial ou em consequência de condições de vida singulares"

Portanto, categoria profissional diferenciada é aquela formada por profissionais que se distinguem dos demais por não serem regidos pelas mesmas normas jurídicas e por desempenharem função totalmente distinta em uma empresa.

Luciano Martinez (MARTINEZ, Luciano. Curso de Direito do Trabalho. 8ª Ed. São Paulo. Saraiva, 2018) escreve que:

> "É importante dizer que a adjetivação "diferenciada" provém da existência de estatuto profissional especial ou da singularidade de suas condições de vida. Assim, serão integrantes de uma categoria profissional diferenciada não apenas os trabalhadores que tenham uma lei que regulamente sua profissão (por exemplo, os advogados, os médicos, os engenheiros, os vendedores viajantes), mas também aqueles que, embora não tendo estatuto profissional especial, têm uma vida laboral distinta da de outros trabalhadores ordinários (por exemplo, os motoristas rodoviários).
>
> Note-se que a pertinência a uma categoria profissional diferenciada independe da investigação acerca da atividade desenvolvida pelo empregador. Um advogado que trabalha no setor jurídico de um banco, por exemplo, é advogado, e não bancário; igualmente, um médico que trabalha no serviço especializado em medicina do trabalho de uma metalúrgica é médico, e não metalúrgico.
>
> Os integrantes das categorias profissionais diferenciadas ou são arrimados por lei, que lhes é aplicável em caráter exclusivo (os advogados, por exemplo, fruem exclusivamente das vantagens contidas na Lei n. 8.906/94), ou, quando não contemplados por estatuto próprio, por norma coletiva, de que necessariamente deve participar sua entidade sindical."

B) Criação da Categoria Diferenciada

De acordo com o entendimento do TST, no caso OJ 36 da SDC, a fixação dos trabalhadores que pertencem à categoria diferenciada decorre de lei e não pode ser definida por decisão judicial. Nesse sentido:

> **Orientação Jurisprudencial nº 36 da SDC do TST:** É por lei e não por decisão judicial que as categorias diferenciadas são reconhecidas como tais. De outra parte, no que tange aos profissionais da informática, o trabalho que desempenham sofre alterações, de acordo com a atividade econômica exercida pelo empregador.

C) Enquadramento sindical

Para o empregado de categoria profissional diferenciada, não há como aplicar o entendimento de que seu enquadramento sindical se dá na atividade preponderante da empresa. Nesse sentido:

> **AGRAVO DE INSTRUMENTO EM RECURSO DE REVISTA DA RECLAMADA. ACÓRDÃO PUBLICADO NA VIGÊNCIA DA LEI Nº 13.015/2014. ENQUADRAMENTO SINDICAL. VENDEDOR. CATEGORIA DIFERENCIADA.** Em razão de provável caracterização de ofensa ao art. 511, § 3º, da CLT, dá-se provimento ao agravo de instrumento para determinar o prosseguimento do recurso de revista. Agravo de instrumento provido. **RECURSO DE REVISTA DA RECLAMADA. ACÓRDÃO PUBLICADO NA VIGÊNCIA DA LEI Nº 13.015/2014. ENQUADRAMENTO SINDICAL. VENDEDOR. CATEGORIA DIFERENCIADA.** É incontroverso, segundo se extrai do v. acórdão regional, que o reclamante atuava na função de vendedor. Nada obstante, o Tribunal Regional entendeu que, "segundo a Lei n. 3.207/57, os vendedores pracistas e viajantes, nas quais se enquadram como categorias diferenciadas, são aqueles que exercem atividade realizando viagens de longo percurso, em busca de negócios para a empresa, não sendo esta a hipótese analisada", razão pela qual concluiu que o enquadramento do reclamante deveria se dar com base na atividade preponderante da reclamada, relacionada à fabricação de bebidas. Ocorre que este Tribunal Superior, examinando questões semelhantes, tem se manifestado no sentido de que, na condição de vendedor, o empregado está regido pela legislação especial (Lei nº 3.207/57), sem a distinção imposta pelo e. TRT, e, portanto, que seu enquadramento sindical não se dá na atividade preponderante da empresa. Precedentes. Recurso de revista conhecido e provido. (RR - 10911-12.2013.5.06.0103, Relator Ministro: Breno Medeiros, Data de Julgamento: 24/10/2018, 5ª Turma, Data de Publicação: DEJT 26/10/2018)

> **(...) II - RECURSO DE REVISTA. RECLAMADA. LEI Nº 13.015/2014. ENQUADRAMENTO SINDICAL. INDÚSTRIA DE BEBIDAS. VENDEDOR. CATEGORIA DIFERENCIADA.** 1 - Preenchidos os requisitos previstos no artigo 896, § 1º-A, da CLT. 2 - No caso, embora o autor exercesse a função de vendedor, o Tribunal Regional entendeu que o enquadramento sindical deveria ser efetivado na atividade preponderante da empresa que é a da indústria de bebidas, motivo pelo qual deferiu parcelas decorrentes das respectivas normas coletivas. 3 - De acordo com o artigo 511, § 3º, da CLT "categoria profissional diferenciada é a que se forma dos empregados que exerçam profissões ou funções diferenciadas por força de estatuto profissional especial ou em consequência de condições de vida singulares". Portanto, na condição de vendedor o autor é regido por estatuto profissional especial, qual seja, a Lei 3.207/57, que regulamenta as atividades dos empregados vendedores. 4 - Nesse contexto fático, não há como fixar o enquadramento sindical de acordo com a atividade preponderante da empresa, indústria de bebidas e não se aplica ao demandante as normas coletivas do Sindicato dos Empregados em Indústria

de Bebidas do Estado de Pernambuco - SINDBEB/PE. 5 - Recurso de revista a que se dá provimento. (...) (RR - 2085-49.2012.5.06.0291, Relatora Ministra: Kátia Magalhães Arruda, Data de Julgamento: 23/08/2017, 6ª Turma, Data de Publicação: DEJT 25/08/2017)

ENQUADRAMENTO SINDICAL. VENDEDOR. CATEGORIA DIFERENCIADA. Na hipótese, o Regional entendeu que o fato de o autor exercer a função de vendedor, incontroverso nos autos, não altera o seu enquadramento sindical na atividade preponderante da empresa para a qual trabalha. Dessa forma, manteve a sentença em que se reconheceu que o sindicato representativo da categoria profissional do autor é o Sindicato dos Empregados em Indústria de Bebidas do Estado de Pernambuco - SINDBEB/PE, aplicando, portanto, os acordos coletivos firmados entre a empresa ré e o sindicato obreiro. Contudo, na condição de vendedor, o autor é regido por estatuto profissional especial, qual seja a Lei Nº 3.207/57, que regulamenta as atividades dos empregados vendedores. Dessa forma, não são aplicáveis ao reclamante as normas coletivas do Sindicato dos Empregados em Indústria de Bebidas do Estado de Pernambuco - SINDBEB/PE. Recurso de revista conhecido e provido. (Processo: ARR - 10391-52.2013.5.06.0103 Data de Julgamento: 31/05/2017, Relator Ministro: José Roberto Freire Pimenta, 2ª Turma, Data de Publicação: DEJT 02/06/2017)

2. ENQUADRAMENTO SINDICAL. VENDEDOR. CATEGORIA DIFERENCIADA. Nos termos do art. 511, § 3º, da CLT "categoria profissional diferenciada é a que se forma dos empregados que exerçam profissões ou funções diferenciadas por força de estatuto profissional especial ou em consequência de condições de vida singulares". O vendedor, atividade exercida pelo reclamante, é regido por estatuto profissional especial, qual seja, a Lei nº 3.207/57. Nesse contexto, não há como aplicar o entendimento de que seu enquadramento sindical se dá na atividade preponderante da empresa. Recurso de revista conhecido e provido. (Processo: RR - 803-89.2011.5.06.0103 Data de Julgamento: 05/08/2015, Relator Ministro: Alberto Luiz Bresciani de Fontan Pereira, 3ª Turma, Data de Publicação: DEJT 14/08/2015)

ENQUADRAMENTO SINDICAL. ATIVIDADE PREPONDERANTE DA EMPRESA - INDÚSTRIA E COMÉRCIO DE BEBIDAS. VENDEDOR. CATEGORIA DIFERENCIADA. Não obstante o autor exercesse a função de vendedor, o Tribunal Regional entendeu que o seu enquadramento sindical se dá na atividade preponderante da empresa que é a da indústria de bebidas, motivo pelo qual deferiu parcelas decorrentes das respectivas normas coletivas. Entretanto, na condição de vendedor o autor é regido por estatuto profissional especial, qual seja, a Lei 3.207/57, que regulamenta as atividades dos empregados vendedores. Logo, nos termos do § 3º do artigo 511 da CLT, não há como se lhe aplicar as normas coletivas do Sindicato dos Empregados nas Indústrias de Cerveja e Bebidas em Geral, do Vinho e Águas Minerais do Estado de Pernambuco - SINDBEB. Devem, portanto, ser excluídos da condenação o enquadramento do autor neste sindicato e todas as parcelas deferidas na presente ação que sejam decorrentes deste equivocado enquadramento sindical. Recurso de revista conhecido por violação do artigo 511, § 3º, da CLT e provido. CONCLUSÃO: Recurso de revista integralmente conhecido e parcialmente provido. (Processo: RR - 562-87.2012.5.06.0101, Relator Ministro: Alexandre de Souza Agra Belmonte, Data de Julgamento: 25/03/2015, 3ª Turma, Data de Publicação: DEJT 31/03/2015);

Deve assim, ser aplicada a própria Lei, referente a referente a categoria diferenciada. A título de exemplo, um restaurante que contrata um motociclista, deve aplicar a este, a Lei 12.009/09.

D) Aplicação de normas coletivas a empregados de categoria diferenciada

A despeito de pertencer o empregado à categoria diferenciada, a empresa só está adstrita ao cumprimento das convenções coletivas da categoria diferenciada, se tivesse órgão de classe representante da categoria da empresa, da pactuação destas normas.

Assim, é indispensável que o órgão de classe representante da categoria a que está vinculado o empregador tenha participado e subscrito a convenção coletiva, ainda que se trate de categoria profissional diferenciada. Caso a empresa não tenha participado de tal negociação coletiva, não está obrigada a pagar à reclamante as vantagens estabelecidas em tal instrumento normativo.

Nesse sentido, a súmula 374 do TST:

> **TST, SUM 374 - NORMA COLETIVA. CATEGORIA DIFERENCIADA. ABRANGÊNCIA** - Empregado integrante de categoria profissional diferenciada não tem o direito de haver de seu empregador vantagens previstas em instrumento coletivo no qual a empresa não foi representada por órgão de classe de sua categoria.

D.1) Base territorial e aplicação de normas coletivas

Imagine a seguinte situação:

O empregado é contratado no Rio de Janeiro-RJ, sede do reclamado, contudo exerce a função de vendedor-viajante (categoria profissional diferenciada - Lei 3.207/27) no Estado do Rio Grande do Sul.

Quais as normas coletivas serão aplicadas a este empregado? As normas coletivas do Rio de Janeiro ou as normas coletivas do Estado do Rio Grande do Sul?

Considerando que o empregado pertence a categoria profissional diferenciada e prestou serviços no Estado do Rio Grande do Sul, ao seu contrato de emprego devem incidir as normas coletivas dos vendedores-viajantes deste Estado, em detrimento daquelas da localidade da sede da empresa, como corolário do que dispõe o artigo 8º, inciso II, da Constituição Federal.

Nesse sentido:

> **EMBARGOS REGIDOS PELA LEI Nº 13.015/2014. ENQUADRAMENTO SINDICAL. CATEGORIA PROFISSIONAL DIFERENCIADA. NORMAS COLETIVAS APLICÁVEIS. PRESTAÇÃO DE SERVIÇOS EM LOCALIDADE DIVERSA DA SEDE DA EMPRESA.** Discute-se, no caso, qual a norma coletiva aplicável à reclamante - vendedora-propagandista, pertencente a categoria profissional diferenciada - se aquelas firmadas pelos sindicatos do Rio Grande do Sul, local da prestação de serviços, ou do Rio de Janeiro, sede do reclamado. A representação sindical é definida pelos critérios da atividade preponderante do empregador e da territorialidade, este último decorrente da unicidade sindical prevista no artigo 8º, inciso II, da Constituição Federal. Assim, o enquadramento sindical deve considerar o local da prestação de serviços, após o que deverá ser observada a atividade preponderante do empregador para fins de incidência das normas coletivas correspondentes, exceto no caso de empregado pertencente a categoria profissional diferenciada, conforme disposição do artigo 511, § 3º, da CLT, quando incidirão as normas próprias. Logo, ao contrato de trabalho de empregado pertencente a categoria profissional diferenciada aplicam-se as normas coletivas firmadas pelo sindicato correspondente do local da prestação dos serviços para definir seu enquadramento sindical, em estrita observância ao critério da territorialidade. Desse modo, considerando que a reclamante pertence a categoria profissional diferenciada e prestou serviços no Estado do Rio Grande do Sul, ao seu contrato de emprego devem incidir as normas coletivas dos vendedores-propagandistas desse Estado, em detrimento daquelas da localidade da sede da empresa, como corolário do que dispõe o artigo 8º, inciso II, da Constituição Federal. Além disso, depreende-se dos autos que a reclamada integra a categoria da indústria farmacêutica, com atuação no Estado do Rio Grande do Sul, pelo que se conclui que ela foi representada pelo sindicato respectivo. Aliás, a Corte regional, cuja decisão foi transcrita no acórdão da Turma, consignou que os interesses da reclamada foram representados pelo Sindicato das Indústrias de Produtos Farmacêuticos do Rio Grande do Sul. Assim, não há falar em ausência de participação do reclamado nas negociações coletivas relativas à categoria diferenciada - vendedor-propagandista -, haja vista que os seus interesses foram representados pelo Sindicato das Indústrias de Produtos Farmacêuticos do Rio Grande do Sul, local onde houve a prestação de serviços. Acrescenta-se, ainda, que acolher a pretensão da reclamada importaria em favorecer concorrência desleal, à medida que a aplicação das normas coletivas firmadas pelo sindicato patronal do Rio de Janeiro às relações empregatícias em curso no Estado do Rio Grande do Sul tornaria o custo da mão de obra da reclamada mais barato do que as demais sociedades empresárias do ramo em atividade no mesmo Estado. Diante disso,

pode-se concluir que a adoção automática do entendimento da Súmula nº 374 desta Corte sem levar essa disparidade em consideração rebaixa o nível de proteção de todos os trabalhadores, aplicando sempre a norma coletiva menos favorável, o que contraria o princípio da proteção, elementar do Direito do Trabalho. Com esse entendimento, protegem-se o trabalhador e, também, a livre concorrência, não permitindo a redução artificial de custos em relação aos empreendedores locais, que têm gastos maiores com custeio de pessoal, pois têm de aplicar as normas coletivas locais, que são mais onerosas. Esse, aliás, foi o entendimento adotado pela maioria dos integrantes desta Subseção no julgamento do Processo nº E-ED-RR-96900-23.2007.5.04.0015, publicado no DEJT de 19/5/2017, na sessão do dia 9/2/2017, ocasião em que o voto de vista regimental deste Relator prevaleceu em controvérsia idêntica à dos autos, para restabelecer a decisão regional no aspecto em que determinou a aplicação das normas coletivas firmadas entre o Sindicato dos Propagandistas-Vendedores e Vendedores de Produtos Farmacêuticos do Estado do Rio Grande do Sul e o Sindicato da Indústria de Produtos Farmacêuticos no Estado do Rio Grande do Sul. Também foi a conclusão a que se chegou por unanimidade no julgamento do Processo nº E-ED-ARR-1418-37.2010.504.0017, na sessão do dia 1º/6/2017, acórdão publicado no DEJT de 9/6/2017, de relatoria do Ministro Alexandre de Souza Agra Belmonte. No que tange à Súmula nº 374 desta Corte, o exame dos precedentes que ensejaram a edição da referida súmula revela que o entendimento deste Tribunal foi de não admitir a incidência de instrumento coletivo negociado por categorias profissionais e econômicas distintas, do qual não participou, diretamente ou mediante representação, o empregador, de modo que o simples fato de o trabalhador ser integrante de categoria profissional diferenciada não basta, por si só, para gerar obrigações a uma sociedade empresária que não participou das negociações. Logo, o que se percebe é que a premissa fática dos autos, concernente à representação da reclamada na negociação coletiva, é distinta dos julgados que culminaram com a edição da Súmula nº 374 desta Corte. Embargos conhecidos e providos. (E-ED-RR - 51400-36.2009.5.04.0023, Relator Ministro: José Roberto Freire Pimenta, Data de Julgamento: 04/10/2018, Subseção I Especializada em Dissídios Individuais, Data de Publicação: DEJT 11/10/2018)

EMBARGOS REGIDOS PELA LEI Nº 11.496/2007. ENQUADRAMENTO SINDICAL. CATEGORIA PROFISSIONAL DIFERENCIADA. NORMAS COLETIVAS APLICÁVEIS. PRESTAÇÃO DE SERVIÇOS EM LOCALIDADE DIVERSA DA SEDE DA EMPRESA. Discute-se, no caso, qual a norma coletiva aplicável ao reclamante - vendedora-propagandista, pertencente a categoria profissional diferenciada - se aquelas firmadas pelos sindicatos do Rio Grande do Sul, local da prestação de serviços, ou de São Paulo, sede da reclamada. A representação sindical é definida pelos critérios da atividade preponderante do empregador e da territorialidade, este último decorrente da unicidade sindical prevista no artigo 8º, inciso II, da Constituição Federal. Assim, o enquadramento sindical deve considerar o local da prestação de serviços, após o que deverá ser observada a atividade preponderante do empregador para fins de incidência das normas coletivas correspondentes, exceto no caso de empregado pertencente a categoria profissional diferenciada, conforme disposição do artigo 511, § 3º, da CLT, quando incidirão as normas próprias. Logo, ao contrato de trabalho de empregado pertencente à categoria profissional diferenciada aplicam-se as normas coletivas firmadas pelo sindicato correspondente do local da prestação dos serviços para definir seu enquadramento sindical, em estrita observância ao critério da territorialidade. Desse modo, considerando que a reclamante pertence à categoria profissional diferenciada e prestou serviços no Estado do Rio Grande do Sul, ao seu contrato de emprego devem incidir as normas coletivas dos vendedores-propagandistas deste Estado, em detrimento daquelas da localidade da sede da empresa, como corolário do que dispõe o artigo 8º, inciso II, da Constituição Federal. Além disso, depreende-se dos autos que a reclamada integra a categoria da indústria farmacêutica, com atuação no Estado do Rio Grande do Sul, pelo que se conclui que ela foi representada pelo sindicato respectivo. Assim, não há falar em ausência de participação da reclamada nas negociações coletivas relativas à categoria diferenciada - vendedor-propagandista -, haja vista que os seus interesses foram representados pelo Sindicato das Indústrias de Produtos Farmacêuticos do Rio Grande do Sul, local onde houve a prestação de serviços. Acrescenta-se, ainda, que acolher a pretensão da reclamada importaria em favorecer concorrência desleal, à medida que a aplicação das normas coletivas firmadas pelo sindicato patronal de São Paulo às relações empregatícias em curso no Estado do Rio Grande do Sul tornaria o custo da mão de obra da reclamada mais barato do que as demais sociedades empresárias do ramo em atividade no mesmo Estado. Diante disso, pode-se concluir que a adoção automática do entendimento da Súmula nº 374 desta Corte sem levar essa disparidade em consideração rebaixa o nível de proteção de todos os trabalhadores, aplicando sempre a norma coletiva menos favorável, o que contraria o princípio da proteção, elementar do Direito do Trabalho. Com esse entendimento, protege-se o trabalhador e, também, a livre concorrência, não permitindo a redução artificial de custos em relação aos empreendedores locais, que têm gastos maiores com custeio de pessoal, pois têm de aplicar as normas coletivas locais, que são mais onerosas. Esse, aliás, foi o entendimento adotado pela maioria dos integrantes desta Subseção no julgamento do Processo nº E-ED-RR-96900-23.2007.5.04.0015, publicado no DEJT de 19/5/2017, na sessão do dia 9/2/2017, ocasião em que o voto de vista regimental deste Relator prevaleceu em controvérsia idêntica à dos autos, para restabelecer a decisão regional no aspecto em que determinou a aplicação das normas coletivas firmadas entre o Sindicato dos Propagandistas-Vendedores e Vendedores de Produtos Farmacêuticos do Estado do Rio Grande do Sul e o Sindicato da Indústria de Produtos Farmacêuticos no Estado do Rio Grande do Sul. Também foi a conclusão a que se chegou por unanimidade no julgamento do Processo nº E-ED-ARR-1418-37.2010.504.0017, na sessão do dia 1º/6/2017, acórdão publicado no DEJT de 9/6/2017, de relatoria do Ministro

Alexandre de Souza Agra Belmonte. No que tange à Súmula nº 374 desta Corte, o exame dos precedentes que ensejaram a edição da referida súmula revela que o entendimento deste Tribunal foi de não admitir a incidência de instrumento coletivo negociado por categorias profissionais e econômicas distintas, do qual não participou, diretamente ou mediante representação, o empregador, de modo que o simples fato de o trabalhador ser integrante de categoria profissional diferenciada não basta, por si só, para gerar obrigações a uma sociedade empresária que não participou das negociações. Logo, o que se percebe é que a premissa fática dos autos, concernente à representação da reclamada na negociação coletiva, é distinta dos julgados que culminaram com a edição da Súmula nº 374 desta Corte. Embargos conhecidos e providos. (E-ED-RR - 114800-14.2006.5.04.0028, Relator Ministro: José Roberto Freire Pimenta, Data de Julgamento: 06/09/2018, Subseção I Especializada em Dissídios Individuais, Data de Publicação: DEJT 14/09/2018)

E) Categoria diferenciada x Estabilidade

Imagine a seguinte situação:

Marcos é contratado para exercer a função de contador (regido pelo Decreto-Lei nº 9.295, de 27 de maio de 1946) por um restaurante. Após alguns meses de sua admissão, Marcos foi eleito dirigente sindical do Sindicato dos Contabilistas.

Marcos é portador de estabilidade provisória no restaurante?

Nos termos da Súmula nº 369, III, do TST, o empregado de categoria diferenciada eleito dirigente sindical só goza de estabilidade se exercer na empresa atividade pertinente à categoria profissional do sindicato para o qual foi eleito dirigente. Logo, Marcos não possui estabilidade provisória.

GREVE

Mero bloqueio de entradas da empresa, sem violência, não caracteriza abusividade da greve

Processo: RO - 5902-33.2016.5.15.0000 Data de Julgamento: 11/06/2018, Relatora Ministra: Kátia Magalhães Arruda, Seção Especializada em Dissídios Coletivos, Data de Publicação: DEJT 22/06/2018.

Greve é o instrumento de pressão, de natureza constitucional, exercida pela categoria profissional, a fim de obter da categoria econômica a satisfação dos interesses dos trabalhadores, aos quais compete "decidir sobre a oportunidade de exercê-lo e sobre os interesses que devam por meio dele defender" (art. 9º da CF/88). Não obstante a amplitude constitucionalmente conferida ao direito de greve, a Lei Maior estabelece diretrizes limitadoras ao seu exercício, e remete à legislação infraconstitucional a definição dos serviços ou atividades essenciais, o disciplinamento sobre o atendimento das necessidades inadiáveis da comunidade, bem como a responsabilização pelos abusos cometidos. A lei define o exercício do direito de greve como a "suspensão coletiva, temporária e pacífica, total ou parcial, de prestação pessoal de serviços a empregador" (art. 2º da Lei nº 7.783/89), e estabelece os seguintes requisitos de validade: 1 - tentativa de negociação; 2 - aprovação em assembleia de trabalhadores; 3 - regra geral, aviso-prévio à contraparte a respeito da paralisação, com antecedência de 48 horas. Tratando-se de greve em serviços ou atividades essenciais a comunicação deverá ocorrer, no mínimo, com 72 horas de antecedência; e, ainda, durante o período de paralisação, em comum acordo, os envolvidos no conflito - sindicatos dos trabalhadores e empregadores - ficam obrigados a garantir a prestação dos serviços indispensáveis ao atendimento das necessidades inadiáveis da comunidade. Não há controvérsia quanto ao cumprimento dos requisitos formais estabelecidos na legislação para a deflagração da greve. Portanto, sob esse ângulo a greve não foi abusiva. No caso dos autos, a recorrente alega que os piquetes e os bloqueios provocados pelo movimento paredista caracterizam abuso do direito de greve, haja vista que essas medidas violam e constrangem os direitos e garantias fundamentais de outrem. Pois bem, o mero bloqueio das entradas da empresa, impedindo o deslocamento das pessoas de entrarem no estabelecimento ou no local de trabalho durante a greve, sem violência, não constitui motivo para caracterizar a abusividade da paralisação. Portanto, não se vislumbra violação do art. 6º, § 3º, da Lei nº 7.783/89.

Licitude da greve

Sabe-se que nos termos do art. 6º, § 3º, da Lei de Greve, "*as manifestações e atos de persuasão utilizados pelos grevistas não poderão impedir o acesso ao trabalho nem causar ameaça ou dano à propriedade ou pessoa*".

Contudo, a Seção de Dissídios Coletivos do TST entendeu que o mero bloqueio das entradas da empresa, impedindo o deslocamento das pessoas de entrarem no estabelecimento ou no local de trabalho durante a greve, sem violência, não constitui motivo para caracterizar a abusividade da paralisação. Portanto, não se vislumbra violação do art. 6º, § 3º, da Lei nº 7.783/89. RO-5902-33.2016.5.15.0000, Relatora Ministra: Kátia Magalhães Arruda, Data de Julgamento: 11/06/2018, SDC, Data de Publicação: DEJT 22/06/2018

E, essa não é a primeira vez que o TST assim entende. Já decidiu que o fato de ter ocorrido bloqueio da entrada e da garagem da empresa, impedindo a entrada e a saída de pessoas e de veículos durante a greve, por si só, não constitui motivo ensejador da abusividade da greve:

> **ABUSIVIDADE DA GREVE. DEFLAGRAÇÃO DO MOVIMENTO NA VIGÊNCIA DE ACORDO COLETIVO DE TRABALHO. MANUTENÇÃO**

DE SERVIÇOS ESSENCIAIS. BLOQUEIO DE ACESSO À EMPRESA DURANTE A GREVE. (...). Por fim, o fato de ter havido o bloqueio de veículos, por meio de piquetes, e de a entrada de pessoas nos estabelecimentos da suscitada ter sido dificultada, por si sós, não induzem à ilação de que a greve deve ser declarada abusiva, por violação do art. 6º da Lei de Greve. Além de não se ter notícias, nos autos, de que o movimento ou os bloqueios tivessem ocorrido mediante ações de vandalismo, com o emprego de meios violentos ou com a prática de atos que pudessem ser considerados sérios e preocupantes, a greve, deflagrada em serviços essenciais, não trouxe prejuízos à população, afora, logicamente, os transtornos inevitáveis que a deflagração da parede, por si só, acarreta. Mantém-se, portanto, a decisão da não abusividade da greve, nos tópicos acima epigrafados. (RO-5923-11.2015.5.09.0000, Relatora Ministra: Dora Maria da Costa, Seção Especializada em Dissídios Coletivos, Data de Publicação: DEJT 22/09/2017).

ILICITUDE

Paralisação com caráter político

Processo: RO-10504-66.2017.5.03.0000, Relatora Ministra: Dora Maria da Costa, Data de Julgamento: 09/04/2018

A paralisação dos trabalhadores em empresas de transporte coletivo urbano, intermunicipal, interestadual, fretamento e turismo de Juiz de Fora, no dia 28/4/2017, como forma de protesto contra as propostas de reformas trabalhista e previdenciária, representou a adesão da categoria a um movimento convocado por entidades sociais e centrais sindicais, dirigido especificamente aos poderes públicos, não constituindo um meio de ação direta da classe trabalhadora em benefício de seus interesses profissionais. O entendimento desta Seção Especializada é o de que a greve com nítido caráter político é abusiva, já que não se pode admitir que os empregadores suportem as consequências da paralisação, quando as pretensões apresentadas não fazem parte da sua esfera de disponibilidade. Acrescenta-se que declaração de abusividade da greve decorre, também, da não observância às disposições do art. 13 da Lei nº 7.783/1989, segundo as quais, na greve deflagrada em serviços essenciais, o empregador deve ser comunicado com antecedência mínima de 72 horas do início do movimento. Recurso ordinário conhecido e não provido.

Greve

A greve é direito fundamental de titularidade dos trabalhadores competindo aos mesmos definir a oportunidade e os interesses que por meio dela vão defender (art. 9º, da CRFB/88). O art. 2º, Lei 7.783/89 define a greve como a suspensão coletiva, temporária e pacífica, total ou parcial, de prestação pessoal de serviços a empregador.

Acerca dos interesses que podem ser defendidos pelos grevistas, colhe-se o ensinamento de Raphael Miziara e Roberto Braga[9]:

> A controvérsia perpassa pela extensão que o intérprete deve dar ao art. 9º da CRFB/88. Aqui é preciso distinguir os grupos de interesses que podem ser defendidos pelos grevistas: a) políticos; b) políticos-trabalhistas; c) exclusivamente trabalhistas. A greve estritamente política é rechaçada pela jurisprudência, doutrina e até mesmo pela própria OIT, que entende estar abrangida pelos princípios da liberdade sindical (Convenção n. 87, art. 10).
>
> A greve político-trabalhista, de conteúdo profissional é admitida pela OIT e por parcela da doutrina. No entanto, a jurisprudência do TST não a acolhe, pois, os interesses não terá como ser atendidos pelo empregador. Logo, se nada pode ser reivindicado do empregador, apenas em relação ao governo, resta configurada a abusividade.

Nesse sentido, vem decidindo o TST:

> **'RECURSO ORDINÁRIO. DISSÍDIO DE GREVE. NOMEAÇÃO PARA REITOR DA PONTIFÍCIA UNIVERSIDADE CATÓLICA DE SÃO PAULO - PUC. CANDIDATA MENOS VOTADA EM LISTA TRÍPLICE. OBSERVÂNCIA DO REGULAMENTO. PROTESTO COM MOTIVAÇÃO POLÍTICA. ABUSIVIDADE DA PARALISAÇÃO.** 1. A Constituição da República de 1988, em seu art. 9.º, assegura o direito de greve, competindo aos trabalhadores decidir sobre a oportunidade de exercê-lo e os interesses que devam por meio dele defender. 2. Todavia, embora o direito de greve não seja condicionado à previsão em lei, a própria Constituição (art. 114, § 1.º) e a Lei n.º 7.783/1989 (art. 3.º) fixaram requisitos para o exercício do direito de greve (formais e materiais), sendo que a inobservância de tais requisitos constitui abuso do direito de greve (art. 14 da Lei n.º 7.783). 3. Em um tal contexto, os interesses suscetíveis de serem defendidos por meio da greve dizem respeito a condições contratuais e ambientais de trabalho, ainda que já estipuladas, mas não cumpridas; em outras palavras, o objeto da greve está limitado a postulações capazes de serem atendidas por convenção ou acordo coletivo, laudo arbitral ou sentença normativa da Justiça do Trabalho, conforme lição do saudoso Ministro Arnaldo Sussekind, em conhecida obra. 4. Na hipótese vertente, os professores e os auxiliares administrativos da PUC se utilizaram da greve como meio de protesto pela não nomeação para o cargo de reitor do candidato que figurou no topo da lista tríplice, embora admitam que a escolha do candidato menos votado observou as normas regulamentares. Portanto, a greve não teve por objeto a

---

9 MIZIARA, Raphael; BRAGA, Roberto W. *Informativos do TST comentados*. 2. ed. Salvador: JusPodivm, 2017.

criação de normas ou condições contratuais ou ambientais de trabalho, mas se tratou de movimento de protesto, com caráter político, extrapolando o âmbito laboral e denotando a abusividade material da paralisação. Recurso ordinário conhecido e provido, no tema." (Processo: RO - 51534-84.2012.5.02.0000, Data de Julgamento: 9/6/2014, Relator: Ministro Walmir Oliveira da Costa, Seção Especializada em Dissídios Coletivos, Data de Publicação: DEJT 20/6/2014.)

'EMENTA: GREVE. NATUREZA POLÍTICA. ABUSIVIDADE. A greve política não é um meio de ação direta da classe trabalhadora em benefício de seus interesses profissionais e, portanto, não está compreendida dentro do conceito de greve legal trabalhista. Entende-se por greve política, em sentido amplo, a dirigida contra os poderes públicos para conseguir determinadas reivindicações não suscetíveis de negociação coletiva. Correta, portanto, a decisão que declara a abusividade do movimento grevista com tal conotação, máxime quando inobservado o disposto na Lei 7.783/89. Recurso Ordinário conhecido e desprovido." (RODC -571212-31.1999.5.01.5555 Data de Julgamento: 31/8/2000, Relator: Juiz Convocado Márcio Ribeiro do Valle, Seção Especializada em Dissídios Coletivos, Data de Publicação: DJ 15/9/2000.).

RECURSO ORDINÁRIO. DISSÍDIO COLETIVO DE GREVE. ADESÃO À GREVE GERAL CONTRA AS REFORMAS TRABALHISTA E PREVIDENCIÁRIA (28/04/2017). CONOTAÇÃO POLÍTICA. ABUSIVIDADE DA GREVE. A greve deflagrada em apoio a conclamação geral de centrais sindicais para greve contra as propostas de Reformas Trabalhista e Previdenciário tem conotação política e não se enquadra nas disposições da Lei de Greve (Lei nº 7.783/89), notadamente da alusiva à necessidade de demonstração de frustração das negociações coletivas, contida no art. 3º, sendo abusiva. Na greve de viés político, há impossibilidade material de que sejam frustradas as negociações com o empregador, na medida em que, não é dirigida contra este, mas contra o Poder Público. A rigor, não se trata da dispensa do cumprimento do requisito mencionado nas hipóteses de greve política, mas de impossibilidade de que haja atendimento do requisito da negociação com o empregador. No caso, há descumprimento, ainda, do art. 13 da Lei nº 7.783/89 quanto à notificação prévia da paralisação ao empregador, não sendo suficiente a mera informação a partir de divulgação pela mídia eletrônica ou televisiva. Com efeito, a Suscitante desenvolve atividade essencial à população (transporte rodoviário), não podendo ficar à mercê de comunicados lançados na mídia nacional, sem ato oficial do sindicato profissional de comunicação da paralisação. Ademais, a Lei não flexibilizou no aspecto, não cabendo ao magistrado fazê-lo. Por fim, restou comprovado o descumprimento da ordem judicial de manutenção de quantitativo mínimo em serviço em Itaquaquecetuba, o que autoriza a aplicação da multa diária prevista na decisão liminar. Recurso ordinário conhecido e provido. (RO - 1001240-35.2017.5.02.0000, Relator Ministro: Aloysio Corrêa da Veiga, Data de Julgamento: 14/05/2018, Seção Especializada em Dissídios Coletivos, Data de Publicação: DEJT 21/06/2018)

DECISÕES DO ANO DE 2018 – PROCESSO DO TRABALHO

COMPETÊNCIA

ABSOLUTA EM RAZÃO DA MATÉRIA

É competência da Justiça do Trabalho julgar demandas que tenham como pedido seguro de vida em grupo, contratado pela empregadora.

Processo: ARR - 21039-51.2014.5.04.0026 Data de Julgamento: 05/12/2018, Relator Ministro: Alexandre de Souza Agra Belmonte, 3ª Turma, Data de Publicação: DEJT 07/12/2018.

Com o advento da Emenda Constitucional nº 45, a Justiça do Trabalho teve sua competência ampliada. Outras controvérsias e ações oriundas da relação de trabalho passaram a ser processadas e julgadas nesta Justiça especializada. A premissa fática constante no acórdão recorrido é de que o seguro de vida em grupo decorreu do contrato de trabalho, tendo sido adquirido com a intermediação da empregadora. Logo, é competente a Justiça do Trabalho para dirimir a controvérsia.

Competência

O que define a competência são o pedido e a causa de pedir. Com o advento da Emenda Constitucional nº 45, a Justiça do Trabalho teve sua competência ampliada, passando a ser competência da Justiça do Trabalho, pelo inciso IX do art. 114 da CF, outras controvérsias e ações oriundas da relação de trabalho.

Sendo assim, o TST firmou que é competente a Justiça do Trabalho para julgar ações quando o reclamante postula o pagamento de indenização prevista em seguro de vida estipulado pelo empregador na vigência do contrato de trabalho.

Nesse sentido:

Precedente vinculante

RECURSO DE EMBARGOS INTERPOSTO SOB A ÉGIDE DA LEI N.º 11.496/2007. JUSTIÇA DO TRABALHO. CONTRATO DE SEGURO DE

VIDA EM GRUPO. BENEFÍCIO DECORRENTE DA APOSENTADORIA POR INVALIDEZ. COMPETÊNCIA DA JUSTIÇA DO TRABALHO. Em se tratando de vantagem outorgada ao reclamante por força do contrato de emprego, resta indene de dúvidas que se discute direito decorrente da relação laboral. Resulta inafastável, daí, a competência da Justiça do Trabalho para dirimir litígio relacionado com o não cumprimento de contrato de seguro de vida em grupo, no que tange ao pagamento do benefício devido em razão da aposentadoria por invalidez. Recurso de embargos conhecido e não provido. (TST-E-RR-176300-44.2002.5.17.0001, Relator: Ministro Lelio Bentes Corrêa, Data de Julgamento: 26/9/2011, SBDI-1, Data de Publicação: DEJT 30/9/2011);

RECURSO DE REVISTA - COMPETÊNCIA DA JUSTIÇA DO TRABALHO - SEGURO DE VIDA CONTRATADO PELO EMPREGADOR EM BENEFÍCIO DOS SEUS EMPREGADOS - DEMANDA ORIUNDA DA RELAÇÃO DE EMPREGO - ART. 114, I, DA CONSTITUIÇÃO FEDERAL. A competência material decorre do pedido e da causa de pedir. Nos termos do art. 114, I, da Constituição Federal, a Justiça do Trabalho afigura-se competente para julgar as demandas oriundas do vínculo laboral firmado entre empregado e empregador. Dessa forma, se a causa de pedir repousa na relação de trabalho subordinado e o pedido relaciona-se ao pagamento de verba decorrente do mencionado liame, esta Justiça Especial afigura-se competente para julgar o feito. Na espécie, o reclamante postula o pagamento de indenização prevista em seguro de vida estipulado pelo empregador na vigência do contrato de trabalho, o que, de acordo com precedentes da SBDI-1 deste Tribunal, atrai a incidência do dispositivo constitucional citado. Recurso de revista conhecido e provido. (TST-RR-1240-86.2012.5.03.0101, Relator Ministro: Luiz Philippe Vieira de Mello Filho, 7ª Turma, DEJT 14/3/2014)

AGRAVO DE INSTRUMENTO EM RECURSO DE REVISTA. SEGURO DE VIDA EM GRUPO. INDENIZAÇÃO. JUSTIÇA DO TRABALHO. COMPETÊNCIA. 1. O e. Tribunal Regional deixa assentado que -Segundo narra e comprova na inicial, o reclamante era beneficiário de seguro de vida em grupo, firmado entre as recorridas por força de norma coletiva juntada aos autos em mais de uma oportunidade (fls. 36/75 e 204/216). Observe-se que se a contratação se deu por disposição de norma coletiva por si só leva a concluir que decorreu da relação de emprego entre o reclamante e a segunda recorrida-, concluindo que -(...) o litígio está plenamente inserido no âmbito da relação de trabalho, motivo pelo qual a competência para dirimir a controvérsia em derredor da indenização ora pleiteada é indubitavelmente desta Especializada, mormente em face do que dispõe o inciso VI do art. 114, da Constituição Federal, inserido pela Emenda Constitucional n. 045/2004-. 2. Decisão em consonância com a atual e iterativa jurisprudência desta Casa, a inviabilizar o seguimento do recurso de revista, nos moldes da Súmula 333/TST. Precedentes. (TST-AIRR-91900-85.2007.5.05.0121, Relator Ministro: Hugo Carlos Scheuermann, 1ª Turma, DEJT 26/3/2013)

RECURSO DE REVISTA. COMPETÊNCIA DA JUSTIÇA DO TRABALHO (alegação de violação aos artigos 114, da CF/88 e 757 e 801, §1º, ambos do Código Civil, e divergência jurisprudencial). Tem-se que o título postulado (seguro de vida em grupo) é instituído e mantido em função da existência da relação de trabalho, conquanto se encontre vinculado a entidade de previdência privada. Nesse passo, é de se reconhecer que a controvérsia decorre, efetivamente, do contrato laboral. Significa dizer que restou demonstrado estar a causa de pedir intimamente ligada ao vínculo de emprego entre o reclamante e a primeira reclamada, pressuposto que define a competência desta Justiça Especializada para apreciar e julgar o feito, nos exatos termos do comando constitucional retro. Incólume o disposto nos artigos 114, da CF/88 e 757 e 801, §1º, ambos do Código Civil. De outra parte, incide o óbice contido na Súmula nº 296 do TST para afastar a alegação de divergência jurisprudencial. Recurso de revista não conhecido. (TST-RR-164800-76.2006.5.04.0332, Relator Ministro: Renato de Lacerda Paiva, 2ª Turma, DEJT: 31/10/2012)

RECURSO DE REVISTA. COMPETÊNCIA DA JUSTIÇA DO TRABALHO. RESPONSABILIDADE DA SEGURADORA. INDENIZAÇÃO SUBSTITUTIVA. SEGURO DE VIDA PACTUADO POR FORÇA DE NORMA COLETIVA. Enquadra-se na competência da Justiça do Trabalho, nos limites gizados pelo artigo 114 da Constituição da República, a apreciação de pleito relativo a seguro de vida, quando decorrente de obrigação a que o empregador se sujeitou, por meio do contrato de trabalho, de regulamento interno da empresa ou de norma coletiva, ainda que envolva o exame do ajuste com a seguradora e de sua eventual responsabilidade quanto ao não-pagamento da indenização prevista no contrato de seguro. Afastada, pelo Tribunal de origem, a competência desta Especializada para apreciar a responsabilidade da Seguradora quanto ao pedido de indenização substitutiva - àquela prevista em seguro de vida em grupo, contratado pela empregadora, por força de Convenção Coletiva de Trabalho -, tem-se como afrontada a literalidade do aludido preceito constitucional e do artigo 652, IV, da CLT. Recurso de revista conhecido e provido. (TST-RR-116600-43.2005.5.03.0092, Relatora Ministra: Rosa Maria Weber, 3ª Turma, DEJT 28/10/2010)

RECURSO DE REVISTA. COMPETÊNCIA DA JUSTIÇA DO TRABALHO. DISCUSSÃO SOBRE COBERTURA DE APÓLICE DE SEGURO. O julgamento da lide em que o direito pleiteado envolve discussão sobre a cobertura de seguro de vida e saúde, mantido pela Reclamada com a Seguradora, em decorrência da relação de emprego, compete à Justiça Trabalhista, de acordo com o art. 114 da Constituição Federal de 1988. Precedentes desta Corte. Recurso de Revista conhecido e provido. (TST-RR-1178-39.2011.5.02.0447, Relatora Ministra: Maria de Assis Calsing, 4ª Turma, DEJT 13/12/2013)

RECURSO DE REVISTA. COMPETÊNCIA DA JUSTIÇA DO TRABALHO. SEGURO DE VIDA FIRMADO PELA EMPREGADORA EM FAVOR DE

SEUS EMPREGADOS. OFENSA AO ARTIGO 114 DA CONSTITUIÇÃO FEDERAL. PROVIMENTO. Esta Justiça Especializada é competente, nos termos do artigo 114, I, da Constituição Federal, para apreciar e julgar questão relacionada ao vínculo de emprego, em que se discute o direito ao recebimento de indenização decorrente de aposentadoria por invalidez, prevista no seguro de vida firmado pela empregadora, em favor de seus empregados. Precedentes de Turmas e da SBDI-1. Recurso de revista conhecido e provido. (TST-RR-750-39.2010.5.03.0035, Relator Ministro: Guilherme Augusto Caputo Bastos, 5ª Turma, DEJT 9/11/2012)

RECURSO DE REVISTA. INTERPOSTO PELO RECLAMANTE. SEGURO DE VIDA. INDENIZAÇÃO SUBSTITUTIVA EM FACE DO EMPREGADOR. COMPETÊNCIA DA JUSTIÇA DO TRABALHO. Cuida-se, na hipótese, de direito concernente à indenização substitutiva de seguro de vida. Esta Corte se manifesta no sentido de que a parcela tem origem no contrato de emprego, sendo competente a Justiça do Trabalho para processar e julgar o pedido, nos termos do art. 114, caput, da Constituição, quando alude a 'outras controvérsias decorrentes da relação de trabalho'. Precedentes da SDI-1 e de Turmas deste Tribunal Superior. Recurso de revista conhecido e parcialmente provido, no particular. (TST-ARR-667-78.2010.5.03.0049, Relatora Ministra: Dora Maria da Costa, 8ª Turma, DEJT 13/9/2013)

AGRAVO DE INSTRUMENTO. RECURSO DE REVISTA - DESCABIMENTO. 1. INCOMPETÊNCIA DA JUSTIÇA DO TRABALHO. Tratando-se de indenização de seguro de vida advindo da relação de emprego, não há como se negar a competência da Justiça do Trabalho. (TST-AIRR-137440-23.2003.5.03.0067, Relator Ministro: Alberto Luiz Bresciani de Fontan Pereira, 3ª Turma, DEJT 7/4/2009)

AGRAVO DE INSTRUMENTO. BENEFÍCIO DECORRENTE DA RELAÇÃO DE EMPREGO. SEGURO DE VIDA CONTRATADO PELA EMPREGADORA. COMPETÊNCIA DA JUSTIÇA DO TRABALHO. Compete à Justiça do Trabalho julgar pedidos relativos a direitos e vantagens previstos na legislação trabalhista. O fato de o seguro de vida constituir-se em obrigação assumida pela empregadora, e que aderiu ao contrato do trabalho do autor, não desloca a competência para a Justiça Comum, pois diretamente ligado ao contrato de trabalho (artigo 114 da Constituição Federal de 1988). Agravo de instrumento a que se nega provimento. (TST-AIRR-76740-08.2006.5.03.0025, Relator Ministro: Aloysio Corrêa da Veiga, 6ª Turma, Data de Publicação: 6/6/2008)

Incompetência da Justiça do Trabalho para autorizar o trabalho artístico para crianças e adolescentes em teatros, programas ou novelas produzidas por emissoras de rádio e televisão.

ADI 5326 – STF

"O Supremo Tribunal Federal (STF) decidiu que cabe à Justiça comum autorizar o trabalho artístico para crianças e adolescentes em teatros, programas ou novelas produzidas por emissoras de rádio e televisão.

No julgamento, por 8 votos a 1, o plenário manteve liminar concedida em agosto de 2016, pelo ministro Marco Aurélio, na ação direta de inconstitucionalidade protocolada pela Associação Brasileira das Emissoras de Rádio e Televisão (Abert).

A entidade alegou no STF que normas do Ministério Público e de alguns tribunais fixaram indevidamente a competência legal da Justiça do Trabalho para conceder a autorização de trabalho aos menores.

De acordo com o Estatuto da Criança e do Adolescente (ECA), cabe ao Judiciário autorizar participação de crianças e adolescentes menores de 18 anos em espetáculos públicos e em estúdios cinematográficos. No entanto, a norma não especificou qual ramo da Justiça deveria decidir a questão.

Os ministros Marco Aurélio, Luiz Fux, Edson Fachin, Alexandre de Moraes, Cármen Lúcia, Ricardo Lewandowski, Dias Toffoli e Luís Roberto Barroso votaram a favor de que a Justiça Comum julgue esse tipo de procedimento.

Para a maioria, a análise da autorização não pode ser feita pela justiça trabalhista, que tem somente competência para decidir sobre o contrato de trabalho.

Somente a ministra Rosa Weber, que integrou o Tribunal Superior do Trabalho (TST) antes de chegar ao STF, votou pela competência da justiça trabalhista."

RELATIVA EM RAZÃO DO LUGAR

Possibilidade de ajuizamento da ação no foro do domicílio da reclamante face o término das atividades da filial da empresa na localidade da contratação e da prestação dos serviços.

Informativo 185 do TST

Processo: E-RR-11727-90.2015.5.03.0043, SBDI-I, rel. Min. Cláudio Mascarenhas Brandão, 18.10.2018

É possível reconhecer a competência territorial do foro do domicílio da reclamante quando a atribuição da competência ao juízo do Trabalho da contratação ou da prestação dos serviços inviabilizar a garantia do exercício do direito de ação.

As regras do art. 651 da CLT não devem ser interpretadas de forma literal, mas sistematicamente, de modo a concretizar os direitos e garantias fundamentais insculpidos na Constituição da República.

Na hipótese, a autora foi contratada e prestou serviços em Altamira/PA, mas ajuizou a ação na cidade de Uberlândia/MG, local para onde se mudou após a dispensa. Além disso, a filial da empresa, na cidade de Altamira/PA, encerrou suas atividades, mantendo-as apenas na cidade do Rio de Janeiro/RJ.

Assim, para a autora, o processamento do feito no município em que reside atualmente garante-lhe o acesso à justiça, sem causar prejuízo ao direito de defesa da ré, pois o deslocamento do Rio de Janeiro até Uberlândia é mais viável que até Altamira, principalmente porque suas atividades nesta cidade foram encerradas, pressuposto que legitimava a competência deste local.

Sob esses fundamentos, a SBDI-I, por unanimidade, conheceu dos embargos interpostos pela reclamante, por divergência jurisprudencial, e, no mérito, por maioria, deu-lhes provimento para declarar a competência territorial de uma das Varas do Trabalho de Uberlândia/MG e determinar a remessa dos autos para essa localidade, a fim de que julgue os pedidos como entender de direito.

A determinação da competência territorial para o dissídio individual típico, no Processo do Trabalho, define-se, em regra, pelo local da prestação dos serviços do empregado (art. 651, caput, da CLT). Norma de cunho protecionista e ditada pela observância do princípio constitucional da acessibilidade (art. 5º, XXXV). Apenas excepcionalmente, toma-se em conta o juízo da localidade da contratação (§ 3º do art. 651 da CLT) ou o do foro do domicílio do empregado (§ 1º do artigo 651 da CLT).

Competência em razão do lugar para ajuizamento da ação trabalhista

Nos termos do artigo 651 da CLT, a competência para o ajuizamento da ação trabalhista, deve obedecer o seguinte:

(1) Regra geral: Foro do local onde o empregado prestou ou presta serviços.

> **CLT, Art. 651** - A competência das Juntas de Conciliação e Julgamento é determinada pela localidade onde o empregado, reclamante ou reclamado, prestar serviços ao empregador, ainda que tenha sido contratado noutro local ou no estrangeiro.

(2) Agente ou viajante comercial: Localidade da agência ou filial e a esta o empregado esteja subordinado. Na falta, o domicílio do empregado ou localidade mais próxima.

> **CLT, Art. 651** - [..]
>
> **§ 1º** - Quando for parte de dissídio agente ou viajante comercial, a competência será da Junta da localidade em que a empresa tenha agência ou filial e a esta o empregado esteja subordinado e, na falta, será competente a Junta da localização em que o empregado tenha domicílio ou a localidade mais próxima.

(3) Empregado que foi contratado em um local, mas que prestou serviço em outro local: A competência para o dissídio individual trabalhista será, a localidade na qual o empregado tenha celebrado o contrato de trabalho ou prestado os serviços respectivos.

> **CLT, Art. 651** - [..]
>
> **§ 3º** - Em se tratando de empregador que promova realização de atividades fora do lugar do contrato de trabalho, é assegurado ao empregado apresentar reclamação no foro da celebração do contrato ou no da prestação dos respectivos serviços.

(4) Empresa possua atuação nacional: Entretanto, a jurisprudência do TST tem evoluído para considerar o domicílio do autor como elemento definidor da competência territorial, com base no princípio do livre acesso à justiça, o qual autoriza a aplicação analógica do art. 651, § 1º, da CLT, sempre que:

- **Empresa possua atuação nacional; e**
- **Não se revele um embaraço à defesa, e o contrário evidenciar-se um obstáculo ao livre exercício do direito fundamental de ação.**

Nesse sentido:

> **Precedentes vinculantes do TST:**
>
> **Informativo – 146 do TST - CONFLITO NEGATIVO DE COMPETÊNCIA - TRABALHADOR MIGRANTE - RECRUTAMENTO - PRESUNÇÃO - PONDERAÇÃO DOS INTERESSES EM CONFLITO - AJUIZAMENTO DA AÇÃO NO DOMICÍLIO DO RECLAMANTE.** 1. Verifica-se que, em se tratando o empregador de empresa de grande porte e âmbito nacional, que realiza contratação e presta serviços em localidades distintas do país, é plenamente possível uma exegese do § 3º do art. 651 da CLT em consonância com o princípio constitucional do art. 5º, XXXV, de mode a permitir ao reclamante o ajuizamento da reclamação trabalhista no local do seu domicílio, onde presumidamente se deu seu recrutamento, sob pena de vedar-se economicamente o acesso à jurisdição. 2. Não se pode olvidar a necessidade de preservação do direito ao contraditório e à ampla defesa, possibilitando, nessas circunstâncias, a acessibilidade também ao reclamado, assegurando-lhe os meios inerentes à defesa de seu direito, que não se compromete economicamente em razão da preservação da competência jurisdicional do foro do recrutamento do empregado. É preciso, pois, ponderar os interesses em conflito para harmonizar a solução dada ao caso concreto. 3. Assim sendo, verificadas a capacidade econômica e a possibilidade de formulação da defesa de seus interesses, em seu sentido material e formal, preserva-se a acessibilidade àquele economicamente débil, pois, do contrário, a acessibilidade à jurisdição e a uma jurisdição especial para uma relação jurídica assimétrica estaria restrita à mera retórica do texto

constitucional. 4. Não se trata, portanto, de ampliar irrestritamente a regra legal, mas, observando-a, adequá-la às normas constitucionais que inspiram o processo como instrumento de realização do direito material. Conflito de competência acolhido para declarar competente a Vara do Trabalho de Ipiaú/BA. (CC - 54-74.2016.5.14.0006, Redator Ministro: Luiz Philippe Vieira de Mello Filho, Data de Julgamento: 27/09/2016, Subseção II Especializada em Dissídios Individuais, Data de Publicação: DEJT 11/11/2016)

Informativo – 156 do TST - RECURSO DE EMBARGOS EM RECURSO DE REVISTA REGIDO PELA LEI Nº 13.015/2014. COMPETÊNCIA TERRITORIAL. RECLAMAÇÃO TRABALHISTA AJUIZADA NO FORO DO DOMICÍLIO DO RECLAMANTE. LOCALIDADE DISTINTA DA CONTRATAÇÃO E PRESTAÇÃO DOS SERVIÇOS. Com ressalva de entendimento deste Relator, esta Corte Superior firmou entendimento no sentido de que o foro do domicílio do empregado apenas será considerado competente, por lhe ser mais favorável que a regra do artigo 651 da CLT, nas hipóteses em que a empresa possua atuação nacional e, ao menos, a contratação ou arregimentação tenha ocorrido naquela localidade. Desse modo, apenas quando a ré contratar e promover a prestação dos serviços em diferentes localidades do território nacional é possível a aplicação ampliativa do § 3º do artigo 651 da CLT, permitindo ao autor o ajuizamento da ação no local do seu domicílio. Considerando que a Egrégia Turma flexibilizou a regra de fixação de competência baseando-se apenas na hipossuficiência econômica do reclamante, sem registrar a presença de quaisquer das demais situações excepcionais acima mencionadas, deve ser reconhecida a competência do foro do local da prestação dos serviços para processar e julgar a presente ação. Precedentes. Recurso de embargos de que se conhece e a que se dá provimento. (**E-RR - 73-36.2012.5.20.0012**, Relator Ministro: Cláudio Mascarenhas Brandão, Data de Julgamento: 30/03/2017, Subseção I Especializada em Dissídios Individuais, Data de Publicação: **DEJT 12/05/2017**)

Informativo – 121 do TST - COMPETÊNCIA TERRITORIAL. DISSÍDIO INDIVIDUAL TÍPICO. CRITÉRIOS OBJETIVOS DE FIXAÇÃO. ART. 651 DA CLT. DOMICÍLIO DO EMPREGADO 1. A determinação da competência territorial para o dissídio individual típico, no Processo do Trabalho, define-se, em regra, pelo local da prestação dos serviços do empregado (art. 651, caput, da CLT). Norma de cunho protecionista e ditada pela observância do princípio constitucional da acessibilidade (art. 5º, XXXV). Apenas excepcionalmente, toma-se em conta o juízo da localidade da contratação (§ 3º do art. 651 da CLT) ou o do foro do domicílio do empregado (§ 1º do artigo 651 da CLT). 2. Delineados pela lei os critérios objetivos para a fixação da competência territorial, em linha de princípio, a Vara do Trabalho do domicílio do empregado, se não coincidente com a localidade da celebração do contrato ou da prestação dos serviços, não é competente para o julgamento de dissídio individual típico resultante do contrato de emprego. Precedentes da SbDI-1 e da

SbDI-2 do TST. 3. Embargos do Reclamante de que se conhece, por divergência jurisprudencial, e a que se nega provimento." (E-RR-775-66.2013.5.07.002, Relator Ministro: João Oreste Dalazen, Subseção I Especializada em Dissídios Individuais, DEJT 08/04/2016)

(5) Término da atividade da filial da empresa na localidade da contratação e da prestação dos serviços: Local do domicílio atual do empregado.

Precedente vinculante do TST:

Informativo - 185 do TST - RECURSO DE EMBARGOS EM RECURSO DE REVISTA REGIDO PELA LEI Nº 13.015/2014. COMPETÊNCIA TERRITORIAL. RECLAMAÇÃO TRABALHISTA AJUIZADA EM LOCALIDADE DISTINTA DA CONTRATAÇÃO E PRESTAÇÃO DOS SERVIÇOS. TÉRMINO DAS ATIVIDADES DA FILIAL NA LOCALIDADE. PRINCÍPIOS DO ACESSO À JUSTIÇA, DO CONTRADITÓRIO E DA AMPLA DEFESA. DIREITOS DE ACESSO À JUSTIÇA E DE DEFESA. APLICAÇÃO DOS PRINCÍPIOS DA RAZOABILIDADE E PROPORCIONALIDADE. As normas definidoras da competência emanam do princípio da proteção que norteia o Direito do Trabalho e garantem a efetivação do princípio do livre acesso à Justiça, pois, no local onde prestou serviços, em regra, tem acesso com maior facilidade aos elementos de convicção necessários à demonstração do que efetivamente ocorreu durante a execução do contrato de trabalho. Da mesma forma e em linha de princípio, o empregador exerce plenamente o seu direito de defesa, com o acesso à documentação existente no estabelecimento vinculado à prestação de labor por parte do empregado. Contudo, há muito, esta Subseção firmou tese no sentido de relativizar - em casos excepcionais - a aplicação rígida de tais normas, a partir da interpretação conforme a Constituição do artigo 651 da CLT, nos casos em que a atribuição da competência ao foro da prestação dos serviços ou da contratação inviabiliza o exercício do direito de ação, garantia nela assegurada, desde que não cause prejuízo ao exercício do direito de defesa. E, nesse sentido, faz-se necessário interpretar a regra, não de forma literal, mas sistematicamente, de modo a concretizar os demais direitos e garantias fundamentais insculpidos no texto constitucional, na busca de solução para o que Norberto Bobbio denomina de antinomia, por ele conceituada como a "situação que se verifica entre duas normas incompatíveis, pertencentes ao mesmo ordenamento e tendo o mesmo âmbito de validade" ou "o encontro de duas normas que não podem ser ambas aplicadas" (BOBBIO, Norberto. Teoria do ordenamento jurídico. 2ª reimpr. Brasília: Polis; Universidade de Brasília, 1991. p. 88/91), o que também ocorre com direitos de igual dimensão. A solução para tais casos deve basear-se na aplicação dos princípios da proporcionalidade e razoabilidade, tal como autorizado no artigo 8º do CPC, a partir, o primeiro, dos subprincípios (a) da proporcionalidade em sentido estrito; (b) da adequação e (c) da exigibilidade ou máxima do meio mais suave. Portanto, há que se verificar a adequação dos meios utilizados para o atingimento dos fins pretendidos; a necessidade da utilização daqueles meios em detrimento de outro, menos gravoso, em seu lugar; e a efetiva razoabilidade da medida (proporcionalidade em sentido estrito), o que pode se aferido a partir da comparação entre as soluções original e a adotada no caso concreto para o atingimento dos objetivos fixados pelo legislador. O segundo, por sua vez, deve ser compreendido consoante assinala Luís Roberto Barroso (Interpretação e aplicação da Constituição. 4ª ed. São Paulo: Saraiva, 2002. p. 373), no sentido de ser "um valioso instrumento de proteção dos direitos fundamentais e do interesse público, por permitir o controle da discricionariedade dos atos do Poder Público e por funcionar como medida com que uma norma deve ser interpretada no caso concreto para a melhor realização do fim constitucional nela embutido ou decorrente do sistema". Diante do possível conflito entre o pleno exercício dos direitos de ação (autor) e defesa (réu) consolidou-se a jurisprudência no sentido de admitir que a regra do artigo 651 da CLT possa ser relativizada, nas hipóteses em que a empresa possua atuação nacional e, ao menos, a contratação ou arregimentação tenha ocorrido em local diverso daquele em que laborou o empregado. Desse modo, apenas quando a ré contratar e promover a prestação dos serviços em diferentes localidades do território nacional é possível a aplicação ampliativa do § 3º do artigo 651 da CLT e se permite ao autor o ajuizamento da ação no local do seu domicílio. Precedentes desta Subseção. Todavia, a presente hipótese possui peculiaridade atinente ao fato de a empresa haver encerrado as suas atividades na filial da cidade de Altamira/PA, mantendo-as apenas na cidade do Rio de Janeiro/RJ, o que justifica o acolhimento da tese recursal, no sentido da competência de uma das Varas do Trabalho da cidade de Uberlândia/MG. O Juízo competente não é aquele onde o empregado trabalhou, porque a própria ré não desejou isso, na medida em que escolheu e indicou o local de sua sede, conforme se verifica da peça de exceção de imcompetência. A distinção autorizadora da aplicação do precedente da SDI-1 (E-RR-420-37.2012.5.04.0102, Relator Ministro: Renato de Lacerda Paiva, Subseção I Especializada em Dissídios Individuais, DEJT 06/03/2015) baseia-se no fato de a empresa promover atividades em âmbito nacional, o que autoriza o empregado optar pelo endereço em que reside. A solução centrou-se no ponto de equilíbrio entre o direito de amplo acesso à justiça e princípio do contraditório e da ampla defesa. Essa ponderação de regras e princípios é essencial para que a Constituição prevaleça sobre as normas infraconstitucionais. Assim, partindo dessa ratio decidendi e amparado nos princípios mencionados, no caso concreto, a solução mais adequada e menos comprometedora do direito de defesa remete à rejeição da exceção, pois não há dúvida de que, atualmente, a empresa empregadora da autora não tem mais atividade em Altamira e a reclamante não reside mais nessa cidade. Essa ponderação de regras e princípios é essencial para que a Constituição prevaleça sobre as normas infraconstitucionais, sobretudo levando-se em consideração, no caso, a distância entre as cidades de Altamira e Uberlândia (2.264,3km); Altamira e Rio de Janeiro (3.059km); e Uberlândia e Rio de Janeiro (993,8km). Portanto, para a autora, o processamento do feito na cidade em que reside atualmente garante-lhe o acesso à justiça e, para a ré, a possibilidade de deslocamento até Uberlândia é mais fácil e seguramente menos onerosa do que para Altamira, principalmente porque suas atividades nesta cidade foram encerradas, pressuposto que legitimava a competência deste último local. Se a empresa tem sede no Rio de Janeiro, não se pode afirmar que está violado ou comprometido o seu direito de defesa se tivesse de se deslocar para Uberlândia, em detrimento de Altamira. Pelo contrário, além de ser muito mais próxima, os meios de mobilidade são muito mais favoráveis. De outra parte, acerca da necessidade de eventual produção de provas no local de trabalho, ambas as partes podem valer-se de instrumento processual adequado, qual seja, a carta precatória. Assim, plenamente possíveis a relativização da regra inserta no artigo 651 da CLT e o reconhecimento da competência do foro de domicílio da autora para processar e julgar a presente ação, em observância aos ditames previstos no artigo 5º, XXXV, da Constituição Federal. Recurso de embargos conhecido e provido. (E-RR - 11727-90.2015.5.03.0043, Relator Ministro: Cláudio Mascarenhas Brandão, Data de Julgamento: 18/10/2018, Subseção I Especializada em Dissídios Individuais, Data de Publicação: DEJT 07/12/2018)

(6) Domicílio dos filhos menores e da viúva de ex-empregado falecido em decorrência de acidente de trabalho, quando estão pleiteando direito próprio: O art. 651 da CLT não apresenta norma específica para fixação da competência territorial quando os filhos menores e a viúva de ex- empregado falecido promovem ação para postular direito próprio - danos moral e material - decorrente de acidente de trabalho.

Assim o TST, entendeu que por ser um dissídio individual atípico e em observância ao princípio da maior acessibilidade à Justiça do Trabalho, admite-se, aqui, excepcionalmente, a competência do foro do local de domicílio dos filhos menores e da viúva.

Entendeu ainda que, no vácuo normativo da CLT acerca da situação específica, deve ser aplicado, por analogia, o disposto no art. 147, I, do ECA - Estatuto da Criança e do Adolescente, de seguinte teor:

ECA, Art. 147. A competência será determinada:

I - pelo domicílio dos pais ou responsável;

II - pelo lugar onde se encontre a criança ou adolescente, à falta dos pais ou responsável.

Precedente vinculante do TST:

Informativo – 123 do TST - COMPETÊNCIA TERRITORIAL. JUSTIÇA DO TRABALHO. DISSÍDIO INDIVIDUAL ATÍPICO. ACIDENTE DE TRABALHO. FALECIMENTO DO EMPREGADO. AÇÃO DE INDENIZAÇÃO POR DANOS MORAL E MATERIAL. VIÚVA E HERDEIROS MENORES DE IDADE. PRETENSÃO DEDUZIDA EM NOME PRÓPRIO 1. A determinação da competência territorial para o dissídio individual típico, no processo do trabalho, define-se, em regra, pelo local da prestação dos serviços do empregado, seja ele reclamante ou reclamado, nos termos do artigo 651, caput, da CLT. Norma de cunho protecionista e ditada pela observância do princípio constitucional da acessibilidade (art. 5º, inciso XXXV, Constituição Federal). Excepcionalmente, toma-se em conta o juízo da localidade da contratação (§ 3º do artigo 651 da CLT). 2. Em alguns casos, as regras objetivas de fixação da competência territorial do artigo 651 da CLT revelam-se insuficientes, sobretudo em virtude de não abarcarem o complexo mosaico de lides hoje confiadas à competência material da Justiça do Trabalho, mormente a partir da Emenda Constitucional nº 45/04. Nesses casos, à falta de norma específica definidora da competência territorial, cumpre ao órgão jurisdicional colmatar a lacuna mediante a aplicação de norma compatível com o princípio da acessibilidade por que se norteia o sistema processual trabalhista. 3. Ação de indenização movida por viúva e filhos menores de idade de ex-empregado falecido, na defesa de direito próprio e não fruto de transmissão do "de cujus". Ausente disciplina legal específica na CLT. Admite-se a fixação da competência territorial, excepcionalmente, pelo foro do local de domicílio dos Reclamantes, por aplicação analógica do disposto no artigo 147, I, do Estatuto da Criança e do Adolescente. A prevalência do foro da localidade da prestação de serviços do falecido empregado, além de contemplada para lide de natureza diversa, em que o próprio empregado figure como demandante ou demandado, poderia implicar denegação de justiça em situações desse jaez. 4. Embargos dos Reclamantes de que se conhece, por divergência jurisprudencial, e a que se dá provimento para reconhecer a competência territorial do foro do domicílio dos Autores. (E-RR - 86700-15.2009.5.11.0007, Redator Ministro: João Oreste Dalazen, Data de Julgamento: 12/11/2015, Subseção I Especializada em Dissídios Individuais, Data de Publicação: DEJT 18/12/2015)

Eleição de foro

Segundo do art. 63 do CPC, as partes podem modificar a competência em razão do lugar, elegendo foro onde será proposta ação oriunda de direitos e obrigações.

> **CPC, art. 63** - As partes podem modificar a competência em razão do valor e do território, elegendo foro onde será proposta ação oriunda de direitos e obrigações

O TST, por meio da IN 39/2016, entende que o foro de eleição não é aplicável ao Processo do Trabalho, por ser incompatível, senão vejamos:

> **IN 39/2016 - art. 2º** Sem prejuízo de outros, não se aplicam ao Processo do Trabalho, em razão de inexistência de omissão ou por incompatibilidade, os seguintes preceitos do Código de Processo Civil:

I - art. 63 (modificação da competência territorial e eleição de foro);

Caso o Juiz do Trabalho se depare com uma cláusula de eleição de foro, ele pode declarar de ofício a nulidade da cláusula, nos termos do art. 63, § 3°, do CPC.

> **CPC, art. 63 - [..]**
> **§ 3°** Antes da citação, a cláusula de eleição de foro, se abusiva, pode ser reputada ineficaz de ofício pelo juiz, que determinará a remessa dos autos ao juízo do foro de domicílio do réu.

Exceção de incompetência relativa em razão do lugar

Caso o reclamante não apresente ação no juízo competente, ou seja, não obedeça às regras acima explicadas, a parte reclamada, pode apresentar exceção de incompetência relativa em razão do lugar. A exceção está disciplinada no art. 800 da CLT.

Prazo para apresentação da exceção

A exceção, com a nova regra do art. 800 da CLT, **deve ser apresentada em 5 (cinco) dias a contar do recebimento da notificação do processo**. Tal regra, evita gastos desnecessários com o deslocamento do réu ao juízo territorialmente incompetente, permitindo que a exceção de incompetência possa ser arguida e julgada antes da audiência.

Há uma certa polêmica[1] se a alegação da incompetência territorial antes da defesa seria uma mera faculdade ou se a omissão geraria preclusão.

Aqueles que defendem o caráter facultativo centram-se nos seguintes argumentos:

i) a redação do art. 800 é condicional ("apresentada a exceção no prazo de cinco dias [...] seguir-se-á o procedimento estabelecido neste artigo), evidenciando o caráter facultativo[2];

ii) a CLT ainda prevê a possibilidade de defesa oral em audiência, de modo que, sendo a exceção uma modalidade de defesa, o reclamado deveria ter a possibilidade de argui-la de forma oral sem que se opere a preclusão[3];

---

1 O tema foi objeto de discussão no Projeto Trabalho em Debate no Instagram, coordenado pelos professores @iurippinheiro, @rmiziara e @danilogoncalvesgaspar.

2 Argumento levantado pelo Professor Danilo Gaspar no grupo do Projeto Trabalho em Debate.

3 Argumento levantado pelo Professor Marcos Scalercio no grupo do Projeto Trabalho em Debate.

iii) um dos objetivos da norma é trazer economia processual ao empregador, mas o meio empregado seria dispendioso e de forma desarrazoada porque o prazo de 5 (cinco) dias seria extremamente diminuto para contratação de advogado e formulação da peça[4], cumprindo realçar a dificuldade de comprovação da data de entrega da notificação, diante da praxe atual de expedi-la sem aviso de recebimento ou código de rastreio[5];

iv) pelo menos quanto ao rito sumaríssimo, dever-se-ia aceitar a apresentação em audiência porque o 852-G da CLT prevê que, no rito sumaríssimo, as exceções são julgadas em audiência.

Em que pese o respeito às opiniões divergentes, entendemos que ocorre a preclusão no caso de ausência de apresentação da exceção pelos fundamentos adiante transcritos:

i) a CLT estipulou a exceção como o meio para alegação da incompetência territorial, não dispondo sobre qualquer outro mecanismo[6];

ii) a argumentação de que a redação seria condicional e se poderia fazer a alegação em audiência se mostra de difícil sustentação porque não há procedimento para tanto, sendo certo que o procedimento de alegação em audiência, com abertura de prazo para manifestação do excepto em 24 horas e posterior reinclusão de pauta, era previsto justamente no art. 800, que foi alterado e passou a prever um único rito, não cogitando a lei de uma "segunda oportunidade";

iii) a aplicação do art. 337 do CPC (regra permissiva de alegação de incompetência territorial em preliminar de defesa) é impertinente porque a CLT possui regra própria nesse particular (art. 800 da CLT);

iv) a competência territorial não alegada na forma prevista em lei é objeto de prorrogação de competência, conforme art. 65 do CPC, com a adaptação necessária ao rito especial trabalhista, ante a lacuna na CLT(ausência de alegação na exceção de incompetência)[7];

v) o "jus postulandi" é uma faculdade legal que comporta temperamentos, inclusive para o reclamante, como nos casos de recursos para o TST e demais hipóteses da Súmula 425 do TST;

---

4 Argumento levantado pelo Professor Josley Soares no grupo do Projeto Trabalho em Debate.

5 Ponderação realizada pelo Professor Fabricio Silva no grupo do Projeto Trabalho em Debate.

6 Argumento levantado pelo Professor Rafael Lara no grupo do Projeto Trabalho em Debate.

7 Argumento levantado pelos Professores Elisson Miessa e Luciano Martinez no grupo do Projeto Trabalho em Debate.

vi) a ponderação sobre a exiguidade do prazo deve ser analisada pelo legislador para que possa eventualmente majorá-lo, já que se trata de prazo legal;

vii) é possível enxergar até mesmo uma violação a boa-fé processual ao não arguir no momento expressamente previsto para deixar para fazê-lo depois em audiência, que, não raro, será em data bem posterior, permitindo construir um raciocínio assemelhado à nulidade de algibeira;

viii) apresenta-se desarrazoado que o reclamado se desloque de uma base territorial que lhe seria mais vantajosa para ir à localidade escolhida pelo reclamante somente para dizer que ali não deveria ser processado;

ix) o comparecimento à audiência designada não se caracteriza como um simples ato, mas ato jurídico que remete a uma preclusão lógica: compareceu sem que fosse obrigatório, aceitou a competência territoria[8]l.

Importante salientar que a aferição da tempestividade da apresentação da exceção pode se tornar uma questão muito complexa diante da praxe atual de não se expedir a notificação inicial com aviso de recebimento ou código de rastreio.

Ora, se a alegação for de intempestividade será necessário definir o marco inicial. Alguns defendem ser o caso de aplicação da Súmula 16, que presume a entrega da notificação em 48 horas.

Divergimos, contudo, desse posicionamento porquanto o verbete tinha como base o art. 774, parágrafo único, da CLT, que traz a obrigatoriedade de devolução da correspondência pelos Correios no prazo de 48 (quarenta e oito) horas caso não encontrado o reclamado, sendo certo que esse procedimento não é mais realizado em virtude do tipo de notificação (sem aviso de recebimento).

Juiz não pode conhecer de ofício a incompetência territorial

Não cabe declaração de ofício de incompetência territorial pelo magistrado, ou seja, se a parte interessada não alegar no prazo de 5 dias após o recebimento da notificação, o juízo de incompetente passa a ser competente. Nesse sentido, a OJ 149 da SDI-2 do TST:

> **TST, OJ 149 da SDI-2 - CONFLITO DE COMPETÊNCIA. INCOMPETÊNCIA TERRITORIAL. HIPÓTESE DO ART. 651, § 3º, DA CLT. IMPOSSIBILIDADE DE DECLARAÇÃO DE OFÍCIO DE INCOMPETÊNCIA RELATIVA** - Não cabe declaração de ofício de incompetência territorial no

8 Argumento levantado pelo Professor Dorotheo Barbosa Neto no grupo do Projeto Trabalho em Debate.

caso do uso, pelo trabalhador, da faculdade prevista no art. 651, § 3º, da CLT. Nessa hipótese, resolve-se o conflito pelo reconhecimento da competência do juízo do local onde a ação foi proposta.

Súmula nº 33 do STJ: Incompetência Relativa - Declaração de Ofício. A incompetência relativa não pode ser declarada de ofício.

Suspensão do processo

Com a apresentação da exceção, o processo será suspenso e não se realizará a audiência a que se refere o art. 843 da CLT, até que se decida a exceção.

Produção de provas

Na peça da exceção, excipiente já deve indicar as provas que pretende produzir e também, indicar o juízo competente. Se for necessário a produção de prova oral, o juízo designará audiência, garantindo o direito de o excipiente e de suas testemunhas serem ouvidos, por carta precatória, no juízo que este houver indicado como competente.

Medida judicial cabível para combater a decisão da exceção de incompetência relativa em razão do lugar:

A) Quando o juiz ACOLHE a exceção - Cabe Recurso Ordinário

Quando o Juiz acolher a exceção de incompetência relativa em razão do lugar, cabe ao exceto, **apresentar recurso ordinário (CLT, art. 895)** no prazo de 8 dias. Nesse sentido, o art. 799, § 2º da CLT e súmula 214, "c" do TST, de seguinte teor:

> **CLT, Art. 799, § 2º** - Das decisões sobre exceções de suspeição e incompetência, salvo, quanto a estas, se terminativas do feito, não caberá recurso, podendo, no entanto, as partes alegá-las novamente no recurso que couber da decisão final.

> **TST, SUM 214 - Decisão interlocutória. Irrecorribilidade** - Na Justiça do Trabalho, nos termos do art. 893, § 1º, da CLT, as decisões interlocutórias não ensejam recurso imediato, salvo nas hipóteses de decisão:
>
> [..]
>
> c) que **acolhe exceção de incompetência territorial,** com a remessa dos autos para Tribunal Regional distinto daquele a que se vincula o juízo excepcionado, consoante o disposto no *art.* 799, § 2º, da CLT.

B) Quando o juiz NÃO ACOLHE a exceção - Não cabe recurso

Se o juiz não acolhe a exceção, não cabe recurso de imediato, devendo o excipiente, reiterar a exceção em preliminar do recurso ordinário da sentença de mérito.

C) Quando o juiz NÃO ACOLHE a exceção - porém, viola a Lei - Cabe Mandado de Segurança

Contudo, o TST vem admitindo o uso do mandado de segurança em situações teratológicas, assim consideradas aquelas que são manifestamente contrárias à expressa disposição de lei, sem que exista qualquer vício de inconstitucionalidade, muito embora esse remédio constitucional, não seja admissível quando exista mecanismo recursal ou autônomo de impugnação passível de tutelar o direito subjetivo supostamente violado, ainda que com efeito diferido (art. 5º, II, da Lei 12.016/2009 c/c a OJ 92 da SBDI-II do TST).

Assim, será cabível o uso do mandado de segurança, quando o Juiz do Trabalho nos respeitar as regras de competência prevista no art. 651 da CLT, rejeitando a exceção de incompetência relativa em razão do lugar e se declarando competente para julgar o feito, pois prevalece o entendimento de que, não se tratando de **(1)** empresa de âmbito nacional - **(2)** de filhos menores e a viúva de ex- empregado falecido promovem ação para postular direito próprio no caso danos moral e material decorrentes de acidente de trabalho - **(3)** término da atividade da filial da empresa na localidade da contratação e da prestação dos serviços -, os critérios previstos no art. 651 e parágrafos da CLT devem ser estritamente observados, razão pela qual a fixação da competência em foro que não o do local do trabalho ou da contratação viola os referidos dispositivos consolidados.

Nesse sentido:

> **RECURSO ORDINÁRIO RECURSO ORDINÁRIO EM MANDADO DE SEGURANÇA. DECISÃO INTERLOCUTÓRIA EM QUE REJEITADA A EXCEÇÃO DE INCOMPETÊNCIA TERRITORIAL. SITUAÇÃO EXCEPCIONAL. CABIMENTO DO MANDADO DE SEGURANÇA. CONCESSÃO DA ORDEM.** 1. Mandado de segurança impetrado contra decisão por meio da qual o Juízo da 1ª Vara do Trabalho de Palmares/PE rejeitou exceção de incompetência em razão do lugar arguida em reclamação trabalhista. 2. Na hipótese, é incontroverso que a contratação e a prestação de serviços do reclamante (ora Litisconsorte passivo) ocorreram na cidade de Arujá/SP, sendo certo, porém, que o trabalhador, atualmente, está domiciliado na cidade de Joaquim Nabuco/PE, jurisdicionada pelas Varas do Trabalho de Palmares/PE. 3. A autoridade apontada como coatora rejeitou a exceção de incompetência arguida pelo ex-empregador (Impetrante) com fundamento na hipossuficiência do trabalhador, que reside em Joaquim Nabuco-PE e teria dificuldade no acesso à Justiça em São Paulo. 4. Muito embora o mandado de segurança não

seja admissível quando exista mecanismo recursal ou autônomo de impugnação passível de tutelar o direito subjetivo supostamente violado, ainda que com efeito diferido (art. 5º, II, da Lei 12.016/2009 c/c a OJ 92 da SBDI-II do TST), situações teratológicas, assim consideradas aquelas que são manifestamente contrárias à expressa disposição de lei, sem que exista qualquer vício de inconstitucionalidade, devem autorizar o manejo imediato do mandamus, por imposição dos postulados da legalidade, razoabilidade, eficiência e do amplo e efetivo acesso à Justiça (CF, art. 5º, XXXV e LXXVIII). Ainda que passíveis de correção futura pelas vias ordinárias de impugnação, as decisões interlocutórias com conteúdo manifestamente ilegal não devem subsistir, pois, além de gerar insegurança aos jurisdicionados, obrigam a parte sucumbente a interpor recursos sucessivos que apenas consomem tempo das partes e do próprio Estado. Nesses casos excepcionais, o mandado de segurança deve ser admitido, recompondo-se a eficácia das regras jurídicas afrontadas pela decisão judicial censurada. 5. Em relação à competência territorial, prevalece nesta Corte a compreensão de que, não se tratando de empresa de âmbito nacional, os critérios previstos no art. 651 e parágrafos da CLT devem ser estritamente observados, razão pela qual a fixação da competência em foro que não o do local do trabalho ou da contratação viola os referidos dispositivos consolidados. 6. Mandado de segurança excepcionalmente admitido, superando-se no caso examinado a diretriz da OJ 92 da SBDI-2 do TST. Nesse contexto, defere-se a ordem impetrada, determinando-se ao Juízo da 1ª Vara do Trabalho de Palmares/PE que remeta os autos da reclamação trabalhista ao Juízo da Vara do Trabalho de Arujá/SP. Recurso ordinário conhecido e provido. (RO nº 597-83.2017.5.06.0000, SBDI-2 do TST, Rel. Douglas Alencar Rodrigues. j. 30.10.2018, Publ. 16.11.2018).

NULIDADE PROCESSUAL

CITAÇÃO VÁLIDA

É válida a notificação entregue no endereço correto da reclamada sem identificação do recebedor no aviso de recebimento

Informativo 185 do TST

Processo: E-ED-RR - 4-54.2013.5.07.0004 Data de Julgamento: 18/10/2018, Relator Ministro: Breno Medeiros, Subseção I Especializada em Dissídios Individuais, Data de Publicação: DEJT 26/10/2018.

No processo do trabalho, a notificação por via postal não se sujeita à pessoalidade, bastando o encaminhamento para o endereço correto da parte reclamada. Assim, não há falar nulidade por ausência de identificação do recebedor no aviso de recebimento (AR).

Notificação no processo de conhecimento

A CLT utilizou o termo notificação, como o meio adequado para comunicação de todo e qualquer ato processual realizado no âmbito da Justiça laboral. A citação (notificação), no processo do trabalho, na fase de conhecimento, pode ser:

(1) notificação por via postal;

(2) notificação por edital.

Segundo o art. 238 do CPC, **citação** é o ato pelo qual são convocados o réu, o executado ou o interessado para integrar a relação processual. A **intimação** nos termos do art. 269 do CPC, é o ato pelo qual se dá ciência a alguém dos atos e dos termos do processo.

Notificação por via postal

Dispõe a primeira parte do §1º do o art. 841 da CLT:

> **CLT, art. 841** - Recebida e protocolada a reclamação, o escrivão ou secretário, dentro de 48 (quarenta e oito) horas, remeterá a segunda via da petição, ou do termo, ao reclamado, notificando-o ao mesmo tempo, para comparecer à audiência do julgamento, que será a primeira desimpedida, depois de 5 (cinco) dias.
>
> **§ 1º** - A notificação será feita em registro postal com franquia. [..]

O parágrafo único do art. 774 da CLT estabelece que "tratando-se de notificação postal, no caso de não ser encontrado o destinatário ou no de recusa de recebimento, o Correio ficará obrigado, sob pena de responsabilidade do servidor, a devolvê-la, no prazo de 48 (quarenta e oito) horas, ao Tribunal de origem".

Segundo entendimento do TST (SUM 262, I), tendo sido intimada ou notificada a parte no sábado, o início do prazo se dará no primeiro dia útil imediato e a contagem, no subsequente.

Atributo da pessoalidade na notificação por via postal

O TST, já fixou entendimento no sentido de que a notificação, no Processo do Trabalho, realizada por via postal, carece do atributo da pessoalidade, bastando, para sua eficácia, o seu encaminhamento para o endereço correto da reclamada.

Nesse sentido:

> **Precedentes vinculantes do TST:**
>
> [..] **RECURSO DE EMBARGOS INTERPOSTO SOB A ÉGIDE DAS LEIS NºS 13.015/2014 E 13.105/2015 - NULIDADE DA CITAÇÃO. INOCORRÊNCIA. AUSÊNCIA DE IDENTIFICAÇÃO DO RECEBEDOR DO AR. IRRELEVÂNCIA. PRINCÍPIO DA IMPESSOALIDADE.** A decisão embargada, com esteio na Súmula 16 do TST, que impõe ao destinatário a prova do não recebimento da notificação, concluiu que - não obstante o registro, no acórdão regional, de que a entrega do aviso de recebimento (AR) se deu no mesmo endereço indicado pela própria reclamada - o não preenchimento do aviso de recebimento com o nome e o RG do recebedor - fato registrado no acórdão regional - compromete a possibilidade de a reclamada desvencilhar-se desse ônus probatório. A jurisprudência desta Corte, com arrimo nos arts. 774, parágrafo único, e 841, § 1º, da CLT, segue no sentido de que a notificação, no Processo do Trabalho, realizada por via postal, carece do atributo da pessoalidade, bastando, para sua eficácia, o seu encaminhamento para o

endereço correto da reclamada, o que não está em discussão no caso dos autos. Tal entendimento emanou do exame de hipóteses ainda mais abrangentes que a dos autos, considerando-se irrelevante, por exemplo, o fato de o recebedor não constar dos quadros da reclamada. Nesse contexto, centrada a eficácia da notificação no seu encaminhamento para o endereço correto da reclamada, o que não está em discussão no caso dos autos, não há falar em sua nulidade pela ausência de identificação do recebedor no aviso de recebimento (AR). Julgados de Turma e da SBDI-1. Recurso de embargos conhecido e provido. (E-ED-RR - 4-54.2013.5.07.0004, Relator Ministro: Breno Medeiros, Data de Julgamento: 18/10/2018, Subseção I Especializada em Dissídios Individuais, Data de Publicação: DEJT 26/10/2018)

"RECURSO ORDINÁRIO EM AÇÃO RESCISÓRIA PROPOSTA E APRECIADA SOB A LEI Nº 5.869/73. NULIDADE DE CITACÃO. 1. ART. 485, V E IX, DO CPC/73. VIOLAÇÃO DO ART. 5º, LV, DA CONSTITUIÇÃO FEDERAL. ERRO DE FATO. NÃO CARACTERIZAÇÃO. 1.1. A citação é ato de cientificação pelo qual o sujeito passivo da demanda toma conhecimento de que contra si há ação em curso, a fim de que venha defender-se, querendo (CPC/73, art. 213). 1.2. Relativamente ao procedimento de citação, a CLT contém regra expressa, dispondo que "a notificação será feita em registro postal com franquia" (CLT, art. 841, § 1º): presume-se regularmente efetuada a citação, quando remetida e recebida no endereço correto do citando. 1.3. Para a citação válida, não se exige, portanto, pessoalidade, bastando a entrega do expediente de comunicação no endereço do reclamado para que seja considerada perfeita e acabada. 1.4. Na hipótese vertente, os elementos dos autos revelam que a notificação foi entregue no endereço de uma das filiais da autora. 1.5. Cumpre registrar que se considera como endereço da autora aquele indicado no seu estatuto social como sendo de uma de suas filiais. Assim, revelada a validade da citação, está afastada a violação do art. 5º, LV, da Constituição Federal, bem como descaracterizado o alegado erro de fato, razão pela qual não merece prosperar o pedido rescisório com base nos incisos V e IX do art. 485 do CPC/73. Afastado tal fundamento de rescindibilidade, faz-se, assim, improcedente a pretensão rescisória sob o enfoque reconhecido no acórdão recorrido. (...)." (Processo: RO - 10314-74.2015.5.03.0000 Data de Julgamento: 07/02/2017, Relator Ministro: Alberto Luiz Bresciani de Fontan Pereira, Subseção II Especializada em Dissídios Individuais, Data de Publicação: DEJT 10/02/2017)

RECURSO DE EMBARGOS. NULIDADE DE CITAÇÃO. IMPESSOABILIDADE. PROCESSO DO TRABALHO. PRINCÍPIO DA CELERIDADE. A C. SDI manifesta-se no sentido de que a citação, no processo do trabalho, não está sujeita à pessoalidade, entendendo como válida a notificação entregue no endereço da reclamada. Diferentemente da fase de execução, em que há previsão de entrega da notificação por Oficial de Justiça, conforme prevê o art. 880, § 2º, da CLT, o sistema adotado na fase de conhecimento, para citação, nos termos do art. 841 da CLT, visa o princípio da celeridade que rege o processo do trabalho, afastando a necessidade de que a citação seja pessoal. Embargos conhecidos e desprovidos." (E-RR - 741493-27.2001.5.09.5555 Data de Julgamento: 23/06/2008, Relator Ministro: Aloysio Corrêa da Veiga, Subseção I Especializada em Dissídios Individuais, Data de Publicação: DJ 27/06/2008).

EMBARGOS RECURSO DE REVISTA CONHECIDO E DESPROVIDO CITAÇÃO POR VIA POSTAL - NULIDADE 1. No processo do trabalho, a citação é efetuada por registro postal, não estando sujeita ao princípio da pessoalidade, nos termos do art. 841, § 1º, da CLT. 2. Em razão da relação de condomínio existente entre o Shopping e os estabelecimentos nele situados, reputa-se válida a notificação endereçada corretamente à Reclamada e entregue ao Shopping, tal qual a notificação entregue ao zelador ou porteiro de condomínio. Embargos conhecidos e desprovidos. (E-RR - 1360/2001-064-02-00. Relatora Ministra Maria Cristina Peduzzi. DJ - 21/10/2005)

Outros julgados sobre o tema:

RECURSO DE REVISTA. 1. NULIDADE. CITAÇÃO. NOTIFICAÇÃO POSTAL. AUSÊNCIA. AUDIÊNCIA. REVELIA. CONFISSÃO FICTA. NÃO CONHECIMENTO. No Processo do Trabalho, ante o princípio da celeridade que o informa, a notificação inicial, nos termos do artigo 841, § 1º, da CLT, é feita por registro postal, não estando, pois, sujeita à pessoalidade. Esta Corte Superior já pacificou o entendimento de que, se a notificação foi entregue no endereço da reclamada, presume-se válida, constituindo ônus do destinatário a prova do seu não recebimento. Assim, a ausência de juntada aos autos do aviso de recebimento, por si só, não é apta a comprovar a inexistência de citação, pois, nos termos do artigo 774, parágrafo único, da CLT, a Empresa de Correios e Telégrafos somente está obrigada a proceder à devolução da notificação postal no caso de o destinatário não ser encontrado ou de recusa de seu recebimento, hipótese não reconhecida no decisum. No caso, o egrégio Tribunal Regional registrou que o endereço da certidão de notificação era o mesmo informado pelas partes nos autos e não tendo a reclamada logrado êxito em comprovar que, de fato, não recebeu o documento referente à citação enviada, revelava-se válida a decretação de sua revelia, com a consequente presunção de veracidade dos fatos narrados na petição inicial. Logo, não há falar em nulidade da citação e, tampouco, da decisão que, em face da ausência da reclamada na audiência, aplicou-lhe a penalidade da revelia, com a consequente confissão ficta quanto à matéria de fato. Inteligência da Súmula 16. Precedentes da SBDI-1 e de Turmas. Incidência do artigo 896, § 7º, da CLT, e da Súmula nº 333. Recurso de revista de que não se conhece. 2. [..] (RR nº 7900-11.2009.5.01.0052, 4ª Turma do TST, Rel. Guilherme Augusto Caputo Bastos. j. 28.11.2018, Publ. 30.11.2018).

[..] NULIDADE DA CITAÇÃO. INOCORRÊNCIA. AUSÊNCIA DE IDENTIFICAÇÃO DO RECEBEDOR DO AR. IRRELEVÂNCIA. PRINCÍPIO DA IMPESSOALIDADE. Demonstrada divergência jurisprudencial em conformidade com o art. 894, II, da CLT, merece processamento o recurso de embargos. Agravo regimental conhecido e provido. **RECURSO DE EMBARGOS INTERPOSTO SOB A ÉGIDE DAS LEIS NºS 13.015/2014 E 13.105/2015 - NULIDADE DA CITAÇÃO. INOCORRÊNCIA. AUSÊNCIA DE IDENTIFICAÇÃO DO RECEBEDOR DO AR. IRRELEVÂNCIA. PRINCÍPIO DA IMPESSOALIDADE.** A decisão embargada, com esteio na Súmula 16 do TST, que impõe ao destinatário a prova do não recebimento da notificação, concluiu que - não obstante o registro, no acórdão regional, de que a entrega do aviso de recebimento (AR) se deu no mesmo endereço indicado pela própria reclamada - o não preenchimento do aviso de recebimento com o nome e o RG do recebedor - fato registrado no acórdão regional - compromete a possibilidade de a reclamada desvencilhar-se desse ônus probatório. A jurisprudência desta Corte, com arrimo nos arts. 774, parágrafo único, e 841, § 1º, da CLT, segue no sentido de que a notificação, no Processo do Trabalho, realizada por via postal, carece do atributo da pessoalidade, bastando, para sua eficácia, o seu encaminhamento para o endereço correto da reclamada, o que não está em discussão no caso dos autos. Tal entendimento emanou do exame de hipóteses ainda mais abrangentes que a dos autos, considerando-se irrelevante, por exemplo, o fato de o recebedor não constar dos quadros da reclamada. Nesse contexto, centrada a eficácia da notificação no seu encaminhamento para o endereço correto da reclamada, o que não está em discussão no caso dos autos, não há falar em sua nulidade pela ausência de identificação do recebedor no aviso de recebimento (AR). Julgados de Turma e da SBDI-1. Recurso de embargos conhecido e provido. (E-ED-RR - 4-54.2013.5.07.0004, Relator Ministro: Breno Medeiros, Data de Julgamento: 18/10/2018, Subseção I Especializada em Dissídios Individuais, Data de Publicação: DEJT 26/10/2018)

AGRAVO. AGRAVO DE INSTRUMENTO. RECURSO DE REVISTA. PROCESSO SOB A ÉGIDE DA LEI Nº 13.015/2014 E ANTERIOR À LEI 13.467/2017. 1. NULIDADE PROCESSUAL. CERCEAMENTO DE DEFESA. NOTIFICAÇÃO RECEBIDA POR ESTAGIÁRIA DA EMPRESA. INEXIGÊNCIA DE PESSOALIDADE. 2. INÉPCIA DA PETIÇÃO INICIAL QUANTO AO PEDIDO DE PAGAMENTO DO AUXÍLIO-ALIMENTAÇÃO. Na Justiça do Trabalho, prevalece o sistema da impessoalidade da citação, que ocorre mediante notificação postal, expedida automaticamente para o endereço da Parte Reclamada. Assim, sequer há necessidade de que a citação se faça pessoalmente, bastando que seja entregue no endereço correto para se considerar válida, nos termos do art. 841, § 1°, da CLT. No caso dos autos, o Tribunal Regional manteve a decisão que considerou válida e regular a citação da parte recorrente, efetuada via postal no endereço constante nos autos e recebida pela estagiária da empresa. Nesse contexto, não restou evidenciado qualquer vício, não havendo, portanto, que se falar em cerceamento do direito de defesa ou em nulidade da citação. Assim sendo, a decisão agravada foi proferida em estrita observância às normas processuais (art. 557, *caput*, do CPC/1973; arts. 14 e 932, IV, "a", do CPC/2015), razão pela qual é insuscetível de reforma ou reconsideração. Agravo desprovido. (Ag-AIRR - 419-97.2016.5.10.0020, Relator Ministro: Mauricio Godinho Delgado, Data de Julgamento: 16/05/2018, 3ª Turma, Data de Publicação: DEJT 18/05/2018)

Resumindo: A citação, no Processo do Trabalho, é realizada por via postal (art. 841, §1º, da CLT) e sua validade não está condicionada à notificação pessoal da parte demandada, nem ao recebimento por pessoa com poderes especiais para isso.

Observação: Importante salientar que, em fase de execução, a citação é feita por oficial de justiça, mas não é pessoal porque aquele pode entregar o mandado a qualquer pessoa da empresa. Caso a citação fosse pessoal, seria necessário fazê-lo na pessoa dos diretores ou quem o estatuto designar (art. 75, VII, do CPC). A razão de se realizar a citação por oficial de justiça é porque, uma vez citado e não tendo garantido a execução, o oficial de posse do mesmo mandado já tentava promover a penhora[1].

Ônus da prova do não recebimento da notificação por via postal

No Processo do Trabalho, a notificação inicial nos termos do artigo 841 da CLT, é feita por carta com aviso de recebimento[2]. A ausência de juntada aos autos do aviso de recebimento, por si só, não é apta a comprovar a inexistência de citação, pois, nos termos do artigo 774, parágrafo único, da CLT, o Correio somente está obrigado a proceder à devolução da notificação postal no caso de o destinatário não ser encontrado ou de recusa de seu recebimento.

O TST, já pacificou o entendimento de que, se a notificação foi entregue no endereço da reclamada, presume-se válida, constituindo ônus do destinatário a prova do seu não recebimento. Nesse sentido:

> **TST, SUM 16 - NOTIFICAÇÃO** - Presume-se recebida a notificação 48 (quarenta e oito) horas depois de sua postagem. O seu não-recebimento ou a entrega após o decurso desse prazo constitui ônus de prova do destinatário.

A presunção prevista na súmula 16 do TST, é relativa, sendo assim, o destinatário poderá comprovar que não recebeu a notificação no referido prazo. Outros julgados sobre o tema:

---

1 Antigamente o mandado de execução era denominado mandado "CPA", ou seja, citação, penhora e avaliação. Atualmente, uma vez citado, a tentativa de penhora é por meio de bloqueio "on line" pela Secretaria da Vara do Trabalho, percebendo-se que a regra de citação por oficial de justiça não faz mais sentido e poderia ser revista legislativamente.

2 Em virtude de restrições orçamentárias, o convênio da Justiça do Trabalho com a EBCT não contempla mais aviso de recebimento nem código de rastreio, como regra. Assim, as notificações da Justiça do Trabalho não estão sendo mais expedidas em conformidade com a previsão legal, o que tem gerado muita insegurança no caso de ausência da reclamada, sedo prudente a redesignação nessas hipóteses diante da incerteza do recebimento.

AGRAVO. AGRAVO DE INSTRUMENTO EM RECURSO DE REVISTA. ACÓRDÃO PUBLICADO NA VIGÊNCIA DA LEI Nº 13.015/2014. NULIDADE DA CITAÇÃO. AUSÊNCIA DE JUNTADA DE AVISO DE RECEBIMENTO. COMPROVANTE DE RASTREAMENTO. VALIDADE. A ausência de juntada do Aviso de Recebimento aos autos, por si só, não configura nulidade da citação, porquanto é possível aferir sua entrega em consulta ao sítio dos Correios, tal como registrado no acórdão regional. Precedentes. Nos termos da Súmula 16 do TST, "presume-se recebida a notificação 48 (quarenta e oito) horas depois de sua postagem. O seu não-recebimento ou a entrega após o decurso desse prazo constitui ônus de prova do destinatário." Não tendo o reclamado produzido prova nesse sentido, constata-se que o v. acórdão recorrido está em consonância com a jurisprudência desta Corte, consubstanciada no verbete sumular mencionado. Incidem, portanto, a Súmula nº 333 do TST e o art. 896, § 7º, da CLT como óbices ao prosseguimento da revista, a pretexto da alegada ofensa ao art. 841, § 1º, da CLT, bem como da suposta contrariedade à Súmula 16 desta Corte e da divergência jurisprudencial transcrita. Agravo não provido. (Ag-AIRR - 388-69.2016.5.05.0003, Relator Ministro: Breno Medeiros, Data de Julgamento: 29/08/2018, 5ª Turma, Data de Publicação: DEJT 31/08/2018)

AGRAVO. AGRAVO DE INSTRUMENTO EM RECURSO DE REVISTA. ACÓRDÃO PUBLICADO NA VIGÊNCIA DA LEI Nº 13.015/2014. NULIDADE DA CITAÇÃO. AUSÊNCIA DE JUNTADA DE AVISO DE RECEBIMENTO. COMPROVANTE DE RASTREAMENTO. VALIDADE. A ausência de juntada do Aviso de Recebimento aos autos, por si só, não configura nulidade da citação, porquanto é possível aferir sua entrega em consulta ao sítio dos Correios, tal como registrado no acórdão regional. Precedentes. Nos termos da Súmula 16 do TST, "presume-se recebida a notificação 48 (quarenta e oito) horas depois de sua postagem. O seu não-recebimento ou a entrega após o decurso desse prazo constitui ônus de prova do destinatário." Não tendo o reclamado produzido prova nesse sentido, constata-se que o v. acórdão recorrido está em consonância com a jurisprudência desta Corte, consubstanciada no verbete sumular mencionado. Incidem, portanto, a Súmula nº 333 do TST e o art. 896, § 7º, da CLT como óbices ao prosseguimento da revista, a pretexto da alegada ofensa ao art. 841, § 1º, da CLT, bem como da suposta contrariedade à Súmula 16 desta Corte e da divergência jurisprudencial transcrita. Agravo não provido." (Ag-AIRR - 24679-58.2016.5.24.0051 Data de Julgamento: 26/06/2018, Relator Ministro: Breno Medeiros, 5ª Turma, Data de Publicação: DEJT 29/06/2018)".

Prazo mínimo entre a notificação e a audiência

No Processo do Trabalho o art. 841 da CLT, determina que entre o recebimento da notificação a realização da audiência deverá decorrer o prazo mínimo de cinco dias[3], tempo necessário para que o reclamado prepare a sua defesa. O início do prazo (ciência do ato processual) ocorre quando da prática da citação ou intimação, independentemente da data de juntada do aviso de recebimento ou do mandado aos autos

Assim, quando não for respeitado o exíguo período legal de 5 (cinco) dias previsto no art. 841 da CLT, ocorrerá violação dos Princípios do Devido Processo Legal, do Contraditório e da Ampla Defesa previstos no artigo 5º, LIV e LV, da Constituição Federal.

Nesse sentido, os seguintes precedentes:

> [..] **RECURSO DE REVISTA. PROCESSO SOB A ÉGIDE DA LEI 13.015/2014. INTERSTÍCIO DE CINCO DIAS ENTRE A CITAÇÃO E A DATA DE AUDIÊNCIA NÃO OBSERVADO (ART. 841, CAPUT, da CLT). DESRESPEITO AO DEVIDO PROCESSO LEGAL.** O Judiciário Trabalhista é o mais célere do País, em face da existência de prazos exíguos para atos processuais na CLT e da simplificação e uniformização dos ritos processuais sob sua direção. Nesse quadro, é de cinco dias, e não quinze (como no CPC), o prazo para comparecimento a Juízo e apresentação de defesa, após recebida a citação, que também é simplificada pela via postal (art. 841, CLT). Encurtar, entretanto, por interpretação, tal curtíssimo prazo, exigindo que o Reclamado compareça a Juízo, em prazo inferior aos cinco dias da citação, para arguir manifesta nulidade, resultante de erro no agendamento oficial das audiências, é tornar desproporcional a busca de celeridade no processo público, afrontando não só a regra objetiva da CLT (5 dias) como o princípio e a regra constitucionais da ampla defesa (art. 5º, LV, CF). Recurso conhecido e provido. (RR - 10366-34.2015.5.03.0109, Relator Ministro: Mauricio Godinho Delgado, Data de Julgamento: 25/10/2017, 3ª Turma, Data de Publicação: DEJT 27/10/2017)
>
> **RECURSO DE REVISTA EM FACE DE DECISÃO PUBLICADA ANTES DA VIGÊNCIA DA LEI Nº 13.015/2014. CERCEAMENTO DE DEFESA. NULIDADE DA CITAÇÃO. INOBSERVÂNCIA DO INTERSTÍCIO DE CINCO DIAS ENTRE A CITAÇÃO E A DATA DE AUDIÊNCIA. VIOLAÇÃO DO ARTIGO 841 DA CLT. INSURGÊNCIA EM RECURSO ORDINÁRIO.** No Processo do Trabalho, com vista a garantir a efetividade ao Princípio da Celeridade Processual, o artigo 841 da CLT determina que o réu seja notificado para a audiência de julgamento, a qual será a primeira desimpedida, após o prazo de 5 dias. Assim, deve-lhe ser assegurado o mínimo de cinco dias para apresentar defesa. Comparativamente, nos processos regidos pelo procedimento comum do CPC/2015, em regra, o sujeito passivo da ação deve ser citado com antecedência mínima de 20 dias úteis para a audiência de conciliação ou

3 Vale salientar que os prazos se contam em dias úteis, com o advento da Reforma Trabalhista, conforme nova redação do art. 775 da CLT.

de mediação, abrindo-se, sucessivamente, o prazo de 15 dias para apresentar contestação. No caso dos autos, a redução do já exíguo período legal de 5 dias, bem como a exigência de a parte requerer a dilação do prazo, são medidas desproporcionais e que afrontam diretamente o artigo 841 da CLT, bem como os Princípios do Devido Processo Legal, do Contraditório e da Ampla Defesa previstos no artigo 5º, LIV e LV, da Constituição Federal. Precedentes. Recurso de revista de que se conhece e a que se dá provimento. (RR - 2049-46.2013.5.23.0146, Relator Ministro: Cláudio Mascarenhas Brandão, Data de Julgamento: 13/09/2017, 7ª Turma, Data de Publicação: DEJT 22/09/2017)

"**RECURSO DE REVISTA INTERPOSTO NA VIGÊNCIA DA LEI Nº 13.015/2014. CERCEAMENTO DE DEFESA. NULIDADE DA CITAÇÃO. DESRESPEITO AO PRAZO MÍNIMO DE CINCO DIAS. ARTIGO 841 DA CLT. INSURGÊNCIA EM RECURSO ORDINÁRIO. PRIMEIRA OPORTUNIDADE DE MANIFESTAÇÃO NOS AUTOS. PRECLUSÃO NÃO OPERADA.** Na hipótese em comento, a Corte regional consignou, na decisão recorrida, que, 'não obstante tenha sido citada em 16.02.2016, às 09h47min, a audiência referenciada na qual foi declarada a sua revelia ocorreu cerca de 24 horas após tal ato, conforme ata de audiência de ID n. f30b4ee - Pág. 1, ou seja, em 17/02/2016, às 09h10min'. A própria Corte regional reconhece a inobservância do mencionado prazo, ao indicar que, 'embora o lapso entre a data da notificação da recorrente e a audiência inaugural tenha ocorrido em desalinho com o que prevê o art. 841, da CLT, a empresa foi citada e sequer compareceu ao Juízo para se defender, momento em que poderia, inclusive, requerer a devolução do prazo para contestar'. Não obstante, não declarou a nulidade da citação, por aplicação do artigo 795 da CLT, tendo em vista que a reclamada 'não compareceu na sessão inaugural desta ação trabalhista, embora efetivamente citada para tal fim, incorreu em preclusão quanto a matéria objeto deste recurso'. Na hipótese, é incontroversa a irregularidade da citação da reclamada para comparecer a audiência, visto que não foi observado o quinquídio previsto no artigo 841 da CLT, sendo evidente a necessidade de decretação da nulidade (precedentes). Cabe, portanto, debater a ocorrência, ou não, da preclusão declarada pela Corte regional, fundamento adotado na negativa de provimento ao recurso ordinário da reclamada. A Corte regional entendeu que a arguição de nulidade da citação estava preclusa, tendo em vista que a reclamada não esteve presente na audiência inaugural, para a qual fora intimada, sendo esta a primeira oportunidade para se manifestar nos autos. Ocorre que, conforme referido, a citação ocorreu em desrespeito ao prazo mínimo de cinco dias, o qual visa garantir tempo hábil para que a reclamada possa angariar os documentos necessários e preparar sua defesa, de modo a exercer efetivamente seu direito de ampla defesa e ao contraditório. Assim, uma vez eivada de nulidade tal citação, esta não produz nenhum efeito, até mesmo para os fins do artigo 795 da CLT. Ademais, verifica-se que, tendo a reclamada sido intimada da prolação da sentença, prontamente se insurgiu contra a nulidade da intimação bem como contra a decretação de sua revelia na primeira oportunidade que teve para falar nos autos, qual seja no recurso ordinário por ela interposto. Recurso de revista conhecido e provido." (RR - 84-53.2016.5.08.0208, Relator Ministro: José Roberto Freire Pimenta, Data de Julgamento: 21/06/2017, 2ª Turma, Data de Publicação: DEJT 23/06/2017);

"(...) **2. AÇÃO RESCISÓRIA. NULIDADE DE CITAÇÃO. ART. 485, V, DO CPC/73. VIOLAÇÃO DO ART. 841 DA CLT.** 2.1. A citação é ato de cientificação pelo qual o sujeito passivo da demanda toma conhecimento de que contra si há ação em curso, a fim de que venha defender-se, querendo. A orientação que se extrai do caput do art. 841 da CLT assegura à parte reclamada o prazo de cinco dias entre a notificação e a realização da audiência inaugural. Nessa esteira, a inobservância do quinquídio legal evidencia afronta aos princípios do devido processo legal, da ampla defesa e do contraditório. 2.2. Sendo incontroverso, nos autos, que a reclamada foi citada um dia antes da audiência inaugural, em 11.6.2015, impõe-se a manutenção do corte rescisório. Recurso ordinário em ação rescisória conhecido e desprovido." (RO - 10287-57.2016.5.03.0000, Relator Ministro: Alberto Luiz Bresciani de Fontan Pereira, Data de Julgamento: 18/04/2017, Subseção II Especializada em Dissídios Individuais, Data de Publicação: DEJT 28/04/2017);

"**RECURSO DE REVISTA. INTERSTÍCIO DE CINCO DIAS ENTRE A CITAÇÃO E A DATA DE AUDIÊNCIA NÃO RESPEITADO. VIOLAÇÃO DO ART. 841 DA CLT.** O Judiciário Trabalhista é o mais célere do País, em face da existência de prazos exíguos para atos processuais na CLT e da simplificação e uniformização dos ritos processuais sob sua direção. Nesse quadro, é de cinco dias, e não quinze (como no CPC), o prazo para comparecimento a Juízo e apresentação de defesa, após recebida a citação, que também é simplificada pela via postal (art. 841, CLT). Encurtar, entretanto, por interpretação, tal curtíssimo prazo, exigindo que o Reclamado compareça a Juízo, em 24 ou 48 horas da citação, para arguir manifesta nulidade, resultante de erro no agendamento oficial das audiências, é tornar desproporcional a busca de celeridade no processo público, afrontando não só a regra objetiva da CLT (5 dias) como o princípio e a regra constitucionais da ampla defesa (art. 5º, LV, CF). Recurso conhecido e provido." (RR - 13300-14.2006.5.01.0051, Relator Ministro: Mauricio Godinho Delgado, Data de Julgamento: 11/05/2011, 6ª Turma, Data de Publicação: DEJT 20/05/2011);

Notificação por edital

Dispõe a segunda parte do §1º do o art. 841 da CLT:

CLT, art. 841 - Recebida e protocolada a reclamação, o escrivão ou secretário, dentro de 48 (quarenta e oito) horas, remeterá a segunda via da petição, ou do termo, ao reclamado, notificando-o ao mesmo tempo, para comparecer à audiência do julgamento, que será a primeira desimpedida, depois de 5 (cinco) dias.

§ 1º - A notificação será feita em registro postal com franquia. [..]

Assim, somente vai ser utilizada a notificação/citação por edital quando o reclamado criar embaraços para o recebimento da notificação postal ou na hipótese de não ser encontrado.

COMISSÃO DE CONCILIAÇÃO PRÉVIA

AUSÊNCIA DE OBRIGAÇÃO DE PASSAGEM PELA CCP - COMISSÃO DE CONCILIAÇÃO PRÉVIA

A Comissão de Conciliação Prévia constitui meio legítimo, mas não obrigatório, de solução de conflitos.

STF. Plenário. ADI 2139/DF, ADI 2160/DF e ADI 2237/DF, Rel. Min. Cármen Lúcia, julgados em 1º/8/2018 (Info 909).

O Plenário confirmou os termos das medidas cautelares (Informativos 195, 476 e 546) e julgou parcialmente procedentes os pedidos formulados em três ações diretas de inconstitucionalidade para dar interpretação conforme à Constituição ao art. 625-D, §§ 1º a 4º, da Consolidação das Leis do Trabalho (CLT), para reconhecer que a Comissão de Conciliação Prévia constitui meio legítimo, mas não obrigatório, de solução de conflitos, resguardado o acesso à Justiça para os que venham a ajuizar demandas diretamente no órgão judiciário competente, e manter hígido o inciso II do art. 852-B da CLT.

Em obediência ao inciso XXXV do art. 5º da Constituição Federal (CF), é desnecessário prévio cumprimento de requisitos desproporcionais, procrastinatórios ou inviabilizadores para a submissão de pleito ao órgão judiciário. Não cabe à legislação infraconstitucional expandir o rol de exceções ao direito de acesso ao Judiciário.

Nesse sentido, contraria a CF a interpretação do art. 625-D e parágrafos que reconheça a submissão da pretensão à Comissão de Conciliação Prévia como requisito para ajuizamento de reclamação trabalhista.

Artigo da CLT

CLT, Art. 625-D. Qualquer demanda de natureza trabalhista será submetida à Comissão de Conciliação Prévia se, na localidade da prestação de serviços, houver sido instituída a Comissão no âmbito da empresa ou do sindicato da categoria.

§ 1º A demanda será formulada por escrito ou reduzida a termo por qualquer dos membros da Comissão, sendo entregue cópia datada e assinada pelo membro aos interessados.

§ 2º Não prosperando a conciliação, será fornecida ao empregado e ao empregador declaração da tentativa conciliatória frustrada com a descrição de seu objeto, firmada pelos membros da Comissão, que deverá ser juntada à eventual reclamação trabalhista.

§ 3º Em caso de motivo relevante que impossibilite a observância do procedimento previsto no 'caput' deste artigo, será a circunstância declarada na petição da ação intentada perante a Justiça do Trabalho.

§ 4º Caso exista, na mesma localidade e para a mesma categoria, Comissão de empresa e Comissão sindical, o interessado optará por uma delas submeter a sua demanda, sendo competente aquela que primeiro conhecer do pedido." (Incluídos pela Lei 9.958/2000)

EFICÁCIA LIBERATÓRIA GERAL DO ACORDO FIRMADO NA COMISSÃO DE CONCILIAÇÃO PRÉVIA

A eficácia liberatória geral de que trata o art. 625-E, parágrafo único, da CLT, abrange apenas os valores que foram discutidos na CCP

STF. Plenário. ADI 2139/DF, ADI 2160/DF e ADI 2237/DF, Rel. Min. Cármen Lúcia, julgados em 1º/8/2018 (Info 909).

O Plenário do STF, por maioria, conferiu interpretação sistemática ao art. 625-E, parágrafo único, da CLT, no sentido de que a "eficácia liberatória geral" do termo neles contido está relacionada ao que foi objeto da conciliação. Diz respeito aos valores discutidos e não se transmuta em quitação geral e indiscriminada de verbas trabalhistas.

Artigo da CLT

CLT, Art. 625-E. Aceita a conciliação, será lavrado termo assinado pelo empregado, pelo empregador ou seu proposto e pelos membros da Comissão, fornecendo-se cópia às partes. Parágrafo único. O termo de conciliação é título executivo extrajudicial e terá eficácia liberatória geral, exceto quanto às parcelas expressamente ressalvadas." (Incluídos pela Lei 9.958/2000)

PETIÇÃO INICIAL

JUSTIÇA GRATUITA

Condenação por litigância de má-fé não impede a concessão de justiça gratuita

Processo: RO - 18200-45.2010.5.23.0000 Data de Julgamento: 03/04/2018, Relatora Ministra: Maria Helena Mallmann, Subseção II Especializada em Dissídios Individuais, Data de Publicação: DEJT 06/04/2018.

Em relação à concessão do benefício da justiça gratuita, vê-se que, na decisão rescindenda, não foi concedida a gratuidade ao reclamante porquanto reconheceu que houve litigância de má-fé na medida em que alterou a verdade dos fatos. Com efeito, a Lei nº 1.060/50, que estabelecia as normas para a concessão da assistência judicial gratuita aos necessitados, preceituava, ao tempo da prolação da sentença, no parágrafo único do seu art. 2º, que, "para os fins legais, considera-se necessitado aquele cuja situação econômica não lhe permita pagar as custas do processo e os honorários de advogado sem prejuízo do sustento próprio". O artigo 14, § 2º, da Lei nº 5.584/1970, por sua vez, dispõe que, na Justiça do Trabalho, a assistência judiciária é devida a todo aquele que perceber salário igual ou inferior ao dobro do mínimo legal, ficando assegurado igual benefício ao trabalhador de maior salário, uma vez declarado que sua situação econômica não lhe permite demandar sem prejuízo do sustento próprio ou da família. Além disso, nos termos da OJ nº 304 da SDI-1, atual Súmula 463, I, desta Corte Superior, para a concessão da assistência judiciária, basta a simples afirmação do declarante ou de seu advogado, na petição inicial, para se considerar configurada a sua situação econômica (art. 4º, § 1º, da Lei nº 7.510/86, que deu nova redação à Lei nº 1.060/50). Portanto, o magistrado não está autorizado a criar exceções nas hipóteses em que o legislador não o fez. Observe-se, ainda, que o artigo 5º, LXXIV, da Constituição Federal estabelece que ao Estado incumbe a assistência gratuita a todos os necessitados. Na hipótese, o recorrente requereu, na peça inicial da reclamação trabalhista, os benefícios da justiça gratuita e declarou sua miserabilidade jurídica, razão pela qual fazia jus aos benefícios da gratuidade da justiça. Dessa forma, na fração de interesse, a sentença rescindenda é passível de corte rescisório.

Justiça gratuita x litigância de má-fé

A concessão dos benefícios da justiça gratuita - instrumento de democratização do acesso ao Poder Judiciário - depende, apenas, de simples afirmação da parte de que não está em condições de pagar às custas do processo e os honorários de advogado, sem prejuízo próprio ou de sua família[1] conforme súmula 463, Item I do TST:

> **TST, SUM 463 - ASSISTÊNCIA JUDICIÁRIA GRATUITA. COMPROVAÇÃO**
>
> **I** – A partir de 26.06.2017, para a concessão da assistência judiciária gratuita à pessoa natural, basta a declaração de hipossuficiência econômica firmada pela parte ou por seu advogado, desde que munido de procuração com poderes específicos para esse fim (art. 105 do CPC de 2015);

Desta forma, preenchidos os requisitos legais (CLT, art. 790, § 3º) é assegurada a gratuidade de justiça ao reclamante, ainda que apenado com as sanções decorrentes da litigância de má-fé, ante a autonomia dos institutos.

Nesse sentido:

> **"RECURSO DE REVISTA EM FACE DE DECISÃO PUBLICADA A PARTIR DA VIGÊNCIA DA LEI Nº 13.015/2014. (...). EXISTÊNCIA DE DECLARAÇÃO DE MISERABILIDADE. LITIGÂNCIA DE MÁ-FÉ. BENEFÍCIOS DA JUSTIÇA GRATUITA.** COMPATIBILIDADE. A condenação por litigância de má-fé não constitui óbice para a concessão dos benefícios da justiça gratuita, pois as sanções cominadas ao litigante que assim age estão taxativamente previstas no artigo 18 do CPC/73, que, por ostentar natureza punitiva, deve ser interpretado restritivamente. Desse modo, atendidos os requisitos legais, a gratuidade de justiça deverá ser concedida, ainda que reconhecida a má-fé processual. Precedentes desta Corte. Recurso de revista de que se conhece e a que se dá provimento. (TST-RR-1870-75.2013.5.03.0015, Ac. 7ª Turma, Relator Ministro Cláudio Mascarenhas Brandão, DEJT 20.4.2018).

> **"AGRAVO DE INSTRUMENTO EM RECURSO DE REVISTA. CUSTAS E HONORÁRIOS PERICIAIS. RESPONSABILIDADE PELO PAGAMENTO.**

1 Com o advento da Reforma Trabalhista, a gratuidade seria destinada somente àqueles que não percebam acima de 40% do teto do RGPS ou que demonstrem a situação e necessidade. Entendemos que uma das formas de presumir essa demonstração de necessidade é por meio da declaração de pobreza, já que o CPC a admite para pessoa natural (art. 99, § 3º).

INDEFERIMENTO DO BENEFÍCIO DA JUSTIÇA GRATUITA EM RAZÃO DA LITIGÂNCIA DE MÁ-FÉ. Diante da demonstração de dissenso de teses, nos termos do artigo 896, § 8.º, da CLT, determina-se o processamento do Recurso de Revista. Agravo de Instrumento conhecido e parcialmente provido. **RECURSO DE REVISTA. CUSTAS E HONORÁRIOS PERICIAIS. RESPONSABILIDADE PELO PAGAMENTO. INDEFERIMENTO DO BENEFÍCIO DA JUSTIÇA GRATUITA EM RAZÃO DA LITIGÂNCIA DE MÁ-FÉ.** Não havendo previsão legal expressa que amplie os efeitos da litigância de má-fé para a revogação ou não concessão da gratuidade de justiça, não pode o julgador recusar a assistência judiciária parte que traz declaração de hipossuficiência econômica, sob pena de impor sanção superior ao que está determinado na lei. Recurso de Revista conhecido e provido." (TST-RR-10732-97.2015.5.03.0101, Ac. 4ª Turma, Relatora Ministra Maria de Assis Calsing, DEJT 20.10.2017)

"**RECURSO DE REVISTA. 1. PRELIMINAR DE NULIDADE POR NEGATIVA DE PRESTAÇÃO JURISDICIONAL. APLICAÇÃO DO DISPOSTO NO ART. 249, § 2º, DO CPC.** Por força do art. 249, § 2º, do CPC, deixa-se de declarar a nulidade do julgado ante o possível conhecimento e provimento do recurso de revista. Recurso de revista não conhecido no particular. **2. JUSTIÇA GRATUITA. DECLARAÇÃO DE POBREZA. OJ 304/SBDI-1/TST. MULTA POR LITIGÂNCIA DE MÁ-FE. COMPATIBILIDADE. DESERÇÃO DO RECURSO ORDINÁRIO AFASTADA.** Na Justiça do Trabalho, o benefício da gratuidade de justiça pode ser requerido em qualquer tempo ou grau de jurisdição, desde que, na fase recursal, seja formulado no prazo alusivo ao recurso. Para o deferimento do referido benefício, basta a simples declaração do empregado, ou de seu representante, para se considerar configurada situação econômica apta a ensejar a concessão da justiça gratuita (OJ 304 da SDI-1/TST). Registre-se, ainda, que não há qualquer incompatibilidade entre os institutos da justiça gratuita e da litigância de má-fé, razão pela qual a concessão dos benefícios da assistência judiciária gratuita não pode estar condicionada à ausência de condenação da parte por litigância de má-fé, diante da inexistência de previsão legal nesse sentido, sob pena de violação do princípio da legalidade. Precedentes. Recurso de revista conhecido e provido." (RR-4169-47.2012.5.12.0035, Rel. Min. Mauricio Godinho Delgado, 3ª Turma, DEJT 27.2.2015)

"**RECURSO DE REVISTA. (...). RECURSO ORDINÁRIO DESERTO - INDEFERIMENTO DOS BENEFÍCIOS DA JUSTIÇA GRATUITA EM VIRTUDE DE CONDENAÇÃO POR LITIGÂNCIA DE MÁ-FÉ.** A jurisprudência assentada no TST é no sentido de que, caso preenchidos os requisitos da Lei nº 1.060/50, são garantidos ao trabalhador os benefícios da justiça gratuita, ainda quando condenado em litigância de má-fé, tendo em vista a ausência de previsão legal específica que amplie os efeitos das sanções previstas no artigo 18 do Código de Processo Civil. Ou seja, tendo declarado sua condição de hipossuficiência econômica, faz jus o reclamante àquelas prerrogativas, ficando, portanto, dispensado do recolhimento de custas processuais, razão pela qual não deve subsistir o óbice do não conhecimento do recurso ordinário do autor por deserção. Precedentes, inclusive desta 2ª Turma. Recurso de revista conhecido e provido." (RR- 1002-93.2011.5.15.0028, Relator Ministro Renato de Lacerda Paiva, 2ª Turma, DEJT 6.3.2015)

"**RECURSO DE REVISTA. (...). 3. DEFERIMENTO DA JUSTIÇA GRATUITA E CONDENAÇÃO À MULTA POR LITIGÂNCIA DE MÁ-FÉ. COMPATIBILIDADE. PROVIMENTO.** A jurisprudência desta Corte Superior já se firmou no sentido de que, para fins de deferimento do benefício da justiça gratuita assegurada pela Lei nº 1.060/50 (artigo 4º), basta que a parte, ou o seu advogado, declare, na petição inicial, que não se encontra em condições de arcar com as despesas processuais sem prejuízo do sustento próprio ou de sua família (Orientação Jurisprudencial nº 304 da SBDI-1). Portanto, o deferimento da justiça gratuita não está condicionado à ausência de condenação em litigância de má-fé (artigos 17 e 18 do CPC), mas sim à simples afirmação do declarante ou de seu advogado, na petição inicial, para se considerar configurada a sua situação econômica (art. 4º, § 1º, da Lei nº 7.510/86, que deu nova redação à Lei nº 1.060/50)' - o que ocorreu na hipótese vertente. Recurso de revista de que se conhece e a que se dá provimento." (RR-1417-09.2010.5.09.0245, Relator Ministro Guilherme Augusto Caputo Bastos, 5ª Turma, DEJT 13.3.2015)

"**RECURSO DE REVISTA. JUSTIÇA GRATUITA. LITIGÂNCIA DE MÁ-FÉ. COMPATIBILIDADE.** A condenação por litigância de má-fé não retira do reclamante o direito à concessão do benefício da justiça, pois as sanções aplicadas ao litigante de má-fé constituem regra de caráter punitivo, que deve ser interpretada restritivamente. Ademais, na legislação que disciplina a justiça gratuita, não há nenhuma previsão sobre a incompatibilidade da concessão desse benefício com a eventual litigância de má-fé do beneficiado. Precedentes. Recurso de revista a que se dá provimento." (RR-2118-47.2012.5.02.0001, Relatora Ministra Kátia Magalhães Arruda, 6ª Turma, DEJT 6.3.2015)

"**RECURSO DE REVISTA. BENEFÍCIOS DA JUSTIÇA GRATUITA. INDEFERIMENTO EM RAZÃO DE CONDENAÇÃO POR LITIGÂNCIA DE MÁ-FÉ. IMPOSSIBILIDADE.** A Corte Regional manteve a decisão do MM. Juízo de primeiro grau que indeferiu a concessão dos benefícios da justiça gratuita à autora e a condenou -a pagar ao Reclamado multa correspondente a 1% (um por cento) do valor atribuído à causa, nos termos do art. 18, do CPC, aplicado subsidiariamente ao processo laboral por força do art. 769, Consolidado- e custas processuais no importe de R$2.000,00. Cabe ressaltar, inicialmente, que os benefícios da justiça gratuita não englobam a condenação por litigância de má-fé, pois a condição de hipossuficiente não pode salvaguardar a prática de atos atentatórios à lealdade processual, não estando a multa por litigância de má-fé abrangida pelo artigo 3º da Lei nº 1.060/1950. Todavia, no presente caso, os benefícios da justiça gratuita foram indeferidos à autora por ter sido esta condenada a pagar multa por litigância de má-fé, óbice este não previsto em lei, razão pela qual, presentes os requisitos autorizadores da sua concessão, afasta-se a deserção pronunciada pela Corte Regional. Recurso de revista conhecido por violação do artigo 790, § 3º, da CLT e provido." (TST-RR-146-74.2012.5.18.0008, Ac. 3ª Turma, Relator Ministro Alexandre de Souza Agra Belmonte, DEJT 24.10.2014).

"**RECURSO DE REVISTA. (...). 2. ASSISTÊNCIA JUDICIÁRIA GRATUITA. LITIGÂNCIA DE MÁ-FÉ.** As penalidades para o litigante de má-fé estão previstas no art. 18 do CPC, norma de caráter punitivo. Por outro lado, a concessão dos benefícios da justiça gratuita permite o livre acesso ao judiciário e decorre da simples afirmação da parte de que não tem condições financeiras de arcar com as despesas processuais e custas, sem prejuízo do sustento próprio ou de sua família. Logo, preenchido o requisito previsto em lei (art. 4º da Lei nº 1.060/50), é assegurado ao reclamante o benefício da justiça gratuita, mesmo que condenado às sanções previstas por litigância de má-fé. Contudo, tais penalidades aplicadas em consequência de má-fé não estão abrangidas pela isenção decorrente da concessão do benefício da gratuidade de justiça. Recurso de revista conhecido e parcialmente provido." (RR-1467-40.2012.5.14.0402, Relatora Ministra Dora Maria da Costa, 8ª Turma, DEJT 25.4.2014)

Para facilitar, sintetizo os fundamentos que extraio das decisões do TST:

i) os institutos não se confundem;

ii) a pena da litigância de má-fé não engloba expressamente o afastamento da gratuidade judiciária;

iii) em se tratando de penalidade, a interpretação da norma punitiva deve ser restritiva segundo as regras de hermenêutica;

iv) a concessão da gratuidade judiciária é um direito fundamental (artigo 5º, LXXIV, da CF/88); e

v) negar a justiça gratuita poderia inviabilizar o direito de recurso e, assim, o direito de rever a própria condenação em litigância de má-fé.

PEDIDO

Validade do pedido heterotópico

Processo nº 0000048-27.2018.5.05.0013, 4ª Turma do TRT da 5ª Região/BA, Rel. Alcino Felizola. DJ 14.06.2018

Pedido com indicação de seu valor reflete expressão econômica aproximada. Na hipótese em que a parte autora indica, na petição inicial, ainda que de modo heterotópico, os valores estimados de cada pedido, resta atendida a exigência da nova redação do § 1º do art. 840 da CLT, não havendo cogitar de extinção do processo sem resolução de mérito com esteio no teor do § 3º do mencionado dispositivo legal.

Pedido heterotópico

Toda petição inicial deve ter a causa de pedir e pedido referente ao tema solicitado na peça inicial. Contudo, o pedido deve estar expresso, apenas não precisa estar em rol de pedidos, admitindo-se que formule o pleito no mesmo local em que se fala da fundamentação.

O TST considera válido o pedido veiculado na causa de pedir, entendendo desnecessária a menção expressa em "rol de pedidos".

É importante ter em mente que o art. 840, § 1º, da CLT exige apenas que exista a descrição dos fatos e os pedidos, não exigindo que estes sejam enclausurados em um "rol", o que se mostra em sintonia com os Princípios da Simplicidade e da Informalidade, reitores do Processo do Trabalho.

Relevante pontuar, também, que a própria codificação processual civil adota hoje uma concepção substancial do pedido ao preceituar no art. 322, § 2º, do CPC, que a interpretação do pedido considerará o conjunto da postulação e observará o princípio da boa-fé.

Além disso, a existência do pedido na causa de pedir permite o regular exercício do contraditório, inexistindo qualquer prejuízo ao reclamado. Assim, o pedido deve ser compreendido em conjunto com a causa de pedir, devendo a decisão judicial ficar vinculada a esse libelo, assim contextualizado.

Nesse sentido é a jurisprudência do TST:

> [...] **RECURSO DE REVISTA. AUSÊNCIA DE PEDIDO. SALÁRIO POR FORA. REFLEXOS.** No caso dos autos, verifica-se que a imprecisão no rol de pedidos da petição inicial não comprometeu a delimitação da causa para fins de julgamento, tampouco acarretou prejuízo à ampla defesa e ao contraditório. O pedido realizado pelo autor é que fixa os limites da lide, conforme os termos dos arts. 128 e 460 do CPC de 1973, vigente na data da publicação do acórdão recorrido. No entanto, o pedido deve ser compreendido em conjunto com a causa de pedir, devendo a decisão judicial ficar vinculada a esse libelo, assim contextualizado. Na Justiça do Trabalho, o art. 840, § 1º, da CLT exige que na petição inicial haja apenas uma breve exposição do fato do qual resulte o dissídio e o pedido. Assim, considerando o princípio da informalidade e da simplicidade que reveste o processo trabalhista, ao redigir a petição inicial, basta ao autor expor rapidamente os fatos a fim de proporcionar a sua compreensão e a respectiva consequência jurídica, contida no pedido. Há precedentes. Recurso de revista conhecido e provido. (RR - 2374-03.2010.5.02.0084, Relator Ministro: Augusto César Leite de Carvalho, Data de Julgamento: 07/03/2018, 6ª Turma, Data de Publicação:

[..] **INÉPCIA DA PETIÇÃO INICIAL. DEVOLUÇÃO DE DESCONTOS A TÍTULO DE CONTRIBUIÇÃO ASSISTENCIAL. AUSÊNCIA DE PEDIDO EXPRESSO NO ROL FINAL DA PETIÇÃO INICIAL.** O Processo do Trabalho é regido por vários princípios, dentre eles o da informalidade e o da simplicidade, tanto que nas demandas trabalhistas a reclamação pode ser ajuizada pelo próprio empregado, de forma escrita ou verbal, conforme o disposto no artigo 840, §1º, da CLT. Extrai-se da petição inicial que o autor formulou pedido de "compelir a reclamada a devolver a titulo de restituição ao obreiro todos os valores descontados indevidamente desde sua contratação, haja vista que "NÃO" foram autorizados, com a devida correção monetária" (vide pag. 7 da petição inicial). Ressalta-se, ainda, que a reclamada, apesar de suscitar a inépcia do pedido, o contestou fundamentadamente, o que afasta, por consequência, a hipótese de inépcia. Ademais, a ausência de pedido no rol final da petição inicial, quando consta expressamente tal pedido no corpo da exordial, juntamente com a causa de pedir, não compromete a causa para fins de julgamento. Em tais circunstâncias, e diante dos princípios norteadores das demandas trabalhistas, correta a decisão regional que entendeu inexistente a alegada inépcia. Precedentes. Agravo de instrumento conhecido e desprovido. (AIRR - 1289-60.2015.5.02.0066, Relator Ministro: Alexandre de Souza Agra Belmonte, Data de Julgamento: 25/04/2018, 3ª Turma, Data de Publicação: DEJT 27/04/2018)

(-) **RECURSO DE REVISTA. AUSÊNCIA DE PEDIDO. SALÁRIO POR FORA. REFLEXOS.** No caso dos autos, verifica-se que a imprecisão no rol de pedidos da petição inicial não comprometeu a delimitação da causa para fins de julgamento, tampouco acarretou prejuízo à ampla defesa e ao contraditório. O pedido realizado pelo autor é que fixa os limites da lide, conforme os termos dos arts. 128 e 460 do CPC de 1973, vigente na data da publicação do acórdão recorrido. No entanto, o pedido deve ser compreendido em conjunto com a causa de pedir, devendo a decisão judicial ficar vinculada a esse libelo, assim contextualizado. Na Justiça do Trabalho, o art. 840, § 1º, da CLT exige que na petição inicial haja apenas uma breve exposição do fato do qual resulte o dissídio e o pedido. Assim, considerando o princípio da informalidade e da simplicidade que reveste o processo trabalhista, ao redigir a petição inicial, basta ao autor expor rapidamente os fatos a fim de proporcionar a sua compreensão e a respectiva consequência jurídica, contida no pedido. Há precedentes. Recurso de revista conhecido e provido. (RR - 2374-03.2010.5.02.0084, Relator Ministro: Augusto César Leite de Carvalho, Data de Julgamento: 07/03/2018, 6ª Turma, Data de Publicação: DEJT 09/03/2018)

RECURSO DE REVISTA EM FACE DE DECISÃO PUBLICADA ANTES DA VIGÊNCIA DA LEI Nº 13.015/2014. INÉPCIA DA PETIÇÃO INICIAL. AUSÊNCIA DE PEDIDO EXPRESSO. JULGAMENTO EXTRA PETITA. No caso, o Tribunal Regional afastou a preliminar de inépcia da petição inicial e a alegação de julgamento fora dos limites da lide, em razão da existência de pedido relacionado ao reconhecimento da sucessão trabalhista, feito fundamentadamente no decorrer das razões da peça vestibular. No processo do trabalho, embora o juiz também esteja adstrito ao pedido e à causa de pedir, tal preceito pode vir a ser abrandado, em virtude dos Princípios da Simplicidade e da Informalidade. É o que se verifica, com relação à causa de pedir, na prescrição contida no artigo 840, § 1º, da CLT. Recurso de revista de que não se conhece. (-) (RR - 39200-08.2011.5.17.0009, Relator Ministro: Cláudio Mascarenhas Brandão, Data de Julgamento: 14/06/2017, 7ª Turma, Data de Publicação: DEJT 23/06/2017)

"**RECURSO DE REVISTA DA RECLAMADA PEDRO RENATO COMÉRCIO E PARTICIPAÇÕES LTDA. EM FACE DE DECISÃO PUBLICADA ANTES DA VIGÊNCIA DA LEI Nº 13.015/2014. [...] INÉPCIA DA PETIÇÃO INICIAL. AUSÊNCIA DE PEDIDO EXPRESSO.** No Processo do Trabalho, não se exige rigor no exame dos requisitos da exordial. Basta que do seu contexto se possa extrair a pretensão, sem exigência de maiores formalidades. No caso, o Tribunal Regional afastou a preliminar de inépcia da petição inicial, diante da existência de pedido relacionado à responsabilização solidária das reclamadas, feito expressamente no decorrer da fundamentação da peça de ingresso. Incólumes os dispositivos indicados. Recurso de revista de que não se conhece. [...]." (ARR - 10100-44.2007.5.04.0030, Relator Ministro: Cláudio Mascarenhas Brandão, Data de Julgamento: 3/5/2017, 7ª Turma, Data de Publicação: DEJT 12/5/2017.)

"**AGRAVO DE INSTRUMENTO. RECURSO DE REVISTA. HORAS EXTRAS. INDENIZAÇÃO POR DANO MORAL. INÉPCIA DA PETIÇÃO INICIAL.** 1. No Processo do Trabalho prevalecem os princípios da simplicidade e da informalidade, não havendo o mesmo rigor formal que é atribuído à petição inicial pelo Processo Civil. 2. Nesse sentido, a narrativa sucinta dos fatos é suficiente para deflagrar a relação processual, desde que estejam descritos com clareza e que o pedido seja uma decorrência lógica dos fatos narrados, a fim de permitir a ampla defesa da parte contrária. 3. A ausência de dados relevantes para o deslinde da controvérsia implica inépcia da petição inicial, porquanto da narração dos fatos não decorre logicamente a conclusão pleiteada. 4. Agravo de instrumento do Reclamante de que se conhece e a que se nega provimento." (AIRR - 1299-82.2013.5.23.0004, Relator Ministro João Oreste Dalazen, Data de Julgamento: 10/8/2016, 4ª Turma, DEJT 19/8/2016.)

"**RECURSO DE REVISTA INTERPOSTO NA VIGÊNCIA DA LEI Nº 13.015/2014. PRELIMINAR DE INÉPCIA DA INICIAL.** O artigo 840 da CLT, § 1º, da CLT, ao tratar dos requisitos da petição inicial, consagra os princípios da simplicidade, da efetividade e da instrumentalidade, ao exigir 'uma breve exposição dos fatos de que resulte o dissídio' como causa eficiente para o reconhecimento do pedido. Assim, não há falar em inépcia da inicial quando o eg. TRT evidencia que o pedido de responsabilidade subsidiária do ente público decorreu do fato de o autor ter exercido a função de auxiliar de serviços gerais em escola estadual. Recurso de revista não conhecido. Recurso de revista conhecido e provido." (RR - 146-11.2015.5.17.0101, Relator Ministro Aloysio Corrêa da Veiga, Data de Julgamento: 27/4/2016, 6ª Turma, DEJT 29/4/2016.)

"**AGRAVO DE INSTRUMENTO EM RECURSO DE REVISTA - INÉPCIA DA PETIÇÃO INICIAL - PEDIDOS FORMULADOS NO BOJO DA EXORDIAL.** No processo do trabalho, a teor do art. 840, § 1º, da CLT, basta uma breve exposição dos fatos dos quais decorram os pedidos e o requerimento ao Poder Judiciário da providência jurisdicional que se entender cabível, para que a petição inicial seja considerada apta. Ademais, a inépcia caracteriza-se quando o pedido, pelo modo como declinado, revela-se completamente inespecífico ou ininteligível, a ponto de comprometer o exercício do direito de defesa, o que não se verifica. No caso, a reclamante requereu no bojo da petição inicial o pagamento das verbas rescisórias (diferenças de férias + 1/3 e 13º salários), assim como da multa do art. 477 da CLT. Embora a correspondente pretensão autoral não esteja reiterada no rol de pedidos iniciais, não pairam dúvidas de que há pedido expresso no corpo da peça vestibular, portanto, o fato de o pleito não estar listado ao final da exordial não consiste óbice ao seu exame e deferimento. Ademais, não houve prejuízo para a defesa, pois a reclamada insurgiu-se expressamente contra tais pedidos em sede de contestação. Agravo de instrumento desprovido. RECURSO DE REVISTA ADESIVO INTERPOSTO PELA RECLAMANTE. Prejudicada a análise do recurso de revista adesivo interposto pela reclamante, nos termos do disposto no art. 500, III, do CPC. Recurso de revista adesivo cujo exame afigura-se prejudicado" (AIRR - 1791-51.2012.5.12.0025, Relator Ministro: Luiz Philippe Vieira de Mello Filho, Data de Julgamento: 9/12/2015, 7ª Turma, Data de Publicação: DEJT 11/12/2015.)

"**AGRAVO DE INSTRUMENTO. RECURSO DE REVISTA. INÉPCIA DA INICIAL. AUSÊNCIA DE PEDIDO EXPRESSO/CERTO/ESPECÍFICO DA RESPONSABILIDADE SOLIDÁRIA. AUSÊNCIA DE INTERESSE PROCESSUAL. FASE DE CONHECIMENTO.** O processo do trabalho é regido pelo princípio da informalidade processual, pelo que nos termos do art. 840, § 1º, da CLT, basta ao autor, quando do ajuizamento da ação, realizar 'uma breve exposição dos fatos de que resulte o dissídio'. Por outro lado, no processo do trabalho, não se observa o rigor formal excessivo no exame dos requisitos da inicial, até porque há a possibilidade de o próprio reclamante vir a Juízo para pleitear os seus direitos, de acordo com o princípio do jus postulandi. Não merece ser provido o agravo de instrumento que não logra êxito em desconstituir os fundamentos do despacho denegatório de prosseguimento ao recurso de revista. Agravo de Instrumento conhecido e desprovido." (AIRR - 990-57.2013.5.03.0153, Relatora Desembargadora Convocada: Vania Maria da Rocha Abensur, Data de Julgamento: 19/8/2015, 3ª Turma, Data de Publicação: DEJT 21/8/2015.)

"**EMBARGOS DE DECLARAÇÃO EM RECURSO DE REVISTA. ERRO DE PREMISSA NO JULGADO. EFEITO MODIFICATIVO. DESVIO DE FUNÇÃO. DIFERENÇAS SALARIAIS. AUSÊNCIA DE PEDIDO EXPRESSO NO**

ROL. INÉPCIA DA PETIÇÃO INICIAL. 1. A jurisprudência tem admitido os embargos de declaração em que a parte aponta de erro de premissa no julgado, espécie de omissão de ponto sobre o qual devia pronunciar-se o Tribunal (art. 535, II, do CPC). 2. Na hipótese vertente, a omissão reside na existência de indicação, à fl. 467, da fonte oficial em que foi publicada a ementa paradigma, o que afasta a incidência do item III da Súmula nº 337 do TST, incorretamente invocado na decisão embargada. 3. De acordo com Súmula nº 278 deste Tribunal, 'A natureza da omissão suprida pelo julgamento dos embargos de declaração pode ocasionar efeito modificativo no julgado'. 4. No caso vertente, a ementa transcrita nas razões recursais demonstrava divergência jurisprudencial em torno da questão debatida - inépcia da petição inicial - viabilizando o conhecimento do recurso de revista pelo pressuposto da alínea 'a' do art. 896 da CLT. 5. No mérito, a jurisprudência deste Tribunal Superior é iterativa em proclamar, quanto aos requisitos de validade da petição inicial no Processo do Trabalho, a prevalência do princípio da simplicidade inscrito no art. 840, § 1º, da CLT, segundo o qual basta ao autor inserir na petição inicial uma breve exposição dos fatos de que resulte o dissídio, sendo, inclusive, desnecessária a indicação dos fundamentos jurídicos que justifiquem o pedido, como acontece no processo comum (art. 282, III, do Código de Processo Civil). Demonstrado o atendimento ao referido princípio, no tocante à postulação de diferenças salariais, em face do desvio de função, considerando-se, ainda, que o reclamado não apontou vício na exordial, afasta-se a inépcia da petição inicial, declarada de ofício pelo Tribunal de origem. 5. Assim, devem ser providos os embargos declaratórios para, sanando omissão, conhecer e dar provimento ao recurso de revista. Embargos de declaração a que se dá provimento para, imprimindo efeito modificativo no julgado, conhecer e dar provimento ao recurso de revista." (ED-RR - 145100-55.2006.5.01.0023, Relator Ministro: Walmir Oliveira da Costa, Data de Julgamento: 21/5/2014, 1ª Turma, Data de Publicação: DEJT 23/5/2014).

"RECURSO DE REVISTA 1 - INÉPCIA DA INICIAL. NÃO CONFIGURAÇÃO. AUSÊNCIA DE PEDIDO EXPRESSO. EXPOSIÇÃO FUNDAMENTADA NA CAUSA DE PEDIR. A ausência de pedido expresso no rol da inicial, não se constitui irregularidade formal grave que impede que o Órgão jurisdicional se pronuncie sobre o direito de que o autor se diz titular. Observa-se, na hipótese, que na causa de pedir existe uma exposição lógica e fundamentada a respeito das diferenças salariais decorrentes da alteração de função, tanto é, que gerou a produção de defesa regular e apreciação de mérito pela primeira instância, julgando procedente o referido pedido. Assim, não se verificando qualquer prejuízo à defesa da reclamada, e sendo a causa de pedir clara e objetiva, afasta-se a inépcia da inicial declarada no acórdão do Tribunal Regional, com o restabelecimento da sentença que condenou a reclamada ao pagamento das diferenças salariais. Precedentes. Recurso de revista conhecido e provido. [...]." (RR - 22-13.2011.5.04.0721, Relatora Ministra: Delaíde Miranda Arantes, Data de Julgamento: 29/10/2014, 2ª Turma, Data de Publicação: DEJT 07/11/2014.)

CONTESTAÇÃO

PRELIMINARES

Coisa Julgada não configurada quando existe acordo extrajudicial homologado perante a Justiça comum nos casos de distrato comercial.

Informativo 181 do TST

Processo: Ag-ED-E-ED-ARR - 3020-79.2014.5.17.0011 Data de Julgamento: 07/06/2018, Relator Ministro: Luiz Philippe Vieira de Mello Filho, Subseção I Especializada em Dissídios Individuais, Data de Publicação: DEJT 15/06/2018.

A homologação de acordo extrajudicial perante o Juízo cível, relativo a distrato comercial, não impede o ajuizamento de reclamação trabalhista em que se requer o reconhecimento de vínculo de emprego.

Na hipótese, não há falar em coisa julgada material, pois ausente a identidade de partes, de pedidos e de causa de pedir.

Com efeito, no acordo extrajudicial homologado, a reclamante não figurou como parte, mas sim a empresa por ela constituída. Ademais, enquanto na Justiça comum o objeto do acordo foi um distrato comercial, fundamentado na Lei nº 4.886/65 (que regula as atividades dos representantes comerciais autônomos), na ação trabalhista o pleito se refere ao reconhecimento de vínculo empregatício, com base na CLT.

Conceito de coisa julgada

Há coisa julgada quando se repete ação que já foi decidida por sentença de mérito transitada em julgado (arts. 337, § 4º do CPC). Considera-se que uma ação é idêntica à outra quando tem as mesmas partes, a mesma causa de pedir e o mesmo pedido (art. 337, § 2º do CPC). Caso seja colhida a alegação de coisa julgada, o processo vai ser extinto sem resolução de mérito (art. 485, V, CPC). A coisa julgada pode ser rescindida por ação rescisória (arts. 966, CPC).

A coisa julgada tem proteção constitucional (art. 5.º, XXXVI, CF) e constitui expressão no campo do direito processual civil do princípio da segurança jurídica, cujo fundamento reside na própria ideia de Estado Constitucional (STF, 2.ª Turma, AgRg no RE 592.912/RS, Rel. Min. Celso de Mello, j. 03.04.2012, DJe 22.11.2012; STF, Pleno, RE 590.809/RS, Rel. Min. Marco Aurélio, j. 22.10.2014, DJe 24.11.2014)[1].

A jurisprudência o TST tem se firmado no sentido de que a transação homologada pela Justiça Comum não faz coisa julgada perante o juízo trabalhista, sendo a Justiça do Trabalho, competente para decidir sobre a existência ou não do vínculo de emprego.

Acordo homologado no juízo cível - ausência de coisa julgada

O TST entende que o fato de o reclamante constar como proprietário da empresa de representação comercial onde foi feita a homologação de acordo extrajudicial perante o Juízo Cível, relativo a distrato comercial, não tem o condão de ensejar a coisa julgada por não ter:

1. **Identidade de partes; e**

No juízo cível - Empresa de representação comercial vs Demandada - Empresa - X. **No juízo trabalhista** - Empregado pessoa física vs Reclamada- Empresa - X. Note que o polo ativo da ação é diferente.

2. **Causa de pedir diversa.**

No juízo cível - Transacionou-se acerca da indenização rescisória do contrato de representação comercial, ou seja, causa de pedir regida pela Lei n° 4.886/85. **No juízo trabalhista** - Discutiu-se o pleito de reconhecimento do vínculo de emprego, o motivo da dissolução contratual e verbas rescisórias, ou seja, causa de pedir regida pela CLT.

Desta forma, fica evidente que não temos a caracterização da tríplice identidade de partes, pedidos e causa de pedir, para configurar a coisa julgada.

Nesse sentido:

Precedente vinculante do TST

[..] **RECURSO DE EMBARGOS DAS RECLAMADAS - ACORDO EXTRAJUDICIAL - DISTRATO COMERCIAL - HOMOLOGAÇÃO PELA JUSTIÇA COMUM - PEDIDO DE RECONHECIMENTO DE VÍNCULO EMPREGATÍCIO PERANTE A JUSTIÇA DO TRABALHO** 1. Cinge-se a

[1] MARINONI, Luiz Guilherme; ARENHART, Sérgio Cruz; MITIDIERO, Daniel. Código de Processo Civil Comentado – 4ª ed. São Paulo. Revista dos Tribunais, 2018.

controvérsia em definir se a homologação de acordo extrajudicial perante a Justiça Comum relativo a distrato comercial impede o ajuizamento de ação perante a Justiça do Trabalho em que se discute a existência de vínculo empregatício. 2. Não havendo identidade subjetiva, uma vez que no acordo extrajudicial homologado na Justiça Comum não figurou como parte a reclamante, mas a empresa por ela constituída; que os pedidos são distintos, pois na reclamação trabalhista é pleiteado o reconhecimento do vínculo de emprego, ao passo que na Justiça Comum o objeto do acordo consistira em distrato comercial; e, por fim, que as causas de pedir são distintas, pois esta ação fundamenta-se na CLT e o acordo homologado fundamentou-se na Lei nº 4.886/65, não há que se falar em coisa julgada. 3. Considerando que a Justiça Comum e a Justiça do Trabalho têm competências distintas, não subsiste a alegação de que esta Justiça Especial, ao reconhecer a existência de vínculo empregatício, teria anulado a decisão homologatória da transação extrajudicial referente ao contrato de natureza comercial (precedente desta Subseção). Recurso de embargos conhecido e desprovido. (Ag-ED-E-ED-ARR - 3020-79.2014.5.17.0011, Relator Ministro: Luiz Philippe Vieira de Mello Filho, Data de Julgamento: 07/06/2018, Subseção I Especializada em Dissídios Individuais, Data de Publicação: DEJT 15/06/2018)

Fatos reconhecidos em sentença criminal condenatória transitada em julgado não podem ser rediscutidos na seara trabalhista

Informativo TST 189 do TST

Processo: RO - 9301-70.2010.5.01.0000 Data de Julgamento: 11/12/2018, Relator Ministro: Alexandre de Souza Agra Belmonte, Subseção II Especializada em Dissídios Individuais, Data de Publicação: DEJT 14/12/2018.

Os fatos reconhecidos em sentença criminal condenatória transitada em julgado não podem ser rediscutidos na seara trabalhista, ante o princípio da unidade da jurisdição. No caso, a coisa julgada que se formou no processo criminal, em que constatado o crime cometido pelo empregado (ato de improbidade), com a consequente pena de perda do emprego público, operou-se anteriormente ao trânsito em julgado do acórdão rescindendo que, ao analisar as razões que ensejaram a justa causa, concluiu pela nulidade da dispensa do reclamante. Assim, a decisão penal se sobrepõe à sentença trabalhista, de modo que esta não pode subsistir com conteúdo decisório oposto àquele que transitou em julgado na esfera criminal.

Conceito de coisa julgada

Há coisa julgada quando se repete ação que já foi decidida por sentença de mérito transitada em julgado (arts. 337, § 4º do CPC). Considera-se que uma ação é idêntica à outra quando tem as mesmas partes, a mesma causa de pedir e o mesmo pedido (art. 337, § 2º do CPC). Caso seja colhida a alegação de coisa julgada, o processo vai ser extinto sem resolução de mérito (art. 485, V, CPC). A coisa julgada pode ser rescindida por ação rescisória (arts. 966, CPC).

A coisa julgada tem proteção constitucional (art. 5.º, XXXVI, CF) e constitui expressão no campo do direito processual civil do princípio da segurança jurídica, cujo fundamento reside na própria ideia de Estado Constitucional (STF, 2.ª Turma, AgRg no RE 592.912/RS, Rel. Min. Celso de Mello, j. 03.04.2012, DJe 22.11.2012; STF, Pleno, RE 590.809/RS, Rel. Min. Marco Aurélio, j. 22.10.2014, DJe 24.11.2014)[2].

Coisa julgada penal

Diz o art. 935 do CC:

> **CC, art. 935**. A responsabilidade civil é independente da criminal, não se podendo questionar mais sobre a existência do fato, ou sobre quem seja o seu autor, quando estas questões se acharem decididas no juízo criminal.

A coisa julgada penal não interfere na área civil. Absolvição do réu no processo penal, por exemplo, não significa automática liberação de responder na esfera civil. O direito penal exige a culpa em sentido estrito para a condenação, enquanto o direito civil pode sancionar o devedor que tenha agido com culpa, ainda que no grau mínimo. Assim, pode o réu ser absolvido no processo penal por falta de provas (CPP 386 V) e responder ação civil e ser condenado a indenizar pelo mesmo fato[3].

DEFESAS DE MÉRITO

Ônus da impugnação específica

Informativo 181 do TST

Processo: RO - 137-04.2014.5.06.0000 Data de Julgamento: 26/06/2018, Redator Ministro: Renato de Lacerda Paiva, Subseção II Especializada em Dissídios Individuais, Data de Publicação: DEJT 06/07/2018.

---

2 MARINONI, Luiz Guilherme; ARENHART, Sérgio Cruz; MITIDIERO, Daniel. Código de Processo Civil Comentado – 4ª ed. São Paulo. Revista dos Tribunais, 2018.

3 NERY JUNIOR, Nelson; ANDRADE, Rosa Maria de. Código Civil comentado.2. ed. São Paulo: Editora Revista dos Tribunais. 2017.

É inaplicável a pena de confissão ficta, quando do conjunto da defesa for possível ao julgador extrair que houve, ainda que de forma genérica, oposição às afirmações do autor.

As defesas apresentadas pelas demandadas, consideradas em seu contexto total, rebateram a pretensão de percepção das comissões suprimidas por vendas diretas.

Contestação

A contestação é o meio de defesa por excelência do reclamado. É nela que o reclamado dispõe para exercer o seu direito à ampla defesa (art. 5.º, LV, CF) em decorrência dos princípios do devido processo legal (art. 5.º, LIV, CF). A parte não tem o dever de contestar, ou seja, contestar é um direito e um ônus do réu.

Na Consolidação das Leis do Trabalho – CLT, o Art. 847 prevê que após a tentativa de conciliação frustrada, pode o réu apresente sua defesa de forma oral no prazo de 20 minutos, pode ainda, apresentar contestação por meio do PJE, até a audiência, senão vejamos:

> **CLT Art. 847** - Não havendo acordo, o reclamado terá vinte minutos para aduzir sua defesa, após a leitura da reclamação, quando esta não for dispensada por ambas as partes.
> Parágrafo único. A parte poderá apresentar defesa escrita pelo sistema de processo judicial eletrônico até a audiência.

Regras básicas da contestação

Na contestação é conferido ao reclamado a oportunidade para se defender dos fatos alegados pelo autor a petição inicial. Esta se submete a 3 (três) regras básicas:

1. Concentração

Em contestação, cabe ao reclamado concentrar, toda sua matéria de defesa. O que não for alegado nela, estará precluso, não podendo mais ser invocado no processo. A exceção, está prevista no art. 342 do CPC que é aplicado subsidiariamente ao processo do trabalho, sendo lícito o reclamado, aduzir novas alegações quando:

> I - relativas a direito ou a fato superveniente;
> II - competir ao juiz conhecer delas de ofício;
> III - por expressa autorização legal, puderem ser formuladas em qualquer tempo e grau de jurisdição.

Nesse sentido:

> [..] No mais, os pedidos de redução das horas extras e intervalo intrajornada constituem matéria de defesa, devendo, portanto, ser apresentados em época própria. Incabível apresentá-lo somente na fase recursal, pois preclusa a oportunidade, diante do princípio da eventualidade ou da concentração da defesa (art. 300 do CPC - CPC, Art. 336). [..] (RO nº 0000318-60.2015.5.08.0114, 4ª Turma do TRT da 8ª Região/PA-AP, Rel. Walter Roberto Paro. unânime, DEJT 27.04.2016).

No âmbito do Processo Civil, uma das inspirações da nova codificação foi justamente o Princípio da Concentração da Defesa, reunindo diversas matérias que antes deveriam ser alegadas em peças apartadas. Com efeito, agora a incompetência relativa, impugnação ao valor da causa e impugnação à justiça gratuita são matérias aviadas em preliminar de contestação (art. 337 do CPC), sendo possível neste momento também formular reconvenção sem necessidade de peça autônoma.

Importante pontuar, contudo, que a Reforma Trabalhista trouxe uma particularidade quanto à incompetência territorial, prevendo sua alegação antes da defesa, no prazo de 5 (cinco) dias:

> **CLT, Art. 800.** Apresentada exceção de incompetência territorial no prazo de cinco dias a contar da notificação, antes da audiência e em peça que sinalize a existência desta exceção, seguir-se-á o procedimento estabelecido neste artigo.

Há uma certa polêmica se a alegação da incompetência territorial antes da defesa seria uma mera faculdade ou se a omissão geraria preclusão.

Aqueles que defendem o caráter facultativo centram-se nos seguintes argumentos:

> **i)** a redação do art. 800 é condicional ("apresentada a exceção no prazo de cinco dias [...] seguir-se-á o procedimento estabelecido neste artigo), evidenciando o caráter facultativo;
>
> **ii)** a CLT ainda prevê a possibilidade de defesa oral em audiência, de modo que, sendo a exceção uma modalidade de defesa, o reclamado deveria ter a possibilidade de argui-la de forma oral sem que se opere a preclusão;
>
> **iii)** um dos objetivos da norma é trazer economia processual ao empregador, mas o meio empregado seria dispendioso e em prazo desarrazoada porque o prazo de 5 (cinco) dias seria extremamente diminuto para contratação de advogado e formulação da peça, cumprindo realçar a dificuldade de comprovação da data de entrega da notificação, diante da praxe atual de expedi-la sem aviso de recebimento ou código de rastreio; iv) pelo menos quanto ao rito sumaríssimo, dever-se-ia aceitar a apresentação em audiência porque o 852-G da CLT prevê que, no rito sumaríssimo, as exceções são julgadas em audiência.

Em que pese o respeito às opiniões divergentes, entendemos que ocorre a preclusão no caso de ausência de apresentação da exceção pelos fundamentos adiante transcritos:

i) a CLT estipulou a exceção como o meio para alegação da incompetência territorial, não dispondo sobre qualquer outro mecanismo;

ii) a argumentação de que a redação seria condicional e se poderia fazer a alegação em audiência se mostra de difícil sustentação porque não há procedimento para tanto, sendo certo que o procedimento de alegação em audiência, com abertura de prazo para manifestação do excepto em 24 horas e posterior reinclusão de pauta era previsto justamente no art. 800, que foi alterado e passou a prever um único rito;

iii) a aplicação do art. 337 do CPC ao processo do trabalho é impertinente porque a CLT possui regra própria nesse particular (art. 800 da CLT);

iv) a competência territorial não alegada na forma prevista em lei é objeto de prorrogação de competência, conforme art. 65 do CPC, com a adaptação necessária ao rito especial trabalhista (ausência de alegação na exceção de incompetência);

v) o "jus postulandi" é uma faculdade legal que comporta temperamentos, inclusive para o reclamante, como nos casos de recursos para o TST e demais hipóteses da Súmula 425 do TST;

vi) a ponderação sobre a exiguidade do prazo deve ser analisada pelo legislador para que possa eventualmente majorá-lo, já que se trata de prazo legal; apresenta-se desarrazoado que o reclamado se desloque de uma base territorial que lhe seria mais vantajosa para somente na localidade escolhida pelo reclamante dizer que ali não deveria ser processado;

vii) é possível enxergar até mesmo uma violação a boa-fé processual ao não arguir no momento expressamente previsto para deixar para fazê-lo depois em audiência, que, não raro, será em data bem posterior, permitindo construir um raciocínio assemelhado à nulidade de algibeira;

viii) como imaginar que a lei estaria a oferecer uma segunda oportunidade quando a própria lei nem cogita essa possibilidade?;

ix) o comparecimento à audiência designada não se caracteriza como um simples ato, mas ato jurídico que remete a uma preclusão lógica: compareceu sem que fosse obrigatório, aceitou a competência territorial.

2. Eventualidade

Cabe ao reclamado concentrar, em sua contestação, todas as matérias de defesa, apresentando todos os assuntos e argumentos, ainda que contraditórios, pois, na eventualidade de ser rejeitado o primeiro, haverá um segundo e assim por diante. Nesse sentido, o art. 336 do CPC:

> **CPC, Art. 336.** Incumbe ao réu alegar, na contestação, toda a matéria de defesa, expondo as razões de fato e de direito com que impugna o pedido do autor e especificando as provas que pretende produzir.

3. Impugnação específica

A contestação por negativa geral é ineficaz, arcando o réu com o ônus de serem considerados verdadeiros os fatos articulados na peça inicial, em razão do princípio da impugnação específica.

Segundo a explanação de Luiz Rodrigues Wambier e Eduardo Talamini[4], o ônus da impugnação específica, previsto no caput do referido artigo 341 do CPC/15, consiste:

> "Nas alegações da contestação, cabe ao réu manifestar-se precisa e especificamente sobre cada um dos fatos alegados pelo autor, pois são admitidos como verdadeiros os fatos não impugnados. Disso resulta não ser admissível contestação por negativa geral, em que o réu apenas afirma que os fatos alegados pelo autor não são verdadeiros. O ônus da impugnação específica exige que o réu, além de manifestar-se precisamente sobre cada um deles, expresse fundamentação em suas alegações, ou seja, cumpre ao réu dizer como os fatos ocorreram e porque nega os fatos apresentados pelo autor.
>
> Não impugnados os fatos narrados na petição inicial, sobre eles não haverá necessidade de produção de provas, por se tornarem fatos incontroversos (art. 334, III). Ou seja, se o réu não impugnar especificamente um ou alguns fatos, sobre eles não surge controvérsia, e a prova é desnecessária, porque se entende que, se não os impugnou, o réu os aceitou como verdadeiros".

Diz o art. 341 do CPC:

> **CPC, Art. 341.** Incumbe também ao réu manifestar-se precisamente sobre as alegações de fato constantes da petição inicial, presumindo-se verdadeiras as não impugnadas, salvo se:

Nesse sentido, a jurisprudência:

> **DEFESA. AUSÊNCIA DE IMPUGNAÇÃO ESPECÍFICA. DESCONTOS INDEVIDOS. FATO INCONTROVERSO.** Reputa-se incontroverso o fato alegado pela parte reclamante e não impugnado pela defesa, haja vista o disposto no art. 341, do CPC, e princípio da impugnação específica. Cabe ao réu contestar o pedido, por meio da impugnação à inicial, manifestando-se, expressamente, acerca de todos os fatos impeditivos, modificativos ou extintivos do direito da parte demandante, bem como a respeito dos documentos com ela carreados, presumindo-se como verdadeiros aqueles não impugnados. In casu, não havendo sido contestado especificamente o pedido e ante a

---

[4] WAMBIER, Luiz Rodrigues; TALAMINI, Eduardo. Curso Avançado de Processo Civil, Vol. 1, Teoria Geral de Processo e Processo de Conhecimento, 15ª Edição, Revista dos Tribunais, 2015. p. 487.

ausência de prova em sentido contrário, prevalece a alegação obreira quanto aos fatos referentes à escala de trabalho e aos descontos indevidos. (RO nº 0011569-52.2016.5.03.0026, 4ª Turma do TRT da 3ª Região/MG, Rel. Maria Lúcia Cardoso de Magalhães. j. 21.06.2018).

1. CONFISSÃO FICTA. CONTESTAÇÃO. AUSÊNCIA DE IMPUGNAÇÃO ESPECÍFICA AOS TERMOS EXORDIAIS. Na forma do artigo 341 do CPC/2015, incumbe ao reclamado manifestar-se precisamente sobre as alegações de fato constantes da petição inicial, presumindo-se verdadeiras as não impugnadas. No caso, a contestação ofertada não investe precisamente contra a pretensão deduzida na petição inicial. Assim, resta autorizada a declaração da confissão ficta do Banco. (RO nº 0001014-11.2016.5.10.0016, 2ª Turma do TRT da 10ª Região/DF-TO, Rel. Gilberto Augusto Leitão Martins. DEJT 14.05.2018).

DEFESA. AUSÊNCIA DE IMPUGNAÇÃO ESPECÍFICA. PRESUNÇÃO DE VERACIDADE DOS FATOS ALEGADOS NA INICIAL. APLICAÇÃO DO ART. 302 DO CPC/341 DO CPC/2015. De acordo com o princípio da eventualidade previsto no art. 341 do CPC/2015, cabe ao réu manifestar-se precisamente sobre os fatos narrados na vestibular, presumindo-se verdadeiros os não impugnados. (Processo nº 0010407-91.2013.5.05.0019, 2ª Turma do TRT da 5ª Região/BA, Rel. Dalila Andrade. DJe 14.06.2016).

DEFESA. AUSÊNCIA DE IMPUGNAÇÃO ESPECÍFICA. PRESUNÇÃO DE VERACIDADE DOS FATOS ALEGADOS NA INICIAL. APLICAÇÃO DO ART. 302 DO CPC/341 DO CPC/2015. De acordo com o princípio da eventualidade previsto no art. 341 do CPC/2015, cabe ao réu manifestar-se precisamente sobre os fatos narrados na vestibular, presumindo-se verdadeiros os não impugnados. (Processo nº 0010407-91.2013.5.05.0019, 2ª Turma do TRT da 5ª Região/BA, Rel. Dalila Andrade. DJe 14.06.2016).

Funções do princípio da impugnação específica

Esse princípio possui duas funções, senão vejamos:

1. Diminuir o campo probatório

Diz o art. 374 do CPC:

CPC, Art. 374. Não dependem de prova os fatos:

III - admitidos no processo como incontroversos;

A ausência de impugnação específica vai diminuir o campo probatório, já que as alegações fáticas incontroversas (não rebatidas pelo reclamado) não são objeto de prova (art. 374, III, CPC), ou seja, há dispensa de provas.

Segundo Marinoni[5]:

> "As alegações de fato incontroversas no processo independem de prova. A incontrovérsia pode advir tanto do não desempenho do ônus de impugnação especificada das alegações fáticas (art. 341, CPC) como de qualquer cessação de controvérsia a respeito de determinada questão ocorrida ao longo do processo (por exemplo, em audiência)."

2. Proibir a contestação por negativa geral

Esse princípio proíbe a contestação por negativa geral, salvo nas hipóteses previstas no art. 341, parágrafo único, CPC, ou seja, o ônus da impugnação especificada dos fatos não se aplica ao defensor público, ao advogado dativo e ao curador especial.

Analise da defesa como um todo

A defesa deve ser analisada em seu conjunto, ou seja, em seu todo. Nesse sentido:

> **CPC, Art. 341.** Incumbe também ao réu manifestar-se precisamente sobre as alegações de fato constantes da petição inicial, presumindo-se verdadeiras as não impugnadas, salvo se:
> **III** - estiverem em contradição com a defesa, considerada em seu conjunto.

Nessa linha de raciocínio, a doutrina:

> **Marinoni[6].**
> Nada obstante não impugnadas especificamente as alegações fáticas do autor, se a análise da defesa em seu conjunto permitir a conclusão de que o réu é contrário à versão do autor, não se opera a presunção de veracidade das alegações iniciais.
>
> **Edward Carlyle[7].**
> "III - existindo contradição de tais alegações com o conjunto da defesa, apesar de o réu não ter realizado a impugnação específica dos fatos, a sua defesa, no conjunto, permite ao juiz verificar uma certa resistência ao que foi afirmado pelo autor".

---

5 MARINONI, Luiz Guilherme; ARENHART, Sérgio Cruz; MITIDIERO, Daniel. Código de Processo Civil Comentado – 4ª ed. São Paulo. Revista dos Tribunais, 2018.

6 MARINONI, Luiz Guilherme; ARENHART, Sérgio Cruz; MITIDIERO, Daniel. Código de Processo Civil Comentado – 4ª ed. São Paulo. Revista dos Tribunais, 2018.

7 SILVA, Edward Carlyle. Direito Processual Civil, 3ª Edição, Niterói, RJ: Impetus, 2014.

Renato Montans[8].

"c) contradição com a defesa - constatada a contradição (que pode se dar pela via reconvencional, mesmo não havendo a impugnação por parte do réu deverá o autor prová-la".

O Ministro do TST, Alexandre Luiz Ramos, ao explanar acerca do tema (impugnação - defesa em seu conjunto) na sessão da C. SDI-2 do dia 26/06/2018 relatou:

> "quando a empresa questiona a relação jurídica que se pretende reconhecer como de emprego, e, considerando esse aspecto de comissões sobre vendas diretas realizadas na sua área de atuação, a empresa, expressamente em contestação, dispõe que a única modalidade de pagamento de comissões se dava por vendas diretas feitas pelo empregado vendedor ou representante comercial na sua área de atuação. Ao dizer que era a única modalidade, parece-me que há contestação expressa aí afastando qualquer outro tipo de modalidade. Se a empresa contesta a modalidade de comissões por vendas diretas em sua área, parece-me prejudicada e desnecessária a impugnação especificamente de cada venda, para cada empresa, e assim por diante."

Nesse sentido, a decisão abaixo do TST:

> **RECURSO ORDINÁRIO EM AÇÃO RESCISÓRIA AJUIZADA SOB A ÉGIDE DO CPC/73 - ART. 485, V, DO CPC/73 - COMISSÕES SUPRIMIDAS POR VENDAS DIRETAS REALIZADAS PELAS RECLAMADAS - PENA DE CONFISSÃO - INAPLICABILIDADE - ÔNUS DA IMPUGNAÇÃO ESPECÍFICA - OBSERVÂNCIA - AUSÊNCIA DE VIOLAÇÃO AOS ARTIGOS 302 E 319 DO CPC/73.** O embate dos autos se estabelece em relação à aplicação do disposto no artigo 302, caput, e inciso III, do CPC/73, que tratam, respectivamente, do ônus da impugnação específica dos fatos alegados na petição inicial e da sua exceção, com os consequentes efeitos daí decorrentes. In casu, conforme se depreende dos fundamentos do acórdão rescindendo, constata-se a observância da exceção ao referido ônus, e, portanto, a aplicação do artigo 302, III, do CPC/73, na medida em que a decisão rescindenda fundamentou que, mesmo que ausente impugnação específica na contestação do fato alegado, verificando-se do conjunto das defesas a existência de impugnação genérica da matéria nos autos, resta impossibilitada a aplicação da pena de confissão ficta das reclamadas quanto à matéria de fato alegada, consistente na supressão das comissões por vendas diretas. Trata-se, portanto, da hipótese em que não se aplica ao réu a sanção processual relativa à confissão ficta, tendo em vista ser o caso da exceção à regra do ônus da impugnação específica prevista no caput do art. 302. Isso ocorre porque, da análise da defesa considerada em seu todo, a convicção do julgador se dá no sentido de que há certa oposição

8 SÁ, Renato Montans de. Direito Processual Civil, Saraiva, 2016.

quanto às afirmações do autor. Logo, nesse caso, a norma processual mantém o ônus probatório a cargo do autor, exigindo que este faça a prova de suas alegações. Portanto, na decisão rescindenda não restou configurada qualquer violação aos artigos 302 e 319 do CPC, eis que houve, na verdade, a aplicação do inciso III do artigo 302, que é a exceção ao ônus da impugnação especificada, pois, ainda que genericamente, do conjunto das defesas foi possível ao julgador extrair que houve alguma relutância às afirmações do autor. Nesse cenário, o corte rescisório não se torna possível no caso sub judice, porquanto a violação a dispositivo de lei exigida pelo art. 485, V, do CPC/73 capaz de ensejar a desconstituição da coisa julgada deve ser latente e literal, o que não se verifica na hipótese vertente, em que a norma processual incidente na espécie, qual seja, o inciso III do artigo 302 do CPC/73, restou devidamente aplicada. Por fim, cabe asseverar que, analisando as contestações apresentadas na reclamação trabalhista originária, resta expresso que as reclamadas, não obstante tenham negado o vínculo de emprego, impugnaram especificamente os pedidos constantes da petição inicial, dentre eles o pedido referente ao pagamento de comissões. Desse modo, havendo por parte das reclamadas impugnação específica em suas contestações no que se refere ao pedido de comissões constante na petição inicial da reclamação trabalhista matriz, não há que se falar em aplicação da pena de confissão ficta às mesmas, eis que cumprido o requisito do ônus da impugnação específica dos fatos, nos termos do artigo 302, caput, do CPC/73. Recurso ordinário de que se conhece e a que se nega provimento. (RO - 137-04.2014.5.06.0000, Redator Ministro: Renato de Lacerda Paiva, Data de Julgamento: 26/06/2018, Subseção II Especializada em Dissídios Individuais, Data de Publicação: DEJT 06/07/2018)

Consequências pela ausência da impugnação especificada

Caso não ocorra a impugnação especificada, a parte pode solicitar:

1. Julgamento imediato, definitivo e parcial de mérito

CPC, Art. 356. O juiz decidirá parcialmente o mérito quando um ou mais dos pedidos formulados ou parcela deles:

I - mostrar-se incontroverso;

II - estiver em condições de imediato julgamento, nos termos do art. 355.

2. Antecipação da tutela fundada na evidência

CPC, Art. 311. A tutela da evidência será concedida, independentemente da demonstração de perigo de dano ou de risco ao resultado útil do processo, quando:

I - ficar caracterizado o abuso do direito de defesa ou o manifesto propósito protelatório da parte;

Nesse sentido, são os ensinamentos do Professor Marinoni [9]:

> Julgamento imediato parcial e antecipação da tutela fundada na evidência. Convencendo-se o juiz que das alegações fáticas incontroversas decorre a procedência de parcela do pedido ou de um dos pedidos cumulados do autor, cumpre prestar tutela definitiva à parcela incontroversa da demanda (art. 356, I, CPC). O novo Código trata a tutela definitiva da parcela incontroversa da demanda como hipótese de julgamento antecipado parcial do mérito. Se, embora tenha contestado as alegações do autor, o demandado o fez de maneira inconsistente, cumpre ao juiz, mediante requerimento da parte, equilibrar a distribuição do tempo no processo, antecipando a tutela jurisdicional em favor da parte autora, que aparenta no processo direito mais provável que o do réu (art. 311, I, CPC).

Contestação e litisconsorte passivo

Cada reclamado deve apresentar a sua defesa, impugnando os fatos narrados na peça inicial. Contudo se há litisconsórcio passivo na causa (2 ou mais reclamados), o desempenho do ônus de impugnação especificada das alegações fáticas do reclamante por apenas um dos reclamados, só aproveita aos demais se o litisconsórcio é unitário:

> **A disciplina do artigo 320, I, do CPC de 1973 aplica-se apenas ao litisconsórcio unitário e aos casos em que houver convergência de interesses, o que não é a hipótese dos autos. No litisconsórcio simples, a presunção de veracidade dos fatos alegados na petição inicial, decorrente da revelia de um dos réus, pode ser afastada se a outra ré apresentar impugnação específica e provas capazes de fazê-lo, medidas não constatadas no presente caso. Precedentes. Por conseguinte, os efeitos decorrentes da revelia da primeira ré também são suportados pela segunda, responsável subsidiária pelos créditos trabalhistas deferidos nesta ação. Recurso de revista de que não se conhece. [...] (TST - RR - 446-59.2012.5.03.0006, Relator Ministro: Cláudio Mascarenhas Brandão, Data de Julgamento: 11/10/2016, 7ª Turma, Data de Publicação: DEJT 21/10/2016)**

Segundo o art. 116 do CPC/15, *o litisconsórcio será unitário quando, pela natureza da relação jurídica, o juiz tiver de decidir o mérito de modo uniforme para todos os litisconsortes.*

---

9 MARINONI, Luiz Guilherme; ARENHART, Sérgio Cruz; MITIDIERO, Daniel. Código de Processo Civil Comentado – 4ª ed. São Paulo. Revista dos Tribunais, 2018.

Se o litisconsórcio é simples, segue-se o regime comum, em que os atos e as omissões de um dos consortes não beneficiam nem prejudicam os demais (art. 117, CPC), exceto, como é evidente, se os fatos narrados na inicial estiverem em contradição com a defesa, considerada em seu conjunto, ou seja, defesas de outros reclamados.

AUDIÊNCIA

REPRESENTAÇÃO DAS PARTES

Condição de empregado do Preposto. Inobservância apenas na audiência inaugural. Irregularidade de representação. Configuração. Súmula nº 377 do TST

Informativo 180 do TST

Processo: E-ED-RR - 41900-77.2006.5.23.0004 Data de Julgamento: 07/06/2018, Redator Ministro: Cláudio Mascarenhas Brandão, Subseção I Especializada em Dissídios Individuais, Data de Publicação: DEJT 03/08/2018.

Contraria a Súmula nº 377 do TST a decisão turmária que afasta a aplicação da referida súmula ao fundamento de que a exigência a respeito de o preposto ser empregado da empresa somente se justifica no caso de audiência única, ou seja, aquela que não foi fracionada.

Na hipótese, a Turma, mantendo o acórdão do Tribunal Regional, entendeu que, no caso de fracionamento da audiência, não há falar em irregularidade de representação quando a reclamada se faz substituir por preposto que não seja seu empregado apenas na audiência inaugural, em que não se colhe o depoimento das partes litigantes.

Tal interpretação, todavia, extrapola os limites da súmula em análise, pois a audiência é una (art. 849 da CLT), e ainda que o fracionamento seja permitido, ele não retira a obrigação de a reclamada estar regularmente representada.

Assim, sendo incontroverso, no caso em apreço, que o preposto que compareceu à sessão inaugural da audiência não era empregado da empresa, o que equivale à sua ausência por irregularidade de representação, a SBDI-I, por maioria, conheceu dos embargos por contrariedade à Súmula nº 377 do TST, e, no mérito, deu-lhes provimento para determinar o retorno dos autos à Vara de origem, a fim de que julgue os pedidos da inicial, desconsiderando a defesa escrita da empresa e levando em conta os efeitos da revelia e a consequente confissão ficta quanto às matérias de fato.

O tema foi modificado substancialmente pela reforma trabalhista, conforme detalharemos abaixo.

Preposto

Preposto é a pessoa física nomeado pelo responsável pela reclamada para representa-lá em juízo, não sendo necessários que este presencie os fatos, devendo apenas conhecer dos fatos por informações de terceiros.

Nesse sentido:

> **CLT, Art. 843 - [...]**
>
> **§ 1º** É facultado ao empregador fazer-se substituir pelo gerente, ou qualquer outro preposto que tenha conhecimento do fato, e cujas declarações obrigarão o proponente

Será decretada a revelia da empresa se o preposto não comparecer em audiência (art. 844 da CLT). Apesar disso, se o advogado da reclamada estiver presente na audiência, serão aceitos a contestação e os documentos eventualmente apresentados por ele (art. 844, § 5°, da CLT).

Carta de preposição

A carta de preposição é o documento que habilita o preposto para representar a reclamada em juízo. A exigência de juntada da carta de preposição decorre da prática forense, uma vez que não há previsão legal quanto à obrigatoriedade de apresentação da carta em juízo.

Assim, a ausência do referido documento não acarreta a aplicação dos efeitos da revelia de que trata o art. 844 da CLT, tendo em vista que inexiste na legislação pátria imposição de prazo para sua juntada e tampouco advertência sobre os efeitos do descumprimento.

Segundo o inciso II do art. 5º da CF (princípio da legalidade), ninguém será obrigado a fazer ou deixar de fazer alguma coisa senão em virtude de lei.

Nesse sentido, os seguintes precedentes desta o TST:

> **"I - AGRAVO DE INSTRUMENTO EM RECURSO DE REVISTA INTERPOSTO SOB A ÉGIDE DA LEI Nº 13.015/2014 - RITO SUMARÍSSIMO - NULIDADE - CERCEAMENTO DE DEFESA - REVELIA - CARTA DE PREPOSIÇÃO** Vislumbrada ofensa ao art. 5º, LV, da Constituição da República, dá-se provimento ao Agravo de Instrumento para determinar o processamento do recurso denegado. II - RECURSO DE REVISTA INTERPOSTO

SOB A ÉGIDE DA LEI Nº 13.015/2014 - RITO SUMARÍSSIMO - NULIDADE - CERCEAMENTO DE DEFESA - REVELIA - CARTA DE PREPOSIÇÃO A decretação de revelia da Reclamada pela ausência da carta de preposição em juízo implica ofensa à garantia de ampla defesa, porquanto inexiste previsão legal para a apresentação do documento. Precedentes. Recurso de Revista conhecido e provido." (RR - 1203-49.2014.5.03.0114, Relatora Ministra: Maria Cristina Irigoyen Peduzzi, Data de Julgamento: 09/05/2018, 8ª Turma, Data de Publicação: DEJT 11/05/2018)

"RECURSO DE REVISTA. ACÓRDÃO PUBLICADO NA VIGÊNCIA DA LEI Nº 13.015/2014. AUSÊNCIA DE APRESENTAÇÃO DE CARTA DE PREPOSIÇÃO. REVELIA E CONFISSÃO FICTA. NÃO OCORRÊNCIA. Inexiste previsão legal que exija a comprovação formal da investidura de preposto pelo empregador, razão pela qual a ausência de apresentação de carta de preposição não acarreta, por si só, os efeitos da revelia e confissão ficta. Entendimento contrário, aliás, traduziria cerceio ao direito à ampla defesa. Tal como proferido, o v. acórdão recorrido está em conformidade com a iterativa jurisprudência desta Corte. Incidem, portanto, a Súmula nº 333 do TST e o art. 896, § 7º, da CLT como óbices ao prosseguimento da revista, a pretexto da alegada ofensa ao dispositivo apontado, bem como da divergência jurisprudencial transcrita. Recurso de revista não conhecido." (RR - 1086-46.2015.5.06.0015, Relator Ministro: Breno Medeiros, Data de Julgamento: 21/03/2018, 5ª Turma, Data de Publicação: DEJT 23/03/2018)

RECURSO DE REVISTA. ACÓRDÃO PUBLICADO NA VIGÊNCIA DA LEI Nº 13.015/2014. AUSÊNCIA DE APRESENTAÇÃO DE CARTA DE PREPOSIÇÃO. REVELIA E CONFISSÃO FICTA. NÃO OCORRÊNCIA. Inexiste previsão legal que exija a comprovação formal da investidura de preposto pelo empregador, razão pela qual a ausência de apresentação de carta de preposição não acarreta, por si só, os efeitos da revelia e confissão ficta. Entendimento contrário, aliás, traduziria cerceio ao direito à ampla defesa. Tal como proferido, o v. acórdão recorrido está em conformidade com a iterativa jurisprudência desta Corte. Incidem, portanto, a Súmula nº 333 do TST e o art. 896, § 7º, da CLT como óbices ao prosseguimento da revista, a pretexto da alegada ofensa ao dispositivo apontado, bem como da divergência jurisprudencial transcrita. Recurso de revista não conhecido. (RR - 1086-46.2015.5.06.0015, Relator Ministro: Breno Medeiros, Data de Julgamento: 21/03/2018, 5ª Turma, Data de Publicação: DEJT 23/03/2018)

"AGRAVO DE INSTRUMENTO. RECURSO DE REVISTA. PROCESSO SOB A ÉGIDE DA LEI 13.015/2014. ARGUIÇÃO DE IRREGULARIDADE DE REPRESENTAÇÃO DO RECLAMADO. AUSÊNCIA DE APRESENTAÇÃO DA CARTA DE PREPOSIÇÃO. REVELIA E CONFISSÃO FICTA. NÃO CONFIGURAÇÃO. A juntada da carta de preposição decorre da prática forense, uma vez que não há imposição legal para que seja exigida a sua apresentação. Assim, a não apresentação do referido documento não implica, por si só, a aplicação dos efeitos da revelia de que trata o art. 844 da CLT. Julgados desta Corte. Agravo de instrumento desprovido." (AIRR - 304-90.2015.5.14.0411, Relator Ministro: Mauricio Godinho Delgado, Data de Julgamento: 11/10/2017, 3ª Turma, Data de Publicação: DEJT 20/10/2017)

Desnecessidade do preposto ser empregado da reclamada

Com a reforma trabalhista do ano de 2017, não é necessário que o preposto seja empregado da reclamada.

> **CLT, Art. 843 - [..]**
>
> **§ 3°** - O preposto a que se refere o§ 1° deste artigo não precisa ser empregado da parte reclamada. (Inserido pela Lei nº 13.467, de 13.07.2017).

Caso o preposto não tenha conhecimento dos fatos, haverá a incidência da confissão ficta prevista nos arts. 386 e 389 do CPC/2015, que poderá ser afastada por meio de provas pré-constituídas (produzidas antes da pena de confissão), conforme entendimento do item II da Súmula 74 do TST.

Advogado habilitado nos autos não pode atuar como preposto

O art. 23 do Regulamento Geral do Estatuto de Advocacia, estabelece, que "é *defeso ao advogado funcionar no mesmo processo, simultaneamente, como patrono e preposto de empregador ou cliente*".

Caso o advogado compareça à audiência e se apresente como preposto é aconselhável à parte adversa e ao magistrado verificarem se ele não possui procuração lhe outorgando poderes como patrono da causa.

Caso haja procuração, se pode entender que o advogado não poderia cumular essas atribuições, na esteira da jurisprudência do TST[1]:

> "[...] O Tribunal Regional consignou que não há regras na CLT, bem como no CPC, que proíbam que o preposto seja advogado da reclamada. Salienta, que tal restrição é feita somente no Código de Ética e Disciplina dos Advogados e, mesmo assim, tal restrição somente é aplicada nas situações de atuação simultânea, o que não é caso da hipótese em apreço. Desse modo, não há falar em violação dos artigos 3º da Lei n.º 8906/94, 23 do Código de Ética e Disciplina

[1] É possível discordar dessa vedação de acumulação porque a restrição está no Código de Ética da OAB, sendo apta a gerar sanções administrativas, mas não processuais, dado que não compete à OAB legislar sobre direito processual.

da OAB; artigos 347, II e 124, I, ambos do CPC. [...] (TST Ag-AIRR - 289700-51.2009.5.09.0021, 3ª Turma, DEJT 20/05/2016)

Contudo, o causídico poderia naquele ato renunciar aos seus poderes de advogado e se apresentar como preposto. À título argumentativo, o patrono do reclamante pode alegar que se cuida de ato malicioso do patrono da ré (art. 129 do Código Civil), configurando abuso de direito (art. 187 do Código Civil), devendo, assim, ser desconsiderado.

Atos que o preposto pode praticar em audiência

O preposto pode exercer todos os atos necessários na audiência, tais como:

1. Realizar propostas de acordo;
2. Apresentar contestação;
3. Prestar depoimento;
4. Fazer alegações finais.

Contudo, considerando que os poderes do preposto se esgotam em audiência, ele não pode:

1. Protocolizar ação de consignação em pagamento;
2. Apresentar recursos.

CARTA DE PREPOSIÇÃO

Ausência de juntada da carta de preposição no prazo determinado pelo juízo não atrai a revelia

Processo: RR - 506-31.2015.5.17.0008 Data de Julgamento: 10/04/2018, Relatora Ministra: Maria Helena Mallmann, 2ª Turma, Data de Publicação: DEJT 13/04/2018.

A juntada da carta de preposição decorre da prática forense, uma vez que não há imposição legal para que seja exigida a sua apresentação. Desta forma, a não apresentação do referido documento não acarreta os efeitos da revelia e confissão ficta de que trata o art. 844 da CLT. Precedentes. Recurso de revista conhecido e provido.

Obrigação de juntada da carta de preposição

O art. 843, § 1º, da CLT, que faculta ao empregador fazer-se substituir por preposto na audiência de julgamento, nada dispõe sobre a exigência de apresentação de carta de preposição. Desta forma, a não apresentação da carta de preposição, ou mesmo a apresentação irregular de carta de preposição, não acarreta, por si só, a aplicação dos efeitos previstos pelo art. 844 da CLT, pois segundo o inciso II do art. 5 da CF, *"ninguém será obrigado a fazer ou deixar de fazer alguma coisa senão em virtude de lei."*

Nesse sentido:

> **"AGRAVO DE INSTRUMENTO. RECURSO DE REVISTA. PROCESSO SOB A ÉGIDE DA LEI 13.015/2014. 1. ARGUIÇÃO DE IRREGULARIDADE DE REPRESENTAÇÃO DA RECLAMADA. REVELIA. VALIDADE DA CARTA DE PREPOSIÇÃO. NULIDADE INEXISTENTE.** A juntada da carta de preposição decorre da prática forense, uma vez que não há imposição legal para que seja exigida a sua apresentação. No caso sob exame, portanto, não se divisa a irregularidade da representação da Reclamada em Juízo, na medida em que, além de se fazer representar por preposto, também apresentou a carta de preposição, que sequer é exigida por lei, sendo fruto da praxe forense. Eventuais vícios na carta de preposição não maculam de nulidade a representação da parte Reclamada. Julgados desta Corte. Agravo de instrumento desprovido. [...] (AIRR - 742-63.2014.5.19.0007 Data de Julgamento: 08/02/2017, Relator Ministro: Mauricio Godinho Delgado, 3ª Turma, Data de Publicação: DEJT 17/02/2017).

> **AGRAVO DE INSTRUMENTO EM RECURSO DE REVISTA. CERCEAMENTO DE DEFESA. CARTA DE PREPOSIÇÃO. OBRIGATORIEDADE.** Não há, no ordenamento jurídico brasileiro, norma que imponha o dever de comprovar formalmente a condição de preposto, pois o § 1.º do artigo 843 da CLT faculta ao empregador fazer-se substituir pelo gerente ou por qualquer preposto que tenha conhecimento dos fatos, cujas declarações obrigarão o preponente, não exigindo a apresentação de carta de preposição. Em razão do silêncio normativo a respeito da necessidade de apresentação da carta de preposição, "a praxe trabalhista consagrou tal obrigatoriedade em razão das consequências que a atuação do preposto em audiência pode acarretar ao empregador". À luz dessas premissas, entende a doutrina que o comparecimento do preposto à audiência sem o respectivo documento que o habilite a atuar em nome do empregador enseja a suspensão do processo, a fim de que, no prazo assinalado pelo Juízo, seja sanada a irregularidade de representação do polo passivo da demanda, nos termos do disposto no artigo 13 do CPC/73 (art. 76 do CPC/15). No presente caso, incontroverso o fato de que o Juízo de primeiro grau, diante da ausência da carta de preposição, conferiu ao preposto da Reclamada prazo para a juntada do documento, sob pena de confissão. A Reclamada não juntou a carta de preposição no prazo assinalado, motivo pelo qual o juiz, corretamente, aplicou a pena de revelia. Precedentes. Agravo de Instrumento conhecido e não provido. (AIRR - 10455-93.2013.5.01.0073 Data de Julgamento: 14/06/2017, Relatora Ministra: Maria de Assis Calsing, 4ª Turma, Data de Publicação: DEJT 23/06/2017).

II - RECURSO DE REVISTA. LEI Nº 13.015/2014. FORAM PREENCHIDAS AS EXIGÊNCIAS DO ART. 896, § 1º-A, DA CLT. RECLAMADA. PRELIMINAR DE NULIDADE DO PROCESSO POR CERCEAMENTO DO DIREITO DE DEFESA. CARTA DE PREPOSIÇÃO. REVELIA E CONFISSÃO FICTA. FORAM PREENCHIDAS AS EXIGÊNCIAS DO ART. 896, § 1º-A, DA CLT. 1 - Recurso de revista interposto na vigência da Lei nº 13.015/2014 e foram preenchidos os requisitos do art. 896, § 1º-A, da CLT. 2 - A partir dos trechos indicados da decisão recorrida, é possível entender que, mesmo apresentando carta de preposição, foram aplicadas à reclamada a revelia e confissão ficta. 3 - De acordo com a jurisprudência desta Corte, não há no ordenamento jurídico brasileiro norma que imponha o dever de comprovar formalmente a condição de preposto. 4 - Registre-se que não foi impugnado, nos autos, o fato de a preposta ser ou não empregada da reclamada, ocorrendo preclusão a respeito desse fato. 5 - Com efeito, o art. 843, § 1º, da CLT, que faculta ao empregador fazer-se substituir por preposto na audiência de julgamento, nada dispõe sobre a exigência de apresentação de carta de preposição. 6 - Nesse contexto, a não apresentação da carta de preposição, ou mesmo a apresentação irregular de carta de preposição, não acarreta, por si só, a aplicação dos efeitos previstos pelo art. 844 da CLT. Precedentes. 7 - Recurso de revista a que se dá provimento. Prejudicada a análise dos demais temas". (RR - 237200-66.2009.5.15.0077, Relatora Ministra: Kátia Magalhães Arruda, Data de Julgamento: 18/11/2015, 6ª Turma, Data de Publicação: DEJT 04/03/2016)

RECURSO DE REVISTA - REVELIA E CONFISSÃO - AUSÊNCIA DE JUNTADA DE PROCURAÇÃO NO PRAZO ASSINALADO E DE CARTA DE PREPOSIÇÃO 1. O Eg. Tribunal Regional aplicou à Reclamada a pena de revelia, em razão da ausência de carta de preposição e do descumprimento do prazo assinalado para apresentação da procuração. 2. Verifica-se que não há falar em irregularidade de representação, na medida em que restou configurada a hipótese de mandato tácito, na forma da Súmula nº 164 e da Orientação Jurisprudencial nº 286 da SBDI-1, ambas do TST. 3. Inexiste previsão legal que imponha a apresentação obrigatória da carta de preposição, razão pela qual a ausência do referido documento não acarreta, por si só, a aplicação dos efeitos da revelia, de que trata o art. 844 da CLT, notadamente quando inexiste imposição de prazo para sua juntada ou advertência acerca das consequências do descumprimento. Precedentes. Recurso de Revista conhecido e provido". (RR - 772-54.2013.5.15.0069, Relatora Ministra: Maria Cristina Irigoyen Peduzzi, Data de Julgamento: 30/03/2016, 8ª Turma, Data de Publicação: DEJT 01/04/2016)"

AUSÊNCIA DE CONFISSÃO FICTA

Apresentação de atestado médico para justificar o não comparecimento do reclamante em audiência.

Informativo 181 do TST

Processo: E-RR - 736-21.2012.5.09.0002 Data de Julgamento: 14/06/2018, Relator Ministro: Guilherme Augusto Caputo Bastos, Subseção I Especializada em Dissídios Individuais, Data de Publicação: DEJT 29/06/2018.

O TST afastou a pena de confissão ficta aplicada à reclamante que justificou sua ausência à audiência mediante a apresentação de atestado médico sem expressa menção à impossibilidade de locomoção.

Na espécie, prevaleceu o entendimento de que embora o atestado médico não tenha atendido aos requisitos da Súmula nº 122 do TST – aplicável a empregador e a empregado, em razão do princípio da isonomia –, restou justificada a ausência da reclamante, na medida em que o documento noticiou o comparecimento da empregada ao médico na mesma data da audiência e em horário próximo, e registrou o Código Internacional de Doenças - CID e a necessidade de afastamento das atividades laborais por um dia, o que leva a concluir que também não estava apta a comparecer à audiência marcada.

Dever das partes de comparecer em audiência

As partes devem comparecer em audiência, seja ela inaugural ou de instrução, sob pena de sujeitar-se às sanções processuais, exceto mediante justificativa plausível.

Nesse sentido:

> **CLT, Art. 843** - Na audiência de julgamento deverão estar presentes o reclamante e o reclamado, independentemente do comparecimento de seus representantes salvo, nos casos de Reclamatórias Plúrimas ou Ações de Cumprimento, quando os empregados poderão fazer-se representar pelo Sindicato de sua categoria.

Vamos verificar as consequências pela ausência:

1. Falta na audiência inaugural

1.1. Reclamante

Quando o reclamante falta a audiência inaugural, o processo será arquivado.

> **CLT, Art. 844** - O **não-comparecimento do reclamante à audiência importa o arquivamento da reclamação**, e o não-comparecimento do reclamado importa revelia, além de confissão quanto à matéria de fato.

O reclamante ausente na audiência inaugural **será condenado ao pagamento das custas**, ainda que beneficiário da justiça gratuita, **salvo se comprovar, no prazo de quinze dias, que a ausência ocorreu por motivo legalmente justificável.**

As custas serão calculadas na forma do art. 789 da CLT.

- Mínimo de R$ 10,64.
- Regra 2%.
- Máximo 4 vezes o limite máximo dos benefícios do Regime Geral de Previdência Social.

> **CLT, Art. 789.** Nos dissídios individuais e nos dissídios coletivos do trabalho, nas ações e procedimentos de competência da Justiça do Trabalho, bem como nas demandas propostas perante a Justiça Estadual, no exercício da jurisdição trabalhista, as custas relativas ao processo de conhecimento incidirão à base de 2% (dois por cento), observado o mínimo de R$ 10,64 (dez reais e sessenta e quatro centavos) e o máximo de quatro vezes o limite máximo dos benefícios do Regime Geral de Previdência Social, e serão calculadas:
>
> I – quando houver acordo ou condenação, sobre o respectivo valor;
>
> II – quando houver extinção do processo, sem julgamento do mérito, ou julgado totalmente improcedente o pedido, sobre o valor da causa;
>
> III – no caso de procedência do pedido formulado em ação declaratória e em ação constitutiva, sobre o valor da causa;
>
> IV – quando o valor for indeterminado, sobre o que o juiz fixar.
>
> § 1º As custas serão pagas pelo vencido, após o trânsito em julgado da decisão. No caso de recurso, as custas serão pagas e comprovado o recolhimento dentro do prazo recursal.
>
> § 2º Não sendo líquida a condenação, o juízo arbitrar-lhe-á o valor e fixará o montante das custas processuais.
>
> § 3º Sempre que houver acordo, se de outra forma não for convencionado, o pagamento das custas caberá em partes iguais aos litigantes.
>
> § 4º Nos dissídios coletivos, as partes vencidas responderão solidariamente pelo pagamento das custas, calculadas sobre o valor arbitrado na decisão, ou pelo Presidente do Tribunal.

O TRT da 3º Região, editou a súmula de número 72, entendendo ser inconstitucional o pagamento de custas pelo beneficiário de justiça gratuita, senão vejamos:

> **Súmula 72 do TRT da 3ª Região - Arguição Incidental de Inconstitucionalidade. Pagamento de custas. Beneficiário de justiça gratuita. §§ 2º e 3º do art. 844 da CLT (Lei 13.467/2017).** São inconstitucionais a expressão **"ainda que beneficiário da justiça gratuita"**, constante do § 2º, e a íntegra do § 3º, ambos dispositivos do art. 844 da CLT, na redação dada pela Lei 13.467/2017, por violação direta e frontal aos princípios constitucionais da isonomia (art. 5º, caput, da CR), da inafastabilidade da jurisdição (art. 5º, XXXV, da CR) e

da concessão de justiça gratuita àqueles que dela necessitarem (art. 5º, LXXIV, da CR). (RA 145/2018, disponibilização: DEJT/TRT3/Cad. Jud. 19, 20 e 21/09/2018).

É importante diferenciar responsabilidade e exigilidade. O beneficiário da justiça gratuita tem responsabilidade pelo pagamento das despesas processuais, mas estas não são exigíveis, ficando sob condição suspensiva, conforme previsão do CPC (art. 98, § 3º, do CPC/2015).

> **Art. 98, § 3º/CPC-2015** - Vencido o beneficiário, as obrigações decorrentes de sua sucumbência ficarão sob condição suspensiva de exigibilidade e somente poderão ser executadas se, nos 5 (cinco) anos subsequentes ao trânsito em julgado da decisão que as certificou, o credor demonstrar que deixou de existir a situação de insuficiência de recursos que justificou a concessão de gratuidade, extinguindo-se, passado esse prazo, tais obrigações do beneficiário.

1.2. Reclamada

A reclamada ausente na audiência inaugural incide em revelia, além de confissão quanto à matéria de fato. No Processo do Trabalho, diferentemente da lei adjetiva civil, a parte ré deverá estar presente em audiência, na qual apresentará defesa, para que assim não seja caracterizada a revelia.

Isso era o que resultava da lei e estava consagrado na jurisprudência antes da reforma trabalhista:

> **CLT, Art. 844** - O não-comparecimento do reclamante à audiência importa o arquivamento da reclamação, **e o não-comparecimento do reclamado importa revelia, além de confissão quanto à matéria de fato.**

> [...] **REVELIA. EFEITOS.** Nos termos do artigo 844 da CLT, "o não comparecimento do reclamante à audiência importa o arquivamento da reclamação, e o não comparecimento do reclamado importa revelia, além de confissão quanto à matéria de fato". Da interpretação do artigo supracitado, extrai-se que no Processo do Trabalho, diferentemente da lei adjetiva civil, a parte ré deverá estar presente em audiência, na qual apresentará defesa, para que assim não seja caracterizada a revelia, salvo nos casos em que comprovada a impossibilidade de locomoção do empregador ou do seu preposto no dia da audiência (Súmula nº 122 do TST). (RR nº 1169-88.2011.5.01.0032, 7ª Turma do TST, Rel. Cláudio Mascarenhas Brandão. j. 26.09.2018, Publ. 05.10.2018).

Entretanto, o novel § 5º do art. 844 da CLT preceitua que, ainda que o reclamado esteja ausente a audiência, se estiver presente o seu advogado na audiência, serão aceitos a contestação e os documentos eventualmente apresentados.

Obscuridade da consequência com a presença apenas do advogado:

- Deixa de ser revel porque há ânimo de defesa, que deve ser recebida juntamente com documentos (art. 344 do CPC)
- É revel, mas examinam-se defesa e documentos

2. Falta na audiência de prosseguimento

Será audiência de prosseguimento, quando o juiz adiar o processo após o recebimento da contestação.

2.1. Reclamante e reclamada

A ausência do reclamante, quando adiada a instrução após contestada a ação em audiência, não importa arquivamento do processo (TST, súmula 9). A ausência da reclamada, quando adiada a instrução após contestada a ação em audiência, não importa revelia.

Nos termos da súmula 74 do TST, o juiz aplicará a pena de confissão à parte que, expressamente intimada com aquela cominação, não comparecer à audiência em prosseguimento, na qual deveria depor. Será vedado a produção de provas pela parte que sofreu a pena de confissão. A prova pré-constituída nos autos pode ser levada em conta para confronto com a confissão ficta.

Nesse sentido:

> **Súmula nº 74 do TST - CONFISSÃO.**
>
> I - Aplica-se a confissão à parte que, expressamente intimada com aquela cominação, não comparecer à audiência em prosseguimento, na qual deveria depor.
>
> II - A prova pré-constituída nos autos pode ser levada em conta para confronto com a confissão ficta (arts. 442 e 443, do CPC de 2015 - art. 400, I, do CPC de 1973), não implicando cerceamento de defesa o indeferimento de provas posteriores.
>
> III- A vedação à produção de prova posterior pela parte confessa somente a ela se aplica, não afetando o exercício, pelo magistrado, do poder/dever de conduzir o processo.

Conceito de atestado médico

Segundo Genival Veloso de França[2], o atestado médico, é uma declaração por escrito de uma dedução médica e suas possíveis consequências. Tem a finalidade de resumir, de forma objetiva e singela, o que resultou do exame feito em

2 http://genjuridico.com.br/2016/02/05/atestado-medico-conceito-finalidade-e-seus-limites/

um paciente, sua doença ou sua sanidade, e as consequências mais imediatas. É, assim, um documento particular, elaborado sem compromisso prévio e independente de compromisso legal, fornecido por qualquer médico que esteja no exercício regular de sua profissão.

Apresentação do atestado médico em juízo para elidir o arquivamento ou a revelia

A jurisprudência do TST admite a elisão da revelia mediante a apresentação de atestado médico, o qual deverá declarar, expressamente, a impossibilidade de locomoção do empregador ou do seu preposto no dia da audiência. Nesse sentido:

> **Súmula nº 122 do TST - REVELIA. ATESTADO MÉDICO**
> A reclamada, ausente à audiência em que deveria apresentar defesa, é revel, ainda que presente seu advogado munido de procuração, podendo ser ilidida a revelia mediante a apresentação de atestado médico, que deverá declarar, expressamente, a impossibilidade de locomoção do empregador ou do seu preposto no dia da audiência.

Os requisitos de tal súmula, são aplicáveis tanto ao empregador quanto ao empregado, sob pena de ofender ao princípio da isonomia. Requisitos:

1. **Ausência da parte;**
2. **Apresentação de atestado médico;**
3. **Declaração no atestado que a parte não pode se locomover no dia da audiência.**

A declaração de "impossibilidade de locomoção", a que se refere a Súmula 122 do TST, deve ser **interpretada em conjunto com os elementos fáticos comprovados no processo**, ou seja, não há necessidade de constar expressamente a declaração "impossibilidade de locomoção" e sim, de situação fática que comprove a "impossibilidade de locomoção".

Nesse sentido:

> **Precedentes vinculantes do TST**
>
> **EMBARGOS EM RECURSO DE REVISTA. INTERPOSIÇÃO SOB A ÉGIDE DA LEI Nº 11.496/2007. CONFISSÃO FICTA. ATESTADO MÉDICO QUE NÃO DECLARA A IMPOSSIBILIDADE DE LOCOMOÇÃO DO RECLAMANTE. SÚMULA Nº 122. NÃO PROVIMENTO.** 1. A jurisprudência desta Colenda Corte consolidada na Súmula nº 122 admite a elisão da revelia mediante a apresentação de atestado médico, o qual deverá declarar, expressamente, a impossibilidade de locomoção do empregador ou do seu

preposto no dia da audiência. 2. Os requisitos contidos no verbete em questão são aplicáveis tanto ao empregador quanto ao empregado, pois não poderia esta Corte uniformizadora de jurisprudência editar súmula dando tratamento diferenciado às partes, para a mesma situação fática, sob pena de ofender ao princípio da isonomia. Assim, o atestado médico utilizado por qualquer das partes - reclamante ou reclamada -, com o objetivo de justificar sua ausência em audiência em que foi intimada previamente para depor, deve conter todos os elementos essenciais para ter validade. 2. No presente caso, verifica-se da leitura do v. acórdão embargado que, embora o atestado médico apresentado pela reclamante não tenha declarado expressamente a sua impossibilidade de locomoção, conforme os termos da Súmula nº 122, o referido documento noticia o comparecimento da reclamante ao médico na mesma data da audiência e em horário próximo. 3. Ademais, o atestado em questão registra o CID da doença que acometera a autora, referente ao seu estado de ansiedade e a necessidade do seu afastamento das atividades laborativas por um dia, o que permite concluir que também não estaria apta a comparecer e depor na audiência marcada. 4. Dessarte, reputam-se preenchidos os requisitos para justificar o não comparecimento da reclamante em Juízo, de modo que não merece reparos o v. acórdão embargado que afastou a aplicação da pena de confissão ficta à obreira. 5. Recurso de embargos a que se nega provimento. (E-RR - 736-21.2012.5.09.0002, Relator Ministro: Guilherme Augusto Caputo Bastos, Data de Julgamento: 14/06/2018, Subseção I Especializada em Dissídios Individuais, Data de Publicação: DEJT 29/06/2018)

"AGRAVO REGIMENTAL. EMBARGOS. CONFISSÃO FICTA. RECLAMANTE. AUDIÊNCIA DE INSTRUÇÃO. NÃO COMPARECIMENTO. ATESTADO 1. Acórdão de Turma que refuta a pretensão de aplicação da confissão ficta resultante do não comparecimento da Autora à audiência de instrução. Invocação do entendimento de que, à luz do acórdão regional, conquanto produzido em data posterior, o atestado médico denota a impossibilidade de locomoção da Reclamante no dia designado para a audiência. Decisão que revela sintonia com a Súmula nº 122 do TST. 2. Agravo regimental a que se nega provimento."(AgR-E-ED-RR - 649-83.2011.5.04.0020, Relator Ministro: João Oreste Dalazen, Data de Julgamento: 12/05/2016, Subseção I Especializada em Dissídios Individuais, Data de Publicação: DEJT 20/05/2016)

Outros julgados:

"RECURSO DE REVISTA. NULIDADE. CERCEAMENTO DE DEFESA. CONFISSÃO FICTA. AUSÊNCIA DO RECLAMANTE NA AUDIÊNCIA DE INSTRUÇÃO E JULGAMENTO. ATESTADO MÉDICO. REQUISITOS. 1. É obrigação da parte comparecer aos atos processuais, sob pena de sujeitar-se às sanções processuais, exceto mediante justificativa plausível. 2. A exigência de apresentação de atestado médico contendo a declaração de "impossibilidade de locomoção", a que se refere a Súmula 122 do TST, deve ser interpretada em conjunto com os elementos fáticos comprovados nos autos. 3. A referida imposição encontra-se plenamente comprovada, quando aferida do quadro da doença registrada no atestado médico (conjuntivite bacteriana micropurulenta). A mencionada enfermidade é extremamente contagiosa e justifica a incapacidade de locomoção e comparecimento a locais públicos, em especial, a ambientes fechados, por tratar-se de questão de saúde pública. 4. Viola o preceituado no art. 5º, LV, da Constituição Federal, acórdão regional que mantém a aplicação da pena de confissão ao reclamante, a despeito da justificativa da ausência à audiência, mediante a apresentação de atestado médico que informa o tipo de patologia que acometeu o empregado e a necessidade de afastamento das atividades laborais por cinco dias, o que inclui o dia da audiência. 5. Recurso de revista do Reclamante de que se conhece e a que se dá provimento." (RR - 758-52.2015.5.02.0040, Relator Ministro: Alexandre Luiz Ramos, Data de Julgamento: 09/05/2018, 4ª Turma, Data de Publicação: DEJT 18/05/2018)

"AGRAVO DE INSTRUMENTO EM RECURSO DE REVISTA INTERPOSTO EM FACE DE ACÓRDÃO PUBLICADO DEPOIS DA LEI N. 13.015/14. 1. CONFISSÃO FICTA. AUSÊNCIA DO AUTOR EM AUDIÊNCIA NA QUAL DEVERIA PRESTAR DEPOIMENTO. ATESTADO MÉDICO. INEXISTÊNCIA DE MENSÃO EXPRESSA DE IMPOSSIBILIDADE DE LOCOMOÇÃO. VALIDADE. A Corte Regional considerou comprovada a impossibilidade de locomoção pelas circunstâncias extraídas do atestado médico apresentado, das quais constam a necessidade de afastamento do trabalho por um dia, a constatação de doença em estágio agudo e a prescrição de diversos medicamentos. Nesse quadro, ainda que não haja menção expressa da impossibilidade de locomoção, conforme menciona a Súmula n. 122 desta Corte, tal fato é nítido do teor do documento apresentado, o qual deve ser acolhido como prova da incapacidade do Autor em fazer-se presente à audiência, atuando como excludente da aplicação da cominação prevista no item I da Súmula n. 74 desta Casa. Precedente da Turma. (...)" (AIRR - 1843-81.2012.5.03.0030, Relator Desembargador Convocado: Tarcísio Régis Valente, Data de Julgamento: 09/12/2015, 5ª Turma, Data de Publicação: DEJT 18/12/2015)

"RECURSO DE REVISTA. PROCESSO SOB A ÉGIDE DA LEI 13.015/2014. PRELIMINAR DE NULIDADE POR CERCEAMENTO DE DEFESA. CONFISSÃO FICTA. AUSÊNCIA DO RECLAMANTE À AUDIÊNCIA DE INSTRUÇÃO. ATESTADO MÉDICO. INEXISTÊNCIA DA EXPRESSÃO "IMPOSSIBILIDADE DE LOCOMOÇÃO". VALIDADE. SÚMULA 122/TST. O entendimento consagrado na Súmula 122/TST não comporta interpretação literal, no sentido de que o atestado médico apto a refutar a confissão ficta deva conter expressamente o termo "impossibilidade de locomoção". Com efeito, ainda que não haja menção expressa da impossibilidade de locomoção, conforme menciona a Súmula 122/TST, havendo no atestado médico dados que evidenciem tal circunstância, o documento deverá ser acolhido como prova da incapacidade da parte em fazer-se presente à audiência, afastando, por conseguinte, os efeitos da confissão ficta. Julgados. Recurso de revista conhecido e provido." (RR - 901-84.2014.5.09.0653, Relator Ministro: Mauricio Godinho Delgado, Data de Julgamento: 16/11/2016, 3ª Turma, Data de Publicação: DEJT 18/11/2016)

ATRASOS DAS PARTES

Poucos minutos sem prejuízo às partes.

Processo: RR - 756-63.2015.5.06.0172 Data de Julgamento: 20/03/2018, Relatora Ministra: Maria Helena Mallmann, 2ª Turma, Data de Publicação: DEJT 20/04/2018.

O Tribunal Regional manteve a pena de confissão aplicada à reclamada, desconsiderando o teor da defesa, em razão do atraso do preposto à audiência, ao fundamento de que não há tempo de tolerância, ainda que de poucos minutos (três minutos na hipótese). Esta Corte Superior, segundo a diretriz da OJ 245 da SBDI-1 e em observância aos princípios da razoabilidade, simplicidade e informalidade, considera tolerável o atraso de poucos minutos à audiência, desde que não cause prejuízo às partes. Nesse quadro, tem-se que o atraso da reclamada à audiência, de 3 minutos, merece ser tolerado, considerando que não ficou delimitado no acórdão regional nenhum prejuízo ao regular andamento do processo.

Atraso das partes na audiência

A Orientação Jurisprudencial nº 245 da SBDI-1 do TST, determina que inexiste *previsão legal tolerando atraso no horário de comparecimento da parte na audiência*.

Contudo, o próprio TST, considera tolerável o atraso de poucos minutos à audiência, desde que tal atraso, não cause prejuízo às partes, em observância aos princípios da razoabilidade, simplicidade e informalidade.

Nesse sentido:

Precedente vinculante

"EMBARGOS EM RECURSO DE REVISTA. REVELIA. NÃO INCIDÊNCIA. ATRASO DA RECLAMADA À AUDIÊNCIA. CINCO MINUTOS. TEMPO ÍNFIMO E AUSÊNCIA DE PREJUÍZO AO ITER PROCESSUAL. 1. Acórdão embargado em que rechaçada a revelia da Reclamada, que atrasou cinco minutos à audiência e apresentou defesa antes da prática de qualquer ato processual, em audiência, pelo magistrado. 2. A jurisprudência da SBDI-1 está sedimentada no sentido da razoabilidade da não decretação da revelia e seus efeitos quando o atraso da reclamada à audiência ocorrer por tempo ínfimo (poucos minutos) e não importar em prejuízo ao iter processual, pois tal entendimento consubstancia os princípios da razoabilidade, da simplicidade e da informalidade, que orientam o processo do trabalho. Presentes os dois elementos - atraso ínfimo e ausência de prejuízo ao iter processual - não se cogita de afronta à OJ nº 245 da SBDI-1, porque sua assertiva apenas elide a pretensão de aplicação, às partes, da tolerância de 15 minutos prevista para o magistrado no art. 815, parágrafo único, da CLT. Recurso de embargos não conhecido. (E-RR - 19700-20.2009.5.15.0093, Relator Ministro: Alexandre de Souza Agra Belmonte, Data de Julgamento: 29/06/2017, Subseção I Especializada em Dissídios Individuais, Data de Publicação: DEJT 28/07/2017)"

Outros julgados sobre o tema:

"**AGRAVO DE INSTRUMENTO EM RECURSO DE REVISTA REGIDO PELA LEI 13.015/2014. REVELIA. ATRASO ÍNFIMO NA AUDIÊNCIA INAUGURAL. COMPARECIMENTO DO PREPOSTO DA RECLAMADA. AUSÊNCIA DE PRÁTICA DE ATO PROCESSUAL RELEVANTE. CONFISSÃO FICTA AFASTADA.** A jurisprudência desta Corte tem excepcionado a aplicação rigorosa da Orientação Jurisprudencial 245 da SBDI-1 do TST e afastado a confissão ficta nas hipóteses em que o atraso na audiência seja mínimo e o comparecimento da parte devidamente representada ocorra antes da prática de atos processuais relevantes, como os instrutórios. No caso dos autos, o Tribunal Regional afastou a revelia consignando que o preposto da Reclamada ingressou na sala de audiência minutos após o pregão (mais precisamente 5 minutos após a abertura da audiência) e determinou a anulação da sentença e a designação de nova audiência inaugural. Observa-se, ademais, que não há registro de que houve a prática de qualquer ato processual relevante antes do comparecimento da Reclamada. Nesse cenário, a decisão regional encontra-se em consonância com a jurisprudência desta Corte Superior, incidindo na hipótese o óbice da Súmula 333 do TST ao processamento do recurso de revista. Precedentes. Agravo de instrumento não provido. (AIRR - 379-88.2013.5.02.0038, Relator Ministro: Douglas Alencar Rodrigues, Data de Julgamento: 21/06/2017, 7ª Turma, Data de Publicação: DEJT 23/06/2017)"

"**[...] B) RECURSO DE REVISTA. PROCESSO SOB A ÉGIDE DA LEI Nº 13.015/2014. 1) ATRASO NA AUDIÊNCIA. TOLERÂNCIA INFERIOR A CINCO MINUTOS. RAZOABILIDADE. INEXISTÊNCIA DE NULIDADE.** O art. 843 da CLT exige o comparecimento do Reclamante e do Reclamado à audiência, independentemente do comparecimento dos seus procuradores. É permitido ao empregador, nos termos do § 1º do mesmo dispositivo de lei, ser substituído por gerente ou preposto que tenha conhecimento dos fatos. Por outro lado, o Juiz não é obrigado a esperar pelas partes, cabendo-lhe realizar a audiência no dia e hora designados. Portanto, regra geral, o atraso da Reclamada por ocasião da audiência inaugural, em virtude de não ter atendido ao pregão realizado, ensejaria sua revelia e a confissão quanto à matéria de fato, como dispõem os arts. 844 da CLT e 319 do CPC/73 (art. 344 do CPC/2015), sendo esse, inclusive, o entendimento que se extrai da OJ 245 da SBDI-1/TST. Contudo, diante da necessidade de se compatibilizar os princípios do contraditório e da ampla defesa, da razoabilidade, da proporcionalidade e da razoável duração do processo, da simplicidade e da instrumentalidade, esta Corte Superior, em diversos julgados, tem adotado o entendimento no sentido de reconhecer a razoabilidade de se tolerar atrasos de poucos minutos no comparecimento do preposto à audiência, quando não houver prejuízo ao rito procedimental, sem que, em tais casos, seja decretada a revelia, tampouco a incidência dos seus efeitos. Recurso de revista não conhecido no tema. [...] (RR - 1480-21.2014.5.08.0116, Relator Ministro: Mauricio Godinho Delgado, Data de Julgamento: 14/06/2017, 3ª Turma, Data de Publicação: DEJT 23/06/2017)"

"[...] **REVELIA. CONFISSÃO FICTA. CARACTERIZAÇÃO. ATRASO ÍNFIMO À AUDIÊNCIA INICIAL ANTES DO REGULAR INÍCIO DOS TRÂMITES INSTRUTÓRIOS. AUSÊNCIA DE PREJUÍZO PARA AS PARTES. SEIS MINUTOS.** Na hipótese dos autos, o Tribunal Regional negou provimento ao recurso ordinário da reclamante em que pretendia a declaração de revelia da primeira reclamada, por ter se atrasado seis minutos para a audiência inicial, consignando que "as partes foram apregoadas minutos antes do horário marcado para a audiência" e que "tal rigor processual viola o princípio da razoabilidade". O cerne da questão, portanto, está em se decidir se o atraso de seis minutos da primeira reclamada seria suficiente para gerar-lhe confissão ficta quanto à matéria de fato. Nos termos do artigo 844 da CLT, o não comparecimento da reclamada importa revelia, além de confissão quanto à matéria de fato. Por outro lado, a Orientação Jurisprudencial n° 245 da SbDI-1 do TST assim dispõe: "REVELIA. ATRASO. AUDIÊNCIA. Inexiste previsão legal tolerando atraso no horário de comparecimento da parte na audiência". Verifica-se, por conseguinte, que, nos termos do referido dispositivo de lei e do verbete jurisprudencial, inexiste possibilidade de se tolerar o atraso, ainda que ínfimo. Entretanto, esta Corte tem decidido, com a ressalva do entendimento pessoal do Relator, que o atraso ínfimo à audiência, quando ausente prejuízo às partes, não enseja a aplicação da sanção processual de confissão. Vale destacar, por oportuno, que a Subseção I Especializada em Dissídios Individuais desta Corte, em sua composição completa, na sessão do dia 24/5/2012, ao julgar o Processo nº E-RR- 28400-60.2004.5.10.0008, Redatora Designada Ministra Maria Cristina Irigoyen Peduzzi, publicado em 8/6/2012, em que este Relator ficou vencido, manteve a decisão em que se rejeitou o pedido do reclamante de aplicação da pena de revelia e confissão por ter o preposto da reclamada atrasado 7 (sete) minutos à audiência inaugural, mediante o argumento de que a Orientação Jurisprudencial nº 245 da SbDI-1 desta Corte deve ser conjugada com os princípios da informalidade e da simplicidade que regem o processo do trabalho, bem como por não ter ficado registrado que o comparecimento tardio do preposto tenha causado prejuízo à audiência ou retardado ato

> processual, visto que a parte se fez presente antes da prática de qualquer ato processual instrutório, tendo sido essa a ratio decidendi do referido julgado. Precedentes. Impende salientar que, na hipótese dos autos, não ficou registrado que o comparecimento do preposto da primeira reclamada acompanhado do patrono tenha ocorrido após a prática de qualquer ato processual e que tenha causado prejuízo às partes. Recurso de revista não conhecido. (RR - 1105-37.2010.5.02.0242, Relator Ministro: José Roberto Freire Pimenta, Data de Julgamento: 03/05/2017, 2ª Turma, Data de Publicação: DEJT 05/05/2017)"

Atraso do Magistrado

O Juiz do Trabalho deve também estar presente no horário designado. Nesse sentido o parágrafo único art. 815 da CLT: *Se, até 15 (quinze) minutos após a hora marcada, o juiz ou presidente não houver comparecido, os presentes poderão retirar-se, devendo o ocorrido constar do livro de registro das audiências.*

Essa tolerância não se aplica as partes, conforme entendeu o TST ao julgar o E-RR - 19700-20.2009.5.15.0093, senão vejamos:

> [..] ... à OJ nº 245 da SBDI-1, porque sua assertiva apenas elide a pretensão de aplicação, às partes, da tolerância de 15 minutos prevista para o magistrado no art. 815, parágrafo único, da CLT. Recurso de embargos não conhecido. (E-RR - 19700-20.2009.5.15.0093, Relator Ministro: Alexandre de Souza Agra Belmonte, Data de Julgamento: 29/06/2017, Subseção I Especializada em Dissídios Individuais, Data de Publicação: DEJT 28/07/2017)"

Contudo, como dito acima, se o atraso à audiência for ínfimo e sem prejuízo às partes, deverá ser tolerável o atraso.

PROVAS

Validade da prova pericial realizada por fisioterapeuta especializado

Processo: RR - 49500-18.2013.5.13.0026 Data de Julgamento: 25/04/2018, Relator Ministro: Mauricio Godinho Delgado, 3ª Turma, Data de Publicação: DEJT 27/04/2018.

O art. 145, § 1º, do CPC/73 (atual art. 156, § 1º, do CPC/2015) não exige que o auxiliar do Juízo tenha, necessariamente, formação específica na matéria que constitui objeto da perícia, bastando que ele possua o conhecimento técnico ou científico indispensável à prova do fato e que seja escolhido entre profissionais de nível universitário, devidamente inscritos no órgão de classe competente, o que foi plenamente observado. Verifica-se, dos elementos dos autos, que, no caso concreto, a questão a ser apurada pelo perito se relaciona a uma queda sofrida pelo obreiro, o que teria lhe ocasionado um problema no joelho direito. Inclui-se, na área da fisioterapia, o estudo e diagnóstico, entre outros, de disfunções relacionadas a traumas sofridos em órgãos e sistemas do corpo humano. Portanto a investigação do problema clínico do Reclamante está circunscrito no âmbito da atuação científica do profissional fisioterapeuta especializado. Pontue-se que não consta qualquer informação que desabone a idoneidade do profissional que elaborou o laudo pericial. Ademais, nenhuma das partes se insurgiu contra o ato do Juiz de 1º grau, que deliberou sobre a realização da perícia por fisioterapeuta e nomeou o técnico entre profissionais da confiança do Juízo. Naturalmente que o fisioterapeuta não tem aptidão para lavrar laudo pericial sobre disfunções e doenças da pessoa humana situadas fora do âmbito de sua formação profissional específica, porém ostenta, sim, essa aptidão para casos como o destes autos. Julgados desta Corte. Recurso de revista conhecido e provido.

Prova pericial

Diz o art. 156 do CPC:

> "O juiz será assistido por perito quando a prova do fato depender de conhecimento técnico ou científico.

Os peritos trabalham como auxiliares do juiz, que é quem lhes atribui a função verificar as coisas e os fatos e lhe transmitir, por meio de laudo pericial (parecer), o relato de suas observações ou as conclusões que das mesmas extraírem.

A perícia consiste em exame, vistoria o u avaliação (CPC/2015, art. 464). Segundo Moacyr Amaral Santos[3]:

> **a) exame:** é a inspeção sobre a pessoa, semoventes e coisas, para verificação de fatos relevantes para a causa. No Processo do Trabalho, como exemplos de exame, temos as perícias médicas para apuração de doença profissional para fins de estabilidade no emprego, bem como para aferir eventual redução de capacidade laborativa para fins de indenização. Também a perícia grafo técnica, no nosso sentir, se classifica como exame, pois tem por objeto verificar se um documento é autêntico ou não;
>
> **b) vistoria:** é a inspeção sobre imóveis ou determinados lugares. Como exemplos temos as perícias de insalubridade e periculosidade em que o perito faz a vistoria do local de trabalho e avalia as condições de salubridade e periculosidade;

---

3 SANTOS, Moacyr Amaral. Primeiras linhas de direito processual civil. 2. v., 17. ed. São Paulo: Saraiva, 1995. p. 452.

c) avaliação: é o exame pericial destinado à estimação de valor de determinadas coisas, bens ou obrigações. Normalmente, a avaliação se destina a encontrar o preço de mercado de determinado bem, como o valor dos bens penhorados. A doutrina também inclui no conceito de avaliação as perícias contábeis no Processo do Trabalho em que o perito, à vista dos documentos dos autos, vai verificar a correção do pagamento de determinada parcela trabalhista ou verificar a correção dos cálculos de liquidação; e

d) arbitramento: destina-se a verificar o valor, a quantidade ou a qualidade do objeto do litígio, como nas hipóteses de liquidação por arbitramento.

O § 1º do art. 156 do CPC/2015 não exige que o perito tenha, necessariamente, formação específica na matéria que constitui objeto da perícia, bastando que ele possua o conhecimento técnico ou científico indispensável à prova do fato e que seja escolhido entre profissionais de nível universitário, devidamente inscritos no órgão de classe competente.

> **CPC, Art. 156 – [...]**
>
> **§ 1º** Os peritos serão nomeados entre os profissionais legalmente habilitados e os órgãos técnicos ou científicos devidamente inscritos em cadastro mantido pelo tribunal ao qual o juiz está vinculado.

Nesse sentido:

> **AGRAVO DE INSTRUMENTO. RECURSO DE REVISTA. PROCESSO SOB A ÉGIDE DA LEI 13.015/2014 E ANTERIOR À LEI 13.467/2017. 1. PRELIMINAR DE NULIDADE POR CERCEAMENTO DO DIREITO DE DEFESA. NÃO CONFIGURAÇÃO. 2. NULIDADE DA PERÍCIA REALIZADA. NÃO CONFIGURAÇÃO. LAUDO CONCLUSIVO ELABORADO POR FISIOTERAPEUTA. POSSIBILIDADE. 3. HONORÁRIOS PERICIAIS. SUCUMBÊNCIA NA PRETENSÃO DO OBJETO DAS PERÍCIAS.** A circunstância de a perita não ser médica não favorece o Autor, uma vez que o art. 145 do CPC não exige que o auxiliar do juízo tenha, necessariamente, formação específica na matéria que constitui objeto da perícia, bastando que ele possua o conhecimento técnico ou científico indispensável à prova do fato e que seja escolhido entre profissionais de nível universitário, devidamente inscritos no órgão de classe competente, o que foi plenamente observado. Julgados. Agravo de instrumento desprovido. [...] Processo: AIRR - 37-89.2010.5.02.0262 Data de Julgamento: 22/11/2017, Relator Ministro: Mauricio Godinho Delgado, 3ª Turma, Data de Publicação: DEJT 24/11/2017.
>
> **A) AGRAVO DE INSTRUMENTO EM RECURSO DE REVISTA INTERPOSTO PELA RECLAMADA. 1. CERCEAMENTO DE DEFESA. NULIDADE DA PERÍCIA REALIZADA POR FISIOTERAPEUTA.** O acórdão regional foi prolatado em consonância com a jurisprudência deste Tribunal

Superior do Trabalho, no sentido de que não há óbice legal à realização da perícia por profissional especializado em fisioterapia, desde que seja comprovadamente detentor do conhecimento necessário. [...] Processo: AIRR - 1397-20.2014.5.02.0262 Data de Julgamento: 13/12/2017, Relatora Ministra: Dora Maria da Costa, 8ª Turma, Data de Publicação: DEJT 19/12/2017.

RECURSO DE REVISTA. CERCEAMENTO DE DEFESA. INDEFERIMENTO DOS PEDIDOS DE SUBSTITUIÇÃO DO PERITO E REALIZAÇÃO DE NOVA PERÍCIA. DOENÇA OCUPACIONAL CONSTATADA. 1. Cinge-se a controvérsia a verificar se há óbice à elaboração de laudo pericial por profissional de saúde, fisioterapeuta, para avaliação de nexo de causalidade entre LER/DORT e o trabalho desempenhado pela reclamante. 2. Como se infere do artigo 145 do Código de Processo Civil de 1973, o juiz escolherá o expert dentre profissionais de nível universitário inscritos no órgão de classe, e desde que seja especialista na matéria sobre a qual deverá opinar. 3. Não há falar em nulidade do julgado que teve como único objetivo avaliar o nexo de causalidade entre LER/DORT e o trabalho desempenhado pela obreira. Verifica-se que a atividade desenvolvida pelo perito que elaborou o laudo ora impugnado relaciona-se diretamente à habilitação do referido profissional, mormente considerando que o fisioterapeuta está apto à emissão de laudo pericial envolvendo doença ocupacional correlata ao ambiente ergonômico do trabalho (Decreto-Lei nº 938/1969 e Lei Federal n.º 6.316/1975 c/c as Resoluções do Conselho Federal de Fisioterapia e Terapia Ocupacional n.º 318/2010, n.º 259/2003 e n.º 80/1997). 4. Recurso de Revista não conhecido. [...] Processo: RR - 1729700-17.2004.5.09.0011 Data de Julgamento: 11/10/2017, Relator Ministro: Lelio Bentes Corrêa, 1ª Turma, Data de Publicação: DEJT 16/10/2017.

[...] NULIDADE DO LAUDO PERICIAL. FISIOTERAPEUTA. Esta Corte já sedimentou o entendimento de que não há qualquer vedação legal para que a perícia seja realizada por profissional especializado em fisioterapia, desde que seja comprovadamente detentor do conhecimento necessário. Agravo a que se nega provimento. Processo: Ag-AIRR - 62800-84.2012.5.13.0025 Data de Julgamento: 10/05/2017, Relatora Ministra: Maria Helena Mallmann, 2ª Turma, Data de Publicação: DEJT 19/05/2017.

AGRAVO DE INSTRUMENTO EM RECURSO DE REVISTA. PRELIMINAR DE NULIDADE. CERCEAMENTO DE DEFESA. LAUDO PERICIAL ELABORADO POR FISIOTERAPEUTA. INDEFERIMENTO DA REALIZAÇÃO DE NOVA PERÍCIA POR MÉDICO. VIOLAÇÃO DO ARTIGO 5º, INCISO LV, DA CONSTITUIÇÃO. NÃO OCORRÊNCIA. I - Nos termos do artigo 370 do CPC de 2015, cabe ao magistrado determinar quais as provas necessárias à instrução do processo, indeferindo as diligências que considere inúteis à elucidação dos fatos submetidos a juízo, por conta do princípio da persuasão racional de que cuida o artigo 371 do CPC de 2015. II - É evidente que convém ao julgador somente dispensar a produção de provas se, a título exemplificativo, já estiver convencido pelo conjunto probatório apresentado, se a matéria fática não for controvertida ou mesmo se a questão for somente de direito. III - Com efeito, na hipótese dos autos, o Tribunal a quo rejeitou a preliminar de nulidade do laudo pericial, a despeito de não ter sido elaborado por um médico, por entender que, de acordo com a Súmula nº 19 do TRT da 13ª Região, o profissional fisioterapeuta pode realizar determinadas perícias judiciais. IV - Diante do contexto factual firmado no acórdão regional de que, ao realizar apenas a avaliação da capacidade física do autor e dos riscos a que esteve submetido no exercício de suas atividades profissionais, a fim de averiguar o nexo de causalidade entre a moléstia contraída pelo autor e as atividades laborais por ele executadas, a perita desempenhou suas tarefas dentro de sua área de atuação, insuscetível de reexame em sede de recurso de revista, a teor da Súmula nº 126/TST, sobressai a certeza de que o indeferimento de nova perícia não causou prejuízo à agravante nem violação literal e direta do artigo 5º, inciso LV, do Texto Constitucional, nos termos do artigo 896, alínea "c", da CLT. V - Cumpre salientar que, tal como o TRT da 13ª Região, esta Corte Superior tem entendido que o profissional de fisioterapia também detém capacidade suficiente para constatar a existência de nexo de causalidade entre a moléstia adquirida pelo trabalhador e as atividades por ele desenvolvidas. Precedentes. VI - Agravo de instrumento a que se nega provimento. [...] Processo: AIRR - 130696-70.2014.5.13.0027 Data de Julgamento: 08/03/2017, Relator Ministro: Antonio José de Barros Levenhagen, 5ª Turma, Data de Publicação: DEJT 10/03/2017.

[...] **NULIDADE DO LAUDO PERICIAL. PERÍCIA REALIZADA POR FISIOTERAPEUTA.** O entendimento desta Corte é no sentido de que o art. 156 do CPC (art. 145 do CPC/1973) não veda a realização de perícia por profissional especializado em fisioterapia, desde que seja comprovadamente detentor do conhecimento necessário. Há precedentes. Recurso de revista não conhecido. [...] Processo: RR - 1718400-62.2008.5.09.0029 Data de Julgamento: 21/09/2016, Relator Ministro: Augusto César Leite de Carvalho, 6ª Turma, Data de Publicação: DEJT 23/09/2016.

RECURSO DE REVISTA INTERPOSTO CONTRA ACÓRDÃO PUBLICADO NA VIGÊNCIA DA LEI Nº 13.015/2014. DOENÇA OCUPACIONAL. NULIDADE DO LAUDO TÉCNICO REALIZADO POR FISIOTERAPEUTA. VIOLAÇÃO AO ARTIGO 195 DA CLT E DIVERGÊNCIA JURISPRUDENCIAL. NÃO OCORRÊNCIA. I - Constata-se que, ao decidir "que a profissional fisioterapeuta pode realizar perícia de LER/DORT", validando o laudo realizado na origem, o acórdão recorrido está em consonância com o entendimento consolidado por esta Corte no sentido de que, para se aferir eventual culpa do empregador na moléstia ocupacional adquirida pelo empregado, não há exigência legal de que o laudo pericial seja realizado por médico do trabalho para sua validade, podendo ser elaborado por fisioterapeuta. Precedentes. II - Com isso, o recurso de revista não logra conhecimento, quer

> à guisa de violação legal, quer de dissenso pretoriano, a teor do artigo 896, § 7º, da CLT, pelo qual os precedentes desta Corte foram erigidos à condição de requisitos negativos de admissibilidade do apelo. III - Recurso de revista não conhecido. [...] Processo: RR - 1191-37.2013.5.20.0004 Data de Julgamento: 08/11/2017, Relator Desembargador Convocado: Roberto Nobrega de Almeida Filho, 7ª Turma, Data de Publicação: DEJT 10/11/2017.
>
> **"AGRAVO DE INSTRUMENTO. RECURSO DE REVISTA. LAUDO PERICIAL. FISIOTERAPEUTA. VALIDADE. DOENÇA OCUPACIONAL. NEXO DE CAUSALIDADE.** 1. Harmoniza-se com a atual, iterativa e notória jurisprudência do TST, acórdão regional que considera fisioterapeuta profissional apto a elaborar laudo pericial em lide na qual se discute a caracterização de doença ocupacional. Precedentes. [...]" (AIRR-846-49.2010.5.02.0466, Relator Ministro João Oreste Dalazen, 4ª Turma, DEJT 22/5/2015)

Assim, não há qualquer vedação legal para que a perícia seja realizada por profissional especializado em fisioterapia, desde que seja comprovadamente detentor do conhecimento necessário.

Não é cabível o incidente de falsidade de prova testemunhal

Processo: AIRR - 84300-73.2007.5.02.0031 Data de Julgamento: 07/11/2018, Relator Ministro: José Roberto Freire Pimenta, 2ª Turma, Data de Publicação: DEJT 09/11/2018.

A caracterização do cerceamento do direito de defesa está jungida às hipóteses em que determinada prova ou procedimento, cuja produção fora indeferida pelo juiz, revela-se indispensável ao desfecho da controvérsia. No caso dos autos, a reclamada aponta a existência de cerceamento de defesa, diante do indeferimento do processamento do incidente de falsidade, em que se pretendia demonstrar a pretensa inveracidade dos depoimentos prestados pelas testemunhas do reclamante, com base na juntada de "declarações extrajudiciais de 2 pessoas". Diante desta situação, a Corte regional esclareceu que o indeferimento se deu sob o fundamento de ser "inadmissível a oposição de incidente de falsidade em face de prova oral". Observa-se, portanto, que a arguição do incidente de falsidade se mostra totalmente incabível, visto que o procedimento previsto no artigo 390 do CPC de 1973 (artigo 430 do CPC 2015) tem como escopo a impugnação da veracidade de prova documental, e não testemunhal (precedente). Ademais, a prova com a qual a reclamada pretendeu desconstituir os depoimentos das testemunhas do reclamante, devidamente compromissadas em Juízo, consiste em simples declarações de duas pessoas, em cartório, "colhidas fora do contraditório e não submetidas ao compromisso com a verdade". Observe-se, ainda, que "a ré concordou com o encerramento da instrução, declarando não ter outras provas a produzir", assim atraindo a incidência da preclusão. Ressalta-se que a ordem jurídica atribui ao magistrado ampla liberdade na condução do processo com vistas ao rápido andamento das causas trabalhistas, conforme prevê a norma do artigo 765 da CLT. Com efeito, os princípios norteadores do processo devem harmonizar-se no caso concreto, cabendo ao Juízo atentar para a regular e célere tramitação do feito, em observância não apenas ao disposto no artigo 5º, inciso LV, como também no inciso LXXVIII, da Constituição Federal. Assim, o indeferimento de processamento do incidente com nítido caráter protelatório não configura cerceamento do direito de defesa, uma vez que encontra respaldo no artigo 390 do CPC de 1973 (artigo 430 do CPC 2015), sendo totalmente incabível para o fim intentado.

Incidente de falsidade

O incidente de falsidade esta previsto no art. 430 do CPC

> **CPC, Art. 430.** A falsidade deve ser suscitada na contestação, na réplica ou no prazo de 15 (quinze) dias, contado a partir da intimação da juntada do documento aos autos.
>
> Parágrafo único. Uma vez arguida, a falsidade será resolvida como questão incidental, salvo se a parte requerer que o juiz a decida como questão principal, nos termos do inciso II do art. 19.

Para Marinoni[4] "*a falsidade documental poderá ser declarada ao fim de três vias totalmente distintas. A uma, poderá ser declarada no curso de um processo em que surja a necessidade de se arguir a falsidade de um documento, formando-se ou não um processo incidente. A duas, também poderá a falsidade documental ser suscitada mediante ação autônoma, independentemente de um processo já instaurado em que a prova tenha sido produzida (art. 19, II, CPC). A três, poderá a falsidade documental ser declarada igualmente perante a justiça penal, podendo a decisão penal ser utilizada na esfera cível (art. 315, CPC).*"

Cerceamento do direito de defesa

A caracterização do cerceamento do direito de defesa está jungida às hipóteses em que determinada prova ou procedimento, cuja produção fora indeferida pelo juiz, revela-se indispensável ao desfecho da controvérsia.

4 MARINONI, Luiz Guilherme; ARENHART, Sérgio Cruz; MITIDIERO, Daniel. Código de Processo Civil Comentado – 4ª ed. São Paulo. Revista dos Tribunais, 2018.

Assim, não se configura cerceamento do direito de defesa o indeferimento do incidente de falsidade para comprovar a inveracidade dos depoimentos prestados pelas testemunhas, pois o incidente de falsidade se mostra totalmente incabível, visto que o procedimento previsto no artigo 430 do CPC 2015, tem como escopo a impugnação da veracidade de prova documental, e não testemunhal. Nesse ponto:

> "(...). 2. **CERCEAMENTO DE DEFESA. INDEFERIMENTO DE PROVA TESTEMUNHAL. INCIDENTE DE FALSIDADE.** Não se mostra caracterizado o cerceamento de defesa, pois a oitiva das testemunhas foi indeferida porquanto serviria de embasamento para arguição de incidente de falsidade (artigo 390 e seguintes do CPC), instrumento processual inadequado para impugnar a prova testemunhal apresentada pela reclamada. Incólumes os arts. 769 da CLT e 405, §§ 2º e 3º, e 418 do CPC. Recurso de revista não conhecido. (...)" (RR - 484-36.2011.5.03.0029, Relatora Ministra: Dora Maria da Costa, Data de Julgamento: 12/02/2014, 8ª Turma, Data de Publicação: DEJT 14/02/2014, Grifou-se)

Possibilidade de juntar documento na instrução até o encerramento da instrução processual

Processo: RR - 3157500-16.2008.5.09.0651 Data de Julgamento: 07/11/2018, Relator Desembargador Convocado: Roberto Nobrega de Almeida Filho, 1ª Turma, Data de Publicação: DEJT 09/11/2018.

O Regional registrou que o contraditório e a ampla defesa foram devidamente assegurados à Recorrente, que vem se utilizando dos meios e recursos cabíveis para discutir a matéria. Asseverou ainda que a juntada do documento, a respeito do qual já tinha conhecimento da existência, deveria ter sido providenciada no momento oportuno. Não há de se falar em prejuízo processual. Com efeito, o fato de o Juiz indeferir a juntada de documentos, após o encerramento da instrução processual, constitui procedimento regular, amparado na legislação processual. Esta Corte tem adotado entendimento reiterado de que não constitui subtração das garantias do devido processo legal, do contraditório e da ampla defesa o indeferimento da juntada de documentos após o encerramento da instrução processual, por estar preclusa a prova documental acostada extemporaneamente pela parte.

Juntada de documentos na instrução

Uma grande polêmica no cotidiano dos fóruns trabalhistas é a possibilidade de juntada de documentos durante a audiência de instrução.

O CPC de 2015 estabelece que a prova documental deve acompanhar, desde logo, a inicial ou a contestação (art. 434 do CPC/201565), autorizando a juntada em momento posterior apenas nas específicas hipóteses do art. 435.

A CLT possui um regramento parcialmente semelhante, já que o art. 787 determina que a reclamação escrita deverá ser formulada em 2 (duas) vias e desde logo acompanhada dos documentos em que se fundar. Ocorre que o art. 845 da CLT estipula que "o reclamante e o reclamado comparecerão à audiência acompanhados das suas testemunhas, apresentando, nessa ocasião, as demais provas".

Diante desse dispositivo, o TST tem entendido que é possível a parte produzir, a qualquer momento, a prova documental, inclusive, no curso da audiência, desde que não se tenha ainda encerrado a instrução processual.

Nesse sentido:

> **Precedente vinculante**
>
> **RECURSO DE EMBARGOS. AÇÃO DE COBRANÇA - JUNTADA DE DOCUMENTO ESSENCIAL PELA AUTORA APÓS A CONTESTAÇÃO E ANTES DO TÉRMINO DA INSTRUÇÃO PROCESSUAL.** A Consolidação das Leis do Trabalho, em seu artigo 787, estabelece que -A reclamação escrita deverá ser formulada em 2 (duas) vias e desde logo acompanhada dos documentos em que se fundar-. O artigo 841 do mesmo diploma legal, por sua vez, estabelece que -Recebida e protocolada a reclamação, o escrivão ou secretário, dentro de 48 (quarenta e oito) horas, remeterá a segunda via da petição, ou do termo, ao reclamado, notificando-o ao mesmo tempo, para comparecer à audiência do julgamento, que será a primeira desimpedida, depois de 5 (cinco) dias-. Por ocasião da realização da audiência inicial haverá proposta de acordo e, não havendo, o reclamado apresentará sua defesa, após o que o magistrado passará à instrução do processo, facultando às partes a apresentação de provas. Portanto, apenas neste momento é possível que o magistrado verifique a regularidade dos documentos apresentados como prova, não existindo, no Processo do Trabalho, a figura do despacho saneador previsto no artigo 284 do Código de Processo Civil. Dessa forma, caso haja necessidade de aditamento da petição inicial, deverá o juiz conceder à parte ré a apresentação de defesa, a qual não precisa ser, necessariamente, escrita, em homenagem ao princípio da oralidade, já que nem mesmo em relação à contestação a parte possui tal direito subjetivo, nos termos do artigo 847 da CLT. Na hipótese dos autos, como relatado supra, a autora apresentou, na audiência de instrução, documentos essenciais para o deslinde da controvérsia em substituição àqueles equivocadamente apresentados na audiência anterior. Embora a reclamada já houvesse apresentado contestação na audiência inaugural, lhe foi facultada a manifestação oral acerca dos documentos apresentados na segunda audiência, restando caracterizado o respeito ao contraditório e à ampla defesa. Portanto, não merece qualquer reparo a decisão da Turma que verificou que -o documento se mostrou importante para o deslinde da controvérsia, e foi observado o contraditório por ocasião de sua juntada-. Por fim, considerando que a ausência de documento indispensável para o julgamento do pedido acarreta o indeferimento da petição inicial e, consequentemente, a extinção do processo sem julgamento de mérito, é inegável que a intimação da parte para a emenda

da petição inicial prestigia os princípios da instrumentalidade das e formas e da celeridade e economia processuais. Recurso de embargos conhecido e desprovido. (E-ED-RR - 119440-98.2005.5.10.0005, Relator Ministro: Renato de Lacerda Paiva, Data de Julgamento: 13/02/2014, Subseção I Especializada em Dissídios Individuais, Data de Publicação: DEJT 21/02/2014)

Nesse sentido também, a decisão da 4ª turma do TST:

> **RECURSO DE REVISTA. PROVA DOCUMENTAL. OPORTUNIDADE. JUNTADA EM AUDIÊNCIA DE INSTRUÇÃO** 1. O processo do trabalho não segue a rigidez do processo civil no tocante à oportunidade para a produção da prova documental em face de dispor de regra própria que permite às partes a exibição de documentos até o encerramento da audiência, conforme previsto no art. 845 da CLT. 2. Incompatível com o processo do trabalho, assim, a norma do art. 396 do Código de Processo Civil. Uma vez que não há lacuna no processo do trabalho, descabe aplicar-se preceito do processo comum (art. 769 da CLT). 3. Recurso de revista de que se conhece e a que se nega provimento. (RR - 2291-58.2013.5.23.0096, Relator Ministro: João Oreste Dalazen, Data de Julgamento: 11/02/2015, 4ª Turma, Data de Publicação: DEJT 27/02/2015)

Existem, contudo, decisões regionais no sentido da aplicação estrita do processo civil, acrescentando-se, ainda, que a juntada em qualquer audiência ao longo do processo poderia levar a dilações indesejáveis para se assegurar o contraditório da parte adversa.

Também ocorre na praxe forense de se fazer constar na ata de audiência inicial a preclusão da prova documental com o recebimento da defesa, sendo importante a consignação dos respeitos protestos para que se possa fugir da discussão sobre eventual ocorrência de preclusão.

Determinação judicial prévia para apresentação de rol de testemunhas

Informativo 176 do TST

Processo: E-RR - 1810-18.2012.5.15.0108 Data de Julgamento: 12/04/2018, Redator Ministro: Hugo Carlos Scheuermann, Subseção I Especializada em Dissídios Individuais, Data de Publicação: DEJT 20/04/2018.

Prova testemunhal

Segundo o que dispõe o art. 825 da CLT, as testemunhas devem comparecer em juízo independentemente de intimação, sendo intimadas apenas no caso de ausência:

> **Art. 825** - As testemunhas comparecerão a audiência independentemente de notificação ou intimação.
>
> Parágrafo único - As que não comparecerem serão intimadas, ex officio ou a requerimento da parte, ficando sujeitas a condução coercitiva, além das penalidades do art. 730, caso, sem motivo justificado, não atendam à intimação

No mesmo sentido, o art. 845 da CLT:

> **Art. 845** - O reclamante e o reclamado comparecerão à audiência acompanhados das suas testemunhas, apresentando, nessa ocasião, as demais provas.

A sistemática, portanto, é diversa do CPC, que trabalha com a lógica do rol de testemunhas:

> **Art. 357** - Não ocorrendo nenhuma das hipóteses deste Capítulo, deverá o juiz, em decisão de saneamento e de organização do processo: [...]
>
> **§ 4º** Caso tenha sido determinada a produção de prova testemunhal, o juiz fixará prazo comum não superior a 15 (quinze) dias para que as partes apresentem rol de testemunhas.

Na sistemática do CPC, cabe à própria parte providenciar a intimação da testemunha que indicou, sendo certo que, em não providenciando, presume-se que desistiu da oitiva caso esta não compareça, consequência que também se opera no caso de compromisso de levar a testemunha independentemente de intimação:

> **Art. 455**. Cabe ao advogado da parte informar ou intimar a testemunha por ele arrolada do dia, da hora e do local da audiência designada, dispensando-se a intimação do juízo.
>
> § 1º A intimação deverá ser realizada por carta com aviso de recebimento, cumprindo ao advogado juntar aos autos, com antecedência de pelo menos 3 (três) dias da data da audiência, cópia da correspondência de intimação e do comprovante de recebimento.
>
> § 2º A parte pode comprometer-se a levar a testemunha à audiência, independentemente da intimação de que trata o § 1º, presumindo-se, caso a testemunha não compareça, que a parte desistiu de sua inquirição.
>
> § 3º A inércia na realização da intimação a que se refere o § 1º importa desistência da inquirição da testemunha.
>
> § 4º A intimação será feita pela via judicial quando:
>
> I - for frustrada a intimação prevista no § 1º deste artigo;
>
> II - sua necessidade for devidamente demonstrada pela parte ao juiz;
>
> III - figurar no rol de testemunhas servidor público ou militar, hipótese em que o juiz o requisitará ao chefe da repartição ou ao comando do corpo em que servir;

IV - a testemunha houver sido arrolada pelo Ministério Público ou pela Defensoria Pública;

V - a testemunha for uma daquelas previstas no art. 454.

§ 5º A testemunha que, intimada na forma do § 1º ou do § 4º, deixar de comparecer sem motivo justificado será conduzida e responderá pelas despesas do adiamento.

Com o objetivo de imprimir razoável duração ao processo, já que muitas audiências vinham sendo redesignadas para intimação de testemunhas, tem sido praxe em várias unidades judiciais a determinação de apresentação de rol de testemunhas antecipadamente ou de as trazer independentemente de intimação, sob pena de não serem ouvidas no caso de ausência.

É possível se defender uma certa violação ao devido processo legal celetista, mas a jurisprudência majoritária do TST se inclinou no sentido de que não caracteriza cerceamento de defesa porque as partes teriam ciência prévia de adoção da nova sistemática com vistas a uma melhor administração do processo, não se caracterizando cerceio de defesa porquanto teria sido oportunizada a intimação prévia.

Nesse sentido:

Precedentes Vinculantes

EMBARGOS EM RECURSO DE REVISTA. INTERPOSIÇÃO SOB A ÉGIDE DA LEI 13.015/2014. RITO ORDINÁRIO. AUDIÊNCIA UNA E CONTÍNUA. NOTIFICAÇÃO PARA COMPARECIMENTO DAS TESTEMUNHAS INDEPENDENTEMENTE DE INTIMAÇÃO, SOB PENA DE PRECLUSÃO. NÃO COMPARECIMENTO INJUSTIFICADO DE TESTEMUNHA. INDEFERIMENTO DO PEDIDO DE ADIAMENTO DA AUDIÊNCIA PARA OITIVA DA TESTEMUNHA AUSENTE. CERCEAMENTO DO DIREITO DE DEFESA NÃO CARACTERIZADO. 1. As audiências na Justiça do Trabalho são unas e contínuas, podendo, entretanto, realizar-se, na prática, de forma descontínua, com a designação de audiências em prosseguimento. 2. Diferentemente do processo comum, há regras específicas quanto à desnecessidade de intimação prévia das testemunhas, as quais devem comparecer em juízo independentemente de intimação. E, a teor do art. 825, parágrafo único, da CLT, apenas quando não comparecerem é que as testemunhas poderão ser intimadas, ficando sujeitas a condução coercitiva. 3. No caso, todavia, a despeito de a reclamatória tramitar sob o rito ordinário, o reclamado foi notificado para audiência una e contínua, constando expressamente na notificação de que o mesmo deveria trazer suas testemunhas independentemente de notificação ou apresentar o rol antecipadamente para que as mesmas fossem intimadas. 4. O procedimento adotado na espécie é praxe em diversos Tribunais Regionais que, pela necessidade de imprimir duração razoável ao processo, mormente diante do acúmulo de pautas, veem-se compelidos a evitar a adoção de audiências descontínuas, sistemática que, a rigor, é a regra do processo trabalhista previsto na CLT. 5. Portanto, na espécie, há uma distinção em relação ao rito previsto no art. 825 da CLT, consubstanciada na prévia ciência às partes quanto à designação de audiência una e contínua, constando expressamente na notificação de que as testemunhas não arroladas previamente deveriam ser trazidas independentemente de intimação, sob pena de não serem ouvidas. 6. Não obstante, a despeito da ciência prévia quanto às consequências advindas da ausência das testemunhas na data da audiência, o reclamado não observou a determinação contida na notificação, já que não trouxe suas testemunhas e não apresentou o rol antecipadamente à audiência para que fossem notificadas, mas requereu o adiamento da audiência para sua oitiva. 7. Nesse particular contexto, o indeferimento do pedido de adiamento da audiência, para que fosse intimada a testemunha não arrolada e que não compareceu espontaneamente, não viola o art. 825 da CLT, tampouco caracteriza cerceamento de defesa. 9. Precedente desta Subseção. Recurso de embargos conhecido e não provido. (E-RR - 1810-18.2012.5.15.0108, Redator Ministro: Hugo Carlos Scheuermann, Data de Julgamento: 12/04/2018, Subseção I Especializada em Dissídios Individuais, Data de Publicação: DEJT 20/04/2018)

EMBARGOS EM RECURSO DE REVISTA. INTERPOSIÇÃO SOB A ÉGIDE DA LEI 11.496/2007. DECISÃO DA TURMA MEDIANTE A QUAL DECLARADA A NULIDADE DO PROCESSO POR CERCEAMENTO DE DEFESA. AUDIÊNCIA UNA. RITO ORDINÁRIO. INDEFERIMENTO DO PEDIDO DE ADIAMENTO DE AUDIÊNCIA PARA INTIMAÇÃO DE TESTEMUNHAS QUE NÃO COMPARECERAM. NOTIFICAÇÃO PARA COMPARECIMENTO INDEPENDENTEMENTE DE INTIMAÇÃO, SOB PENA DE PRECLUSÃO. NÃO CONFIGURAÇÃO DE OFENSA AO ART. 825 DA CLT. 1. As audiências na Justiça do Trabalho são unas, em regra, podendo realizar-se, na prática, de forma descontínua, com a designação de audiências em prosseguimento. Diferentemente do processo comum, há regras específicas quanto à desnecessidade de intimação prévia das testemunhas, as quais devem comparecer em juízo independentemente de intimação. E, a teor do art. 825, parágrafo único, da CLT, apenas quando não comparecerem é que as testemunhas poderão ser intimadas, ficando sujeitas a condução coercitiva. 2. A despeito de a reclamatória tramitar sob o rito ordinário, o reclamante foi notificado nos seguintes termos: 'Audiência UNA. As testemunhas, desde que arroladas em tempo hábil, isto é, até 48 (quarenta e oito) horas antes da audiência designada, serão intimadas na forma provimental; as não arroladas deverão ser trazidas independentemente, SOB PENA DE PRECLUSÃO'. 3. O procedimento adotado na espécie é praxe em diversos Tribunais Regionais que, pela necessidade de imprimir duração razoável ao processo, mormente diante do acúmulo de pautas, veem-se compelidos a evitar a adoção de audiências descontínuas, designando audiências unas, o que, a rigor, seria regra pela sistemática do processo trabalhista. 4. No caso, conforme registrado, há uma distinção em relação ao rito previsto no art. 825 da CLT, consubstanciada na prévia ciência ao reclamante quanto à designação de audiência una, constando a recomendação de que as testemunhas não arroladas previamente deveriam ser trazidas independentemente de intimação, sob pena de preclusão. Nesse particular contexto, o indeferimento do pedido de adiamento da audiência, para que fossem intimadas as testemunhas que não compareceram espontaneamente, não viola o art. 825 da CLT. Ressalte-se que, a despeito da ciência prévia quanto às consequências advindas da ausência das testemunhas na data da audiência, a parte sequer comprovou que essas foram realmente convidadas ou justificou o motivo do não comparecimento. Recurso de embargos conhecido e provido" (Processo: E-RR - 2300-70.2007.5.02.0401 Data de Julgamento: 28/09/2017, Relator Ministro: Hugo Carlos Scheuermann, Subseção I Especializada em Dissídios Individuais, Data de Publicação: DEJT 02/02/2018).

"**NULIDADE. SENTENÇA. CERCEAMENTO DE DEFESA. AUDIÊNCIA INAUGURAL. ROL DE TESTEMUNHAS. INDEFERIMENTO. ART. 825 E PARÁGRAFO ÚNICO DA CLT 1. A CLT** (art. 825 e § único) é explícita ao dispor que as partes comparecerão à audiência acompanhadas de suas respectivas testemunhas. Somente se comprovado que, convidadas, não compareceram cabe ao Juiz determinar a intimação das testemunhas e, em caso extremo, a condução coercitiva. 2. No processo do trabalho, assim, não há lugar para o rol prévio de testemunhas e tampouco para intimação de testemunhas previamente arroladas, salvo o caso de comprovada recusa de atendimento ao convite da própria parte. 3. Não acarreta cerceamento do direito de defesa o indeferimento, pelo Juiz, na audiência inaugural, de requerimento de apresentação de rol de testemunhas para ulterior intimação. Cerceamento somente haveria se houvesse indeferimento da intimação das testemunhas que, convidadas, comprovadamente deixaram de comparecer para depor. 4. Embargos de que se conhece, por divergência jurisprudencial, e a que se dá provimento." (TST-E-ED-ARR-346-42.2012.5.08.0014, Redator Ministro: João Oreste Dalazen, Data de Julgamento: 07/05/2015, Subseção I Especializada em Dissídios Individuais, Data de Publicação: DEJT 05/06/2015)

Julgamento de 2018 da 6ª Turma do TST em sentido contrário:

RECURSO DE REVISTA. RECLAMANTE. ANTERIOR ÀS LEIS NOS 13.015/2014 E 13.467/2017. PRELIMINAR DE NULIDADE POR CERCEAMENTO DO DIREITO DE DEFESA. NÃO COMPARECIMENTO DAS TESTEMUNHAS À AUDIÊNCIA. INDEFERIMENTO DO PEDIDO DE INTIMAÇÃO. 1 - O artigo 825 da CLT dispõe que: "As testemunhas comparecerão a audiência independentemente de notificação ou intimação." Já o parágrafo único do mesmo artigo determina que, se as testemunhas não comparecem, o juiz, de ofício ou a requerimento da parte, determinará a sua intimação, sob pena de condução coercitiva. De outro lado, o art. 845 da CLT prevê que as partes devem comparecer acompanhadas das testemunhas. Ou seja, não há obrigação de a parte, no Processo do Trabalho, requerer o arrolamento da testemunha, previamente. 2 - O direito da parte de adiamento da audiência de instrução e intimação de suas testemunhas que não compareceram espontaneamente, nasce no momento em que constatada tal ausência, e não antes. E a intimação da testemunha não é uma faculdade do juízo, mas é obrigatória, mormente se registrado protesto pela parte, como no caso destes autos. 3 - Assim, comprovado que a parte tempestivamente informou o não comparecimento de suas testemunhas e requereu sua intimação, com o consequente adiamento da audiência, e que tal pedido foi indeferido pelo julgador, com franco prejuízo ao reclamante, que teve diversos pedidos seus julgados improcedentes por falta de prova, resultou configurado o cerceamento do direito de defesa. 4 - Recurso de revista a que se dá provimento. Fica prejudicado o exame dos temas remanescentes. (RR - 1015-73.2012.5.05.0016, Relatora Ministra: Kátia Magalhães Arruda, Data de Julgamento: 04/04/2018, 6ª Turma, Data de Publicação: DEJT 06/04/2018)

Substituição de Testemunhas

No caso de adoção do rol de testemunhas, o regramento do CPC prevê hipóteses muito restritas para substituição destas, conforme previsão do seu art. 451:

> **Art. 451.** Depois de apresentado o rol de que tratam os §§ 4º e 5º do art. 357, a parte só pode substituir a testemunha:
>
> I - que falecer;
>
> II - que, por enfermidade, não estiver em condições de depor;
>
> III - que, tendo mudado de residência ou de local de trabalho, não for encontrada.

A intenção dessa norma é evitar que a ocorra a indicação de testemunhas impedidas ou suspeitas e que se provoque, assim, uma dilação indevida ao processo. Acaba-se por impor à parte uma análise e indicação responsável da testemunha.

Em se tratando de hipóteses objetivas, tais quais as de impedimento, a questão é de fácil visualização, mas no que se refere às causas de suspeição essa prévia análise se mostra bem dificultosa, já que estamos a cuidar de hipóteses que passam por aferição subjetiva.

Felipe Bernardes[5] nos traz percuciente exemplificação para defender o caráter meramente exemplificativo do rol do art. 451 do CPC:

> Contudo, deve-se ponderar que, em muitas situações, a parte pode ser surpreendida com o acolhimento de contradita cuja causa desconhecia. Exemplificando,

5 BERNARDES, Felipe. Manual de Processo do Trabalho. Salvador: Juspodivm, 2018, p. 533.

> suponha que o Juiz do Trabalho divirja da Súmula 357 do TST, e entenda que o simples fato de estar litigando ou de ter litigado contra o mesmo empregador torne a testemunha suspeita. Ora, nessa hipótese, não seria razoável impedir a substituição da testemunha, a despeito da redação expressa do art. 451 do CPC. Assim, conclui-se que esse dispositivo encerra rol meramente exemplificativo (numerus apertus), e não taxativo (numerus clausus) das hipóteses que autorizam a substituição da testemunha.
>
> Em última análise, está-se diante de aparente conflito entre dois princípios constitucionais: (i) celeridade processual, almejada pelo art. 451 do CPC; (ii) ampla defesa, prevista constitucionalmente (CF, art. 5°, LV). A ponderação deve ser feita pelo magistrado em cada caso concreto, à luz do princípio da proporcionalidade, levando em conta a avaliação de eventual má-fé processual da parte que pede o adiamento da audiência, e o grau de previsibilidade do acolhimento da contradita.

Concordamos igualmente com a conclusão lançada, no sentido de ser analisada a previsibilidade do acolhimento da contradita e eventual surpresa, ou não, à parte desfavorecida para deferir a substituição da testemunha.

Prova da Contradita

O parágrafo 1º do art. 457 do CPC prevê que a contradita deve ser provada no próprio ato da audiência:

> **Art. 457.** Antes de depor, a testemunha será qualificada, declarará ou confirmará seus dados e informará se tem relações de parentesco com a parte ou interesse no objeto do processo.
>
> **§ 1º** É lícito à parte contraditar a testemunha, arguindo-lhe a incapacidade, o impedimento ou a suspeição, bem como, caso a testemunha negue os fatos que lhe são imputados, provar a contradita com documentos ou com testemunhas, até 3 (três), apresentadas no ato e inquiridas em separado.

No caso de utilização do rol de testemunhas, a importação do procedimento é inevitável. Contudo, na hipótese de Varas do Trabalho que não adotem rol prévio de testemunhas, entendemos não ser possível exigir, no ato, a prova da contradita, já que a parte não tinha conhecimento de quem seria a testemunha contrária.

Nessa última hipótese, entendemos que há direito subjetivo à concessão de prazo para comprovação da contradita e, assim, a redesignação da audiência.

Quantidade de testemunhas

No rito ordinário: 3 testemunhas para cada parte.

No inquérito para apuração de falta grave: 6 testemunhas para cada parte. Nesse sentido o art. 821 da CLT:

> **CLT, Art. 821** - Cada uma das partes não poderá indicar mais de 3 (três) testemunhas, salvo quando se tratar de inquérito, caso em que esse número poderá ser elevado a 6 (seis).

No rito sumaríssimo: 2 testemunhas para cada parte. Nesse sentido o art. 852H, § 2º da CLT:

> **CLT, Art. 852-H.** Todas as provas serão produzidas na audiência de instrução e julgamento, ainda que não requeridas previamente.
>
> **§ 2º** As testemunhas, até o máximo de duas para cada parte, comparecerão à audiência de instrução e julgamento independentemente de intimação.

HONORÁRIOS

CABIMENTO

Não cabe condenação de honorários advocatícios na ação anulatória em que a parte sucumbente na ação é o Ministério Público do Trabalho

Informativo 185 do TST

Processo: RO - 513-28.2017.5.08.0000 Data de Julgamento: 08/10/2018, Relatora Ministra: Dora Maria da Costa, Seção Especializada em Dissídios Coletivos, Data de Publicação: DEJT 15/10/2018.

Não cabe condenação de honorários advocatícios na ação anulatória em que a parte sucumbente na ação é o Ministério Público do Trabalho, salvo comprovada má-fé. Aplica-se, por analogia, o art. 18 da Lei nº 7.347/1985 (lei da ação civil pública), uma vez que o Parquet, ao ajuizar a ação anulatória, não defende interesse próprio, mas atua em favor dos direitos dos trabalhadores, exercendo sua função de defesa da ordem jurídica, do regime democrático, dos interesses sociais e dos interesses individuais indisponíveis, cumprindo a função que lhe foi constitucionalmente atribuída (art. 127 da CF e art. 83, IV, da LC nº 75/1993).

Legitimidade do advogado recorrer em nome próprio, dos honorários advocatícios

O art. 23 da Lei nº 8.906/1994, estabelece, que "*os honorários incluídos na condenação, por arbitramento ou sucumbência, pertencem ao advogado, tendo este direito autônomo para executar a sentença nesta parte, podendo requerer que o precatório, quando necessário, seja expedido em seu favor*".

O art. 85, § 14 do Código de Processo Civil, também estabelece que "*os honorários constituem direito do advogado e têm natureza alimentar, com os mesmos privilégios dos créditos oriundos da legislação do trabalho, sendo vedada a compensação em caso de sucumbência parcial*".

O Superior Tribunal de Justiça, através de sua jurisprudência reconhece a legitimidade do advogado para recorrer, em nome próprio, dos honorários advocatícios. Nesse sentido:

> "**AGRAVO EM RECURSO ESPECIAL Nº 1.270.419 - RS (2018/0071853-1) RELATOR: MINISTRO MARCO AURÉLIO BELLIZZE (...). AGRAVO EM RECURSO ESPECIAL. HONORÁRIOS ADVOCATÍCIOS. FIXAÇÃO DA VERBA. LEGITIMIDADE RECURSAL DO CAUSÍDICO. AGRAVO CONHECIDO PARA DAR PROVIMENTO AO RECURSO ESPECIAL. DECISÃO**. (...). Nas razões do recurso especial, o insurgente apontou a ocorrência de divergência jurisprudencial e de violação aos arts. 23 da Lei n. 8.906/1994 e 99, § 5º e 996 do CPC/2015, sustentando a sua legitimidade para, em nome próprio, postular em juízo questões atinentes à verba honorária, na qualidade de terceiro prejudicado. O processamento do apelo nobre não foi admitido pela Corte local, levando o insurgente a interpor o presente agravo, por meio do qual contesta a aplicação dos óbices apontados na decisão de admissibilidade. Brevemente relatado, decido. Quanto ao tema, esta Corte Superior firmou o entendimento de que o advogado possui legitimidade para recorrer da parte da decisão que versa sobre os honorários advocatícios, não fazendo distinção entre as fases de conhecimento e de execução do processo. A propósito: '**EMBARGOS DE DECLARAÇÃO. ADVOGADOS DESCONSTITUÍDOS. LEGITIMIDADE RECURSAL CONCORRENTE E AUTÔNOMA SOMENTE QUANTO À DISCUSSÃO DOS HONORÁRIOS. ACLARATÓRIOS QUE DEBATEM O MÉRITO DA CONTROVÉRSIA. ILEGITIMIDADE RECURSAL**. 1. É entendimento pacifico desta Corte Superior que o causídico tem legitimidade para recorrer da decisão judicial relativa à verba honorária. Precedentes (AgRg nos EDcl no Ag n. 1.053.257/SP, Ministro Napoleão Nunes Maia Filho, Quinta Turma, DJe 13/12/2010). 2. Embargos de declaração que tratam da controvérsia referente ao mérito da ação proposta pelo ente sindical, sob patrocínio de outros advogados. 3. Embargos de declaração não conhecidos. (EDcl nos EDcl no AgRg no Ag 1002596/SC, Rel. Ministro **SEBASTIÃO REIS JÚNIOR, SEXTA TURMA, julgado em 16/12/2014, DJe 23/02/2015) LOCAÇÃO. AGRAVO REGIMENTAL NO AGRAVO DE INSTRUMENTO. RECURSO ESPECIAL PROVIDO. ART. 544, § 3º. DO CPC. PRESENTES OS REQUISITOS DE ADMISSIBILIDADE. PEDIDO DE MAJORAÇÃO DOS HONORÁRIOS ADVOCATÍCIOS. LEGITIMIDADE RECURSAL DO CAUSÍDICO. AGRAVO DESPROVIDO.** (...) 3. É entendimento pacifico desta Corte Superior que o causídico tem legitimidade para recorrer da decisão judicial relativa à verba honorária. Precedentes. 4. Agravo Regimental desprovido. (AgRg nos EDcl no Ag 1053257/SP, Rel. Ministro N**APOLEÃO NUNES MAIA FILHO, QUINTA TURMA, julgado em 09/11/2010, DJe 13/12/2010) AGRAVO REGIMENTAL NO RECURSO ESPECIAL. PROCESSUAL CIVIL. PREVIDÊNCIA PRIVADA. EMBARGOS À EXECUÇÃO. NEGATIVA DE PRESTAÇÃO JURISDICIONAL. NÃO OCORRÊNCIA. CERCEAMENTO DE DEFESA. NÃO CARACTERIZAÇÃO. DESNECESSI-**

DADE DE PERÍCIA ATUARIAL. SUFICIÊNCIA DE MEROS CÁLCULOS ARITMÉTICOS. EXCESSO DE EXECUÇÃO E JUROS COMPOSTOS. NÃO CONFIGURAÇÃO. SÚMULA Nº 7/STJ. HONORÁRIOS ADVOCATÍCIOS. LEGITIMIDADE RECURSAL. LITIGANTE. POSSIBILIDADE. VALOR ARBITRADO. REVISÃO. INADMISSIBILIDADE. MONTANTE RAZOÁVEL. MULTA PROCESSUAL. SEGUNDOS DECLARATÓRIOS. CARÁTER PROCRASTINATÓRIO. LEGALIDADE. (...) 4. Tanto o litigante quanto seu patrono possuem legitimidade para recorrer da decisão com relação à fixação dos honorários advocatícios. Precedentes. (...) 7. Agravo regimental não provido. (AgRg no REsp 1375968/SC, Rel. Ministro **RICARDO VILLAS BÔAS CUEVA, TERCEIRA TURMA, julgado em 04/11/2014, DJe 10/11/2014) HONORÁRIOS DE ADVOGADO. LEGITIMIDADE DOS ADVOGADOS PARA APELAR DA SENTENÇA NA PARTE EM QUE FIXOU OS HONORÁRIOS DE ADVOGADO. PRECEDENTES DA CORTE.** 1. A Segunda Seção assentou que o advogado, como terceiro interessado, tem legitimidade para recorrer da parte da sentença que fixou os honorários. 2. Recurso especial conhecido e provido. (RESP 5S6.337/RS, Terceira Turma, Rel. Min. CARLOS ALBERTO MENEZES DIREITO, DJ de 11.10.2004). Ante o exposto, conheço do agravo para dar provimento ao recurso especial a fim de, reconhecendo a legitimidade do advogado para recorrer da parte da sentença relativa à verba honorária, determinar o retorno dos autos ao Tribunal de origem para que seja apreciada a questão relativa aos honorários advocatícios. Publique-se. Brasília (DF), 11 de abril de 2018. MINISTRO MARCO AURÉLIO BELLIZZE, Relator." (STJ - AREsp: 1270419 RS 2018/0071853-1, Relator: Ministro MARCO AURÉLIO BELLIZZE, Data de Publicação: DJ 30/04/2018)

Ministério Público e o pagamento de honorários sucumbenciais

O art. 85 do Código de Processo Civil, assegura que *"a sentença condenará o vencido a pagar honorários ao advogado do vencedor"*. Acontece que o Superior Tribunal de Justiça entende que salvo comprovada má-fé, o Ministério Público não pode ser condenado ao pagamento de honorários sucumbenciais.

Nesse sentido:

'PROCESSUAL CIVIL. AÇÃO CIVIL PÚBLICA. LEGITIMIDADE PASSIVA. ANÁLISE DE DIREITO LOCAL. APLICAÇÃO ANALÓGICA DA SÚMULA N. 280/STF. CONDENAÇÃO DO MINISTÉRIO PÚBLICO AO PAGAMENTO DE CUSTAS E DESPESAS PROCESSUAIS E HONORÁRIOS ADVOCATÍCIOS. MÁ-FÉ. NECESSIDADE. 1. Foi com base em lei local que o Tribunal de origem entendeu que o ora recorrido não é parte legítima para a presente demanda, pois não era o responsável pelos atos ora discutidos. Neste sentido, para acolher a pretensão recursal e alterar a fundamentação do aresto recorrido, seria necessária interpretação de lei local, o que atrai a incidência da Súmula n. 280 /STF, por analogia. 3. Se não há má-fé no ajuizamento da ação civil pública, o Ministério Público não pode ser condenado ao pagamento dos honorários advocatícios. Precedentes. 4. Recurso especial parcialmente conhecido e, nesta parte, provido. RECURSO ESPECIAL REsp 1177597 RJ 2010/0017153-0 (STJ). Data de publicação: 02/12/2010.'

'PROCESSUAL CIVIL. AÇÃO CIVIL PÚBLICA. IMPROBIDADE ADMINISTRATIVA. ÔNUS DA SUCUMBÊNCIA. ART. 18 DA LEI 7.347 /1985. CONDENAÇÃO DO MINISTÉRIO PÚBLICO. INVIABILIDADE, SALVO NO CASO DE LITIGÂNCIA DE MÁ-FÉ. HIPÓTESE NÃO COMPROVADA. 1. No sistema processual brasileiro é vedada, como regra geral, a condenação do autor da ação civil pública no ônus da sucumbência, exceção de natureza político-jurídica ao art. 20 do Código de Processo Civil. 2. À luz do art. 18 da Lei 7.347/1985, a proibição de condenação em despesas e honorários advocatícios beneficia o autor da ação civil pública, qualquer que seja sua natureza, isto é, privada (associação) ou estatal (Ministério Público ou órgão da Administração). 3. No campo da ação civil pública, mais do que em qualquer outro, vigora para o juiz o princípio hermenêutico do in dubio pro societate, vale dizer, entre uma interpretação que limite, atrofie ou dificulte o acesso coletivo à Justiça e outra que, ao contrário, o amplie, revigore ou facilite, a opção deve ser por esta e não por aquela. 4. O interesse maior da coletividade determina que o juiz, via interpretação, não erija barreiras e impedimentos (materiais ou processuais, institucionais ou financeiros) à Ação Civil Pública, exceto aqueles expressa e incontestavelmente previstos pelo legislador. 5. Excepciona-se a vedação de condenação sucumbencial somente quando inequívoca a má-fé do autor da Ação Civil Pública, apurada na forma dos arts. 14, III, e 17, todos do Código de Processo Civil . 6. Agravo Regimental não provido. STJ - AGRAVO REGIMENTAL NO AGRAVO DE INSTRUMENTO AgRg no Ag 842768 PR 2006/0244767-5 (STJ). Data de publicação: 11/11/2009.'

O inciso IV do art. 83 da Lei Complementar 75/93 dispõe que *compete ao Ministério Público do Trabalho propor as ações cabíveis para a declaração de* **nulidade de cláusula de:**

(1) contrato,

(2) acordo coletivo, ou

(3) convenção coletiva

que viole as liberdades individuais ou coletivas ou os direitos individuais indisponíveis dos trabalhadores, ou seja, o Ministério Público do Trabalho **vai atuar na defesa dos direitos sociais dos trabalhadores**, lutando para coibir qualquer abuso ou irregularidade praticada contra os direitos dessa categoria.

É vedado qualquer forma de obstaculizar o exercício do dever institucional do Ministério Público, de agir em prol da sociedade, visando à garantia de direitos fundamentais assegurados constitucionalmente, sendo assim, a regra do artigo 85 do CPC não se aplica ao Ministério Público do Trabalho quando atua na defesa de direitos a serem conferidos a toda uma categoria de trabalhadores.

O TST, ao julgar as ações anulatórias, aplica analogicamente o artigo 18 da Lei 7.347/85 que diz que:

> "**Art. 18.** Nas ações de que trata esta lei, não haverá adiantamento de custas, emolumentos, honorários periciais e quaisquer outras despesas, nem condenação da associação autora, salvo comprovada má-fé, em honorários de advogado, custas e despesas processuais.

Nesse sentido:

> **Precedente vinculante do TST:**
> **RECURSO ORDINÁRIO EM AÇÃO ANULATÓRIA AJUIZADA PELO MINISTÉRIO PÚBLICO DO TRABALHO. PEDIDO DE CONDENAÇÃO DO AUTOR DA AÇÃO AO PAGAMENTO DOS HONORÁRIOS ADVOCATÍCIOS EM RAZÃO DA SUCUMBÊNCIA.** Conquanto se considere a legitimidade do advogado da empresa ré para pleitear, em nome próprio, como terceiro interessado, o pagamento dos honorários advocatícios em razão da sucumbência, há de se considerar que, no caso em tela, a parte sucumbente na ação é o Ministério Público do Trabalho, autor da ação. Ainda que a questão dos honorários advocatícios esteja regulamentada no art. 85 do CPC e na Súmula nº 219 do TST, os referidos dispositivos nada falam acerca dessa particularidade. Nesse contexto, e considerando que o Ministério Público do Trabalho, ao ajuizar a ação anulatória, atuou na defesa de direitos dos trabalhadores, exercendo sua função de defesa da ordem jurídica, do regime democrático, dos interesses sociais e dos interesses individuais indisponíveis, deve-se aplicar, por analogia, o art. 18 da Lei nº 7.347/1985, o qual, ao se referir às ações civis públicas, estabelece que não haverá condenação da associação autora em honorários de advogado, salvo comprovada má-fé, o que não se evidenciou no caso destes autos. Recurso ordinário conhecido e não provido. (RO - 513-28.2017.5.08.0000, Relatora Ministra: Dora Maria da Costa, Data de Julgamento: 08/10/2018, Seção Especializada em Dissídios Coletivos, Data de Publicação: DEJT 15/10/2018)

O TST aplica o mesmo entendimento as ações rescisórias apresentadas pelo Ministério Público do Trabalho, senão vejamos os seguintes julgados:

> **"RECURSO ORDINÁRIO INTERPOSTO PELO TERCEIRO PREJUDICADO - ADVOGADO DOS RÉUS EXCLUÍDOS DA LIDE. AÇÃO RESCISÓRIA AJUIZADA PELO MINISTÉRIO PÚBLICO DO TRABALHO SOB A ÉGIDE DO CPC DE 1973. HONORÁRIOS ADVOCATÍCIOS. AUSÊNCIA DE SUCUMBÊNCIA DO PARQUET E DE MÁ-FÉ. 1 - A jurisprudência**

da SBDI-2 firmou-se no sentido de que o Ministério Público do Trabalho, ao postular a rescisão de sentença homologatória de acordo com amparo em colusão, atua com o fim de preservar a ordem jurídica, na defesa de interesse público primário. 2 - Em sendo assim, o tratamento jurídico do art. 20 do CPC de 1973 não se revela bastante e adequado para tutelar a singularidade do caso, caracterizando lacuna axiológica que atrai a aplicação analógica da Lei 7.347/85, que disciplina a atuação do Ministério Público em ação civil pública e estabelece, em seu art. 18, que a condenação dos honorários advocatícios somente é devida no caso de má-fé, o que não ocorreu. 3 - Ademais, no caso, não houve sucumbência do Ministério Público em relação ao pedido desconstitutivo, pois, em que pese à exclusão da lide do terceiro e do quarto réus, a ação rescisória foi julgada procedente, de modo que o art. 20 do CPC de 1973 e a Súmula 219 do TST em nada auxiliam a tese recursal. Recurso ordinário não provido." (RO-10019-67.2013.5.08.0000, Data de julgamento: 29/5/2018, SBDI-II, Relatora Ministra DELAÍDE MIRANDA ARANTES, DEJT de 30/5/2018)

"**RECURSO ORDINÁRIO EM AÇÃO RESCISÓRIA INTERPOSTO ANTERIORMENTE À VIGÊNCIA DO NOVO CÓDIGO DE PROCESSO CIVIL. APLICABILIDADE DO CPC DE 1973. (...) CONDENAÇÃO DO MINISTÉRIO PÚBLICO DO TRABALHO EM HONORÁRIOS ADVOCATÍCIOS E CUSTAS. INEXISTÊNCIA DE MÁ-FÉ.** I - Vê-se que o Ministério Público do Trabalho está tutelando a ordem jurídica, buscando evitar a utilização do processo com intuito fraudulento, não se verificando eventual má-fé, vindo à baila o teor do artigo 18 da Lei nº 7.347/1985, segundo o qual "Nas ações de que trata esta lei, não haverá adiantamento de custas, emolumentos, honorários periciais e quaisquer outras despesas, nem condenação da associação autora, salvo comprovada má-fé, em honorários de advogado, custas e despesas processuais. II - Considerando o papel constitucional do Ministério Público do Trabalho, nos moldes do art. 127, na defesa da ordem jurídica, do regime democrático e dos interesses individuais indisponíveis, essencial à função jurisdicional do Estado, materializada no ajuizamento de ação rescisória com o fim de desconstituir decisão homologatória de acordo em que, supostamente, havia colusão das partes, conclui-se ser possível a aplicação analógica do artigo 18 da Lei nº 7.347/1985. III - No mais, considera-se incabível a imputação ao Parquet do recolhimento de custas, nos termos do art. 790-A da CLT. IV - Recurso ordinário parcialmente provido." (RO-426-03.2013.5.12.0000, Data de julgamento: 14/6/2016, SBDI-II, Rel. Min. Antonio José de Barros Levenhagen, DEJT 17/6/2016)

"**RECURSO ORDINÁRIO EM AÇÃO RESCISÓRIA. 1. AÇÃO TRABALHISTA. SENTENÇA HOMOLOGATÓRIA DE ACORDO. (...). 2. HONORÁRIOS ADVOCATÍCIOS. 2.1.** Nos termos do item II da Súmula 219 desta Corte, "é cabível a condenação ao pagamento de honorários advocatícios em ação rescisória no processo trabalhista". 2.2. Entretanto, figurando o Ministério

Público do Trabalho como parte da ação rescisória, pretendendo o corte rescisório com fundamento no art. 485, III, do CPC, faz-se necessário flexibilizar tal compreensão, a fim de se a moldar à relevância da Instituição, a qual, nos termos do art. 127 da Constituição Federal, é "essencial à função jurisdicional do Estado, incumbindo-lhe a defesa da ordem jurídica, do regime democrático e dos interesses sociais e individuais indisponíveis". 2.3. Ressalte-se que, na ação rescisória, a atuação do Ministério Público do Trabalho, ao ajuizá-la com lastro em colusão, para além de encontrar previsão legal (CPC, art. 487, III, "b"), visa a resguardar interesse público, qual seja, a provocação da tutela jurisdicional para fins legítimos, frustrando tentativas de instrumentalizá-lo a serviço de interesses ilícitos. 2.4. Nessa esteira, aplica-se, por analogia, a regra do art. 17 da Lei nº 7.347/1985, quando dispõe que, em ação civil pública, a condenação ao pagamento de honorários advocatícios exige a comprovação de litigância de má-fé, situação não evidenciada nos presentes autos, de forma a autorizar a condenação do Ministério Público do Trabalho. Recurso ordinário conhecido e parcialmente provido, apenas para excluir a condenação ao pagamento dos honorários advocatícios." (TST-RO-32700-81.2009.5.04.0000, Data de julgamento: 6/10/2015, SBDI-II, Relator Ministro Alberto Luiz Bresciani de Fontan Pereira, DEJT de 8/10/2015)

RECURSOS

LIMITAÇÃO DO NÚMERO DE PÁGINAS

TST reafirma não ser possível limitar a quantidade de páginas de recurso

Processo: RR - 105300-73.2009.5.05.0194 Data de Julgamento: 21/03/2018, Relator Ministro: Breno Medeiros, 5ª Turma, Data de Publicação: DEJT 06/04/2018.

Esta Corte pacificou entendimento de que a Lei nº 11.419/2006, que regulamenta o Processo Judicial Eletrônico, não impõe restrição quanto ao número de páginas que podem ser transmitidas via peticionamento eletrônico. Precedentes. Assim, a limitação de número de páginas para petição de documentos enviados pelo sistema e-DOC caracteriza cerceamento do direito de defesa da parte, em afronta ao art. 5º, LV, da Constituição Federal. Recurso de revista conhecido e provido.

Apresentação do recurso sem limitação do número de páginas

O TST pacificou entendimento de que a Lei nº 11.419/2006, que regulamenta o Processo Judicial Eletrônico, não impõe restrição quanto ao número de páginas que podem ser transmitidas via peticionamento eletrônico, conforme se observa nos seguintes precedentes:

> **RECURSO ORDINÁRIO EM MANDADO DE SEGURANÇA. CABIMENTO DO MANDAMUS. SISTEMA DE PETICIONAMENTO ELETRÔNICO E-DOC. LIMITAÇÃO AO NÚMERO DE PÁGINAS.** 1. Pretensão mandamental dirigida contra a decisão por meio da qual se concluiu pela impossibilidade de impressão da petição do recurso de revista interposto pela reclamada, ora Impetrante, mediante sistema eletrônico e-DOC, em razão do número excessivo de páginas, conforme regramento contido em Provimento emitido pelo Tribunal Regional. 2. A Corte de origem concluiu pelo não cabimento do

mandado de segurança, com base na diretriz da Orientação Jurisprudencial 92 da SBDI-2 do TST, extinguindo o processo sem resolução do mérito, na forma dos arts. 10 da Lei 12.016/09 e 267, I, do CPC/1973. 3. No entanto, em casos semelhantes, a SBDI-2 do TST tem entendido pelo cabimento do mandado de segurança, concluindo que a limitação de número de páginas para a apresentação de peças processuais fere direito líquido e certo da parte. Nesse contexto, deve ser afastado o óbice da OJ 92 da SBDI-2 do TST, a fim de que o mandado de segurança seja regularmente processado e julgado, após a notificação da autoridade apontada como coatora e do litisconsorte passivo necessário. Recurso ordinário conhecido e provido. (RO- 24225-42.2013.5.24.0000, Relator Ministro Douglas Alencar Rodrigues, Subseção II Especializada em Dissídios Individuais, DEJT 14/10/2016)

RECURSO ORDINÁRIO EM MANDADO DE SEGURANÇA. SISTEMA DE PETICIONAMENTO ELETRÔNICO E-DOC. LIMITAÇÃO DO NÚMERO DE PÁGINAS. VIOLAÇÃO A DIREITO LÍQUIDO E CERTO. Esta Corte Superior pacificou entendimento no sentido de que as Leis nos 9.800/1999 e 11.419/2006 não impõem restrição concernente ao número de páginas que podem ser transmitidas via peticionamento eletrônico. A norma interna do TRT da 5ª Região, que fixa o tamanho máximo da petição a ser apresentada por meio do sistema e-DOC, incorre em cerceamento de defesa (art. 5º, LV, da CRFB/88). Precedentes da SBDI-2. Recurso ordinário conhecido e provido. (RO-1106-12.2015.5.05.0000, Relatora Ministra Maria Helena Mallmann, Subseção II Especializada em Dissídios Individuais, DEJT 31/03/2017)

RECURSO DE REVISTA INTERPOSTO SOB A ÉGIDE DA LEI Nº 13.015/2014. EXECUÇÃO. PETICIONAMENTO ELETRÔNICO POR MEIO DO SISTEMA E-DOC. LIMITAÇÃO DO NÚMERO DE PÁGINAS. 1. A Instrução Normativa nº 30 desta Corte, que regulamenta a Lei nº 11.419/2006 no âmbito da Justiça do Trabalho, permite à parte, provida de habilitação da assinatura digital, fazer uso da transmissão eletrônica de dados e imagens (art. 3º), para a prática de atos processuais, via sistema e-DOC (art. 5º), dispensando, na forma do art. 7º, "a apresentação posterior dos originais ou de fotocópias autenticadas, inclusive aqueles destinados à comprovação de pressupostos de admissibilidade do recurso". Trata-se de faculdade conferida aos litigantes, devidamente habilitados. 2. A referida legislação estabelece que, para serem aceitas, as petições transmitidas eletronicamente deverão ser enviadas em formato PDF e apresentadas em tamanho máximo de 2 megabytes. Entretanto, não impõe restrição alguma em relação à quantidade de folhas ou páginas que podem ser enviadas eletronicamente. 3. Assim, diante da ausência de exigência de limitação do número de páginas para o envio eletrônico de documentos, não cabe ao Regional impor tal restrição, baseando-se em regulamentação própria. Recurso de revista conhecido e provido. (RR-146700-20.2009.5.10.0003, Relator Ministro Alberto Luiz Bresciani de Fontan Pereira, 3ª Turma, DEJT 15/04/2016)

AGRAVO DE INSTRUMENTO. RECURSO DE REVISTA. SISTEMA E--DOC. LIMITAÇÃO DE PÁGINAS. NORMA INTERNA DO TRT. VIOLAÇÃO DO ART. 5º, LV, DA CONSTITUIÇÃO FEDERAL 1. A limitação de número de páginas para petição e documentos enviados pelo sistema e-DOC prevista na Instrução Normativa nº 1/2010/TRT da Terceira Região caracteriza cerceamento do direito de defesa das partes, em patente afronta ao art. 5º, LV, da Constituição Federal. Precedentes. 2. Afastado o óbice que fundamentou a decisão denegatória, a consequência lógica no caso concreto não é o provimento do agravo de instrumento, mas, sim, seguir no exame dos demais pressupostos de admissibilidade do recurso de revista, nos termos da Orientação Jurisprudencial nº 282 da SbDI-1 do TST. (...) (AIRR- 519-45.2012.5.03.0066, Relator Ministro João Oreste Dalazen, 4ª Turma, DEJT 29/04/2016)

RECURSO DE REVISTA. EXECUÇÃO. TRANSMISSÃO VIA E-DOC. NÃO RECEBIMENTO PELO TRT. DELIMITAÇÃO DO NÚMERO DE PÁGINAS. A Instrução Normativa nº 3 do TRT da 3ª Região estabelece que as petições e documentos anexos transmitidos eletronicamente (via e-DOC) não são impressos, parcial ou integralmente, se ultrapassam o número de 20 folhas ou 40 páginas. Em razão disso, o acórdão regional manteve a sentença de primeira instância que indeferiu a impressão da petição de embargos à execução, enviada via e-DOC, em razão de apresentar um número de folhas superior ao que teria sido nela estipulado. Ocorre que, segundo a jurisprudência dominante, a Lei 11.419/2006, ao dispor sobre a informatização do processo judicial, não delimita qualquer restrição quanto à quantidade de folhas ou páginas a serem enviadas eletronicamente, não cabendo ao Tribunal Regional fazê-lo. A limitação de número de páginas para petição e documentos enviados pelo sistema e-DOC, prevista na Instrução Normativa suso referida, caracteriza cerceamento do direito de defesa das partes, em flagrante afronta ao art. 5º, LV, da Constituição Federal. Precedentes. Ressalva do Relator. Recurso de revista conhecido e provido. (RR-1025-60.2012.5.03.0053, Relator Ministro Augusto César Leite de Carvalho, 6ª Turma, DEJT 23/08/2016)

RECURSO DE REVISTA - RECURSO INTERPOSTO SOB A ÉGIDE DO CPC/73 E DA LEI Nº 13.015/2014 - PETICIONAMENTO ELETRÔNICO - SITEMA E-DOC - LIMITAÇÃO DO NÚMERO DE PÁGINAS DO RECURSO. A limitação de número de páginas do recurso apresentado por meio do sistema de peticionamento eletrônico, prevista em Portaria do Tribunal Regional, é medida cerceadora do direito de defesa das partes, conforme jurisprudência dominante desta Corte Superior, uma vez que a restrição em exame não tem previsão na Lei nº 11.419/2006, que regulamenta o Processo Judicial Eletrônico, nem na Instrução Normativa nº 30 do TST. Recurso de revista conhecido e provido. (RR-357885-80.2007.5.12.0037, Relator Ministro Luiz Philippe Vieira de Mello Filho, 7ª Turma, DEJT 24/03/2017)

RECURSO DE REVISTA. EXECUÇÃO. PROCEDIMENTO SUMARÍSSIMO. EMBARGOS À EXECUÇÃO. UTILIZAÇÃO DO SISTEMA E-DOC. DELI-

MITAÇÃO DO NÚMERO DE PÁGINAS. CERCEAMENTO DE DEFESA. No caso concreto, a executada opôs, por meio do sistema e-doc, embargos à execução, o qual não foi recebido por conter número excessivo de páginas, nos termos da Instrução Normativa 01/2010 do TRT da 3ª Região. Ocorre que não há, na Lei nº 9.800/99 nem na Lei nº 11.419/06, nenhum limite referente ao número de páginas que podem ser transmitidas via peticionamento eletrônico, não sendo possível ao intérprete de referidos dispositivos impor tal limitação, sob pena de afronta ao art. 5º, LV, da Constituição Federal, por cerceamento de defesa. Nesse contexto, devem os autos retornar à Vara do Trabalho de origem para que sejam apreciados os embargos à execução da executada, como entender de direito. Recurso de revista conhecido e provido. (RR-1191-92.2012.5.03.0053, Relatora Ministra Dora Maria da Costa, 8ª Turma,DEJT 20/02/2015)

AGRAVO DE PETIÇÃO

Não é necessário a delimitação de valores quando o recorrente for o exequente

Informativo 171 do TST

Processo: E-RR - 143500-80.2004.5.01.0342 Data de Julgamento: 08/02/2018, Relator Ministro: Hugo Carlos Scheuermann, Subseção I Especializada em Dissídios Individuais, Data de Publicação: DEJT 11/05/2018.

A delimitação dos valores impugnados a que alude o art. 897, § 1º, da CLT é pressuposto de admissibilidade do agravo de petição e visa a execução imediata da parte incontroversa, razão pela qual somente é exigível do executado. O exequente, via de regra, pretende obter um acréscimo ao valor já apurado, de modo que o descumprimento da referida norma não acarreta qualquer prejuízo ao prosseguimento da execução.

Agravo de petição

O agravo de petição está previsto no art. 897, alínea "a" da CLT, sendo utilizado para impugnar as decisões judiciais proferidas no curso do processo de execução no prazo de 8 dias úteis, devendo o agravante, ao teor do parágrafo 1°, delimitar, justificadamente, as matérias e os valores impugnados, permitindo-se a execução imediata da parte remanescente até o final, nos próprios autos ou por carta de sentença.

CLT, Art. 897 - Cabe agravo, no prazo de 8 (oito) dias:

a) de petição, das decisões do Juiz ou Presidente, nas execuções;

Competência para julgamento

Segundo Miessa[1], a competência para julgá-lo depende da competência originária para o processamento da execução. Desse modo, a competência para julgamento será da seguinte forma:

Competência para julgamento	Decisão impugnada
TRT (Turmas do TRT)	Decisões proferidas pela Vara do Trabalho na fase de execução;
TRT (Tribunal Pleno, Orgão Especial ou Sessão Especializada do TRT, conforme dispuser o regimento interno)	Decisões proferidas pelo Presidente do TRT na fase de execução dos processos de competência originária do TRT (CLT, art. 897, § 3º)
TST (SDI-I do TST, nos termos do art. 71, II, b, do regimento interno do TST)	Decisões proferidas pelo Presidente do TST na fase de execução dos processos de competência originária do TST (CLT, art. 897, § 3º

Pressuposto específico do agravo de petição

Nos termos do art. 897, § 1º, da CLT, "o agravo de petição só será recebido quando o agravante delimitar, justificadamente, as matérias e os valores impugnados, permitida a execução imediata da parte remanescente até o final, nos próprios autos ou por carta de sentença".

Sobre o tema, Carlos Henrique Bezerra Leite[2] leciona que:

> "trata-se de um pressuposto específico de admissibilidade do agravo de petição, cujo propósito consiste em evitar a utilização de recurso genérico, isto é, o que não indica a matéria e os valores impugnados, impedindo, com isso, o prosseguimento da execução quanto às parcelas incontroversas e retardando a satisfação do credor".

Como visto, não cabe agravo de petição genérico, deve ser indicado pelo agravante, sob pena de não conhecimento do recurso, as matérias e dos valores impugnados, bem como a fundamentação da irresignação.

Nesse sentido, a súmula 416 do TST:

---

1 MIESSA. Élisson. Processo do trabalho: Coleção concurso público concurso público. 5º ed Salvador: JusPODIVM, 2018.

2 LEITE, Carlos Henrique Bezerra Curso de Direito Processual do Trabalho, 8ª ed. - São Paulo: LTr, 2010, p. 827.

> **TST, SUM 416 - MANDADO DE SEGURANÇA. EXECUÇÃO. LEI Nº 8.432/1992. ART. 897, § 1º, DA CLT. CABIMENTO** – Devendo o agravo de petição delimitar justificadamente a matéria e os valores objeto de discordância, não fere direito líquido e certo o prosseguimento da execução quanto aos tópicos e valores não especificados no agravo.

Desta forma, agravo de petição não deve ser conhecido se não forem delimitados as matérias e os valores objeto da discordância.

> **AGRAVO DE PETIÇÃO. NÃO CONHECIMENTO. O § 1º do art. 897 da CLT** estabelece que, visando o agravo de petição à impugnação de parte dos cálculos apurados em liquidação de sentença, necessária se faz a delimitação dos valores nele impugnados, com a indicação do montante que a agravante reputa ser devido, para, assim, permitir o prosseguimento da execução quanto ao valor incontroverso. Não observada a norma supra aludida, o agravo de petição não deve ser conhecido. (AP nº 1326/2008-022-03-00.0, 1ª Turma do TRT da 3ª Região/MG, Rel. José Eduardo Resende Chaves Jr. maioria, DEJT 02.05.2013).

Dispensa de delimitação de matéria e valores pelo exequente

O TST pacificou entendimento de que a exigência de se delimitar os valores impugnados, consignada no artigo 897, §1º, da Consolidação das Leis do Trabalho, destina-se, evidentemente, ao executado, uma vez que tem como fim permitir a execução instantânea da parte remanescente, em benefício do credor".

Precedente vinculante

> **RECURSO DE EMBARGOS EM RECURSO DE REVISTA. INTERPOSIÇÃO SOB A ÉGIDE DA LEI 13.015/2014. EXECUÇÃO. AGRAVO DE PETIÇÃO DO EXEQUENTE. DELIMITAÇÃO DE VALORES PREVISTA NO ART. 897, § 1º, DA CLT. INEXIGIBILIDADE. VIOLAÇÃO DO ART. 5º, LV, DA CONSTITUIÇÃO FEDERAL.** A exigência da delimitação dos valores prevista no § 1º do art. 897 da CLT, que se constitui em pressuposto de admissibilidade do agravo de petição, visa à execução imediata da parte incontroversa e, em decorrência, somente é exigível do executado, porquanto o exequente, via de regra, objetiva obter um acréscimo ao valor já apurado e o descumprimento desta norma não acarreta qualquer prejuízo ao prosseguimento da execução. Portanto, se inexiste norma que exige do exequente a delimitação dos valores no agravo de petição, o não conhecimento do seu recurso, tão-somente, porque não delimitou os valores, importa em violação direta do art. 5º, LV, da CF. Recurso de embargos conhecido e provido. (E-RR - 143500-80.2004.5.01.0342, Relator Ministro: Hugo Carlos Scheuermann, Data de Julgamento: 08/02/2018, Subseção I Especializada em Dissídios Individuais, Data de Publicação: DEJT 11/05/2018)

RECURSO DE REVISTA

Admissibilidade do recurso de revista por contrariedade a precedente normativo do TST

Informativo 183 do TST

Processo: E-RR - 2294-39.2012.5.02.0029 Data de Julgamento: 06/09/2018, Relator Ministro: Aloysio Corrêa da Veiga, Subseção I Especializada em Dissídios Individuais, Data de Publicação: DEJT 21/09/2018.

Em uma leitura finalística, a norma legal, ao fazer referência à expressão "súmulas de jurisprudência uniforme", dispôs sobre a jurisprudência uniformizada como gênero, dos quais as súmulas, as orientações jurisprudenciais e os precedentes normativos são espécie.

O precedente normativo é jurisprudência dominante do Tribunal Superior do Trabalho em dissídios coletivos, tal qual a natureza jurídica da súmula é de reunião de acórdãos análogos, também é a dos precedentes normativos e orientações jurisprudenciais.

Desta forma, nas ações trabalhistas que tramitam pelo rito ordinário, cabe recurso de revista por contrariedade a precedente normativo da Seção de Dissídios Coletivos desta Corte, à luz do que dispõe o art. 896, "a", da CLT, com a redação dada pela Lei nº 13.015/2014.

Conceito de recurso de revista

Recurso de revista é um meio processual colocado à disposição das partes, a viabilizar, dentro da mesma relação jurídica processual, e dentro do prazo de 8 dias úteis, a impugnação decisões proferidas em grau de recurso ordinário, em dissídio individual, pelos Tribunais Regionais do Trabalho, solicitando a correta aplicação da Lei em seu aspecto objetivo.

Nesse sentido, o art. 896 da CLT:

> **CLT, art. 896** - Cabe Recurso de Revista para Turma do Tribunal Superior do Trabalho das decisões proferidas em grau de recurso ordinário, em dissídio individual, pelos Tribunais Regionais do Trabalho, quando:
>
> a) derem ao mesmo dispositivo de lei federal interpretação diversa da que lhe houver dado outro Tribunal Regional do Trabalho, no seu Pleno ou Turma, ou a Seção de Dissídios Individuais do Tribunal Superior do Trabalho, ou contrariarem súmula de jurisprudência uniforme dessa Corte ou súmula vinculante do Supremo Tribunal Federal;
>
> b) derem ao mesmo dispositivo de lei estadual, Convenção Coletiva de Trabalho, Acordo Coletivo, sentença normativa ou regulamento empresarial de

observância obrigatória em área territorial que exceda a jurisdição do Tribunal Regional prolator da decisão recorrida, interpretação divergente, na forma da alínea a;

c) proferidas com violação literal de disposição de lei federal ou afronta direta e literal à Constituição Federal.

Prazo

O recurso de revista deve ser interposto no prazo de 8 dias úteis.

> **Lei 5.584/70 - Art 6º** - Será de 8 (oito) dias o prazo para interpor e contra-arrazoar qualquer recurso (CLT, art. 893).
>
> **CLT, Art. 775.** Os prazos estabelecidos neste Título serão contados em dias úteis, com exclusão do dia do começo e inclusão do dia do vencimento

Cabimento

Cabe para impugnar decisões judiciais (acórdão do julgamento do recurso ordinário) proferidas pelos Tribunais Regionais do Trabalho em ações individuais, nas hipóteses de:

a) No procedimento ordinário

- Derem ao mesmo dispositivo de lei federal interpretação diversa da que lhe houver dado outro Tribunal Regional do Trabalho, no seu Pleno ou Turma, ou a Seção de Dissídios Individuais do Tribunal Superior do Trabalho, ou contrariarem súmula de jurisprudência uniforme dessa Corte ou súmula vinculante do Supremo Tribunal Federal;
- Proferidas com violação literal de disposição de lei federal ou afronta direta e literal à Constituição Federal.

b) No procedimento Sumaríssimo

- Nas causas sujeitas ao procedimento sumaríssimo, somente será admitido recurso de revista por contrariedade a súmula de jurisprudência uniforme do Tribunal Superior do Trabalho ou a súmula vinculante do Supremo Tribunal Federal e por violação direta da Constituição Federal.

Atenção!!! Não se admite recurso de revista por contrariedade a Orientação Jurisprudencial (Súmula 442 do TST).

c) **No processo de execução**

- Das decisões proferidas pelos Tribunais Regionais do Trabalho ou por suas Turmas, em execução de sentença, inclusive em processo incidente de embargos de terceiro, não caberá Recurso de Revista, salvo na hipótese de ofensa direta e literal de norma da Constituição Federal. Cabe ainda o recurso de revista por violação a lei federal, por divergência jurisprudencial e por ofensa à Constituição Federal nas execuções fiscais e nas controvérsias da fase de execução que envolvam a Certidão Negativa de Débitos Trabalhistas (CNDT), criada pela Lei nº 12.440, de 7 de julho de 2011.

Não cabe recurso de revista

a) **Para reexame de fatos e provas**

TST, SUM 126 - RECURSO. CABIMENTO - Incabível o recurso de revista ou de embargos (arts. 896 e 894, "b", da CLT) para reexame de fatos e provas.

b) **Por divergência jurisprudencial oriunda do mesmo Tribunal do Trabalho**

TST, OJ n. 111 SDI-1 - RECURSO DE REVISTA. DIVERGÊNCIA JURISPRUDENCIAL. ARESTO ORIUNDO DO MESMO TRIBUNAL REGIONAL. LEI Nº 9.756/98. INSERVÍVEL AO CONHECIMENTO (nova redação) - DJ 20.04.2005 - Não é servível ao conhecimento de recurso de revista aresto oriundo de mesmo Tribunal Regional do Trabalho, salvo se o recurso houver sido interposto anteriormente à vigência da Lei nº 9.756/98.

c) **Acórdão proferido em agravo de instrumento**

TST, SUM 218 - RECURSO DE REVISTA. ACÓRDÃO PROFERIDO EM AGRAVO DE INSTRUMENTO - É incabível recurso de revista interposto de acórdão regional prolatado em agravo de instrumento.

d) **Jurisprudência ultrapassada**

CLT, Art. 896, § 7º - A divergência apta a ensejar o recurso de revista deve ser atual, não se considerando como tal a ultrapassada por súmula do Tribunal Superior do Trabalho ou do Supremo Tribunal Federal, ou superada por iterativa e notória jurisprudência do Tribunal Superior do Trabalho.

e) Se a divergência não é específica

TST, SUM 96 - RECURSO. DIVERGÊNCIA JURISPRUDENCIAL. ESPECIFICIDADE

I - A divergência jurisprudencial ensejadora da admissibilidade, do prosseguimento e do conhecimento do recurso há de ser específica, revelando a existência de teses diversas na interpretação de um mesmo dispositivo legal, embora idênticos os fatos que as ensejaram.

II - Não ofende o art. 896 da CLT decisão de Turma que, examinando premissas concretas de especificidade da divergência colacionada no apelo revisional, conclui pelo conhecimento ou desconhecimento do recurso.

f) Jurisprudência transcrita não abranger todos os fundamentos

TST, SUM 23 - RECURSO - Não se conhece de recurso de revista ou de embargos, se a decisão recorrida resolver determinado item do pedido por diversos fundamentos e a jurisprudência transcrita não abranger a todos.

Pressupostos específicos

1. Prequestionamento

O recurso de revista **é baseado em divergência jurisprudencial**, devendo assim o **acórdão ser claro e expresso sobre a tese jurídica que adota** para manter ou modificar a decisão de primeira instância, sem que isso signifique obrigação de fazer referência a determinado preceito normativo[3].

Súmula 297 do TST - PREQUESTIONAMENTO. OPORTUNIDADE. CONFIGURAÇÃO

I. Diz-se prequestionada a matéria ou questão quando na decisão impugnada haja sido adotada, explicitamente, tese a respeito.

II. Incumbe à parte interessada, desde que a matéria haja sido invocada no recurso principal, opor embargos declaratórios objetivando o pronunciamento sobre o tema, sob pena de preclusão.

III. Considera-se prequestionada a questão jurídica invocada no recurso principal sobre a qual se omite o Tribunal de pronunciar tese, não obstante opostos embargos de declaração.

3 JUNIOR, José Cairo. Curso de Direito Processual do Trabalho. 2 ed. Bahia: JusPodivm. 2009, p. 544/545

O prequestionamento era um requisito meramente implícito aos recursos de natureza extraordinária sob a égide da CFRB de 1988, extraídos a partir da expressão "causas decididas" constante nos arts. 102, III, e 105, III, da Carta Magna, mas a Lei 13.015/2015 trouxe tal requisito de modo expresso ao acrescentar o § 1º-A ao art. 896 da CLT:

> **CLT, Art. 896, § 1º** -A. Sob pena de não conhecimento, é ônus da parte:
>
> I - indicar o trecho da decisão recorrida que consubstancia o prequestionamento da controvérsia objeto do recurso de revista;

O prequestionamento pode ser classificado em: i) expresso; ii) tácito; iii) ficto. Expresso é quando o dispositivo tido por violado é explicitamente enfrentado na decisão seja com a menção ao número do dispositivo ou ao seu texto.

No que toca ao prequestionamento tácito ou implícito, colhe-se a lição de Fredie Didier[4]:

> Há prequestionamento implícito quando o Tribunal de origem, apesar de se pronunciar explicitamente sobre a questão federal controvertida, não menciona explicitamente o texto ou o número do dispositivo legal tido como afrontado. Exatamente neste sentido o prequestionamento vem sendo admitido pelo Superior Tribunal de Justiça. O que importa é a efetiva manifestação judicial – causa decidida. Não há aqui qualquer problema: se alguma questão fora julgada, mesmo que não seja mencionada a regra de lei a que está sujeita, é óbvio que se trata de matéria 'questionada' e isso é o quanto basta.

O prequestionamento ficto, por sua vez, é aquele que considera prequestionada a matéria ventilada nos embargos de declaração diante da omissão judicial, independente do êxito desses embargos. Esse entendimento já era acolhido pelo TST (Súmula 297, III) e foi consagrado pelo CPC de 2015 em seu art. 1.025:

> **CPC, Art. 1.025**. Consideram-se incluídos no acórdão os elementos que o embargante suscitou, para fins de pré-questionamento, ainda que os embargos de declaração sejam inadmitidos ou rejeitados, caso o tribunal superior considere existentes erro, omissão, contradição ou obscuridade.

É necessário o prequestionamento como pressuposto de admissibilidade em recurso de natureza extraordinária, **ainda que se trate de matéria de ordem pública.**

---

4 DIDIER JUNIOR, Fredie. Curso de direito processual civil - v. 3. 8. ed. Salvador: JusPODIVM. p. 260.

TST, OJ n. 62, SDI-1 - É necessário o prequestionamento como pressuposto de admissibilidade em recurso de natureza extraordinária, ainda que se trate de incompetência absoluta.

2. Transcendência

A transcendência passo a ser exigido após a reforma trabalhista de 2017, sendo um requisito de admissibilidade do recurso de revista, cujo ônus da demonstração é do recorrente e que deve ser explicitado em tópico preliminar na petição recursal. A análise de sua existência é feita exclusivamente pelo TST.

CLT, Art. 896-A - O Tribunal Superior do Trabalho, no recurso de revista, examinará previamente se a causa **oferece transcendência** com relação aos reflexos gerais de natureza econômica, política, social ou jurídica

§ 1º São indicadores de transcendência, entre outros:

I - econômica, o elevado valor da causa;

II - política, o desrespeito da instância recorrida à jurisprudência sumulada do Tribunal Superior do Trabalho ou do Supremo Tribunal Federal;

III - social, a postulação, por reclamante recorrente, de direito social constitucionalmente assegurado;

IV - jurídica, a existência de questão nova em torno da interpretação da legislação trabalhista.

§ 2º Poderá o relator, monocraticamente, denegar seguimento ao recurso de revista que não demonstrar transcendência, cabendo agravo desta decisão para o colegiado.

§ 3º Em relação ao recurso que o relator considerou não ter transcendência, o recorrente poderá realizar sustentação oral sobre a questão da transcendência, durante cinco minutos em sessão.

§ 4º Mantido o voto do relator quanto à não transcendência do recurso, será lavrado acórdão com fundamentação sucinta, que constituirá decisão irrecorrível no âmbito do tribunal.

§ 5º É irrecorrível a decisão monocrática do relator que, em agravo de instrumento em recurso de revista, considerar ausente a transcendência da matéria.

§ 6º O juízo de admissibilidade do recurso de revista exercido pela Presidência dos Tribunais Regionais do Trabalho limita-se à análise dos pressupostos intrínsecos e extrínsecos do apelo, não abrangendo o critério da transcendência das questões nele veiculadas

3. O recurso deve ser interposto por advogado

O TST entende que *jus postulandi* das partes, estabelecido no art. 791 da CLT, limita-se às Varas do Trabalho e aos Tribunais Regionais do Trabalho, não alcançando os recursos de competência do Tribunal Superior do Trabalho.

> **Súmula 425 do TST - JUS POSTULANDI NA JUSTIÇA DO TRABALHO. ALCANCE** - O jus postulandi das partes, estabelecido no art. 791 da CLT, limita-se às Varas do Trabalho e aos Tribunais Regionais do Trabalho, não alcançando a ação rescisória, a ação cautelar, o mandado de segurança e os recursos de competência do Tribunal Superior do Trabalho.

A grande crítica que se podia fazer era que o TST negava a concessão da indenização pelos honorários contratuais (arts. 389 e 404 do Código Civil), sob o fundamento de que a contratação de advogado era uma mera faculdade (art. 791 da CLT).

Ora, mas se o fundamento para não conceder a indenização dos honorários era a faculdade, então deveria haver a sua concessão nas causas que chegassem ao TST e nas demais hipóteses em que o TST nega o exercício do "jus postulandi".

EXECUÇÃO

COMPETÊNCIA

Competência da Justiça do Trabalho para executar os sócios da empresa em recuperação judicial após a desconsideração da personalidade jurídica

Processo: RR - 20767-27.2015.5.04.0251, Relator Ministro: Márcio Eurico Vitral Amaro, Data de Julgamento: 03/10/2018, 8ª Turma, Data de Publicação: DEJT 05/10/2018

O TST firmou o entendimento de que é possível o redirecionamento da execução ao patrimônio dos sócios da empresa falida ou em recuperação judicial, hipótese em que subsistirá a competência da Justiça do Trabalho para processar os atos executórios, à medida que eventual constrição não recairá sobre bens da empresa, a atrair a competência do juízo universal. Recurso de revista conhecido e provido.

Competência da Justiça do Trabalho

A Justiça do Trabalho tem competência para executar o patrimônio dos sócios da empresa falida ou em recuperação judicial após a desconsideração da personalidade jurídica.

Sobre o tema, Bezerra Leite[1] escreve:

> Impende salientar, por último, que a decretação da falência não impede que a ação trabalhista continue a tramitar na Justiça do Trabalho em face dos sócios da empresa falida, desde que o juiz adote a teoria de desconsideração da personalidade jurídica da empresa devedora (ou executada).

---

1 LEITE, Carlos Henrique Bezerra. Curso de direito processual do trabalho. 15. ed. – São Paulo: Saraiva, 2017.

Desta forma, é possível o redirecionamento da execução ao patrimônio dos sócios ou integrantes do mesmo grupo econômico da empresa falida ou em recuperação judicial, hipótese em que subsistirá a competência da Justiça do Trabalho para processar os atos executórios, à medida que eventual constrição não recairá sobre bens da empresa, o que atrairia a competência do juízo universal.

Nesse sentido, os seguintes precedentes do TST:

> **[...] COMPETÊNCIA DA JUSTIÇA DO TRABALHO. EMPRESA EM RECUPERAÇÃO JUDICIAL. REDIRECIONAMENTO DA EXECUÇÃO CONTRA O PATRIMÔNIO DOS SÓCIOS.** O TST firmou o entendimento de que é possível o redirecionamento da execução ao patrimônio dos sócios da empresa falida ou em recuperação judicial, hipótese em que subsistirá a competência da Justiça do Trabalho para processar os atos executórios, à medida que eventual constrição não recairá sobre bens da empresa, a atrair a competência do juízo universal. Recurso de revista conhecido e provido. (RR - 20767-27.2015.5.04.0251, Relator Ministro: Márcio Eurico Vitral Amaro, Data de Julgamento: 03/10/2018, 8ª Turma, Data de Publicação: DEJT 05/10/2018)
>
> **"[...] II - RECURSO DE REVISTA - PROCESSO ELETRÔNICO - EXECUÇÃO. COMPETÊNCIA DA JUSTIÇA DO TRABALHO. EMPRESA EM RECUPERAÇÃO JUDICIAL. DESCONSIDERAÇÃO DA PERSONALIDADE JURÍDICA. REDIRECIONAMENTO DA EXECUÇÃO CONTRA O SÓCIO.** O TST firmou o entendimento de que o redirecionamento da execução contra os sócios ou integrantes do mesmo grupo econômico da empresa falida ou em recuperação judicial não afasta a competênciada Justiça do Trabalho e o prosseguimento dos atos executórios, na medida em que eventual constrição não recairá sobre bens da massa falida, a atrair a competência do juízo universal. Julgados. Recurso de revista conhecido e provido." (TST-RR-1882-05.2013.5.15.0032, 8ª Turma, Rel. Min. Márcio Eurico Vitral Amaro, DEJT de 30/06/2017).
>
> **AGRAVO. AGRAVO DE INSTRUMENTO EM RECURSO DE REVISTA INTERPOSTO NA VIGÊNCIA DA LEI 13.015/2014. FALÊNCIA DA DEVEDORA. REDIRECIONAMENTO DA EXECUÇÃO CONTRA SÓCIO. COMPETÊNCIA. OFENSA A DISPOSITIVOS DA CONSTITUIÇÃO FEDERAL NÃO CONFIGURADA.** Não se vislumbra demonstração inequívoca de afronta direta à Constituição Federal relativamente à alegada incompetência da Justiça do Trabalho e irregularidade no redirecionamento da execução contra o sócio da empresa devedora, cuja falência foi decretada. Afinal, é irrepreensível a conclusão do Tribunal Regional a respeito do prosseguimento da execução nesta Justiça especializada. Vale lembrar que o STJ tem decidido, em julgamentos de conflitos de competência, que os bens de sócios de empresas falidas ou em recuperação judicial, tal como no caso em exame, não ficam imunes à execução trabalhista. Não há falar, pois, em incompetência da Justiça do Trabalho e tampouco afronta aos arts. 109, 114 e 125, da Constituição Federal. Precedentes.

Agravo não provido. (Processo: Ag-AIRR - 735-43.2015.5.03.0052 Data de Julgamento: 17/05/2017, Relator Ministro: Douglas Alencar Rodrigues, 7ª Turma, Data de Publicação: DEJT 19/05/2017).

"**AGRAVO DE INSTRUMENTO EM RECURSO DE REVISTA. EXECUÇÃO. RECURSO DE REVISTA INTERPOSTO NA VIGÊNCIA DA LEI Nº 13.015/2014. INCOMPETÊNCIA DA JUSTIÇA DO TRABALHO. DESCONSIDERAÇÃO DA PERSONALIDADE JURÍDICA. PROSSEGUIMENTO DA EXECUÇÃO CONTRA A FAZENDA PÚBLICA DO ESTADO DE SÃO PAULO.** O Regional decidiu em conformidade com o entendimento consubstanciado nesta Corte, segundo o qual a Justiça do Trabalho é competente para executar decisões nas quais houve redirecionamento executório contra acionista da massa falida, hipótese deste feito em exame. Precedentes. Agravo de instrumento desprovido." (TST-AIRR-66200-65.2005.5.02.0314, 2ª Turma, Rel. Min. José Roberto Freire Pimenta, DEJT de 24/02/2017)

AGRAVO - RECURSO DE REVISTA INTERPOSTO SOB A ÉGIDE DA LEI Nº 13.015/2014 - EXECUÇÃO - competência da justiça do trabalho - redirecionamento da execução - sócio da massa falida. O entendimento deste Tribunal Superior do Trabalho é no sentido de que a Justiça do Trabalho é competente para prosseguir na execução contra os acionistas da massa falida. Agravo a que se nega provimento. (TST-Ag-AIRR - 586-47.2015.5.03.0052 Relatora Ministra: Maria Cristina Irigoyen Peduzzi, 8ª Turma, DEJT 17/02/2017).

"**AGRAVO DE INSTRUMENTO. RECURSO DE REVISTA. EXECUTADA. LEI Nº 13.015/2014. EXECUÇÃO. COMPETÊNCIA DA JUSTIÇA DO TRABALHO. EMPRESA EM RECUPERAÇÃO JUDICIAL. DESCONSIDERAÇÃO DA PERSONALIDADE JURÍDICA. REDIRECIONAMENTO DA EXECUÇÃO CONTRA O SÓCIO.** 1 - Atendidos os requisitos do art. 896, § 1º-A, da CLT. 2 - A desconsideração da personalidade jurídica é instituto que assegura, por meio dos bens dos sócios, o crédito do trabalhador. A jurisprudência atual, iterativa e notória desta Corte é no sentido de que a Justiça do Trabalho é competente para redirecionar a execução contra os sócios da empresa falida (ou em recuperação judicial). Isso porque, na hipótese de eventual constrição de bens, esta não recairá sobre o patrimônio da massa falida (o que atrairia a competência do juízo falimentar), mas, sim contra o patrimônio do sócio da empresa executada. Julgados. 3 - Agravo de instrumento a que se nega provimento." (TST-AIRR-94100-44.2011.5.17.0007, 6ª Turma, Rel.ª Min.ª Kátia Magalhães Arruda, DEJT de 02/12/2016)

"**RECURSO DE REVISTA. FASE DE EXECUÇÃO. COMPETÊNCIA DA JUSTIÇA DO TRABALHO. REDIRECIONAMENTO DA EXECUÇÃO. SÓCIO DA MASSA FALIDA** 1. A iterativa, notória e atual jurisprudência do Tribunal Superior do Trabalho firmou-se no sentido de que a Justiça do Trabalho é competente para prosseguir na execução contra os acionistas da massa falida. 2. Recurso de revista do Reclamante conhecido e provido." (TST-RR- 43900-68.2007.5.02.0014, 4ª Turma, Rel. Min. João Oreste Dalazen, DEJT de 13/05/2016)

EMBARGOS DE DECLARAÇÃO EM AGRAVO DE INSTRUMENTO EM RECURSO DE REVISTA. COMPETÊNCIA DA JUSTIÇA DO TRABALHO. REDIRECIONAMENTO DA EXECUÇÃO CONTRA ACIONISTA DA MASSA FALIDA EM CASO DE FALÊNCIA DA DEVEDORA PRINCIPAL. FAZENDA PÚBLICA DO ESTADO DE SÃO PAULO. Após confrontar os argumentos aduzidos em agravo de instrumento e em recurso de revista com o registrado no acórdão regional, ficou esclarecido por esta Turma que, ao concluir pelo prosseguimento da execução na Justiça do Trabalho, e não no juízo falimentar, o TRT decidiu em consonância com a jurisprudência do TST. Esse é o entendimento predominante no âmbito do Tribunal Superior do Trabalho como se pode verificar da citação, quando do julgamento do AIRR, de diversos precedentes do TST quanto à competência da justiça do trabalho em casos de desconsideração da personalidade jurídica da VASP e de redirecionamento da execução em face da acionista da massa falida, tema aqui tratado. Por fim, no que tange à alegada "ausência de fundamentação da decisão do juízo de 1º grau que determinou o redirecionamento da execução para o Estado de São Paulo", melhor sorte não socorre o ente público, na medida em que omissão, efetivamente, não há, tendo em vista a sua própria incúria, pois deixou de aviar o seu agravo de instrumento com a denúncia de violação aqui colocada. Nesse esteio, não demonstrados os pressupostos de cabimento previstos nos arts. 897-A da CLT e 1022 do CPC de 2015, os embargos de declaração não merecem ser providos. Embargos de declaração conhecidos e desprovidos. (ED-AIRR-175800-14.2006.5.02.0014, 3ª Turma, Relator Ministro Alexandre de Souza Agra Belmonte, DEJT 13/5/2016).

Nesse sentido também, a Consolidação dos Provimentos da Corregedoria-Geral da Justiça do Trabalho em seu art. 84.

Consolidação dos Provimentos da Corregedoria-Geral da Justiça do Trabalho - Art. 84. As disposições desta Subseção não se aplicam no caso de o juiz do trabalho determinar o direcionamento da execução contra sócio ou sócios da empresa, na esteira da teoria da desconsideração da personalidade jurídica, ou determinar o seu direcionamento à empresa que integre grupo econômico do qual faça parte a empresa recuperanda.

PENHORA

Sequestro Humanitário

Processo: RO - 105-35.2015.5.15.0898 Data de Julgamento: 02/04/2018, Relator Ministro: José Roberto Freire Pimenta, Órgão Especial, Data de Publicação: DEJT 09/04/2018.

O recurso ordinário será analisado em conformidade com o princípio do tantum devolutum quantum appellatum, pelo que o exame da controvérsia cingir-se-á à possibilidade ou não da determinação de sequestro de verbas de ente submetido ao regime especial de precatório, fugindo ao âmbito de cognição desta Corte a questão superveniente dos limites objetivos ou quantitativos para a incidência desse sequestro, já que não fora objeto de impugnação específica no apelo. A par disso, percebe-se, da leitura do artigo 100, § 2º, da Constituição Federal, ter o legislador reconhecido a existência de grupos de pessoas que, em virtude de suas condições peculiares de maior vulnerabilidade, sofrem com mais intensidade os efeitos deletérios do tempo relativo à tramitação dos precatórios, pelo que não devem se submeter à mesma regra aplicável aos demais credores, de forma a resguardar a aplicabilidade dos princípios da igualdade material e da dignidade da pessoa humana, bem como os direitos à vida e à saúde. No entanto, malgrado os precatórios preferenciais pressuponham a observância da ordem cronológica de apresentação entre os mesmos de igual espécie, há situações excepcionais em que portadores de doenças graves defrontam-se com risco de dano irremediável à sua saúde ou mesmo à sua vida, não podendo aguardar a tramitação do precatório, mesmo que processado de forma preferencial. No caso, observa-se que ficou comprovado nos autos que a requerente, ora recorrida, única provedora do seu lar, separada judicialmente e com filho que lhe é economicamente dependente, é portadora de doença incurável (HIV positivo) e que a infinidade de tratamentos ao qual está submetida lhe acarretaram efeitos colaterais que redundaram, por sua vez, em outros procedimentos cirúrgicos e em mais gastos. Ficou igualmente demonstrado, por meio de vasta documentação, que o inadimplemento do crédito da exequente lhe vem acarretando sérias limitações financeiras, de forma a comprometer a sua própria subsistência e a de seu filho menor. Há precedentes deste Órgão Especial autorizando o sequestro humanitário em situações excepcionais, como a configurada cabalmente no presente caso, de forma a garantir a supremacia do direito à vida e à dignidade da pessoa humana.

Regime de precatórios

A CF por meio do art. 100, prevê que se a Fazenda Pública for condenada por sentença judicial transitada em julgado a pagar determinada quantia a alguém, este pagamento será feito pelo regime de precatório:

> **CF, Art. 100.** Os pagamentos devidos pelas Fazendas Públicas Federal, Estaduais, Distrital e Municipais, em virtude de sentença judiciária, far-se-ão exclusivamente na ordem cronológica de apresentação dos precatórios e à conta dos créditos respectivos, proibida a designação de casos ou de pessoas nas dotações orçamentárias e nos créditos adicionais abertos para este fim.

Sequestro

Se o exequente for preterido no seu direito de preferência, o presidente do Tribunal, que expediu a ordem, poderá, após o requerimento do exequente e depois de ouvido o chefe do Ministério Público, ordenar o sequestro da quantia necessária para satisfazer o débito. Nesse sentido, o § 6º do art. 100 da CF:

> **CF, Art. 100 – [...]**
>
> **§ 6º** As dotações orçamentárias e os créditos abertos serão consignados diretamente ao Poder Judiciário, cabendo ao Presidente do Tribunal que proferir a decisão exequenda determinar o pagamento integral e autorizar, **a requerimento do credor e exclusivamente para os casos de preterimento de seu direito de precedência ou de não alocação orçamentária do valor necessário à satisfação do seu débito, o sequestro da quantia respectiva**.

O Tribunal Superior do Trabalho, por seu órgão plenário, publicou a Orientação Jurisprudencial n. 03, *in verbis*:

> **TST, OJ 3 TP - PRECATÓRIO. SEQUESTRO. EMENDA CONSTITUCIONAL Nº 30/00. PRETERIÇÃO. ADIN 1662-8. ART. 100, § 2º, DA CF/1988** - O sequestro de verbas públicas para satisfação de precatórios trabalhistas só é admitido na hipótese de preterição do direito de precedência do credor, a ela não se equiparando as situações de não inclusão da despesa no orçamento ou de não-pagamento do precatório até o final do exercício, quando incluído no orçamento.

Desta forma, em regra o sequestro é cabível:

(1) Nos casos de preterimento de seu direito de precedência; ou
(2) De não alocação orçamentária do valor necessário à satisfação do débito.

Contudo, o TST vem permitindo de forma bem restrita, o sequestro humanitário.

Sequestro humanitário

Diz o art. 100, § 2º da CF:

> **CF, Art. 100 – [...]**
>
> **§ 2º** Os débitos de natureza alimentícia cujos titulares tenham 60 (sessenta) anos de idade ou mais na data de expedição do precatório, ou sejam portado-

res de doença grave, definidos na forma da lei, serão pagos com preferência sobre todos os demais débitos, até o valor equivalente ao triplo do fixado em lei para os fins do disposto no § 3º deste artigo, admitido o fracionamento para essa finalidade, sendo que o restante será pago na ordem cronológica de apresentação do precatório.

O TST vem autorizando o sequestro humanitário em situações excepcionais em que portadores de doenças graves ou idosos, se defrontam com risco de dano irremediável à sua saúde ou mesmo à sua vida e, por isso, não podem aguardar a tramitação do precatório, mesmo que na ordem preferencial.

Nesse sentido:

> **RECURSO ORDINÁRIO. AGRAVO REGIMENTAL. PRECATÓRIO. EXEQUENTE PORTADORA DE DOENÇA GRAVE. SITUAÇÃO EXCEPCIONAL DE RISCO DE DANO IRREMEDIÁVEL À SAÚDE E À VIDA. SEQUESTRO HUMANITÁRIO. EXCEÇÃO À REGRA DOS PRECATÓRIOS.** O recurso ordinário será analisado em conformidade com o princípio do tantum devolutum quantum appellatum, pelo que o exame da controvérsia cingir-se-á à possibilidade ou não da determinação de sequestro de verbas de ente submetido ao regime especial de precatório, fugindo ao âmbito de cognição desta Corte a questão superveniente dos limites objetivos ou quantitativos para a incidência desse sequestro, já que não fora objeto de impugnação específica no apelo. A par disso, percebe-se, da leitura do artigo 100, § 2º, da Constituição Federal, ter o legislador reconhecido a existência de grupos de pessoas que, em virtude de suas condições peculiares de maior vulnerabilidade, sofrem com mais intensidade os efeitos deletérios do tempo relativo à tramitação dos precatórios, pelo que não devem se submeter à mesma regra aplicável aos demais credores, de forma a resguardar a aplicabilidade dos princípios da igualdade material e da dignidade da pessoa humana, bem como os direitos à vida e à saúde. No entanto, malgrado os precatórios preferenciais pressuponham a observância da ordem cronológica de apresentação entre os mesmos de igual espécie, há situações excepcionais em que portadores de doenças graves defrontam-se com risco de dano irremediável à sua saúde ou mesmo à sua vida, não podendo aguardar a tramitação do precatório, mesmo que processado de forma preferencial. No caso, observa-se que ficou comprovado nos autos que a requerente, ora recorrida, única provedora do seu lar, separada judicialmente e com filho que lhe é economicamente dependente, é portadora de doença incurável (HIV positivo) e que a infinidade de tratamentos ao qual está submetida lhe acarretaram efeitos colaterais que redundaram, por sua vez, em outros procedimentos cirúrgicos e em mais gastos. Ficou igualmente demonstrado, por meio de vasta documentação, que o inadimplemento do crédito da exequente lhe vem acarretando sérias limitações financeiras, de forma a comprometer a sua própria subsistência e a de seu filho menor. Há precedentes deste Órgão Especial autorizando o sequestro humanitário em situações excepcionais, como a configurada cabalmente no presente caso,

de forma a garantir a supremacia do direito à vida e à dignidade da pessoa humana. Recurso ordinário desprovido. (RO - 105-35.2015.5.15.0898, Relator Ministro: José Roberto Freire Pimenta, Data de Julgamento: 02/04/2018, Órgão Especial, Data de Publicação: DEJT 09/04/2018)

AGRAVO DE INSTRUMENTO EM RECURSO DE REVISTA EM FACE DE DECISÃO PUBLICADA ANTES DA VIGÊNCIA DA LEI Nº 13.015/2014. EXECUÇÃO. PRECATÓRIO. SEQUESTRO HUMANITÁRIO. EXEQUENTES IDOSOS. PRIMAZIA DO DIREITO À SAÚDE, ALICERÇADO NO DIREITO À VIDA, E DA DIGNIDADE DA PESSOA HUMANA. GARANTIA DE EXISTÊNCIA DIGNA. ARTIGO 100, § 2º, DA CONSTITUIÇÃO FEDERAL. VIOLAÇÃO NÃO CONFIGURADA. Na hipótese, a Corte de origem determinou a liberação dos créditos dos exequentes em razão da idade, dando exata subsunção dos fatos ao comando inserto no artigo 100, § 2º, da Constituição Federal, com redação dada pela Emenda Constitucional nº 62, de 2009. A norma constitucional em comento, ao instituir o direito de preferência dos débitos de natureza alimentícia de titulares idosos e portadores de doença grave, observado o triplo do limite estabelecido no § 3º do aludido dispositivo, dá efetividade a direitos fundamentais e garantias constitucionais, tais como o direito à saúde (artigo 196) que se encontra alicerçado no direito à vida (artigo 5º, caput) e a dignidade da pessoa humana (artigo 1º, III), garantindo existência digna aos idosos e portadores de doença grave, nos termos da lei. Precedentes. Agravo de instrumento a que se nega provimento. (AIRR - 873-37.2012.5.15.0066, Relator Ministro: Cláudio Mascarenhas Brandão, Data de Julgamento: 25/02/2015, 7ª Turma, Data de Publicação: DEJT 06/03/2015)

"RECURSO ORDINÁRIO EM MANDADO DE SEGURANÇA. CREDOR TRABALHISTA IDOSO E PORTADOR DE DOENÇA GRAVE. DIREITO DE PREFERÊNCIA EM PRECATÓRIO RECONHECIDO. SEQUESTRO HUMANITÁRIO DETERMINADO. LIMITAÇÃO DO VALOR AO TRIPLO DO FIXADO EM LEI PARA REQUISIÇÃO DE PEQUENO VALOR. APLICAÇÃO DA SEGUNDA PARTE DO §2º DO ART. 100 DA CONSTITUIÇÃO. LIMITAÇÃO MANTIDA. No presente caso, a condição de credor sexagenário e também portador de doença grave foi reconhecida no ato judicial impugnado, da lavra da Exma. Desembargadora Presidente do TRT da 13ª Região, determinando o sequestro da quantia total, fracionada apenas em duas parcelas. O Estado da Paraíba, devedor do precatório, impetrou o presente mandamus objetivando o pagamento na ordem (geral) cronológica dos precatórios. Entretanto, diante de prova irrefutável, o acórdão recorrido manteve o reconhecimento da condição de credor sexagenário e também portador de doença grave do litisconsorte, mas concedeu parcial segurança para determinar que o sequestro humanitário ocorresse sobre o equivalente ao triplo fixado na Lei Estadual instituidora do pequeno valor, nos termos do art. 100, §2º, da Constituição. Com efeito, trata-se de precatório especial, nos termos do art. 97 do ADCT da Constituição. Mesmo o julgamento das ADIs nº 4357 e 4425 pelo STF, em que assentada a inconstitucionalidade do art. 97 do ADCT como modificado pela EC nº 62/2009 quanto ao regime especial de precatório, no que se inclui o seu § 17, que trata de acolher a limitação do §2º do art. 100 da Constituição, ele ainda se encontra vigente em razão da ausência de pronunciamento sobre a modulação de seus efeitos pelo STF, nos termos da decisão cautelar do Ministro Relator Luiz Fux, do STF. Entretanto, por lógica de hermenêutica, mesmo que se extirpasse o regime especial de precatórios como estabelecido no art. 97 do ADCT, ainda restaria incólume e vigente o próprio §2º do art. 100 da Constituição, inclusive quanto à limitação para o sequestro dito humanitário, até o triplo do valor estipulado por lei editada no âmbito da entidade devedora, para as requisições de pequeno valor, a fim de contemporizar o pagamento para todos os portadores de doenças graves que se encontram nessa condição específica, mantendo a viabilidade orçamentária do ente público. Assim, correta a limitação determinada no acórdão recorrido. Recurso ordinário a que se nega provimento." (RO - 44100-38.2012.5.13.0000, Relator Ministro: Hugo Carlos Scheuermann, Data de Julgamento: 05/08/2013, Órgão Especial, Data de Publicação: DEJT 16/08/2013);

"**RECURSO ORDINÁRIO. MANDADO DE SEGURANÇA. PRECATÓRIO. DOENÇA GRAVE SEQUESTRO. CABIMENTO.** De acordo com a mais recente jurisprudência deste Órgão Especial, admite-se o sequestro de verba pública para o pagamento de precatório quando o exequente estiver acometido de doença grave arrolada no artigo 6º da Lei nº 7.713/88 e correr risco de morte ou perigo iminente de debilidade permanente ou irreversível, em razão dos princípios constitucionais da dignidade da pessoa humana e do direito à vida. Na hipótese dos autos, ficou caracterizada a exceção autorizadora do sequestro pois o exequente, portador de doença grave (neoplasia - tumor vesical e tumor metastático de próstata) arrolada no artigo 6º, inciso XIV, da Lei nº 7.713/88, veio a falecer. Diante desse contexto, deve ser mantida a ordem de sequestro, de forma a beneficiar os sucessores do exequente. Recurso ordinário parcialmente conhecido e provido." (ReeNec e RO - 8069000-57.2009.5.02.0000 Data de Julgamento: 06/08/2012, Relatora Ministra: Dora Maria da Costa, Órgão Especial, Data de Publicação: DEJT 17/08/2012).

"**PRECATÓRIO. EXEQUENTE PORTADOR DE DOENÇA GRAVE. IMINÊNCIA DE DANO GRAVE E IRREVERSÍVEL À SAÚDE. SEQUESTRO. SUPREMACIA DO DIREITO À VIDA E DA DIGNIDADE HUMANA. EXCEÇÃO À REGRA DOS PRECATÓRIOS. VIOLAÇÃO DO ARTIGO 100 DA CONSTITUIÇÃO DA REPÚBLICA NÃO CONFIGURADA. 1.** A Emenda Constitucional n.º 62, de 9/12/2009, por meio da qual se deu nova redação ao artigo 100 da Constituição da República, reconheceu prioridade aos créditos de natureza alimentar cujos titulares sejam pessoas idosas ou portadoras de doença grave, na forma da lei. A regra introduzida com o novo § 2º do referido dispositivo constitucional afirma, de modo inexorável, a supremacia do direito à vida (de que é corolário o direito à saúde) e à dignidade do ser humano, reconhecendo aos grupos ali identificados prioridade na tramitação dos respectivos precatórios alimentares, até o limite de três vezes o montante atribuído às dívidas de pequeno valor. Buscou-se, assim, resguardar idosos e portadores de doenças graves dos efeitos deletérios da demora inerente à tramitação dos precatórios, capaz de comprometer o seu direito a uma vida digna. 2. Haverá hipóteses, entretanto, em que mesmo a tramitação preferencial não será capaz de prevenir danos graves e irreversíveis à dignidade, à saúde e à própria existência de parcela desse grupo especial de credores. Com efeito, aos portadores de doenças graves em estágio tal que se defrontem com o risco de dano irreversível à sua saúde ou mesmo risco de morte, não se pode impor o ônus de aguardar a longa tramitação administrativa do precatório, ainda que processado de forma preferencial. 3. Em tais circunstâncias especiais, e visando a assegurar a máxima efetividade à regra constitucional antes enunciada, justifica-se a exceção à regra dos precatórios, restando autorizado o sequestro do montante necessário à satisfação imediata dos direitos fundamentais do credor. Hipótese em que não se divisa violação do artigo 100 da Constituição da República, mas exceção justificada pelos mesmos princípios que informam a regra consagrada no seu § 2º. 4. Recurso ordinário a que se nega provimento." (RO - 5241-86.1997.5.04.0821, Data de Julgamento: 30/08/2010, Relator Ministro: Lelio Bentes Corrêa, Órgão Especial, Data de Publicação: DEJT 01/04/2011).

"**RECURSO ORDINÁRIO EM AGRAVO REGIMENTAL. PRECATÓRIO. DOENÇA GRAVE. RISCO DE MORTE OU PERIGO IMINENTE DE DEBILIDADE PERMANENTE E IRREVERSÍVEL.** 1. Admite-se, no âmbito desta Corte, que o doente grave, com risco de morte ou sob perigo iminente de sofrer debilidade permanente e irreversível, não se submete à tramitação preferencial do precatório, sendo, portanto, exequível o sequestro da quantia devida (TST-RO-5241-86.1997.5.04.0821, Órgão Especial, DEJT 1.4.2011; TST-RO-2698-94.2010.5.04.0000, Órgão Especial, DEJT 18.3.2011, ambos de relatoria do Ministro Lelio Bentes Corrêa). 2. Os autos não oferecem elementos que possam comprometer a conduta atacada (CLT, art. 818; CLT, art. 333). Recurso ordinário conhecido e desprovido." (RO - 15365-15.2010.5.04.0000 Data de Julgamento: 02/05/2011, Relator Ministro: Alberto Luiz Bresciani de Fontan Pereira, Órgão Especial, Data de Publicação: DEJT 13/05/2011).

"**RECURSO ORDINÁRIO EM AGRAVO REGIMENTAL - PRECATÓRIO - EXEQUENTE PORTADORA DE DOENÇA GRAVE - POSSIBILIDADE DE SEQUESTRO - EXCEÇÃO À REGRA DOS PRECATÓRIOS - INEXISTÊNCIA DE OFENSA AO ART. 100 DA CONSTITUIÇÃO DA REPÚBLICA.** Conforme orientação jurisprudencial pacífica do Tribunal, resta consagrado, por inúmeros precedentes da Corte, que a Emenda Constitucional nº 62, de 9/12/2009, por meio da qual se deu nova redação ao art. 100 da Constituição da República, reconheceu prioridade aos créditos de natureza alimentar cujos titulares sejam pessoas idosas ou portadoras de doença grave, na forma da lei. Salienta a Corte naqueles pronunciamentos que -a regra introduzida com o novo § 2º do referido dispositivo constitucional afirma, de modo inexorável, a supremacia do direito à vida (de que é corolário o direito à saúde) e à dignidade do ser humano, reconhecendo aos grupos ali identificados prioridade na tramitação dos respectivos precatórios alimentares, até o limite de três vezes o montante atribuído às dívidas de pequeno valor. Buscou-se, assim, resguardar idosos e portadores de doenças graves dos efeitos deletérios da demora inerente à tramitação dos precatórios, capaz de comprometer o seu direito a uma vida digna. Haverá hipóteses, entretanto, em que mesmo a tramitação preferencial não será capaz de prevenir danos graves e irreversíveis à dignidade, à saúde e à própria existência de parcela desse grupo especial de credores. Com efeito, aos portadores de doenças graves em estágio tal que se defrontem com o risco de dano irreversível à sua saúde ou mesmo risco de morte, não se pode impor o ônus de aguardar a longa tramitação administrativa do precatório, ainda que processado de forma preferencial. Em tais circunstâncias especiais, e visando a assegurar a máxima efetividade à regra constitucional antes enunciada, justifica-se a exceção à regra dos precatórios, restando autorizado o sequestro do montante necessário à satisfação imediata dos direitos fundamentais do credor. Hipótese em que não se divisa violação do artigo 100 da Constituição da República, mas exceção justificada pelos mesmos princípios que informam a regra consagrada no seu § 2º- (Processo TST-RO-5241-86.1997.5.04.0821, Rel. Min. Lélio Bentes). Recurso ordinário conhecido e desprovido." (Processo: RO - 12425-77.2010.5.04.0000, Data de Julgamento: 03/10/2011, Relator Ministro: Luiz Philippe Vieira de Mello Filho, Órgão Especial, Data de Publicação: DEJT 21/10/2011).

É possível a penhora parcial de salário (até 50%), a partir da vigência do cpc de 2015, para pagamento de crédito trabalhista

Processo: RO - 7780-56.2017.5.15.0000 Data de Julgamento: 09/10/2018, Relator Ministro: Alexandre de Souza Agra Belmonte, Subseção II Especializada em Dissídios Individuais, Data de Publicação: DEJT 11/10/2018.

Conquanto não houvesse previsão legal no Código de Processo Civil de 1973, o novo Código de Processo Civil, em seu art. 833, § 2º, prevê a impenhorabilidade dos vencimentos, subsídios, soldos, salários, remunerações, proventos de aposentadoria, pensões, pecúlios e montepios, salientando que "não se aplica à hipótese de penhora para pagamento de prestação alimentícia, independentemente de sua origem", no que se incluem, portanto, os créditos de natureza trabalhista. Já o art. 529, §3º, também do CPC/15 limita o percentual de penhora a 50% do ganho líquido do executado. Diante da inovação trazida com o CPC/15, e com o fim de evitar aparente antinomia, o Tribunal Pleno, por meio da Resolução 220, de 18/9/2017, alterou a redação da Orientação Jurisprudencial nº 153 da SBDI-2, de modo a adequá-la, limitando sua aplicação aos atos praticados na vigência do CPC/73, o que não é o caso dos autos, haja vista que o ato inquinado de coator se deu já na vigência no CPC/15. Sob esse enfoque, não há ilegalidade no ato coator, pois vai de encontro aos dispositivos supramencionados, que afastam o direito líquido e certo à impetrante, porque preveem a possibilidade de constrição de numerário oriundo de salário e pensão para o pagamento de débitos trabalhistas, de forma perfeitamente consentânea com a jurisprudência desta c. Corte. Recurso ordinário conhecido e provido.

Possibilidade de penhora do salário

Com a entrada em vigor do CPC de 2015, o salário e a poupança passaram a ser penhoráveis em algumas situações, senão vejamos o que diz o §2º do art. 833 do CPC:

> **CPC, art. 833 – [...]**
>
> **§ 2º** - O disposto nos incisos IV e X do caput não se aplica à hipótese de penhora para pagamento de prestação alimentícia, independentemente de sua origem, bem como às importâncias excedentes a 50 (cinquenta) salários-mínimos mensais, devendo a constrição observar o disposto no art. 528, § 8º, e no art. 529, § 3º.

Assim, podemos concluir que:

1. **Pode haver penhora de salário e de poupança para pagamento de prestação alimentícia da área de família;**
2. **Pode haver penhora de salário e de poupança para pagamento de prestação alimentícia da área trabalhista.**

Até a entrada em vigor do novo CPC, ou seja, antes de 18 de março de 2016, não era possível a penhora de salários, remunerações, proventos de aposentadoria, pensões, e etc., conforme determinado pelo art. 649, IV, do CPC de 1973, salvo para credito alimentar da área de família. O TST segue esse entendimento conforme podemos observar a redação da OJ de n. 153 da SDI-2, de seguinte teor:

> **TST, OJ 153 da SDI-2 - MANDADO DE SEGURANÇA. EXECUÇÃO. ORDEM DE PENHORA SOBRE VALORES EXISTENTES EM CONTA SALÁRIO. ART. 649, IV, DO CPC DE 1973. ILEGALIDADE.** (atualizada em decorrência do CPC de 2015) - Res. 220/2017, DEJT divulgado em 21, 22 e 25.09.2017 - Ofende direito líquido e certo decisão que determina o bloqueio de numerário existente em conta salário, para satisfação de crédito trabalhista, ainda que seja limitado a determinado percentual dos valores recebidos ou a valor revertido para fundo de aplicação ou poupança, visto que o art. 649, IV, do CPC de 1973 contém norma imperativa que não admite interpretação ampliativa, sendo a exceção prevista no art. 649, § 2º, do CPC de 1973 espécie

e não gênero de crédito de natureza alimentícia, não englobando o crédito trabalhista.

Entretanto, o § 2º do art. 833, permite a penhora dos salários, das remunerações, dos proventos de aposentadoria, das pensões, dentre outros, para pagamento de prestação alimentícia, independentemente de sua origem, ou seja, independe se a verba alimentar é da área de família ou trabalhista. Nesse sentido, nesse sentido, o informativo 168 do TST:

> Na hipótese em que o ato impugnado foi proferido na vigência do CPC de 2015, não ofende direito líquido e certo dos impetrantes a penhora de 15% dos proventos de aposentadoria para pagamento de créditos trabalhistas efetuada nos termos do art. 833, § 2º, do CPC de 2015. O entendimento consagrado na Orientação Jurisprudencial nº 153 da SBDI-II não se aplica ao caso em concreto porque a diretriz ali definida restringe-se às penhoras efetuadas quando em vigor o CPC de 1973. TST-RO-20605-38.2017.5.04.0000, SBDI-II, rel. Min. Delaíde Miranda Arantes, 17.10.2017.

Outros julgados do TST:

> **RECURSO ORDINÁRIO EM MANDADO DE SEGURANÇA. PENHORA DE 15% DO SALÁRIO. ATO IMPUGNADO PRATICADO NA VIGÊNCIA DO CPC/15. ORIENTAÇÃO JURISPRUDENCIAL Nº 153 DA SBDI-2 INAPLICÁVEL. ABUSIVIDADE NÃO DEMONSTRADA. PREVISÃO LEGAL. ARTIGOS 529, § 3º, E 833, § 2º, DO CPC/15.** Conquanto não houvesse previsão legal no Código de Processo Civil de 1973, o novo Código de Processo Civil, em seu art. 833, ao prever a impenhorabilidade dos vencimentos, subsídios, soldos, salários, remunerações, proventos de aposentadoria, pensões, pecúlios e montepios, expressamente estabelece ressalva no § 2º relativamente "à hipótese de penhora para pagamento de prestação alimentícia, independentemente de sua origem", no que se incluem, portanto, os créditos de natureza trabalhista. O art. 529, §3º, também do CPC/15, por seu turno, limita o percentual de penhora a 50% do ganho líquido do executado, revelando, dessa forma, a preocupação do legislador em também não desprover o devedor de quantia minimamente necessária a sua subsistência. Diante da inovação legislativa trazida com o CPC/15, e com o fim de evitar aparente antinomia, o Tribunal Pleno, por meio da Resolução 220, de 18/9/2017, alterou a redação da Orientação Jurisprudencial nº 153 da SBDI-2, de modo a adequá-la, limitando sua aplicação aos atos praticados na vigência do CPC/73, o que não é o caso dos autos, haja vista que o ato inquinado de coator ocorrera em 15/05/2017, na vigência do CPC/15. No caso concreto, a constrição ficou limitada a 15% do valor do salário, muito aquém do limite máximo previsto no já referido dispositivo. Assim, não há ilegalidade ou abusividade no ato impugnado a justificar a ação mandamental. Recurso ordinário conhecido e desprovido. (Numeração Única: RO - 482-56.2017.5.17.0000 - Ministro:

Alexandre de Souza Agra Belmonte - Data de julgamento: 16/10/2018 - Data de publicação: 19/10/2018 - Órgão Julgador: Subseção II Especializada em Dissídios Individuais)

RECURSO ORDINÁRIO EM MANDADO DE SEGURANÇA. ATO IMPUGNADO PRATICADO NA VIGÊNCIA DO CÓDIGO DE PROCESSO CIVIL DE 2015. DETERMINAÇÃO DE BLOQUEIO DE VALORES RELATIVOS AOS PROVENTOS DE APOSENTADORIA PERCEBIDOS PELA SÓCIA DA EMPRESA EXECUTADA. LEGALIDADE. ARTIGO 833, § 2º, DO CPC DE 2015. INAPLICABILIDADE DA ORIENTAÇÃO JURISPRUDENCIAL N.º 153 DA SBDI-II DO TRIBUNAL SUPERIOR DO TRABALHO. 1. Consoante disposto no artigo 833, § 2º, do Código de Processo Civil de 2015, a impenhorabilidade de vencimentos, subsídios, soldos, salários, remunerações, proventos de aposentadoria, pensões, pecúlios e montepios "não se aplica à hipótese de penhora para pagamento de prestação alimentícia, independentemente de sua origem", observado o limite máximo de 50%. Cuida-se de inovação legislativa, visto que no Código de Processo Civil de 1973 somente se excepcionava a referida penhora para os casos de prestação de alimentos. Ante a alteração legislativa, houve por bem o Tribunal Pleno desta Corte superior, mediante a Resolução nº 220, de 18 de setembro de 2017, modificar a redação da Orientação Jurisprudencial n.º 153 da SBDI-II para limitar a sua incidência aos atos praticados na vigência do CPC de 1973. 2. No caso dos autos, extrai-se das provas que o MM. Juízo da 9ª Vara do Trabalho de Salvador/BA determinou, em 30/5/2016, o bloqueio de valores relativos a 20% dos proventos de aposentadoria percebidos mensalmente pela impetrante. Constata-se, assim, que a decisão impugnada foi proferida na vigência do Código de Processo Civil de 2015 e limitou a penhora a 20% das referidas parcelas. Escorreita, daí, a decisão por meio da qual se denegou a segurança para se manter a ordem de bloqueio proferida pelo MM. Juízo da Vara do Trabalho de origem. Precedente. 3. Recurso Ordinário conhecido e não provido. (RO - 1123-14.2016.5.05.0000, Relator Ministro: Lelio Bentes Corrêa, Data de Julgamento: 07/11/2017, Subseção II Especializada em Dissídios Individuais, Data de Publicação: DEJT 10/11/2017)

RECURSO ORDINÁRIO EM MANDADO DE SEGURANÇA. ATO COATOR PROFERIDO NA VIGÊNCIA DO CPC DE 2015. DETERMINAÇÃO DE PENHORA SOBRE PERCENTUAL DA APOSENTADORIA. LEGALIDADE. AUSÊNCIA DE OFENSA A DIREITO LÍQUIDO E CERTO DOS IMPETRANTES. ART. 833, § 2º, DO CPC DE 2015. NÃO APLICAÇÃO DA ORIENTAÇÃO JURISPRUDENCIAL 153 DA SBDI-2. 1 - Não se constata ofensa a direito líquido e certo dos impetrantes em decorrência da determinação judicial, proferida na vigência do CPC de 2015, de bloqueio e penhora de percentual sobre proventos de aposentadoria, tendo em vista o disposto no art. 833, § 2º, do CPC de 2015. 2 - Inaplicabilidade da Orientação Jurisprudencial 153 da SBDI-2, porque a diretriz ali definida incide apenas nas hipóteses de penhoras efetuadas quando em vigor o CPC de 1973. Recurso ordinário conhecido e não provido. (RO - 20605-38.2017.5.04.0000, Relatora Ministra: Delaíde Miranda Arantes, Data de Julgamento: 17/10/2017, Subseção II Especializada em Dissídios Individuais, Data de Publicação: DEJT 20/10/2017)

Nesse sentido também, a súmula 47 do TRT da 15ª Região:

SÚMULA Nº 47 - INCIDENTE DE UNIFORMIZAÇÃO DE JURISPRUDÊNCIA. PENHORA DE SALÁRIOS E OUTROS PROVENTOS. INTERPRETAÇÃO DO ART. 833-IV E § 2º C/C ART. 529, § 3º, DO CPC/2015. POSSIBILIDADE. PENHORA LIMITADA A 20% DOS GANHOS LÍQUIDOS MENSAIS DO DEVEDOR. Com fundamento no art. 833, IV e § 2º, art. 529, § 3º, ambos do CPC/2015, é possível a penhora de "vencimentos", "subsídios", "soldos", "salários", "remunerações", "proventos de aposentadoria", "pensões", "pecúlios", "montepios", "bem como as quantias recebidas por liberalidade de terceiro e destinadas ao sustento do devedor e de sua família, os ganhos de trabalhador autônomo e os honorários de profissional liberal", para pagamento de débitos trabalhistas de natureza alimentar, desde que não ultrapasse 20% dos ganhos líquidos mensais do executado. (Resolução Administrativa nº 17/2017 - Divulgada no Diário Eletrônico do TRT da 5ª Região, edições de 16, 17 e 18.05.2017, de acordo com o disposto no art. 187-B do Regimento Interno do TRT da 5ª Região)

Desta forma, a partir de 18 de março de 2016, passou a ser possível a penhora de salários, aposentadorias, poupanças e, etc. para pagamento de créditos de processos trabalhistas, desde que, limitado a determinado percentual.

3. **Pode haver penhora do salário para pagamento de qualquer dívida, do valor do salário excedente a 50 (cinquenta) salários mínimos mensais.**
4. **Pode haver penhora para pagamento de qualquer dívida, do valor da poupança que excedente a 40 salários mínimos.**
5. **Pode haver penhora para pagamento de qualquer dívida, do valor da poupança, quando ela é utilizada para realizar transações inerentes a uma conta corrente.**

Segundo o TST, a conta poupança possui função de economia futura, a fim de segurança pessoal do poupador. A conta corrente, ao contrário, está vinculada a transações do dia a dia, depósitos, transferências, pagamentos, entre outros. Assim, se o titular de conta poupança se utiliza dela para realizar transações inerentes a uma conta corrente, ou mesmo para, seguidamente, cobrir valores da corrente, resta desvirtuada a característica de economia futura, o que legitimaria sua constrição judicial. Portanto, não se pode pretender a prerrogativa da impenhorabilidade, prevista no inciso X do art. 833 do CPC, se a constrição recai sobre valores depositados em conta poupança, quando o intuito de seu titular era utilizá-la como conta corrente.

Nesse sentido, o informativo 22 da execução do TST:

> **Informativo do TST – Execução – 22 - Conta poupança utilizada como conta corrente. Valores passíveis de penhora. Art. 649, X,[2] do CPC. Não incidência**. A impenhorabilidade de que trata o art. 649, X, do CPC não alcança valores depositados em conta poupança quando esta é utilizada como conta corrente, sem o cunho de economia futura e segurança pessoal. No caso, registrou-se que os valores em depósito eram empregados em necessidades corriqueiras ou como suporte a transações financeiras efetuadas na conta corrente. Sob esse entendimento, a SBDI-II, por unanimidade, conheceu do recurso ordinário e, no mérito, negou-lhe provimento. TST-RO-20598-85.2013.5.04.0000, SBDI-II, rel. Min. Luiz Philippe Vieira de Mello Filho, 16.2.2016

Percentual penhorável

No que tange ao percentual da penhora, o TST, nas decisões sobre o tema, vem deixando clara a aplicação do critério previsto no art. 529, parágrafo terceiro, que limita a penhora a 50% dos ganhos líquidos do executado, possibilitando, assim, por outro lado, a penhora até o limite de 50% dos ganhos líquidos do executado, cabendo, obviamente, uma análise de cada caso concreto, como forma de se preservar a dignidade tanto do credor, quanto do devedor.

HONORÁRIOS SUCUMBENCIAIS

Cabe honorários advocatícios adicionais pela oposição de embargos à execução após a reforma trabalhista

Processo: 0100467-08.2016.5.01.0055

"A 5ª turma do TRT da 1ª região assentou que tendo em vista a natureza dos embargos à execução, de ação incidental, aplicam-se as disposições contidas no ordenamento jurídico inovado pela reforma trabalhista, incluindo assim na condenação honorários de sucumbência.

No caso, a exequente requereu a reforma da sentença que rejeitou a pretensão relativa aos honorários de sucumbência, alegando que a executada propôs no dia 25/4/18 os embargos à execução, cuja natureza jurídica é de

[2] O art. 649, X do CPC de 1973, corresponde ao art. 933, X do CPC de 2015.

ação incidental. Sendo assim, afirmou que incidiriam as novas regras, devendo ser imposta a condenação ao pagamento dos honorários de sucumbência. A desembargadora do Trabalho Marcia Leite Nery, relatora do agravo, entendeu que assiste razão à agravante, citando o art. 179-A da CLT, introduzido pela reforma trabalhista.

Segundo o advogado que patrocinou a causa, Ruy Smith, do escritório Ruy Smith Advocacia, medidas como embargos à execução e embargos de terceiro têm natureza jurídica de ação autônoma incidental e, por esse motivo, se sujeitam aos ônus sucumbenciais, mesmo em ações propostas anteriormente à reforma."

Honorários sucumbenciais pela oposição de embargos à execução

Inicialmente, é necessário relembrar que a doutrina é vacilante no tocante à natureza dos embargos à execução. Inicialmente, prevalecia o entendimento de que tal instituto possuía natureza de ação constitutivo-negativa, dado que apta a desconstituir o requisito de exigibilidade do título executivo. Contudo, com o advento do "processo sincrético", no qual o processo é reconhecido como um só, tendo apenas "fases" processuais distintas, desde a declaração, acautelatoriedade e satisfação, ecoaram vozes no sentido de que os embargos teriam natureza de mera defesa incidente.

Caso os embargos à execução sejam considerados uma simples defesa incidente, não caberia condenação em honorários? A nosso sentir, independentemente de ser ação ou não, cabe a majoração de honorários prevista no art. 85, p. 1º, do CPC, já que a elevação não foi condicionada à natureza do instituto e, também, porque são previstos honorários adicionais pela interposição de recursos, mesmo sendo inequívoco que estes não constituem ação nova.

Se os embargos não forem ação, os honorários pela oposição de embargos à execução seriam devidos apenas para processos ajuizados após 11.11.2017? Sim. Se adotada a perspectiva da IN 41/2017, já que para esta são devidos honorários advocatícios sucumbenciais apenas nas ações ajuizadas após a Reforma Trabalhista.

Em não sendo ação e, se já fixados os honorários em 15%, seria possível majorar para além deste percentual? Considerando que os 15% constituem percentual máximo na seara trabalhista (injustificada discriminação, a nosso ver) e que não se tem nova ação, não seria possível a majoração. É certo, contudo, que nem todos os julgamentos consagram os 15%, o que trará relevo a essa discussão. É possível, ainda, argumentar que, teleologicamente, que fases distintas deveriam ser objeto de condenações sucumbenciais distintas, tal qual ocorre com às custas, que são fixadas para o conhecimento e para execução de forma autônomas.

DEPOSITO RECURSAL PAGO POR EMPRESA ANTES DA FALÊNCIA OU DA RECUPERAÇÃO JUDICIAL

O depósito judicial realizado anteriormente ao processamento da recuperação judicial não vai ser remetido ao juízo universal

Informativo 177 do TST

Processo: RO - 94-09.2016.5.20.0000 Data de Julgamento: 24/04/2018, Relator Ministro: Breno Medeiros, Subseção II Especializada em Dissídios Individuais, Data de Publicação: DEJT 27/04/2018.

O depósito judicial efetuado antes do deferimento do processo de recuperação judicial desliga-se do patrimônio da empresa e assume o papel de garantia de uma futura execução, razão pela qual não está à disposição do Juízo falimentar, mas do Juízo trabalhista.

Decisão da SDI-1 em sentido contrário

Informativo 177 do TST

TST-RO-348-74.2016.5.13.0000, SBDI-II, rel. Min. Maria Helena Mallmann, red. p/acórdão Min. Renato de Lacerda Paiva, 15.5.2018.

Embora o depósito recursal fique à disposição do Juízo trabalhista, ele não integra o patrimônio do reclamante, ainda que realizado antes do processamento da recuperação judicial ou da decretação da falência da empresa, de modo que todos os atos de execução referentes às reclamações trabalhistas movidas contra a recuperanda são de competência do Juízo universal, consoante jurisprudência reiterada do STJ.

AÇÃO RESCISÓRIA

DEPÓSITO PRÉVIO

É constitucional a fixação de depósito prévio como condição de procedibilidade de ação rescisória.

STF. Plenário. ADI 3995/DF, Rel. Min. Roberto Barroso, julgado em 13/12/2018

Com base nesse entendimento, o Plenário, por maioria, julgou improcedente o pedido formulado em ação direta de inconstitucionalidade para declarar a constitucionalidade da Lei 11.495/2007, que alterou a redação do caput do art. 836 (1) da Consolidação das Leis do Trabalho (CLT).

O Tribunal entendeu que o depósito de 20% do valor da causa para ajuizamento da ação rescisória é razoável e visa desestimular ações temerárias.

Vencido o ministro Marco Aurélio, que julgou procedente o pleito formulado para declarar a

inconstitucionalidade do referido dispositivo. Entendeu que não se pode exigir depósito prévio para propositura de ação rescisória já que o acesso à Justiça é uma garantia constitucional.

Dispositivo da CLT

CLT, Art. 836. É vedado aos órgãos da Justiça do Trabalho conhecer de questões já decididas, excetuados os casos expressamente previstos neste Título e a ação rescisória, que será admitida na forma do disposto no Capítulo IV do Título IX da Lei n. 5.869, de 11 de janeiro de 1973 - Código de Processo Civil, sujeita ao depósito prévio de 20% (vinte por cento) do valor da causa, salvo prova de miserabilidade jurídica do autor."

Compatibilidade do CPC segundo o TST

A Instrução Normativa 39/2016 do TST determina:

> **Art. 1º** Aplica-se o Código de Processo Civil, subsidiária e supletivamente, ao Processo do Trabalho, em caso de omissão e desde que haja compatibilidade com as normas e princípios do Direito Processual do Trabalho, na forma dos arts. 769 e 889 da CLT e do art. 15 da Lei nº 13.105, de 17.03.2015.
>
> **Art. 3º** Sem prejuízo de outros, aplicam-se ao Processo do Trabalho, em face de omissão e compatibilidade, os preceitos do Código de Processo Civil que regulam os seguintes temas:
>
> [...]
>
> XXVI - arts. 966 a 975 (ação rescisória);

MANDADO DE SEGURANÇA

CABIMENTO

Cabe mandado de segurança para impugnar decisão interlocutória que contraria a jurisprudência pacífica, reiterada e notória do TST

Informativo 186 do TST

Processo: RO - 144-28.2011.5.05.0000 Data de Julgamento: 06/11/2018, Relator Ministro: Douglas Alencar Rodrigues, Subseção II Especializada em Dissídios Individuais, Data de Publicação: DEJT 09/11/2018.

Cabe mandado de segurança contra decisão que, embora ostente caráter interlocutório, contraria a jurisprudência pacífica, reiterada e notória do TST. Na espécie, o writ foi impetrado pelo Ministério Público do Trabalho contra acórdão proferido em recurso ordinário pelo TRT da 5ª Região, que anulou de ofício sentença prolatada em ação civil pública e determinou o retorno dos autos à Vara de origem para que fossem chamados à lide os litisconsortes passivos necessários (empregados ocupantes de funções de confiança potencialmente atingidos pelo pedido de declaração de nulidade dos contratos firmados com ente público sem prévia aprovação em concurso público). Ocorre que, conforme entendimento firmado pelo TST, não há litisconsórcio passivo necessário entre a pessoa natural ou jurídica demandada e os sujeitos que possam ser atingidos pelos efeitos da decisão proferida em ação civil pública voltada à defesa de direitos e interesses difusos e coletivos. O litisconsórcio na ação civil pública apenas se viabiliza em relação aos demais legitimados ativos para o debate coletivo (art. 5º, §§ 1º e 5º, da Lei nº 7.347/1985).

Cabimento do mandado de segurança

Cabe mandado de segurança contra decisão que, embora ostente caráter interlocutório, contraria a jurisprudência pacífica, reiterada e notória do TST.

No caso em exame, discute-se a necessidade de litisconsórcio das pessoas individualmente afetadas por eventual procedência da ação coletiva.

Segundo o TST, o litisconsórcio na ação civil pública apenas se viabiliza em relação aos demais legitimados ativos para o debate coletivo (artigo 5º, §§ 1º e 5º, da Lei 7.347/85). Com efeito, não se tratando de ação civil coletiva, que se destina à defesa de direitos individuais homogêneos (artigo 81, III, da Lei 8.078/90) e na qual está expressamente facultada a formação de litisconsórcio (artigo 103, § 2º, da Lei 8.078/90), não há espaço para a atuação judicial concorrente de sujeitos não expressamente habilitados em lei para o embate judicial coletivo (artigo 82 da Lei 8.078/90).

Nesse sentido:

> **"RECURSO ORDINÁRIO. MANDADO DE SEGURANÇA. ATO COATOR CONSUBSTANCIADO EM ACÓRDÃO DO TRT QUE DECLAROU A NULIDADE DO PROCESSO E DETERMINOU O RETORNO DOS AUTOS À VARA DO TRABALHO DE ORIGEM. AÇÃO CIVIL PÚBLICA. CONTRATAÇÃO IRREGULAR. DETERMINAÇÃO DE FORMAÇÃO DE LITISCONSÓRCIO PASSIVO NECESSÁRIO EM RELAÇÃO A TODOS OS EMPREGADOS AFETADOS PELA DECISÃO. INCOMPATIBILIDADE COM AÇÃO COLETIVA. CABIMENTO DA AÇÃO MANDAMENTAL.** 1. Ato impugnado consubstanciado em acórdão do TRT proferido em recurso ordinário em ação civil pública pelo qual foi declarada nulidade processual e determinado o retorno dos autos à Vara do Trabalho de origem, a fim de conceder prazo ao Autor para emendar a inicial no sentido de efetivar a citação de todos os empregados da Ré potencialmente afetados pela decisão a ser proferida naqueles autos. 2. Não obstante o teor da O.J. nº 92 da SBDI-2 do TST, o rigor do verbete tem sido abrandado nos casos em que resultar grave e irreparável lesão à parte, impossível de ser obstada por outro instrumento processual efetivo, como no caso dos autos, em que a mora processual na formação do litisconsórcio passivo com a citação de todos os empregados afetados inviabiliza e deturpa o propósito da natureza coletiva da ação civil pública. 3. Na esteira da jurisprudência do TST, em ação civil pública, o litisconsórcio passivo necessário restringe-se ao Poder Público e a outras associações legitimadas, não se autorizando a aglutinação das pessoas individualmente afetadas por eventual procedência da ação coletiva. Precedentes. Recurso ordinário provido. (RO - 571-25.2011.5.05.0000, Relator Ministro: Emmanoel Pereira, Data de Julgamento: 16/12/2014, Subseção II Especializada em Dissídios Individuais, Data de Publicação: DEJT 06/02/2015)"

> **"RECURSO ORDINÁRIO EM AÇÃO RESCISÓRIA. AÇÃO CIVIL PÚBLICA. AUSÊNCIA DE CITAÇÃO. ALEGAÇÃO DE NULIDADE PROCESSUAL** (violação dos artigos 47, 48, 49, 213, 231 e 332 do CPC). Tratando-se de direitos difusos, transindividuais, de natureza indivisível, de que são titulares pessoas indeterminadas, inexiste campo propício à aplicação de normas pro-

cessuais eminentemente concebidas para a citação em demandas de natureza individual, sob pena mesmo de se inviabilizarem as ações coletivas. Não se há de falar, no caso dos autos, em obrigatoriedade de citação dos eventualmente atingidos pelos efeitos da decisão proferida na referida ação coletiva, visto que o legitimado para figurar no pólo passivo da ação civil pública é aquele ou aqueles que praticaram o ato causador do dano, ou aquele que tinha ou tem o dever jurídico de evitar a ocorrência do dano. APOSENTADORIA EXPONTÂNEA. EXTINÇÃO DO CONTRATO DE TRABALHO (violação de lei. Artigos 5º, II, da CF/88 e 49, I, -b-, da Lei nº 8.213/91). O princípio da legalidade insculpido no inciso II do artigo 5º da CF/88 mostra-se como norma constitucional correspondente a princípio geral do nosso ordenamento jurídico, pelo que a violação ao preceito invocado não será direta e literal, em face da subjetividade que cerca o seu conceito. Ademais, referido princípio não serve de fundamento para a desconstituição de decisão judicial transitada em julgado, quando se apresenta sob a forma de pedido genérico e desfundamentado, acompanhando dispositivos legais que tratam especificamente da matéria debatida. (Orientação Jurisprudencial nº 97 da SBDI-2 do TST). A matéria em debate nos autos chegou a ser pacificada no âmbito dessa Corte quando da inserção da Orientação Jurisprudencial nº 177 da SBDI-1 do TST, que se encontra hoje cancelada pelo Tribunal Pleno do TST, em face de decisão proferida pelo Excelso Pretório, no julgamento das ADINs nºs 1.770 e 1.721, que considerou inconstitucionais os parágrafos 1º e 2º do artigo 453 da CLT. Assim, o preceito de lei indicado como violado, artigo 49, I, -b) da Lei nº 8.213/91, não obstante o teor da Orientação Jurisprudencial nº 177 da SBDI-1 do TST, sempre possuiu interpretação controvertida nos Tribunais, afigurando-se então incabível a rescisória na espécie, o que rende ensejo à aplicação do óbice inscrito nas Súmulas nºs 83/TST e 343/STF. Recurso ordinário desprovido. (ROAR - 110900-50.2001.5.16.0000, Relator Ministro: Renato de Lacerda Paiva, Data de Julgamento: 14/12/2010, Subseção II Especializada em Dissídios Individuais, Data de Publicação: DEJT 17/12/2010)"

RECURSO ORDINÁRIO EM AÇÃO RESCISÓRIA. PRETENSÃO DE DESCONSTITUIÇÃO DE SENTENÇA PROFERIDA EM AÇÃO CIVIL PÚBLICA. AUTOR AFETADO PELO PROVIMENTO JUDICIAL COLETIVO. ILEGITIMIDADE ATIVA -AD CAUSAM-. 1. Hipótese em que se pretende a rescisão de acórdão proferido em ação civil pública, no qual declarada a nulidade de edital de concurso público, por ofensa ao art. 442-A da CLT, e determinada a rescisão dos contratos de trabalho eventualmente celebrados pelo Réu com os aprovados no referido certame. Decisão regional em que pronunciada a ilegitimidade ativa para a ação rescisória, com a consequente extinção do processo sem resolução do mérito (CPC, art. 267, VI). Pretensão rescisória fundada em ofensa aos artigos 1º, 5º, II, XXXVI e LIV, e 37, todos da CF, 18 da Lei 1.533/51, 47 e 462, ambos do CPC. 2. Na linha da jurisprudência consolidada no âmbito desta Corte, não há litisconsórcio passivo necessário em ação civil pública, envolvendo a pessoa natural ou jurídica demandada e os sujeitos, físicos ou morais, que possam ser alcançados pelos efeitos do provimento judicial a ser editado. O litisconsórcio na ação civil pública apenas se viabiliza em relação aos demais legitimados ativos para o debate coletivo (art. 5º, §§ 1º e 5º, da Lei 7.347/85). De fato, não se tratando de ação civil coletiva, na qual prevista, de forma facultativa, a formação de litisconsórcio (artigos 81, III e 103, § 2º, da Lei 8.078/90), não há espaço para a atuação judicial concorrente de sujeitos não expressamente habilitados para o embate coletivo (art. 82 da Lei 8.078/90). Com efeito, a tutela judicial de direitos difusos e coletivos foi delegada a entes -exponenciais- específicos (art. 82 da Lei 8.078/90), razão pela qual a defesa da conduta questionada na ação civil pública incumbe ao próprio ente físico ou moral que figura no polo passivo da relação processual coletiva. Do contrário, além da própria confusão entre as naturezas, objetos e limites de cognição nas jurisdições coletiva e individual, haveria o próprio risco de inviabilização das ações coletivas, cujo trâmite, em muitos casos, poderia restar inviabilizado em face da própria pluralidade de sujeitos potencialmente afetados pela decisão judicial e que poderiam, em tese, de forma difusa e desordenada, questionar a autoridade da coisa julgada coletiva, em franca insegurança jurídica. Mas, para além desses aspectos, da inexistência de litisconsórcio necessário em ações civis públicas advém a própria ausência de legitimidade ativa daquele que -- não estando legalmente habilitado para o debate coletivo (art. 82 da Lei 8.078/90) -- sofre os efeitos da coisa julgada respectiva. Nessa situação, embora se possa resguardar aos afetados pelo provimento judicial coletivo a possibilidade de ingresso judicial (CF, art. 5º, XXXV), não será a via da jurisdição coletiva -- adotada na espécie, pois se objetiva rescindir a coisa julgada coletiva -- o caminho processual adequado a esse propósito. Precedentes. Recurso ordinário conhecido e desprovido. (RO - 10261-64.2013.5.03.0000, Relator Ministro: Douglas Alencar Rodrigues, Data de Julgamento: 16/12/2014, Subseção II Especializada em Dissídios Individuais, Data de Publicação: DEJT 19/12/2014).

Cabe mandado de segurança para impugnar decisão interlocutória que redireciona a execução contra sócio sem observar o incidente de desconsideração da personalidade jurídica

Processo: RO - 406-27.2017.5.10.0000 Data de Julgamento: 06/11/2018, Relator Ministro: Douglas Alencar Rodrigues, Subseção II Especializada em Dissídios Individuais, Data de Publicação: DEJT 09/11/2018.

Informativo 186 do TST

O art. 6º da IN nº 39/2016 do TST e o art. 855-A da CLT (incluído pela Lei nº 13.467/2017) estabelecem a aplicação do incidente de desconsideração da personalidade jurídica (arts. 133 a 137 do CPC de 2015) ao Processo do Trabalho. Assim, se na vigência do CPC de 2015 a execução provisória é redirecionada contra a representante legal da pessoa jurídica sem a observância do referido incidente, cabe mandado de segurança para discutir a extensão dos efeitos da obrigação contida no título executivo aos bens particulares da administradora da empresa.

Cabe mandado de segurança para atacar decisão que ao mesmo tempo determina a citação do executado e o bloqueio de valores via Bacen-Jud

Informativo 188 do TST

Processo: RO - 11374-14.2017.5.03.0000 Data de Julgamento: 27/11/2018, Redator Ministro: Douglas Alencar Rodrigues, Subseção II Especializada em Dissídios Individuais, Data de Publicação: DEJT 19/12/2018.

Ofende direito líquido e certo do devedor a decisão judicial que determina a citação para pagamento ou garantia da execução em 48 horas e, ao mesmo tempo, ordena o imediato bloqueio de valores via Bacen-Jud, com base no poder geral de cautela previsto no art. 927 do CPC de 2015. No caso, houve cumulação de ordens judiciais incompatíveis, pois o bloqueio suprimiu da parte a possibilidade de indicação de bens à penhora em 48 horas, sem qualquer lastro fático que autorizasse o procedimento adotado pelo Juízo coator.

Cabe mandado de segurança contra atos que se afigurem abusivos ou teratológicos

Informativo 180 do TST

Processo: ReeNec e RO - 884-55.2015.5.01.0000 Data de Julgamento: 12/06/2018, Redator Ministro: Luiz Philippe Vieira de Mello Filho, Subseção II Especializada em Dissídios Individuais, Data de Publicação: DEJT 17/08/2018.

É cabível mandado de segurança contra atos que se afigurem abusivos ou teratológicos, quando a medida processual específica prevista no ordenamento jurídico não seja capaz de fazer cessar, de imediato, o prejuízo que possa ser causado. Na espécie, comprovado que o relatório da Seção de Pesquisa Patrimonial do Núcleo de Centralização de Execução do TRT da 1ª Região não é ato simplesmente opinativo, mas tem aptidão para autorizar a penhora imediata de numerário em conta bancária da impetrante em processos nos quais ela não figura como executada, é evidente a ocorrência de lesão patrimonial cuja reparação não pode aguardar o julgamento de eventuais embargos à execução ou embargos de terceiro. Ademais, o ato extrapolou os limites previstos na Resolução nº 138 do CSJT (que disciplina os Núcleos de Pesquisa Patrimonial no âmbito dos Tribunais Regionais), além de violar o direito líquido e certo da impetrante ao contraditório e ao devido processo legal.

Não cabe mandado de segurança para atacar decisão que indefere o ressarcimento de despesas do leiloeiro e depositário judicial

Informativo 188 do TST

Processo: RO - 164-09.2017.5.05.0000 Data de Julgamento: 04/12/2018, Redator Ministro: Renato de Lacerda Paiva, Subseção II Especializada em Dissídios Individuais, Data de Publicação: DEJT 14/12/2018.

Não cabe mandado de segurança para impugnar decisões relacionadas ao reembolso de despesas do leiloeiro/depositário proferidas na fase de execução, quando não há dúvidas de que o tribunal de origem admite o cabimento de agravo de petição. Embora haja controvérsia a respeito da possibilidade de o leiloeiro ou o depositário judicial interpor recurso nos autos em que oficiou como auxiliar do juízo, no caso concreto, o impetrante trouxe aos autos ementas de julgados em que o TRT de origem analisou agravo de petição envolvendo a mesma matéria. Em alguns deles, inclusive, ele próprio figurou como agravante.

HABEAS CORPUS

CABIMENTO

Não cabe Habeas Corpus para liberação do atleta profissional de futebol para exercício de atividade esportiva em outro clube

Informativo 187 do TST

Processo: TST-HC-1000678-46.2018.5.00.0000, SBDI-II, rel. Min. Alexandre Luiz Ramos, 13.11.2018

Conforme vem se posicionando o STF e o STJ, o habeas corpus tem cabimento restrito à defesa da liberdade de locomoção primária (direito de ir, de vir ou de permanecer), ou seja, é meio de proteção a direitos que tenham como condição necessária para o seu exercício a liberdade física. Assim, é incabível habeas corpus para discutir cláusula contratual envolvendo atleta profissional de futebol, com pedido de transferência imediata para outra agremiação desportiva e de rescisão indireta do contrato de trabalho. No caso, a liberdade de locomoção é afetada apenas de forma secundária, como reflexo da liberdade de exercício de profissão ou de trabalho, tutelada por outro meio admitido em Direito.

ASTREINTES

PERIODICIDADE DA MULTA

É possível a fixação de astreinte com limitação temporal

Informativo 175 do TST

Processo: TST-E-ED-RR-747-09.2013.5.24.0031, SBDI-I, rel. Min. Augusto César Leite de Carvalho, 5.4.2018

A SBDI-I, por maioria, conheceu de embargos, por divergência jurisprudencial, e, no mérito, deu-lhes provimento para restabelecer a sentença proferida em ação civil pública na parte em que fixou astreinte sem a limitação temporal de sessenta dias, caso haja descumprimento da obrigação de fazer reconhecida em juízo. A cominação de multa coercitiva pelo descumprimento da obrigação de fazer tem como propósito compelir o devedor a realizar a prestação devida, configurando-se meio indireto de execução. Nos termos do art. 537 do CPC de 2015, a astreinte pode ser concedida tanto na fase de conhecimento quanto na fase de execução, sendo possível, também, aumentar-lhe ou reduzir-lhe o valor, a qualquer momento, desde que necessário à efetividade da determinação judicial. Assim, não se pode admitir que o juiz da fase de conhecimento fixe um limite temporal para a aplicação da multa coercitiva, sob pena de retirar do Juízo da execução, responsável pelo cumprimento do julgado, instrumento imprescindível à efetividade da determinação judicial, e de esvaziamento do disposto no § 4º do art. 537 do CPC de 2015, no que determina a incidência da multa enquanto não cumprida a decisão que a tiver cominado. No caso concreto, a sentença julgou parcialmente procedente a ação civil pública ajuizada pelo Ministério Público do Trabalho contra o Município de Bodoquena/MS para estabelecer a obrigação de fazer, de natureza continuada, consistente no fornecimento de Equipamento de Proteção Individual – EPI, treinamento adequado, água potável e veículo apropriado à coleta de lixo aos trabalhadores do serviço público de limpeza urbana municipal, sob pena de multa diária em caso de descumprimento. Todavia, o acórdão do Tribunal Regional, mantido pelo acórdão turmário, julgou parcialmente procedente o pedido para reduzir o valor da multa aplicada e limitá-la ao período de sessenta dias. Vencidos os Ministros Maria Cristina Irigoyen Peduzzi, Brito Pereira, Márcio Eurico Vitral Amaro e Breno Medeiros.

TUTELA INIBITÓRIA

MANUTENÇÃO DA TUTELA

Deve ser mantida a tutela inibitória caso haja o ajustamento de conduta após ajuizamento da ação

Informativo 175 do TST

Processo: TST-E-ED-RR-43300-54.2002.5.03.0027, SBDI-I, rel. Min. José Roberto Freire Pimenta, 5.4.2018.

Deve ser mantida a tutela inibitória concedida pelo descumprimento das normas relativas à jornada de trabalho, ainda que constatada a posterior regularização da situação no curso da ação civil pública. A conduta da ré de ajustar seu procedimento às normas referidas não afasta o interesse processual do Ministério Público do Trabalho de formular tutela inibitória para prevenir a futura lesão de direitos fundamentais trabalhistas. É evidente a necessidade de se admitir a tutela de natureza preventiva, destinada a inibir a repetição pela empresa ré de ato contrário ao direito ao meio ambiente de trabalho equilibrado, seguro e saudável, também no que tange à jornada de trabalho e aos respectivos intervalos para descanso, sob pena de se admitir que as normas que proclamam esse direito ou objetivam protegê-lo não teriam nenhuma significação prática, pois poderiam ser violadas a qualquer momento, restando somente o ressarcimento do dano causado.

BIBLIOGRAFIA

SITES

http://www.trtsp.jus.br

https://trt3.jus.br

https://www.trt5.jus.br/

https://www.tst.jus.br

http://ostrabalhistas.com.br/pela-lei-no-13-6402018-motorista-do-uber-e-afins-nao-e-empregado-sera/

www.planalto.gov.br/ccivil_03/Decreto-lei/Del5452.htm

https://www.plenum.com.br/produtos/detalhes/plenum-on-line-corporativo/59

http://www.magistradotrabalhista.com.br/2017/02/dano-espiritual-e-dano-ao-projeto-de.html.

https://www.buscadordizerodireito.com.br/

http://www.stf.jus.br/portal/constituicao/artigoBd.asp#visualizar

http://ostrabalhistas.com.br/as-ferias-no-contrato-de-trabalho-intermitente-oriundo-da-reforma-trabalhista/

http://www.conjur.com.br/2017-jun-08/flavio-higa-reforma-trabalhista-contrato-trabalho-intermitente#_ftn17

https://jota.info/trabalho/a-reforma-trabalhista-em-12-pontos-13042017

http://ostrabalhistas.com.br/figura-do-contrato-de-trabalho-intermitente-do-pl-no-6-7872016-reforma-trabalhista-luz-do-direito-comparado/

http://www.conjur.com.br/2017-jun-08/flavio-higa-reforma-trabalhista-contrato-trabalho-intermitente#_ftn17

http://www.conjur.com.br/2017-set-22/reflexoes-trabalhistas-trabalho-intermitente-conceito-vinculo-emprego2

http://www.jorgesoutomaior.com/blog/analise-do-projeto-de-reforma-trabalhista

http://www.abrasel.com.br/conexao-abrasel/4227-unecs-lanca-folder-sobre-trabalho-intermitente.html Acessada em 23/09/2017

http://genjuridico.com.br/2016/02/05/atestado-medico-conceito-finalidade-e-seus-limites/

LIVROS

AMADO, João Leal. Perspectivas do Direito do Trabalho: um ramo em crise identitária? Revista do Tribunal Regional do Trabalho da 15ª Região. n. 47. Campinas: 2015.

ARAÚJO, Francisco Rossal de; Coimbra, Rodrigo. Direito do Trabalho I. São Paulo: LTr, 2014.

BARROS, Alice Monteiro. Curso de Direito do Trabalho. 3 ed. São Paulo: LTr, 2007.

BERNARDES, Felipe. Manual de Processo do Trabalho. Salvador: Juspodivm, 2018.

DELGADO, Maurício Godinho. Curso de Direito do Trabalho. 11° ed. São Paulo: LTR, 2012

DELGADO, Maurício Godinho. Curso de Direito do Trabalho. 13ª Ed. São Paulo: LTr, 2014.

DELGADO. Mauricio Godinho. Curso de Direito do Trabalho, 15. ed. São Paulo: LTr, 2016.

DELGADO, Maurício Godinho. Curso de Direito do Trabalho. 16° Ed. São Paulo. LTr, 2017.

DELGADO, Maurício Godinho. Curso de Direito do Trabalho. 17° Ed. São Paulo. LTr, 2018.

DIDIER JUNIOR, Fredie. Curso de direito processual civil - v. 3. 8. ed. Salvador: JusPODIVM.

DINIZ, Maria Helena. Curso de direito civil brasileiro, v. 7. 23. ed., São Paulo, Saraiva, 2009.

JUNIOR, José Cairo. Curso de Direito Processual do Trabalho. 2 ed. Bahia: JusPodivm. 2009.

GIGLIO, Wagner. Justa Causa. 7.ed. São Paulo: Saraiva, 2000.

GUALAZZI, Alexandre Augusto; "AIDS" e Direito do Trabalho: questões de direito material e processual; São Paulo: LTr, 2005.

LEITE, Carlos Henrique Bezerra Curso de Direito Processual do Trabalho, 8ª ed. - São Paulo: LTr, 2010.

LEITE, Carlos Henrique Bezerra. Curso de direito processual do trabalho. 15. ed. – São Paulo: Saraiva, 2017.

LUCENA JUNIOR, Hamilton Novo. Iniciação à prática trabalhista. Salvador: Editora JusPodivm, 2018.

LUCENA JUNIOR, Hamilton Novo. Responsabilidade civil no direito do trabalho: análise de casos práticos. Salvador:JusPodivm, 2018.

MARINONI, Luiz Guilherme; ARENHART, Sérgio Cruz; MITIDIERO, Daniel. Código de Processo Civil Comentado – 4ª ed. São Paulo. Revista dos Tribunais, 2018.

MARTINEZ, Luciano. "Curso de direito do Trabalho". São Paulo: Saraiva, 2010.

MARTINEZ, Luciano. Curso de Direito do Trabalho. 3. ed. São Paulo, Saraiva, 2012.

MARTINEZ, Luciano. Curso de direito do trabalho. 7. ed. — São Paulo: Saraiva, 2016.

MAXIMILIANO, Carlos. "Hermenêutica e Aplicação do Direito". 20ª Edição. Rio de Janeiro. Forense, 2011.

MIESSA. Élisson. Processo do trabalho: Coleção concurso público concurso público. 5º ed Salvador: JusPODIVM, 2018.

MIZIARA, Raphael; BRAGA, Roberto W. Informativos do TST comentados. 2. ed. Salvador: JusPodivm, 2017.

MOURA, Marcelo. Consolidação das Leis do Trabalho para concursos. 8. ed. Salvador: JusPODIVM, 2018.

NASCIMENTO, Amauri Mascaro. Curso de Direito do Trabalho. 26 edição. São Paulo: Saraiva, 2011.

NERY JUNIOR, Nelson; ANDRADE, Rosa Maria de. Código Civil comentado.2. ed. São Paulo: Editora Revista dos Tribunais. 2017.

OLIVEIRA, Cinthia Machado; DORNELES, Leandro de Amaral. Direito do Trabalho. Porto Alegre: Verbo Jurídico, 2016.

PLÁ RODRIGUEZ, Américo. Princípios de direito do trabalho. São Paulo: LTr, 2015.

SÁ, Renato Montans de. Direito Processual Civil, Saraiva, 2016.

SANTOS, Moacyr Amaral. Primeiras linhas de direito processual civil. 2. v., 17. ed. São Paulo: Saraiva, 1995.

SILVA, Edward Carlyle. Direito Processual Civil, 3ª Edição, Niterói, RJ: Impetus, 2014.

SILVA, Homero Batista Mateus da. CLT Comentada - São Paulo: Revista dos Tribunais. 2016.

SILVA, Homero Batista Mateus da. Comentários à reforma trabalhista. São Paulo: Revista dos Tribunais, 2017.

SILVA, Homero Batista Mateus da. Curso de Direito do Trabalho Aplicado: Parte Geral. São Paulo: Revista dos Tribunais, 2017.

WAMBIER, Luiz Rodrigues; TALAMINI, Eduardo. Curso Avançado de Processo Civil, Vol. 1, Teoria Geral de Processo e Processo de Conhecimento, 15ª Edição, Revista dos Tribunais, 2015.

EDITORA
*Jus*PODIVM
www.editorajuspodivm.com.br

Pré-impressão, impressão e acabamento

GRÁFICA
SANTUÁRIO

grafica@editorasantuario.com.br
www.graficasantuario.com.br
Aparecida-SP